“十二五”国家重点图书出版规划项目

中国近现代稀见史料丛刊【第二辑】

张剑 徐雁平 彭国忠 主编

张祥河奏折

张祥河 著

许隽超 王晓辉 整理

凤凰出版社

图书在版编目（CIP）数据

张祥河奏折 / 张祥河著 ; 许隽超, 王晓辉整理. -- 南京 : 凤凰出版社, 2015.5（2017.3重印）
（中国近现代稀见史料丛刊. 第2辑）
ISBN 978-7-5506-2150-3

Ⅰ. ①张… Ⅱ. ①张… ②许… ③王… Ⅲ. ①张祥河（1785～1862）—奏议—汇编 Ⅳ. ①K827=49 ②K249.065

中国版本图书馆CIP数据核字(2015)第060645号

书　　名	张祥河奏折
著　　者	张祥河 著　许隽超 王晓辉 整理
责任编辑	李相东
出版发行	凤凰出版传媒股份有限公司 凤凰出版社(原江苏古籍出版社) 发行部电话025-83223462
出版社地址	南京市中央路165号,邮编:210009
出版社网址	http://www.fhcbs.com
照　　排	南京凯建图文制作有限公司
印　　刷	江苏凤凰扬州鑫华印刷有限公司 扬州市江阳工业园蜀岗西路9号,邮编:225008
开　　本	880×1230毫米 1/32
印　　张	18.875
字　　数	490千字
版　　次	2015年5月第1版　2017年3月第2次印刷
标准书号	ISBN 978-7-5506-2150-3
定　　价	70.00元

（本书凡印装错误可向承印厂调换,电话:0514-85868858）

袁行霈先生题辞

「音实难知，知实难逢，逢其知音，千载其一乎！」（《文心雕龙·知音》）今读新编稀见史料丛刊，真有治学知音之感矣。

傅璇琮谨书

二〇一二年

傅璇琮先生题辞

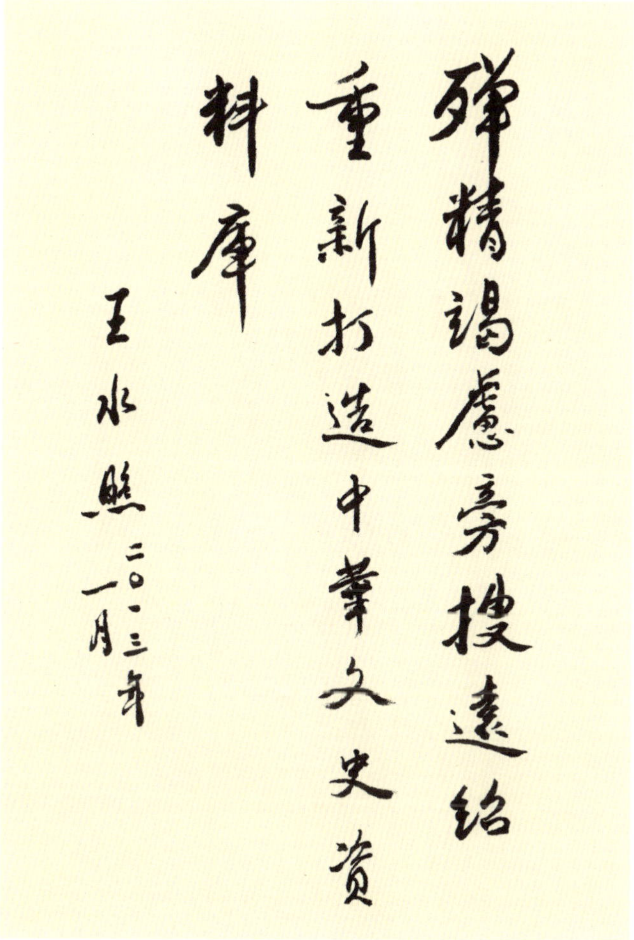

王水照先生题辞

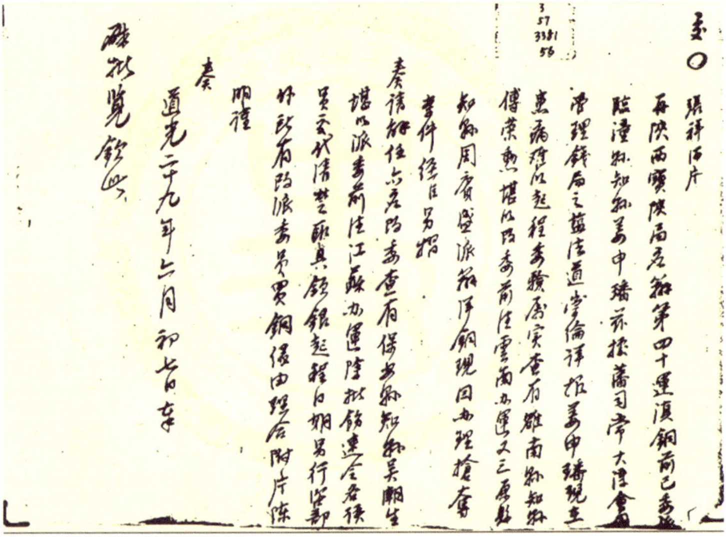
奏
道光二十九年六月初七日奉
硃批覽欽此

书影一　中国第一历史档案馆藏录副奏折

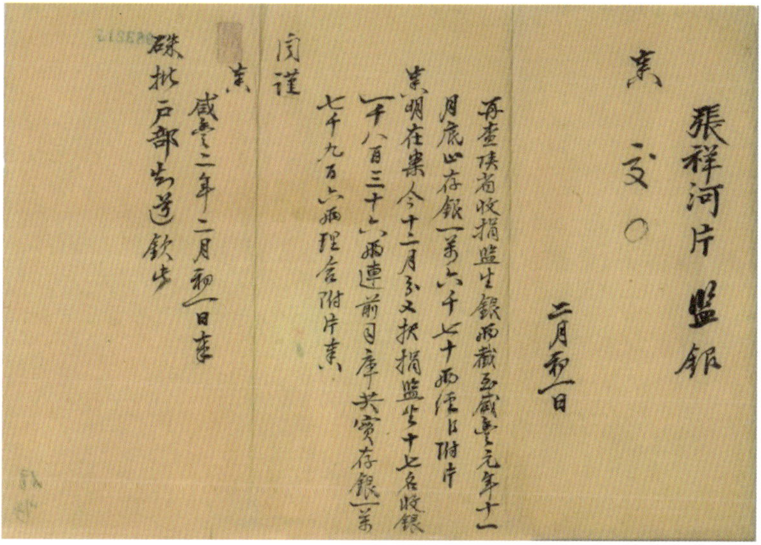

張祥河片 監銀

奏 交 ○

二月初一日

再查陝省收捐監生銀兩截至咸豐元年十一月底止存銀一萬六千七十兩，經臣附片奏明在案。今十二月分又收捐監生十七名，收銀一千八百三十六兩，連前目庫共實存銀一萬七千九百六兩。理合附片奏聞。謹奏。

咸豐二年二月初一日奉

硃批：戶部知道。欽此。

书影二　台北“故宫博物院”藏军机处录副奏折

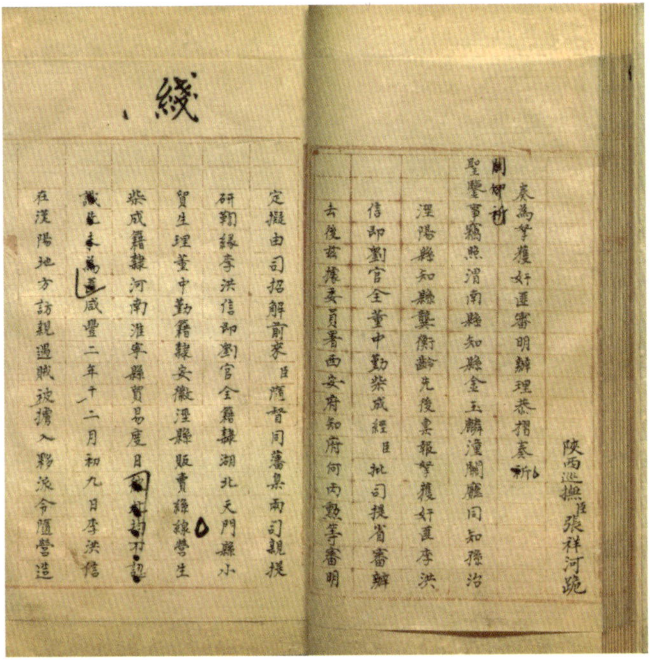

书影三　美国国会图书馆藏《张祥河奏稿》

《中国近现代稀见史料丛刊》总序

在世界所有的文明中，中华文明也许可说是“唯一从古代存留至今的文明”（罗素《中国问题》）。她绵延不绝、永葆生机的秘诀何在？袁行霈先生做过很好的总结：“和平、和谐、包容、开明、革新、开放，就是回顾中华文明史所得到的主要启示。凡是大体上处于这种状况的时候，文明就繁荣发展，而当与之背离的时候，文明就会减慢发展的速度甚至停滞不前。”（《中华文明的历史启示》，《北京大学学报》2007 年第 1 期）

但我们也要清醒看到，数千年的中华文明带给我们的并不全是积极遗产，其长时段积累而成的生活方式与价值观具有强大的稳定性，使她在应对挑战时所做的必要革新与转变，相比他者往往显得迟缓和沉重。即使是面对佛教这种柔性的文化进入，也是历经数百年之久才使之彻底完成中国化，成为中华文明的一部分；更不用说遭逢“数千年来未有之变局”、“数千年未有之强敌”（李鸿章《筹议海防折》），“数千年未有之巨劫奇变”（陈寅恪《王观堂先生挽词序》）的中国近现代。晚清至今虽历一百六十余年，但是，足以应对当今世界全方位挑战的新型中华文明还没能最终形成，变动和融合仍在进行。1998 年 6 月 17 日，美国三位前总统（布什、卡特、福特）和二十四位前国务卿、前财政部长、前国防部长、前国家安全顾问致信国会称：“中国注定要在 21 世纪中成为一个伟大的经济和政治强国。”（徐中约著《中国近代史》上册第六版英文版序，香港中文大学 2002 年版）即便如此，我们也不能盲目乐观，认为中华文明已经转型成功，相反，中华文明今天面对的挑战更为复杂和严峻。新型的中华文明到底会怎样呈现，又怎样具体表现或作用于政治、经济、文化等层面，人们还在不断探索。这个问题，我们这一代恐怕无法给出答案。但我们坚信，在历史上曾经灿烂辉煌的中华文明必将凤凰浴火，涅槃重生。这既是数千年已经存在的中华文明发展史告诉我们的经验事实，也是所有为中国文化所化之人应有的信念和责任。

不过，对于近现代这一涉及当代中国合法性的重要历史阶段，我们了解得还过于粗线条。她所遗存下来的史料范围广阔，内容复杂，且有数量庞大且富有价值的稀见史料未被发掘和利用，这不仅会影响到我们对这段历史的全面了解和规律性认识，也会影响到今天中国新型文明和现代化建设对它的科学借鉴。有一则印度谚语如是说："骑在树枝上锯树枝的时候，千万不要锯自己骑着的那一根。"那么，就让我们用自己的专业知识与能力，为承载和养育我们的中华文明做一点有益的事情——这是我们编纂这套《中国近现代稀见史料丛刊》的初衷。

书名中的"近现代"，主要指 1840—1949 年这一时段，但上限并非以一标志性的事件一刀切割，可以适当向前延展，然与所指较为宽泛的包含整个清朝的"近代中国"、"晚期中华帝国"又有所区分。将近现代连为一体，并有意淡化起始的界限，是想表达一种历史的整体观。我们观看社会发展变革的波澜，当然要回看波澜如何生，风从何处来；也要看波澜如何扩散，或为涟漪，或为浪涛。个人的生活记录，与大历史相比，更多地显现出生活的连续。变局中的个体，经历的可能是渐变。《丛刊》期望通过整合多种稀见史料，以个体陈述的方式，从生活、文化、风习、人情等多个层面，重现具有连续性的近现代中国社会。

书名中的"稀见"，只是相对而言。因为随着时代与科技的进步，越来越多的珍本秘籍经影印或数字化方式处理后，真身虽仍"稀见"，化身却成为"可见"。但是，高昂的定价、难辨的字迹、未经标点的文本，仍使其处于专业研究的小众阅读状态。况且尚有大量未被影印或数字化的文献，或流传较少，或未被整合，也造成阅读和利用的不便。因此，《丛刊》侧重选择未被纳入电子数据库的文献，尤欢迎整理那些辨识困难、断句费力、裒合不易或是其他具有难度和挑战性的文献，也欢迎整理那些确有价值但被人们习见思维与眼光所遮蔽的文献，在我们看来，这些文献都可属于“稀见”。

书名中的“史料”，不局限于严格意义上的历史学范畴，举凡日记、书信、奏牍、笔记、诗文集、诗话、词话乃至序跋汇编等，只要是某方面能够反映时代政治、经济、文化特色以及人物生平、思想、性情的文献，都在考虑之列。我们的目的，是想以切实的工作，促进处于秘藏、边缘、零散等状态的史料转化为新型的文献，通过一辑、二辑、三辑……这样的累积性整理，自然地呈现出一种规模与气象，与其他已经整理出版的文献相互关联，形成一个丰茂的文献群，从而揭示在宏大的中国近现代叙事背后，还有很多未被打量过的局部、日常与细节；在主流周边或更远处，还有富于变化的细小溪流；甚至在主流中，还有漩涡，在边缘，还有静止之水。近现代中国是大变革、大痛苦的时代，身处变局中的个体接物处事的伸屈、所思所想的起落，藉纸墨得以留存，这是一个时代的个人记录。此中有文学、文化、生活；也时有动乱、战争、革命。我们整理史料，是提供一种俯首细看的方式，或者一种贴近近现代社会和文化的文本。当然，对这些个人印记明显的史料，也要客观地看待其价值，需要与其他史料联系和比照阅读，减少因个人视角、立场或叙述体裁带来的偏差。

知识皆有其价值和魅力，知识分子也应具有价值关怀和理想追求。清人舒位诗云“名士十年无赖贼”（《金谷园故址》），我们警惕袖手空谈，傲慢指点江山；鲁迅先生诗云“我以我血荐轩辕”（《自题小像》），我们愿意埋头苦干，逐步趋近理想。我们没有奢望这套《丛刊》产生宏大的效果，只是盼望所做的一切，能融合于前贤时彦所做的贡献之中，共同为中华文明的成功转型，适当“缩短和减轻分娩的痛苦”

(马克思《资本论》第一卷第一版序言)。

《丛刊》的编纂,得到了诸多前辈、时贤和出版社的大力扶植。袁行霈先生、傅璇琮先生、王水照先生题辞勖勉,周勋初先生来信鼓励,凤凰出版社姜小青总编辑赋予信任,刘跃进先生还慷慨同意将其列入"中华文学史史料学会"重大规划项目,学界其他友好也多有不同形式的帮助……这些,都增添了我们做好这套《丛刊》的信心。必须一提的是,《丛刊》原拟主编四人(张剑、张晖、徐雁平、彭国忠),每位主编负责一辑,周而复始,滚动发展,原计划由张晖负责第四辑,但他尚未正式投入工作即于 2013 年 3 月 15 日赍志而殁,令人抱恨终天,我们将以兢兢业业的工作表达对他的怀念。

《丛刊》的基本整理方式为简体横排和标点(鼓励必要的校释),以期更广泛地传播知识、更好地服务社会。希望我们的工作,得到更多朋友的理解和支持。

2013 年 4 月 15 日

目录

二、灾赈档

三、录副奏折

道光朝

四、台北资料

宫中档咸丰朝奏折

五、《张祥河奏稿》

六、附录

前　言

张祥河，字元卿，号诗舲，江苏松江府娄县（今属上海）人。乾隆五十年（1785）正月十四日，出生于松江府城。十八岁时，以娄县第一名入学，嘉庆十二年中举，此后六赴春闱被黜。嘉庆十四年会试落第后，挑取为誊录；嘉庆二十年夏，始充会典馆绘图官。嘉庆二十五年中进士后，由内阁中书、军机章京，历官至工部尚书，加太子太保衔。同治元年（1862）正月十四日卒于京师，享年七十八岁，谥温和。著有《小重山房全集》等。事具张茂辰等编《先温和公（张祥河）年谱》。张祥河工书，擅写山水花卉，是当时的书画名家。

自康熙以降，松江张氏家族便以文学、科第见称于世。张祥河曾祖张维煦，号珠岩，康熙四十一年举人，始迁居郡城西门外塔射园，遂入娄籍。张维煦胞兄张集、张汇，胞弟张梁，皆举进士，列朝籍。张祥河祖父张梦喈，号玉垒，附贡生，候选布政司理问，著有《塔射园诗钞》。王昶《蒲褐山房诗话》云：

> 玉垒为文敏公从弟，家门鼎盛，绝无进取之志。所居塔射园，系许臬使缵曾旧墅，因近西林寺浮图，故名。岩石参差，池水环其下，有晚荣、柿叶山房诸胜。玉垒掩关高枕，种竹浇花，读书乐道之馀，工于篮法。

张祥河祖母汪佛珍能诗，兼有干才，袁枚《随园诗话》卷四载其智语退盗事。袁枚还称赞汪佛珍“两子兴载、兴镛，皆能诗。……人夸其妙，不知皆母训也。”张兴镛，即张祥河之父，嘉庆六年举人，仕至安徽无为州学正，著有《红椒山馆诗钞》、《远春词》。王昶文中提及的文敏公，即张汇之子张照，张祥河从祖，康熙四十八年进士，仕至吏部尚书，卒赠太子太保，谥文敏。张照书名甚重，卒后，乾隆帝以“羲之后一人”誉之。张祥河家族中的其他女性，如张佛绣、张慧娟、张道恒等，皆有诗集传世，洵可称一门风雅。

张祥河一生，文学、政事皆颇可观。作为一个文人，他留下了大量的诗词、书画作品；作为道咸间的大员，在任期间也留下了数量可观的文书档案。本书定名为《张祥河奏折》。除奏折外，其他张祥河具奏及与之相涉的题本、移会、月终册等档案，概未阑入。关于奏折的含义，单士魁先生在《故宫档案》一文中说：

> 清代奏疏，又称奏折。奏之名称较古，“昔唐虞之臣，敷奏以言，秦汉之辅，上书称奏。陈政事，献典仪，上急变，劾愆谬，总谓之奏。奏者，进也，言敷于下，情进于上也。”（见《文心雕龙》）此为奏之解说及其由来。其后历代皆以奏为臣民上书之称，至清代才有奏折之说。康熙中叶以后，历朝多用此为陈情言事文书。特别是军国政要，封章上达，既密且速，不同题本碍于制度，无论任何事项，均须先经内阁票拟（代拟批旨），然后进呈。奏折封进，直达皇帝面前开拆，经皇帝用朱笔批示者，谓之朱批奏折，一称朱批谕旨。凡经朱批之折，皆发还具奏人，日后仍须缴进宫中，因而又有缴回朱批奏折之说。①

奏折在当时具有高度机密性。从今天的史料学角度来看，其真实性、权威性毋庸置疑，是珍贵的第一手资料。且较之《实录》、《方略》等书

---

①　载《故宫博物院院刊》1981年第1期，第7—8页。

籍，奏折未经剪裁，保持了史料的完整性，更加翔实可靠。奏折无论是否经皇帝朱批，军机处皆另录一份，存档备查，称为录副奏折。

张祥河服官中外四十馀年，今检点其奏折，以在陕西巡抚任内所具为多，此亦规制使然。举凡军兴、钱谷、刑名、灾赈、选官、科场等，几无所不包。作为奏折的整理者，触摸这些历史碎片，所引起的阅读感受，还是很清晰的。清廷的政治运作，全赖皇帝的乾纲独断。皇帝每天被内外臣工的各种繁杂奏章所包围，殚精竭虑，披阅不辍，实已无力思考治理国家的长久大计。国家的行政效率，也必然极其低下。

现存张祥河奏折，主要收藏在北京中国第一历史档案馆。台北"故宫博物院"所藏军机处录副奏折和《宫中档咸丰朝奏折》(复制本)中，剔除与北京重复的，有近 150 份。此外，华盛顿美国国会图书馆所藏《张祥河奏稿》，应是张祥河办稿缮折的底稿，由幕友誊清，有张祥河亲笔改易处，间粘有稍后所奉谕旨的浮签，以备随时查阅。据云共有五六十册，现仅存八册，皆为咸丰三年所奏，剔除重复的，也还有近 50 份。今将北京、台北、华盛顿三处的张祥河奏折汇为一册，以供研究近代文史者参考，无疑是有价值的。

努力辨识那些潦草、漶漫的录副折，是整理此书最费心力的环节。"录副折皆以行草字体钞成，乾隆时代，书法秀劲，结构规矩，道、咸以下，则较拙劣，且潦草不堪。据故老相传，前者是出自章京之手，后者则为供事钞写的。此说可信。"[①]录副折中，粮价和秋收份数清单等原为楷书，此外则"潦草不堪"，总数占全书三分之二强。其中，台北"故宫博物院"藏军机处录副折，字迹固然潦草，笔画尚清晰，且为彩色照片，较易辨识。中国第一历史档案馆藏录副折，数量大，漶漫处多，均为黑白照片，辨识难度较大。承多位师友援手，使得本书

① 单士魁先生《清代军机处沿革、职掌和主要档案》，载《清代档案丛谈》，紫禁城出版社 1987 年版，第 112 页。

不至天窗屡开，无法卒读。而读者发现的每一处讹误，整理者皆咎无可辞。

本书由许隽超、王晓辉共同整理，字数各任其半。蒙徐雁平先生推荐，得列入丛刊第二辑。整理过程中，承沈燮元老前辈、张启丰先生、马振君博士以及凤凰出版社樊昕先生、李相东先生之助，皆所铭感。书中错谬之处，乞方家切实教之。

整理者

凡 例

一，此番整理，正文为张祥河具奏（包括列衔）折件。他人具奏而与张祥河有关者，统归为附录。全部文字，皆依原件图片录入。

二，全书前五部分，依档案来源厘定。北京中国第一历史档案馆所藏道光、咸丰朝奏折，有朱批奏折、灾赈档和录副奏折三类，是本书正文的主体，列为前三部分，不再标注“中国第一历史档案馆”字样。台北“故宫博物院”所藏军机处录副奏折和《宫中档咸丰朝奏折》（复制本），标为“台北资料”，列为第四部分。美国国会图书馆藏《张祥河奏稿》稿本，标为“《张祥河奏稿》”，列为第五部分。附录列为第六部分，并于每条后标出档案来源。

三，奏折的题名，依中国第一历史档案馆、台北“故宫博物院”业已拟就者。《张祥河奏稿》中，部分奏稿无题名，由整理者代拟之。

四，朱批奏折与录副奏折内容重复的，依朱批奏折录入。录副奏折与《张祥河奏稿》内容重复的，依录副奏折录入。

五，全书六部分中，均各依具奏日期先后排列。无具奏日期的，依奉朱批日期。所有奏折连续编号。附片、清单等附件，亦单独编号。

六，粮价、麦收分数，耗羡银数，钱粮完欠分数等清单附件，因当时附于主件之后，多略去具奏日期。北京、台北所藏录副奏折中，常见有朱批日期而缺朱批内容的，当时供事者已预留了空格，今皆仍其旧。

七，正文用五宋字体。朱批、奉朱批内容，以小五号字附于文末。

具奏日期可考出者，以小五号字附于文末，并加括号，以示区分。

八，原折讹误处，以〔 〕标出；是正、增补之处，加（ ）以与原文区分。空缺、漶漫及无法辨识之字，以“□”代替。

一、朱批奏折

001 奏为奉旨补授山东督粮道谢恩事

新授山东督粮道臣张祥河跪奏，为恭谢天恩事。

道光十一年十二月初八日，内阁奉上谕："山东督粮道员缺，著张祥河补授。钦此。"窃臣江左庸材，毫无知识，由嘉庆二十五年进士，以内阁中书用。道光四年充补军机章京，五年补中书实缺，七年议叙，以主事升用，签分户部，九月补云南司主事。是年七月，因克复四城，八年正月红旗报捷，两次照军功议叙加二级。八月，充戊子科福建乡试副考官，九年八月随扈盛京，加一级。十年，因《方略》告成，保奏以员外郎用，八月补广东司员外郎，十一月升云南司郎中。历充方略馆协修、纂修官，本年京察一等，引见记名，以道府用。八月，充辛卯恩科顺天乡试同考官，涓埃未效，兢惕方深。

兹复渥荷温纶，补授今职，闻命之下，倍切悚惶。伏念山东为繁要之区，粮道有转输之责，臣初膺外任，惧弗克胜。惟有仰求恩训，敬谨遵循，于一切公事，实力实心，认真经理，以期稍酬高厚鸿慈于万一。所有微臣感激下忱，谨缮折叩谢天恩，伏祈皇上圣鉴。谨奏。道光十一年十二月初九日。道光帝于张祥河职名下朱批："可用。"

002 奏为奉旨回任山东督粮道谢恩事

山东督粮道臣张祥河跪奏，为恭谢天恩事。

臣以三次办运事竣，经吏部于本月十八日带领引见，奉旨："著回任。钦此。"窃臣江左庸愚，毫无知识，由嘉庆二十五年庚辰科二甲进士，以内阁中书用。道光四年充补军机章京，五年补中书实缺，七年议叙以主事升用，签分户部，九月补云南司主事。是年七月西师克复四城，八年正月红旗报捷，两次照军功议叙加二级。八月，充戊子科福建乡试副考官，九年八月随扈盛京，加一级。十年，因《方略》告成，保奏以员外郎升用，八月补广东司员外郎，十一月升云南司郎中。历充方略馆协修、纂修官。十一年京察一等，蒙恩记名，以道府用。八月，充辛卯顺天乡试同考官，十二月补授山东督粮道，十二年调充壬辰科山东乡试提调官。本年以三次督押东省漕粮运赴通州，交卸全完，循例给咨赴部引见，涓埃未效，兢惕方深。

兹复仰荷温纶，饬令回任，闻命之下，倍切悚惶。伏念山东为繁要之区，粮道有转输之责，臣忝任三载，时惧弗胜。惟有吁求恩训，敬谨遵循，于一切公事，实力实心，认真经理，以期稍酬高厚鸿慈于万一。所有微臣感激下忱，谨缮折恭谢天恩，伏祈皇上圣鉴。谨奏。道光十四年四月二十一日。道光帝于张祥河职名下朱批："似可。"

003 奏为奉旨回任山东督粮道谢恩事

山东督粮道臣张祥河跪奏，为恭谢天恩事。

臣因督押山东省漕粮，复届三次全完，经吏部于本月二十四日带领引见，奉旨："著回任。钦此。"窃臣江左庸材，毫无知识，由嘉庆二十五年庚辰科二甲进士，以内阁中书用。道光四年充补军机章京，五年补中书实缺，七年议叙，以主事升用，签分户部，九月补云南司主事。是年七月西师克复四城，八年正月红旗报捷，两次照军功议叙加二级。八月充戊子科福建乡试副考官，九年八月随扈盛京，加一级。十年因《方略》告成，保奏以员外郎升用，八月补广东司员外郎，十一月升云南司郎中。历充方略馆协修、纂修官。十一年京察一等，蒙恩记名，以道府用。八月，充辛卯恩科顺天乡试同考官，十二月补授山东督粮道。历充壬辰科、甲午科山东乡试提调官。十四年，曾以三次押运全完，送部引见，涓埃未效，兢惕时深。

兹复届三次押运全完，仰荷温纶，饬令回任，闻命之下，倍切悚惶。伏念山左为繁要之区，粮道有转输之责，臣忝任六载，时惧弗胜。惟有吁求恩训，敬谨遵循，于一切公事，实力实心，认真经理，以期稍酬高厚鸿慈于万一。所有微臣感激下忱，谨缮折恭谢天恩，伏祈皇上圣鉴。谨奏。道光十七年四月二十六日。道光帝于张祥河职名下朱批："似可。"

004 奏为奉旨补授河南按察使谢恩事

新授河南按察使臣张祥河跪奏，为恭谢天恩，仰祈圣鉴事。

道光二十年四月初七日，奉上谕："河南按察使，著张祥河补授。钦此。"窃臣樗栎庸材，驽骀下质，始由薇省，洊历农曹。两次滥竽，荷衡文于锁院；八年素食，叨给事于枢垣。嗣蒙简畀之加，飞刍东省；旋沐丝纶之贲，陈臬中州。昨因服阕来京，特荷恩慈召对，仰天颜之温霁，聆圣语之周详，荣感方深，悚惶正切。乃经旬之甫阅，复温綍之骤膺。

伏念河南为繁要之区，臬司有刑名之责，臣治民乏术，读律未深。虽旧地之重经，敢谓驾轻易理？愧新恩之宠被，实虞负重难胜。亦惟有倍矢公勤，益加策励，体轩陛敬敷之意，冀答生成；佐虞廷钦恤之心，勉酬高厚。所有微臣感激下忱，谨缮折恭谢天恩，伏乞皇上圣鉴。谨奏。道光二十年四月初八日。道光帝于张祥河职名下朱批："中等。"

005 奏为密陈陕西督粮道黄德濂年迈体衰事

再，查陕西督粮道为通省要缺，现任粮道黄德濂精力疲茶，步履蹇滞。臣抵任接见后，问之前署抚臣恒春及署藩、臬两司，佥称该道自去冬屡告病假，迨销假后，勉强支持，总未见其复元。臣留心察看，至是一月有馀，屡次接见，实觉衰惫，询以公事，亦不甚明晰。该道缺居繁要，乃以病躯供职，年虽五十八岁，而气体早衰，似难期其振作，不敢不据实密陈。惟系监司大员，相应请旨送部带领引见，恭候钦定。谨奏。（道光二十八年）

006 奏为陕甘学政吴福年甫经到任所延幕友并无籍隶本省事

再，学政声名及阅文幕友，例应督、抚察核具奏。兹陕甘学政臣吴福年，于本年十月内甫经到任，容俟历考各属，臣再随时留心访查，据实奏闻。至所延阅文幕友六人，浙江举人徐本立，直隶拔贡张楷枝，顺天廪生凌缵高，浙江增生龚家吉，直隶增生孙近宸，江苏附生林节，并无籍隶本省之人，理合循例附片陈明。谨奏。（道光二十九年）

007 呈道光二十九年份陕西省司道府各员密考清单

谨将陕西省司、道、知府各员，出具切实考语，敬缮清单，密呈御览。计开：

布政使常大淳，湖南进士，现年五十六岁。性伉爽，勾稽勤，一切公务，商办合宜，间有敏捷见才意，久而亦知持重。

按察使朱馥，云南进士，现年五十一岁。人朴遬，肯用心，谳狱精细，尤勤督捕。惟讲求诸务，有言之甚善，势难施行者，尚未深体，而其才实可用。

潼商道朱庆祺，浙江进士，现年五十二岁。人深稳，操守清洁，办事黾勉，为循分供职之员。

陕安道陈晋恩，江西监生，现年五十二岁。志在勤能，办事详慎，南山要地，措置尚宜。

延榆绥道万保，内务府满洲正黄旗笔帖式，现年五十七岁。才具老练，谙悉旧案，委以公事，尚为可靠。

延安府知府保岱，满洲镶蓝旗笔帖式，现年五十岁。凤翔府知府成瑞，满洲镶白旗笔帖式，现年五十八岁。以上二员，保岱年力正强，成瑞才具稳妥，现任均系中简缺分。就其平日所办事件察看，尚能称职。

榆林府知府何鲲，浙江举人，现年五十八岁。人明晰，颇有才略，加以历练，堪膺表率。

汉中府知府段大章，四川进士，现年四十五岁。年富才明，办事沉著，有为有守，堪胜首郡之任。

同州府知府李恩继，正白旗内务府汉军进士，现年五十九岁。人浑厚，洁己奉公，办事尚勤。

兴安府知府濮城，浙江附监生，现年六十七岁。年健才优，能悉地方利弊。现署首府，整顿尚属有方。（道光二十九年）

008 呈道光三十年份现任道府各员考语清单

谨将陕西省现任道、府各员，出具切实考语，敬缮清单，恭呈御览。计开：

督粮道陈景亮，福建举人，现年四十一岁。人朴诚，办事结实。其在粮道任内，经催节年积欠仓粮，全行征完。现委兼署臬篆，谳狱亦属精细，洵为出色之员。

盐法道崇纶，正白旗满洲官学生，现年四十六岁。人明练，为守兼优。久任道员，历署藩、臬两司，于公务利弊，实力讲求，措施得当，颇协舆情。

潼商道朱庆祺，浙江进士，现年五十三岁。才具深稳，操守洁，办事黾勉。本年曾署藩司两月，商办一切，亦俱周妥。

陕安道陈晋恩，江西监生，现年五十三岁。志在勤能，办事详慎，久任南山，尚无遗误。

延安府知府保岱，满洲镶蓝旗笔帖式，现年五十八岁。年力正强，现任中简缺分，察看平日所办事件，尚能称职。

同州府知府李恩继，正白旗内务府汉军进士，现年六十岁。人浑厚，年力健，洁己奉公，办事亦勤，为循分供职之员。

凤翔府知府成瑞，满洲镶白旗笔帖式，现年五十九岁。才具稳妥，办事勤慎，现署首府，委审各案，尚为可靠。

榆林府知府何鲲，浙江举人，现年五十九岁。人明晰，颇有才，近加历练，堪资表率。（道光三十年）

009 奏为密陈陕甘学政吴福年声名事

再，学政声名，例应督、抚于年终具奏。兹查陕甘学政臣吴福年，自上年十月到任以来，周历凤翔、邠州、乾州、同州、西安、鄜州、延安、榆林、绥德、汉中、兴安等处，按棚考试。臣逐加询访，并饬提调各官，一体查察禀报。该学政场规整肃，去取公明，舆论均属翕服。除仍随时密察外，所有现在察核学政声名，理合附片陈明。谨奏。（道光三十年）

010 呈陕西省现任道府各员切实考语清单

谨将陕西省现任道、府各员，出具切实考语，敬缮清单，恭呈御览。计开：

督粮道陈景亮，福建举人，年四十二岁。人伉爽，办事勤。在陕两年，经催道仓粮石，均尚认真。叠署藩、臬，于钱谷、刑名案件，亦肯留心讲求。

盐法道文海，汉军镶黄旗誊录，年六十九岁。外任多年，才具历练。盐道事务较简，察其精力，足以副之。

潼商道朱庆祺，浙江进士，年五十四岁。人深稳，办事小心，为循分供职之员。

陕安道陈晋恩，江西监生，年五十四岁。年强才裕，于南山一切事宜，措置尚妥。

西安府知府蒋琦淳，广西进士，年三十五岁。年富力强，才学俱可。甫调首郡，审理庶狱，尚能允协。

延安府知府保岱，满洲镶蓝旗笔帖式，年五十九岁。人谨饬，办事亦勤。现任中简缺分，察看尚能称职。

榆林府知府何鲲，浙江举人，年六十岁。年健才明，留心民事。近于边境蚕桑尽力劝导，著有成效。

同州府知府文廉，蒙古正蓝旗翻译进士，年四十二岁。人安详，履任数月，黾勉奉公，克尽厥职。

兴安府知府王履亨，山东举人，年六十二岁。年健才优，办事周妥。在陕年久，熟悉情形。（咸丰元年）

011 奏为密陈咸丰元年陕甘学政吴福年考试声名考语事

再，学政考试无弊，例应于年底具奏。查陕甘学政吴福年，本年轮赴甘肃考试，其未赴甘肃以前，仅考过陕西商州一属。臣密加询访，并饬提调官留心查察，禀报该学政莅试时关防严密，校阅公明，士论翕然，并无弊窦。合并附片具奏。（咸丰元年）

012 呈咸丰二年份陕西省司道府各员考语清单

谨将陕西省藩司、道、府各员，出具切实考语，开单密呈御览。

布政使吴式芬，山东进士，年五十三岁。人细致，操守廉，一切公务商办，均肯用心。惟综理度支，其才似于小省称职，因欠果断，近亦渐知振作。

督粮道陈景亮，福建举人，年四十三岁。人伉爽，年力精壮，于粮务照例事宜，办理裕如，遇有派委，亦尚出力。加以详慎，即是干才。

盐法道文海，汉军镶黄旗誊录，年七十岁。由佐贰出身，人似有才，而皆务外。每于接见，察听言论，浮夸不中窾要。现暂委赴兴安，试以会办事宜，且观后效。

潼商道朱庆祺，浙江进士，年五十五岁。人诚实，办事无误，为循分供职之员。

延榆绥道段大章，四川进士，年四十七岁。人淳正，才具稳练，委以公事，俱尚可靠。

西安府知府蒋琦淳，广西进士，年三十六岁。年壮才明，调任首郡，承办案件，尚能如律稳妥。现随事随时加以策励，当为可造之才。

延安府知府保岱，满洲镶蓝旗笔帖式，年六十岁。凤翔府知府武访畴，山西进士，年五十岁。以上二员，保岱年力强健，武访畴才具老练，现任均系中简缺分，就其平日办事察看，俱能称职。

榆林府知府何鲲，浙江举人，年六十一岁。年健才明，办事克勤，足膺表率。

汉中府知府毕至，湖北进士，年四十六岁。人朴遬，才具亦可，南山要地，措置尚妥。

同州府知府文廉，蒙古正蓝旗翻绎进士，年四十三岁。人谨饬，办公黾勉，克尽厥职。

兴安府知府王履亨，山东举人，年六十三岁。年健才优，熟悉地方情形，近办赈抚事宜，亦尚周妥。（咸丰二年）

013 奏报陕甘学政沈桂芬捐资助饷事

再，准陕甘学政臣沈桂芬捐输军饷银一千两，咨臣转奏前来。除将捐助银两，饬令藩司照数兑收外，所有陕甘学臣捐资助饷缘由，合并附片陈明。谨奏。咸丰二年。咸丰帝朱批："另有旨。"

014 奏为查明陕甘学政沈桂芬考试无弊循例奏闻事

陕西巡抚臣张祥河跪奏，为学政考试无弊，循例恭折奏闻事。

窃照学政考试声名，例应于年底具奏。兹查陕甘学政沈桂芬，本年考试过西安、同州、凤翔、延安、汉中、兴安、榆林、乾州、邠州、鄜州、绥德、商州等府州。臣密加询访，并饬提调官留心查察，随时禀报。该学政按试各处，关防严肃，去取公明，士论翕服，并无弊窦。现届年底陈奏之期，理合循例具奏，伏祈皇上圣鉴。谨奏。咸丰三年十二月十一日。

015 奏请以费涛升补南路同知事

臣张祥河，臣黄宗汉跪奏，为同知要缺需员，循例拣选请升，恭折奏祈圣鉴事。

查定例，京畿四路捕盗同知缺出，先尽顺天府属人员内拣选补授。又，道光十八年定例，遇有同知缺出，先以大兴、宛平二县升补一次，再以顺天所属并直隶合属人员升补二次。自接到部文行知之日出缺计算，再轮届两京县升补时，以拣选不得其人，或甫经到任尚须试看之处，其缺归顺天所属并直隶合属人员升补，不积轮升班次。再有缺出，仍于大兴、宛平二县内拣选各等语。

兹查南路同知黎鸿恩，因案参革，奉准吏部开单知照，于咸丰六年十一月初五日行文。按直隶照限二十日减半扣算，应作为十一月十四日接到部文开缺，归十一月分截缺。所遗南路同知一缺，管辖霸州等七州县，职司捕务，兼有协缉城属之责。所属州县一切刑、钱事宜，悉由该同知核转，系冲繁难三项要缺，例应在外拣选补授。上次南路同知丁希陶降补遗缺，因京县应升无人，已以怀柔县知县黎鸿恩请升，不积轮升班次。又，北路同知范梁丁忧，遗缺因京县无人，已以昌平州知州吕圻请升，不积轮升班次。

今南路同知一缺，按班应用京县人员。查有大兴县京县知县费涛，年五十八岁，浙江归安县人，由优廪生考充道光丁酉科拔贡，戊戌科朝考二等，引见，奉旨："以知县用。钦此。"签掣直隶，道光十八年八月到省，二十二年题补新乐县知县。二十三年丁忧回籍，服满起复赴直，二十八年题补完县知县，咸丰元年升补宛平县京县知县，四月二十六日到任。是年七月初六日引见，奉旨："费涛准其升署宛平县京县知县。钦此。"是年十一月丁忧回籍，服满赴直，升补今职，先委署理。五年六月二十九日到任，奉部覆准，六年八月题请实授，在京捐免历俸。该员才具明练，办事认真，以之升补南路同知要缺，实堪胜任，与例亦属相符，据布政使钱炘和按察使吴廷栋会详前来。

合无仰恳圣恩，俯准以费涛升补南路同知，实于近畿要缺有裨。如蒙俞允，俟部覆到日，给咨送部引见，恭候钦定。再，升补要缺，一切因公处分，例免核计，其应完罚俸银两，饬令呈缴。至所遗大兴县京县知县繁缺，容臣等另行拣员请补，谨会同大学士、直隶总督臣桂良，合词恭折具奏。再，臣黄宗汉到任未及三月，例不出考，合并声明，伏乞皇上圣鉴，训示遵行。谨奏。咸丰七年正月二十六日。咸丰帝朱批:"吏部议奏。"

016 奏报京师大员捐输京钱请准给其子弟议叙事

再,查总局现收各员捐输,除前任工部侍郎、候补四品京堂崇实捐交二万吊,另折具奏外,尚书联顺奏捐二千吊,左都御史宗室肃顺捐输二千吊,顺天学政李清凤捐输二千吊。臣张祥河近因本籍江苏第二次劝捐军饷,已捐京钱一万吊,呈交户部查收外,兹因平粜,谨又捐二千吊。臣黄宗汉捐输八千吊。共计收到京票钱三万六千吊,均已发局,易银采买,应即照章分次具奏。惟户部原奏声明,文职三品以上,武职二品以上大员,所捐钱文呈交顺天府,均毋庸给予议叙。其以下各官绅士庶,如有情殷报效者,仍令赴户部具呈,由该部按照捐铜局章程,奏请奖叙,所收捐项,仍交顺天府采买。是臣衙门同一收捐,其中有奖叙、不奖叙之分。在臣等曾膺疆寄,屡次捐输,荷蒙圣主给予奖叙,至优极渥,此次勉竭绵力,岂敢复存希冀?即在京各大员,同系受恩深重,亦均不敢仰邀议叙。

惟臣等恭读温谕,各直省大员,自将军、督、抚以下,凡有涓埃之效,均蒙特交议叙,并令查照新例,给予其子弟议叙,仰见高厚鸿施,有加无已。此次在京大员捐输,自必视同一体。臣等系承办衙门,立等收捐采买,以济民食。计此时所收捐项,发给委员,尚不敷已买粮价之半。为鼓励捐输起见,冒昧具陈,倘蒙圣恩普被,恭候命下,臣等即宣布各衙门如有请叙其子弟者,准其在于报捐时声明履历,由臣衙门移咨户部,一律核奖。是否有当,谨附片具奏,伏乞圣鉴,臣等不胜惶悚之至。谨奏。(咸丰七年正月二十六日)咸丰帝朱批:"京师原与外省不同,所请著不准行。现任大员已捐及续捐者,均著户部存记,统于事竣时汇奏,朕自分别加恩。"

017 奏为代奏候补四品京堂崇实报效钱款请旨议叙事

臣张祥河,臣黄宗汉跪奏,为据情代奏,仰祈圣鉴事。

臣等据候补四品京堂崇实呈称:“窃崇实满洲世仆,叠荷生成,前于乙卯年间自蹈愆尤,经部议降调,感恩省过,高厚难酬。现闻因粮价昂贵,上廑宸虑,已蒙天恩发款平粜,并准在京官员捐输采买,以济民食。崇实谨措得京票钱二万吊,稍伸报效微忱。惟系曾任大员,断不敢仰邀奖叙,是以赴府呈明交纳,伏乞据情代奏”等语。并将京票钱二万吊一并呈交前来,理合缮折代奏。应否给予议叙,出自皇上逾格鸿慈,伏乞圣鉴。谨奏。咸丰七年二月十七日。咸丰帝朱批:“崇实应如何奖叙之处,著户部核议具奏。”

018 奏请以毛庆麟升补宛平县京县知县事

臣张祥河,臣黄宗汉跪奏,为京县知县要缺需员,循例拣选,奏恳圣恩准升,以资治理事。

窃查宛平县知县陈瑞升补深州直隶州知州,业经臣等具题。接准部覆,坐咸丰六年十二月十四日行文,按直隶照限二十日减半计算,应作为十二月二十三日接到部文开缺,应归十二月分截缺。所遗宛平县京县一缺,系附京首邑,旗民杂处,政务殷繁,且时有承追发审案件,为冲繁疲难四项最要之缺。前因一时拣选乏人,业经咨部展限。查定例,大、宛二县缺出,应在顺天所属各县内遴选。如无可保题,准于通省人员内拣选。又,道光三十年奉准通行,嗣后州、县以上应升缺出,先尽各项著有劳绩应升人员升用。如实因人地未宜,必须于折内声明,方准以合例应升人员请升。又,咸丰元年奉准通行,嗣后各省州、县以上应题应调缺出,如系题缺请升,调缺请补,或题缺请调,调缺请升,俱令该督、抚于折内详细声明,方准升调各等语。今宛平县京县一缺,现无应补人员,应于顺天及通省各县应升人员内遴选。其曾得劳绩应升各员,非本任紧要,即人地未宜。

惟查有河间县知县毛庆麟,年二十九岁,浙江遂安县人。由廪生考取道光二十九年己酉科拔贡,朝考一等,引见,奉旨:“以知县用。钦此。”签掣直隶,三十年八月到省,题署曲阳县知县,咸丰四年二月初一日到任。嗣报捐双月直隶州，在任候选。五年实授，并捐免试俸、历俸，调补今职，六年三月二十七日任事。现署宛平县。当经大学士、前直隶总督臣桂良会同臣等详加察核，该员才具明练，办事安详，以之升补宛平县京县知县，实堪胜任，与例亦属相符。据藩、臬两司会详前来。

合无仰恳天恩，俯念员缺紧要，准以河间县知县毛庆麟升补宛平县京县知县，俾资治理。如蒙俞允，再行给咨送部引见，恭候钦定。至该员系属初升，任内并无参罚处分，所遗河间县知县要缺，容另拣选。谨会同现署直隶总督臣谭廷襄，合词恭折具奏，伏乞皇上圣鉴，训示遵行。谨奏。咸丰七年三月二十九日。咸丰帝朱批："吏部议奏。"

019 奏请以王钟升补三河县知县事

臣张祥河，臣梁同新跪奏，为知县要缺需员，循例拣选，奏恳圣恩俯准升补，以资治理事。

窃查顺天所属三河县知县刘宝楠，于咸丰五年九月二十四日因病出缺，即应以是日作为开缺日期，归五年九月分截缺。所遗员缺，系冲繁难三项要缺，例应在外拣选。查定例，知县应调缺出，在于现任人员内遴选调补。如现任人员实无合例堪调之员，准以候补正途人员题补。如候补无人，准于应升人员内保题升用。又，道光三十年八月奉到通行，内开：嗣后州、县以上应升缺出，先尽著有劳绩应升人员升用。如人地未宜，必须于折内声明，方准于合例应升人员照例升用。又，咸丰元年七月内奉部通行，内开：嗣后州、县以上应题应调缺出，如系题缺请升，调缺请补，或题缺请调，调缺请升，俱令该督、抚照例于折内详细声明，方准升调。又，员缺紧要，人地实在相需，所保之员与例稍有未符者，亦必须将该员不合例之处详细声明，专折具奏各等语。

所遗三河县知县员缺，前经督臣会同臣等，请以候补知县石衡请补。奉部，以该员开复顶戴，奉旨日期在开缺以后议驳。复以行唐县知县马霈请调，奉部覆，以该员试俸期满日期在开缺以后，应毋庸议，行令将三河县员缺另拣合例人员调补等因。臣等遵即在于选缺知县内逐加遴选，非历俸未满，即人地未宜，实乏合例堪调之员。其即用知县并候补知县，皆与此缺人地均不甚相宜，自应在于劳绩应升人员内保题升用。

兹查有臣衙门经历王钟，年四十九岁，山西安邑县监生，遵酌增头卯例捐纳员外郎，签分兵部，道光十九年补授武选司员外郎。历充武选司总办，则例馆提调，兼司务厅坐办，并委办督催所饭银处事务。道光辛丑、甲辰科，充武会试提调官。二十四年奏留本部，以郎中升用。二十五年充马馆监督，二十七年缘案，经部议降四级调用，三十年选授今职。引见，奉旨："顺天府京府经历员缺，著王钟补授。钦此。"是年八月二十二日到任。咸丰元年、四年两次京察，保列二等，又六年俸满，堪膺保荐，以应升之缺升用，七年六月二十二日奉旨。是年十二月，因办理海运出力保奏，奉旨以知县留于直隶补用。八年京察，保列二等。该员才具明练，办事安详，其任内六年俸满保荐，并海运出力应升各案，虽在三河县出缺之后，惟系京府经历，向例并准归京察保列。前已历次京察，且二等人员遇应升时，例准循例请升，与外省佐贰杂职请升知县者不同。以之升补三河县知县要缺，实堪胜任。惟调缺请升，并有候补即用及应升人员，与例稍有未符，但人地实在相需，例得专折奏请，兹据藩、臬两司会详前来。

合无仰恳天恩，俯念员缺紧要，准以王钟升补三河县知县，实于要缺有裨。如蒙俞允，俟奉准部覆，给咨送部引见，恭候钦定。至该员任内并无参罚案件，免其造册送部。所遗臣衙门京府经历系属选缺，直隶省虽无本项应补人员，第现有大衔应行借补之员，应请留缺外补，仍俟奉到部覆，核明开缺日期，另行序补。谨会同署直隶总督臣谭廷襄，合词恭折具奏。再，臣梁同新到任未及三月，例不出考，合并陈明，伏乞皇上圣鉴。谨奏。咸丰八年二月十五日。咸丰帝朱批："吏部议奏。"

020 奏为审明香河县捐贡李恩多等京控命案并究出群殴伤毙马泳生命案人犯按律定拟事

臣张祥河，臣梁同新跪奏，为审明京控命案，究出群殴伤毙马泳生人犯，按律定拟，恭折奏祈圣鉴事。

窃查步军统领具奏，香河县捐贡李恩多等京控逃军王景瀧等招集多人抢劫，刀伤铺户白秉旺身死等情一案，咸丰七年二月二十四日奉旨："此案著交张祥河、黄宗汉，亲提人证、卷宗，秉公严讯确情，按律定拟具奏。原告贡生李恩多、文生张汝为，该部照例解往备质。钦此。"并准该衙门将原告李恩多等二名，连原呈咨送到臣。同日承准军机大臣字寄："钦奉上谕：'据联顺等奏，香河县贡生李恩多等京控拟军逃回之贼匪王景瀧等招聚多人，抢劫镇店财物，刀伤铺伙身死，并私铸大钱，抢窃勒赎。复因伙贼被练勇误伤身死，唆控团练首事多人，致团练四散，乡勇杨泳通被押身死等情。逃军王景瀧等，胆敢在近京地方强劫勒赎，实属目无法纪，著步军统领衙门、顺天府饬属一体拿获，从重惩办，毋许匪徒漏网。将此各谕令知之。钦此。'遵旨寄信前来。"

臣等查，此案前据香河县回民马德相，以伊子马泳生被许杰等喝令李从年扎伤身死，次子马泳旺被马三等砍伤，报县未得真凶等词，赴臣衙门具控，业经札委通永道提讯详办。旋据通州验报，案犯杨泳通在押因病身死，钦奉前因，遵即密札四厅，饬属严拿王景瀧等务获，并将李恩多等解交该道，归案讯办。旋准步军统领派员会同香河县文武，拿获李恩多等控案内匪犯吴老即赛雷公等十一名，奏奉谕旨："交臣等审讯。未获之王景瀧等，著一体严拿，务获究办等因。钦此。"当即分札饬缉，并因获犯众多，恐致疏虞，不克解道归案。随将吴老等发交治中蒋大镛等先行审讯，旋经附片奏闻，并声明分饬严拿首匪王景瀧等务获。一面檄催通永道、治中速审去后。并据通州验报，案犯平思聪在押患病取保，因病身死，批饬核入正案详办。兹据通永道审明拟议，解请覆审分案办理前来。

臣等查吴老等各案，本与马泳生命案无涉，因李恩多等诬指马大老虎即马泳生等为吴老伙贼，牵控在内。现据通永道讯明，马泳生等并非吴老伙贼，自应分案办理。除将吴老等一案另行具奏外，随亲提案内犯证原告，逐加覆鞫。缘马玉振籍隶香河县，李恩承、石锁儿均系香河县屯居旗人，马玉振与已死回民马泳生即马大老虎同姓不同宗，邻村居住，无嫌。马泳生胞弟马泳旺，曾于咸丰元年八月间，纠同马二端筐(即)马二儿、常王二行窃黄小营村梁姓地内玉米，经县缉获马二端筐、常王二，讯明责释，马泳旺在逃未获。

六年八月二十四日，马泳生、马泳旺赴刘宋镇赶集，与石锁儿路遇。石锁儿因马泳生租种伊家旗地五亩，向索租钱，马泳生嗔其过早，石锁儿不依混骂，马泳旺气忿，揪按石锁儿发辫，顺拾砖块殴打，致将发辫揪落一绺。石锁儿滚骂，马泳生复用木鞭杆叠殴多伤。适有练勇马玉振、李恩承、杨泳通、平思聪查拿贼匪王景瀊等无获回归，见而喝阻，马泳旺等斥其多管，平思聪生气，用木棍向殴，马玉振亦顺拾地上石片，共将马泳旺殴伤，昏跌倒地。马泳生手持鞭杆帮护，李恩承用锣锤木柄殴伤马泳生左颔颏，马泳生用鞭杆还殴，李恩承拔出身带铁尺，格落马泳生鞭杆，殴伤其左肩甲、左脚面。近下维时赶集过路瞧看，人多拥挤，石锁儿顺拾不知何人掉落屠刀，砍伤马泳生左膝盖等处，杨泳通亦用木棍殴伤马泳生顶心相连囟门。马泳生牵及马玉振等祖先辱骂，马玉振用身带腰刀扎伤马泳生右脊膂，登时倒地，马玉振等亦即歇手走回。经过路人见马泳生、马泳旺伤重，扶进药王庙内。

适练勇刘振亭卖柴晚归，入庙看视，马泳旺、马泳生见而牵骂，团练刘振亭气忿，用捆柴麻绳将两人手脚捆缚，径自回家，经乡地于龙、贾文有闻信趋询解放。讵马泳生伤重，延〔致〕(至)是夜，因伤殒命。次日尸父马德相前往看明，鸣地报县，验讯通详。后因闻传言有李从年、许杰、贾大在场共殴，到案又不供认。李恩承总未到案，心不输服，即赴臣衙门呈控，均经该道讯明，拟议解审。臣等恐有不实不尽，屡加究诘,矢口不移,案无遁饰,应即拟结。

查此案马玉振因见石锁儿被马泳生、马泳旺用石块殴伤,与杨泳通、李恩承、平思聪等喝阻,马泳旺等不服,嗔其多管,用腰刀、木棍、铁尺等械共殴马泳生身死,并用石片殴伤马泳旺,平复殊属不法。已死马泳生身受各伤,被马玉振用腰刀扎伤致命,脊膂深至透内为重,且系最后下手,例应该犯拟抵。第馀人杨泳通用木棍殴伤马泳生顶心囟门,伤深至骨,亦属致命重伤,现已在押病故。该犯马玉振例得减等拟流,惟所持腰刀,系属例载凶器,自应从重问拟。马玉振合依执持腰刀伤人者发近边充军例,应发近边充军。

李恩承用锣锤木柄并铁尺殴伤马泳生左颔颏等处,即属共殴馀人,惟铁尺非民间常用之物,应照凶器问拟,李恩承合依共殴馀人执持凶器伤人者发近边充军例,应发近边充军。石锁儿因向马泳生等豫要租钱口角,被马泳生、马泳旺揪殴致伤,该犯喊救,致马玉振等将马泳生殴扎伤死。又复顺拾屠刀砍伤马泳生左膝盖等处,虽非共殴原谋,究因该犯索租肇衅,自应比例问拟。石锁儿应比照同谋共殴人因而致死原谋,杖一百,流三千里律上减一等,拟杖一百,徒三年律,应杖一百,徒三年,与马玉振、李承恩均至配折责安置。

杨泳通、平思聪用木棍殴伤马泳生顶心囟门,应照共殴馀人律杖一百,业已病故,应毋庸议。刘振亭因马泳旺等辱骂,辄将马泳生、马泳旺用绳捆缚,合依威力制缚人者不问有伤无伤杖八十律,应杖八十,折责三十板。马泳旺用砖殴伤石锁儿左眉,平复并揪落发辫,按他物殴人成伤及拔发方寸罪,止笞责。该犯曾经纠同前获拟结之马二儿偷窃梁姓地内玉米一次,计赃一两以下,照盗田野谷麦菜果计赃准窃盗论罪,应杖六十。事犯虽在咸丰五年十月二十日恩诏以前,第到官在后,系在不准减免之列,仍应按律科断。马泳旺即马二老虎,合依盗田野谷麦菜果计赃准窃盗论,窃盗赃一两以下杖六十律,应杖六十,折责二十板,照律免刺。

马德相呈控许杰、贾大喝令李从年用枪扎伤马泳生后腰透膜,现经讯明，伤系马玉振用腰刀所扎，控因误听传言，并非凭空诬捏。但控词失实，应照申诉不实律杖一百，年逾七旬，照例收赎。李恩多、张汝为所控王景瀊、吴老等各情，均系事出有因，即所指马泳生、马泳旺为吴老等伙贼，现已讯明，马泳旺曾有另窃田野谷麦之案，虽非挟嫌有心诬告，惟不察虚实，率行牵列混控，究属不合。李恩多、张汝为均应照不应重律杖八十，李恩多系捐贡，张汝为系文生，均照例纳赎，与马德相并追赎银册报。李从年讯无用枪扎伤马泳生情事，应与讯无喝令之许杰、贾大均免置议。案已讯明，未到人证免提省累，凶器发回存库备照。石锁儿所用屠刀，据称撩弃，并免查起。除将全案供招咨部外，所有臣等亲提定拟缘由是否有当，理合恭折具奏，伏乞皇上圣鉴训示。谨奏。咸丰八年二月二十六日。咸丰帝朱批："刑部议奏。"

021 奏为查明咸丰八年戊午科宗室乡试实在入场人数请钦定中额事

臣张祥河，臣梁同新，臣毛昶熙跪奏，为请旨事。

嘉庆五年十一月，军机大臣奏准宗室乡试章程。内开：取中额数，由顺天府查明入场试卷数目，奏请钦定。查咸丰元年辛亥恩科乡试，宗室入场八十三名，奉朱批："取中五名。"咸丰二年壬子科乡试，宗室入场八十五名，奉朱批："取中五名。"咸丰五年乙卯科乡试，宗室入场八十三名，奉朱批："取中五名。"

今咸丰八年戊午科乡试，准至公堂移称，实在入场六十四名。所有取中额数，理合奏闻，恭候钦定，臣衙门行文至公堂，转行内帘，钦遵办理，为此循例具奏。再，臣梁同新，臣毛昶熙现入文闱，合并声明，伏祈皇上圣鉴，训示施行。谨奏。咸丰八年八月十八日。咸丰帝朱批："取中四名。"

022 奏为大兴县知县贺瀛限内拿获逃走原告请免其议处事

臣张祥河，臣董醇跪奏，为限内拿获逃走原告之知县，请旨免其议处，恭折具奏，仰祈圣鉴事。

窃查臣等于咸丰九年七月二十六日，奉钦派端华、穆荫，会同查办刑部奏送姜永喜呈告吴玉山等勾串宗室庆明等霸种地亩等情一案，前因案内原告姜永喜、王和解审中途脱逃，即经臣等于八月二十七日，将签差不慎之大兴县知县贺瀛请交部议处，奉旨："依议。钦此。"

兹据报，该县被参后，于九月二十四日，协同通州知州等，将原告姜永喜、王和按名拿获，尚知愧奋。所有前参交部议处，可否免议，出自圣裁。除将该原告等归案审办外，理合恭折具奏，伏乞皇上圣鉴。谨奏。咸丰九年十月二十六日。咸丰帝朱批："著开复前参处分。"

023 奏为安徽官绅捐修城垣等工请免造报核与奏案不符请仍令造册报销并将该漕督交部议处事

工部尚书臣宗室绵森等谨奏，为捐修城垣等工请免造报核与奏案不符，恭折奏明请旨事。

咸丰十一年三月初六日，内阁抄出钦差大臣、漕运总督袁甲三奏，安徽举行团练，并捐修城垣、城濠等工完竣，开单请奖，并请免造册报销一折，奉上谕："袁甲三奏泗、灵剿贼修城出力，开单请奖一折。安徽泗〔洲〕(州)、灵璧团练官绅，叠次扑灭巨捻李攀桂等，并捐修城垣，以资守御。上年十一月间，西捻大股扰及泗、灵境内，署泗〔洲〕(州)知州郑沅等调练堵剿，得以保全完善，尚属著有微劳。署泗〔洲〕(州)知州，拣发知县郑沅，著免补本班，以直隶州知州用。候补直隶州知州，署灵璧县知县李衔华，著赏加知府衔。山东试用通判王尧辰，著归候补班前先用。候选教谕翟鸿猷，著免选本班，以知州不论双单月选用。候补县丞潘治，著免补本班，以知州用。安庆府照磨，候选知县陈以忠，著开缺，以知县归部即选。千总洪凤章，著以守备补用。候选从九品郑源，著免选本班，以县丞分发省分补用。候补直隶州判孙澄等，均著赏加五品衔。知县饶曾绂等，均著赏戴蓝翎。分发知州钟乃澄，著归候补班前先用，并赏戴蓝翎。江西候补县丞袁其仁，著俟补缺后以知县用，并赏加五品衔。候选教谕孙玉堂，著免选本班，以知州不论双单月即选。丁忧知州彭城，著俟服阕后赏加运同衔，分发补用。府经历沈淳古，著俟补缺后以知县用，并赏加五品衔。同知衔王绍曾，著以同知选用。湖北试用县丞沈培，著俟补缺后以知州用。从九品高鸿猷，著以县丞不论双单月选用。八品职衔陈国锦，从九品傅棠，均著以县丞选用。训导朱广衢，著不论双单月即选。县主簿王心慰、吕宗镇，均著分发省分，遇缺即补。附生郑其森，著以训导不论双单月选用。候选巡检姚光裕等，均著俟选缺后以县丞用。附生周焕光等，均著以从九品不论双单月选用，以示鼓励。此项捐修城工，并著免其造册报销，该部知道。单并发。钦此。”钦遵抄出到部。

查臣部办理各省捐修工程，俱以有无请奖，分别核办。咸丰八年六月间，奏请明定章程，钦奉上谕：“工部奏捐修各工，近年以来，地方劝捐，未能画一。且所捐银钱，该督、抚奏请给予奖叙者，即与动用正款无异，岂可漫无稽察，致滋冒滥？嗣后，除民间捐修，并不邀请奖叙，均免其造报外，其馀地方劝办请奖，并给予实在官阶，以及应修之工有关田庐保障者，一体造册报部核销，予以保固限期。如有违例奏请者，即著该部奏请议处等因。钦此。”通行遵照在案。

今此案捐修城垣等工，既经该督随案声请给予奖叙，自应遵照臣部奏定章程，造册报销。且此项城垣，既称年久坍塌至二三百馀丈之多，其需用银数，自在伍百两以上。该督并未将各官绅所捐银数，及工需实在数目分晰奏明，亦未声叙保固期限，核与臣部奏案不符。再查本年三月间，署理四川总督崇实奏率属捐修省城外濠、炮台等工，钦奉谕旨，交部议叙，免其造册报销。经臣部以核与奏案不符，奏明请旨，咸丰十一年三月十五日奉朱批：“仍令造册报销。该督违例奏请，著交部议处。钦此。”钦遵行文四川总督，遵照亦在案。

今此案奏请奖叙，虽因该官绅团练出力，仰沐恩施。惟此项捐修工程，业经随案声明给予奖励，自与未经请奖者不同，似未便邀免造报。应否援照定例，仍令造册报销，并将该督违例奏请交部议处，抑或即遵此次谕旨，免其造报，将该督处分宽免之处，理合恭折奏明，请旨遵行。伏候命下，臣部行文该督等，一体钦遵办理，为此谨奏请旨。咸丰十一年五月二十六日。工部尚书臣宗室绵森，扈随。尚书臣张祥河，左侍郎公臣麟兴，扈随。左侍郎臣李菡，右侍郎臣宗室国瑞，差。署右侍郎臣文祥，右侍郎臣宋晋。咸丰帝朱批："仍令其造册报销。该大臣著交部议处。"

二、灾赈档

024 奏为遵旨查明神木府谷二县来春接济事

陕西巡抚臣张祥河跪奏，为遵旨查明来春接济事，据实覆奏，仰祈圣鉴事。

窃臣承准军机大臣字寄："道光二十九年十月初三日奉上谕：'本年陕西三原等处，间有被水被雹，已据该抚奏明，随时抚恤。来春应否接济之处，一并查明，于封印前奏到等因。钦此'。"仰见我皇上轸恤民艰，痌瘝在抱至意。

臣遵与藩司常大淳督属详加确查，除被水之咸宁、三原、富平、醴泉、高陵、临潼、留坝、沔县、佛坪、华州，华阴、潼关等十二厅州县，均经各地方官随时捐廉安抚，来春当有出易仓粮，毋庸另行接济外，惟被雹之神木、府谷二县，业经缓征。惟地处北山，土瘠民贫，气候较迟，相距来年麦收，为日甚长。当此青黄不接之时，居民未免拮据，相应仰赖天恩，将神木、府谷二县，均于来春常、社仓内，酌借本折籽种、口粮，俾穷黎各安生业。所有查明来春该二县尚须接(济)缘由，理合据实覆奏，伏乞圣鉴。谨奏。(道光二十九年)十一月二十七日。道光二十九年十二月初九日奉咸丰帝朱批："候旨行。钦此。"

025 奏为本年粥厂展限两月请多赏普济堂功德林小米二百石并饬将应给银两照例全数发给事

臣张祥河，臣黄宗汉跪奏，为奏闻请旨事。

窃照广安门外普济堂收养贫民，向例于十月十五日开堂起，至次年清明节放堂止，每年蒙恩赏小米三百石，分给功德林一百石，历年遵办在案。恭查，嘉庆六年钦奉上谕："本年夏间雨水过多，贫民生计更形拮据，著加恩照年例赏给京仓小米三百石，外再加赏二百石，以示格外轸惜至意。钦此。"嘉庆二十二年，蒙恩加赏小米二百石。又道光三年并十二年，均蒙恩加赏小米二百石。又咸丰三年、四年，均蒙恩加赏小米二百石。又咸丰六年九月二十日，钦奉上谕："京师普济堂、功德林二处，年例赏给京仓小米煮粥散放，以资民食。本年近畿各厅兼被水灾，晚禾亦有被蝗之处，京师粮价昂贵，贫民度日维艰，著于例赏小米三百石外，著再加赏二百石，以示格外轸惜至意。钦此。"

又，咸丰六年十二月二十日，钦奉上谕："御史惠昌、李培祜奏普济堂、功德林粥厂恳恩展限，并请将赏银全数给发等语。普济堂、功德林二处粥厂，著加恩展限两个月，其崇文门税务项下应赏该二处银各一千两，著照例全数发给，以资接济。钦此。"又，本年六月初七日，户部奏遵议广筹赈济一折，钦奉上谕："五城饭厂，著再加恩添放八九两月，至十月照例开厂，仍展至来年四月初五日止等因。钦此。"钦遵各在案。

现在秋收虽称中稔，粮价亦稍平减，惟一切物价，较之往岁，均尚倍昂，贫民仍多拮据。臣等拟请本年粥厂展(限)半个月，以十月初一日起，来岁自清明后展限一月有半，统计展限两月。核与本年奏展之数，及五城饭厂展至来年四月初五日之期，亦各相符。惟为日既长，用米较多，合无仰恳天恩，赏给小米三百石之外，加恩再赏二百石。并请饬下崇文门，将税务项下应给普济堂、功德林二处各银一千两，照例全数发给，以资接济。如蒙俞允，臣等遵照旧章分给，俾贫民均沾实惠，以广皇仁，理合恭折奏闻，伏祈皇上圣鉴训示。谨奏。咸丰七年九月十五日。

026 奏为内城六门外粥厂将届停止之期因值青黄不接之际穷民糊口仍艰请展限事

臣张祥河，臣黄宗汉跪奏，为添设六门外粥厂将届年终停止之期，查看情形，吁恳天恩展限以济民食事。

恭查咸丰七年六月初七日，内阁奉上谕："户部奏遵议广筹赈济一折，著顺天府府尹，于内城六门外各择地段，添设粥厂六处，俾城内旗民就近领食。每厂每日给粟米二石，放至年终为止，再由该府尹查看情形办理。该府尹即遴委妥员，会同五城，认真稽查。倘有不肖官吏私易米色，侵蚀虚糜，即著严参等因。钦此。"当经臣等钦遵，择于安定门外大福院，东直门外朝阳寺，朝阳门外南海会寺，德胜门外华严寺，西直门外广通寺，阜城门外慈明禅林六处，各添粥厂一座，参酌从前大、宛二县，黄村等处煮赈成案，拟定条款，缮具清单，奏奉谕旨，允准遵行在案。

自七月初一日开厂以来，臣等饬据治中、粮马通判，大、宛二县，会同详委妥员轮流赴厂，常川住宿，弹压稽查，监视散放，不准稍有偷换侵蚀。并会同五城御史暨咨步军统领，添派地面文武员役，一律稽察。每日每厂，男妇大小名口，自一千五六百至二千上下不等。凡领食旗民，仰沐圣恩，莫不欢忻感颂，办理均极安帖，堪以上慰慈廑。兹届年终停止之期，臣等察看情形，目下粮价虽已渐平，而诸物仍多昂贵，且距来年麦秋，为日尚长，春间青黄不接之际，穷民糊口仍艰。

伏查五城饭厂，已奉上谕旨，展至来年四月初五日止。合无仰恳天恩，俯准将内城六门外粥厂，一体展至来年四月初五日止，俾贫民得以领食，不致稍有枵腹之虞，则感荷皇仁，益无既极矣。如蒙俞允，臣等即当钦遵，分别移咨户部、仓场各衙门，并饬治中等官，一体遵照办理。是否有当，理合恭折具奏请旨，伏乞皇上圣鉴，训示遵行。谨奏。咸丰七年十二月初二日。

027 奏为粥厂展期将满查看情形请再加展一月事

臣张祥河，臣梁同新跪奏，为粥厂展期将满，查看情形，再行吁恳天恩，加展一月，以济民食事。

窃照上年六月间，臣等钦奉谕旨，于内城六门外添设粥厂六处，每厂每日给粟米二石，放至年终为止，再由臣等查看情形办理等因。当即钦遵，将设厂处所，开厂日期，并酌拟条款，分派委员，暨议给柴薪、杂支各项，均经先后奏明在案。

嗣于十二月查看情形，年终势难停止，经臣等奏奉谕旨，展至本年四月初五日止，即经分别咨行遵办去后。计自上年七月迄今，数万穷黎皆仰赖圣恩，得以安生，莫不同声感戴。惟现将期满，查粮食诸物照旧价昂，麦秋计期尚早，当此青黄不接，贫民谋食仍艰。合无仰恳天恩，俯准将内城六门外粥厂加展一月，至五月初五日停止，藉可延至麦熟，生计有资，则感荷皇仁，益无既极。

如蒙俞允，臣等即当钦遵，分别移咨户部、仓场各衙门，并饬治中等官一体遵照。至柴薪、杂支等项，前本奏明在官员捐输项下动用，除提存二万六千吊，按月备用外，馀均已解交户部查收。若加展一月，提存之项计不敷用，应由臣等捐廉筹办，合并声明。是否有当，理合恭折具奏请旨，伏乞皇上圣鉴，训示遵行。谨奏。咸丰八年三月十八日。

028 奏为粥厂展限又将届满查看情形请再加展三月事

臣张祥河，臣梁同新跪奏，为粥厂展限又将届满，查看情形，再行吁恳天恩，加展三月，以济穷黎而安民心事。

窃照上年六月间，臣等钦奉谕旨，于内城六门外添设粥厂六处，每厂每日给粟米二石，放至年终为止，再由臣等查看情形办理等因。当即钦遵派办，并将办理各事宜先后奏明。随于上年十二月暨本年三月，两次奏奉谕旨，展至五月初五日止，亦均分别咨行遵办去后，凡此穷黎仰赖皇仁，至再至三，莫不同声感颂。本拟麦秋已近，即应遵限停止。惟现当多事之际，人心不定，银价、物价日益昂贵，贫民生计愈艰，恐或藉端生事。臣等查看情形，合无仰恳天恩，俯准将六门粥厂再展限三月，至八月初五日停止，俾贫民糊口有资，感荷圣恩，益无涯涘。

如蒙俞允，臣等即当钦遵，分别移咨户部、仓场各衙门，并饬治中等官一体遵照。至柴薪、杂支等项，除前在官员捐输项下提存二万六千吊，动用无存，并由臣等捐廉筹办外。现若加展三月，杂支等项为数过多，应仍咨由户部在前项捐输拨发动用，合并声明。是否有当，理合恭折具奏请旨，伏乞皇上圣鉴，训示遵行。谨奏。咸丰八年四月二十六日。

三、录副奏折

道 光 朝

029 奏为恭谢补授河南臬司恩并请进京陛见事

新授河南按察使臣张祥河跪奏，为恭谢天恩，吁请陛见事。

本月二十三日，接准吏部行文，由山东抚臣饬知到臣："道光十七年五月初四日，内阁奉上谕：'河南按察使员缺，著张祥河补授等因。钦此。'"窃臣吴中下士，世受国恩，自通籍以来，列宸曹者六年，备枢直者八载，两领校文之役，频随扈从之班。嗣蒙简擢粮储，忝司转运，涓埃未效，兢惕方深。兹复渥荷温纶，补授今职，闻命之下，倍切悚惶。

伏念河南为政务繁要之区，臬司有综核刑名之责，以臣梼昧，深惧弗克胜任。惟有叩求恩训，敬谨遵循，于一切应办公事，课之以实，勉之以勤，冀自策夫驽骀，庶仰酬夫高厚。现俟交卸督粮道篆，当即俶装起程，迎折北上。所有微臣感激下忱，并吁请陛见缘由，合先缮折恭谢天恩，伏祈皇上圣鉴。谨奏。(道光十七年)五月廿四日。道光十七年五月廿九日奉朱批："著来见。钦此。"

030 奏报到任日期事

河南按察使臣张祥河跪奏，为恭报微臣到任日期，叩谢天恩，仰祈圣鉴事。

窃臣仰沐鸿恩，补授河南按察使，于六月十八日到京，叠蒙召见，训谕谆详，跪聆之馀，莫名钦感。陛辞后，当即俶装起程，于七月十四日行抵河南省城，准署臬司张坦，将印信、文卷移交前来，臣恭设香案，望阙叩头，祗领任事。

伏念中州为近畿要区，臬司为刑名总汇，举凡诘奸戢暴，察吏安民，在在均关紧要。臣材辁责重，尤切冰兢。惟有恪遵圣训，于缉捕谳案事宜，细心讲求，实力办理，不敢稍涉因循，以期仰副高厚生成于万一。所有微臣到任日期，并感激下忱，理合缮折叩谢天恩，伏乞皇上圣鉴。谨奏。(道光十七年)七月十六日。道光十七年七月二十二日奉朱批："知道了。钦此。"

031 奏报到任接印日期事

河南按察使臣张祥河跪奏，为恭报微臣到任日期，叩谢天恩，仰祈圣鉴事。

窃臣仰沐鸿恩，补授河南按察使，于四月初八、初九等日叠蒙召见，训谕谆详，跪聆之馀，莫名钦感。陛辞后，当即俶装起程，于是月二十八日行抵河南省城，准前臬司，升任江宁藩司臣成世瑄，将印信、文卷移交前来，臣恭设香案，望阙叩头，祗领任事。

伏念中州为近畿要区，臬司为刑名总汇，举凡诘奸戢暴，察吏安民，在在均关紧要，臣重经旧地，尤切冰兢。惟有恪遵恩训，于缉捕谳案事宜，细心讲求，实力办理，不敢稍涉因循，以期仰副高厚生成于万一。所有微臣到任日期，并感激下忱，理合缮折叩谢天恩，伏乞皇上圣鉴。谨奏。(道光二十年)五月初二日。道光二十年五月十二日奉朱批："览。钦此。"

032 奏报接署藩篆日期谢恩事

署河南布政使，按察使臣张祥河跪奏，为恭报接署藩篆日期，叩谢天恩，仰祈圣鉴事。

臣于本年闰三月初十日，接奉抚臣牛鉴行知，奏署河南藩篆。并准前任藩司鄂顺安，将印信、文卷移交前来，臣恭设香案，望阙叩头，祗领任事。窃臣知识庸愚，上年蒙恩再授河南按察使，涓涘未效，兢惕方深。兹复奏委署理藩篆。伏念藩司有表率吏民之责，用人理财，职任綦重。现在奏销将次届期，综核尤关紧要。臣惟有矢慎矢勤，随同抚臣认真办理，不敢以暂时署篆，稍涉疏懈，以期仰酬高厚鸿慈于万一。所有微臣接署藩篆日期，并感悚下忱，理合缮折具奏，恭谢天恩，伏乞皇上圣鉴。谨奏。（道光二十一年）闰三月初十日。道光二十一年闰三月十九日奉朱批："览。钦此。"

033 奏报接署藩篆日期事

署河南布政使，按察使臣张祥河跪奏，为恭报接署藩篆日期，叩谢天恩，仰祈圣鉴事。

臣于本年九月初十日，接奉署抚臣鄂顺安行知，奏署河南藩篆。并准署抚臣，将印信、文卷移交前来，臣恭设香案，望阙叩头，祗领任事。窃臣知识庸愚，本年曾署藩篆五阅月，因事解任交议，蒙恩准其抵销，惭感之馀，方深兢惕。兹复奏委署理藩篆。

伏念藩司为通省表率，用人理财，职任綦重。现在黄水围城，虽节逾霜降，溜势渐弱，而防守仍不容刻懈。臣惟有矢慎矢勤，随同署抚臣认真经理，不敢存暂时署篆之思，以期仰酬高厚鸿慈于万一。所有微臣接署藩篆日期，并感悚下忱，理合缮折具奏，恭谢天恩，伏乞皇上圣鉴。谨奏。（道光二十一年）九月初十日。道光二十一年九月十九日奉朱批："知道了。钦此。"

034 奏为祥符大汛出力奉旨从优议叙谢恩事

河南按察使臣张祥河跪奏，为恭谢圣恩事。

窃臣以祥符大工合龙，准吏部行知，道光二十二年二月十七日，内阁奉上谕："所有总理局务之前署藩司事，河南臬司张祥河等，总核钱粮、料物，均能认真出力，俱著交部从优议叙。张祥河又首先捐资，率属购料，著加恩赏戴花翎等因。钦此。”

伏念臣忝列华缨，忱循章甫。领度支而权摄，纤毫讵有微长；总秸穰于生财，撙节曾无小补。输缗速来，廉泉原出自皇家；挂缆胪觀，众力胥承乎帝算。乃荷纶音之示奖，并加冠饰以生辉。其羽为仪，何啻戴山之重；有颏者弁，弥增伏地之惭。惟有益凛鹈濡，倍殚蚁悃。衔恩天上，莫知报称之何从；鉴影河干，共祝平成之永庆。所有微臣荣幸感激下忱，理合具折叩谢天恩，伏乞皇上圣鉴。谨奏。（道光二十二年）三月十六日。道光二十二年三月二十四日奉朱批：“知道了。钦此。”

035 奏为接署布政使谢恩事

署河南布政使，按察使臣张祥河跪奏，为恭报接藩篆日期，仰祈圣鉴事。

臣于本年六月二十七日，接奉署抚臣鄂顺安行知，奏署河南藩司篆务，臣恭设香案，望阙叩头，接印任事。窃臣知识庸愚，仰蒙恩命，再任河南臬司，上年两署藩篆，涓埃未报，兢惕时深。兹复奏委署理。

伏念藩司为通省表率，用人理财，并现在城工善后，一切俱关紧要。臣惟有矢慎矢勤，随同署抚臣认真办理，不敢以暂时署篆，稍涉疏懈，以期仰酬高厚鸿慈于万一。所有微臣接署藩篆日期，并感悚下忱，理合缮折恭谢天恩，伏乞皇上圣鉴。谨奏。（道光二十二年）七月初二日。道光二十二年七月十七日奉朱批：“知道了。钦此。”

036 奏请陛见事

河南按察使臣张祥河跪奏，为微臣三年期满，循例恭请陛见，仰祈圣鉴事。

窃臣于道光二十年四月，钦承恩命，补授河南按察使。当经请训，陛辞出都，即于二十八日抵任，至今已届三年。伏念臣才识庸愚，渥荷鸿慈，两任豫臬，夙夜冰兢，时以弗克胜任为惧。河南善后事宜，随同抚臣择要攒办。现在城堤各工，俱已次第兴修，本年秋审，亦已勘办竣事。合无仰恳天恩,准臣入京陛见。一俟恭奉朱批,即当交卸,趋赴阙廷,恭聆训诲,庶遂就瞻之愿,稍申依恋之诚。所有微臣三年期满,循例请觐缘由,理合缮折具奏,伏乞皇上圣鉴。谨奏。(道光二十三年)五月初一日。道光二十三年五月初八日奉朱批:“著来见。钦此。”

037 奏为授广西布政使谢恩并请陛见事

新授广西布政使臣张祥河跪奏,为恭谢天恩,吁请陛见事。

正月十六日,臣接奉抚臣鄂顺安行知,准吏部咨,本月初八日,内阁奉上谕:“广西布政使,著张祥河补授。钦此。”当即恭设香案,望阙叩头谢恩。

窃臣江苏下士,通籍后,叠沐圣恩,洊升河南臬司。去年六月,三年期满陛见,仰蒙召见五次,训诲周详。嗣以城工告蒇,奉旨以臣始终其事,恩加优叙,荷荣施之稠叠,实悚感以难名。兹复渥被温纶,畀以旬宣重任,闻命之下,尤切兢惶。

伏念粤西为边陲繁要之区,藩司有用人理财之责,臣才识浅陋,惧弗克胜。惟有请觐天颜,叩聆训示,俾得敬谨遵循,以期稍酬高厚鸿慈于万一。现俟交卸臬篆,即行起程北上。所有微臣感激下忱,理合缮折恭谢天恩,伏祈皇上圣鉴。谨奏。(道光二十四年)正月二十二日。道光二十四年正月二十九日奉朱批:“著来见。钦此。”

038 奏报到任日期事

广西布政使臣张祥河跪奏,为恭报微臣到任日期,叩谢天恩,仰祈圣鉴事。

窃臣仰沐鸿恩,补授广西布政使,于二月十六日到京,叠蒙召见四次,训谕谆详,跪聆之馀,莫名钦感。陛辞后,当即俶装起程,于六月初十日行抵广西省城。准署藩司,按察使臣宝清,将印信、文卷移交前来,臣恭设香案,望阙叩头,祇领任事。

伏念粤西为边陲繁剧之区,藩司有用人理财之责。举凡勾稽出入，察吏安民，在在均关紧要。惟有恪遵恩训，于一切事宜，随同抚臣周之琦细心讲求，实力办理，不敢稍涉因循，以期仰副高厚生成于万一。所有微臣到任日期，并感激下忱，(理)合缮折叩谢天恩，伏乞皇上圣鉴。谨奏。(道光二十四年)六月十三日。道光二十四年七月十一日奉朱批："知道了。钦此。"

039 奏为补授陕西巡抚谢恩并请觐见事

新授陕西巡抚臣张祥河跪奏，为恭谢天恩，吁请陛见事。

本月十四日，准督臣行知，道光二十八年十二月二十六日，内阁奉上谕："陕西巡抚，著张祥河补授等因。钦此。"窃臣吴中下士，自通籍后，久列枢曹，仰蒙稠恩简擢，由道员洊历藩司，循职滋惭，莫图报称。兹复渥荷温纶，畀以封疆重任。闻命之下，倍切悚惶。

伏念陕西为西陲扼要之区，巡抚有绥靖地方之责。举凡用人行政，察吏安民，以及整饬营伍，在在均关紧要。以臣樗质庸材，深惧弗克胜任。惟有仰吁天恩，俯准陛见，俾得面承训谕，敬谨遵循。现俟十八日交卸藩篆，当即饬装，迎折北上。所有微臣感激下忱，理合缮折恭谢天恩，伏乞皇上圣鉴。谨奏。(道光二十九年)正月十七日。道光二十九年二月初三日奉朱批："且赴新任，本年冬杪，再行奏请。钦此。"

040 奏报到任日期事

陕西巡抚臣张祥河跪奏，为恭报到任日期，叩谢天恩事。

窃臣自秦州起程，迎折北上，行至泾州，接奉朱批："且赴新任，本年冬杪，再行奏请。钦此。"当于二月二十一日驰赴抵陕西省城，准署抚臣恒春，饬委西安府知府徐栋，抚标行军参将尹培立，赍奉巡抚关防、王命旗牌，并文卷等件，移交前来。当即恭设香案，望阙叩头，祗领任事。

伏念臣荷蒙简畀隆恩，责任綦重。惟有矢勤矢慎，于一切应办事宜，次第悉心整理，尚祈训谕有加，俾知要领，庶下纾夫葵悃，兼仰答夫鸿慈。所有微臣到任日期,除循例恭疏题报外,合先缮折恭谢天恩,伏乞皇上圣鉴。谨奏。(道光二十九年)二月二十一日。道光二十九年三月初六日奉朱批:“知道了。钦此。”

041 奏报陕西省道光二十八年下忙征收正赋盐课钱粮已未完数目事

陕西巡抚臣张祥河跪奏,为查明陕省上年下忙征收正赋、盐课钱粮已、未完数目,循例具奏,仰祈圣鉴事。

窃照各州县征办钱粮,前于嘉庆二十年六月内,经户部奏准,令将每年上、下忙应征钱粮,除留支外,实应解司银数,分别正课、杂项,依限造册详报,督、抚具奏,并将原册送部等因,历经遵行在案。

兹查陕省各属,道光二十八年分,额征民屯更起存并粮折银,除屯丁兑食及存留外,实应解司银一百三十三万一千四百三十九两零。内除上忙已完银五十九万五千三百七十一两零,今下忙续完银七十一万八千七百八十九两零,仍未完银一万七千二百七十八两零。又,原额盐课银八千九百八十两零,内除上忙已完银一千八百九十二两零,今下忙续完银三千六百三十五两零,仍未完银三千四百五十二两零。

又,二十六年分前二十八年上忙册造未完,缓征地丁起运,共银二万一千七百五十五两零。今下忙续完银九千九百六十二两零,仍未完银一万一千七百九十三两零。内除神木、府谷二县因二十八年秋收复歉,奏明展缓外,二十九年秋后起征银七百四十七两零,实未完银一万一千四十五两零。

又,二十七年分前二十八年上忙册造蒲城县未完缓征银四万三千七百八两零,今下忙续征通完等情,由兼署藩司万保详报,前署抚臣恒春移交前来,臣复核无异。除将未完银两覆饬该管道府州,赶紧督催征解,并将送到册籍另行咨部外,所有道光二十八年分下忙征收正赋、新旧盐课钱粮,已、未完数目,理合循例恭折具奏,伏祈皇上圣鉴。谨奏。(道光二十九年)二月二十九日。道光二十九年三月十四日奉朱批:“户部知道。钦此。”

042 奏请甘肃宁远县知县刘湛与陕西定边县知县周介福对调事

陕西巡抚臣张祥河跪奏,为知县应请回避,照例对调,恭折奏祈圣鉴事。

窃照回避新例内载,祖孙、父子,自道府以至佐杂等官,从前有服官一省者,如系同官,父子名分攸关,应令其子回避,呈明督、抚,照例以总督并辖省分调补等语。兹查接管卷内,准陕甘督臣布彦泰,以现任甘肃宁远县知县刘湛,系署皋兰县知县刘锡禹亲子,例应刘湛回避,咨陕对调。当即行札署藩、臬两司。

查有定边县知县周介福,年二十七岁,江苏监生,由布政司库大使,捐输番务经费,奉旨以知县留陕,遇缺即补。嗣补今职,赴部引见,奉旨:“准其补授定边县知县。钦此。”于道光二十八年三月到任。系现任陕西三原县知县周赓盛之子,例不准其同官一省,应令周介福回避。该员年力富强,办事勤能,任内并无参罚案件,堪与甘肃宁远县知县刘湛对调等情会详,前署抚臣恒春未及具奏,移交前来。

臣查宁远县系次冲简缺,定边县冲繁中缺,虽稍有未符,究系均归部选之缺,以之调补,俱堪胜任。相应请旨,将陕西定边县回避知县周介福,调补甘肃宁远县知县,所遗员缺,即以甘肃回避知县刘湛调补。如蒙俞允,该员等系以知县调补知县,衔缺相当,毋庸送部引见。所有知县应请回避,照例对调缘由,臣谨会同陕甘督臣布彦泰,合词恭折具奏,伏乞皇上圣鉴训示。谨奏。(道光二十九年)二月二十九日。道光二十九年三月十四日奉朱批:“□□。钦此。”

043 奏报本省正月下旬二月上旬雨水并正月粮价情形事

陕西巡抚臣张祥河跪奏,为恭报雨水田禾情形,仰祈圣鉴事。

窃照陕省各属本年正月中旬雨雪情形,业经前署抚臣恒春恭折具奏在案。兹据西安、延安、凤翔、汉中、榆林、同州、兴安、商州、邠州、乾州、鄜州、绥德等十三府州属，陆续具报于正月十九、二十，二十三、四、五，二十七、八、九，三十，及二月初一，初三、四、五、六、七，并十三、十四、十七等日，先后得雨一、二、三、四、五寸至深透不等。臣查关中年景，首重麦收，当芃苗秀发之时，迭逢甘雨滋培，于农田大有裨益，民情安悦，粮价中平，堪以仰慰圣怀。谨将正月分粮价，敬缮清单，恭呈御览，伏祈皇上圣鉴。谨奏。（道光二十九年二月二十九日）

044 呈陕西道光二十九年正月粮价清单

谨将陕西省道光二十九年正月分各属粮价开具清单，恭呈御览。计开：

西安府属，价中。大米每仓石价银，自一两二钱六分至二两四钱五分，与上月相同。小米每仓石价银，自八钱七分至一两八钱二分，与上月相同。小麦每仓石价银，自九钱五分至一两五钱九分，与上月相同。大麦每仓石价银，自四钱九分至八钱七分，与上月相同。豌豆每仓石价银，自八钱八分至一两三钱九分，与上月相同。

延安府属，价贵。大米每仓石价银，自一两四钱四分至三两八钱六分，与上月相同。小米每仓石价银，自九钱至二两七分，与上月相同。小麦每仓石价银，自一两一钱至二两三钱二分，与上月相同。糜米每仓石价银，自一两六分至二两二钱二分，与上月相同。豌豆每仓石价银，自八钱至二两二钱二分，与上月相同。

凤翔府属，价中。大米每仓石价银，自一两二钱至二两九分，与上月相同。小米每仓石价银，自九钱八分至一两五钱九分，与上月相同。小麦每仓石价银，自九钱六分至一两六钱二分，与上月相同。大麦每仓石价银，自五钱三分至九钱二分，与上月相同。豌豆每仓石价银，自八钱五分至一两三钱四分，与上月相同。

汉中府属，大麦、小麦价贵，馀俱价中。大米每仓石价银，自九钱六分至二两六钱八分，与上月相同。小米每仓石价银，自八钱三分至一两八钱二分,与上月相同。小麦每仓石价银,自七钱二分至二两二钱,与上月相同。大麦每仓石价银,自四钱一分至一两一钱六分,与上月相同。豌豆每仓石价银,自七钱二分至一两三钱五分,与上月相同。黄豆每仓石价银,自五钱七分至一两四钱一分,与上月相同。

榆林府属,豌豆价中,馀俱价贵。大米每仓石价银,自一两九钱九分至三两二钱七分,与上月相同。小米每仓石价银,自一两三钱至二两五钱八分,与上月相同。小麦每仓石价银,自一两六钱五分至二两一钱六分,与上月相同。糜米每仓石价银,自一两三钱至二两四钱二分,与上月相同。豌豆每仓石价银,自八钱九分至一两四钱五分,与上月相同。

同州府属,价贵。大米每仓石价银,自一两六钱至三两四分,与上月相同。小米每仓石价银,自一两一钱二分至二两四钱二分,与上月相同。小麦每仓石价银,自一两二钱至二两四钱三分,与上月相同。大麦每仓石价银,自六钱五分至一两六钱一分,与上月相同。豌豆每仓石价银,自一两至一两八钱九分,与上月相同。

兴安府属,大米价贱,馀俱价中。大米每仓石价银,自一两三钱八分至一两八钱三分,与上月相同。小米每仓石价银,自八钱五分至一两四钱三分,与上月相同。小麦每仓石价银,自一两一钱二分至一两五钱二分,与上月相同。大麦每仓石价银,自四钱九分至九钱六分,与上月相同。豌豆每仓石价银,自七钱六分至一两二钱。

045 奏为江苏捐赈议叙给予加五级记录三次谢恩事

再,准吏部咨开,江苏捐赈议叙具奏,张祥河应给予加五级,纪录三次,奉旨:“依议。钦此。”伏念臣以桑梓情殷,少助赈需,为分内所应尽,乃蒙恩命甄叙,级纪优加,叨逾格之鸿施,尤感铭于蚁悃。理合附片叩谢天恩。谨奏。道光二十九年三月初六日奉朱批:“知道了。钦此。”

046 奏报途经平凉邠州等地察看得雨情形事

再，沿途巩昌、平凉一带，春雪优沾，土膏滋润。甘省向种春麦，农民正在翻犁播种。至陕省地气较暖，向种冬麦，入邠州境后，夜雨朝晴，麦苗一色青葱，已占稔兆。询问各属，粮价平减，均足仰副圣怀。谨附片具奏。道光二十九年三月初六日奉朱批："览。钦此。"

047 奏报道光二十九年正月份收捐监生名数银数等事

再，查陕省收捐监生银两，截至道光二十八年十二月底止，共存银一万八千四百一十二两，业经前署抚臣恒春附片奏明在案。

今于道光二十九年正月分，又收捐监生二名，共银二百一十六两。连前司库共存银一万八千六百二十八两，理合循例附片奏闻。谨奏。道光二十九年三月十四日奉朱批："户部知道。钦此。"

048 奏为现升定远厅同知何丙勋拿获邻境重犯多名请照例送部引见事

陕西巡抚臣张祥河跪奏，为同知拿获邻境重犯，循例奏请送部引见，仰祈圣鉴事。

窃照朝邑、醴泉两县盗犯王银锁等，伙窃事主高名芳等宗临时行强一案，当经升任抚臣杨以增分别问拟具题，奉部核准在案。兹据署藩、臬两司，以法所难宥，罪应斩决盗犯王银锁、郭二、柴汶耀、李六儿四名，及拟遣伙盗李二，并拟流之王长随、马二城、叶叶子、洪至喜、樊路名，俱系前任泾阳县知县，现升定远厅同知何丙勋首先拿获，会详请奏前来。

臣查例载，官员拿获邻境盗犯，临时行强，罪应斩决首伙三名，准其送部引见。又，州县以下等官拿获盗犯，尚未引见，该员已照例升补，并非因获盗邀恩者，其所获之案，无论已升已补，仍照例调取引见。又，文职获盗，例准调取人员，州县以上，督、抚专折奏请各等语。

今该员何丙勋于邻境罪应斩决盗犯首先拿获，已在三名以上，洵属缉捕勤能。且任内并无逃盗未获案件。至该员升候同知，系属照例升补，并非获盗邀恩，核与送部引见之例相符。可否仰恳天恩，俯准将现升定远厅同知何丙勋送部引见，以昭激劝之处，恭候钦定，为此循例专折具奏，伏乞皇上圣鉴训示。谨奏。（道光二十九年）三月二十六日。道光二十九年四月初七日奉朱批："吏部议奏。钦此。"

049 奏报本省二月中下旬三月上旬得雨并二月粮价情形事

陕西巡抚臣张祥河跪奏，为恭报雨水田苗情形，仰祈圣鉴事。

窃照陕省正月下旬及二月中旬雨水麦苗情形，业经臣恭折具奏在案。兹据西安、凤翔、汉中、同州、兴安、商州、邠州、乾州、鄜州等府州属，陆续具报于二月十七并二十六、七、八，及三月初五、六、七、八等日，先后得雨一、二、三、四、五寸至深透不等。臣查陕省平原各属，向以麦收为重，正值二麦长发之际，喜沛春膏，远近优沾，可期愈加畅茂。其南北两山，现亦及时播种包谷、杂粮。民气恬然，粮价平减，堪以仰慰圣怀。谨将二月分各属粮价，敬缮清单，恭呈御览，伏祈皇上圣鉴。谨奏。（道光二十九年）三月二十六日。道光二十九年四月初七日奉朱批："知道了。钦此。"

050 呈陕西道光二十九年二月粮价清单

谨将陕西省道光二十九年二月分各属粮价开具清单，恭呈御览。计开：

西安府属，价中。大米每仓石价银，自一两二钱六分至二两四钱五分，与上月相同。小米每仓石价银，自八钱七分至一两六钱一分，较上月减二钱一分。小麦每仓石价银，自九钱五分至一两五钱九分，与上月相同。大麦每仓石价银，自四钱九分至八钱七分，与上月相同。豌豆每仓石价银，自八钱五分至一两三钱九分，与上月相同。

延安府属，价贵。大米每仓石价银，自一两四钱四分至三两二分，较上月减八钱四分。小米每仓石价银，自八钱至二两七分，与上月相同。小麦每仓石价银，自一两一钱至二两三钱二分，与上月相同。糜米每仓石价银，自一两六分至二两二钱二分，与上月相同。豌豆每仓石价银，自八钱二分至二两二钱二分，与上月相同。

凤翔府属，大米价贱，馀俱价中。大米每仓石价银，自一两三钱二分至一两七钱，较上月减三钱九分。小米每仓石价银，自一两八分至一两四钱四分，较上月减一钱五分。小麦每仓石价银，自七钱八分至一两四钱二分，较上月减二钱。大麦每仓石价银，自四钱七分至六钱六分，较上月减二钱六分。豌豆每仓石价银，自六钱九分至一两一钱五分，较上月减一钱九分。

汉中府属，大麦、小麦价贵，馀俱价中。大米每仓石价银，自一两一分至二两六钱八分，与上月相同。小米每仓石价银，自八钱三分至一两七钱八分，较上月减四分。小麦每仓石价银，自七钱六分至二两二钱，与上月相同。大麦每仓石价银，自四钱一分至一两一钱六分，与上月相同。豌豆每仓石价银，自七钱二分至一两一钱，较上月减二钱五分。黄豆每仓石价银，自五钱七分至一两三钱五分，较上月减六分。

榆林府属，豌豆价中，馀俱价贵。大米每仓石价银，自一两九钱九分至三两一钱九分，较上月减八分。小米每仓石价银，自一两三钱至二两四钱二分，较上月减一钱六分。小麦每仓石价银，自一两六钱五分至二两三分，较上月减一钱三分。糜米每仓石价银，自一两三钱至二两四钱二分，与上月相同。豌豆每仓石价银，自八钱九分至一两四钱二分，较上月减三分。

同州府属，大米价贵，馀俱价中。大米每仓石价银，自一两六钱八分至二两八钱九分，较上月减一钱五分。小米每仓石价银，自一两一钱二分至一两七钱七分，较上月减六钱五分。小麦每仓石价银，自一两二钱七分至一两五钱九分，较上月减八钱四分。大麦每仓石价银，自六钱五分至九钱，较上月减七钱一分。豌豆每仓石价银，自九钱八分至一两六钱五分，较上月减二钱四分。

兴安府属，大米价贱，馀俱价中。大米每仓石价银，自一两三钱八分至一两八钱三分，与上月相同。小米每仓石价银，自九钱一分至一两四钱三分，与上月相同。小麦每仓石价银，自一两一钱二分至一两五钱二分，与上月相同。大麦每仓石价银，自四钱九分至九钱六分，与上月相同。豌豆每仓石价银，自七钱六分至一两二钱，与上月相同。黄豆每仓石价银，自八钱至一两三钱，与上月相同。

商州属，豌豆价贵，大米价贱，馀俱价中。大米每仓石价银，自一两五钱至一两九钱八分，与上月相同。小米每仓石价银，自一两一钱五分至一两五钱三分，与上月相同。小麦每仓石价银，自一两二钱至一两六钱四分，与上月相同。大麦每仓石价银，自六钱至八钱五分，与上月相同。豌豆每仓石价银，自六钱六分至一两八钱，与上月相同。

邠州属，大米价贵，馀俱价中。大米每仓石价银，自一两六钱九分至三两二钱八分，与上月相同。小米每仓石价银，自八钱至一两四钱三分，与上月相同。小麦每仓石价银，自八钱二分至一两三钱三分，与上月相同。豌豆每仓石价银，自七钱六分至一两三钱三分，与上月相同。

乾州属，大米价中，馀俱价贵。大米每仓石价银，自一两八钱六分至二两八钱，较上月减三钱四分。小米每仓石价银，自一两六钱至二两七钱一分，与上月相同。小麦每仓石价银，自一两五钱五分至二两三钱七分，与上月相同。大麦每仓石价银，自七钱五分至一两五钱八分，与上月相同。豌豆每仓石价银，自一两四钱一分至二两七分，与上月相同。

鄜州属，价中。小米每仓石价银，自六钱二分至一两二钱六分，较上月减二钱八分。小麦每仓石价银，自六钱一分至一两三钱三分，较上月减二钱八分。豌豆每仓石价银，自四钱八分至一两一钱九分，较上月减二钱八分。

绥德州属，豌豆价中，馀俱价贵。小米每仓石价银，自一两二钱至二两一分，较上月减三钱九分。小麦每仓石价银，自一两五钱一分至二两一钱八分，较上月减二钱三分。豌豆每仓石价银，自九钱至一两五钱八分，较上月减五分。朱批：“览。”

051 奏为遵旨传知龚裕折回直隶布政使新任事

再，三月初七日接奉廷寄，令调补直隶布政使龚裕折回调任。臣查该司尚未抵陕，即日恭录谕旨，传知该司，已折回调任矣。谨附片覆奏。道光二十九年四月初七日奉朱批：“览。钦此。”

052 奏报道光二十九年二月份收捐监生名数银数等事

再，查陕省收捐监生银两，截至道光二十九年正月底止，共存银一万八千六百二十八两，业经臣附片奏明在案。今于二月分又收捐监生一十四名，共银一千五百一十二两，连前司库共存银二万一百四十两，理合循例附片奏闻。谨奏。道光二十九年四月初七日奉朱批：“户部知道。钦此。”

053 奏为试用知府黄培燦才难胜任请改补同知归部铨选事

陕西巡抚臣张祥河跪奏，为察看试用知府才难胜任，请改补同知，归部铨选，仰祈圣鉴事。

窃照知府一官，有表率属员之责，必须明干有为，方足以资委用。兹查试用知府黄培燦，于四月初一日到省，臣接见之下，询以履历及曾任地方，已觉词色浮动，记忆不真，似未便任其滥竽充数。适经军机大臣字寄：“钦奉谕旨：‘著于该员到省时，留心察看等因。钦此’。”臣遵复详加察看，兼旬以来，屡次接见，实觉才具中平，难胜方面之任。惟该员前由举人报捐知县，分发广东，曾补英德县知县，若予以丞倅、闲曹，尚可期其黾勉。相应请旨，将试用知府黄培燦改补同知，归部铨选。所有遵旨察看缘由，谨据实覆陈，伏乞皇上圣鉴训示。谨奏。（道光二十九年）四月二十七日。道光二十九年闰四月初九日奉朱批：“□□。钦此。”

054 奏为盘查司库事

陕西巡抚臣张祥河跪奏，为盘查司库银钱，遵例奏闻，仰祈圣鉴事。

窃照督、抚到任，例应将司库及同城道库存贮银钱亲历盘查。又，藩司前、后任接收交代，亦须查明经报，历经遵办在案。

兹臣蒙恩补授陕西巡抚，于道光二十九年二月二十一日到任。适值署藩司朱臒接收前署司万保，并藩司常大淳接收朱臒各任内交代，自应并紧盘查办理。随据藩司常大淳，督粮道黄德濂，各将库贮银钱，按款分晰造册，呈送前来。查道库银一万二千三百四十二两零，业已全数批解藩库存贮，无须盘查。所有藩库收贮钱文，同正、杂等项银两，臣即亲诣，按款核盘。

截至道光二十九年三月二十八日止，共实贮银一百一十万九千二百八两零，钱五万五十五串零，经臣逐一弹兑，银数均属相符，并无亏挪情弊。除于藩司交代案内，另行出结保题外，理合将盘查司库现贮银钱缘由，恭折具奏，伏乞皇上圣鉴。谨奏。（道光二十九年）四月二十七日。道光二十九年闰四月初九日奉朱批："户部知道。钦此。"

055 奏报本年陕省西安等府州属二麦约收分数事

陕西巡抚臣张祥河跪奏，为恭报陕西省西安等府州属二麦约收分数，仰祈圣鉴事。

窃照二麦约收分数，例应先期恭折奏报。兹据西安、凤翔、汉中、同州、兴安、商州、邠州、乾州、鄜州九府州，将所属二麦约收分数，开折具报，由藩司具详请奏前来。臣覆加查核，统计西安等九府州属七十二厅州县，多寡牵算，二麦约收七分有馀，敬缮清单，恭呈御览。至延安、榆林、绥德三府州属，节气较迟，向于开报实收分数时，汇同具报，合并陈明。谨缮折具奏，伏乞皇上圣鉴。谨奏。（道光二十九年）四月二十七日。道光二十九年闰四月初九日奉朱批："览。钦此。"

056 呈陕西省西安等府州属本年二麦约收分数清单

谨将陕西道光二十九年西安等九府州属二麦约收分数，开缮清单，恭呈御览。计开：

约收九分有馀者，盩厔一县。约收八分有馀者，咸阳、临潼、鄠县、蓝田、渭南、大荔、乾州七州县。约收八分者，咸宁、泾阳、朝邑、三水四县。约收七分有馀者，孝义、宁陕、长安、兴平、高陵、富平、三原、醴泉、南郑、城固、洋县、西乡、潼关、华州、华阴、蒲城、郃阳、白水、永寿、武功、邠州、凤翔、陇州、汧阳、扶风、岐山、郿县、白河二十八厅州县。约收七分者，耀州、同官、佛坪、麟游、澄城、长武、商州、商南八厅州县。约收六分有馀者，宝鸡、定远、留坝、宁羌、凤县、略阳、褒城、韩城、汉阴、安康、石泉、鄜州、洛川、中部、宜君、山阳、镇安、雒南十八厅州县。约收六分者，沔县、紫阳、淳化三县。约收五分有馀者，砖坪、洵阳、平利三厅县。

以上西安等九府州属七十二厅州县，多寡牵算，二麦约收七分有馀。朱批："览。"

057 奏报本省三月中下旬四月上旬雨水并三月粮价情形事

陕西巡抚臣张祥河跪奏，为恭报雨水田禾情形，仰祈圣鉴事。

窃照陕省二月中旬及三月上旬雨水田禾情形，业经臣恭折具奏在案。兹据西安、延安、凤翔、榆林、同州、兴安、邠州、鄜州、绥德等府州属，陆续具报于三月十三、四、五、六、七、八、九，二十并二十一、二、三、四、六，及四月初一、二、三、四、五，初九、初十等日，先后得雨一、二、三、四寸至深透不等。

臣查陕省平原各属，大麦正在升浆结实，小麦颖粟纷敷，日来天气晴朗，颗粒更加饱满。其南北两山包谷、杂粮，一律长发畅茂，地方安谧，粮价平减，堪以仰慰圣怀。谨将三月分各属粮价，敬缮清单，恭呈御览，伏祈皇上圣鉴。谨奏。（道光二十九年）四月二十七日。道光二十九年闰四月初九日奉朱批："览。钦此。"

058 呈陕西道光二十九年三月粮价清单

谨将陕西省道光二十九年三月分各属粮价开具清单,恭呈御览。计开:

西安府属,价中。大米每仓石价银,自一两二钱六分至二两四钱五分,与上月相同。小米每仓石价银,自八钱三分至一两六钱一分,与上月相同。小麦每仓石价银,自九钱至一两五钱九分,与上月相同。大麦每仓石价银,自四钱八分至八钱七分,与上月相同。豌豆每仓石价银,自八钱三分至一两三钱九分,与上月相同。

延安府属,大米价贵,馀俱价中。大米每仓石价银,自一两四钱四分至二两九钱八分,较上月减四分。小米每仓石价银,自七钱七分至一两七钱,较上月减三钱七分。小麦每仓石价银,自一两一钱至一两七钱七分,较上月减五钱五分。糜米每仓石价银,自一两八分至一两六钱,较上月减六钱二分。豌豆每仓石价银,自八钱二分至一两五钱,较上月减七钱二分。

凤翔府属,大米价贱,馀俱价中。大米每仓石价银,自一两三钱二分至一两七钱,与上月相同。小米每仓石价银,自一两八分至一两四钱四分,与上月相同。小麦每仓石价银,自七钱八分至一两四钱二分,与上月相同。大麦每仓石价银,自四钱七分至七钱八分,较上月贵一钱二分。豌豆每仓石价银,自六钱九分至一两一钱五分,与上月相同。

汉中府属,大麦、小麦价贵,馀俱价中。大米每仓石价银,自九钱六分至二两一钱四分,较上月减五钱四分。小米每仓石价银,自八钱三分至一两六钱七分,较上月减一钱一分。小麦每仓石价银,自七钱六分至二两四分,较上月减一钱六分。大麦每仓石价银,自四钱一分至一两八分,较上月减八分。豌豆每仓石价银,自七钱二分至一两一钱,与上月相同。黄豆每仓石价银,自五钱七分至一两三钱五分,与上月相同。

榆林府属,豌豆价中,馀俱价贵。大米每仓石价银,自二两二钱至三两一钱一分，较上月减八分。小米每仓石价银，自一两五钱一分至二两四钱二分，与上月相同。小麦每仓石价银，自一两六钱五分至二两三分，与上月相同。糜米每仓石价银，自一两五钱一分至二两四钱二分，与上月相同。豌豆每仓石价银，自九钱二分至一两三钱，较上月减一钱二分。

同州府属，大米价贵，馀俱价中。大米每仓石价银，自一两六钱八分至二两八钱九分，与上月相同。小米每仓石价银，自一两一钱二分至一两五钱九分，较上月减一钱八分。小麦每仓石价银，自一两二钱至一两四钱八分，较上月减一钱一分。大麦每仓石价银，自六钱五分至九钱，与上月相同。豌豆每仓石价银，自九钱八分至一两四钱二分，较上月减二钱三分。

兴安府属，大米价贱，馀俱价中。大米每仓石价银，自一两三钱六分至一两八钱，较上月减三分。小米每仓石价银，自九钱一分至一两四钱三分，与上月相同。小麦每仓石价银，自一两一钱六分至一两五钱，较上月减二分。大麦每仓石价银，自四钱二分至八钱五分，较上月减一钱一分。豌豆每仓石价银，自八钱至一两二钱，与上月相同。黄豆每仓石价银，自八钱至一两三钱，与上月相同。

商州属，豌豆价贵，大米价贱，馀俱价中。大米每仓石价银，自一两五钱至一两九钱九分，较上月贵一分。小米每仓石价银，自一两八分至一两五钱三分，与上月相同。小麦每仓石价银，自一两八分至一两六钱四分，与上月相同。大麦每仓石价银，自六钱至八钱五分，与上月相同。豌豆每仓石价银，自六钱六分至一两八钱，与上月相同。

邠州属，价中。大米每仓石价银，自一两六钱九分至二两八钱，较上月减四钱八分。小米每仓石价银，自八钱至一两一钱九分，较上月减二钱四分。小麦每仓石价银，自八钱二分至一两一钱九分，较上月减一钱四分。豌豆每仓石价银，自七钱六分至一两一钱二分，较上月减二钱一分。

乾州属，大麦、豌豆价贵，馀俱价中。大米每仓石价银，自一两八钱六分至二两五钱六分，较上月减二钱四分。小米每仓石价银，自一两六钱至二两，较上月减七钱一分。小麦每仓石价银，自一两五钱五分至一两九钱五分，较上月减四钱二分。大麦每仓石价银，自七钱五分至一两一钱六分，较上月减四钱二分。豌豆每仓石价银，自一两四钱一分至一两七钱七分，较上月减三钱。

鄜州属，价贱。小米每仓石价银，自六钱二分至七钱四分，较上月减五钱二分。小麦每仓石价银，自六钱一分至七钱四分，较上月减五钱九分。豌豆每仓石价银，自四钱八分至七钱三分，较上月减四钱六分。

绥德州属，小麦价贵，馀俱价中。小米每仓石价银，自一两二钱至一两九钱九分，较上月减二分。小麦每仓石价银，自一两二钱七分至二两一钱四分，较上月减四分。豌豆每仓石价银，自八钱一分至一两五钱五分，较上月减三分。朱批："览。"

059 奏为查明司库实存耗羡银数事

陕西巡抚臣张祥河跪奏，为查明司库实存耗羡银数，遵例奏闻事。

窃照司库耗羡，收支、动存各款，例应于奏销地丁钱粮时，恭折具奏。兹查陕西省道光二十八年奏销册造，司库现存，及缺官扣半、养廉，共银二十五万八千五十四两零，除将清册咨部外，理合循例具奏，并开缮清单，恭呈御览，伏乞皇上圣鉴。谨奏。（道光二十九年）四月二十八日。道光二十九年闰四月十八日奉朱批："户部知道。单并发。钦此。"

060 呈陕西司库道光二十八年耗羡银数清单

谨将陕西布政司库道光二十八年分耗羡银数，开缮清单，恭呈御览。计开：

旧管：一，存耗羡银一十九万八千七百三十二两六钱零。一，存缺官扣半银一万八千九百八十四两五钱零。

新收：一，收耗羡银二十四万七千九百二十六两三钱零。一，收缺官扣半银八千六百一十六两二钱零。

开除：一，支耗羡银二十万九千三百四十五两六钱零。一，支缺官扣半银六千八百六十两。

实在：一，存耗羡银二十三万七千三百一十三两三钱零。一，存缺官扣半银二万七百四十两七钱零。朱批："览。"

061 奏报陕西省道光二十八年应征带征钱粮已未完数目事

陕西巡抚臣张祥河跪奏，为陕省道光二十八年应征、带征钱粮，已、未完数目，循例奏闻事。

窃照向例办理钱粮奏销，应将每年完、欠数目分晰具奏，历经遵办在案。兹据布政使常大淳详称："陕西省道光二十八年分，额征地丁、起存、药味等项，共银一百六十一万一十六两零，通完。又额征糯米折价银二千四百三十九两零，通完。又额征耗羡银二十三万七千三百九十五两零，通完。又额征起存本色粮一十九万八千四百五十七石零，内已完粮一十九万七千七百六十二石零，未完粮六百九十四石零。又额征本色草一万五千六百三十二束零，通完。

又带征道光二十二年，未完缓征存留正银五百三十八两零，耗银八十两零，起运本色粮三百八十六石零，全数缓征。又带征道光二十三年未完缓征、存留正银五百一十七两零，耗银七十七两零，起运本色粮三百七十一石零，全数缓征。

又带征道光二十四年未完缓征、存留正银七十四两零，耗银一十一两零，起运本色粮五十三石零，全数缓征。

又带征道光二十六年未完起存正银二万二千七百三十两零，内已完银二万一千七两零，未完银一千七百二十二两零。未完耗银三千四百七两零，内已完银六千一百四十九两零，仍未完银二百五十八两零，全数缓征。未完起存本色粮四万八百一十三石零，内已完粮一万八千二百五石零。又除缓征粮二万一千六百二十石零，止未完粮九百八十八石零。未完本色草二千九百三十八束零,全数缓征。

又带征道光二十七年未完起存正银四万五千五百二十六两零,内已完银四万五千二百四十三两零,未完缓征存留正银二百八十二两零。未完耗银六千八百二十八两零,内已完银六千七百八十六两零,未完缓征耗银四十二两零。未完起存本色粮三万五千四百六十七石零,内已完粮二万二百八十五石零。又除缓征粮一万四千三百五十三石零,止未完粮八百二十八石零。未完本色草五百九十七束零,内已完草二百三十四束零,未完缓征草三百六十二束零"等情,具详请奏前来。

臣覆核无异。除将未完银粮、草束,责令该管道府州,分别依限催征完解外。理合恭折具奏,并将已、未完数目,缮具简明清单,恭呈御览,伏乞皇上圣鉴。谨奏。(道光二十九年)四月二十八日。道光二十九年闰四月十八日奉朱批:"户部知道。单并发。钦此。"

062 奏报陕西省道光二十八年份征收新赋钱粮截至奏销全完数目并开列比较清单事

陕西巡抚臣张祥河跪奏,为陕西省道光二十八年分征收新赋钱粮,截至奏销以前全完数目,开列上三年比较清单,恭折奏祈圣鉴事。

窃照前准户部咨开,钦奉谕旨:"州府实征实解银数,各省督、抚于奏销题报外,照例具奏,折内开具清单,明列通省三年比较等因。钦此。"嗣又准部咨,统以年底截数,次年二月春拨时开单奏报。即以道光五年春拨为限,遵照办理。六年五月内复准部咨,通年全额钱粮,势难于春拨时统行确核,行令仍以奏销截数开单奏报,并于单内将已完银数下注明造入春、秋拨册若干,颁发清单式样,画一办理等因。

兹据布政使常大淳详报,"道光二十八年分,额征新赋地丁正项银一百三十三万一千四百三十九两零,截至奏销止,已十分全完。内造入二十八年秋拨银八十万一百六两零。二十九年春拨银五十一万四千五百三十二两零，实贮库银一万六千八百一十两零，俟二十九年秋拨册内造报候拨”等情，具详前来。臣逐细复核无异。除咨明户部外，所有应征新赋银两全完缘由，理合恭折具奏，敬缮比较细数清单，恭呈御览，伏乞皇上圣鉴。谨奏。（道光二十九年）四月二十八日。道光二十九年闰四月十八日奉朱批：“户部知道。单并发。钦此。”

063 呈陕西省道光二十八年征收新赋钱粮完欠分数比较清单

谨将陕西省道光二十八年征收新赋、钱粮，比较上三年完、欠分数，缮具清单，恭呈御览。计开：

一，道光二十八年分，额征新赋地丁正银一百三十三万一千四百三十九两零，截至奏销止，已十分全完。内造入二十八年秋拨银八十万一百六两零，二十九年春拨银五十一万四千五百二十二两零，实贮库银一万六千八百一十两零，俟二十九年秋拨册内造报候拨。

一，比较道光二十五年额征地丁正项银一百三十三万一千四百三十九两零，于是年奏销前十分全完，计已完分数相同。

一，比较道光二十六年额征地丁正项，除蠲免缓征外，应征银一百三十万六千六百九两零，于是年奏销前已完九分九厘一毫，计多完九毫。

一，比较道光二十七年额征地丁正项，除缓征外，应征银一百三十万四千五百四十四两零，于是年奏销前已完九分八厘七毫，计多完一厘三毫。朱批：“览。”

064 奏为委令孙治署理长安县知县事

再，长安县知县李文瀚升补鄜州直隶州知州，现准部咨，调取引见。所遗员缺，系冲繁疲难要缺，应即拣员署理。查有华阴县知县孙治，堪以委令署理，据藩、臬两司会详前来。除批饬遵照外，理合循例附片奏闻。谨奏。道光二十九年闰四月初九日奉朱批：“览。钦此。”

065 奏报道光二十九年三月份收捐监生名数银数等事

再，查陕省收捐监生银两，截至道光二十九年二月底止，司库存银二万一百四十两，业经臣附片奏明在案。今于三月分又收捐监生六名，共银六百四十八两，连前司库共存银二万七百八十八两，理合循例附片奏闻。谨奏。道光二十九年闰四月初九日奉朱批：“户部知道。钦此。”

066 呈陕西省道光二十八年应征正耗等项完欠数目清单

谨将道光二十八年应征正、耗等项，已、未完细数，开缮清单，恭呈御览。计开：

应征道光二十八年银粮等项，已、未完数目：

一，道光二十八年额征地丁等项银一百六十一万一十六两零，通完。

一，道光二十八年额征糯米折价银二千四百三十九两零，通完。

一，道光二十八年额征耗羡银二十三万七千三百九十五两零，通完。

，道光二十八年额征起存本色粮一十九万八千四百五十七石零，内已完粮一十九万七千七百六十二石零，未完粮六百九十四石零。

一，道光二十八年额征本色草一万五千六百三十二束零，通完。

以上道光二十八年，应征正耗银两、草束，共已完正、耗银一百八十四万九千八百五十两零。已完粮一十九万七千七百六十二石零，未完粮六百九十四石零。已完草一万五千六百三十二束零。

一，带征道光二十二年未完、缓征存留正银五百三十八两零，耗银八十两零，起运本色粮三百八十六石零，全数缓征。

一，带征道光二十三年未完、缓征存留正银五百一十七两零，耗银七十七两零，起运本色粮三百七十一石零，全数缓征。

一，带征道光二十四年未完、缓征存留正银七十四两零，耗银一十一两零，起运本色粮五十三石零，全数缓征。

一，带征道光二十六年未完、起存正银二万二千七百三十两零，内已完银二万一千七两零，未完银一千七百二十二两零。未完耗银三千四百七两零，内已完银三千一百四十九两零，仍未完银二百五十八两零，全数缓征。未完起存本色粮四万八百一十三石零，内已完粮一万八千二百五石零，又除缓征粮二万一千六百二十石零，止未完粮九百八十八石零。未完本色草二千九百三十八束零，全数缓征。

一，带征道光二十七年未完、起存正银四万五千五百二十六两零，内已完银四万五千二百四十三两零，未完缓征、存留正银二百八十二两零。未完耗银六千八百二十八两零，内已完银六千七百八十六两零，未完缓征耗银四十二两零。未完起存本色粮三万五千四百六十七石零，内已完粮二万二百八十五石零，又除缓征粮一万四千三百五十三石零，止未完粮八百二十八石零。未完本色草五百九十七束零，内已完草二百三十四束零，未完、缓征草三百六十二束零。朱批："览。"

067 奏请仍以南郑县知县朱清标与蒲城县知县王伯润对调事

陕西巡抚臣张祥河跪奏，为前调要缺知县，既查罚俸银两业已完缴，仍请调补，仰祈圣鉴事。

窃照蒲城县知县王伯润应行回避，经前署巡抚、升任刑部侍郎臣恒春奏请，与南郑县知县朱清标对调，钦奉谕旨允准。嗣接吏部咨开，朱清标系再调之员，任内罚俸各案均未咨报完，檄令将朱清标撤回本任。其蒲城县知县王伯润回避，另拣合例人员调补等因。

臣遵查蒲城县系繁疲难兼三要缺，随与藩、臬两司复于现任知县内逐加另拣，一时实无合例可调之员。惟南郑县知县朱清标在陕年久，熟习情形，委署蒲城县印务，缉捕认真，正资治理，人地实在相需，例得声请。即前漏叙罚俸案件，亦与例有违碍处分，奉驳后不准再请者不同。

至应缴罚俸银两，仅止二百七十六两零，业于上年十二月十一日完解司库。因册造舛错，由司驳饬，现已更正，专咨报部，据藩司常大淳、臬司朱艭会详请奏前来。可否仰恳天恩，俯念要缺拣调乏人，勅部查核，仍准以朱清标调补蒲城县知县，洵于地方有裨。

如蒙俞允，其所遗南郑县员缺，即以回避之王伯润调补。该员等均以繁缺知县对调，衔缺相当，毋庸送部引见。所有前调要缺知县经部议驳，现已完缴罚俸银两，仍请调补缘由，谨会同陕甘督臣布彦泰，合词恭折具奏，伏乞皇上圣鉴训示。谨奏。（道光二十九年）闰四月二十五日。道光二十九年五月初七日奉朱批："□□。钦此。"

068 奏报陕西省本年四月份各属雨水禾苗粮价事

陕西巡抚臣张祥河跪奏，为恭报雨水田禾情形，仰祈圣鉴事。

窃照陕省三月中旬及四月上旬雨水田禾情形，业经臣恭折具奏在案。兹据西安、延安、凤翔、汉中、榆林、同州、商州、鄜州、绥德等府州属，陆续具报于四月十五、十六、二十，并二十一、二，二十七、八、九，及闰四月初一、二、三、四等日，先后得雨一、二、三、四寸至深透不等。

臣查陕省平原各属，二麦业已碾收，正当播种秋禾，得此甘雨滋培，洵于农田有益。其南、北两山包谷、杂粮，长发均极畅茂，北山一带二麦较迟，现已将次成熟，民情乐业，气象恬熙，堪以仰慰圣怀。谨将四月分各属粮价，敬缮清单，恭呈御览，伏祈皇上圣鉴。谨奏。（道光二十九年）闰四月二十五日。道光二十九年五月初七日奉朱批："知道了。钦此。"

069 奏为委令郑鉴署理临潼县知县事

再，临潼县知县姜申璠，现经派委办运滇铜，所遗员缺，系冲繁难兼三要缺，应行拣员接署。查有平利县知县郑鉴，任内并无盗劫已起四参之案，堪以委令署理，据藩、臬两司会详前来。除批饬遵照外，理合循例附片奏闻。谨奏。道光二十九年五月初七日奉朱批:“览。钦此。”

070 奏为委令崇纶兼署粮道印务事

再,臣于闰四月初七日接准吏部咨开,道光二十九年四月初八日奉上谕:“陕西督粮道黄德濂,著送部领引见等因。钦此。”所遗员缺,现尚无紧要事件,且新任粮道吴鼎昌由京起程,计日即可到陕,查盐法道崇纶堪以就近兼署。除檄饬遵照外,所有委员兼署缘由,理合附片陈明。谨奏。道光二十九年五月初七日奉朱批:“览。钦此。”

071 奏报道光二十九年四月份收捐监生名数银数等事

再,查陕省收捐监生银两,截至道光二十九年三月底止,司库存银二万七百八十八两,经臣附片奏明在案。今于四月分又收捐监生十一名,共银一千一百八十八两,连前司库共存银二万一千九百七十六两,理合循例附片奏闻。谨奏。道光二十九年五月初七日奉朱批:“户部知道。”

072 奏报陕西省道光二十九年钱粮现已征收完欠分数事

陕西巡抚臣张祥河跪奏,为本年钱粮现已征收完、欠数目,循例奏祈圣鉴事。

窃照嘉庆八年五月,经户部奏准,令各省于每年五月,将征完、旧欠及当年新赋钱粮,征完若干,专折奏明等因。除征完、旧欠钱粮数目,臣于本年奏销时,另折奏明外,兹据藩司常大淳详称“道光二十九年分应征钱粮,额征民屯更起运、存留,共银一百六十二万二千七百七十三两零。内除存留银二十八万三千四百三十五两零,实应解起运银一百三十三万九千三百三十七两零。计自二月开征起,至五月止,现已解贮司库银八十五万七千六百八十二两零,未完银四十八万一千六百五十五两零。统计本年新征银两,完纳六分四厘有馀”等情。

臣覆核无异。除饬将未完银两，于新征时，责令该管道府州督催征解，依限全完外，所有道光二十九年额征钱粮已、未完数目，理合循例具奏，伏乞皇上圣鉴。谨奏。（道光二十九年）五月二十五日。道光二十九年六月初七日奉朱批：“户部知道。钦此。”

073 奏报陕西省道光二十九年上忙征收新旧钱粮已未完数目事

陕西巡抚臣张祥河跪奏，为本年上忙征收新、旧钱粮，已、未完数目，循例恭折奏闻，仰祈圣鉴事。

窃照嘉庆二十年六月内，经户部奏准，行令各省于每年上、下忙应征钱粮，除留支外，实应解司银数，分别正课、杂项，依限详报督、抚，二十日内专折具奏等因。兹据藩司常大淳详报：“道光二十九年分额征民屯更起存并粮折价，除屯丁兑食外，共银一百六十二万二千七百七十三两零。内除存留银二十八万三千四百三十五两零，止该解司银一百三十三万九千三百三十七两零。计自二月开征起，至上忙截数止，已完解司银八十五万七千六百八十二两零，未完银四十八万一千六百五十五两零。又，原额盐课银八千九百八十两零。今上忙已完银一千五百八十五两零，未完银七千三百九十四两零。

又，道光二十八年原未完地丁起运银一万七千二百七十八两零，今道光二十九年上忙通完。又，道光二十六年原未完地丁起运银一万一千七百九十三两零，今道光二十九年上忙续完银一万一千四十五两零，仍未完银七百四十七两零，系因神木、府谷二县道光二十八年秋收复歉，业经奏明展缓至道光二十九年秋后起征。又，道光二十八年，原未完盐课银三千四百五十二两零，今已全数通完”等情具详前来。臣复核无异。除将未完银两，责令该管道府州，于下忙秋征时督催，依限完解外，所有道光二十九年征收新、旧钱粮，已、未完数目，理合循例恭折具奏，伏乞皇上圣鉴。谨奏。

074 奏为特参孝义厅同知吴学彬三原县知县周赓盛失察差诈毙命不详报等请旨解任审办事

陕西巡抚臣张祥河跪奏，为同知失察差诈毙命，延不详报，并知县办理抢夺拒捕案件，迹涉讳匿，请旨解任严究，仰祈圣鉴事。

窃照州县胥役，素多藉事扰民，而盗贼匪徒不戢，尤滋民害。臣每谆饬各属，务须严加约束，实力查拿，毋稍瞻徇隐饰。兹有孝义厅民妇谢陈氏，遣抱赴臬司具控该厅差役余鳌等，教令旧匪王老么诬该氏夫谢盛荣假买窃赃，索诈钱文，致谢盛荣被诈情急，于本年一月初七日自抹咽喉身死。报厅验明尸伤，延未详办。经提省委讯，余鳌等供认属实。

又，三原县民王第，以“伊系于二十八年十二月内被贼抢夺衣物、马匹，用刀将伊拒伤，报县验伤不究，转被刑责”等情控司。查验王第身有刃伤、刑伤外，提贼犯张发科、贺秃子等，讯供相符，并起获原赃衣物、马匹，给主认领各等情，并据藩、臬两司，会详请奏前来。

臣查孝义厅差役余鳌等嘱贼诬良，索诈毙命，该管同知吴学彬于此等重案，并不先事查究。迨至酿命报验，又不据实具详，显系失察于前，希图消弥于后。其三原县民王第，被贼抢夺拒伤，既已呈验，该县周赓盛因何不即详办，率将事主刑责，显有讳匿情弊，亟应彻底严究，以昭法纪而儆官邪。相应请旨，将孝义厅同知吴学彬，三原县知县周赓盛，均先行解任，一面提同各全案人证，研鞫明确，分别按律惩办。除饬司委员摘印署理，并查明各员经手仓库钱粮有无未清，另行办理外，谨会同陕甘督臣布彦泰，合词恭折具奏，伏乞皇上圣鉴训示。谨奏。（道光二十九年）五月二十五日。道光二十九年六月初七日奉朱批：“□□。钦此。”

075 奏报陕西省平原各邑本年四月中旬及闰四月上旬雨水田禾等情形事

陕西巡抚臣张祥河跪奏，为恭报雨水田禾情形，仰祈圣鉴事。

窃照陕省四月中旬及闰四月上旬雨水田禾情形，业经臣恭折具奏在案。兹据西安、延安、凤翔、汉中、榆林、同州、兴安、乾州、鄜州、绥德等府州属，陆续具报于闰四月十五、六、七，十九、二十，二十一、二，及五月初三、四、五、六等日，先后得雨二、三、四寸至深透不等。

臣查陕省平原各色秋禾，暨南山所属包谷、杂粮，正当长发之际，获此雨泽，大有裨益。其北山一带，二麦收获将毕，亦可及时播种，民情乐业，气象恬然，堪以仰慰宸怀。谨将闰四月分各属粮价，敬缮清单，恭呈御览，伏祈皇上圣鉴。谨奏。（道光二十九年）五月二十五日。道光二十九年六月初七日奉朱批："览。钦此。"

076 奏为委令濮城署理西安府知府并刘建韶署理兴安府知府事

再，西安府知府徐栋，因道光二十七年大计卓异，于上年奉准部咨，调取引见，当经前署抚臣恒春留办清查，奏请展限在案。兹清查将次蒇事，应令起程北上。所遗员缺，系冲繁疲难兼四要缺，例应拣员委署。

查有调省襄办清查之兴安府知府濮城，堪以委署。其所遗兴安府员缺，系繁疲难兼三要缺，查有候补知府刘建韶，堪以委令署理，据藩、臬两司会详前来。除批饬遵照外，理合循例附片陈明。谨奏。道光二十九年六月初七日奉朱批："览。钦此。"

077 奏报道光二十九年闰四月陕西收存捐监银两数目事

再，查陕西省收捐监生银两，截至道光二十九年四月底止，司库存银二万一千九百七十六两，经臣附片奏明在案。今闰四月分又收捐监生七名，共银七百五十六两，连前司库共存银二万二千七百三十二两，理合循例附片奏闻。谨奏。道光二十九年六月初七日奉朱批："户部知道。钦此。"

078 奏为改派雒南县知县傅荣勋前往云南办运滇铜另委保安县知县吴潮生前往江苏办运洋铜事

再,陕西宝陕局应办第四十运滇铜,前已委派临潼县知县姜申璠。兹据藩司常大淳,会同管理钱局之盐法道崇纶详报,姜申璠现在患病,难以起程,委验属实。查有雒南县知县傅荣勋,堪以改委前往云南办运。

又,三原县知县周赓盛派办洋铜,现因办理抢夺案件,经臣另折奏请解任,亦应改委。查有保安县知县吴潮生,堪以派委前往江苏办运。除批饬速令各该员交代清楚,取具领银,起程日期另行咨部外,所有改派委员买铜缘由,理合附片陈明。谨奏。道光二十九年六月初七日奉朱批:"览。钦此。"

079 奏为陕西省各属征解地丁正杂银两均无积欠等事

陕西巡抚臣张祥河跪奏,为清查陕省各属征解毕,正、杂银两均无积欠,仓谷间有短升,现已设法弥补全完。并将民欠借易常、社粮石,筹议分项追赔,以实备贮,恭折奏祈圣鉴事。

窃照道光二十八年十二月初三日,接准部咨,钦奉谕旨,饬令清查。当经前署抚臣恒春,将陕省地丁钱粮向系年清年款,并无以完作欠,已征未解之弊先行具奏。一面行司,委员督办,逐细详核,并派延榆绥道万保会办。旋据议详,仓库各项,均以二十八年年底截数,通饬各属,遵照造册。嗣臣于本年二月间到任,以此次清查,原以弥旧欠而杜新亏。若仅凭所属开报之数定案,难保无轇轕影射,赔起挪移之弊。甚或因拨补银数太多,筹补限期太迫,则挪移之数又从而加增。数年之后,不特旧欠皆实为新亏,抑且新亏转多于旧欠。必须遴委干员,彻底根究,得其实在致亏之由,然后可定追补之法,以遏续亏之渐。随饬司,派委候补府厅州县,分投驰赴各属,会同该管府州,按地按员,按年按款,逐层考察,分晰开明,会同陆续核定,分造款册去后。

兹据藩司常大淳、臬司朱朦、延榆绥道万保，督同属员，将各属仓库数目，按照府州，汇造四柱总册，并造司库、道仓各册，呈赍前来。臣覆加细核，查得各府州封贮银三万七千两，均各实贮在库。每年应征正赋，除神木、府谷二县未完二十二、三、四、六、七等年，因灾缓征地丁正耗银三千六百五两零，因连岁歉收，递展至二十九年秋后带征，业经奏咨有案。此外通省民屯更地丁起存正耗，以及牙当、地亩、商畜税、茶课、盐课，并各款生息等项，俱系随征随解，于奏销时扫数全完，从无带欠。其应征本色兵粮，除府谷、神木、咸宁、长安、咸阳、兴平、临潼、泾阳、渭南、富平、高陵、三原、醴泉、华州、大荔、蒲城、乾州、武功等十六州县，历年缓征粮三万六千七百八十五石零。

又，神木县未完缓征二十六、七等年本色草三千三百一束零，又临潼、渭南、三原等县未完粮一千九百九十一石零，现均饬令于本年秋后全数征完外，其馀各属仓粮，或就地供支，或解道府各仓备支，亦俱全完。核之粮道及各府收支清册，俱相吻合，此查明各属封贮及征解地丁正、杂银粮之实无亏欠也。

至常平仓谷，除历年蠲免、抚恤，并从前军需碾用，递年囚犯口粮动缺，例准作正开销。又，前奏已故郿县知县陈椿冠亏缺追缴谷价，同节年平粜仓供接济价存司库，均已报部有案外，实应贮谷二百三十万一千二百八十二石零，溢额谷四万九千四百九十六石零。经委员照依报部底册，逐一盘验，查出汉阴、安康、紫阳、西乡、澄城、长武等六厅县，有各前任折价限交，及霉变折耗，共计缺谷八千六百六十四石零。臣等伏查，仓谷例应实贮，当即覆饬分别拣买追陪，照数归仓，由该管道府亲诣盘收结报。此查明常平仓谷短缺，设法弥补之实已全完也。

又查各属逐年出易常粮内，有道光十一年起，至二十年止，部议不准豁免粮六万五千三百四十七石零。又自二十一年起，至二十八年止，借易粮五万三千八百一石零。又，二十一年以后因灾出借籽种、口粮，折色银一万二千一百九十九两零。又，社仓一项，溯自雍正年间，暂将应减五分耗羡买粮建仓；迨于道光七年，因查粮多缺额，仓多倒塌，曾经劝令官绅捐谷修仓，奏报有案。今查，自道光二十年以前历次常年出借，及二十一年以后，截至二十八年因灾并常年出借，统计民欠未完粮五万七千四百四十八石零。复又查出耀州、同官、鄠县、肤施、安塞、延川、甘泉、延长、保安、西乡、紫阳、汉阴、郃阳、韩城、澄城、长武、鄜州等十七厅州县，共亏短社粮二万九千三百八十五石零。或系社长于青黄不接之时私行借放，或系社长怠于查看晒晾，以致霉烂耗折。

以上常、社本折银粮，均经委员调查红册征簿，摘传里保、社长、欠户，确切查讯，取具切结，委系实欠在民，并非官亏假借。惟仓储攸关紧要，未便任其虚悬，自应勒令追缴。臣随与司道酌商，内惟肤施县，历年民欠、寻常出易、未完常粮二万七千八百四十三石零，为数较多。该县系北山最苦之区，追呼过急，民力实有未逮，拟请自本年七月初一日起，勒限六年催征。其馀各属民欠、出易常粮，暨因灾借领折色银，酌请自本年七月初一日起，统限三年征完。如限满征不足数，著落原放之员代赔，分别粮色，照例价折银，解交司库，饬令买补。如代赔各员有升调、丁忧、告病离省者，分咨服官省分原籍地方，勒限严追，以专责成而归有著。至民欠历年因灾、寻常出借、未完社粮，虽均随时报部，亦应勒令社正、副，照常粮立限三年，扫数追还。如限满还不足数，地方官劝捐归补，并将倾圮仓廒，一律劝捐修复。

其耀州等处亏短社仓粮石，虽由社长经管出纳，而该厅州县失于查察，咎亦难辞，拟照例勒限一年催征。征不足数，查明失察之员代赔。倘因事故离省，亦即循例咨追，不准稍有延宕。如此定立章程，分别勒追著赔，庶旧欠可期一清，仓储胥归实贮矣。除将造到各册送部外，所有查明陕省各属征解地丁正、杂银两向无积欠，并筹补短缺仓谷全完，及民欠常、社仓粮分别勒限追赔缘由，理合恭折具奏，伏祈皇上圣鉴训示。谨奏。（道光二十九年）六月二十五日。道光二十九年七月初九日奉朱批："该部议奏。钦此。"

080 奏请府谷县知县刘良驷与岐山县知县吴华春对调事

陕西巡抚臣张祥河跪奏，为知县人地未宜，酌请对调，以资治理，仰祈圣鉴事。

窃照知县为亲民之官，整饬抚绥，在在均关紧要，必须人与地宜，治理渐收成效。兹查有凤翔府属之岐山县，缺虽中简，而地当孔道，差务殷繁，非精明干练之员，不足以资治理。现任知县吴华春，年四十七岁，江西拔贡，以知县分发陕西，题补今职，道光二十八年九月初五日到任。该员年力正强，从公黾勉，平日办事尚无贻误。惟于接递差务及戢奸除暴，究形竭蹶，于冲途地方，不甚相宜。查有府谷县知县刘良驷，年四十一岁，江西举人，捐纳知县，分发陕西，题补今职，道光二十七年十月十八日到任。该员才具历练，办事认真，以之调补岐山县知县，可期得力。所遗府谷县员缺，事简民淳，即以吴华春调补，亦堪胜任。据藩、臬两司会详前来。

臣查岐山、府谷虽同系简缺，自当因地程材，未便稍涉迁就。合无仰恳天恩，俯准以刘良驷调补岐山县知县，所遗府谷县知县，即以吴华春调补。一转移间，人地各得其宜，于公事两有裨益。如蒙俞允，该员等以简调简，衔缺相当，毋庸送部引见，任内均无降革留任展参处分，亦无盗劫已起四参之案，合并陈明，谨会同陕甘督臣布彦泰，合词恭折具奏，伏乞皇上圣鉴训示。谨奏。（道光二十九年）六月二十六日。道光二十九年七月初十日奉朱批："□□。钦此。"

081 奏报陕西本年闰四月及五月雨水禾苗并五月粮价情形事

陕西巡抚臣张祥河跪奏，为恭报雨水田禾情形，仰祈圣鉴事。

窃照陕省各属闰四月中旬及五月上旬雨水田禾情形，业经臣恭折具奏在案。兹据西安、延安、凤翔、汉中、榆林、同州、兴安、商州、邠州、乾州、鄜州、绥德等府州属，陆续具报于五月十三、四，并二十三，二十五、六、七、八、九，三十，暨六月初三、四、五、六、七、八，初十，十一等日，先后得雨一、二、三、四、五寸至深透不等。

臣查陕省各属入夏以来，雨泽频沾，秋禾已资畅发，今复甘膏迭沛，更觉芃茂青葱，实于岁收有益，民情欢悦，四境安恬，堪以仰慰圣怀。谨将五月分各属粮价，敬缮清单，恭呈御览，伏祈皇上圣鉴。谨奏。(道光二十九年)六月二十六日。道光二十九年七月初十日奉朱批："览。钦此。"

082 呈陕西道光二十九年五月粮价清单

谨将陕西省道光二十九年五月分各属粮价开具清单，恭呈御览。计开：

西安府属，价中。大米每仓石价银，自一两二钱六分至二两四钱五分，与上月相同。小米每仓石价银，自八钱三分至一两六钱一分，与上月相同。小麦每仓石价银，自九钱至一两五钱八分，与上月相同。大麦每仓石价银，自三钱九分至八钱四分，与上月相同。豌豆每仓石价银，自七钱五分至一两三钱九分，与上月相同。

延安府属，大米价贵，馀俱价中。大米每仓石价银，自一两四钱四分至二两九钱八分，与上月相同。小米每仓石价银，自八钱六分至一两七钱，与上月相同。小麦每仓石价银，自一两一钱至一两七钱七分，与上月相同。糜米每仓石价银，自一两八分至一两六钱，与上月相同。豌豆每仓石价银，自八钱二分至一两五钱，与上月相同。

凤翔府属，大米价贱，馀俱价中。大米每仓石价银，自一两三钱二分至一两七钱，与上月相同。小米每仓石价银，自一两八分至一两四钱四分，与上月相同。小麦每仓石价银，自七钱八分至一两四钱二分，与上月相同。大麦每仓石价银，自四钱七分至七钱八分，与上月相同。豌豆每仓石价银，自六钱九分至一两一钱五分，与上月相同。

汉中府属，大麦、小麦价贵，馀俱价中。大米每仓石价银，自九钱六分至二两一钱四分，与上月相同。小米每仓石价银，自八钱五分至一两六钱五分，与上月相同。小麦每仓石价银，自七钱九分至二两四分，与上月相同。大麦每仓石价银，自四钱三分至一两八分，与上月相同。豌豆每仓石价银，自七钱二分至一两一钱，与上月相同。黄豆每仓石价银，自五钱七分至一两三钱五分，与上月相同。

榆林府属，豌豆价中，徐俱价贵。大米每仓石价银，自二两二钱至三两一钱一分，与上月相同。小米每仓石价银，自一两五钱一分至二两四钱二分，与上月相同。小麦每仓石价银，自一两六钱五分至二两三分，与上月相同。糜米每仓石价银，自一两五钱一分至二两四钱二分，与上月相同。豌豆每仓石价银，自九钱二分至一两三钱，与上月相同。

同州府属，大米价贵，徐俱价中。大米每仓石价银，自一两六钱八分至二两八钱九分，与上月相同。小米每仓石价银，自一两一钱二分至一两五钱九分，与上月相同。小麦每仓石价银，自一两二钱至一两四钱八分，与上月相同。大麦每仓石价银，自六钱五分至九钱，与上月相同。豌豆每仓石价银，自九钱八分至一两四钱二分，与上月相同。

兴安府属，大米价贱，徐俱价中。大米每仓石价银，自一两三钱六分至一两六钱九分，与上月相同。小米每仓石价银，自九钱一分至一两四钱三分，与上月相同。小麦每仓石价银，自一两一钱六分至一两五钱，与上月相同。大麦每仓石价银，自四钱二分至八钱五分，与上月相同。豌豆每仓石价银，自八钱至一两二钱，与上月相同。黄豆每仓石价银，自八钱至一两三钱，与上月相同。

商州属，豌豆价贵，徐俱价中。大米每仓石价银，自一两五钱四分至二两，较上月贵一分。小米每仓石价银，自一两八分至一两四钱七分，与上月相同。小麦每仓石价银，自一两八分至一两六钱一分，较上月减一分。大麦每仓石价银，自六钱至八钱二分，较上月贵四分。豌豆每仓石价银，自六钱六分至一两七钱二分，与上月相同。

邠州属，小米、小麦价贱，徐俱价中。大米每仓石价银，自一两六钱九分至二两八钱，与上月相同。小米每仓石价银，自八钱至一两一钱九分，与上月相同。小麦每仓石价银，自八钱二分至一两一钱九分，与上月相同。豌豆每仓石价银,自七钱六分至一两一钱二分,与上月相同。

乾州属,大麦、豌豆价贵,馀俱价中。大米每仓石价银,自一两八钱至二两五钱六分,与上月相同。小米每仓石价银,自一两六钱至二两,与上月相同。小麦每仓石价银,自一两五钱四分至一两九钱五分,与上月相同。大麦每仓石价银,自六钱九分至一两一钱六分,与上月相同。豌豆每仓石价银,自一两三钱五分至一两七钱七分,与上月相同。

鄜州属,价贱。小米每仓石价银,自六钱二分至七钱四分,与上月相同。小麦每仓石价银,自六钱一分至七钱四分,与上月相同。豌豆每仓石价银,自四钱八分至七钱三分,与上月相同。

绥德州属,价中。小米每仓石价银,自一两二钱至一两八钱四分,较上月减六分。小麦每仓石价银,自一两二钱七分至一两九钱七分,较上月减七分。豌豆每仓石价银,自八钱一分至一两三钱三分,较上月减七分。朱批:"览。"

083 奏为将节年支剩养廉银除留省外连前减平银两委员分批解部交纳事

再,臣筹议酌提藩库银两解京,以充部需。随饬藩司常大淳查明,司库现存二十八年减平银二万四千八十六两零,系应行按年解部,此外再无应解之数。惟查有耗羡一项,每年支发各官,查共约需银二十馀万两。今截至二十八年奏销止,除支放外,实存节年支剩银二十三万馀两,向以留备歉岁缓征,添给通省文武廉俸之用,并不报拨,亦不解京。

臣思部库正值需用孔殷,此项支剩银两,就陕省现在情形,留银十万两,足供支放,拟拨银十三万五千九百一十三两零,连前减平银两,统共银十六万两,可以酌提解京,相应奏明。如蒙俞旨准行,即当委员,分批解部交纳,谨附片具奏。道光二十九年七月初九日奉朱批:"依议。该部知道。钦此。”

084 奏为陕省请豁民欠因灾出借本折银粮查造花册并委员查核事

再，陕省有请豁民欠因灾出借本折银粮，准部咨，令查造细册一案。溯查道光二十五年八月钦奉恩旨，豁免道光二十年以前民欠钱粮，当经前抚臣李星沅等查明奏豁。旋准部咨，分别核议，除寻常出借毋庸豁免外，其因灾出借，行令查造花名细册送核，于二十六年七月移咨到陕。经前抚臣等行司饬遵，日久迄未奏覆。

兹臣督同司道，查得因灾出借常平仓籽种、口粮，未完本色京斗粮九千五百二十八石零。折色银除续完外，未完一十五万六千八百一两零。社粮、未完京斗粮二万三千七百四十八石零，叠饬该管道府，认真严查。复由省派委府、厅各员，分赴各处，按册传集花户，逐一查核，均系实欠在民，并无丝毫隐混。据各属造具册籍，由司道转详前来。除册送部外，相应请旨，饬部覆核豁除，以清积牍，谨附片具奏。道光二十九年七月初九日奉朱批："该部知道。钦此。"

085 奏为宁陕厅同知俞逢辰年老体衰恐致误公请旨勒令休致事

再，臣到任以来接见各员，均留心考察。除州县因案解任撤任外，兹查有宁陕厅同知俞逢辰，在任十一年，年力就衰，手挛足滞。该员意存恋栈，恐致误公，相应请旨，勒令休致。至佐杂各员，人数较多，容细加查察。如有不识之无，谕以公事，卒难通晓者，自当随时甄汰，咨部分别降革，以肃吏治，谨附片具奏。道光二十九年七月初十日奉朱批："所见均是。另有旨。钦此。"

086 奏报道光二十九年五月份收存捐监银两数目事

再，查陕省收捐监生银两，截至道光二十九年闰四月底止，司库存银二万二千七百三十二两，经臣附片奏明在案。今五月分又收捐监生十二名，共银一千二百九十六两，连前司库共存银二万四千二十八两，理合循例附片奏闻。谨奏。道光二十九年七月初十日奉朱批："户部知道。钦此。"

087 奏为京控咨案审办并无迟逾事

再，京控咨交案件有无逾限，每届半年，例应汇奏。兹届六月汇奏之期，查陕省本年共有咨案三起，业经审结一起。尚有西乡县文童李良芳，岐山县民李新太二起，正在审办，核计限期，并无迟逾，理合附片陈明。谨奏。道光二十九年七月初十日奉朱批："览。钦此。"

088 奏为拿获西安同州等府厅刀匪等事

再，陕省西安、同州等府厅属州县，向有一种匪徒，佩刀游荡，诈扰闾阎。经臣督饬臬司朱艧，遴派候补直隶州知州毓秀、候补同知书智，会同各地方官，拿获刀匪及逃凶贼犯等，计一百零五名，查缉尚为得力。惟系印委各员分内应办之事，容臣存记，如果始终勤奋，再行随案声请奖励。除将各匪犯分别归案惩办外，谨附片具奏。道光二十九年七月初十日奉朱批："所办甚属认真。钦此。"

089 奏为宜川县知县姚洽拿获重犯请送部引见事

陕西巡抚臣张祥河跪奏，为知县拿获邻境杀死事主斩犯，遵照部定章程专折具奏，仰祈圣鉴事。

窃照韩城县客民杨添俭等白昼拦抢，拒伤事主赵自有，越日身死一案，当经分别问拟具题。准到部覆，将杨添俭斩立决，雷应详由军改徒在案。兹准吏部，以首先拿获之宜川县知县姚洽，核与定例相符移咨，遵照奏定章程，专折具奏等因，行司叙详前来。

臣查宜川县知县姚洽，于邻境杀死事主，罪应斩决重犯首先拿获，洵属缉捕勤能。且任内并无逃盗未获之案。相应遵照部定章程，请旨将该员姚洽照例送部引见，以示鼓励，为此专折具奏，伏乞皇上圣鉴训示。谨奏。(道光二十九年)七月十七日。道光二十九年七月三十日奉朱批:"吏部议奏。钦此。"

090 奏报陕西本年六七月份雨水禾苗并六月粮价情形事

陕西巡抚臣张祥河跪奏,为恭报雨水田禾情形,仰祈圣鉴事。

窃照陕省各属五月中旬及六月上旬雨水田禾情形,业经臣恭折具奏在案。兹据西安、延安、凤翔、汉中、同州、兴安、乾州等府州属,陆续具报于六月十四、五,十七、八,并二十,二十一、二、三、四、五,及七月初一、二等日,先后得雨一、二、三、四、五寸至深透不等。

臣查陕省平原、山境,各色禾稼正当长发之际,频沾澍泽,可期滋荣茂盛。其南山阳坡之早包谷,现已结实,粮价亦渐平减,民情均极欢悦,堪以仰慰圣怀。

至三原等处间有被水、被雹,尚不成灾,臣已批司委勘,俟查覆至日,另行汇折奏闻。谨将六月分各属粮价,敬缮清单,恭呈御览,伏祈皇上圣鉴。谨奏。(道光二十九年)七月十七日。道光二十九年七月三十日奉朱批:"览。钦此。"

091 呈陕西道光二十九年六月粮价清单

谨将陕西省道光二十九年六月分各属粮价开具清单,恭呈御览。计开:

西安府属,价中。大米每仓石价银,自一两二钱六分至二两四钱五分,与上月相同。小米每仓石价银,自八钱三分至一两六钱一分,与上月相同。小麦每仓石价银,自九钱至一两五钱八分,与上月相同。大麦每仓石价银,自四钱四分至八钱四分,与上月相同。豌豆每仓石价银,自七钱五分至一两三钱九分,与上月相同。

延安府属,大米价贵,馀俱价中。大米每仓石价银,自一两四钱四分至二两九钱八分,与上月相同。小米每仓石价银,自九钱至一两七钱,与上月相同。小麦每仓石价银,自一两一钱至一两七钱七分,与上月相同。糜米每仓石价银，自一两八分至一两六钱，与上月相同。豌豆每仓石价银，自八钱二分至一两五钱，与上月相同。

凤翔府属，大米价贱，馀俱价中。大米每仓石价银，自一两三钱二分至一两七钱，与上月相同。小米每仓石价银，自一两八分至一两四钱四分，与上月相同。小麦每仓石价银，自七钱八分至一两四钱二分，与上月相同。大麦每仓石价银，自四钱七分至七钱八分，与上月相同。豌豆每仓石价银，自六钱九分至一两一钱五分，与上月相同。

汉中府属，大麦、小麦价贵，馀俱价中。大米每仓石价银，自九钱六分至二两一钱四分，与上月相同。小米每仓石价银，自八钱五分至一两六钱三分，较上月减二分。小麦每仓石价银，自七钱四分至二两四分，与上月相同。大麦每仓石价银，自四钱至一两八分，与上月相同。豌豆每仓石价银，自六钱八分至一两一钱，与上月相同。黄豆每仓石价银，自五钱七分至一两三钱五分，与上月相同。

榆林府属，豌豆价中，馀俱价贵。大米每仓石价银，自二两二钱至三两一钱一分，与上月相同。小米每仓石价银，自一两五钱一分至二两四钱二分，与上月相同。小麦每仓石价银，自一两六钱五分至二两三分，与上月相同。糜米每仓石价银，自一两五钱一分至二两四钱二分，与上月相同。豌豆每仓石价银，自九钱二分至一两三钱，与上月相同。

同州府属，大米价贵，馀俱价中。大米每仓石价银，自一两六钱八分至二两八钱九分，与上月相同。小米每仓石价银，自一两一钱二分至一两五钱九分，与上月相同。小麦每仓石价银，自一两二钱至一两四钱八分，与上月相同。大麦每仓石价银，自六钱五分至九钱，与上月相同。豌豆每仓石价银，自九钱九分至一两四钱二分，与上月相同。

兴安府属，大米价贱，馀俱价中。大米每仓石价银，自一两三钱六分至一两六钱九分，与上月相同。小米每仓石价银，自九钱一分至一两四钱三分，与上月相同。小麦每仓石价银，自一两一钱六分至一两五钱,与上月相同。大麦每仓石价银,自四钱二分至八钱五分,与上月相同。豌豆每仓石价银,自八钱至一两二钱,与上月相同。黄豆每仓石价银,自八钱至一两三钱,与上月相同。

商州属,豌豆价贵,馀俱价中。大米每仓石价银,自一两五钱五分至二两,与上月相同。小米每仓石价银,自一两八分至一两四钱七分,与上月相同。小麦每仓石价银,自一两八分至一两五钱八分,较上月减三分。大麦每仓石价银,自六钱至七钱八分,较上月减四分。豌豆每仓石价银,自六钱六分至一两七钱二分,与上月相同。

邠州属,小米、小麦价贱,馀俱价中。大米每仓石价银,自一两六钱九分至二两八钱,与上月相同。小米每仓石价银,自八钱至一两一钱九分,与上月相同。小麦每仓石价银,自八钱二分至一两一钱五分,较上月减四分。豌豆每仓石价银,自七钱六分至一两五分,较上月减七分。

乾州属,大麦、豌豆价贵,馀俱价中。大米每仓石价银,自一两八钱至二两五钱六分,与上月相同。小米每仓石价银,自一两六钱至二两,与上月相同。小麦每仓石价银,自一两五钱四分至一两九钱五分,与上月相同。大麦每仓石价银,自八钱九分至一两一钱六分,与上月相同。豌豆每仓石价银,自一两三钱五分至一两七钱七分,与上月相同。

鄜州属,价贱。小米每仓石价银,自六钱二分至七钱四分,与上月相同。小麦每仓石价银,自六钱一分至七钱四分,与上月相同。豌豆每仓石价银,自四钱八分至七钱三分,与上月相同。

绥德州属,价中。小米每仓石价银,自一两二钱至一两八钱四分,与上月相同。小麦每仓石价银,自一两二钱七分至一两九钱七分,与上月相同。豌豆每仓石价银,自八钱一分至一两三钱三分,与上月相同。朱批:“览。”

092 奏为委令沈功枚署理富平县知县事

再，富平县知县陈炳琳因案撤任，调府审办，所遗系繁疲难兼三要缺，应行拣员接署。查有清涧县知县沈功枚，任内并无盗劫已起四参之案，堪以委令署理，据藩、臬两司会详前来。除批饬遵照外，理合循例附片陈明。谨奏。道光二十九年七月三十日奉朱批："览。钦此。"

093 奏报道光二十九年六月份收存捐监银两数目事

再，查陕省收捐监生银两，截至道光二十九年五月底止，司库存银二万四千二十八两，经臣附片奏明在案。今六月分又收捐监生六名，共银六百四十八两，连前司库共存银二万四千六百七十六两，理合附片奏闻。谨奏。道光二十九年七月三十日奉朱批："户部知道。钦此。"

094 奏为松江被水甚重措捐赈灾事

再，臣于六月二十七日接准江苏抚臣傅绳勋函称，江省苏州、松江、常州、镇江等府，一律被水甚重。同日又接松江府知府练廷璜来函，亦具陈松江被水情形，现在设法劝捐，以资安抚之需。臣籍隶松江，不敢膜视，闻信之下，当即专足致信臣家，措捐制钱一万串，陆续赍交该府局中支用。除知照江苏抚臣外，谨附片具奏。道光二十九年七月三十日奉朱批："□□。钦此。"

095 奏报陕西省各属本年六月中下旬及七月初旬雨水粮价情形事

陕西巡抚臣张祥河跪奏，为恭报雨水田禾情形，仰祈圣鉴事。

窃照陕省各属六月中、下两旬及七月初旬雨水田禾情形，业经臣恭折具奏在案。嗣据西安、延安、凤翔、汉中、榆林、同州、兴安、商州、邠州、乾州、鄜州、绥德等府州属，陆续具报于七月十四、五、六、七、九，并二十，二十六、七，暨八月初二、三，初五、六、七、八、九、十等日，先后得雨二、三、四、五寸至深透不等。

臣查陕省入秋以来，雨水应时。兹省城及附近一带州县，自八月初二日起，迭沛甘霖，连宵达旦，至十五日始行放晴。所有农田，一切晚秋，被泽透足，均已升浆吸籽，现在天气晴明，正好结熟。其留种冬麦之地，亦可翻犁播种。至各属粮价，除同州、兴安、绥德稍有增减外，馀与上月相同，地方静谧，民气安恬，堪以仰慰宸注。谨将七月分各属粮价，敬缮清单，恭呈御览，伏祈皇上圣鉴。谨奏。(道光二十九年)八月二十三日。道光二十九年九月初四日奉朱批："览。钦此。"

096 奏报修理褒城栈道动用备贮本款银数事

陕西巡抚臣张祥河跪奏，为修理栈道，动用备贮本款银数在五百两以上，循例奏闻，仰祈圣鉴事。

窃照褒城县详请修理栈道，当经臣批司委勘估办去后。兹据藩司常大淳详据该管道府厅县会同查勘，该县境内栈道，自道光十六年大修之后，曾于十八年及二十三年，经前任知县酌量捐修，迄今十有馀年，为日已久。所有道路、桥梁，均被山水冲塌过甚，自宜赶紧修葺。逐一撙节确估，共需工料银九百七十二两零，造具册结图说，由府道加结，移司核明，请照向例，在于汉中府库存贮栈道备公本款银内动支兴修，具详请奏前来。

臣查褒城县栈道，自武关岭起，至县北门外止，共长一百四十馀里，其间山路崎岖险陡。前经由县捐修，而连年以来，屡被冲塌，亟须修理平坦，始可以利遄行。现在各工停止，惟栈道为川陕往来要路，倘有阻滞，所关匪细，非别项工程可比。卷查历届坍塌，均经奏明动用本款银两兴修在案。今距上届请项修理，久逾年限，叠据委勘，实系刻不可缓之工。所估银数，节经核减，并无浮滥，应请在于汉中府库存贮栈道生息备公本款银内动支，饬令认真修理，工竣委勘核实造销。除将册结图说送部查核外，理合循例缮折具奏，伏乞皇上圣鉴。谨奏。(道光二十九年)八月二十三日。道光二十九年九月初四日奉朱批："工部议奏。钦此。"

097 奏报本年七月份收存捐监银两数目事

再,查陕省收捐监生银两,截至道光二十九年六月底止,司库存银二万四千六百七十六两,经臣附片奏明在案。今七月分又收捐监生十九名,共银二千五十二两,连前司库共存银二万六千七百二十八两,理合附片奏闻。谨奏。道光二十九年九月初四日奉朱批:"户部知道。钦此。"

098 奏报出闱回署办事日期事

再,本年陕甘文闱乡试,应调同考官十员,查现任实缺州县,进士、举人出身者,多有经手要件,不敷调派。除于甘肃、陕西实缺州县内考取八员外,遵照道光十年通行章程,在候补人员中考选得即用知县吕式古,候补知县江开,二员文理优长,一体充当分校。

至两省应试士子,共计七千二百馀名,经臣于八月初六日入闱监临,三场均极安静。十七日,接试西安、宁夏、陈州驻防、翻译士子三十八名,照例点进贡院,向内帘恭领钦命题纸,在严密处所缮写,刊刻发给士子。十九日交卷出场,一切场规,亦极严肃。除将翻译试卷三十八本,逐一弥封,总包钤印,即日委员解交礼部外。所有原奉钦领陕甘、驻防乡试题并朱封,谨于此次附折恭缴。其文闱三场朱卷,业经全数送交内帘,仍留提调、监试二道,在闱内稽查弹压。臣即于二十日出闱,回署办事,谨附片奏闻。道光二十九年九月初四日奉朱批:"览。钦此。"

099 奏报陕西省各属本年秋禾约收分数事

陕西巡抚臣张祥河跪奏,为恭报陕省秋禾约收分数,仰祈圣鉴事。

窃照秋禾约收分数,例应先行奏报。兹据西安、延安、凤翔、汉中、榆林、同州、兴安、商州、邠州、乾州、鄜州、绥德十二府州,将所属秋禾约收分数,开折呈报,由司具详前来。臣覆加查核,统计陕西各属九十一厅州县，多寡牵算，约计收成六分有馀。理合缮具清单，恭呈御览，伏乞皇上圣鉴。谨奏。(道光二十九年)九月二十四日。道光二十九年十月初五日奉朱批："览。钦此。"

100 呈陕西省道光二十九年秋禾约收分数清单

谨将道光二十九年西安等十二府州属秋禾约收分数，开列清单，恭呈御览。计开：

约收九分有馀者，盩厔一县。约收九分者，鄠县一县。约收八分有馀者，永寿、武功二县。约收八分者，临潼、雒南二县。约收七分有馀者，宁陕、富平、咸阳、三原、渭南、高陵、蓝田、泾阳、延川、凤翔、岐山、郿县、西乡、大荔、华州、华阴、潼关、朝邑、蒲城、澄城、白水、石泉、商州、乾州、中部等二十五厅州县。约收七分者，长安、孝义、耀州、宝鸡、汧阳、三水、淳化等七厅州县。

约收六分有馀者，咸宁、兴平、醴泉、同官、定边、靖边、安塞、甘泉、陇州、扶风、麟游、定远、留坝、佛坪、宁羌、南郑、洋县、略阳、城固、褒城、韩城、郃阳、汉阴、安康、白河、平利、紫阳、邠州、长武、商南、山阳、镇安、鄜州、洛川、宜君、绥德、清涧、吴堡等三十八厅州县。约收六分者，延长、凤县、洵阳等三县。约收五分有馀者，肤施、宜川、安定、保安、沔县、葭州、神木、府谷、榆林、怀远、砖坪、米脂等十二厅州县。

以上西安等十二府州九十一厅州县，多寡牵算，秋禾约收六分有馀。朱批："览。"

101 奏报陕西本年七八月份雨水禾麦并八月粮价情形事

陕西巡抚臣张祥河跪奏，为恭报雨水田禾情形，仰祈圣鉴事。

窃照陕省各属七月上旬暨八月上旬得雨情形，业经臣恭折具奏在案。兹据西安等府州所属各厅州县，先后具报雨水不缺。臣查陕西各属本年七、八月间，雨泽优沾，土膏极为滋润，日来天气晴和，二麦现已播种齐全。其南北两山暨平原一带，早晚秋禾，亦已次第收获，民情甚为欢悦，地方安贴，堪以仰慰圣怀。谨将八月分各属粮价，敬缮清单，恭呈御览，伏祈皇上圣鉴。谨奏。（道光二十九年）九月二十八日。道光二十九年十月初四日奉朱批："览。钦此。"

102 呈陕西道光二十九年八月粮价清单

谨将陕西省道光二十九年八月分各属粮价开具清单，恭呈御览。计开：

西安府属，价中。大米每仓石价银，自一两二钱六分至二两四钱五分，与上月相同。小米每仓石价银，自八钱二分至一两六钱一分，与上月相同。小麦每仓石价银，自九钱至一两五钱八分，与上月相同。大麦每仓石价银，自四钱五分至八钱四分，与上月相同。豌豆每仓石价银，自七钱五分至一两三钱九分，与上月相同。

延安府属，大米价贵，馀俱价中。大米每仓石价银，自一两四钱四分至二两九钱八分，与上月相同。小米每仓石价银，自九钱至一两七钱，与上月相同。小麦每仓石价银，自一两一钱至一两七钱七分，与上月相同。糜米每仓石价银，自一两八分至一两六钱，与上月相同。豌豆每仓石价银，自八钱二分至一两五钱，与上月相同。

凤翔府属，大米价贱，馀俱价中。大米每仓石价银，自一两三钱二分至一两七钱，与上月相同。小米每仓石价银，自一两八分至一两四钱四分，与上月相同。小麦每仓石价银，自七钱八分至一两四钱二分，与上月相同。大麦每仓石价银，自四钱七分至七钱八分，与上月相同。豌豆每仓石价银，自六钱九分至一两一钱五分，与上月相同。

汉中府属，大麦、小麦价贵，馀俱价中。大米每仓石价银，自八钱五分至二两一钱四分，与上月相同。小米每仓石价银，自八钱二分至一两六钱三分，与上月相同。小麦每仓石价银，自七钱四分至二两四分，与上月相同。大麦每仓石价银，自三钱八分至一两八分，与上月相同。豌豆每仓石价银，自六钱三分至一两八分，较上月减二分。黄豆每仓石价银，自五钱七分至一两三钱五分，与上月相同。

榆林府属，豌豆价中，馀俱价贵。大米每仓石价银，自二两二钱至三两一钱一分，与上月相同。小米每仓石价银，自一两五钱一分至二两四钱二分，与上月相同。小麦每仓石价银，自一两六钱五分至二两三分，与上月相同。糜米每仓石价银，自一两五钱一分至二两四钱二分，与上月相同。豌豆每仓石价银，自九钱二分至一两三钱，与上月相同。

同州府属，大米价贵，馀俱价中。大米每仓石价银，自一两六钱八分至二两八钱九分，与上月相同。小米每仓石价银，自一两一钱二分至一两五钱七分，与上月相同。小麦每仓石价银，自一两二钱至一两四钱八分，与上月相同。大麦每仓石价银，自六钱五分至九钱，与上月相同。豌豆每仓石价银，自九钱九分至一两四钱二分，与上月相同。

兴安府属，大米价贱，馀俱价中。大米每仓石价银，自一两三钱六分至一两七钱，与上月相同。小米每仓石价银，自九钱一分至一两四钱三分，与上月相同。小麦每仓石价银，自一两一钱六分至一两五钱，与上月相同。大麦每仓石价银，自四钱二分至八钱五分，与上月相同。豌豆每仓石价银，自八钱至一两二钱，与上月相同。黄豆每仓石价银，自八钱至一两三钱，与上月相同。

商州属，豌豆价贵，馀俱价中。大米每仓石价银，自一两五钱至二两，与上月相同。小米每仓石价银，自一两八分至一两四钱七分，与上月相同。小麦每仓石价银，自一两八分至一两五钱八分，与上月相同。大麦每仓石价银，自六钱至七钱八分，与上月相同。豌豆每仓石价银，自六钱六分至一两七钱二分，与上月相同。

邠州属，小米、小麦价贱，馀俱价中。大米每仓石价银，自一两六钱九分至二两八钱，与上月相同。小米每仓石价银，自八钱至一两一钱九分，与上月相同。小麦每仓石价银，自八钱二分至一两一钱五分，与上月相同。豌豆每仓石价银，自七钱六分至一两五分，与上月相同。

乾州属，大麦、豌豆价贵，馀俱价中。大米每仓石价银，自一两八钱至二两五钱六分，与上月相同。小米每仓石价银，自一两六钱至二两，与上月相同。小麦每仓石价银，自一两五钱四分至一两九钱五分，与上月相同。大麦每仓石价银，自六钱九分至一两一钱六分，与上月相同。豌豆每仓石价银，自一两三钱五分至一两七钱七分，与上月相同。

鄜州属，价贱。小米每仓石价银，自六钱一分至七钱四分，与上月相同。小麦每仓石价银，自六钱一分至七钱四分，与上月相同。豌豆每仓石价银，自四钱五分至七钱三分，与上月相同。

绥德州属，价中。小米每仓石价银，自一两二钱一分至一两七钱三分，较上月减五分。小麦每仓石价银，自一两二钱七分至一两八钱四分，较上月减六分。豌豆每仓石价银，自八钱一分至一两二钱一分，较上月减六分。朱批："览。"

103 奏为查明府谷神木二县被雹情形请分别缓征本年下忙地丁银两等事

陕西巡抚臣张祥河跪奏，为查明被雹之府谷、神木二县，恳恩量予缓征，仰祈圣鉴事。

窃照三原等厅州县本年六月内被水、被雹，当经臣接据禀报，于七月分雨水折内声明具奏，一面批饬确勘妥办去后。兹据该管道府督率即委各员查勘得，被水之三原、咸宁、富平、高陵、醴泉、临潼、潼关、华州、华阴、留坝、佛坪、沔县十二厅州县，于六月初八、九，十七，二十三、四等日，大雨如注，山河水涨，低洼处所向有漫淹地亩，冲塌房屋、土窑，淹毙人口，均不过一隅中之一隅。经各地方官捐廉并劝捐，散给籽种、口粮，以及修葺等费，妥为安抚，俱可毋庸赈恤。其留坝、沔县所冲城堤、监狱，现已委勘确估，另行办理。惟府谷、神木二县，于六月初十及八月初一等日先后被雹，分别查勘轻重不等，并经该二县捐资抚恤，民居不致失所。而所种秋禾，收成减色，闾阎未免拮据。应将本年下忙新、旧钱粮，及带征各年出借籽种等项，概予展缓等情，由藩司常大淳核明，具详请奏前来。

臣查陕西省各属沿河一带地方，每遇夏秋大雨时行，易遭水患。此次河水涨发，冲塌房窑、地亩，淹损人口，业经该厅州县捐资，散给籽种、口粮、修葬各费。所淹之地，亦早涸出，随时播种冬麦，现在民情安贴，毋庸再予调济。

至府谷、神木二县，地处北山，土瘠民贫，素鲜盖藏，每年全赖秋收一次，以资生计。今猝被雹伤减收，若将新、旧钱粮同时并征，民力实有未逮。合无仰恳天恩，俯准将府谷县被雹之马蕊、圪垯等二十村庄，应纳本年下忙新旧钱粮、兵米，及带征各年出借籽种等项银粮；神木县被雹之马家岔等五十三村庄，应征本年下忙地丁银粮、草束，以及节年民欠各项，一概缓至道光三十年秋后起征，以舒民力之需，出自鸿慈，为此恭折具奏，伏乞皇上圣鉴训示。谨奏。（道光二十九年）九月二十四日。道光二十九年十月初六日奉朱批：“□□。钦此。”

104 奏为委令白维清接署盐法道事

再，盐法道崇纶上年大计卓异，现无经手事件，应行赴部引见。查有候补道白维清，堪以委令接署。除檄饬遵照外，理合附片陈明。谨奏。道光二十九年十月初五日奉朱批：“览。钦此。”

105 奏报本年八月份收存捐监银两数目事

再，查陕省收捐监生银两，截至道光二十九年七月底止，司库存银二万六千七百二十八两，经臣附片奏明在案。今八月分又收捐监生二十九名，共银三千一百三十二两，连前司库共存银二万九千八百六十两，理合附片奏闻。谨奏。道光二十九年十月初五日奉朱批：“户部知道。钦此。”

106 奏为督粮道吴鼎昌为原籍江宁措捐赈灾事

再,臣接据督粮道吴鼎昌禀称,本年江苏江宁等府州属被水较重,该道籍隶江宁,谊切桑梓,愿捐银三千两,移交陕西藩库,转解江宁藩司收库,稍助赈恤之需等情,具奏前来。除咨江苏督、抚臣外,理合附片陈明。谨奏。道光二十九年十月初五日奉朱批:“□□。钦此。”

107 奏报陕西本年九十月份雨雪麦蔬并九月粮价情形事

陕西巡抚臣张祥河跪奏,为恭报雨雪麦苗情形,仰祈圣鉴事。

窃照陕省各属本年七、八月间雨水情形,业经臣恭折具奏在案。兹据西安、延安、凤翔、汉中、榆林、同州、商州、邠州、乾州、绥德等州属,陆续具报于九月二十七、八、九,三十,及十月初一、二、三等日,或得雨深透,或得雪一、二、三、四寸不等。

臣查陕省各属,向以麦田为重。本年秋雨沾足,平原、高阜播种极宽,现值盘根之际,获此雨雪,土膏更为滋润,其田园菜蔬,亦皆一律芃茂,民情欢悦,四境安恬,堪以仰慰圣怀。谨将九月分各属粮价,敬缮清单,恭呈御览,伏祈皇上圣鉴。谨奏。(道光二十九年)十月二十五日。道光二十九年十一月初七日奉朱批:“览。钦此。”

108 呈陕西道光二十九年九月粮价清单

谨将陕西省道光二十九年九月分各属粮价开具清单,恭呈御览。计开:

西安府属,价中。大米每仓石价银,自一两二钱六分至二两四钱五分,与上月相同。小米每仓石价银,自八钱二分至一两六钱一分,与上月相同。小麦每仓石价银,自九钱至一两六钱六分,较上月贵八分。大麦每仓石价银,自四钱五分至八钱四分,与上月相同。豌豆每仓石价银,自七钱五分至一两三钱九分,与上月相同。

延安府属,大米价贵,馀俱价中。大米每仓石价银,自一两四钱四分至二两九钱八分,与上月相同。小米每仓石价银,自九钱至一两七钱，与上月相同。小麦每仓石价银，自一两一钱至一两七钱七分，与上月相同。糜米每仓石价银，自一两八分至一两六钱，与上月相同。豌豆每仓石价银，自八钱二分至一两五钱，与上月相同。

凤翔府属，大米价贱，馀俱价中。大米每仓石价银，自一两三钱二分至一两七钱，与上月相同。小米每仓石价银，自一两八分至一两四钱四分，与上月相同。小麦每仓石价银，自七钱八分至一两四钱二分，与上月相同。大麦每仓石价银，自四钱七分至七钱八分，与上月相同。豌豆每仓石价银，自六钱九分至一两一钱五分，与上月相同。

汉中府属，大麦、小麦价贵，馀俱价中。大米每仓石价银，自八钱五分至二两一钱四分，与上月相同。小米每仓石价银，自八钱二分至一两六钱三分，与上月相同。小麦每仓石价银，自七钱四分至二两四分，与上月相同。大麦每仓石价银，自三钱八分至一两八分，与上月相同。豌豆每仓石价银，自六钱三分至一两八分，与上月相同。黄豆每仓石价银，自五钱七分至一两三钱五分，与上月相同。

榆林府属，豌豆价中，馀俱价贵。大米每仓石价银，自二两二钱至三两一钱一分，与上月相同。小米每仓石价银，自一两五钱一分至二两四钱二分，与上月相同。小麦每仓石价银，自一两六钱五分至二两三分，与上月相同。糜米每仓石价银，自一两五钱一分至二两四钱二分，与上月相同。豌豆每仓石价银，自九钱二分至一两三钱，与上月相同。

同州府属，大米价贵，馀俱价中。大米每仓石价银，自一两六钱八分至二两八钱九分，与上月相同。小米每仓石价银，自一两一钱二分至一两五钱七分，与上月相同。小麦每仓石价银，自一两二钱至一两四钱八分，与上月相同。大麦每仓石价银，自六钱五分至九钱，与上月相同。豌豆每仓石价银，自九钱九分至一两四钱二分，与上月相同。

兴安府属，大米价贱，馀俱价中。大米每仓石价银，自一两四钱至一两七钱四分，较上月贵四分。小米每仓石价银，自九钱一分至一两四钱三分，与上月相同。小麦每仓石价银，自一两一钱九分至一两五钱，与上月相同。大麦每仓石价银，自四钱四分至八钱五分，与上月相同。豌豆每仓石价银，自八钱至一两二钱，与上月相同。黄豆每仓石价银，自八钱至一两三钱，与上月相同。

商州属，豌豆价贵，馀俱价中。大米每仓石价银，自一两三钱五分至二两，与上月相同。小米每仓石价银，自一两八分至一两四钱七分，与上月相同。小麦每仓石价银，自一两八分至一两五钱八分，与上月相同。大麦每仓石价银，自六钱至七钱四分，较上月减四分。豌豆每仓石价银，自六钱六分至一两七钱二分，与上月相同。

邠州属，小米、小麦价贱，馀俱价中。大米每仓石价银，自一两六钱九分至二两八钱，与上月相同。小米每仓石价银，自八钱至一两一钱九分，与上月相同。小麦每仓石价银，自八钱二分至一两一钱五分，与上月相同。豌豆每仓石价银，自七钱六分至一两五分，与上月相同。

乾州属，大麦、豌豆价贵，馀俱价中。大米每仓石价银，自一两八钱至二两五钱六分，与上月相同。小米每仓石价银，自一两六钱至二两，与上月相同。小麦每仓石价银，自一两五钱四分至一两九钱五分，与上月相同。大麦每仓石价银，自六钱九分至一两一钱六分，与上月相同。豌豆每仓石价银，自一两三钱五分至一两七钱七分，与上月相同。

鄜州属，价贱。小米每仓石价银，自六钱二分至七钱四分，与上月相同。小麦每仓石价银，自六钱一分至七钱四分，与上月相同。豌豆每仓石价银，自四钱五分至七钱三分，与上月相同。

绥德州属，价中。小米每仓石价银，自一两二钱至一两四钱四分，较上月减二钱九分。小麦每仓石价银，自一两二钱七分至一两八钱四分，与上月相同。豌豆每仓石价银，自八钱一分至一两八分，较上月减一钱三分。朱批："览。"

109 奏为查明乡试年老士子未经中式诸生事

陕西巡抚臣张祥河跪奏，为查明乡试年老士子，未经中式，循例奏闻，仰祈圣鉴事。

窃照文闱乡试，年届九十、八十诸生，三场完竣者，例应于揭晓后查明年岁人数具奏。本年陕西己酉科乡试，臣于揭晓后即饬藩司，将完场年老诸生确查详报。复咨送陕甘学政王祖培，查对学册实在年岁，移复前来。臣查陕西省年届九十一岁之渭南县副贡焦庆飏，八十九岁之大荔县附生潘澍，八十岁之渭南县附生张尔寅等三名，均年届九十、八十，三场完竣，榜发未经中式。该生等青衿历志，皓首穷经，操觚不懈于芸窗，注籍未登于蕊榜，幸沐作人之化，欣随盛典以观光；冀分进士之荣，渥候洪恩而锡羡。所有查明完场年老诸生缘由，理合循例恭折具奏，伏祈皇上圣鉴，敕部核覆施行。谨奏。（道光二十九年）十月二十五日。道光二十九年十一月初七日奉朱批："该部议奏。钦此。"

110 奏为委令万保接署督粮道并何鲲兼护延榆绥道事

再，督粮道吴鼎昌，钦奉谕旨，补授广西按察使，所遗员缺，应行委员署理。查有在省办理文、武两闱监试，甫经竣事之延榆绥道万保，堪以委令接署。其所遗延榆绥道印务，查有榆林府知府何鲲，堪委就近兼护。除檄饬遵照外，合并附片陈明。谨奏。道光二十九年十一月初七日奉朱批："览。钦此。"

111 奏报本年九月份收存捐监银两数目事

再，查陕西省收捐监生银两，截至道光二十九年八月底止，司库存银二万九千八百六十两，经臣附片奏明在案。今九月分又收捐监生二十四名，共银二千五百九十二两，连前司库共存银三万二千四百五十二两，理合附片奏闻。谨奏。道光二十九年十一月初七日奉朱批："户部知道。钦此。"

112 奏为特参宜川县典史凌树勋擅受差传酿成牛苏氏被吓投池殒命请革审事

再,宜川县童生牛映海赴臬司衙门,呈控该县典史凌树勋擅受逼命一案。当将该典史撤任,行提人证讯得,本年七月十四日,有县民宋清在该典史衙门具控,牛映海之堂弟牛金修,同妻牛苏氏,帮伊弟妇宋张氏强取伊家麦籽难使。该典史饬差吴尚学等传唤,牛苏氏不愿投案,该差等锁项吓唬,并将牛金修先带进城,以致牛苏氏被吓愁迫,投池殒命。牛金修赴县具报,该差等捏名递词拦验。维时印官公出,该典史代行县事,批准免验完结等情,由该管道府揭报,藩、臬两司会详请参前来。

臣查此案所控,系寻常家产细故,该典史辄行擅受差传。迨经酿成人命,又不申请邻封验报,径自批准免验,均属违例妄为,难保无授意婪索诈逼情事。相应请旨,将宜川县典史凌树勋革职。提同一干人证,再行研审确情,按律惩办,以儆官邪而肃吏治。谨附片具奏。道光二十九年十一月初二日奉朱批:“情理甚属可恶。另有旨。钦此。”

113 奏报陕西本年十十一月份雨水二麦并十月粮价情形事

陕西巡抚臣张祥河跪奏,为恭报雪泽麦苗情形,仰祈圣鉴事。

窃照陕省各属本年九月下旬及十月初旬雨雪情形,业经臣恭折具奏在案。兹据西安、延安、凤翔、汉中、同州、商州、邠州、乾州、鄜州、绥德等府州属,陆续具报于十月十二、三、四,及十一月初八、九等日,先后得雪一、二、三、四、五寸不等。

臣查陕省各属入冬以来,高阜、平原均获雪泽,土脉信益含滋,二麦盘根深固,民情欢悦,阖境安恬,堪以仰慰圣怀。谨将十月分各属粮价,敬缮清单,恭呈御览,伏祈皇上圣鉴。谨奏。(道光二十九年)十一月十六日。道光二十九年十一月二十九日奉朱批:“览。钦此。”

114 呈陕西道光二十九年十月粮价清单

谨将陕西省道光二十九年十月分各属粮价开具清单，恭呈御览。计开：

西安府属，价中。大米每仓石价银，自一两二钱至二两四钱五分，与上月相同。小米每仓石价银，自八钱二分至一两六钱一分，与上月相同。小麦每仓石价银，自九钱至一两六钱六分，与上月相同。大麦每仓石价银，自四钱五分至八钱四分，与上月相同。豌豆每仓石价银，自七钱五分至一两三钱九分，与上月相同。

延安府属，大米价贵，馀俱价中。大米每仓石价银，自一两四钱四分至二两九钱八分，与上月相同。小米每仓石价银，自九钱至一两七钱，与上月相同。小麦每仓石价银，自一两一钱至一两七钱七分，与上月相同。糜米每仓石价银，自一两八分至一两六钱，与上月相同。豌豆每仓石价银，自八钱至一两五钱，与上月相同。

凤翔府属，大米价贱，馀俱价中。大米每仓石价银，自一两三钱二分至一两七钱，与上月相同。小米每仓石价银，自一两八分至一两四钱四分，与上月相同。小麦每仓石价银，自七钱八分至一两四钱二分，与上月相同。大麦每仓石价银，自四钱七分至七钱八分，与上月相同。豌豆每仓石价银，自六钱九分至一两一钱五分，与上月相同。

汉中府属，大麦、小麦价贵，馀俱价中。大米每仓石价银，自八钱五分至二两一钱四分，与上月相同。小米每仓石价银，自八钱二分至一两六钱一分，较上月减二分。小麦每仓石价银，自七钱四分至二两四分，与上月相同。大麦每仓石价银，自三钱八分至一两八分，与上月相同。豌豆每仓石价银，自六钱三分至一两八分，与上月相同。黄豆每仓石价银，自五钱五分至一两三钱五分，与上月相同。

榆林府属，豌豆价中，馀俱价贵。大米每仓石价银，自二两二钱至三两一钱一分，与上月相同。小米每仓石价银，自一两五钱一分至二两三钱六分，较上月减六分。小麦每仓石价银，自一两六钱一分至二两三分，与上月相同。糜米每仓石价银，自一两五钱一分至二两三钱六分，较上月减六分。豌豆每仓石价银，自九钱二分至一两三钱，与上月相同。

同州府属，大米价贵，馀俱价中。大米每仓石价银，自一两六钱八分至二两八钱九分，与上月相同。小米每仓石价银，自九钱八分至一两五钱七分，与上月相同。小麦每仓石价银，自一两一钱二分至一两四钱八分，与上月相同。大麦每仓石价银，自六钱五分至九钱，与上月相同。豌豆每仓石价银，自九钱八分至一两四钱二分，与上月相同。

兴安府属，大米价贱，馀俱价中。大米每仓石价银，自一两四钱至一两七钱四分，与上月相同。小米每仓石价银，自九钱一分至一两四钱三分，与上月相同。小麦每仓石价银，自一两一钱九分至一两五钱，与上月相同。大麦每仓石价银，自四钱四分至八钱五分，与上月相同。豌豆每仓石价银，自八钱至一两二钱，与上月相同。黄豆每仓石价银，自八钱至一两三钱，与上月相同。

商州属，豌豆价贵，馀俱价中。大米每仓石价银，自一两三钱五分至二两，与上月相同。小米每仓石价银，自一两八分至一两四钱七分，与上月相同。小麦每仓石价银，自一两八分至一两五钱八分，与上月相同。大麦每仓石价银，自六钱至七钱四分，与上月相同。豌豆每仓石价银，自六钱六分至一两七钱二分，与上月相同。

邠州属，小米、小麦价贱，馀俱价中。大米每仓石价银，自一两六钱九分至二两八钱，与上月相同。小米每仓石价银，自八钱至一两一钱一分，较上月减八分。小麦每仓石价银，自八钱二分至一两一钱五分，与上月相同。豌豆每仓石价银，自七钱六分至一两五分，与上月相同。

乾州属，大麦、豌豆价贵，馀俱价中。大米每仓石价银，自一两八钱至二两五钱六分，与上月相同。小米每仓石价银，自一两六钱至二两，与上月相同。小麦每仓石价银，自一两五钱四分至一两九钱五分，与上月相同。大麦每仓石价银，自六钱九分至一两一钱六分，与上月相同。豌豆每仓石价银，自一两三钱五分至一两七钱七分，与上月相同。

鄜州属，价贱。小米每仓石价银，自六钱二分至七钱四分，与上月相同。小麦每仓石价银，自六钱一分至七钱四分，与上月相同。豌豆每仓石价银，自四钱五分至七钱三分，与上月相同。

绥德州属，价中。小米每仓石价银，自一两一钱九分至一两四钱四分，与上月相同。小麦每仓石价银，自一两二钱七分至一两八钱四分，与上月相同。豌豆每仓石价银，自八钱一分至一两八分，与上月相同。朱批："览。"

115 奏报校阅省标官兵情形事

陕西巡抚臣张祥河跪奏，为校阅省标官兵情形，恭折奏闻事。

窃照陕省地处严疆，武备最关紧要。臣于本年二月抵任，查得抚标中、左、右三营，额设官兵二千二百八十九员名。除岁派西口换防，实在官兵二千九十八员名。当经谆谕该管将领，务宜勤加训练，不可听其偷安，尤不可任其骄纵。并因鸟枪为军营利器，抬炮、抬枪更为制胜及远之具，臣于本标考缺、放粮，先以火器为准。其火药一项，照依原任提臣陈阶平奏准加功精造之法，用臼杵舂足，筛珠呈验。本备有三千馀斤，兹复饬备三千斤，一并存贮。现届冬操，臣调集三营官兵，于十二月十七、八、九等日，亲赴教场，通行校阅，合围布陈，如式齐整。特将抬炮、抬枪挑出演试，中靶者十得七八。其官兵马步弓箭，即在臣署箭道分日阅看。统计马步守兵中箭成数在八分以上，分别奖赏记名拔补，生疏者予以责惩，勒限练习。将领、备、弁骑射均尚可观。

惟查有箭射无准之候补千总、世袭恩骑尉李勇、赵仕正，均应斥退，照例另袭。候补千把总武举寇文杰，候补把总武举刘恭，均应革退随营，仍留武举。经制外委苏升，应降为马兵。以上各弁，在标有年，力弱技荒，不知练习，当即咨部，分别办理。臣深惧武备未谙，惟有实力讲求，督饬各营将领，倍加训练。倘有旷操、缺额等弊，定行从严劾参，断不敢稍涉姑容，以期仰副皇上设兵卫民，整饬戎行至意。所有臣阅看本标官兵情形，理合恭折具奏，伏乞圣鉴训示。谨奏。（道光二十九年）十一月二十七日。道光二十九年十二月初九日奉朱批：“览。钦此。”

116 奏为试用道白维清堪胜繁缺道事

陕西巡抚臣张祥河跪奏，为道员试用期满，循例甄别，恭折奏祈圣鉴事。

窃照捐纳分发道员，试用一年期满，例应甄别。兹查有试用道白维清，年五十八岁，顺天通州人，捐纳知县，分发陕西，补授盩厔县知县。调任临潼县知县，升补清军同知，旋升兴安府知府，丁艰回籍。服满赴部捐输，发陕，题补凤翔府知府。复因捐输回疆，以道员分发陕西，引见，奉旨：“著照例发往。钦此。”于道光二十八年十二月十四日到省。连闰扣至二十九年十一月十四日，试用一年期满，据藩、臬两司出考，会详请奏前来。

臣详加察看，该员年健才明，曾任繁缺知府，现署盐法道印务，办理裕如，堪胜繁缺道员之任，俟有应补缺出，照例序补。所有循例甄别缘由，谨会同陕甘督臣琦善，合词恭折具奏，伏乞皇上圣鉴。谨奏。（道光二十九年）十一月二十八日。道光二十九年十二月初十日奉朱批：“吏部知道。钦此。”

117 奏为密陈司道府考语事

陕西巡抚臣张祥河跪奏，为密陈司道知府考语，仰祈圣鉴事。

窃照两司道府等官，例应于年底加具切实考语，开单密奏。臣仰蒙畀任封圻，首以察吏为务。在省司道知府人品才具，每逢接见，无不留心体察。其在外各道府，亦就其平日所办事件及士民舆论，互相参考，以定其器识操持。

查陕省各官，除新授督粮道陈景亮尚未到任，盐法道崇纶给咨赴部引见，西安府知府徐栋业经告病，均毋庸注考外，所有现任两司暨道、府等官，谨就臣管见所及，出具切实考语，敬缮清单，恭呈御览，伏乞皇上圣鉴。谨奏。（道光二十九年）十一月二十八日。道光二十九年十二月初十日奉朱批："单片均留中。钦此。"

118 奏报本年十月份收存捐监银两数目事

再，查陕省收捐监生银两，截至道光二十九年九月底止，司库存银三万二千四百五十二两，经臣附片奏明在案。今十月分又收捐监生一十七名，共银一千八百三十六两，连前司库共存银三万四千二百八十八两，理合附片奏闻。谨奏。道光二十九年十一月二十九日奉朱批："户部知道。钦此。"

119 奏为捐赈加级议叙谢恩事

再，准吏部咨开，江苏捐赈议叙具奏，张祥河应给予加五级，纪录三次，奉旨："依议。钦此。"伏念臣以桑梓关情，少助赈需，当为分内所应尽。乃蒙圣恩甄叙，级纪优加，戴纶綍之自天，益感铭于无地。理合附片叩谢天恩。谨奏。道光二十九年十一月二十九日奉朱批："览。钦此。"

120 奏为委员分批起解地丁等银两于年底解交部库事

再，臣接准户部咨，以部库动拨灾赈银两，亟宜筹补，奏请于清查各省，查明司库，无论正、杂各款，每省实可酌提银若干万两，一面奏报，一面委员起解，务于年底解部，以供支放。奉旨："依议。钦此。"钦遵行知前来。

臣查陕西省本年六月清查完竣时，即经臣督饬藩司常大淳，将库贮向不报解之耗羡暨减平银两，酌议提银十六万两，奏明解部。旋准部咨，拨解湖北省在案。兹复与该司逐款勾稽，耗羡项下，虽尚留银十万馀两，第系备支文、武廉俸，未便再行提解。惟查减平一项，自前次拨解后，截至十月十六日止，续存银一万七千二百六十两八钱四分一厘，系应按年解部交纳。

又，捐输海疆、河工、蓄务、回疆四款经费，存银四千四百三十二两八分，系奏部拨解馀剩，听候酌拨之项。此外有岳庙生息银五万八千一百七两七分九厘，原系奏明存备省垣及各属修理城工之用。嗣因各工停止，凡有要工，俱系劝捐办理，此项银两，递年积存在库。以上统共银八万两，悉心筹计，可以酌提，随同现在另准部咨指拨陕省地丁等银十一万两，一并解部，以济京饷要需。除饬司遴委妥员，分批起解，赶于年底解交部库兑收外，所有酌提银两解京缘由，理合附片奏闻，伏乞圣鉴。谨奏。道光二十九年十一月二十九日奉朱批："户部知道。钦此。"

121 奏为拿获直隶通州越狱盗犯邸盛幅杨瓜子二名并委员解直省归案事

再，臣前准直隶督臣纳尔经额，咨缉通州越狱盗犯丁继岗等九名到陕。当查该犯丁继岗等，以田民伙众，强劫通州铺户银两。迨被获拿，复敢殴伤禁卒，脱监逃走至九名之多，似此凶横藐法重犯，必须严密查拿。随督饬臬司朱艭，拣派候补知县国蕃寿，驰赴各属会缉去后。

兹据该委员会同各地方官购觅眼线，在城乡、市镇，无分畛域，四路躧访，先后拿获案内逸盗张元伟，即邸盛幅，暨越狱盗犯杨瓜子，即傻子二名解省，缉捕尚属得力，正宜趁此将越狱在逃各盗犯一气拴拿。即责成该委员照办，一面将杨瓜子等解赴直隶，归案办理。所有委员拿获邻省越狱监犯缘由，谨附片具奏。道光二十九年十一月二十九日奉朱批："览。钦此。"

122 奏为山阳县知县胡金镕庸劣不职请革职事

再，知县一官，与民最亲，必须清廉勤慎，方足以资治理。如有庸劣不职之员，自应随时甄别，免致遗误地方。兹查有山阳县知县胡金镕，四川举人，捐输知县，选授今职。该员行为卑鄙，吏治废弛，声名甚属平常，据藩、臬两司会详前来。相应请旨，将山阳县知县胡金镕即行革职，以肃官箴，而示惩儆。除饬司委员摘印接署，并查明该员任内仓库钱粮有无亏短，另行办理外，所有甄别庸劣知县缘由，谨附片具奏。道光二十九年十二月初九日奉朱批："□□。钦此。"

123 奏报陕西本年十一十二月份雨水二麦并十一月份粮价情形事

陕西巡抚臣张祥河跪奏，为恭报雪泽麦苗情形，仰祈圣鉴事。

窃照陕省十月下旬及十一月上旬雪泽麦苗情形，业经臣恭折具奏在案。兹据延安、凤翔、汉中、邠州、乾州、鄜州、绥德等府州属，陆续具报于十一月初十并二十九、三十，及十二月初一、二、三、四等日先后得雪，除融化外，积地一、二、三、四寸不等。臣查陕省各属全重麦收，得此祥霙应候，土膏滋润，二麦盘根更为稳固，民情欢悦，阖境安恬，堪以仰慰宸怀。谨将十一月分各属粮价，敬缮清单，恭呈御览，伏祈皇上圣鉴。谨奏。（道光二十九年）十二月十六日。道光二十九年十二月二十七日奉御批："览。钦此。"

124 呈陕西道光二十九年十一月份粮价清单

谨将陕西省道光二十九年十一月分各属粮价，敬缮清单，恭呈御览。计开：

西安府属，价中。大米每仓石价银，自一两二钱至二两四钱五分，与上月相同。小米每仓石价银，自八钱三分至一两六钱一分，与上月相同。小麦每仓石价银，自九钱至一两六钱六分，与上月相同。大麦每仓石价银，自四钱五分至八钱四分，与上月相同。豌豆每仓石价银，自七钱五分至一两三钱九分，与上月相同。

延安府属，大米价贵，馀俱价中。大米每仓石价银，自一两四钱四分至二两九钱八分，与上月相同。小米每仓石价银，自九钱至一两七钱，与上月相同。小麦每仓石价银，自一两一钱至一两七钱七分，与上月相同。糜米每仓石价银，自一两八分至一两六钱，与上月相同。豌豆每仓石价银，自八钱至一两五钱，与上月相同。

凤翔府属，大米价贱，馀俱价中。大米每仓石价银，自一两三钱二分至一两七钱，与上月相同。小米每仓石价银，自一两八分至一两四钱四分，与上月相同。小麦每仓石价银，自七钱八分至一两四钱二分，与上月相同。大麦每仓石价银，自四钱七分至七钱八分，与上月相同。豌豆每仓石价银，自六钱九分至一两一钱五分，与上月相同。

汉中府属，大麦、小麦价贵，馀俱价中。大米每仓石价银，自八钱五分至二两一钱四分，与上月相同。小米每仓石价银，自八钱五分至一两六钱一分，与上月相同。小麦每仓石价银，自七钱四分至二两四分，与上月相同。大麦每仓石价银，自三钱八分至一两八分，与上月相同。豌豆每仓石价银，自六钱三分至一两八分，与上月相同。黄豆每仓石价银，自五钱五分至一两三钱五分，与上月相同。

榆林府属，豌豆价中，馀俱价贵。大米每仓石价银，自二两二钱至三两一钱一分，与上月相同。小米每仓石价银，自一两五钱一分至二两三钱六分，与上月相同。小麦每仓石价银，自一两七钱一分至二两三分，与上月相同。糜米每仓石价银，自一两五钱一分至二两三钱六分，与上月相同。豌豆每仓石价银，自一两二分至一两三钱，与上月相同。

同州府属，大米价贵，馀俱价中。大米每仓石价银，自一两六钱八分至二两八钱九分，与上月相同。小米每仓石价银，自九钱八分至一两五钱七分，与上月相同。小麦每仓石价银，自一两一钱二分至一两四钱八分，与上月相同。大麦每仓石价银，自六钱五分至九钱，与上月相同。豌豆每仓石价银，自九钱八分至一两四钱二分，与上月相同。

兴安府属，大米价贱，馀俱价中。大米每仓石价银，自一两四钱至一两七钱四分，与上月相同。小米每仓石价银，自九钱一分至一两四钱三分，与上月相同。小麦每仓石价银，自一两一钱九分至一两五钱，与上月相同。大麦每仓石价银，自四钱四分至八钱五分，与上月相同。豌豆每仓石价银，自八钱至一两二钱，与上月相同。黄豆每仓石价银，自八钱至一两三钱，与上月相同。

商州属，豌豆价贵，馀俱价中。大米每仓石价银，自一两三钱五分至二两，与上月相同。小米每仓石价银，自一两八分至一两四钱七分，与上月相同。小麦每仓石价银，自一两八分至一两五钱八分，与上月相同。大麦每仓石价银，自六钱至七钱四分，与上月相同。豌豆每仓石价银，自六钱六分至一两七钱二分，与上月相同。

邠州属，小米、小麦价贱，馀俱价中。大米每仓石价银，自一两六钱九分至二两八钱，与上月相同。小米每仓石价银，自八钱至一两一钱一分，与上月相同。小麦每仓石价银，自八钱二分至一两一钱五分，与上月相同。豌豆每仓石价银，自七钱六分至一两五分，与上月相同。

乾州属，大麦、豌豆价贵，馀俱价中。大米每仓石价银，自一两八钱至二两五钱六分，与上月相同。小米每仓石价银，自一两六钱至二两，与上月相同。小麦每仓石价银，自一两五钱四分至一两九钱五分，与上月相同。大麦每仓石价银，自六钱九分至一两一钱六分，与上月相同。豌豆每仓石价银，自一两三钱五分至一两七钱七分，与上月相同。

鄜州属，价贱。小米每仓石价银，自六钱二分至七钱四分，与上月相同。小麦每仓石价银，自六钱一分至七钱四分，与上月相同。豌豆每仓石价银，自四钱五分至七钱三分，与上月相同。

绥德州属，价中。小米每仓石价银，自一两一钱九分至一两四钱，较上月减四分。小麦每仓石价银，自一两二钱七分至一两七钱九分，较上月减五分。豌豆每仓石价银，自八钱一分至一两一分，较上月减七分。朱批："览。"

125 奏请段大章调补西安府知府事

陕西巡抚臣张祥河跪奏，为省会要缺知府，遵旨拣员调补，恭折奏祈圣鉴事。

窃臣接准吏部咨开，钦奉上谕："陕西西安府知府员缺紧要，著该督、抚于通省知府内拣员调补。所遗员缺，著何渭珍补授。钦此。"遵查西安府系省会首郡，管辖十八厅州县，地方辽阔，政务殷繁，且时有发审案件，非精明干练之员，不足以资治理。

臣随与藩、臬两司，在于通省知府内逐加遴选。查有汉中府知府段大章，年四十五岁，四川巴县人，由道光戊戌科进士，改翰林院庶吉士，散馆授职编修。二十三年充云南乡试副考官，二十五年奉旨补授汉中府知府，二十六年正月奉文到任。该员明练安详，有为有守，以之调补西安府知府，实堪胜任，据藩、臬两司会详请奏前来。

合无仰恳天恩，俯准以段大章调补西安府知府，洵于繁剧相宜。如蒙俞允，该员系现任知府遵旨拣调，毋庸送部引见，并免查叙参罚。其所遗汉中府知府员缺，遵旨即以何渭珍补授。所有拣员调补省会要缺知府缘由，谨会同陕甘督臣琦善，合词恭折具奏，伏祈皇上圣鉴训示。谨奏。（道光二十九年）十二月十六日。道光二十九年十二月二十七日奉御批："□□。钦此。"

126 奏为提解各属交代银两事

陕西巡抚臣张祥河跪奏，为查明各属交代征存银两，均经按限提解清楚，循例具奏，仰祈圣鉴事。

窃照州县交代，每届年终，例应将有无征存未解银两，及交代各州县有无逾限之处汇奏一次等因，遵办在案。兹据藩司常大淳查明，道光二十九年分各属交代，扣至十月底止，据各府厅州县结报交代清楚，造送册结，共五十八案。凡册造征存银两，均已陆续扫数提解完结，并无存留属库未解之项，亦无逾限未结，交代开单，具详请奏前来。臣复核无异。除清单咨送户部外，所有道光二十九年各属交代银两提解清楚缘由，理合循例恭折具奏，伏乞皇上圣鉴。谨奏。（道光二十九年）十二月十六日。道光二十九年十二月二十七日奉御批：“户部知道。钦此。”

127 奏为查明京控咨案并无逾限事

再，京控咨交案件，例应半年汇奏一次。兹查陕省自本年七月至今止，并未接准刑部及都察院、步军统领各衙门咨交原控案件，亦无从前逾限未结之案，现届半年，理合附片奏闻。谨奏。（道光二十九年）十二月十六日。道光二十九年十二月二十七日奉御批：“览。钦此。”

128 奏请陛见事

陕西巡抚臣张祥河跪奏，为遵旨奏请陛见，仰祈圣鉴事。

窃臣蒙恩补授陕西巡抚，当于道光二十九年正月间具折吁请陛见，旋奉朱批：“且赴新任，本年冬杪再行奏请。钦此。”臣即钦遵，于二月内到任。兹已冬杪届期。查得陕省连岁丰收，本年秋冬以来，雨雪调匀，来年兆稔，地方靖谧，民气安恬，一切应办事宜，俱各次第清厘。现在公务尚无紧要之件，相应遵照前旨，吁恳鸿慈，准臣入都叩觐天颜，跪聆训诲。不特趋承枢禁，得纾葵向之诚；尤期遵奉宸谟，藉启蓬心之昧。所有微臣依恋吁恳下忱，理合缮折具奏，伏乞皇上圣鉴。谨奏。（道光）二十九年十二月二十二日。道光三十年正月初四日奉御批：“本年冬间再行奏请。钦此。”

129 奏报陕西省道光二十九年份额征正赋新旧钱粮已未完数目事

陕西巡抚臣张祥河跪奏，为查明本年钱粮完解数目，恭折奏祈圣鉴事。

窃照前准部咨，令将新、旧钱粮数目，于十二月内先行奏明，仍于次年四月内具题等因，历经遵办在案。兹据藩司常大淳详报：“道光二十九年分额征民屯更起运，并粮折等项，除各属留支外，实应解司银一百三十三万九千三百三十七两零。自本年二月起，至五月底止，已完银八十五万七千六百八十二两零，业经奏报在案。其未完银四十八万一千六百五十五两零，自六月起至十一月底止，续完银四十万一千七百九十二两零，均经解贮司库。仍未完银七万九千八百六十三两零。统计本年钱粮，已完九分四厘有馀。

再，二十六年缓征地丁，前于本年五月内具奏，其未完银七百四十七两零，系因神木、府谷二县二十八年秋收复歉，奏明展缓至二十九年秋收起征。现除将未完银两严催征解，俟批解到司，再行归入三十年正月内截数请奏"等情，具详前来。臣覆核无异。除将未完银两，严饬督催征解外，所有道光二十九年分，额征正赋新、旧钱粮，截至十一月底止，已、未完数目，理合循例具奏，伏乞皇上圣鉴。谨奏。(道光二十九年)十二月二十二日。道光三十年正月初四日奉朱批："户部知道。钦此。"

130 奏报本年十一月份收存捐监银两数目事

再，查陕省收捐监生银两，截至道光二十九年十月底止，司库存银三万四千二百八十八两，经臣附片奏明在案。今十一月分收捐监生九名，共银九百七十二两，连前司库共存银三万五千二百六十两。除动银三万两，委员解赴甘肃藩库封贮外，理合附片奏闻。谨奏。道光二十九年十二月二十七日奉御批："户部知道。钦此。"

131 奏报陕西省道光二十九年份钱粮已未完解数目事

陕西巡抚臣张祥河跪奏，为查明二十九年分钱粮，截至年底止已、未完解数目，循例恭折奏闻，仰祈圣鉴事。

窃照嘉庆九年六月内准户部咨，令将已、未完解钱粮数目，截至年底，于次年开印前报部，一面专折具奏等因，历经遵行在案。兹据藩司常大淳详称："道光二十九年分额征民屯更起运，并粮折等项钱粮，除各属留支外，实应解司银一百三十三万九千三百三十七两零。截至上年十一月底止，已完银一百二十五万九千四百七十四两零，业经详明具奏在案。兹自上年十二月起，至年底止，续完银五万一千二百八十六两零，仍未完银二万八千五百七十六两零。统计道光二十九年钱粮，已完九分七厘零。

又带征道光二十六年旧欠缓征银七百四十七两零，因神木、府谷二县二十八年秋收复歉，奏明缓至二十九年秋后起征，仍未征完"等情，具详请奏前来。臣覆核无异。除将未完银两严饬督催，赶紧征收解司外，所有道光二十九年分额征正赋钱粮，截至年底止，已、未完解数目，理合循例恭折具奏，伏乞皇上圣鉴。谨奏。（道光三十年）正月二十二日。道光三十年二月初三日奉御批："户部知道。钦此。"

132 奏报陕西上年十二月份本年正月雨雪二麦并上年十二月份粮价情形事

陕西巡抚臣张祥河跪奏，为恭报雪泽麦苗情形，仰祈圣鉴事。

窃照陕省道光二十九年十一月下旬及十二月初旬得雪情形，业经臣恭折具奏在案。迨十二月中旬以后，雨雪较稀，地土微形干燥。适于本年正月初三、四两日，省城瑞雪缤纷，连宵达旦，积厚五寸有馀。兹据西安、延安、凤翔、汉中、榆林、同州、兴安、商州、邠州、乾州、鄜州、绥德等十二府州属，陆续具报于正月初二、三、四、五、六、七及初十等日，先后得雪，除融化入土深透外，积地一、二、三、四、五、六寸不等。

臣查陕省各属正当待泽之际，获此祥霙极为普遍，高下田原，一律含润，实于二麦大有裨益，民情欢悦，阖境恬熙，洵堪仰慰宸怀。谨将上年十二月分各属粮价，敬缮清单，恭呈御览，伏祈皇上圣鉴。谨奏。（道光三十年）正月二十二日。道光三十年二月初三日奉御批："知道了。钦此。"

133 呈陕西道光二十九年十二月份粮价清单

谨将陕西省道光二十九年十二月分各属粮价，敬缮清单，恭呈御览。计开：

西安府属，价中。大米每仓石价银，自一两二钱至二两四钱五分，与上月相同。小米每仓石价银，自八钱三分至一两六钱一分，与上月相同。小麦每仓石价银，自九钱至一两六钱六分，与上月相同。大麦每仓石价银，自四钱五分至八钱四分，与上月相同。豌豆每仓石价银，自七钱五分至一两三钱九分，与上月相同。

延安府属，大米价贵，馀俱价中。大米每仓石价银，自一两四钱四分至二两九钱八分，与上月相同。小米每仓石价银，自九钱至一两七钱，与上月相同。小麦每仓石价银，自一两一钱至一两七钱七分，与上月相同。糜米每仓石价银，自一两八分至一两六钱，与上月相同。豌豆每仓石价银，自八钱至一两五钱，与上月相同。

凤翔府属，大米价贱，馀俱价中。大米每仓石价银，自一两三钱二分至一两七钱，与上月相同。小米每仓石价银，自一两八分至一两四钱四分，与上月相同。小麦每仓石价银，自七钱八分至一两四钱二分，与上月相同。大麦每仓石价银，自四钱七分至七钱八分，与上月相同。豌豆每仓石价银，自六钱九分至一两一钱五分，与上月相同。

汉中府属，大麦、小麦价贵，馀俱价中。大米每仓石价银，自八钱五分至二两一钱四分，与上月相同。小米每仓石价银，自八钱五分至一两六钱一分，与上月相同。小麦每仓石价银，自七钱四分至二两四分，与上月相同。大麦每仓石价银，自三钱八分至一两八分，与上月相同。豌豆每仓石价银，自六钱三分至一两八分，与上月相同。黄豆每仓石价银，自五钱五分至一两三钱五分，与上月相同。

榆林府属，豌豆价中，馀俱价贵。大米每仓石价银，自二两二钱至三两一钱一分，与上月相同。小米每仓石价银，自一两四钱四分至二两三钱六分，与上月相同。小麦每仓石价银，自一两五钱六分至二两三分，与上月相同。糜米每仓石价银，自一两五钱一分至二两三钱六分，与上月相同。豌豆每仓石价银，自一两二分至一两三钱，与上月相同。

同州府属，大米价贵，馀俱价中。大米每仓石价银，自一两六钱八分至二两八钱九分，与上月相同。小米每仓石价银，自九钱八分至一两五钱七分，与上月相同。小麦每仓石价银，自一两一钱二分至一两四钱八分，与上月相同。大麦每仓石价银，自六钱五分至九钱，与上月相同。豌豆每仓石价银，自九钱八分至一两四钱二分，与上月相同。

兴安府属，大米价贱，馀俱价中。大米每仓石价银，自一两四钱至一两七钱四分，与上月相同。小米每仓石价银，自九钱一分至一两四钱三分，与上月相同。小麦每仓石价银，自一两一钱九分至一两五钱，与上月相同。大麦每仓石价银，自四钱四分至八钱五分，与上月相同。豌豆每仓石价银，自八钱至一两二钱，与上月相同。黄豆每仓石价银，自八钱至一两三钱，与上月相同。

商州属，豌豆价贵，馀俱价中。大米每仓石价银，自一两三钱五分至二两，与上月相同。小米每仓石价银，自一两八分至一两四钱七分，与上月相同。小麦每仓石价银，自一两八分至 两五钱八分，与上月相同。大麦每仓石价银，自六钱至七钱四分，与上月相同。豌豆每仓石价银，自六钱六分至一两七钱二分，与上月相同。

邠州属，小米、小麦价贱，馀俱价中。大米每仓石价银，自一两六钱九分至二两八钱，与上月相同。小米每仓石价银，自八钱至一两一钱一分，与上月相同。小麦每仓石价银，自八钱二分至一两一钱五分，与上月相同。豌豆每仓石价银，自七钱六分至一两五分，与上月相同。

乾州属，大麦、豌豆价贵，馀俱价中。大米每仓石价银，自一两八钱至二两五钱六分，与上月相同。小米每仓石价银，自一两六钱至二两，与上月相同。小麦每仓石价银，自一两五钱四分至一两九钱五分，与上月相同。大麦每仓石价银，自六钱九分至一两一钱六分，与上月相同。豌豆每仓石价银，自一两三钱五分至一两七钱七分，与上月相同。

鄜州属，价贱。小米每仓石价银，自六钱二分至七钱四分，与上月相同。小麦每仓石价银，自六钱一分至七钱四分，与上月相同。豌豆每仓石价银，自四钱五分至七钱三分，与上月相同。

绥德州属，价中。小米每仓石价银，自一两一钱九分至一两四钱，与上月相同。小麦每仓石价银，自一两二钱七分至一两七钱九分，与上月相同。豌豆每仓石价银，自八钱一分至一两一分，与上月相同。朱批："览。"

134 奏为恭请圣躬节哀并请叩谒梓宫事

陕西巡抚臣张祥河跪奏，为沥陈哀吁下忱，仰祈圣鉴事。

窃臣于正月三十日接准部移咨，大行皇帝龙驭上宾，具奏各直省应行仪注。臣展阅之下，五中惊裂，伏地号痛，当即率属举哀。伏念大行皇帝临御三十年，深仁厚泽，遍及寰区。我皇上缵膺大统，付托至隆，恭恳节哀，休卫圣躬，上慰在天之灵，下纾天下臣民之望，实深吁祷。

臣以吴中下士，渥荷大行皇帝高厚鸿慈，由嘉庆庚辰科进士供职枢曹，外擢道员，洊升巡抚，涓埃罔报，哀痛何涯！敬俟遗诏到后，拟请叩谒梓宫，恭觐天颜，跪聆训谕。谨先缮折沥陈哀吁下忱，伏祈皇上圣鉴。谨奏。（道光三十年）二月初一日。道光三十年二月十四日奉御批："知道了。著毋庸前来。钦此。"

135 奏报道光二十九年十二月份收存捐监银两数目事

再，查陕省收捐监生银两，截至道光二十九年十一月底止，司库存银三万五千二百六十两。除动银三万两，委员解赴甘肃藩库封贮外，实存银五千二百六十两，经臣附片奏明在案。今十二月分收捐监生三十二名，共银三千四百五十六两，连前司库共存银八千七百一十六两，理合附片奏闻。谨奏。道光三十年二月初三日奉御批：“户部知道。钦此。”

136 奏为设法拿获于广东省喝殴毙命要犯张元昭并派员押解广东归案审办事

再，臣于上年六月内，接准两广督臣徐广缙、广东抚臣叶名琛来咨，催缉被控喝令致毙弁兵之富平县武生张元昭，解粤质审等因。当即卷查，道光二十八年间陕省先准粤东咨会，业经富平县查得，张元昭自赴广东以后迄未回家。叠传乡地亲属人等研讯张元昭下落，或称已往山西，或称在于甘肃，供词不一，致未弋获。臣思该生张元昭，乃被控喝殴致毙把总方大源暨兵丁多人要犯，现已查有去向，应即从此根究蹦拿，岂可视为具文，任听远扬，案结无期？随行司转饬，派委缉匪之候补同知书智等，会同富平县设法赶紧严缉务获去后。

兹据印委各员购觅眼线，分路密访，于上年十一月二十八日，在甘肃张掖县地方，会同将张元昭拿获，解省发府。讯据供称：“年三十三岁。道光二十五年，伊往前任广东提臣张青云任所，旋经荐在东江盐埠经管巡船。至把总方大源及兵丁二人，均系巡丁查私伤毙，伊并无喝令之事。”所供核与来文不符。是否恃无质证，狡展避就，应解广东质明详办等情，由臬司朱艭具详前来。除饬派妥员，小心押解归案审办外，所有设法拿获广东省喝殴毙命要犯缘由，谨附片具奏。道光三十年二月初三日奉御批：“依议，该部知道。钦此。”

137 奏报陕西省道光二十九年下忙征收正赋盐课钱粮已未完数目事

陕西巡抚臣张祥河跪奏，查明陕省上年下忙征收正赋盐课钱粮，已、未完数目，循例具奏，仰祈圣鉴事。

窃照各州县征解钱粮，前于嘉庆二十年六月内，经户部奏准，令将每年上、下忙应征钱粮，除留支外，实应解司银数，分别正课、杂项，依限造册详报督、抚具奏，并将原册送部等因，历经遵行在案。兹查陕省各属道光二十九年分额征民屯更起存并粮折银，除屯丁兑食及存留外，实应解司银二百三十三万九千三百三十七两零。内除上忙已完银八十五万七千六百八十二两零，今下忙续完银四十五万三千七十九两零，仍未完银二万八千五百七十六两零。又，原额盐课银八千九百八十两零，内除上忙已完银一千五百八十五两零，今下忙续完银四千二百八十二两零，仍未完银三千一百一十一两零。

又，二十六年分前，二十九年上忙未完银七百四十七两零，系因神木、府谷二县二十八年秋收复歉，奏明展缓至二十九年秋收起征，今下忙仍未征完等情详报前来。臣覆核无异。除将未完银两严饬该管道府州赶紧督催征解，并将送到册籍另行咨部外，所有道光二十九年分下忙征收正赋，新、旧盐课钱粮，已、未完数目，理合循例恭折具奏，伏祈皇上圣鉴。谨奏。（道光三十年）二月二十日。道光三十年三月初二日奉御批："户部知道。钦此。"

138 奏报陕西本年正月雨雪粮价情形事

陕西巡抚臣张祥河跪奏，为恭报雨雪麦苗情形，仰祈圣鉴事。

窃照陕省各属正月初旬雪泽麦苗情形，业经臣恭折具奏在案。兹据西安、延安、凤翔、汉中、兴安、鄜州、绥德等府州属，陆续具报于正月十五、六、七，并二十、二十四，及二十六、七、八、九等日，先后得雨雪一、二、三、四寸不等。臣查关中年景，首重麦收，当芃苗秀发之时，迭逢雨雪滋培，于农田大有裨益，民情安帖，粮价中平，堪以仰慰圣怀。谨将正月分各属粮价，敬缮清单，恭呈御览，伏祈皇上圣鉴。谨奏。（道光三十年）二月二十日。道光三十年三月初二日奉御批："知道了。钦此。"

139 呈陕西道光三十年正月粮价清单

谨将陕西省道光三十年正月分各属粮价，敬缮清单，恭呈御览。

计开：

西安府属，价中。大米每仓石价银，自一两二钱至二两四钱五分，与上月相同。小米每仓石价银，自八钱三分至一两六钱一分，与上月相同。小麦每仓石价银，自九钱至一两六钱六分，与上月相同。大麦每仓石价银，自四钱五分至八钱四分，与上月相同。豌豆每仓石价银，自七钱五分至一两三钱九分，与上月相同。

延安府属，大米价贵，馀俱价中。大米每仓石价银，自一两四钱四分至二两九钱八分，与上月相同。小米每仓石价银，自九钱至一两七钱，与上月相同。小麦每仓石价银，自一两一钱至一两七钱七分，与上月相同。糜米每仓石价银，自一两八分至一两六钱，与上月相同。豌豆每仓石价银，自八钱至一两五钱，与上月相同。

凤翔府属，大米价贱，馀俱价中。大米每仓石价银，自一两三钱二分至一两七钱一分，较上月贵一分。小米每仓石价银，自一两八分至一两四钱四分，与上月相同。小麦每仓石价银，自七钱八分至一两四钱五分，较上月贵三分。大麦每仓石价银，自四钱七分至七钱八分，与上月相同。豌豆每仓石价银，自六钱九分至一两一钱五分，与上月相同。

汉中府属，大麦、小麦价贵，馀俱价中。大米每仓石价银，自八钱五分至二两一钱四分，与上月相同。小米每仓石价银，自八钱五分至一两六钱一分，与上月相同。小麦每仓石价银，自八钱五分至二两四分，与上月相同。大麦每仓石价银，自四钱三分至一两八分，与上月相同。豌豆每仓石价银，自六钱六分至一两八分，与上月相同。黄豆每仓石价银，自五钱至一两三钱五分，与上月相同。

榆林府属，豌豆价中，馀俱价贵。大米每仓石价银，自二两二钱至三两一钱一分，与上月相同。小米每仓石价银，自一两四钱四分至二两三钱六分，与上月相同。小麦每仓石价银，自一两五钱六分至二两三分，与上月相同。糜米每仓石价银，自一两五钱一分至二两三钱六分，与上月相同。豌豆每仓石价银，自一两二分至一两三钱，与上月相同。

同州府属，大米价贵，馀俱价中。大米每仓石价银，自一两六钱八分至二两八钱九分，与上月相同。小米每仓石价银，自九钱八分至一两五钱七分，与上月相同。小麦每仓石价银，自一两一钱二分至一两四钱八分，与上月相同。大麦每仓石价银，自六钱五分至九钱，与上月相同。豌豆每仓石价银，自九钱八分至一两四钱二分，与上月相同。

兴安府属，大米价贱，馀俱价中。大米每仓石价银，自一两四钱至一两七钱四分，与上月相同。小米每仓石价银，自九钱一分至一两四钱三分，与上月相同。小麦每仓石价银，自一两一钱九分至一两五钱，与上月相同。大麦每仓石价银，自四钱四分至八钱五分，与上月相同。豌豆每仓石价银，自八钱至一两二钱，与上月相同。黄豆每仓石价银，自八钱至一两三钱，与上月相同。

商州属，豌豆价贵，馀俱价中。大米每仓石价银，自一两三钱五分至二两，与上月相同。小米每仓石价银，自一两八分至一两四钱七分，与上月相同。小麦每仓石价银，自一两八分至一两五钱八分，与上月相同。大麦每仓石价银，自六钱至七钱四分，与上月相同。豌豆每仓石价银，自六钱六分至一两七钱二分，与上月相同。

邠州属，小麦、小米价贱，馀俱价中。大米每仓石价银，自一两六钱九分至二两八钱，与上月相同。小米每仓石价银，自八钱至一两一钱一分，与上月相同。小麦每仓石价银，自八钱二分至一两一钱五分，与上月相同。豌豆每仓石价银，自七钱六分至一两五分，与上月相同。

乾州属，大麦、豌豆价贵，馀俱价中。大米每仓石价银，自一两八钱至二两五钱六分，与上月相同。小米每仓石价银，自一两六钱至二两，与上月相同。小麦每仓石价银，自一两五钱四分至一两九钱五分，与上月相同。大麦每仓石价银，自六钱九分至一两一钱六分，与上月相同。豌豆每仓石价银，自一两三钱五分至一两七钱七分，与上月相同。

鄜州属，价贱。小米每仓石价银，自六钱二分至七钱四分，与上月相同。小麦每仓石价银，自六钱一分至七钱四分，与上月相同。豌豆每仓石价银，自四钱五分至七钱三分，与上月相同。

绥德州属，价中。小米每仓石价银，自一两一钱九分至一两三钱七分，较上月减三分。小麦每仓石价银，自一两二钱七分至一两七钱九分，与上月相同。豌豆每仓石价银，自八钱一分至一两一分，与上月相同。朱批："览。"

140 奏为委令曹熙署理蒲城县知县事

再，蒲城县知县王伯润，因病禀请回籍调理。除另疏题报外，所遗员缺，系繁疲难兼三要缺，应行拣员接署。查有安定县知县曹熙，任内并无盗劫已起四参之案，堪以委令署理，据藩、臬两司会详前来。除批饬遵照外，理合循例附片陈明。谨奏。道光三十年三月初二日奉御批："该部知道。钦此。"

141 奏报本年正月份收存捐监银两数目事

再，陕省收捐监生银两，截至道光二十九年十二月底止，司库存银八千七百一十六两，经臣附片奏明在案。今道光三十年正月分收捐监生六名，共银六百四十八两，连前司库共存银九千三百六十四两，理合附片奏闻。谨奏。道光三十年三月初二日奉御批："户部知道。钦此。"

142 奏为严讯已革典史凌树勋并无授意婪索事

再，宜川县典史凌树勋擅受酿命一案，经臣奏参，于上年十一月十八日钦奉上谕："陕西宜川县典史凌树勋，著即行革职严讯。此案该典史先既违例擅受，迨经酿成人命后，率行报准免验，情理甚属可恶。且难保无授意婪索诈逼情事。著该抚提同应讯人证，严讯惩办等因。钦此。”钦遵转行查办去后。

兹据委员西安府等审明定拟，由藩、臬两司会详前来。臣随提集人证，逐加研讯。据已革典史凌树勋供：“宋清呈控牛金修及其妻牛苏氏，当时知县姚洽因公在省，伊见事关强取什物，饬差传唤，以便知县公回解审。嗣牛金修具报牛苏氏跌池身死，伊代行县事，正欲申请邻封相验，又据牛金修以牛苏氏委系自行跌溺，与人无关拦验，伊信为实，批准完结，并不知系差役徐大诚吓唬，致令投池殒命，委无授意婪索诈逼之事。”

据差役徐大诚供，伊与吴有孝奉派传唤牛金修及牛苏氏解审，吴有孝因病未往，伊一人前至牛金修家。因牛苏氏不肯投案，用绳拴项吓唬，经人劝释，伊称次日再行添传，遂同牛金修赴县。不料牛苏氏遽萌短见，投池身死。伊闻知畏罪，吓逼牛金修回家将尸殓埋，并捏牛金修出名，诈为牛苏氏自行跌溺，先后呈报拦验，以致典史被罔批准，实止空言吓逼，委无索诈。典史亦无授意各情。质之案内人等，佥供相同。臣以该典史若非授意婪索诈逼，何致差役酿命，径自批准免验？再三严诘，不特该典史坚称被罔误信，即尸夫牛金修等亦称伊等乡间贫民，无力行贿，代为剖白。其无诈索，似属可信。

查该典史凌树勋，于差役逼毙人命，捏名递呈拦验，率行批准，实与擅授酿命无异，业已革职，应毋庸议。除将全案供招，同差役徐大诚等应拟各罪，另行造册咨部核覆外，所有严讯已革典史并无授意婪索缘由，谨附片具奏。道光三十年三月初二日奉御批：“该部知道。钦此。”

143 奏为遵旨避讳酌改厅州县名事

陕西巡抚臣张祥河跪奏，为敬遵圣讳，遵照部拟字样，酌改厅州县名事。

窃臣接准礼部咨开，钦奉上谕，敬避大行皇帝圣讳，详慎妥议，拟以灵、明二字避上一字，安、定、静、康四字避下一字。各省府厅州县之名，应于所拟六字内分别避易等因具奏。奉旨：“依议。钦此。”咨行到陕。

臣遵于陕西通省查得一厅、一州、一县均有圣讳下一字,自应敬避。兹照部拟"安"字,将西安府属之一厅、一县,改为安陕厅、咸安县,汉中府属之一州改为安羌州。此州尚有陇州州同,改为分驻安长驿州同;靖边县巡检,改为分驻安条梁巡检,字意悉属相洽。至该厅、州等同城营、汛,向归陕甘总督管辖,应听督臣并案避易办理。除行藩司,将该厅等及儒学各官饬造印模清册,另行咨部换铸,并佐杂木戳记,由司更正镌给外,所有酌改厅州县名缘由,理合恭折具奏,伏祈皇上圣鉴。谨奏。(道光三十年)三月二十日。道光三十年三月三十日奉御批:"已另有旨。钦此。"

144 奏报陕西本年二三月份雨水并二月粮价情形事

陕西巡抚臣张祥河跪奏,为恭报雨水田禾情形,仰祈圣鉴事。

窃照陕西省正月分雨雪麦苗情形,业经臣恭折具奏在案。嗣据西安、延安、凤翔、汉中、榆林、同州、乾州、鄜州等府州属,陆续具报于二月二十及三月初七、八、九等日,先后得雨一、二、三寸不等。

臣查陕省各属,自二月以来,虽获雨泽,惟深透之处较少。在南北两山,地多阴寒,尚可滋润,而平原一带,均觉干燥异常。若能于三月半间得有透雨,尚不致碍麦收。臣已督属齐心虔祷,以冀速霈甘霖。至通省粮价,商州稍有增减,馀悉与上月相同,地方民情亦极安谧,堪以仰慰圣怀。谨将二月分粮价,敬缮清单,恭呈御览,伏祈皇上圣鉴。谨奏。(道光三十年)三月二十日。道光三十年三月三十日奉御批:"知道了。钦此。"

145 呈陕西道光三十年二月粮价清单

谨将陕西省道光三十年二月分各属粮价,敬缮清单,恭呈御览。计开:

西安府属,价中。大米每仓石价银,自一两二钱至二两四钱五分，与上月相同。小米每仓石价银，自八钱三分至一两六钱一分，与上月相同。小麦每仓石价银，自九钱至一两六钱六分，与上月相同。大麦每仓石价银，自四钱五分至八钱四分，与上月相同。豌豆每仓石价银，自七钱五分至一两三钱九分，与上月相同。

延安府属，大米价贵，馀俱价中。大米每仓石价银，自一两四钱四分至二两九钱八分，与上月相同。小米每仓石价银，自九钱至一两七钱，与上月相同。小麦每仓石价银，自一两一钱至一两七钱七分，与上月相同。糜米每仓石价银，自一两八分至一两六钱，与上月相同。豌豆每仓石价银，自八钱至一两五钱，与上月相同。

凤翔府属，大米价贱，馀俱价中。大米每仓石价银，自一两三钱二分至一两七钱一分，与上月相同。小米每仓石价银，自一两八分至一两四钱四分，与上月相同。小麦每仓石价银，自七钱八分至一两四钱五分，与上月相同。大麦每仓石价银，自四钱七分至七钱八分，与上月相同。豌豆每仓石价银，自六钱九分至一两一钱五分，与上月相同。

汉中府属，大麦、小麦价贵，馀俱价中。大米每仓石价银，自八钱五分至二两一钱四分，与上月相同。小米每仓石价银，自八钱五分至一两六钱一分，与上月相同。小麦每仓石价银，自九钱三分至二两四分，与上月相同。大麦每仓石价银，自四钱三分至一两八分，与上月相同。豌豆每仓石价银，自六钱六分至一两八分，与上月相同。黄豆每仓石价银，自五钱至一两三钱五分，与上月相同。

榆林府属，豌豆价中，馀俱价贵。大米每仓石价银，自二两二钱至三两一钱一分，与上月相同。小米每仓石价银，自一两四钱四分至二两三钱六分，与上月相同。小麦每仓石价银，自一两五钱六分至二两三分，与上月相同。糜米每仓石价银，自一两五钱一分至二两三钱六分，与上月相同。豌豆每仓石价银，自一两二分至一两三钱，与上月相同。

同州府属，大米价贵，馀俱价中。大米每仓石价银，自一两六钱七分至二两八钱九分，与上月相同。小米每仓石价银，自一两五分至一两五钱七分，与上月相同。小麦每仓石价银，自一两一钱二分至一两四钱八分，与上月相同。大麦每仓石价银，自六钱五分至九钱，与上月相同。豌豆每仓石价银，自九钱二分至一两四钱二分，与上月相同。

兴安府属，大米价贱，馀俱价中。大米每仓石价银，自一两四钱至一两七钱四分，与上月相同。小米每仓石价银，自九钱一分至一两四钱三分，与上月相同。小麦每仓石价银，自一两一钱九分至一两五钱，与上月相同。大麦每仓石价银，自四钱四分至八钱五分，与上月相同。豌豆每仓石价银，自八钱至一两三钱，较上月贵一钱。黄豆每仓石价银，自八钱至一两三钱，与上月相同。

商州属，价中。大米每仓石价银，自一两四钱至二两，与上月相同。小米每仓石价银，自一两八分至一两三钱七分，较上月减一钱。小麦每仓石价银，自一两八分至一两四钱九分，较上月减九分。大麦每仓石价银，自六钱至七钱五分，较上月贵一分。豌豆每仓石价银，自六钱六分至一两六钱二分，较上月减一钱。

邠州属，小米、小麦价贱，馀俱价中。大米每仓石价银，自一两六钱九分至二两八钱，与上月相同。小米每仓石价银，自八钱至一两一钱一分，与上月相同。小麦每仓石价银，自八钱二分至一两一钱五分，与上月相同。豌豆每仓石价银，自七钱六分至一两五分，与上月相同。

乾州属，大麦、豌豆价贵，馀俱价中。大米每仓石价银，自一两八钱至二两五钱六分，与上月相同。小米每仓石价银，自一两六钱至二两，与上月相同。小麦每仓石价银，自一两五钱四分至一两九钱五分，与上月相同。大麦每仓石价银，自六钱九分至一两一钱六分，与上月相同。豌豆每仓石价银，自一两三钱五分至一两七钱七分，与上月相同。

鄜州属，价贱。小米每仓石价银，自六钱二分至七钱四分，与上月相同。小麦每仓石价银，自六钱一分至七钱四分，与上月相同。豌豆每仓石价银，自四钱五分至七钱三分，与上月相同。

绥德州属，价中。小米每仓石价银，自一两一钱九分至一两三钱七分，与上月相同。小麦每仓石价银，自一两二钱七分至一两七钱九分，与上月相同。豌豆每仓石价银，自八钱一分至一两一分，与上月相同。朱批："览。"

146 奏报陕西各属得雨情形事

再，陕省二麦正殷望雨，兹省城于三月十三日酉刻得雨起，至十四日亥刻止，始而疏密相间，继则霡霂优施，连宵达旦，点滴入土。察看浓云广布，雨势颇宽。随据两首县先报深透，其附近之西安、同州、乾州等府州属，陆续禀报深透者十之六七，少者亦在二、三、四寸。

臣查此次雨泽，最为普遍。时当谷雨节后，二麦渐次扬花，杂粮正届播种，甘膏迭沛，远近均沾，实于岁收大有裨益。三农欢忭，预庆丰年。除俟合省报齐，入于下月折内汇奏外，所有西安等处地方普得透雨情形，合先附片奏闻，恭慰宸廑。谨奏。道光三十年三月三十日奉御批："知道了。钦此。"

147 奏为办理本年秋审人犯事

再，本年正月二十六日钦奉恩诏，经刑部将斩、绞罪犯，议定准免、不准免条款，咨行遵办。随查明新事秋审斩、绞各犯，均事犯在恩赦以前，核其情罪，大半应准援免释放。惟此项人犯，应由刑部分别开单，奏明请旨，陕省尚未奉到释免部文，是以仍将各犯具入秋审办理。至所拟情实人犯，亦系按照历届秋审旧章查办。此内如有因赦酌入缓决，及援免应释人犯，听部覆核。除咨照刑部外，所有办理本年秋审人犯缘由，谨附片具奏。道光三十年三月三十日奉御批："刑部议奏。钦此。"

148 奏报本年二月份收存捐监银两数目事

再,陕省收捐监生银两,截至道光三十年正月底止,司库存银九千三百六十四两,经臣附片奏明在案。今二月分收捐监生一十四名,共银一千五百一十二两,连前司库共存银一万八百七十六两,理合附片奏闻。谨奏。道光三十年三月三十日奉御批:"户部知道。钦此。"

149 奏为知县人地未宜请分别将延长县知县顾淳庆等对调改简撤任事

陕西巡抚臣张祥河跪奏,为知县人地未宜,才难胜任,酌请对调、改简,以资治理,仰祈圣鉴事。

窃臣接准部咨,钦奉上谕:"在省司道府厅州县,其有贪婪不法,以刻为明,或年老昏愦,不能办事者,著据实参奏,不准姑容等因。钦此。"遵查陕西各官,臣于上年二月间到任后,业将年老力衰,暨声名狼藉之道厅知县随时甄劾在案。兹查有长武县,为甘肃入陕首站冲途,现任知县张正修,由供事捐纳知县,补授今职。该员年力正强,人尚谨饬,并无别项劣迹,惟于接递人犯及两省交涉事件,经理未能周妥,人地不甚相宜。查有延长县知县顾淳庆,浙江举人,大挑知县,题署今职。该员才具历练,办事详慎,以之调补长武县,可期得力。合无仰恳圣恩,俯准将延长县知县顾淳庆调补长武县知县。所遗延长县,地僻事简,即以张正修调补,亦堪称职。

又,西乡县知县汪丙新,由举人大挑知县,先补长武县,嗣调今职,告病回籍,病痊坐补原缺。该员人本朴直,办事尚勤,惟西乡县民俗刁悍,该员于听断未能妥协,不胜繁剧,业已撤任。相应请旨,将汪丙新改为简缺知县,归部铨选。如蒙俞允,顾淳庆、张正修系以简调简,向不计俸,衔缺相当,毋庸送部引见,各任亦无违碍处分。至汪丙新所遗西乡县,系繁疲难要缺,容俟接准部覆,照例办理。除将各属仍行留心察看,如有不职之员随时参劾外,所有知县人地未宜,才难胜任,酌请对调、改简缘由,谨缮折具陈,伏祈皇上圣鉴训示。谨奏。

(道光三十年)四月十五日。道光三十年四月二十五日奉朱批:"□□。钦此。"

150 呈保举陕西省各官考语清单

谨将保举陕西省各官出具切实考语,开列清单,恭呈御览。

盐法道崇纶,满洲正白旗官学生,现年四十六岁。居心诚实,办事精细。计在陕西七年,迭署藩、臬两司,遇事历练。凡地方民生利弊,均能实力讲求,措施得当,舆情颇为爱戴。

西安府知府段大章,四川进士,现年四十六岁。人淳正,办事结实。自调任兹郡以来,审理庶狱,尤能详慎推求,不遗馀力,克勤民事,有守有为。

定远厅同知何丙勋,浙江进士,现年五十三岁。人安详,办事勤恳。其任怀远、泾阳等县,催科得法,缉捕认真,政声备著,可胜方面之任。

鄜州直隶州知州李文瀚,安徽举人,现年四十四岁。才具明晰,历任鄠县、岐山等处,倡兴义举,整顿捕务,济益于民生甚多。曾调首县,委办事件,能知轻重。准升鄜州,尚未到任,洵为出色之员。

绥德直隶州知州江士松,顺天云骑尉世职,现年五十六岁。端谨廉明,老成练达。所至之处,戢凶暴,厘讼狱,修水利,皆能经理裕如,著有成效。

长安县知县孙治,四川进士,现年三十九岁。年富才明,事理通达。初任华阴,即以安良除暴为念,缉捕克勤。迨调首县,愈知奋勉,委办一切公事,俱臻妥善。道光三十年四月二十五日奉朱批:"览。钦此。"

151 奏为遵旨酌保常大淳等各员事

陕西巡抚臣张祥河跪奏,为遵旨酌保人员,恭折奏祈圣鉴事。

窃臣前准部咨,钦奉上谕:"直省司道府厅州县以及营伍员弁内,各督、抚见闻所及,随时察看,自必知之最悉。如查有才德兼优,诚心任事,确有实据者,出具切实考语,秉公具折,酌保数员,候朕简用。

尔督、抚宜各矢公忠,为国为民,毋稍瞻徇、冒滥等因。”又奉上谕:“前有旨,令督、抚保举才德兼优之员。惟外省积习,或有以保举为捷径者,冒进滥登,不可不严行申禁。著各督、抚力矢公忠,破除情面,倘所保不实,将来犯有奸私劣迹,惟原保之督、抚是问等因。钦此。”仰见我皇上于畴咨若采之中,示慎简乃僚之要,寸衷钦服,兢惕尤深。

伏思为政以得人为先,择贤以爱民为主。盖朝廷设官分职,原以为民。官能体民心为己心,筹国事如家事,其律身也先廉正,其办公也务慎勤,始能胜委任而肩重担。臣每持此以考核属员,或于公牍中察其事理,或于接见时试以论议,年馀以来,随时审察。各官之主心行事,人品官声,尚可陈其梗概。除营伍员弁,应由督臣办理外,查藩司常大淳、臬司朱䕶,均系特简之员,臣已于上年出具密考,相应恭候钦定。

至道府以下各员,复详加察看,证以平日舆论,谨遵谕旨,择其才德兼优,诚心任事,可备简用者,就管见所及,据实酌保六员,固不敢徇情面以滥登,亦不敢指片长以充数。谨分别缮具清单,恭呈御览,是否有当,伏乞皇上圣鉴。谨奏。(道光三十年)四月十五日。道光三十年四月二十五日奉朱批:“知道了。单留览。钦此。”

152 奏为应诏陈述纂编简明圣训等事

陕西巡抚臣张祥河跪奏,为应谕陈言事。

本年四月初七日接准部咨,三月十一日,内阁奉上谕:“嗣后各督、抚于政体有关得失者,著据实胪陈,备朕采择等因。钦此。”仰见圣人明目达聪,集思广益之至意。臣知识浅陋,惧不足以副清问,而刍荛一得,谨具四条,为我皇上陈之。

一,述祖德,宜纂成简明一编,以资万世观法也。皇上御极之初,兢兢以祖考付托之心为心,懋学旰宵,中外臣工,同声钦服。伏念列祖列宗文德、武功,超越前古,其载在《实录》、《圣训》者,卷帙浩如,海内士民未由仰窥中秘。应请敕下南书房翰林,敬谨排纂述圣全书,恭候钦定，刊布天下。俾朝野得家置一编，无论已仕、未仕，熟谙掌故，咸仰列圣创业之艰难，守成之不易。而凡用人行政，一切因革损益事宜，厘然毕具于中，洵足为万世之观法矣。

一，守成法，宜慎选群言，以杜更张之渐也。古来新法之不可行，史书垂戒，无待言矣。我朝自开国以来，立法用备，相系相维，后之求治者，诚能知所率由，加之整刷，自可永臻全盛之治，无须别筹新法，转涉更张。诚思前人何等聪明才力，今人安能几及耶？方今诏开言路，言之善而可备采用者固多，言之甚善而未便施行者，恐复不少。总之，法莫善于旧政，无取乎纷更，惟在一人之乾断独裁焉。

一，励官方，宜先复旧制，以杜幸进也。现奉皇上特旨，停止大捐，所有已捐之京职，及外任道府厅州县佐杂等员，责成各管官暨各督、抚严加考察，随时甄汰。惟内阁为丝纶之地，学校为教化所关，今以生员充当中书、教官，殊觉漫无区别，应请旨敕部更正。其内阁中书一项，不由举人报捐者，改为中书科中书。教职一项，不由廪贡报捐者，以佐杂改补，俾示界限而仍旧制。庶清班不致混淆，而课士尤昭郑重矣。

一，厚民生，宜量予恩施，以孚众望也。皇上御极颁诏，官员、士民，下及罪囚，无不渥沾闿泽。惟溯查雍正十三年，高宗纯皇帝御极恩诏，民欠钱粮十年以上者，该部查明具奏，候旨豁免。旋奉上谕："各省民欠钱粮十年以上者，已于恩诏内概予蠲免。其馀未完民欠尚事征收，民间不无烦扰。兹特再行降旨，将雍正十二年以前各省钱粮实欠在民者，一律宽免。"今直省民欠，截至道光二十年蠲免以后，计期已属十年。其间因灾展缓，递年带征之项，愈积愈多，以致输将力有未逮。我皇上勤恤民隐，断不致令向隅，而小民延颈企踵，莫不仰望新恩。第今昔时势不同，各省情形亦异，可否敕部核议，将东南各省上年被水较重之区，查明节年因灾民欠，实在力不能完者，酌定年限，优予豁免，以广皇仁而苏民困。至东南漕务，州县勒折浮收，本干谕禁，应请重申巽命，不惮告诫之烦。又，西北开垦之地过多，颇为民累，并请旨宽予限期，俾查勘得实，其实系试种无效者，概免升科。庶民力可行，而民望大慰矣。

以上四条，第就臣管见所及，据实直陈，不敢以空言冒渎天听，是否有当，伏乞皇上圣鉴训示。谨奏。道光三十年四月十五日。

153 奏请曹熙调补蒲城县知县事

陕西巡抚臣张祥河跪奏，为拣员请调要缺知县，以重地方，仰祈圣鉴事。

窃照蒲城县知县王伯润，先因患病，经臣具题，尚未奉准部覆。旋于本年三月初五日闻讣丁母忧，照例应以丁忧本日作为开缺日期，业经专咨报部在案。所遗员缺，系繁疲难兼三要缺，例应在外拣员调补。该县汉、回杂处，讼狱繁多，素称难治，非精明干练，不足以资治理。臣与藩、臬两司，在于通省现任知县及候补正途内逐加遴选，实无合例堪以调补之员。

惟查有安定县知县曹熙，年四十三岁，甘肃廪生，由候选教谕捐输河工经费，以知县分发陕西，归捐班前先用。于道光二十五年赴部引见，奉旨："著照例发往。钦此。"是年六月到省。嗣因捐输番务经费，遇缺即补，题补今职，二十七年十月初三日到任。该员才具明练，办公勤奋，任内并无违碍处分，以之调补蒲城县知县，实堪胜任。惟历俸未满三年，与例稍有未符，但员缺紧要，人地实在相需，现据藩、臬两司会详请奏前来。合无仰恳天恩，俯念要缺需员，敕部核覆，准以安定县知县曹熙调补蒲城县知县，洵于地方有裨。如蒙俞允，该员以知县调补知县，衔缺相当，毋庸送部引见。至所遗安定县员缺，系简缺，容俟准调部覆至日，另行请补，合并陈明。所有拣员请调要缺知县缘由，谨会同陕甘督臣琦善，合词恭折具奏，伏祈皇上圣鉴训示。谨奏。(道光三十年)四月二十三日。道光三十年五月初六日奉朱批："□□。钦此。"

154 奏报陕西省西安等府州属本年份二麦约收分数事

陕西巡抚臣张祥河跪奏，为恭报陕西省西安等九府州属二麦约收分数，仰祈圣鉴事。

窃照二麦约收分数，例应先期恭折奏报。兹据西安、凤翔、汉中、同州、兴安、商州、邠州、乾州、鄜州九府州，将所属二麦约收分数，开折具报，由藩司汇详请奏前来。臣覆加查核，统计西安等九府州属，七十二厅州县，多寡牵算，二麦约收六分有馀，敬缮清单，恭呈御览。

至延安、榆林、绥德三府州属，节气较迟，向于开报实收分数时，汇同具报，合并陈明。谨缮折具奏，伏乞皇上圣鉴。谨奏。(道光三十年)四月二十三日。道光三十年五月初六日奉朱批："知道了。钦此。"

155 呈陕西省道光三十年二麦约收分数清单

谨将陕西省道光三十年西安等九府州属二麦约收分数，开缮清单，恭呈御览。计开：

约收九分有馀者，鄠县一县。约收九分者，盩厔一县。约收八分有馀者，咸阳一县。约收八分者，咸宁一县。约收七分有馀者，长安、兴平、临潼、渭南、富平、蓝田、陇州、郿县、潼关、华州、大荔、郃阳、华阴、白水、蒲城、乾州、永寿、武功十八厅州县。约收七分者，醴泉、朝邑、澄城、洋县、三水五县。约收六分有馀者，孝义、耀州、高陵、三原、泾阳、同官、凤翔、扶风、岐山、汧阳、韩城、南郑、佛坪、宁羌、定远、凤县、城固、褒城、略阳、西乡、邠州、长武、淳化、商州、雒南、山阳、商南、鄜州、洛川、宜君、中部三十一厅州县。约收六分者，宝鸡、麟游二县。约收五分有馀者，宁陕、沔县、留坝、安康、砖坪、汉阴、紫阳、平利、石泉、白河、洵阳、镇安十二厅县。

以上西安等九府州属，七十二厅州县，多寡牵算，二麦约收六分有馀。朱批："览。"

156 奏报陕西本年三四月份雨水二麦并三月粮价情形事

陕西巡抚臣张祥河跪奏，为恭报雨水田禾情形，仰祈圣鉴事。

窃照陕西省二月分雨水田禾情形，业经臣恭折奏报，并将省城暨附近各州县于三月十三、四等日普得透雨缘由，附片陈明。嗣据西安、延安、凤翔、汉中、同州、兴安、商州、邠州、乾州、鄜州等府州属，陆续具报于三月十三、四、五，并二十一、二，二十五，及四月初二，初七、八、九等日，先后得雨一、二、三、四、五寸至深透不等。

臣查陕省平原各属，大麦均经结实，现在将次收获。小麦亦颖粟纷敷，日来天气晴和，颗粒更当饱满。其南、北两山包谷、杂粮，一律应时长发，地方极为安谧，堪以仰慰宸怀。谨将三月分各属粮价，敬缮清单，恭呈御览，伏祈皇上圣鉴。谨奏。(道光三十年)四月二十三日。道光三十年五月初六日奉朱批："知道了。钦此。"

157 呈陕西道光三十年三月粮价清单

谨将陕西省道光三十年三月分各属粮价开具清单，恭呈御览。计开：

西安府属，价中。大米每仓石价银，自一两二钱至二两四钱五分，与上月相同。小米每仓石价银，自八钱三分至一两六钱一分，与上月相同。小麦每仓石价银，自九钱至一两六钱六分，与上月相同。大麦每仓石价银，自四钱五分至八钱四分，与上月相同。豌豆每仓石价银，自七钱五分至一两三钱九分，与上月相同。

延安府属，大米价贵，馀俱价中。大米每仓石价银，自一两四钱四分至二两九钱八分，与上月相同。小米每仓石价银，自九钱至一两七钱，与上月相同。小麦每仓石价银，自一两一钱至一两七钱七分，与上月相同。糜米每仓石价银，自一两八分至一两六钱，与上月相同。豌豆每仓石价银，自八钱至一两五钱，与上月相同。

凤翔府属，大米价贱，馀俱价中。大米每仓石价银，自一两三钱二分至一两七钱一分，与上月相同。小米每仓石价银，自一两八分至一两四钱四分，与上月相同。小麦每仓石价银，自七钱八分至一两四钱五分，与上月相同。大麦每仓石价银，自四钱七分至七钱八分，与上月相同。豌豆每仓石价银，自六钱九分至一两一钱五分，与上月相同。

汉中府属，大麦、小麦价贵，馀俱价中。大米每仓石价银，自九钱七分至二两一钱七分，较上月贵三分。小米每仓石价银，自八钱四分至一两六钱一分，与上月相同。小麦每仓石价银，自九钱三分至二两四分，与上月相同。大麦每仓石价银，自四钱三分至一两八分，与上月相同。豌豆每仓石价银，自六钱九分至一两八分，与上月相同。黄豆每仓石价银，自五钱至一两三钱六分，较上月贵一分。

榆林府属，豌豆价中，馀俱价贵。大米每仓石价银，自二两二钱至三两一钱一分，与上月相同。小米每仓石价银，自一两四钱四分至二两三钱六分，与上月相同。小麦每仓石价银，自一两五钱六分至二两三分，与上月相同。糜米每仓石价银，自一两五钱一分至二两三钱六分，与上月相同。豌豆每仓石价银，自一两二分至一两三钱，与上月相同。

同州府属，大米价贵，馀俱价中。大米每仓石价银，自一两六钱七分至二两八钱九分，与上月相同。小米每仓石价银，自一两五分至一两五钱七分，与上月相同。小麦每仓石价银，自一两一钱二分至一两四钱八分，与上月相同。大麦每仓石价银，自六钱五分至九钱，与上月相同。豌豆每仓石价银，自九钱二分至一两四钱二分，与上月相同。

兴安府属，大米价贱，馀俱价中。大米每仓石价银，自一两四钱至一两七钱四分，与上月相同。小米每仓石价银，自九钱一分至一两四钱三分，与上月相同。小麦每仓石价银，自一两一钱九分至一两五钱，与上月相同。大麦每仓石价银，自四钱四分至八钱五分，与上月相同。豌豆每仓石价银，自八钱至一两三钱，与上月相同。黄豆每仓石价银，自八钱至一两三钱，与上月相同。

商州属,价中。大米每仓石价银,自一两五钱至二两,与上月相同。小米每仓石价银,自一两八分至一两三钱五分,较上月减二分。小麦每仓石价银,自一两八分至一两四钱九分,与上月相同。大麦每仓石价银,自六钱至七钱八分,较上月贵三分。豌豆每仓石价银,自六钱六分至一两六钱,较上月减二分。

邠州属,大米价贵,小米价贱,馀俱价中。大米每仓石价银,自一两六钱九分至二两八钱七分,较上月贵七分。小米每仓石价银,自八钱至一两一钱三分,较上月贵二分。小麦每仓石价银,自八钱二分至一两二钱五分,较上月贵一钱。豌豆每仓石价银,自七钱六分至一两一钱,较上月贵五分。

乾州属,大麦、豌豆价贵,馀俱价中。大米每仓石价银,自一两八钱至二两五钱六分,与上月相同。小米每仓石价银,自一两六钱至二两,与上月相同。小麦每仓石价银,自一两五钱四分至一两九钱五分,与上月相同。大麦每仓石价银,自六钱九分至一两一钱六分,与上月相同。豌豆每仓石价银,自一两三钱五分至一两七钱七分,与上月相同。

鄜州属,价贱。小米每仓石价银,自六钱二分至七钱四分,与上月相同。小麦每仓石价银,自六钱一分至七钱四分,与上月相同。豌豆每仓石价银,自四钱五分至七钱三分,与上月相同。

绥德州属,价中。小米每仓石价银,自一两一钱九分至一两四钱,较上月贵三分。小麦每仓石价银,自一两二钱七分至一两七钱九分,与上月相同。豌豆每仓石价银,自八钱一分至一两一分,与上月相同。朱批:"览。"

158 奏报陕西省道光二十九年份征收新赋钱粮全完数目并开列比较清单事

陕西巡抚臣张祥河跪奏,为陕西省道光二十九年分征收新赋钱粮,截至奏销以前全完数目,开列上三年比较清单,恭折奏祈圣鉴事。

窃照前准户部咨开，钦奉谕旨："州县实征、实解银数，各省督、抚于奏销题报外，照例具奏，折内开具清单，明列通省三年比较等因。钦此。"嗣又准部咨，统以年底截数，次年二月春拨时开单奏报。即以道光五年春拨为始，遵照办理。六年正月内复准部咨，通年全额钱粮，势难于春拨时统行确核，行令仍以奏销截数开单奏报，并于单内将已完银数下注明造入春、秋拨册若干，颁发清单式样，画一办理等因。

兹据布政使常大淳详报，"道光二十九年分，额征新赋地丁正项银一百三十三万九千一百五十五两零，截至奏销止，已十分全完。内造入二十九年秋拨银八十七万七千九百九十七两零，三十年春拨银四十三万四千五十二两零。实贮库银二万七千一百五两零，俟三十年秋拨册内造报候拨"等情，具详前来。臣逐细覆核无异。除咨明户部外，所有应征新赋银两全完缘由，理合恭折具奏，敬缮比较细数清单，恭呈御览，伏乞皇上圣鉴。谨奏。(道光三十年)四月二十八日。道光三十年五月二十日日奉朱批："户部知道。钦此。"

159 呈陕西省道光二十九年征收新赋钱粮完欠分数比较清单

谨将陕西省道光二十九年征收新赋钱粮，比较上三年完欠分数，缮具清单，恭呈御览。计开：

一，道光二十九年分，额征新赋地丁正银一百三十三万九千一百五十五两零，截至奏销止，已十分全完。内造入二十九年秋拨银八十七万七千九百九十七两零，三十年春拨银四十三万四千五十二两零。实贮库银二万七千一百五两零，俟三十年秋拨册内造报候拨。

一，比较道光二十六年额征地丁正项，除蠲免缓征外，应征银一百三十万六千六百九两零，于是年奏销前已完九分九厘一毫，计多完九毫。

一，比较道光二十七年额征地丁正项，除缓征外，应征银一百三十万四千五百四十四两零，于是年奏销前已完九分八厘七毫，计多完一厘三毫。

一，比较道光二十八年额征地丁正项银一百三十三万一千四百三十九两零，于是年奏销前十分全完，计已完分数相同。朱批：“览。”

160 奏报陕西省道光二十九年应征带征钱粮已未完数目事

陕西巡抚臣张祥河跪奏，为陕省道光二十九年应征、带征钱粮已、未完数目，循例奏闻事。

窃照向例办理钱粮奏销，应将每年完、欠数目分晰具奏，历经遵办在案。兹据布政使常大淳详称：“陕西省道光二十九年分额征地丁、起存、药味等项，共银一百六十二万六千八百五十三两零，内已完正银一百六十二万六千五百四十八两零，未完缓征、存留正银三百五两零。又，额征糯米折价银二千四百三十九两零，通完。又，额耗羡银二十三万九千八百五十八两零，内已完耗银二十三万九千八百一十二两零，未完缓征耗银四十五两零。又，额耗起存本色粮一十九万八千四百五十七石零，内已完粮一十九万七千七百九十六石零，未完粮六百六十石零，内除缓征粮三百一十九石零，止未完粮三百四十一石零。又，额征本色草一万五千六百二十二束零，内已完草一万五千一百三十六束，未完草四百九十六束零，全数缓征。

又，带征道光二十二年未完缓征存留正银五百三十八两零，耗羡银八十两零，起运本色粮三百八十六石零。内除缓征存留正银一百四十一两零，耗银二十一两，本色粮一百一石零，止未完存留正银三百九十七两零，耗银五十九两零，本色粮二百八十五石零。

又，带征道光二十三年未完缓征存留正银五百一十七两零，耗银七十七两零，起运本色粮三百七十一石零。内除缓征存留正银一百四十二两零，耗银二十一两零，本色粮一百二石零，止未完存留正银三百七十四两零，耗银五十六两零，本色粮二百六十八石零。

又，带征道光二十四年未完缓征存留正银七十四两零，耗银一十一两零，起运本色粮五十三石零。内除缓征存留正银二十九两零，耗银四两零，本色粮二十一石零，止未完存留正银四十四两零，耗银六两零，本色粮三十二石零。

又，带征道光二十六年未完起存正银一千七百二十二两零，内已完银二百五十六两零，除缓征存留正银二百七十四两零，止未完银一千一百九十二两零。未完耗银二百五十八两零，内已完银三十八两零，除缓征耗银四十一两零，止未完银一百七十八两零。未完起存本色粮二万二千六百八石零，内已完粮二万五百六十二石零，除缓征粮二百八十七石零，止未完粮一千七百五十九石零。未完本色草二千九百三十八束零，内除缓征草四百四十六束零，止未完草二千四百九十二束零。

又，带征道光二十七年未完起存正银二百八十二两零，内除缓征存留正银一百一十二两零，止未完银一百六十九两零，未完耗银四十二两零。内除缓征银一十六两零，止未完银二十五两零。未完起存本色粮一万五千一百八十一石零，内已完粮一万四千九百七十九石零，内除缓征粮八十一石零，止未完粮一百二十一石零。未完本色草三百六十二束零，除缓征草一百四十五束零，止未完草二百一十七束零。又，带征道光二十八年未完起运本色粮六百九十四石零，全数通完"等情，具详请奏前来。臣覆核无异。除将未完银、粮、草束，责令该管道府州，分别依限催征完解外，理合恭折具奏，并将已、未完数目，缮具简明清单，恭呈御览，伏祈皇上圣鉴。谨奏。（道光三十年）四月二十八日。道光三十年五月二十日奉朱批："户部知道。钦此。"

161 呈陕西省道光二十九年应征正耗等项已未完细数清单

谨将道光二十九年应征正、耗等项，已、未完细数，开缮清单，恭呈御览。计开：

应征道光二十九年银粮等项已、未完数目：

一，道光二十九年额征地丁等项银一百六十二万六千八百五十三两零，内已完正银一百六十二万六千五百四十八两零，未完存留正银三百五两零，全数缓征。

一，道光二十九年额征糯米折价银二千四百三十九两零，通完。

一，道光二十九年额征耗羡银二十三万九千八百五十八两零，内已完耗银二十三万九千八百一十二两零，未完耗银四十五两零，全数缓征。

一，道光二十九年额征起存本色粮一十九万八千四百五十七石零，内已完粮一十九万七千七百九十六石零，未完粮六百六十石零，内除缓征粮三百一十九石零，止未完粮三百四十一石零。

一，道光二十九年额征本色草一万五千六百三十二束零，内已完草一万五千一百三十六束零，未完草四百九十六束零，全数缓征。

以上道光二十九年应征正、耗银粮、草束，共已完正、耗银一百八十六万六千三百六十两零，未完银三百五十两零，全数缓征。已完粮一十九万七千七百九十六石零，内除缓征粮三百一十九石零，止未完粮三百四十一石零。已完草一万五千一百三十六束零，未完草四百九十六束零，全数缓征。

一，带征道光二十二年未完缓征存留正银五百三十八两零，耗银八十两零，起运本色粮二百八十六石零。内除缓征存留正银一百四十一两零，耗银二十一两零。本色粮一百一石零，止未完存留正银三百九十七两零，耗银五十九两零，本色粮二百八十五石零。

一，带征道光二十三年未完缓征存留正银五百一十七两零，耗银七十七两零，起运本色粮三百七十一石零。内除缓征存留正银一百四十二两零，耗银二十一两零，本色粮一百二石零，止未完存留正银三百七十四两零，耗银五十六两零，本色粮二百六十八石零。

一，带征道光二十四年未完缓征存留正银七十四两零，耗银一十一两零，起运本色粮五十三石零。内除缓征存留正银二十九两零，耗银四两零，本色粮二十一石零，止未完存留正银四十四两零，耗银六两零，本色粮三十二石零。

一，带征道光二十六年未完起存正银一千七百二十二两零，内已完银二百五十六两零,除缓征存留正银二百七十四两零,止未完银一千一百九十二两零,未完耗银二百五十八两零。内已完银三十八两零,除缓征耗银四十一两零,止未完银一百七十八两零。未完起存本色粮二万二千六百八石零,内已完粮二万五百六十二石零。除缓征粮二百八十七石零,止未完粮一千七百五十九石零,未完本色草二千九百三十八束零,内除缓征草四百四十六束零,止未完草二千四百九十二束零。

一,带征道光二十七年未完起存正银二百八十二两零,内除缓征存留正银一百一十二两零,止未完银一百六十九两零,未完耗银四十二两零。内除缓征银一十六两零,止未完银二十五两零。未完起存本色粮一万五千一百八十一石零,内已完粮一万四千九百七十九石零。内除缓征粮八十一石零,止未完粮一百二十一石零。未完本色草三百六十二束零,内除缓征草一百四十五束零,止未完草二百一十七束零。

一,带征道光二十八年未完起运本色粮六百九十四石零,全数通完。朱批:"览。"

162 奏报司库实存耗羡银数事

陕西巡抚臣张祥河跪奏,为查明司库实存耗羡银数,循例奏闻事。

窃照司库耗羡收支、动存各款,例应于奏报地丁钱粮时,恭折具奏。兹查陕西省道光二十九年奏销册造,司库现存及缺官扣半养廉,共银二十四万八千五百五十三两。除将清册咨部外,理合循例具奏,并开缮清单,恭呈御览,伏乞皇上圣鉴。谨奏。(道光三十年)四月二十八日。道光三十年五月二十日奉朱批:"户部知道。钦此。"

163 呈陕西司库道光二十九年耗羡银数清单

谨将陕西布政司库道光二十九年分耗羡银数,开缮清单,恭呈御览。计开：

旧管：

一，存耗羡银二十三万七千三百一十三两三钱零。

一，存缺官扣半银二万七百四十两七钱零。

新收：

一，收耗羡银二十四万五百五十九两三钱零。

一，收缺官扣半银七千九百九十四两三钱零。

开除：

一，支耗羡银三十五万六千九百九十五两零。

一，支缺官扣半银六千八百六十两。

实在：

一，存耗羡银一十二万八百七十七两六钱零。

一，存缺官扣半银二万一千八百七十五两一钱零。朱批："览。"

164 奏为委令福淳署理孝义厅同知并唐李杜调署咸宁县知县事

再，署孝义厅同知，补用直隶州知州毓秀因病出缺，业已另行咨部。所遗员缺，系繁难边要缺，应行拣员接署。查有咸宁县知县福淳，堪以委署。其所遗咸宁县，系冲繁疲难兼四要缺，查有靖边县知县唐李杜，堪以调署。该员等任内均无盗劫已起四参之案，据藩、臬两司会详前来。除分别檄饬遵照外，理合循例(附)片陈明。谨奏。道光三十年五月初六日奉朱批："知道了。钦此。"

165 奏报本年三月份收存捐监银两数目事

再，陕省收捐监生银两，截至道光三十年二月底止，司库存银一万八百七十六两，经臣附片奏明在案。今三月分收捐监生九名，共银九百七十二两，连前司库共存银一万一千八百四十八两，理合附片奏闻。谨奏。道光三十年五月初六日奉朱批："户部知道。钦此。"

166 奏请万启堹补授砖坪厅通判事

陕西巡抚臣张祥河跪奏，为拣员请补要缺通判，以重地方，仰祈圣鉴事。

窃照砖坪厅通判富明阿升补留坝厅同知，业准部覆，所遗员缺，系南山边要缺，例应在外拣选升调。查定例"各省道、府、同知、通判，题明留省候补，并拿获盗犯等项，以何项补用，无论题调、选缺，悉准先尽酌量补用"等语。兹砖坪厅一缺，经臣与藩、臬两司在于通省现任简缺通判及各知县中逐加遴选，非现居要缺，即人地未宜，实无合例堪以升调之员。

惟查有改掣陕西补用通判万启堹，年四十五岁，江西监生，报捐布政司理问，分发湖南，历署长沙、辰州等府通判，并代理右文坪同知。因乾州厅痞苗滋事，派赴军营，防堵出力保奏，奉旨免补本班，以通判补用。嗣因回避，改掣陕西，于道光二十九年闰四月十五日到省。该员年力正强，才具明练，现署该厅印务，办理裕如。且系军营出力，奉旨免补本班，以通判补用之员，以之请补砖坪厅通判，可期胜任，据藩司常大淳、臬司朱朦会详请奏前来。

合无仰恳天恩，俯念要缺需员，敕部核覆，准以万启堹补授砖坪厅通判，洵于南山要地有裨。如蒙俞允，俟部覆至日，照例送部引见。所有拣员请补南山要缺通判缘由，谨会同陕甘督臣琦善，合词恭折具奏，伏祈皇上圣鉴训示。谨奏。(道光三十年)五月十七日。道光三十年五月二十八日奉朱批："吏部议奏。钦此。"

167 奏报修理宝鸡县栈道动用备存本款银数事

陕西巡抚臣张祥河跪奏，为修理栈道动用备存本款，银数在五百两以上，循例奏闻，仰祈圣鉴事。

窃照宝鸡县详请修理境内栈道一案，前经批司，委员确勘估办去后。兹据藩司常大淳详称，"准盐法道崇纶咨据凤翔府知府成瑞详，奉委亲诣宝鸡县，督同该县知县宫尔锡查勘得，该县境内栈道，自道光二十六年修理后，迄今五载，一切桥梁、硼岸、马墙及土石各路，均被山水冲坍过甚，急应赶紧修理。逐一撙节确估，共需工料银九百三十四两七钱八分三厘，造具估计册结图说，经府加结，由道移司核明，请照向例，在于凤翔府库备存栈道备公本款银内动支兴修"，具详请奏前来。

臣查该县栈道，自任家湾起，至黄牛铺止，其间崇山峻岭，深沟大河，一切道路、桥梁、硼岸、马墙冲塌过甚，必须修理平坦，始可以利遄行。现在各工奉文停止。惟栈道为川陕往来要路，文报差使络绎不绝，倘有阻滞，所关匪细。卷查历届遇有坍塌，均经奏明动用本款银两兴修在案。今既委勘，实系必不可缓之工，所估工料银两，核无浮滥。应请照依向例，在于凤翔府库备存栈道生息本款银内动支，饬令赶紧认真兴修，工竣委勘核实造销。除将估计册诸图说送部查核外，理合循例缮折具奏，伏祈皇上圣鉴。谨奏。（道光三十年）五月十七日。道光三十年五月二十八日奉朱批："工部知道。钦此。"

168 奏报陕西本年四五月份雨水二麦并四月粮价情形事

陕西巡抚臣张祥河跪奏，为恭报雨水田禾情形，仰祈圣鉴事。

窃照陕西省三月中旬及四月初旬雨水田禾情形，业经臣恭折具奏在案。兹据西安、延安、凤翔、汉中、榆林、同州、兴安、商州、邠州、乾州、鄜州、绥德等十二府州属，陆续具报于四月十三、四、五，十九、二十，并二十四、五、六，及五月初四、五、六、七、八、九，十三等日，先后得雨一、二、三、四、五、六寸至深透不等。

臣查陕省平原各属，二麦业已碾收，正当播种秋禾之际，得此甘雨滋培，洵于农田大有裨益。其南北两山包谷、杂粮，长发均极畅茂。北山一带二麦较迟，现在将次成熟，民情乐业，气象恬熙，堪以仰慰圣怀。谨将四月分各属粮价，敬缮清单，恭呈御览，伏祈皇上圣鉴。谨奏。（道光三十年）五月二十五日。道光三十年六月初七日奉朱批："知道了。钦此。"

169 呈陕西道光三十年四月粮价清单

谨将陕西省道光三十年四月分各属粮价开具清单，恭呈御览。计开：

西安府属，价中。大米每仓石价银，自一两二钱至二两四钱五分，与上月相同。小米每仓石价银，自八钱三分至一两六钱一分，与上月相同。小麦每仓石价银，自九钱至一两六钱六分，与上月相同。大麦每仓石价银，自四钱五分至八钱四分，与上月相同。豌豆每仓石价银，自七钱五分至一两三钱九分，与上月相同。

延安府属，大米价贵，馀俱价中。大米每仓石价银，自一两四钱四分至二两九钱八分，与上月相同。小米每仓石价银，自九钱至一两七钱，与上月相同。小麦每仓石价银，自一两一钱至一两七钱七分，与上月相同。糜米每仓石价银，自一两八分至一两六钱，与上月相同。豌豆每仓石价银，自八钱至一两五钱，与上月相同。

凤翔府属，大米价贱，馀俱价中。大米每仓石价银，自一两三钱二分至一两七钱一分，与上月相同。小米每仓石价银，自一两八分至一两四钱四分，与上月相同。小麦每仓石价银，自七钱八分至一两四钱五分，与上月相同。大麦每仓石价银，自四钱七分至七钱八分，与上月相同。豌豆每仓石价银，自六钱九分至一两一钱五分，与上月相同。

汉中府属，小麦、大麦价贵，馀俱价中。大米每仓石价银，自九钱七分至二两一钱七分，与上月相同。小米每仓石价银，自八钱四分至一两六钱一分，与上月相同。小麦每仓石价银，自八钱九分至二两四分，与上月相同。大麦每仓石价银，自四钱四分至一两八分，与上月相同。豌豆每仓石价银，自六钱六分至一两八分，与上月相同。黄豆每仓石价银，自五钱至一两三钱六分，与上月相同。

榆林府属，豌豆价中，馀俱价贵。大米每仓石价银，自二两二钱至三两一钱一分，与上月相同。小米每仓石价银，自一两四钱四分至二两三钱六分，与上月相同。小麦每仓石价银，自一两五钱六分至二两三分，与上月相同。糜米每仓石价银，自一两五钱一分至二两三钱六分，与上月相同。豌豆每仓石价银，自一两二分至一两三钱，与上月相同。

同州府属，大米价贵，馀俱价中。大米每仓石价银，自一两六钱七分至二两八钱九分，与上月相同。小米每仓石价银，自一两五分至一两五钱七分，与上月相同。小麦每仓石价银，自一两一钱二分至一两四钱八分，与上月相同。大麦每仓石价银，自六钱五分至九钱，与上月相同。豌豆每仓石价银，自九钱二分至一两四钱二分，与上月相同。

兴安府属，大米价贱，馀俱价中。大米每仓石价银，自一两四钱至一两七钱四分，与上月相同。小米每仓石价银，自九钱一分至一两四钱三分，与上月相同。小麦每仓石价银，自一两一钱九分至一两五钱，与上月相同。大麦每仓石价银，自四钱四分至八钱五分，与上月相同。豌豆每仓石价银，自八钱至一两三钱，与上月相同。黄豆每仓石价银，自八钱至一两三钱，与上月相同。

商州属，价中。大米每仓石价银，自一两五钱五分至二两，与上月相同。小米每仓石价银，自一两一钱四分至一两四钱，较上月贵五分。小麦每仓石价银，自一两二钱至一两四钱九分，与上月相同。大麦每仓石价银，自六钱六分至八钱二分，较上月贵四分。豌豆每仓石价银，自六钱六分至一两六钱，与上月相同。

邠州属，大米价贵，馀俱价中。大米每仓石价银，自一两六钱九分至三两一分，较上月贵一钱四分。小米每仓石价银，自八钱至一两二钱六分，较上月贵一钱三分。小麦每仓石价银，自八钱二分至一两三钱，较上月贵五分。豌豆每仓石价银，自七钱六分至一两一钱，与上月相同。

乾州属，大麦、豌豆价贵，馀俱价中。大米每仓石价银，自一两八钱至二两五钱六分，与上月相同。小米每仓石价银，自一两六钱至二两，与上月相同。小麦每仓石价银，自一两五钱四分至一两九钱五分，与上月相同。大麦每仓石价银，自六钱九分至一两一钱六分，与上月相同。豌豆每仓石价银，自一两三钱五分至一两七钱七分，与上月相同。

鄜州属，价贱。小米每仓石价银，自六钱二分至七钱四分，与上月相同。小麦每仓石价银，自六钱一分至七钱四分，与上月相同。豌豆每仓石价银，自四钱五分至七钱三分，与上月相同。

绥德州属，价中。小米每仓石价银，自一两一钱九分至一两四钱，与上月相同。小麦每仓石价银，自一两二钱七分至一两七钱九分，与上月相同。豌豆每仓石价银，自八钱一分至一两一分，与上月相同。朱批："览。"

170 奏报陕西省道光三十年份钱粮已征完欠分数事

陕西巡抚臣张祥河跪奏，为本年钱粮现已征收完、欠分数，循例奏祈圣鉴事。

窃照嘉庆八年五月，经户部奏准，令各省于每年五月将征完旧欠，及当年新赋钱粮征完若干，专折奏明等因。除征完旧欠钱粮数目，臣于本年奏销时另折奏明外，兹据藩司常大淳详称"道光三十年分应征钱粮，额征民屯更起运、存留及豁免外，共银一百六十万九千三百六十四两零。内除存留银二十七万八千一百一十二两零，实应解起运银一百三十三万一千二百五十二两零。计自二月开征起，至五月止，现已解储司库银八十万八千四百二十八两零，未完银五十二万二千八百二十四两零。计本年新征银两，完纳六分七毫有馀"等情。

臣覆核无异。除饬将未完银两，于秋征时，责令该管道府州督催征解，依限全完外，所有道光三十年分额征钱粮，已、未完数目，理合循例具奏，伏乞皇上圣鉴。谨奏。（道光三十年）五月二十五日。道光三十年六月初七日奉朱批："户部知道。钦此。"

171 奏报陕西省道光三十年上忙征收新旧钱粮已未完数目事

陕西巡抚臣张祥河跪奏，为本年上忙征收新、旧钱粮，已、未完数目，循例恭折奏闻，仰祈圣鉴事。

窃照嘉庆二十年六月内，经户部奏准，行令各省于每年上、下忙应征钱粮，除留支外，实应解司银数，分别正课、杂项，依限详报，督、抚二十日内专折具奏等因。兹据藩司常大淳详报："道光三十年分，额征民屯更起存并粮折价，除屯丁兑食并豁免外，共银一百六十万九千三百六十四两零。内除存留银二十七万八千一百一十二两零，止该解司银一百三十三万一千二百五十二两零。计自二月开征起，至上忙截数止，已完银八十万八千四百二十八两零，未完银五十二万二千八百二十四两零。又，原额盐课银八千九百八十两零，今上忙已完银一千三百七十三两零，未完银七千六百七两零。

又，道光二十六年原未完地丁起运银七百四十七两零，今道光三十年上忙续完银二百五十五两零，仍未完银四百九十二两零。又，道光二十九年原未完地丁银起运银二万八千五百七十六两零，内除华阴县豁免被水冲坍地亩民起运连闰银一百四十二两零，又除豁免存留不敷奉工、各役工食等项，连闰拨补起运，共银三丨九两零，止未完银二万八千三百九十四两零，今道光三十年上忙续征通完。

又，道光二十九年原未完盐课银三千一百一十一两零，今已全数通完"等情，具详前来。臣覆核无异。除将未完银两，责令该管道府州，于下忙秋征时，督催依限完解外，所有道光三十年征收新、旧钱粮，已、未完数目，理合循例具奏，伏乞皇上圣鉴。谨奏。（道光三十年）五月二十五日。道光三十年六月初七日奉朱批："户部知道。钦此。"

172 奏为审拟西乡县客民白全海诓令萧世才将伊母背赴赵登礼家自刎身死诈钱一案事

陕西巡抚臣张祥河跪奏，为逆伦重犯，审明定拟，恭折奏祈圣鉴事。

窃照西乡县知县汪〔炳〕(丙)新详报，客民白全海诓令萧世才将伊母白刘氏背赴赵登礼家，自刎身死，诈钱私埋一案，当以案情重大，提省审办。兹据委员西安府知府段大章，汉中府知府何渭珍会同审拟，由臬司朱饃解勘前来，臣新提研鞫。缘白全海籍隶安康县，来该县佣趁度日。已死白刘氏，系白全海亲母，向患腿疾，时发时愈，与赵登礼素识无嫌。道光二十六年正月内，白全海受雇赵登礼铺内帮伙，言明工钱二十五钱文，至年底工满算账。白全海长使赵登礼钱八千文，书给欠约而回。二十九年三月间，白全海贫苦无度，央张萧转向赵登礼保借钱文未允。至四月初四日上午，又因伊母白刘氏腿疾复发，自往借钱医治。赵登礼斥其屡次缠扰，致相争吵，经人劝散。白全海向白刘氏诉知，白刘氏声称赵登礼薄情，伊年老多病，总难痊愈，欲往寻死，图赖诈钱殓埋。当经白全海同妻白唐氏极力劝阻。

是日傍晚，白唐氏赴邻家告借灯油，讵白刘氏携去菜刀，藏带身边，复令白全海背往拼命。白全海再三婉劝，白刘氏即欲抹死在家。白全海被逼无奈，适见素好之萧世才过伊门首，遂捏称伊母往赵登礼家称贷，伊有事不能偕往，诓允萧世才背送，并令幼子白松子跟随。萧世才将白刘氏背至赵登礼门首，维时赵登礼门已关闭，白刘氏令萧世才先回，随取出身边菜刀，自刎咽喉倒地，白松子在旁哭喊。赵登礼闻声出视，见白刘氏受伤深重，扶救罔效，移时复令通知白全海往看。白全海赖称赵登礼杀害伊母，如不给钱埋葬，定行告究。赵登礼恐受他累，除将白全海前欠约据抽销，另给钱五十四千文，恳允免报。白唐氏赶至不依，被白全海吓禁走回。赵登礼将钱借给，白全海收受，买披殓尸，雇觅不知姓名人抬至山坡掩埋各散。旋经该县访闻获犯，验详提省，委员审(理)。萧世才于取供后在押患病，取保医治未效身死，委员验详，批饬附入正簿，分别定拟，由司解勘。臣亲提严鞫，据供前情不讳。严诘白全海，实止被逼诓人背送，并无怂恿致死，萧世才亦未在场加功，其在保病故，看役武俊亦无凌虐情事，供证确凿，案无遁饰。

查律载，谋父母，预谋之子不分首从，凌迟处死等语。又，嘉庆二十年陕西书奏孝〔信〕（义）厅民妇隗石氏，逼令伊子隗胜见代挂缢绳，自缢身死一案，钦奉谕旨："此案隗石氏因差役杨顺等，藉伊夫隗开用窝窃，诈去包谷、麦苗，又逼令离庄，情急起意自尽，令伊子隗胜见代挂缢绳。隗胜见劝阻，该氏即欲碰死。隗胜见无奈代挂。是伊助之缢死，实系自行起意，隗胜见并无致死其母之心。拟以凌迟处死，未免漫无区别，著改为斩立决"等因。又，道光二十五年，同官县民任五子之母任贺氏，因冉金旺纠殴伊长子任世原受伤，起意至冉金旺窑顶跳崖拼命，任五子被逼背往，致该氏自行跳窑跌伤，内损身死。将任五子拟以凌迟，援案声请，奉旨："任五子著改为斩立决等因。钦此。"钦遵各在案。

此案白全海因伊母白刘氏嗔赵登礼借钱不遂，自杀寻死图赖，辄敢捏词诓人背往，以致白刘氏用刀自刎身死，伦纪攸关，应按律问拟。白全海合依"谋杀母，预谋之子凌迟处死"律，凌迟处死。惟该民于伊母起意寻死之时，曾经再三劝阻，本未应允，迨被逼无奈，始行诓人背送，初无致死其母之心，又未在场目击自刎，核与隗胜见等案情节较轻，相应援案声明，恭候钦定。

赵登礼被诈出钱，情非得已，并当白全海告借，不婉言回覆，致肇衅端，应与失察之乡约王震，俱照不应重律，杖八十。事犯在道（光）三十年正月二十六日恩诏以前，白全海罪关十恶，毋庸查办。赵登礼、王震所得杖罪，均予宽免，王震系公罪，免其革役。白唐氏被夫吓禁，未敢具报，应与年幼无知之白松子，暨被罔背送在保病故之萧世才，并现无凌虐之看役武（俊），均毋庸议。受雇抬埋之不知姓名人，并免查究。诈钱已为营葬花用，亦免著返。无干省释。除供招咨部外，所有审明定拟缘由，理合遵照刑部议定章程，恭折具奏，伏乞皇上圣鉴训示。谨奏。道光三十年五月二十八日奉朱批："刑部速议具奏。钦此。"

173 奏为委令程德润署理督粮道事

再，督粮道陈景亮，经兵部尚书臣魏元烺等保举，奉上谕："著即饬令来京，交吏部带领引见，伺候召见等因。钦此。"转饬钦遵在案。所遗员缺，应行委署。查有候补道程德润，才具稳练，办事老成，堪以委令署理。除檄饬遵照外，所有委署缘由，合并附片陈明。谨奏。道光三十年五月二十八日奉朱批："知道了。钦此。"

174 奏更正存库银两实在数目事

再，陕省司库耗羡公用银两，前于四月奏销时，经臣将收、支、动、存各款，开单缮折奏报在案。兹臣覆查原单，开列新收耗羡，缺官扣半，共银二十四万八千五百五十三两零，除支用外，实在共存银一十四万二千七百五十二两零，逐加核算，均无舛错。惟折内应叙实在存银一十四万馀两，误以新收二十四万馀两之数列入，既经查明，自应检举，将前折银数更正，共存银一十四万二千七百五十二两零。除咨部知照外，所有查明据实检举缘由，谨附片具奏。道光三十年五月二十八日奉朱批："□□。钦此。"

175 奏为特参宁羌知州孙玉麒失察丁役犯赌酿命并麟游县教谕王炳堃滥责廪生请严议革职事

陕西巡抚臣张祥河跪奏，为特参失察丁役犯赌致酿人命之知州，并训迪轻操之教职，请旨分别严议革职，以肃吏治，仰祈圣鉴事。

窃照前据宁羌州知州孙玉麒禀报，访得该州丁差在于吏目署内聚赌，革兵李锦沅殴伤皂役黄才身死等情，当经臣批司，行提人证来省审办，一面将吏目罗涵文咨部斥革。兹据委员讯明，已革营兵李锦沅，于本年正月十七日早，与州差黄才、户书曹凝业，暨吏目之子罗三，并本州家丁曹本娃，民人李应碌等，在吏目衙门大堂侧边空房弹钱赌博。黄才赔钱不公，李锦沅夺刀砍伤其偏左等处殒命，质之一干人证，供俱相同。并研究吏目罗涵文，委系因病失察，并无开场纵容情事，业已革职，应毋庸议。将李锦沅等拟以绞候杖徒，由司审解到臣，覆审无异。

又，麟游县教谕王炳堃殴责廪生李文显一案，先经县、府禀揭两司，详撤到省。委员讯得，该教谕王炳堃，因廪生李文显上次月课未到，于本年二月初七日传令补考，适李文显酒醉，不能完卷，出言顶撞。该教谕即自取戒尺，殴责李文显颈上，李文显遂用身带小刀抹伤咽喉倒地，现在伤已平复。将李文显拟杖，革去衣顶，教谕王炳堃随案咨部严议等情，由藩、臬两司具详前来。

臣查宁羌州知州孙玉麒，于赌博酿命之案，一经访闻，即行据实通禀，当无讳匿。惟以该州家丁、书役与属员之子同场共赌，而又殴毙差役，情节较重，非失察寻常赌博可比，未便因其访闻获犯禀办，稍涉轻纵。相应请旨，将该知州孙玉麒交部严加议处。其麟游县教谕王炳堃，传课廪生李文显不能完卷，自应以理告诫。乃因其顶撞，辄取戒尺殴责颈上，致令情急自残，殊觉轻躁，不善训迪，应请旨将该教谕王炳堃即行革职，以饬官方，而示惩儆。除各案绞徒杖犯，另行题咨办理外，所有特参知州、教职缘由，理合缮折具奏，伏祈皇上圣鉴训示。谨奏。(道光三十年)六月初七日。道光三十年六月十九日奉朱批：“□□。钦此。”

176 奏报率属巡视陕省与外省交界之地随时侦缉事

再，臣接准军机大臣字寄：“奉上谕：‘内阁侍读学士董瀛山奏弥盗诘奸一折，据称邪教盗贼在在皆有，而避藏之巧，蔓延之多，惟交界处所为最。著各直省督、抚，严饬各道府，督率该管州县，会同营汛员弁，于交界处所加意侦缉等因。钦此。’”仰见我皇上戢奸除暴，绥靖地方之至意。

臣遵查陕西各属，如定远、汉阴、安康等厅县，为川、陕、楚、甘四省交界之区，向由汉中、陕安、河州暨四川川北、湘北、郧阳各镇总兵官就近督查，订期会同巡哨，详明各督臣，奏报有案。又兴安府之白河、洵阳、平利等县，毗连湖北竹山、竹溪、郧西，四川大宁数县，历系两省该管知县、县丞，分月轮流选派丁役，移会汛员，在于交界督饬协同铺保，不时梭巡。每届期满，将值巡情形及有无匪类，同丁役姓名开单具结，通禀查核。

此外，商州之商南、雒南二县，与河南卢氏县交界，均经该管陕西潼商道、河南河陕汝道，随时督同稽查，并于每年由该道等亲往会巡一次各在案。是陕省凡有交界处所，彼此均任责成，不能推诿。惟是奉行日久，难保无视为具文，空言塞责。上年臣到任后，屡次谆饬认真巡缉。兹钦奉谕旨，复又严饬该镇、道、府等，务各督率所属州、县，会同营、汛员弁，在于交界之地，毋分畛域，随时设法侦缉，遇有邪教盗贼，立即按名就获，从重惩办。其兵役人等，如敢贿纵包庇，亦即据实究报，断不准稍涉因循，致逃潜匿，以戢盗风而安边境。所有遵旨饬办缘由，谨附片具奏。道光三十年六月初七日奉朱批："总须实力实心，认真办理，不可为纸上之空言也。钦此。"

177 奏报道光三十年四月收捐监生银数事

再，陕省收捐监生银两，截至道光三十年三月底止，司库存银一万一千八百四十八两，经臣附片奏明在案。今四月分又报捐监生五名，共银五百四十两，连前总共存银一万二千三百八十八两。除现准户部咨拨解京饷银一万一千八百四十八两外，实存银五百四十两，理合循例附片奏闻。谨奏。道光三十年六月初七日奉朱批："户部知道。钦此。"

178 奏报修理凤县栈道动用生息本款银数事

陕西巡抚臣张祥河跪奏，为修理栈道，动用生息本款，银数在五百两以上，循例奏闻，仰祈圣鉴事。

窃照凤县详请修理境内栈道一案，前经批司，委员确勘估办去后。兹据藩司常大淳详称，"准陕安道陈晋恩咨，据汉中府知府何渭珍，转据委员留坝厅同知富明阿，会同凤县知县富星阿查勘得，该县境内栈道，自道光二十五年修理后，迄今五载，所有石路、偏桥、马墙，均被山水冲坍，木料腐烂，急应修理。逐一撙节确估，共需工料银九百九十九两七钱五分五厘，造具估计册结图说，由府道加结，移司核明，请照向例，在于汉中府库备存栈道备公本款银两动支兴修”，具详请奏前来。

臣查该县栈道，自黄牛铺起，至南星止，山路崎岖险陡，必须修理平坦，始可以利遄行。现在各工奉文停止，惟栈道为川陕往来要路，文报差使络绎不绝，若不急为修整，必致阻滞，所关匪细，非别项工程可比。历届每遇坍损，均经奏明动用本款银两兴修在案。今既委勘，实系必不可缓之工，所估工料银两，核无浮滥，应请照依向例，在于汉中府库备存栈道生息备公本款银内动支，饬令及时兴修，工竣委勘核实造销。除将估计册结图说送部查核外，理合循例恭折具奏，伏祈皇上圣鉴。谨奏。道光三十年六月十九日奉朱批：“工部知道。钦此。”

179 奏为臬司朱艭患病请赏假调理委令崇纶署理臬篆并白维清接署盐法道事

再，据臬司朱艭禀称，该司于入夏以来感冒风寒，致成痰滞，当即诊治就痊。惟正气虚弱，询之医家，云须静心调养，方可复元等情，禀请转奏恳假前来。

臣查臬司为刑名总汇，案牍繁多。今该司因病后气虚，自未便令其强勉办公，致滋贻误。相应循例奏闻，合无仰恳恩准赏假一月，俾该司得以安心调理，一俟痊愈，即饬回任。所有臬司印务，查盐法道崇纶办事历练，曾署臬篆，熟悉例案，堪以委令署理。其所遗盐法道员缺，查有候补道白维清，年健才明，堪委接署。除檄饬遵照外，理合附片陈明。谨奏。道光三十年六月十九日奉朱批：“□□。钦此。”

180 奏报陕西本年五六月份雨水田禾并五月粮价情形事

陕西巡抚臣张祥河跪奏，为恭报雨水田禾情形，仰祈圣鉴事。

窃照陕省四月下旬及五月上旬雨水田禾情形，业经臣恭折具奏在案。兹据西安、延安、凤翔、汉中、同州、兴安、商州、邠州、乾州、鄜州等府州属，陆续具报于五月十四、五，二十六、七，暨六月初六、七、八、九、十，并十二、三等日，先后得雨二、三、四、五寸至深透不等。

臣查陕省平原一带以及南、北两山，所种各色秋禾，正当长发之际，叠获甘膏，藉滋培养，可期敷荣畅茂，民情欢悦，四境安恬，洵足仰慰宸怀。谨将五月分各属粮价，敬缮清单，恭呈御览，伏祈皇上圣鉴。谨奏。(道光三十年)六月二十四日。道光三十年七月初八日奉朱批："知道了。钦此。"

181 呈陕西道光三十年五月粮价清单

谨将陕西省道光三十年五月分各属粮价，敬缮清单，恭呈御览。计开：

西安府属，价中。大米每仓石价银，自一两二钱至二两三钱一分，较上月减一钱四分。小米每仓石价银，自八钱三分至一两六钱一分，与上月相同。小麦每仓石价银，自九钱至一两六钱六分，与上月相同。大麦每仓石价银，自四钱二分至七钱，较上月减一钱四分。豌豆每仓石价银，自七钱五分至一两二钱六分，较上月减一钱三分。

延安府属，大米价贵，馀俱价中。大米每仓石价银，自一两四钱四分至二两九钱八分，与上月相同。小米每仓石价银，自九钱至一两七钱，与上月相同。小麦每仓石价银，自一两一钱至一两七钱七分，与上月相同。糜米每仓石价银，自一两八分至一两六钱，与上月相同。豌豆每仓石价银，自八钱至一两五钱，与上月相同。

凤翔府属，大米价贱，馀俱价中。大米每仓石价银，自一两三钱二分至一两七钱，较上月减一分。小米每仓石价银，自一两八分至一两四钱四分，与上月相同。小麦每仓石价银，自七钱八分至一两四钱二分，较上月减三分。大麦每仓石价银，自四钱七分至七钱六分，较上月减二分。豌豆每仓石价银，自六钱九分至一两一钱三分，较上月减二分。

汉中府属，小麦、大麦价贵，馀俱价中。大米每仓石价银，自九钱七分至二两一钱七分，与上月相同。小米每仓石价银，自八钱四分至一两六钱一分，与上月相同。小麦每仓石价银，自八钱四分至二两四分，与上月相同。大麦每仓石价银，自四钱至一两八分，与上月相同。豌豆每仓石价银，自六钱六分至一两八分，与上月相同。黄豆每仓石价银，自五钱至一两三钱六分，与上月相同。

榆林府属，豌豆价中，馀俱价贵。大米每仓石价银，自二两二钱至三两一钱一分，与上月相同。小米每仓石价银，自一两四钱四分至二两三钱六分，与上月相同。小麦每仓石价银，自一两五钱六分至二两三分，与上月相同。糜米每仓石价银，自一两五钱一分至二两三钱六分，与上月相同。豌豆每仓石价银，自一两二分至一两三钱，与上月相同。

同州府属，大米价贵，馀俱价中。大米每仓石价银，自一两六钱至二两八钱九分，与上月相同。小米每仓石价银，自一两一分至一两五钱七分，与上月相同。小麦每仓石价银，自一两八分至一两四钱八分，与上月相同。大麦每仓石价银，自六钱二分至九钱，与上月相同。豌豆每仓石价银，自九钱至一两四钱二分，与上月相同。

兴安府属，大米价贱，馀俱价中。大米每仓石价银，自一两三钱九分至一两八钱，较上月贵六分。小米每仓石价银，自九钱一分至一两四钱三分，与上月相同。小麦每仓石价银，自一两一钱至一两五钱，与上月相同。大麦每仓石价银，自四钱四分至八钱五分，与上月相同。豌豆每仓石价银，自八钱至一两三钱，与上月相同。黄豆每仓石价银，自八钱至一两四钱，较上月贵一钱。

商州属，价中。大米每仓石价银，自一两五钱五分至二两，与上月相同。小米每仓石价银，自一两一钱四分至一两四钱四分，较上月贵四分。小麦每仓石价银，自一两七钱至一两四钱九分，与上月相同。大麦每仓石价银，自六钱六分至八钱五分，较上月贵三分。豌豆每仓石价银，自六钱六分至一两六钱，与上月相同。

邠州属，大米价贵，馀俱价中。大米每仓石价银，自一两六钱九分至三两一分，与上月相同。小米每仓石价银，自八钱至一两二钱六分，与上月相同。小麦每仓石价银，自八钱二分至一两三钱，与上月相同。豌豆每仓石价银，自七钱六分至一两一钱，与上月相同。

乾州属，大麦、豌豆价贵，馀俱价中。大米每仓石价银，自一两六钱四分至二两五钱六分，与上月相同。小米每仓石价银，自一两四钱六分至二两，与上月相同。小麦每仓石价银，自一两三钱九分至一两九钱五分，与上月相同。大麦每仓石价银，自六钱六分至一两一钱六分，与上月相同。豌豆每仓石价银，自一两一钱九分至一两七钱七分，与上月相同。

鄜州属，价贱。小米每仓石价银，自六钱二分至七钱四分，与上月相同。小麦每仓石价银，自六钱一分至七钱四分，与上月相同。豌豆每仓石价银，自四钱五分至七钱三分，与上月相同。

绥德州属，价中。小米每仓石价银，自一两一钱九分至一两四钱，与上月相同。小麦每仓石价银，自一两二钱七分至一两七钱九分，与上月相同。豌豆每仓石价银，自八钱一分至一两一分，与上月相同。朱批："览。"

182 奏报修理沔县境内栈道估需动用生息本款银数事

陕西巡抚臣张祥河跪奏，为修理栈道，动用生息本款，银数在五百两以上，循例奏闻，仰祈圣鉴事。

窃照沔县详请修理境内栈道一案，前经批司，委员确勘估办去后。兹据藩司常大淳详称，"准陕安道陈晋恩咨据汉中府知府何渭珍，转据委员宁羌县知县孙玉麒，会同署沔县知县邓连镳查勘得，该县境内栈道，自道光二十四年修理后，迄今已逾五载，所有土石各路，均被山水冲坍,急应修理。逐一撙节确估,共需工料银五百九十九两一钱五分八厘五毛,造具估计册结图说,由府道加结,移司核明,请照向例,在于汉中府库备存栈道备公本款银内动支兴修”,具详请奏前来。

臣查该县栈道,自上人桥起,至金堆铺止,多系崇山峻岭,甚属崎岖,必须修理平坦,始可以利遄行。现在各工奉文停止,惟栈道为川陕往来要路,文报差使络绎不绝,若不急为修整,必致阻滞,所关匪细,非别项工程可比。历届每遇坍损,均经奏明动用本款银两兴修在案。今既委勘,实系必不可缓之工,所估工料银两,核无浮滥,应请照依向例,在于汉中府库备存栈道生息备公本款银内动支,饬令及时兴修,工竣委勘核实造销。除将估计册结图说送部查核外,理合循例恭折具奏,伏祈皇上圣鉴。谨奏。(道光三十年)六月二十四日。道光三十年七月初八日奉朱批:“工部议奏。钦此。”

183 奏报道光三十年五月份收报捐监生名数银数等事

再,查陕省收捐监生银两,截至道光三十年四月底止,司库存银五百四十两,经臣附片奏明在案。今五月分又报捐监生四名,共银四百三十二两,连前司库共存银九百七十二两,理合附片奏闻。谨奏。道光三十年七月初八日奉朱批:“户部知道。钦此。”

184 奏为奉部提解银两已解未解缘由事

再,臣前准户部咨开,筹画部库放款,酌提陕西捐输封存生息,庙工、桥工生息,并捐监、地丁各项银三十九万两,解京备用等因。当即督同藩司,将司库现存等项,共银二十三万三十五两五钱零,业于五月初十、二十六等日,分作两次委员,领解起程,赴部交纳,以供支放。

至捐输番案经费,发商生息,截至本年五月初一日止,除收获息银外,本息尚有一十六万之多。该商铺等散处各方,道路辽阔,今奉部拨,必须尽数提收齐全,始可解京,势不能不稍需时日,是以未克一同起解。除饬司严檄各厅州县，赶紧查收，勒限七月中旬扫数解省，即行委员解部外，所有陕省奉部提银三十九万两已解、未解缘由，理合附片陈明。谨奏。道光三十年七月初八日奉朱批："户部知道。钦此。"

185 奏为京控咨案并无迟逾事

再，京控咨交案件，例应半年汇奏一次。兹查陕省本(年)正月以来，止有商南县民查光燮一起，甫于五月二十七日接准步军统领咨送到陕，现已行司提讯审办，核计限期，并无迟逾，理合附片陈明。谨奏。道光三十年七月初八日奉朱批："知道了。钦此。"

186 奏报陕西本年六七月份雨水并六月粮价情形事

陕西巡抚臣张祥河跪奏，为恭报雨水田禾情形，仰祈圣鉴事。

窃照陕省各属五月下旬及六月上旬雨水田禾情形，业经臣恭折具奏在案。兹据西安、延安、凤翔、汉中、榆林、同州、兴安、商州、邠州、乾州、鄜州、绥德等十二府州属，陆续具报于六月十八、九，并二十三、四、八、九，三十，及七月初一、二、三、七、八、九、十等日，先后得雨一、二、三、四、五寸至深透不等。

臣查陕省入秋以来雨泽应期，大田沾足，所有南、北两山，各色早、秋，渐次结实，晚禾亦长发畅茂，民情欢悦，四境安恬，堪以仰慰宸怀。谨将六月分各属粮价，敬缮清单，恭呈御览，伏祈皇上圣鉴。谨奏。(道光三十年)七月二十三日。道光三十年八月初六日奉朱批："知道了。钦此。"

187 呈陕西道光三十年六月粮价清单

谨将陕西省道光三十年六月分各属粮价，敬缮清单，恭呈御览。计开：

西安府属，价中。大米每仓石价银，自一两二钱至二两三钱一分，与上月相同。小米每仓石价银，自八钱三分至一两六钱一分，与上月相同。小麦每仓石价银，自九钱至一两六钱六分，与上月相同。大麦每仓石价银，自四钱二分至七钱，与上月相同。豌豆每仓石价银，自七钱五分至一两二钱六分，与上月相同。

延安府属，大米价贵，馀俱价中。大米每仓石价银，自一两四钱四分至二两九钱八分，与上月相同。小米每仓石价银，自九钱至一两七钱，与上月相同。小麦每仓石价银，自一两一钱至一两七钱七分，与上月相同。糜米每仓石价银，自一两八分至一两六钱，与上月相同。豌豆每仓石价银，自八钱至一两五钱，与上月相同。

凤翔府属，大米价贱，馀俱价中。大米每仓石价银，自一两三钱二分至一两七钱，与上月相同。小米每仓石价银，自一两六分至一两四钱四分，与上月相同。小麦每仓石价银，自七钱八分至一两四钱二分，与上月相同。大麦每仓石价银，自四钱七分至七钱六分，与上月相同。豌豆每仓石价银，自六钱九分至一两一钱三分，与上月相同。

汉中府属，小麦、大麦价贵，馀俱价中。大米每仓石价银，自九钱七分至二两一钱七分，与上月相同。小米每仓石价银，自八钱四分至一两六钱一分，与上月相同。小麦每仓石价银，自八钱四分至二两四分，与上月相同。大麦每仓石价银，自三钱六分至一两八分，与上月相同。豌豆每仓石价银，自六钱六分至一两八分，与上月相同。黄豆每仓石价银，自五钱至一两三钱六分，与上月相同。

榆林府属，豌豆价中，馀俱价贵。大米每仓石价银，自二两二钱至三两一钱一分，与上月相同。小米每仓石价银，自一两五钱一分至二两三钱六分，与上月相同。小麦每仓石价银，自一两五钱至二两三分，与上月相同。糜米每仓石价银，自一两五钱一分至二两三钱六分，与上月相同。豌豆每仓石价银，自九钱九分至一两三钱，与上月相同。

同州府属，大米价贵，馀俱价中。大米每仓石价银，自一两六钱至二两八钱九分，与上月相同。小米每仓石价银，自一两一分至一两五钱七分，与上月相同。小麦每仓石价银，自一两五分至一两三钱七分，较上月减一钱一分。大麦每仓石价银，自六钱二分至九钱，与上月相同。豌豆每仓石价银，自九钱至一两四钱二分，与上月相同。

兴安府属，大米价贱，馀俱价中。大米每仓石价银，自一两三钱九分至一两八钱，与上月相同。小米每仓石价银，自九钱一分至一两四钱三分，与上月相同。小麦每仓石价银，自一两一钱至一两五钱，与上月相同。大麦每仓石价银，自四钱四分至八钱五分，与上月相同。豌豆每仓石价银，自八钱至一两三钱，与上月相同。黄豆每仓石价银，自八钱至一两四钱，与上月相同。

商州属，价中。大米每仓石价银，自一两五钱五分至二两，与上月相同。小米每仓石价银，自一两二分至一两四钱四分，与上月相同。小麦每仓石价银，自一两二分至一两四钱九分，与上月相同。大麦每仓石价银，自五钱四分至八钱五分，与上月相同。豌豆每仓石价银，自六钱六分至一两六钱，与上月相同。

邠州属，大米价贵，馀俱价中。大米每仓石价银，自一两六钱九分至三两一分，与上月相同。小米每仓石价银，自八钱至一两二钱六分，与上月相同。小麦每仓石价银，自八钱二分至一两三钱，与上月相同。豌豆每仓石价银，自七钱六分至一两一钱，与上月相同。

乾州属，大麦、豌豆价贵，馀俱价中。大米每仓石价银，自一两六钱四分至二两五钱六分，与上月相同。小米每仓石价银，自一两四钱六分至二两，与上月相同。小麦每仓石价银，自一两三钱九分至一两九钱五分，与上月相同。大麦每仓石价银，自六钱一分至一两一钱六分，与上月相同。豌豆每仓石价银，自一两一钱九分至一两七钱七分，与上月相同。

鄜州属，价贱。小米每仓石价银，自六钱二分至七钱四分，与上月相同。小麦每仓石价银，自六钱一分至七钱四分，与上月相同。豌豆每仓石价银，自四钱五分至七钱三分，与上月相同。

绥德州属，价中。小米每仓石价银，自一两一钱九分至一两四钱，与上月相同。小麦每仓石价银，自一两二钱七分至一两七钱九分，与上月相同。豌豆每仓石价银，自八钱一分至一两一分，与上月相同。朱批："览。"

188 奏请吴靖升补西乡县知县事

陕西巡抚臣张祥河跪奏，为拣员升补南山要缺知县，以重地方，仰祈圣鉴事。

窃照西乡县知县汪丙新，经臣奏请改简，归部铨选，已准部覆。所遗系繁疲难要缺，例应在外拣员调补。查该县地处南山，五方杂处，素称难治，必须熟悉情形，精明干练之员，方能胜任。臣与藩、臬两司，在于通省现任知县内逐加遴选，非现居要缺，即人地未宜，实无堪调之员。

惟查有三原县县丞吴靖，年四十八岁，河南监生，捐纳县丞，分发陕西，道光十年闰四月到省。十八年，委查通省匪类，获犯多名保奏，奉旨："著俟补缺后，以应升之缺升用。钦此。"咨署今职，二十二年二月到任，试署期满，奉文实授。初次六年俸满，保荐候升。该员才具干练，办事认真，在陕多年，熟悉南山情形。且系两次保举应升之员，任内并无违碍处分，现署斯缺，办理裕如，以之升补西乡县要缺知县，实堪胜任。惟调缺请升，与例稍有未符，但员缺紧要，人地实在相需，例得专折具奏，据藩、臬两司会详请奏前来。

合无仰恳天恩，俯念要缺需员，敕部核覆，准以三原县县丞吴靖升补西乡县知县，洵于地方有裨。如蒙俞允，该员系县丞升补知县，应俟部覆至日，给咨赴部引见。至所遗三原县县丞员缺，陕省现有应补人员，容俟准升部覆至日，再行请补，合并陈明。所有拣员升补南山要缺知县缘由，谨会同陕甘督臣琦善，合词恭折具奏，伏乞皇上圣鉴训示。谨奏。（道光三十年）七月二十三日。道光三十年八月初六日奉朱批："吏部议奏。钦此。"

189 奏请曹克忠署理商州直隶州州同事

陕西巡抚臣张祥河跪奏，为请署要缺州同，以资佐理，仰祈圣鉴事。

窃照商州直隶州州同卫佐尧因病出缺，业经咨部，所遗系要缺，例应在外拣员调补。查该州同分驻龙驹寨，地当南山之冲，五方杂处，良莠不齐，弹压稽查，均关紧要，必须老成勤干之员，始足以资佐理。陕省直隶州州同仅此一缺，实无合例可调之员。

兹查有试用直隶州州同曹克忠，年五十四岁，山西举人，拣选知县，遵例报捐直隶州州同，分发陕西，赴部验看，带领引见，奉旨："著照例发往。钦此。"道光二十五年九月到省。该员心地诚实，办事克勤，且系举人出身拣选知县报捐直隶州州同，以之请署商州州同，洵堪胜任。惟试用人员请署要缺，与例稍有未符，据藩、臬两司援照人地实在相需，专折陈奏之例，会详请奏前来。

合无仰恳天恩，俯念要缺需员，敕部核覆，准以曹克忠署理商州直隶州州同，洵于地方有裨。如蒙俞允，仍俟试看期满，另请实授。所有请署南山要缺直隶州州同缘由，理合缮折具奏，伏乞皇上圣鉴训示。谨奏。（道光三十年）七月二十三日。道光三十年八月初六日奉朱批："吏部议奏。钦此。"

190 奏为委令何鲲兼护延榆绥道事

再，延榆绥道万保现因俸满，奉准部咨，调取引见，所遗员缺，应行委员接署。查有榆林府知府何鲲，堪以就近兼护。除檄饬遵照外，理合循例附片陈明。谨奏。道光三十年八月初六日奉朱批："知道了。钦此。"

191 奏报本年六月份收存捐监银两数目事

再，查陕省收捐监生银两，截至道光三十年五月底止，司库存银九百七十二两，经臣附片奏明在案。今六月分又报捐监生八名，共银八百六十四两，连前司库共存银一千八百三十六两，理合附片奏闻。谨奏。道光三十年八月初六日奉朱批："户部知道。钦此。"

192 奏为试用通判文映台富平县知县陈炳琳才具平庸请降补改简事

陕西巡抚臣张祥河跪奏，为甄别通判、知县，请旨降调改简，以肃吏治，仰祈圣鉴事。

窃臣自上年莅任以来，业将衰庸之道、府、同知、州、县等官，先后具折奏劾在案。兹复于现任候补各员中，查有才不胜任者二员，均系就其平日办事，地方舆论，逐加考核，得有实据。如试用通判文映台，由议叙县丞职衔捐纳通判，分发陕西，前署鄜州，不协舆情，当即撤调来省查看。该员才具平庸，不胜通判之任，惟年力正强，应请以府经历、县丞降补，归部铨选。又，富平县知县陈炳琳，由拔贡知县，先补肤施县，继调今职。该员人尚谨饬，近于地方公事，办理未能周妥，催科亦不得力。前经撤省，应请改简，留陕酌量补用，仍照例送部引见，据藩、臬两司会详前来。

除饬查陈炳琳经手富平县仓库钱粮有无亏短，另行办理外，此后如有不职之员，再当随时察看，据实参办。断不敢稍避嫌怨，迁就误公，以冀仰副圣主隆叙官方至意。所有甄别通判、知县缘由，谨缮折具陈，伏乞皇上圣鉴训示。谨奏。（道光三十年）八月初十日。道光三十年八月二十一日奉朱批："□□。钦此。"

193 奏为盐法道崇纶赴部引见事

再，盐法道崇纶，经臣遵旨保举，奉准部咨，调取引见。

查该员崇纶，前因臬司朱朦患病请假，委令署理臬篆，其本任盐道，饬委候补道白维清接署在案。兹臬司病痊假满回任，崇纶业经交代清楚，除给咨该员赴部引见外，理合附片陈明。谨奏。道光三十年八月二十一日奉朱批："吏部知道。钦此。"

194 奏为补用知县徐蓉镜前在河南署考城县知县首先拿获斩决盗犯送部引见事

再，臣接准河南抚臣潘铎来咨，回避改发陕西补用知县徐蓉镜，前在该省委署考城县知县，首先拿获邻境兰仪县杀死事主，罪应斩决盗犯宋黑一名，经吏部议覆，与引见之例相符，咨明办理等因到臣。当即行司核办去后。兹据臬司移查，徐蓉镜前署考城县，任内并无逃盗未获之案，会同藩司具详前来。

臣查候补知县徐蓉镜，因先在河南奉委拿获斩决盗犯刘麻子等三名，由豫省奏准吏部调取，业已给咨赴部在案。今续获斩决盗犯一名，核与引见之例相符，按照部定通行章程，仍应奏请，理合附片陈明，伏乞圣鉴，敕部议覆施行。谨奏。道光三十年八月二十一日奉朱批："吏部议奏。钦此。"

195 奏为审拟平利县民妇查洪氏因与夫弟通奸商同毒死本夫查汶升一案事

陕西巡抚臣张祥河跪奏，为审明亲属相奸，同谋杀死本夫重犯，按律定拟，恭折奏祈圣鉴事。

窃据兴安府属平利县知县郑鉴验报，(访)获民妇查洪氏，因与伊夫大功服弟查汶斗通奸，商同谋毒本夫查汶升身死，厝尸灭迹等情，当经臣批司，速饬审拟去后。兹据该县、府讯明定拟，由臬司覆审解勘前来，臣亲提研鞫。缘查洪氏籍隶平利县，系查汶升之妻，查汶斗系查汶升分居大功堂弟，时相往来，查洪氏见面不避。道光二十九年三月间，查汶斗乘隙与查洪氏调戏成奸，后非一次，未给钱物，查汶斗并不知情。六月十二日，查汶斗潜进查洪氏房内，同坐说笑，适查汶升外归撞见，查汶斗当即走避，查汶升向查洪氏盘问殴骂，并称如再撞遇，定行休弃，经邻人黄学礼等劝息。

嗣查洪氏因查汶升防闲严紧，不能与查汶斗续旧，并屡被寻事殴责，心怀怨恨，起意将查汶升毒毙，以便与查汶斗长久奸好。密向查汶斗商议。查汶斗先未应允，查洪氏复以“查汶升素患腹痛，时常服药，将毒买备，乘便掺入药内，装点病故”之言怂恿，查汶斗恋奸允从。随至王从发药铺，捏称配制疮药，买得砒霜一钱，研末送给查洪氏收藏。八月二十四日傍晚，查汶升旧病复发，买药一剂，查洪氏煎好掺入砒霜，递给查汶升饮服，三更时分，查汶升毒发呕吐，捶胸乱挠，口鼻流血，延至二十六日早殒命。查洪氏扬言查汶升病毙，令查汶斗将尸棺殓，雇觅不知姓名人，抬赴屋后山坡浮厝各散。经该县暨前署县访闻，差派丁役获犯，验讯通详，批饬审拟，由司解勘。提犯覆鞫，据供前情不讳。诘无另有同谋加功之人，亦无起衅别故，研究不移，案无遁饰。

查律载：“妻因奸谋死亲夫者，凌迟处死。”又例载“亲属相奸，罪止杖徒。如奸夫将本夫杀死，或与奸妇商通谋死者，奸夫斩立决”各等语。此案查洪氏与查汶斗通奸，同坐说笑，经伊夫查汶升撞获防闲，不能续旧，并屡被殴责，辄商同奸夫将查汶升谋毒身死，应按律问拟。查洪氏合依“妻因奸谋死亲夫者，凌迟处死”律，凌迟处死。查汶斗与大功堂兄查汶升之妻查洪氏通奸，听从奸妇，买给砒霜，致将本夫毒毙，亦应按律问拟。查汶斗合依“亲属相奸，将本夫商通谋死，奸夫斩立决”例，拟斩立决，左面刺“凶犯”二字。该犯等事犯在道光三十年正月二十六日恩诏以前，均罪关十恶，毋庸查办。

乡约李汶华失于查察，应与货卖砒霜，致酿人命，讯不知情之王从发，俱照不应重律，杖八十。在事赦前，均予宽免。抬厝之不知姓名人，免其查究，无干省释。案由该县知县郑鉴，及前署知县高华访获究办，失察职名并免开送。除供招咨部外，所有审明定拟缘由，理合恭折具奏，伏乞皇上圣鉴，敕部核覆施行。再，此案系有服亲属通奸，同谋毙亲夫，在部议奏各条之列，合并陈明。谨奏。道光三十年八月二十一日奉朱批：“刑部速议具奏。钦此。”

196 奏报陕西本年七八月份雨水禾稼并七月粮价情形事

陕西巡抚臣张祥河跪奏，为恭报雨水田禾情形，仰祈圣鉴事。

窃照陕省各属六月下旬及七月上旬雨水田禾情形，业经臣恭折具奏在案。兹据西安、凤翔、汉中、同州、兴安、乾州等府州属，陆续具报于七月二十二、三、四等日，先后得雨一、二、三寸至深透不等。

臣查陕省本年各色秋稼，均皆长发芃茂。惟自八月以来，雨水稍缺，地土微形干燥。现当种麦之时，臣已率属齐心祈祷，月内得有雨泽，尚可无误播种。粮价平减，民情安贴，堪以仰慰圣怀。谨将七月分各属粮价，敬缮清单，恭呈御览，伏祈皇上圣鉴。谨奏。(道光三十年)八月二十二日。道光三十年九月初五日奉朱批："知道了。钦此。"

197 奏请福淳升补孝义厅同知事

陕西巡抚臣张祥河跪奏，为拣员请升南山要缺同知，以资治理，仰祈圣鉴事。

窃照孝义厅同知吴学彬因案降调，于道光三十年七月准到部咨开缺，所遗系繁难边要缺，例应在外拣员升调。该厅为南山要地，幅员辽阔，五方杂处，风气强悍，弹压稽查，均关紧要，非干练熟悉情形之员，不足以资整顿。陕省只有清军同知简缺，人地未宜，其馀俱系要缺，实无可调之员。

臣随与藩、臬两司，在于知州、通判、知县内逐加遴选，查有咸宁县知县福淳，年五十三岁，厢黄旗满洲进士，即用知县，签掣山东。补授安邱县，因案革职，捐复原官知县，拣发陕西，先补榆林县，于二十六年二月到任。捐输同知，在任候选，旋调今职，二十八年七月到任。该员才具干练，办事老成，熟悉地方情形，历俸已满三年，任内并无违碍处分。以之升补孝义厅同知，实堪胜任，与例相符，据藩、臬两司会详请奏前来。

合无仰恳天恩，俯念要缺需员，敕部核覆，准以咸宁县知县福淳，升补孝义厅要缺同知，洵于南山地方有裨。如蒙俞允，俟接部覆，再行给咨送部引见。至所遗咸宁县,系冲繁疲难四项相兼要缺,容俟福淳准升部文到日,另拣请调,合并陈明。谨会同陕甘总督臣琦善,合词恭折具奏,伏乞皇上圣鉴训示。谨奏。(道光三十年)八月二十二日。道光三十年九月初五日奉朱批:"□□。钦此。"

198 奏为委署西安府等处知府知县事

再,西安府知府段大章,长安县知县孙治,均因保举,奉部调取引见,应行委署。查有凤翔府知府成瑞,堪委署理西安府知府。所遗凤翔府员缺,查有候补知府武访畴堪以委署。其长安县一缺,系冲繁疲难要缺,查有朝邑县知县谢质卿,任内并无盗劫已起四参之案,堪以委令署理。据藩、臬两司会详前来。除批饬遵照外,理合循例附片陈明。谨奏。道光三十年九月初五日奉朱批:"知道了。钦此。"

199 奏为西安府知府段大章等交印未完请暂缓送部引见事

再,臣现委西安府知府段大章,鄜州知州李文瀚,长安县知县孙治,随同办理委审各案。该府等均系保举调取引见,甫经卸事之员,应请暂缓送部,合并陈明。谨奏。道光三十年九月初五日奉朱批:"吏部知道。钦此。"

200 奏为遵旨审办郃阳县知县沈寿曾等贪赃枉法各案情形事

再,臣正在具折间,八月二十日接准军机大臣字寄,钦奉谕旨,交审郃阳县知县沈寿曾等各案。臣伏查职官贪赃枉法,事越三载,人证繁多,均关紧要。今奉旨著臣亲提讯办,允宜慎速。当即密委长安县知县孙治驰赴郃阳,鄜州知州李文瀚驰赴大荔,俱带领官役,星夜前往掩捕,不许一名脱漏。并将该令等摘印解省,一俟人证到齐,即在臣署扃门严讯,务求核实,断不敢稍存瞻徇。

又查案内之杨德怀,现任甘肃敦煌县典史,已飞咨督臣琦善,将该典史撤任,派员押解来陕备质,谨附片具奏。道光三十年九月初五日奉朱批:"知道了。认真审讯,务须严饬署员,不可颟顸了事。钦此。"

201 奏报本年七月份收存捐监银两数目事

再,查陕省收捐监生银两,截至道光三十年六月底止,司库存银一千八百三十六两,业经臣附片奏明在案。今七月分又报捐监生五名,共银五百四十两,连前司库共存银二千三百七十六两,理合附片奏闻。谨奏。道光三十年九月初五日奉朱批:"户部知道。钦此。"

202 奏报陕西省各属本年分秋禾约收分数事

陕西巡抚臣张祥河跪奏,为恭报陕省秋禾约收分数,仰祈圣鉴事。

窃照秋禾约收分数,例应先行奏报。兹据西安、延安、凤翔、汉中、榆林、同州、兴安、商州、邠州、乾州、鄜州、绥德十二府州,将所属秋禾约收分数,开折呈报,由司具详前来。臣覆加查核,统计陕西各属九十一厅州县,多寡牵算,约计收成六分有馀。理合缮具清单,恭呈御览,伏乞皇上圣鉴。谨奏。(道光三十年)九月十五日。道光三十年九月二十四日奉朱批:"知道了。钦此。"

203 呈陕西省道光三十年秋禾约收分数清单

谨将道光三十年西安等十二府州属秋禾约收分数,开列清单,恭呈御览。计开:

约收九分有馀者,盩厔、鄠县二县。约收八分有馀者,临潼、西乡、乾州、永寿等四州县。约收八分者,渭南、延长、朝邑、三水、武功等五县。约收七分有馀者,宁陕、同官、蓝田、孝义、高陵、兴平、咸阳、泾阳、延川、陇州、南郑、城固、略阳、华阴、华州、蒲城、潼关、白水、澄城、大荔、砖坪、商州、镇安、邠州、长武、淳化、中部等二十七厅州县。约收七分者,醴泉、富平、肤施、麟游、佛坪、洋县、韩城、安康、洵阳、商南等十厅县。

约收六分有馀者，咸宁、长安、耀州、三原、定边、甘泉、靖边、安塞、凤翔、汧阳、岐山、郿县、扶风、留坝、定远、褒城、沔县、宁羌、凤县、郃阳、石泉、白河、紫阳、平利、雒南、山阳、鄜州、洛川、宜君、绥德、清涧等三十一厅州县。约收六分者，汉阴一厅。约收五分有馀者，保安、宜川、安定、宝鸡、榆林、怀远、葭州、神木、府谷、米脂、吴堡等十一州县。

以上西安等十二府州，九十一厅州县，多寡牵算，秋禾约收六分有馀。朱批："览。"

204 奏为遵旨审讯郃阳县知县沈寿曾等员滥刑毙命贪婪不法请分别革拿革解严审事

陕西巡抚臣张祥河跪奏，为遵旨提审郃阳县知县沈寿曾等各案，先将现讯情形恭折具陈。并讯出赃私，续提要证，请旨将知县、教佐各官，分别革拿、革职、解任，覆究确情，以成信谳，仰祈圣鉴事。

窃臣前奉军机大臣字寄："奉上谕：'有人奏陕西郃阳县知县沈寿曾任意妄为，滥刑毙命，贪婪不法。该县教谕王步元捉获赃银，罗列该县沈寿曾赃款七案，控经臬司批交同州府，始终未据提审，并有委员李东旭、宁迈臣、秦占鳌，及翰林王姓从中串通说合。又因逼还仓麦，该府委大荔县知县熊兆麟解府讯办，熊兆麟酷刑严押，致毙五命，并沈寿曾窃使库银及因案索赃各等语。事关知县贪赃枉法，肆行无忌，若不严行审办，何以肃纲纪而儆官邪！著张祥河按照折内胪列各案，亲提人证、卷案，秉公严讯确情，按律惩办，毋得稍有不实不尽。倘瞻徇属员，代人受过，将来经朕访闻，或别经发觉，恐不能当此重咎也。凛之！原折著抄给阅看。将此谕令知之。钦此。'"臣于接奉后，以事隔三载，人证多至一百馀人，即密委干员，驰往掩捕。并将知县沈寿曾、熊兆麟，教谕王步元，训导王聘等摘印解省。又飞咨督臣，提解甘肃敦煌县典史杨德怀来陕，均附片奏明在案。当据各委员于九月初四日解到人证，并续提尸属人等，即日扃门严审。

窃思此案关系贪婪不法，刑押毙命。如赃款则有出银过付可证，人命则有尸亲人等可证，逐案研求，无难水落石出。随即率同藩司常大淳、臬司朱艭，隔别亲鞫。如原参典史、训导说合，令郭茂才等出银一千三百五十两，该县又令在钱铺中折换纹银九百五十两一案，为教谕王步元当日禀揭之由，最关紧要。查案内典史杨德怀远在甘肃敦煌县，一时骤难到案，随就现到人证，逐一研讯。

据郭茂才、郭维元同供，道光二十七年冬间，伊等充当里长，催纳粮银不起，商通粮差张顺，私于票内添写陈玉彦帮催，致被控县讯责管押。当托店户褚凝镇转央王训导，至县许银释放。随与党合兴、杨可用，将元银一千十六两，在谢伟三泰合钱铺兑换纹银九百五十两，即经王教谕闻知拿去。迨后，杨典史又将原银退给谢伟。另有杨可用代出银三百八十两，亦经褚凝镇、梁善言退交郭茂才手收。质之谢伟，供亦相同。据训导王聘先供系与沈寿曾之弟沈十六说合，继又称系面向沈寿曾说知，求情释放，未要银两。质之沈寿曾，据供银系钱铺之项，王步元误行提取，后经典史杨德怀退还，伊于事后始知。王聘说合许银之事，全不承认。

此外，所参王步元讦控该县使银七案，除李占春一案因提未到外，臣等就业经提到之人证，督饬委员究出：行九〔风〕(凤)一案，沈寿曾罚银八十两，充公修庙。车步月一案，由李形娃、刘娃转央王聘说合，沈寿曾亦罚银一百二十两，修理钟鼓楼。其馀逃军马体元及高起泰、田维新、雷务乾，佥供与王聘、蒋丙午、吕树勋多不认识，并未在县花银，不知王教官与生员康成从前为何开单控司，情愿与之质对。

提讯王聘，供认为车步月说合不讳。其蒋丙午，则称并无说合过赃之事。并提教谕王步元，按照原参及该教职当日所控各情，逐层查讯。据供，从前具控臬司衙门，查稽及赃单，尽系生员康成所为，并非伊写就给与。嗣批同州府，审讯编修王凤翔等为何劝说？伊亦不知卷内供单，自认胡涂，记不清楚。现在听说康成早赴京城，只求传质。

又，所参雷务桐一案，究出门丁张二私借银一千二百两，由吕十一送给，并无唐二、刘三在内。惟张二早往河南跟官，现已飞咨关提，并差拿吕十一，再行严究。又，所参沈寿曾毁亭立坊，窃使库存社仓银两等情，亦经委员分往详查盘验。又，所参捐职从九刘尚清，勾通门丁张二折产；乔振魁呈禀忤逆，被县责毙；以及委员李东旭、翰林王姓等私造详稿，遵依勒眷各情，提讯现到人证，均因尸亲及翰林王凤翔未到，供词尚未确实。至所参大荔县熊兆麟酷刑严押，致毙人命五名，概未经验。门丁马二，皆以保外病故，捏写存案等情，虽据已到之尸属邢春选、吕〔秀〕(可)喜供系病故，不愿开检，究竟是否在押、在保身死，尚属闪烁。且有三案尸亲散居乡僻，亦须传齐质讯，始成信谳。

臣伏查郃阳县沈寿曾，既经讯出听许银两，及叠次擅罚，并门丁私借部民财物，已有确据，难保此外无骩法营私。即现讯各赃款，亦尚恐不止此数，必须彻底根究，从严惩办，以儆贪墨而肃官箴。训导王聘屡为说合，显有从中分肥情事。教谕王步元讦控知县赃私，前既起灭自由，现复恃老，装作胡涂，不肯吐实。典史杨德怀虽未到案，惟现讯郭茂才等，佥供前项赃银系由该员退还。

至大荔县熊兆麟奉押候审人犯，致毙五命之多，并未通详，亦难保无酷刑严押情事。相应请旨，将陕西郃阳县知县沈寿曾，训导王聘，一并革职拿问。教谕王步元，前任郃阳县典史，调补甘肃敦煌县典史杨德怀，一并革职。陕西大荔县知县熊兆麟解任。臣惟有恪遵训谕，核实审办，不敢稍涉瞻徇，代人受过，以仰付圣主委任至意。除另片请提生员康成等到案外，一俟全案人证到齐，质讯明确，按律定拟具奏。所有现讯情形，合先缮折具陈，伏祈皇上圣鉴。谨奏。(道光三十年)九月十五日。道光三十年九月二十四日奉朱批："□□。钦此。"

205 奏报陕西本年八九月份雨水并八月粮价情形事

陕西巡抚臣张祥河跪奏，为恭报雨水田禾情形，仰祈圣鉴事。

窃照陕西省西安等处，于八月二十五、二十九等日，暨九月初间，得雨深透情形，经臣附片奏闻，并声明俟阖省报齐，另行汇奏在案。兹据各属陆续禀报，均于八月下旬及九月上旬，先后得雨深透者十之七八，少者亦在四、五寸有馀。

臣查陕省地方时雨优沾，土膏极为滋润。现在二麦一律播种齐全，其秋禾、杂粮，亦已次第收获，民情欢悦，四境安恬，堪以仰慰圣怀。谨将八月分各属粮价，敬缮清单，恭呈御览，伏乞皇上圣鉴。谨奏。（道光三十年）九月二十二日。道光三十年十月初四日奉朱批："知道了。钦此。"

206 呈陕西道光三十年八月粮价清单

谨将陕西省道光三十年八月分各属粮价，敬缮清单，恭呈御览。计开：

西安府属，价中。大米每仓石价银，自一两二钱至二两三钱一分，与上月相同。小米每仓石价银，自九钱二分至一两六钱一分，与上月相同。小麦每仓石价银，自九钱一分至一两六钱六分，与上月相同。大麦每仓石价银，自四钱二分至七钱，与上月相同。豌豆每仓石价银，自八钱三分至一两二钱六分，与上月相同。

延安府属，大米价贵，馀俱价中。大米每仓石价银，自一两四钱四分至二两九钱八分，与上月相同。小米每仓石价银，自九钱至一两七钱，与上月相同。小麦每仓石价银，自一两一钱至一两七钱七分，与上月相同。糜米每仓石价银，自一两八分至一两六钱，与上月相同。豌豆每仓石价银，自八钱至一两五钱，与上月相同。

凤翔府属，大米价贱，馀俱价中。大米每仓石价银，自一两三钱二分至一两七钱，与上月相同。小米每仓石价银，自一两六分至一两四钱四分，与上月相同。小麦每仓石价银，自七钱八分至一两四钱，较上月减二分。大麦每仓石价银，自四钱七分至七钱五分，较上月减一分。豌豆每仓石价银，自六钱九分至一两一钱一分，较上月减二分。

汉中府属，小麦、大麦价贵，馀俱价中。大米每仓石价银，自九钱七分至二两一钱七分,与上月相同。小米每仓石价银,自八钱四分至一两六钱一分,与上月相同。小麦每仓石价银,自八钱七分至二两四分,与上月相同。大麦每仓石价银,自四钱至一两八分,与上月相同。豌豆每仓石价银,自七钱一分至一两八分,与上月相同。黄豆每仓石价银,自五钱至一两三钱六分,与上月相同。

榆林府属,豌豆价中,馀俱价贵。大米每仓石价银,自二两六分至三两一钱一分,与上月相同。小米每仓石价银,自一两四钱三分至二两三钱六分,与上月相同。小麦每仓石价银,自一两五钱至二两三分,与上月相同。糜米每仓石价银,自一两四钱三分至二两三钱六分,与上月相同。豌豆每仓石价银,自九钱七分至一两三钱,与上月相同。

同州府属,大米价贵,馀俱价中。大米每仓石价银,自一两五钱一分至二两八钱九分,与上月相同。小米每仓石价银,自九钱一分至一两六钱二分,较上月贵五分。小麦每仓石价银,自九钱一分至一两四钱二分,较上月贵五分。大麦每仓石价银,自六钱二分至九钱四,较上月贵四分。豌豆每仓石价银,自七钱七分至一两四钱四分,较上月贵二分。

兴安府属,大米价贱,馀俱价中。大米每仓石价银,自一两三钱九分至一两七钱,与上月相同。小米每仓石价银,自九钱一分至一两四钱三分,与上月相同。小麦每仓石价银,自一两一钱九分至一两五钱,与上月相同。大麦每仓石价银,自四钱四分至八钱五分,与上月相同。豌豆每仓石价银,自八钱至一两三钱,与上月相同。黄豆每仓石价银,自八钱至一两四钱,与上月相同。

商州属,大米价贱,馀俱价中。大米每仓石价银,自一两五钱五分至一两九钱五分,较上月减五分。小米每仓石价银,自一两二分至一两四钱四分,与上月相同。小麦每仓石价银,自一两二分至一两四钱二分,较上月减三分。大麦每仓石价银,自五钱三分至七钱二分,较上月减六分。豌豆每仓石价银,自六钱二分至一两三钱八分,较上月减二钱二分。

邠州属，大米价贵，馀俱价中。大米每仓石价银，自一两六钱九分至三两一分，与上月相同。小米每仓石价银，自八钱至一两二钱六分，与上月相同。小麦每仓石价银，自八钱二分至一两三钱，与上月相同。豌豆每仓石价银，自七钱六分至一两四分，与上月相同。

乾州属，大麦价贵，馀俱价中。大米每仓石价银，自一两六钱四分至二两五钱六分，与上月相同。小米每仓石价银，自一两四钱六分至二两，与上月相同。小麦每仓石价银，自一两三钱九分至一两五钱五分，与上月相同。大麦每仓石价银，自六钱一分至一两六分，与上月相同。豌豆每仓石价银，自一两一钱九分至一两四钱七分，与上月相同。

鄜州属，价贱。小米每仓石价银，自六钱二分至七钱四分，与上月相同。小麦每仓石价银，自六钱一分至七钱四分，与上月相同。豌豆每仓石价银，自四钱五分至七钱三分，与上月相同。

绥德州属，价中。小米每仓石价银，自一两一钱九分至一两四钱，与上月相同。小麦每仓石价银，自一两二钱七分至一两七钱九分，与上月相同。豌豆每仓石价银，自八钱一分至一两一分，与上月相同。朱批："览。"

207 奏为委令陈景亮兼署臬司并布政使朱䤄审竣郃阳县各案后再行进京陛见事

再，按察使朱䤄钦奉谕旨，补授陕西布政使。所遗员缺，计新调臬司多慧由山西到陕，为期甚近。查有督粮道陈景亮，现无紧要事件，堪委就近兼署。至新授藩司朱䤄，自当赴京陛见。惟前经臣札令该司随同审办郃阳县等各案，应请俟审竣后再行北上，为此附片具陈，伏乞圣鉴。谨奏。道光三十年九月二十四日奉朱批："依议。钦此。"

208 奏为同州府知府李恩继潼关厅同知凌树棠牵涉王步元等案请撤省传质事

再，臣检查原卷王步元等一案，曾经具控臬司移道，发同州府审讯。嗣承审之同州府知府李恩继，潼关厅同知凌树棠，卒据原告具悔结案。现俟要证到日，即将该二员撤省传质。至照转之道员及批结之臬司，容于定案时附参，合并陈明。谨奏。道光三十年九月二十四日奉朱批："□□。钦此。"

209 奏请饬传翰林院编修王凤翔来陕自行投案等事

再，据教谕王步元，训导王聘等供，案内之郃阳县生员康成，现住京城琉璃厂法帖铺。相应请旨，饬下步军统领衙门、顺天府五城，一体严拿，务获解陕，以便质讯。

又，原参折内称翰林王姓商量说合，兹据各供，系郃阳县人翰林院编修王凤翔，现在京供职。亦应请旨，饬传该员，迅即兼程自行投案备质。谨奏。道光三十年九月二十四日奉朱批："□□。钦此。"

210 奏报陕西省西安等处地方本年八月下旬后雨雪苗情事

再，陕西各属自八月以来，雨泽缺少，地土干燥，业经臣于雨水折内奏明在案。嗣委员赴距省城九十里之黑龙潭取水，率同司道府县，设坛祈祷。旋于八月二十五、二十九等日，两次各得雨三寸有馀。兹于九月初四日复得雨起，至十一日止，始雨霡霂，继则滂沱，察看阴云广布，雨势甚宽。随据两首县具报深透，其附近之西安、同州、凤翔、汉中、商州、乾州、鄜州，陆续奏报相同。臣查各属正当播种冬麦吃紧之际，叠获甘膏，大有裨益，三农欢庆，遐迩同声。除俟阖省报齐，汇入月折具奏外，所有西安等处地方得雨深透情形，合先附片陈明，恭慰圣廑。谨奏。道光三十年九月二十四日奉朱批："知道了。钦此。"

211 奏为陕西布政使朱臒告病开缺事

陕西巡抚臣张祥河跪奏,为藩司旧疾复发,难以速痊,呈请开缺回籍调理,请旨简放,以重职守事。

窃臣接准藩司朱臒禀称,前在臬司任内,于本年夏间得患痰滞病症,当经禀请奏蒙赏假调理。旋因痊愈,销假任事,渥荷圣恩,升授藩司。讵近日感受风寒,旧病痰滞又发,较前更甚。加以言语蹇涩,夜不能寐。询之医家,皆言心血过耗,必须静摄,方能见效。禀恳奏明开缺调理,一俟就痊,即当起病,再图报称等情。

臣查该藩司居心醇正,前在臬司任内谳案勤明,尽心职守。迨升藩司,办理一切公事,正资熟手。兹以旧疾复发,急难见效,禀请开缺调理。臣随亲往看视,该藩司气滞痰凝,不眠少食,精神甚形委顿,实不能令其力疾从公。相应据实禀恳天恩,准其开缺,回籍调理。所有陕西布政使一缺,请旨迅赐简放,以重职守。为此恭折奏闻,伏乞皇上圣鉴。谨奏。(道光三十年)十月初一日。道光三十年十月十一日奉朱批:"□□。钦此。"

212 奏为委令王炳勋署理兴安府知府并余庚阳署理三原县知县事

再,兴安府知府濮城,因病禀请开缺调理。除另行恭疏题报外,所遗员缺,前经饬委候补知府刘建韶署理。现在刘建韶调省另有差事,自应改委接署。查有候补知府王炳勋,堪委署理。

又,署三原县知县高传薪告病遗缺,查有甘泉县知县余庚阳,任内并无盗劫已起四参之案,堪以委署,据藩、臬两司分别会详前来。除批饬遵照外,理合循例附片陈明。谨奏。道光三十年十月初四日奉朱批:"知道了。钦此。"

213 奏报本年八月份收存捐监银两数目事

再,查陕西省收捐监生银两,截至道光三十年七月底止,司库存银二千三百七十六两，经臣附片奏明在案。今八月分又报捐监生一十三名，共银一千四百四两，连前司库共存银三千七百八十两，理合附片奏闻。谨奏。道光三十年十月初四日奉朱批："户部知道。钦此。"

214 奏为委令朱庆祺署理藩司印务并程德润接署潼商道事

再，藩司印务，应先委员署理。新任臬司多慧尚未来陕，查有潼商道朱庆祺，堪以就近委署。其所遗潼商道，查有候补道程德润堪委接署。除檄饬遵照外，谨附片具奏。道光三十年十月十一日奉朱批："知道了。钦此。"

215 奏请唐李杜调补咸宁县知县事

陕西巡抚臣张祥河跪奏，为拣员调补省会要缺知县，以资治理，仰祈圣鉴事。

窃照咸宁县知县福淳，经臣奏升孝义厅同知，钦奉谕旨允准，于十月初二日接到部咨。坐九月十五日行文，按陕西照限减半计算，应作为十月初九日开缺。所遗咸宁县，系省会〔守〕(首)邑，政务殷烦，时有发审案件，必须精明干练之员，方足以资治理。臣与藩、臬两司在于通省知县内逐加遴选，非现居要缺，即人地未宜。

惟查有靖边县知县唐李杜，年四十九岁，湖南祁阳县人，丙申科进士，以主事用，签分吏部稽勋司行走。嗣呈请仍归进士本班，选授今职，道光二十三年闰七月到任。二十八年捐输经费，奉部文，以同知双月在任候选，先换顶带。该员才具明练，办事老成，现署咸宁县篆务，办理裕如。且历练已满三年，任内并无违碍处分，以之调补，实堪胜任，与例相符，据署藩、臬两司会详前来。

合无仰恳天恩，俯准以唐李杜调补咸宁县知县，洵于省会要缺有裨。如蒙俞允，该员系现任知县请调知县，衔缺相当，毋庸送部引见。至所遗靖边县知县，系中缺，陕省现有应补人员，容俟准到部覆，另行请补，合并陈明。所有拣员调补省会首邑要缺知县缘由，谨会同陕甘督臣琦善，合词恭折具奏，伏乞皇上圣鉴训示。谨奏。（道光三十年）十月二十五日。道光三十年十一月初六日奉朱批："吏部议奏。钦此。"

216 奏报校阅省标官兵情形并应将候补守备张殿铭等革去随营等事

陕西巡抚臣张祥河跪奏，为校阅省标官兵情形，循例具折奏闻事。

查陕西省抚标中、左、右三营，额设官兵二千二百八十九员名，除岁派西口换防外，实存官兵二千九十八员名。臣到任将及两年，节次谆饬该管将弁，力加训练。并因鸟枪为军营利器，所有考较、放粮，首以火器为准。其抬炮、抬枪，更为制胜及远之具，另挑熟演。至储备加功火药，全用臼杵尽数舂足，筛珠呈验，旧存三千斤，臣复制三千斤，一律备存。上年冬操，当经具折奏明，并将甄别各弁咨部降革在案。

两年来，随时裁汰年老力弱马、步守兵一百六十三名。另选精壮，间择其子侄之能习弓马者，充补如数。本年又饬中军参、游等，挑选官兵三百馀名，演习白蜡杆、双单刀、花枪、长矛，及膝系铅瓦、跑抢头旗等杂技，数月以来，渐见趫捷。现届冬操，臣调集三营官兵，于十月二十二、三等日亲赴教场，通行校阅，合围布阵，如式齐整。特将抬炮、抬枪挑演，中靶者十得七八人。其官兵马步弓箭，分日阅看。统计马、步守兵，中箭成数在八分以上，分别奖赏，记名拨补，生疏者予以责惩，勒限练习。将领、备、弁骑射，均尚可观。惟查有箭射无准之候补守备、世袭云骑尉张殿铭，候补千总、世袭恩骑尉孟继光，均应革去随营候补，仍留世职候补。把总、荫监生王廷壁，应革去随营候补，仍留荫监。又，经制外委李升、管玉龙，额外外委张玉功，均应降为马兵，张玉功仍留军功六品顶带。

以上各弁，在标有年，力弱技疏，不知练习，当即咨部，分别办理。臣深惧武备未谙，惟有实力讲求，督饬倍加训练。倘有旷操、缺额等弊，即行从严参劾，断不敢稍涉姑容，以期仰副圣主设兵卫民，整饬戎行至意。所有臣校阅省标官兵情形，理合恭折具奏，伏祈皇上圣鉴训示。谨奏。（道光三十年）十月二十五日。道光三十年十一月初六日奉朱批："□□。钦此。"

217 奏报陕西本年九月雨雪粮价情形事

陕西巡抚臣张祥河跪奏，为恭报雨雪麦苗情形，仰祈圣鉴事。

窃照陕省八月内至九月中旬以前雨水田禾情形，业经臣恭折具奏在案。兹据西安、凤翔、同州、邠州、乾州等府州属，陆续具报于十月初十、十一，并十四、五、六等日，得雨雪二、三、四寸至深透不等。

臣查陕省南、北两山，虽未据报得雨，而现在场工已毕，并不急于望泽。其平原各属，全以二麦为重，本年秋雨优沾，播种极广，正当盘根之际，获此雨雪滋培，土膏益资长养。田园菜蔬，亦皆一律芃茂，民情欢悦，阖境安恬，堪以仰慰圣怀。谨将九月分各属粮价，敬缮清单，恭呈御览，伏祈皇上圣鉴。谨奏。（道光三十年）十月二十五日。道光三十年十一月初六日奉朱批："知道了。钦此。"

218 呈陕西道光三十年九月粮价清单

谨将陕西省道光三十年九月分各属粮价，敬缮清单，恭呈御览。计开：

西安府属，价中。大米每仓石价银，自一两一钱九分至二两三钱一分，与上月相同。小米每仓石价银，自九钱二分至一两六钱一分，与上月相同。小麦每仓石价银，自九钱二分至一两六钱六分，与上月相同。大麦每仓石价银，自四钱二分至七钱，与上月相同。豌豆每仓石价银，自八钱三分至一两二钱六分，与上月相同。

延安府属，大米价贵，馀俱价中。大米每仓石价银，自一两四钱四分至二两九钱八分，与上月相同。小米每仓石价银，自九钱至一两七钱，与上月相同。小麦每仓石价银，自一两一钱至一两七钱七分，与上月相同。穈米每仓石价银,自一两八分至一两六钱,与上月相同。豌豆每仓石价银,自八钱至一两五钱,与上月相同。

凤翔府属,大米价贱,馀俱价中。大米每仓石价银,自一两三钱二分至一两七钱,与上月相同。小米每仓石价银,自一两六分至一两四钱四分,与上月相同。小麦每仓石价银,自七钱八分至一两三钱六分,较上月减四分。大麦每仓石价银,自四钱七分至七钱三分,较上月减二分。豌豆每仓石价银,自六钱九分至一两一钱,较上月减一分。

汉中府属,小麦、大麦价贵,馀俱价中。大米每仓石价银,自八钱四分至二两一钱七分,与上月相同。小米每仓石价银,自七钱二分至一两六钱一分,与上月相同。小麦每仓石价银,自八钱七分至二两四分,与上月相同。大麦每仓石价银,自四钱四分至一两八分,与上月相同。豌豆每仓石价银,自七钱一分至一两八分,与上月相同。黄豆每仓石价银,自五钱至一两三钱六分,与上月相同。

榆林府属,小麦、豌豆价中,馀俱价贵。大米每仓石价银,自二两六分至三两一钱一分,与上月相同。小米每仓石价银,自一两四钱三分至二两一钱七分,与上月相同。小麦每仓石价银,自一两五钱至一两九钱,较上月减一钱三分。穈米每仓石价银,自一两四钱三分至二两一钱七分,较上月减一钱九分。豌豆每仓石价银,自九钱七分至一两三钱,与上月相同。

同州府属,大米价贵,馀俱价中。大米每仓石价银,自一两五钱一分至二两八钱九分,与上月相同。小米每仓石价银,自九钱一分至一两六钱二分,与上月相同。小麦每仓石价银,自九钱一分至一两四钱二分,与上月相同。大麦每仓石价银,自六钱二分至九钱四分,与上月相同。豌豆每仓石价银,自七钱七分至一两四钱四分,与上月相同。

兴安府属,大米价贱,馀俱价中。大米每仓石价银,自一两三钱九分至一两七钱,与上月相同。小米每仓石价银,自九钱一分至一两四钱三分,与上月相同。小麦每仓石价银,自一两一钱九分至一两五钱,与上月相同。大麦每仓石价银,自四钱四分至八钱五分,与上月相同。豌豆每仓石价银,自八钱至一两三钱,与上月相同。黄豆每仓石价银,自八钱至一两四钱,与上月相同。

商州属,大米价贱,馀俱价中。大米每仓石价银,自一两五钱至一两九钱五分,与上月相同。小米每仓石价银,自九钱六分至一两三钱,较上月减一钱四分。小麦每仓石价银,自一两二分至一两四钱二分,与上月相同。大麦每仓石价银,自五钱三分至七钱二分,与上月相同。豌豆每仓石价银,自六钱二分至一两三钱八分,与上月相同。

邠州属,大米价贵,馀俱价中。大米每仓石价银,自一两六钱九分至三两一分,与上月相同。小米每仓石价银,自八钱至一两二钱六分,与上月相同。小麦每仓石价银,自八钱二分至一两三钱,与上月相同。豌豆每仓石价银,自七钱六分至一两四分,与上月相同。

乾州属,大麦价贵,馀俱价中。大米每仓石价银,自一两六钱四分至二两五钱六分,与上月相同。小米每仓石价银,自一两四钱六分至二两,与上月相同。小麦每仓石价银,自一两三钱九分至一两五钱五分,与上月相同。大麦每仓石价银,自六钱一分至一两六分,与上月相同。豌豆每仓石价银,自一两一钱九分至一两四钱七分,与上月相同。

鄜州属,价贱。小米每仓石价银,自六钱二分至七钱四分,与上月相同。小麦每仓石价银,自六钱一分至七钱四分,与上月相同。豌豆每仓石价银,自四钱五分至七钱三分,与上月相同。

绥德州属,豌豆价贱,馀俱价中。小米每仓石价银,自七钱九分至一两三钱四分,较上月减六分。小麦每仓石价银,自一两二钱七分至一两七钱七分,较上月减二分。豌豆每仓石价银,自八钱一分至九钱六分,较上月减五分。朱批:“览。”

219 奏为新任藩司未到任请暂缓举行大计事

再，本年举行大计，定例应于十二月内具题，并造具各项册籍，咨送吏部。诚以三载考绩，为激扬巨典，必须督率两司，秉公举劾。兹查陕省两司正、署叠更，属员事实优劣，均未克由司核定。现在新任藩司王懿德，计十二月方可到任，例得展限。

相应请旨，以藩司到任之日起，照例展限三个月，届时公同考核，悉心甄汰，以期仰副圣主澄叙官方，整饬吏治至意。臣仍留心访察，如有阘茸不职之员，随时纠参，断不敢因有展限，稍事纵容。所有酌请展限办理计典缘由，谨附片具奏。道光三十年十一月初六日奉朱批："□□。钦此。"

220 奏为委令宋恒祥署理汉中府知府并请旨简放事

再，汉中府知府何渭珍因病出缺。查该府为南山重地，现当冬令督率巡防吃紧之时，必须遴委妥员，前往接署。查有西安府清军同知宋恒祥，在陕年久，前曾署理该府篆务，熟悉情形，堪以委署。据藩、臬两司会详前来。除檄饬遵照，并将该府何渭珍因病出缺日期，另行恭疏题报外。所遗汉中府知府，系属请旨要缺，仰恳圣恩，迅赐简放，以重职守，谨附片具奏。道光三十年十一月初六日奉朱批："□□。钦此。"

221 奏报本年九月份收存捐监银两数目事

再，查陕西省收捐监生银两，截至道光三十年八月底止，司库存银三千七百八十两，业经臣附片奏明在案。今九月分又报捐监生一十名，共银一千八十两。连前司库共存银四千八百六十两，理合附片奏闻。谨奏。道光三十年十一月初六日奉朱批："户部知道。钦此。"

222 奏报准户部咨拨陕西地丁银二十万两充京饷已遴员于十月二十七八日分起解京事

再，臣于十月二十日接准户部咨，拨陕西秋拨地丁银二十万两，以充京饷等因。当即行司，在于库存银内动银二十万两，遴委候补知县傅乾元，候补直隶州州同曹克忠，于二十七、八等日分起解京。除咨部外，所有委解银两缘由，合并附片陈明。谨奏。道光三十年十一月初六日奉朱批："户部知道。钦此。"

223 奏请沈功枚调补富平县知县事

陕西巡抚臣张祥河跪奏，为拣员调补要缺知县，以重地方，仰祈圣鉴事。

窃照富平县知县陈炳琳，经臣奏请以简缺知县留省补用，钦奉谕旨允准，于十月十六日接到部咨。坐九月二十六日行文，按陕省照限减半计算，应作为十月二十日开缺。所遗富平县，系烦疲难要缺，政务殷烦，催科不易，必须精明干练之员，方足以资治理。臣与藩、臬两司在于通省知县内逐加遴选，非现居要缺，即人地未宜，实无合例堪调之员。

惟查有清涧县知县沈功枚，年五十四岁，湖北监生，报捐县丞，分发福建。委办军需总局文案，报销出力，奉旨免补本班，以知县尽先补用。补授永安县知县，调署同安县事，因案革职，捐输，给予六品顶带，仍加二级。嗣捐输知县，发陕补用，并加捐遇缺即补，于道光二十六年到陕，题补今职，二十八年五月到任。该员才具明练，振作有为，现署富平县篆务，办理裕如，任内并无违碍处分，以之调补，实堪胜任。惟历奉未满三年，与例稍有未符，但员缺紧要，人地实在相需，例得专折具奏，据署藩、臬两司于十月二十八日会详前来。

合无仰恳天恩，俯念要缺需员，敕部核覆，准以清涧县知县沈功枚调补富平县知县，洵于地方有裨。如蒙俞允，该员系现任知县请调知县，衔缺相当，毋庸送部引见。至所遗清涧县知县系简缺，陕省现有应补人员，容俟准到部覆，另行请补。所有拣员调补要缺知县缘由，谨会同督臣琦善，合词恭折具奏，伏祈皇上圣鉴训示。谨奏。（道光三十年）十一月二十五日。道光三十年十二月初七日奉朱批："□□。钦此。"

224 奏报陕西本年十十一两月雨雪粮价情形事

陕西巡抚臣张祥河跪奏，为恭报雪泽麦苗情形，仰祈圣鉴事。

窃照陕省十月初旬暨十六以前雨雪情形，业经臣恭折具奏在案。兹据西安、延安、凤翔、汉中、商州等府州属，陆续具报于十月十七、八并二十八，暨十一月初八、九、十等日先后得雪，除融化外，积地一、二、三、四、五寸不等。其馀各属，雨雪均亦不缺。

臣查陕省本年秋雨沾足，二麦播种甚广。入冬以来，又复得此瑞雪，农田藉以滋培，大有裨益，民情欢悦，四境安恬，堪以仰慰圣怀。谨将十月分各属粮价，敬缮清单，恭呈御览，伏祈皇上圣鉴。谨奏。

(道光三十年)十一月二十五日。道光三十年十二月初七日奉朱批："知道了。钦此。"

225 呈陕西道光三十年十月粮价清单

谨将陕西省道光三十年十月分各属粮价，敬缮清单，恭呈御览。计开：

西安府属，价中。大米每仓石价银，自一两一钱八分至二两三钱一分，与上月相同。小米每仓石价银，自九钱至一两六钱一分，与上月相同。小麦每仓石价银，自八钱八分至一两六钱六分，与上月相同。大麦每仓石价银，自四钱二分至七钱，与上月相同。豌豆每仓石价银，自八钱三分至一两二钱六分，与上月相同。

延安府属，大米价贵，馀俱价中。大米每仓石价银，自一两四钱四分至二两九钱八分，与上月相同。小米每仓石价银，自九钱至一两七钱，与上月相同。小麦每仓石价银，自一两一钱至一两七钱七分，与上月相同。糜米每仓石价银，自一两八分至一两六钱，与上月相同。豌豆每仓石价银，自八钱至一两五钱，与上月相同。

凤翔府属，大米价贱，馀俱价中。大米每仓石价银，自一两三钱二分至一两七钱，与上月相同。小米每仓石价银，自一两六分至一两四钱四分，与上月相同。小麦每仓石价银，自七钱八分至一两三钱六分，与上月相同。大麦每仓石价银，自四钱七分至七钱三分，与上月相同。豌豆每仓石价银，自六钱九分至一两一钱，与上月相同。

汉中府属，小麦、大麦价贵，馀俱价中。大米每仓石价银，自八钱四分至二两一钱七分，与上月相同。小米每仓石价银，自七钱二分至一两六钱，较上月减一分。小麦每仓石价银，自八钱七分至二两四分，与上月相同。大麦每仓石价银，自四钱四分至一两八分，与上月相同。豌豆每仓石价银，自七钱一分至一两八分，与上月相同。黄豆每仓石价银，自五钱至一两三钱六分，与上月相同。

榆林府属，小麦、豌豆价中，馀俱价贵。大米每仓石价银，自二两六分至三两一钱一分，与上月相同。小米每仓石价银，自一两四钱三分至二两一钱七分，与上月相同。小麦每仓石价银，自一两五钱至一两九钱，与上月相同。糜米每仓石价银，自一两四钱三分至二两一钱七分，与上月相同。豌豆每仓石价银，自九钱七分至一两三钱，与上月相同。

同州府属，大米价贵，馀俱价中。大米每仓石价银，自一两五钱一分至二两八钱九分，与上月相同。小米每仓石价银，自九钱一分至一两六钱二分，与上月相同。小麦每仓石价银，自九钱一分至一两四钱二分，与上月相同。大麦每仓石价银，自六钱二分至九钱四分，与上月相同。豌豆每仓石价银，自七钱七分至一两四钱四分，与上月相同。

兴安府属，大米价贱，馀俱价中。大米每仓石价银，自一两三钱九分至一两六钱五分，较上月减五分。小米每仓石价银，自九钱一分至一两四钱三分，与上月相同。小麦每仓石价银，自一两一钱九分至一两五钱，与上月相同。大麦每仓石价银，自四钱四分至八钱五分，与上月相同。豌豆每仓石价银，自八钱至一两三钱，与上月相同。黄豆每仓石价银，自八钱至一两三钱，较上月减一钱。

商州属，大米价贱，馀俱价中。大米每仓石价银，自一两五钱至一两九钱五分，与上月相同。小米每仓石价银，自九钱至一两三钱，与上月相同。小麦每仓石价银，自一两二分至一两四钱二分，与上月相同。大麦每仓石价银，自四钱八分至七钱二分，与上月相同。豌豆每仓石价银，自六钱二分至一两三钱八分，与上月相同。

邠州属，大米价贵，馀俱价中。大米每仓石价银，自一两六钱九分至三两一分，与上月相同。小米每仓石价银，自八钱至一两二钱六分，与上月相同。小麦每仓石价银，自八钱二分至一两三钱，与上月相同。豌豆每仓石价银，自七钱六分至一两四分，与上月相同。

乾州属，大麦价贵，馀俱价中。大米每仓石价银，自一两六钱四分至二两五钱六分，与上月相同。小米每仓石价银，自一两四钱六分至二两，与上月相同。小麦每仓石价银，自一两三钱九分至一两五钱五分，与上月相同。大麦每仓石价银，自六钱一分至一两六分，与上月相同。豌豆每仓石价银，自一两一钱九分至一两四钱七分，与上月相同。

鄜州属，价贱。小米每仓石价银，自六钱二分至七钱四分，与上月相同。小麦每仓石价银，自六钱一分至七钱四分，与上月相同。豌豆每仓石价银，自四钱五分至七钱三分，与上月相同。

绥德州属，豌豆价贱，馀俱价中。小米每仓石价银，自七钱九分至一两三钱四分，与上月相同。小麦每仓石价银，自一两二钱七分至一两七钱七分，与上月相同。豌豆每仓石价银，自八钱一分至九钱六分，与上月相同。朱批："览。"

226 奏为循例密陈在任道府各官考语事

陕西巡抚臣张祥河跪奏，为密陈道府考语，仰祈圣鉴事。

窃照藩、臬、道、府人员，例应于年底出具切实考语，密奏一次。臣于上年冬间，曾经恭缮清单，陈奏在案。兹又届满一年，每于各属接见时留心体察，复于公牍中观其事理，并采访舆论，察听官声，凡不能称职之员，俱已随时参劾。现在大小各员，尚皆克勤厥职。

其司、道暨各府内，除新授藩司王懿德尚未到任，臬司多慧甫于十一月下旬到陕，延榆绥道万保俸满给咨赴部，西安府知府段大章因保举奏调缺事，汉中府知府蒋琦淳未经到任，兴安府知府濮城业告病，均毋庸注考外。所有现任道、府等官，就臣管见所及，出具切实考语，敬缮清单，恭呈御览，伏乞皇上圣鉴。谨奏。（道光三十年）十二月初三日。道光三十年十二月十四日奉朱批："知道了。单、片二件留中。钦此。"

227 奏为各属交代银两按限解清事

陕西巡抚臣张祥河跪奏，为查明各属交代征存银两，均经按限提解清楚，循例具奏，仰祈圣鉴事。

窃照州县交代，每届年终，例应将有无征存未解银两，及交代各州县有无逾限之处汇奏一次等因，遵办在案。兹据署藩司多慧查明，道光三十年分，各属交代，扣至十月底止，据各府厅州结报交代清楚，造送册结，共四十二案。凡册造征存银两，均已陆续扫数提解完结，并无存留属库未解之项，亦无逾限未结交代，开单具详请奏前来。臣覆核无异。除清单咨送户部外，所有道光三十年各属交代银两提解清楚缘由，理合循例恭折具奏，伏乞皇上圣鉴。谨奏。（道光三十年）十二月初三日。道光三十年十二月十四日奉朱批："户部知道。钦此。"

228 奏为孝义厅同知福淳缉捕勤能请赴部引见事

再，前任咸宁县知县，现升孝义厅同知福淳，拿获盩厔县贼犯陈双（玉）抢夺陈石头衣物，拒毙事主一家二命一案，当经臣定拟具题，准到部覆，将陈双玉处决枭示在案。兹据署藩、臬两司，以福淳拿获邻境杀死事主，罪应斩枭盗犯，例准专折奏请送部引见等情，会详前来。

臣查该员福淳，于邻境罪应斩枭盗犯首先拿获，实属缉捕勤能。且任内并无逃盗未获案件。至该员升授，亦非获盗邀恩，核与送部引见之例相符。可否仰恳天恩，俯准将孝义厅同知福淳送部引见，以昭激劝之处，恭候钦定，理合循例附片陈明，伏祈圣鉴，敕部议覆施行。谨奏。道光三十年十二月初七日奉朱批："吏部议奏。钦此。"

229 奏为委令多慧署理布政使印务事

再，陕西藩司一缺，前经奏委潼商道朱庆祺署理在案。兹新任臬司多慧到陕，应即令其先行接署藩篆。除檄饬遵照外，合并附片陈明。谨奏。道光三十年十二月初七日奉朱批："知道了。钦此。"

230 奏报本年十月份收存捐监银两数目事

再，查陕西省收捐监生银两，截至道光三十年九月底止，司库存银四千八百六十两，经臣附片奏明在案。今十月分又收捐监生一十名，共银一千八十两，连前司库共存银五千九百四十两，理合附片奏闻。谨奏。道光三十年十二月初七日奉朱批："户部知道。钦此。"

231 奏为续获直隶通州越狱犯等事

再，查通州越狱盗犯丁继岗等九名，前准直隶督臣咨缉到陕。当经督饬印委各员，先后拿获杨瓜子及案内之纪元虎二名，奏明解交直隶省在案。兹署绥德直隶州知州书智，又获金柱子一名。除饬司审明，委员解赴直隶归案办理，并令各属仍行访缉在逃之丁继岗等务获外，所有续获邻省越狱盗犯缘由，谨附片。谨奏。道光三十年十二月初七日奉朱批："知道了。钦此。"

232 奏为遵旨审拟郃阳县知县沈寿曾等被参各案事

陕西巡抚臣张祥河跪奏，为遵旨查办郃阳县知县沈寿曾等被参各案，审明定拟，仰祈圣鉴事。

窃臣前将查讯大概情形具陈，奉到谕旨，将郃阳县知县沈寿曾、训导王聘革职拿问，教谕王步元、前任典史杨德怀革职，大荔县知县熊兆麟解任严讯在案。臣查原参，因一案胪列十三案，以王步元禀讦赃私累累为重，而所开赃单，核与所参之数多寡不符，自系传闻异词。严讯之下，有虚有实，王步元又将控案推诿康成一人主持，当经奏明，续提要证。嗣据翰林院编修王凤翔投案，惟生员康成节经行文，并遣弁沿途查拿，先后接准顺天府尹、山西抚臣及陕省各厅州县覆到，迄无康成踪迹。随提其家属，妻康王氏，妻弟生员王凤仪，其子康淳嬉年十七岁，常随康成出入王步元衙门，均知此案情事。并据差弁迎提杨德怀，于十一月二十九日到陕。查案内人证繁多，候审两月之久，康成弋获无期，未便再事稽延。臣随提集各案人证，督同属臬司督粮道陈景亮、西安府知府段大章、鄜州直隶州知州李文瀚、长安县知县孙治等，隔别研讯。

如所参郭茂才等勾差更改票上名姓，该县不依，杨德怀、王聘说合，令郭茂才等出银一千三百五十两，王聘及党荣、褚凝镇分银三百五十两。馀银一千两，折换纹银九百五十两，经王步元带领门斗提获，用学印朱笔注明该铺帐簿收赃，回署遣人控司，批府提审。

杨德怀、王聘顺说将赃取回，并杨德怀率差乔魁等往铺取帐，抽改朱书学印，捏词粜麦。复出银五百两，交王聘散给吕文周等杜口，且假王步元行文达府及司，王步元查知，具详道、府立案一节。讯据郭茂才、郭维元供称，道光二十七年冬间，伊等充当里长，催纳粮银不起，串通粮差张顺，私于票内添写陈玉彦帮催，被陈玉彦控县传讯，将伊等同张顺责处管押。伊等托褚凝镇转央王聘，至县关说释放，许送知县银一千两，王聘银二百五十两，褚凝镇银五十两。嗣该县将伊等开释，伊令杨可用代出银三百两，先付褚凝镇。并与党合兴、杨可用，将元银一千十六两，在谢伟三泰合钱铺兑换纹银九百五十两，因不足数未交。不期王步元闻知，赴铺将银提获。迨后杨德怀讨取原银，退给谢伟，罚令伊等出小米十石济贫，其付褚凝镇银两，亦经退还伊二百五十两，馀银扣作饭食、房铺等费。

据褚凝镇供，郭茂才、郭维元每遇交纳粮银，常在伊饭店居住。道光二十七年冬间，郭茂才等托伊转央王聘求情，许送知县银一千两，王聘银二百五十两，伊银五十两。伊随找向素好之门丁党荣，恳其带伊面见王聘，说允至县关说，将郭茂才等开释。郭茂才付给伊银三百两，伊转送王聘，因王步元提获许县银两，不敢接受，伊又退还郭茂才，仅扣收其历欠饭食、房铺银五十两。

据王聘供称，伊与郭茂才等求情，系托沈寿曾之弟沈十六，告知沈寿曾应允释放，至伊听许银二百五十两，因事败露，未敢接收。当将党合兴、杨可用、谢伟、党荣逐一研讯，供俱相同。并据郭维元供出，伊另给党合兴银八十两，交梁善言、王时可，致送门丁张二，央恳照应，后退还伊银五十两。质据梁善言，供称伊给张二银三十两，馀想私藏诓用，继见败露退还。并据王时可指供，退银三十两属实。

查张二在逃，屡饬严拿未获。讯据杨德怀供称，王步元提获赃银，赴省具告，维时沈寿曾公出，伊因与沈寿曾有□，当央王时可等，将王步元赶回劝说，讨取原银，退还谢伟，将其簿内王步元朱标“行贿”字样，改为“粜麦”了事。沈寿曾恐有绅士议论，给伊银三百两，分散杜口。伊随送交王步元，次日曾向王步元之子王品峰招呼。嗣沈寿曾令伊将罚出郭茂才等米十石归入粥厂，又令伊删改王步元牒文草稿。其康成在省告状，闻系分赃不遂，王步元给与印稿主使。

据沈寿曾供称，道光二十七年十二月十三日，王聘至署求见，托伊弟沈十六向伊告知，郭茂才等许银保外，伊准其取保。嗣王步元如何将银带往学署，欲行上控，经杨德怀讨出退还，伊于事后始知，遂令杨德怀罚郭茂才等米十石助赈。迨后给与杨德怀银三百两，系因王步元指说散给绅士分用，如何分散，伊并不知。至王步元诉牒文稿，恐文理不顺，故令杨德怀删改等语。

臣等查原参折内有“出银五百两，散给吕文周、王时可、康炯”，何以只有三百两？随提讯吕文周等，佥供实未使用银两。讯之王步元，供认杨德怀曾经交伊银三百两，诘其分散何人，并不指实，诿之伊故子王品峰收受，显系该员诓骗使用，事后捏词推却。其王步元提获赃银，遣人控司之案，检阅司卷，系由康成出名呈控。另有验赃绅士名单，知县赃款单，王步元详文草稿各一纸，空白纸一张，空红、白禀两件。当经臬司移道，转发同州府知府李恩继，潼关厅同知凌梅素，会同提审。旋据王步元以“详[细]稿、款单，系伊病发混写”，康成亦以“畏罪情急，冒昧上控”，均各俯首认罪，递具悔结。经该府厅据情禀，由前署潼商道万保转咨前任臬司严良训，准其销案在卷。

兹撤调李恩继、凌梅素，来省质讯。据供：“前审王步元、康成控案，屡次提讯人证，佥称谢伟钱铺银两并非赃项，王步元所开款单亦无实据。嗣王步元又与康成各递悔呈，情词恳切，是以据呈转禀，并无重责王步元报文之人。”提讯王步元，亦供无重责情事。惟查王步元前以康成所呈印纸详稿系伊给与，缮具亲供呈递，道府案牍具在。乃前讯王步元，又称当日控司详稿、款单，尽系康成所为，非伊写就给与，坚求传同康成质对。

兹讯据康成之子康淳嬉供称，伊父康成，素与王步元交好亲密，伊亦常往其署内行走。道光二十七年十二月内，王步元拿获沈寿曾赃银，拟就详稿等项给伊父，控司发府审讯。次年正月间，伊因书差搜拿伊父，曾往同州府寻见伊父告知，伊父给伊呈底，雇人领伊控司，批府并审，伊父即与王步元具悔完结。讯之康王氏、王凤仪及王步元，原列验赃之王时可、康炯、吕文周、秦占鳌，俱称康成系听王步元使令上控，所有详稿、赃单，悉系王步元付给。

复提王步元，环相质证，无可狡赖。始据王步元供称，伊在谢伟钱铺获许送沈寿曾银九百五十两，带回署内，注明帐簿，当即拟就详稿，预印空白。并将平日风闻各案赃款，及见过赃银绅士姓名，开列两单，连白空禀二件，一并交给康成，令其先行赴省。嗣伊走至中途，被王时可、吕文周等追回，杨德怀讨取银，伊遂付与杨德怀退还。不期康成已控臬司，移道发府提审。康成向伊抱怨，伊即缮亲供，呈递道府立案，旋因审无确据，具悔完结。至伊推诿康成主持上控之处，委因心怀畏惧，冀图避就起见。种种胡涂，咎无可辞。

并据王时可、吕文周等供认，追回王步元属实。其康成遣子康淳嬉赴司呈控，王聘等率领差匪践毁家具等情，查阅司卷，业经同州府密委澄城县金玉麟诣勘，毫无形迹。传讯保邻，佥称仅止书差查传，委无践毁之事。取具供结禀发，由府并案转道移司，批结在案。又据王凤翔供称，伊前请咨赴府，适遇康成、王步元谈及讼事，因关桑梓，原同李东旭、宁迈臣、秦占鳌向其劝说，意在息事，并无贿和等情。况且案经上控，发府提审，伊等部民何能串通捏造详稿，勒令教官誊真？诘据宁迈臣、秦占鳌、李东旭，均止遇便从旁劝其不必滋讼，别无他词。质之王步元，不能指出行贿造稿勒誊确据。此康成从前出名控司，及王步元起灭自由，先后异词，并与康成具悔详销之各原委也。

至王步元罗列该县赃款七案：

一，高起泰逼缢民妇一案，赃银三千两，与原参该县使银二千两不符。过付王聘、蒋丙午，并无吕树勋之名。卷查道光二十七年七月，杨魏氏遣伊三子杨保成赴县，具控高起泰调戏伊次媳小杨魏氏，致逼自缢身死，当经沈寿曾亲诣验明。正在传证查讯，有生员张先甲等从中劝说，杨魏氏等递悔恳息，沈寿曾覆审取结，准销在卷，并未通详。臣等以杨魏氏等既控调奸逼命，因何一经传讯，辄又悔恳息销？随提高起泰、杨魏氏等，严加审究。

据高起泰供称，小杨魏氏夫弟杨保成，借欠伊钱三千文未偿，伊于道光二十七年七月十七日前往其家索讨，是月二十三日，小杨魏氏始行缢死。其姑杨魏氏与杨保成捏伊调戏控县，验明传讯，杨魏氏等旋又递悔求息。伊年近七十，焉能调奸，只求详察。至杨魏氏具悔之后，伊曾送给白布二匹，实未在县花银数千两，托王聘、蒋丙午过付之事。不知王步元当日开列赃款从何而来，愿与质对。

据杨魏氏供，伊媳小杨魏氏与高起泰系属戚谊，素常见面不避。道光二十七年七月二十三日，伊媳懒惰做饭，被伊斥骂，气忿轻生。相隔高起泰讨帐之时，已有数日，委无调戏，前系怀疑妄控。经县验明传讯，不敢执诬，即行悔恳息销，并非高起泰花银了结，愿甘质证。其送伊布疋，已作葬费使用。讯之王步元，据供从前所开赃款，得自传闻，无据可指。

一，李占春毒死孕妇一案，赃银二千两，与原参该县使银一千七百两不符。过付王聘，并无吕树勋、蒋丙午之名。查县卷，先据李景广于道光二十七年八月间，以李占春给伊孀嫂李乔氏打胎之药，致令服食身死等情控，经沈寿曾诣验，讯系李乔氏染患痢疾，向李占春之母李张氏讨取丸药，服后罔效毙命。饬役查传李张氏及尸姑李杨氏再讯，经雷济川等处令李占春帮给葬费，李景广遂同尸子李得兴投递悔结在案。

兹提讯李占春，先供伊与李乔氏素不往来，前系其姑李杨氏同李景广怀挟借贷未遂之嫌，诬赖伊与李乔氏通奸，打胎致毙。经人(理)处，给埋葬银一百五十两完结，并未在县花银数千两，托王聘过付之事。臣等以李占春果非因奸打胎，何以能(经)人理处，即给埋葬银一百五十两?

随提案内人证，逐加研讯。据尸姑李杨氏供，李乔氏系伊故子李景成之妻，与无服族人李占春常相往来。道光二十七年八月初三日，李乔氏腹痛沉重，向伊告述，因与李占春通奸怀孕，商同买药打下私胎，撩弃荞麦地内。至初四日，李乔氏身死，伊令分居堂侄李景广报县验讯。李占春称系李乔氏讨药医痢，并无奸情。伊随寻见私胎，手足已全，当即包裹呈县来看。后经李景实等处和，李景广遂同伊孙李得兴递悔完结。至李占春所出银两，除李乔氏葬费二十两，伊得过养赡银五十五两。据原报李景广供称，当日李景实等处令李占春出银一百五十两，除给李杨氏养赡银五十五两，李乔氏葬费二十两外，下剩银七十五两，系伊花用。馀与李杨氏供同。据尸子李得兴供，伊母李乔氏系与李占春通奸怀孕，用药打胎身死。并据李占春之母李张氏亦供，李占春与李乔氏通奸属实，伊并无付给丸药情事。讯之李景实、李景兰、李明春、李祥春、雷济川、李拴羊，供认处和不讳。

复提李占春研讯，加以刑吓，始据供出，道光二十六年七月，不记日期，伊赴李乔氏家催粮，乘空调戏成奸，以后遇便续奸两次。二十七年七月间，撞遇李乔氏，在其门首告知因奸怀孕，给伊钱一千文，嘱令买药打胎。伊在过路不知姓名药担上买药一付，隔有数日，见李乔氏子拉牲口在门前饮水，将药撩给，不期李乔氏服药打下私胎身死。伊前在县实止出给埋葬银两，此外别未花银，不敢妄指。

臣等查李杨氏既将私胎呈县，沈寿曾因何不究，转任调处悔结？讯据沈寿曾供称，原验李乔氏面黄腹软，形似病毙，下身又经尸胞兄乔尔斌恳求免验。屡审李占春及案内人证，均无同奸打胎确供。尸姑所呈私胎，又在相验之后，恐系捏饰，是以听其理处，具悔完结，致未详办，委无得赃情弊。又据刑书刘太临即刘三，仵作郭安，供均与沈寿曾同。并据王聘供无过付，讯之王步元，不能指出如何行贿。是此案沈寿曾虽无贪婪赃私，而其草率迁就，故出人罪，咎实难辞。现既屡屡推求，供证确凿，应该毋庸开检，以免尸遭蒸刷之惨。

一，马体元军犯逃回，赃银二千两，与原参该县使银三千两不符。过付王聘、董金庄，并无蒋丙午、吕树勋之名。卷查马体元因共殴马锡瑕身死，绞减流，发配湖南醴陵县安置，于道光二十七年三月间脱逃。先接湖南省来咨，累减满杖，免缉。经部议，减杖一百，徒三年，行令缉拿在案，何以逃回日久，并不获解办？讯据马体元供称，伊逃回后，曾央刑书乔毓幅，转向门丁差役说合布置，先给纹银五十两，后又两次给过元银七十四两，求免缉拿。伊系穷苦逃犯，焉能有银数千两，(经)王聘、董金庄过付送县？随提到乔毓幅严究，据供马体元脱逃，本县奉文差拿，并派门丁唐二踩访。马体元央伊代为设法布置，三次付伊元银、纹银一百二十四两。伊转送总役魏海银二十四两，唐二银三十两，恳允免缉。除来往盘费银十两，下馀伊起意私用。因恐同房经书雷明春、张荣发查问，分给雷明春钱十七千文，张荣发钱五千文等，合元银十七两，嘱勿声张。馀银四十三两，伊从中使用，此外再未花过分厘。如果本县得银数千两，伊现已有罪，岂肯代为隐讳，不据实供？

据唐二供称，本官沈寿曾因拿马体元无获，派伊密访。随有乔毓幅向伊告知，马体元求免缉拿，愿送银三十两，伊应允收受，并以踩无踪迹回复。本官当即札饬现署郃阳县任恩培，覆称差役魏海已于二十八年六月初八日病故，无凭查传。讯取雷明春、张荣发，各供呈责，核与乔毓幅所供，尚属相符。据沈寿曾供称："奉文饬缉马体元，当即票差严拿，后又派丁唐二踩访无踪，以致未获。实未受赃，亦不知丁役人等得银故纵情事。"复讯王聘，坚供委未过付。并提王步元，令其切实供出赃私，以凭严惩，亦复无据可指。研究至再，佥供不移，似非狡饰。

一，车步月赌案，赃银三百两，与原参该县使银四百两不符。过付仅止王聘。卷查道光二十七年五月，李党氏在县首告伊子李五来与车姓等抹牌赌博，当经沈寿曾差传同赌之李和尚、赵丑儿及李五来，戒责枷号。尚有雷姓、李积善并车步月拘未到案，饬拿再究。嗣据李党氏具悔恳释，销结在案。并讯据车步月供称，伊与李五来等赌博，被李党氏控县差拿，伊未到案。有伊铺伙李形娃，央王聘在县求情，罚令出银一百二十两修理钟鼓楼，系李形娃、刘廷栋经手。随饬提李形娃、刘廷栋研讯。

据李形娃供称，伊铺东车步月，被李党氏首控赌博，知县著伊送案。伊一时情急，当央王聘说情，经县罚银一百二十两修理钟鼓楼。后伊同刘廷栋交钱一百五十千文，合银一百二十两，实无花银三、四百两之事。并据刘廷栋供亦无异。质之王聘，供认说情不讳。复提工书刘联清研诘，据供钱系发给工程领用，并无捏饰。此外有无赃私，讯之王步元，无词指证。是沈寿曾擅罚修工，别无情弊，似尚可信。

一，田新魁争产一案，赃银八百两，与原参该县使银五百两不符，且无"殴打嗣母"字样，过付亦止王聘。查县卷，道光二十七年八月间，孀妇田赵氏以伊嗣子田新魁凌寡霸业控县差传，并据田新魁具诉田赵氏殴抢凶践，田赵氏亦以被殴复控到案。经沈寿曾集案讯明，田新魁委无霸业殴打情事，田赵氏故夫田正丰所遗房地，仍照呈出遗嘱断给，两告允服，取遵结案在卷。兹讯据田新魁供称，伊因被已故嗣父田正丰之妻田赵氏控县，审照伊嗣父遗嘱断结，委无花银央王聘过付之事。提讯田赵(氏)，亦称县断公平，无须花银出具切结。讯之王步元，不能指实赃私。

一，行九凤卖宅垣一案，赃钱八百两，与原参该县使银九百两不符。过付王聘，并无蒋丙午、吕树勋之名。且系行有丙央行九凤作中，将其庄房卖与行九强，亦非行九凤自卖宅垣。兹提到行九凤、行九强，讯据行九凤供称，道光二十七年二月，行九强买行〔九〕(有)丙庄房，先议价银一千二百两，经伊处作一千两。行九强嫌贵未允，控县传审。因伊多事掌责，断令行有丙另觅售主，不得估令强买。嗣行有丙翻控，又经沈寿曾断定价银八百两，画字银八十两概给卖主，不许中人收用，取遵完结，实未出银央王聘过付。并据行九强供无异词。检阅二十七年该县卷案，均属相符。

臣等以行九凤等果未在县花银，何以王步元前次开单及原参折内，俱有银八、九百两之数？复加研诘，据供伊等委无行求，惟沈寿曾将行有丙传县，谕将画字银八十两缴案，饬修署外庙宇等语。讯之王聘，供未过付。王步元亦不能指出赃私。随查二十八年正月内，行九强在县呈告行有丙抗不腾房一案。案卷尾载有“谕令行有丙将银缴案，以便饬伊修建公用，如违，比追不贷”语句。是此案沈寿曾虽无赃款，而其擅罚行有丙修工，实属确凿可据。

一，索诈未遂，无故掌责雷务乾，尚在局押。与原参该县使银三千两，王聘、蒋丙午、吕树勋过付不符。查有雷景龙，于道光二十七年七月，在县呈控雷务乾分居胞弟雷务敏，筑墙盖房塞路。当经沈寿曾讯明，断令雷务敏将其新盖房屋拆毁，取具遵结。嗣雷景龙在雷务敏新筑墙下挖路，雷务敏带同其子雷现广及工人李老四等往阻，搬去雷景龙木椽，雷景龙复控。沈寿曾亲诣验明情形，屡传雷务敏父子不到，恐系雷务乾隐匿，传令具限交出。迨后雷景龙起意上控，忆及雷务桐在街见伊，未经下骡，即以前情添砌雷务桐骑骡，用镫将伊踢伤具控，该管道府批饬。沈寿曾传讯遍乡地等，先已处令将路照旧开通，交还木椽，雷景龙亦即投具悔词，经沈寿曾讯供详销在卷。

兹提讯雷务乾，据供当日该县传伊具限交出雷务敏等，伊因不知去向，出言分辩，曾□掌责三十，管押十数日释放，并无花(银)三千两，王聘等从中说合过付。并提雷景龙、雷务敏、雷务桐，逐细严审，佥称委未花银。讯之王步元，据供伊未听闻有赃，故单内止云索诈未遂。是所参该县使用银两，不特雷务敏等坚供并无其事，即王步元亦力为剖办。其无赃私，似尚确实。惟以人分居之弟被控，勒限其分居之兄交出，遽加责押，办理究属失当。

他如所参用恶差张选为班头，诬良拷毙北乡丹井镇人，其子控府，发县勒结。立即调查该县号簿，只有皂役张选一名，其诬良拷毙之人，原参未指姓名。检核卷案，道光二十七年间，该县有张抖金殴死王怔声一案。曾经尸子王裁住以诬拷致毙控府，批县讯明。张抖金系属典民索欠起衅，殴伤王忙老身死。张选仅止承票传唤，并无商同诬拷情事。当将张抖金拟绞，题结控案，另行详覆。现复提□到张抖金、王裁住及尸兄王正善，见证王百印，馀人翟壮儿，讯供仍与原案符合。张选已于二十七年病故，无从传质。

又，所参刘尚清勾通门丁张二，以赌债折乔崇太之产，其父乔振魁呈禀忤逆责毙一节。讯据乔崇太供称，伊于道光二十六年共欠刘尚清钱一百千文，原书立一百两银约。旋赴甘肃贸易。刘尚清向伊父乔振魁索银一百八十两，伊父遂以赌情控县，实系捏词抵饰，将伊父掌责二十，断令照依原借钱数加利十二千文，具限寻伊回家清帐。嗣伊父在家病故，伊母乔夏氏又以刘尚清气死控县。传案仍照前断，伊母再未告状，于二十八年偿还刘尚清钱一百十二串完结。刘尚清委无勾通门丁张二，以赌折产之事。据乔夏氏供，伊夫乔振魁实系在家病故，并非因责身死，不敢妄供。并据刘尚清，供亦无异词。查县卷，核与各供大略相同，是沈寿曾并无刑责乔振魁毙命之处，似属可信。

又，所参雷务桐因讨租麦，逼吕振清缢死，沈寿曾受赃三千两，以抵在省借票，张二、唐二，刑房刘三作保，吕树勋过付一节。检阅县卷，尸堂兄吕起凤报词及该县验填尸格，均系已死吕起春，参折所开吕振清，似属传闻之讹。至起衅根由，先据吕起凤于道光二十九年六月初七日在县控，系雷务桐率领其伙马茂德等讨补麦租，喝令马茂德揪殴吕起春，逼辱自缢身死。迨沈寿曾验后集讯，吕起凤又供系马茂德在其门首吵闹，致吕起春缢毙。马茂德则称，讨租系托吕起春之侄吕辉清转说，伊与吕起春并未见面交谈，沈寿曾未加深究，谕令乡保吕生春等调处。旋据吕起凤同尸妻吕张氏，以吕起春死由负债忧虑自缢，并非雷务桐等殴逼，控出怀疑，不敢始终诬执，各递悔状在案。

兹查传吕起凤，业已出外贸易。提到雷务桐、马茂德，讯无威逼情事，从前县审，因念吕起春家贫，断给埋葬银八两，将马茂德释放。臣等以吕起春自缢身死，虽系负债所致，惟既据尸属报验，自应照例通详。乃该县辄令乡保调处，并任具悔完结，办理已属颟顸。且查雷务桐当日始终未经到案，而沈寿曾未到郃阳以前，又在雷务桐泾阳开设之恒顺德号钱铺借过银一千两，是原参沈寿曾受赃三千两，以抵在省借票，未必无因。

随提雷务桐、唐二、刘三、吕树勋，隔别推鞫。据雷务桐供称，道光二十六年九月间，沈寿曾令唐二在伊恒顺德号借银一千两，五厘行息。二十九年十一月内，伊戚吕树勋告知，沈寿曾欲借银一千二百两，伊如数付给，吕树勋同雷务敏送去。据唐二供，伊止经手二十六年借项。其二十九年所借之银，系吕树勋、雷务敏交在逃之张二转送内署。据刘三供，张二嘱伊转向吕树勋托借银两，伊曾带领吕树勋进署，馀不知情。

据吕树勋供，伊兄现在广东藩库大使，与沈寿曾之侄同寅交好，因此伊与沈寿曾认识来往。道光二十九年十一月，不记日期，张二令刘三向伊说起，沈寿曾因年事拮据，托借银两。伊同刘三进署面见沈寿曾，询问属实，随向伊戚雷务桐借得银一千二百两，同雷务敏送交张二手收。并提讯雷务敏，供无异词。当饬传恒顺德号铺伙聂大伟，呈出二十六年借票一纸，核与各供相符。惟后借之银并无券据，起出雷务桐日用簿帐一本，内载二十九年十二月十二出赵庄官词足纹四百六十八两六钱一分，元银一千四百五十八两一钱。臣等以沈寿曾既止借银一千二百两，为何簿载官词银一千九百馀两？显系沈寿曾因吕起春之案，意存挟制。

据沈寿曾供称，伊两次借银，俱有经手之人可证。如系因案得赃，以抵借票，岂有票存钱铺，不行抽回之理？据吕树勋供称，沈寿曾托借银两，并未提及吕起春之案，伊亦止向雷务桐为沈寿曾借银一千二百两，实无别项情弊，不知雷务桐帐簿因何记载官词，数目两歧。据雷务桐供，吕起春命案，事在六月，相距借银之日将届半年，早已完结，委系两不相涉。伊因沈寿曾先借银两迄未归偿，复又向借，未必能还。时伊有别用，买妾花费银七百馀两，亦未开销，虑恐伊母知觉不依，遂并入一处，捏作官词出帐，冀免母责等语。臣等查此项银两，屡提人证，反覆研究，佥供仅止借银一千二百两，所称别用并入，容或事之所有。第果系借项，何以并不立券？且按雷务桐簿载月日及官词字样，恰在吕起春命案完结之后，是名虽借贷，实则事后酬谢无疑。

又，所参大堂对面古亭拆毁，别立小坊一节，前委长安县知县孙治驰往摘印，并令查验。旋据覆称，查得县堂之前现有牌坊，北面横书“靖共尔位”，南面横书“在洽之阳”。询之耆老，佥云古亭不知建自何时，早已倒塌，沈寿曾到任后拆去，另立此坊。提讯沈寿曾，供因倒塌拆修是实。

又，所参沈寿曾窃使社仓银两，被南乡管仓人等控告一节。查系经管里池社仓之王振魁亏挪仓空，于道光七年交出元银一千一百两，历任因不敷买补流交。二十九年清查时，沈寿曾将银发出，又捐资津贴，将空全数买足收仓，详司委验。又昔存今故之仓正王季丰亏空五百石，沈寿曾于清查之时，亦催令其子王幅昌买补。王幅昌遂以父故摊赔，控经藩司，批县查讯。旋经村众公捐麦二百五十石，以抵亏空五百石之数，报抚司悉，业据委验结报。今复委员(孙)治往查，除耗折短空七十四石四斗零，馀俱实存在仓。并经提到现管仓正王升瑞、王春及王幅昌，讯供相符。是沈寿曾于社仓空偿银两，尚无窃使情弊，实有案证可凭。

至所参大荔县知县熊兆麟酷刑押毙五命一节。查臬司卷开：道光二十七年十一月内，沈寿曾奉文展缓二十六年春借常平仓粮一半，出示晓谕，馀粮开仓征收。有姬士连意图全缓，邀名纠众赴县，恳求未遂，肆声喧嚷。沈寿曾差拿雷允闾等十四人，禀经前署同州府已故鄜州知州潘政举提讯，发交大荔县管押。沈寿曾缉获吕清魁、姬士连，一并归案，押候审讯。讵雷允闾、李兆林、王洵洛、吕曰祥、姬士连先后患病，医治罔效身死，由熊兆麟自行验填，未经通详。时党景秦、雷云海因尸属邢春选等在司呈控责押致毙，亦即联名上控。嗣经同州府等审，系误听传言，情切妄控，吕建彦求缓声音较大，委非百人滋闹，随同观看人多，均不认识，并非姬士连等所纠，亦无敛钱挟制别情。照依"民人附私结党，妄预官事"例，拟杖，详送移司完结在案。

兹提集雷允闾之甥邢春选，吕曰祥之子吕可喜，李兆林之子李永福，王洵洛之子王迎祥，姬士连之兄姬士汇，并医生姚梦花、店保李星环分别研审，佥称雷允闾等五名均系因病保出，医治无效身死。从前邢春选、吕可喜、李永福，各因怀疑控司，后经府审，查无责押，疑心已释。遂同王迎祥、姬士汇先后且遵，将尸领回安葬，并非李东旭、宁迈臣及秦占鳌、王凤翔造捏，遵依勒誊。惟查出沈寿曾有给姬士汇、李永福搬柩之资，是所参出银三百两，令刘幅海等说合缄口，已属有因。当向刘幅海严切报究，坚供实无其事。

提讯沈寿曾，据供饬传赴府领尸之时，姬士汇等当堂哭称无力，再四恳求。察其贫窘堪悯，是以各酌给钱十一二千文，以资搬费。如果欲缄其口，焉有止给一二人之理？复提邢春选、吕可喜、王迎祥，与姬士汇等设法审讯，签供实止给过姬士汇、李永福钱十馀串，馀未给钱，剖办甚力，其无给银贿和缄口，似亦可信。至熊兆麟奉押人犯，连毙五命，讯据熊兆麟及门丁马二，并看役朱成等，均供委无刑责凌虐，及捏保情弊。诘其何以并不通详，熊兆麟惟自引咎，无可置辩。

以上各款，叠经臣等悉心研究，反复驳结，众供明确，应即拟结。

此案已革郃阳县知县沈寿曾，听许银两未受，并故出李占春流罪，放而还获，照律减等，俱止杖徒。即先借雷务桐之银，系未到任以前所统摄。惟后次(借)银一千二百两，按官吏挟势借贷所部内财物，及事后得财，均应满流。查雷务桐曾被控告有案之人，虽已完结，亦非妄断。第借在事过之后，究与无端索借不同，自应以事后受财科断。沈寿曾合依“官吏事后受财，事不妄断者，准不枉法论，罪止杖一百，流三千里”律，杖一百，流三千里。该员以现任知县，先则听许郭茂才等银两，经教谕王步元提获，典史杨德怀讨取还，继而事后得受雷务桐财物。且因案擅罚车步月、行九凤银钱，并失察丁役等得赃，种种妄为，肆行无忌。相应请旨，从重发往新疆，充当苦差，以示惩儆，仍照例追赃，分别给主、入官。

已革训导王聘，叠次为郭茂才、车步月说情，并听许郭茂才等银二百五十两，因王步元提获许县之赃，未敢接受，实属卑鄙无耻。惟该员无承审之责，于法无枉。王聘除说事罪止不应杖八十，轻罪不议外，合依“听许财物，准不枉法论，至死减一等，未接受又减一等，杖一百，徒三年”律，请旨将王聘杖一百，徒三年。

已革教谕王步元提获赃银，冀图挟制分肥，主令康成上控。迨经退还，复又藉词分散绅士银两，得受沈寿曾银三百两。现讯并未散给，系属该员侵用，情同诓骗。王步元应请照“诓骗人财物计赃，准窃盗论”，“窃盗赃一百二十两以上绞监候”各例称准者，“至死减一等，杖一百，流三千里”律，请旨将王步元杖一百，流三千里。

查沈寿曾、王聘、王步元，事犯在道光三十年正月二十六日恩诏以前，系职官因赃入罪，情节较重，俱不准援免。王聘、王步元虽年逾七十，并不准其收赎。已革典史杨德怀，擅罚郭茂才等米石，及给与王步元银两，并删改文稿，均系听从沈寿曾主使。惟于讨取赃银退还，辄将簿注“行贿”字样涂改“籴麦”，营私谬妄，殊属不应，业已请旨革职。现因愁急自尽，另折陈明，应毋庸议。

解任大荔县知县熊兆麟，奉府发交管押人犯，虽无刑责，惟致病毙五名之多，辄自验视，又不填格通详，实属任意草率。同州知府秦恩继，潼关厅同知凌树棠，承审王步元等控案，因各原告结求具悔，未能审出沈寿曾听许擅罚实情。前属潼商道万保据详照转，前任臬司严良训遽准销案，俱有应得之咎。熊兆麟、李恩继、凌树棠、万保、严良训，应请旨交部，分别议处。翰林院编修王凤翔，生员宁迈臣，捐职千总秦占鳌，委员候补州同李〔陈〕(东)旭，从中劝说，均为息事起见，讯无贿和串通，捏造详稿，遵依勒令誊真情事，尚无不合，应免置议。王凤翔并请旨饬令回京供职。生员康成，原参本无其名，王步元前供该生主持上控，讯系该革员畏罪推卸，众证佥同。惟康成事不干己，代人上告，现复避匿不到，显有罔诈情事，应斥革衣顶，照违制律，杖一百，枷号一个月。事在赦前，请予援免，并免缉拿。

革监李占春，与已故无服族人李景成之妻李乔氏通奸怀孕，听从李乔氏买药打胎，以致坠胎身死。李占春除以财物行求得枉法计赃，杖徒轻罪不议外，合依“妇人因奸有孕，畏人知觉，与奸夫商谋用药打胎，以致坠胎身死，奸夫比照以毒药杀人，知情买药，罪至死减一等，杖一百，流三千里”例，杖一百，流三千里。李景广于李乔氏因奸打胎身死，既已报官验讯，辄因李占春不认，复以李景实等处理，具呈悔恳，该犯得银七十五两，即属私和人命。查该犯系已死李乔氏故夫李景成分居大功堂弟，例无“兄妻被杀，受贿私和”治罪明文，李景广应请照“尸亲期服以下亲属受财私和，比计赃，准枉法”从重论，于“枉法赃五十五两，杖一百，流三千里，无禄人减一等”，杖一百，徒三年。李杨氏系已死李乔氏之姑，得受银五十五两，应照“父母受贿私和，无论赃数多寡”例，杖一百，系妇女，照例收赎。李景实、李景兰、李明春、李祥春、雷济川、李拴羊，均依“说事过钱，各减受财人罪一等”，于李景广杖一百，徒三年罪上减一等，各杖九十，徒二年半。

马体元减徒逃回，贿给丁差银两，求免缉拿。除行贿计赃，按枉法与受同科无禄人减一等，罪止杖七十，徒一年半，轻罪不议外。应请照“满徒人犯，中途脱逃”例加等，拟杖一百，总徒四年。

门丁唐二即唐楷，差役魏海各得银两，许免查缉。除受贿轻罪不议外，俱合依“故纵与囚同罪”律，杖一百，总徒四年。魏海业已身故，应毋庸议。刑书乔毓幅听从马体元，贿给唐二等银两，该犯无承缉之责，未便与纵同罪。乔毓幅除私用银四十三两，按诓骗人财物计赃，准窃盗论，罪止杖一百，轻罪不议外，合依“以财行求说事过钱者，所与之赃，与受财人同科无禄人减一等，于枉法赃三十两，杖八十，徒二年上减一等”，杖七十，徒一年半。系书吏，仍加一等，杖八十，徒二年。雷明春、张荣发明知乔毓幅诓骗得财，辄各听从分赃，雷明春得钱十七千文，张荣发得钱五千文，均合依“知窃盗后而分赃，计所分赃，准窃盗为从论。窃盗赃一两以上至一十两，杖七十”律减一等，拟杖六十。系书吏，仍加一等，杖七十。

已革从九职衔车步月与李五来等赌博，应照例枷号两个月，杖一百。郭茂才、郭维元因花户完粮不力，私填票名，冀图帮催，本与别项舞弊有间，且经该县责征，几属无罪可科。乃因被押，许银求释，虽未收受，数目业已显著，按听许财物例，如所犯本轻，或本无罪许财营求者，止问不应。店户褚凝镇，得受郭茂才等银五十两，既经扣收历欠饭食、房银，即非赃款。惟说事过钱，应与郭茂才、郭维元均照不应重律，杖八十。

在逃门丁张二，所得郭维元银三十两，现讯郭维元仅系托其照应，于法无枉，按不枉法赃三十两，杖九十，无禄人减一等，应杖八十，获日另结。革监梁善言、郭维元转托门丁照应，仅给银三十两，辄私藏银五十两，虽已退还，究属诓骗。梁善言合依“诓骗人财物计赃，准窃盗论。”窃盗赃五十两，杖六十，徒一年，免刺。巡检王时可说事过钱，照律杖八十。监生雷务桐，并无率领马茂德殴逼吕起春情事，惟后次借与沈寿曾银一千二百两，簿内注官词，未便仍按借贷科断，自应以事后许财论。雷务桐应与捐职府经历吕树勋,各照不应重律,杖八十,俱应照律纳赎。以上流徒杖犯,均事在赦前,应请援免。李杨氏免其收赎。雷务桐、吕树勋、王时可均免纳赎。各赃仍行照返入官。

李占春、马体元、唐二、乔毓幅、李景实、李景兰、李明春、李祥春、雷济川、李拴羊、梁善言,后再有犯,照所犯之罪加一等治罪。高起东讯非调奸逼命,所给杨魏氏布匹,系尽戚谊之情,且为数无几,并非私和,杨魏氏怀疑妄控,业经具悔。武举吕文周,生员康炯,门斗党荣,差役乔魁、李青、马骏、孙典超〔庆〕,讯未使用银两及随同返取帐簿。刑书刘太临,仵作郭安,未经验出李乔氏打胎身死,系由该县饬令免验下身,并非相验不实。姬士汇、李永幅所得搬柩钱,又讯系该县酌给,应与并未行贿之雷务乾、行九凤、田新魁均免置议。

姬士连、雷允闾、王洵洛、李兆林、吕曰祥,讯明均系因病保外身死。看役朱成,门丁马二,讯无凌虐及捏保情弊,应毋庸议。蒋丙午委无过付。武举吕清魁,前于姬士连等在县求缓仓粮,并未在场,业经府审结案,亦毋庸议。馀讯无干,概行省释。案已讯明,未到人证,并免提质,以省拖累。调到各卷,分别发还归档。除供折咨部外,所有审明定拟缘由,理合缮折具奏,伏乞皇上圣鉴训示。谨奏。(道光三十年)十二月初八日。道光三十年十二月十八日奉朱批:"□□。钦此。"

233 奏为遵旨请陛见事

陕西巡抚臣张祥河跪奏,为吁请陛见,仰祈圣〔见〕(鉴)事。

窃臣前于道光二十九年正月间,渥蒙宣宗成皇帝简畀陕西巡抚,即赴新任。旋于十二月请觐,三十年正月钦奉批谕:"本年冬间再行奏请。钦此。"嗣恭逢皇上御极,复经具折陈请,未邀允见,依恋私衷,倍殷葵向。俯念臣到任已届两年,诸事勉竭愚诚,不敢稍涉怠忽。惟自顾轻材,尤冀面秉宸谟,庶几率属临民,遵循有自。

现查各府州属雨雪应时,麦田兆稔,地方静谧,民气安恬。所有应办公务，具各次第清厘，钱粮早经督催完解。至大计举劾，业经奏明展限。钦交审办郃阳案件，亦已定拟具奏，此外别无紧要之件。相应吁恳鸿慈，准臣乘此公暇之时，趋诣阙廷，叩觐天颜，跪聆训诲，稍抒瞻就下忱，不胜延企待命之至。如蒙俞允，臣俟新任藩司王懿德到省后，即俶装北上，为此恭折吁恳，伏乞皇上圣鉴。谨奏。(道光三十年)十二月初八日。道光三十年十二月十九日奉朱批："知道了。著来见。钦此。"

234 奏为已革典史杨德怀取供后愁急自尽验讯明确事

陕西巡抚臣张祥河跪奏，为已革典史杨德怀，于取供后愁急自尽，验讯明确，恭折具奏事。

窃照被参之前任郃阳县典史，调补甘肃敦煌县典史杨德怀奉旨交审，经臣奏请将该典史革职，于十一月二十九日据差弁迎提到陕。臣随督同署臬司督粮道陈景亮等，提集该典史及已革教谕王步元等，按照原参各情，逐一质审确实，取具供词。旋据看管之委员试用未入流刘心植禀报，杨德怀于十二月初二日早自勒身死。当即饬司，委署西安府知府成瑞，咸宁县知县唐李杜，署长安县知县谢质卿验明填格。

讯据尸子杨象赉供，伊父杨德怀于道光三十年九月，在甘肃敦煌县典史任内奉提来陕质审，伊随侍起身。沿途伊父屡称家口众多，靠其养活，今因案牵连，恐难保全，合家俱困，难对八十老母，愁叹不止，经伊时常劝慰。十一月二十九日到陕，十二月初一日讯供回寓。适伊胞妹杨瑾怀前来探望，伊父又以前言相告，愁哭尤甚，伊妹再三劝慰，于三更后各回歇店，家人杨升因病在前面房内睡歇。至初二日早，伊父说肚中饥饿，即令伊赴街买吃食，转回又遇伊妹来看，一同进房，惊见伊父项颈缠勒裤带，解救无及，实系愁急自尽，委无别故。并据尸〔弟〕(女)杨瑾怀及家丁杨升，供俱相同等情，具详前来。

臣复亲提研鞫，详细驳诘，各供不移，案无遁饰。查典史杨德怀，因被参革，于取供后愁急自勒殒命，现经委验属实，并据尸属人等供无别情，死由自取，与人无尤，应毋庸议。至试用未入流刘心植奉委看守，讯无凌虐情弊，惟不小心防范，究属疏忽，相应请旨，将试用未入流刘心植交部照例议处。除各供咨部外，所有已革典史杨德怀，于取供后愁急自尽，验讯明确缘由，理合恭折具陈，伏乞皇上圣鉴。谨奏。（道光三十年）十二月初八日。道光三十年十二月十八日奉朱批："□□。钦此。"

235 奏报筹拨委员解部银数事

再，臣于十一月二十五日，承准军机大臣字寄："钦奉上谕：'各省藩库留支待用，及杂款各项银两中，有可酌量暂缓者，督饬藩司迅速筹核。每省或四、五十万，或二、三十万，酌定数目奏闻，一面委员起解等因。钦此。'"查陕西自上年六月清查之后，当经臣以部库正值需用孔殷，饬司将例不报拨之耗羡银两，并减平一项，共银十六万两，奏明委解赴京。旋准部咨，拨解湖北在案。嗣于十一月暨本年七月、十月，三次接准部咨，拨解银七十八万两。此外又准部咨，动拨地丁银九万四千两，解赴盛京。核计年馀以来，通共拨解过银一百三万四千两。

兹臣钦遵谕旨，督饬现署藩司多慧逐细查核，陕省现在尚无积欠缴库，并清查追缴赔摊届限之项。随就本省情形通盘筹画，移缓济急，在于不入例拨各款内，酌筹银十五万六千五十九两四钱一分三厘；应入咸丰元年春拨各杂款内，酌筹银三万三千八百十四两五钱一分五厘。又，正项地丁候拨银内，酌筹银十七万五十六两七分二厘，总共银三十六万两，拟于封印前，即行分起委员解京交纳，以充部需。除饬司将动用款项细数另造清单，咨部备核外，所有酌筹京饷银两缘由，谨附片具奏。道光三十年十二月十四日奉朱批："户部知道。钦此。"

236 奏报本年陕西省额征正赋新旧钱粮已未完数目事

陕西巡抚臣张祥河跪奏，为查明本年钱粮完解数目，恭折奏闻，仰祈圣鉴事。

窃照前准部咨，令将新、旧钱粮，于十二月内查明已、未完解数目，先行奏明，仍于次年四月内具题等因，历经遵办在案。兹据署藩司多慧详报"道光三十年分额(征)民屯更起运，并粮折等项，除各属留支外，实应解司银一百三十三万一千二百五十二两零。自本年二月起，至五月底止，已完银八十万八千四百二十八两零，业经奏报在案。其未完银五十二万二千八百二十四两零，自六月起，至十一月底止，续完银四十四万三千五百九十五两零，均经解储司库。仍未完银七万九千二百二十八两零。统计本年钱粮，已完九分四厘有馀。

再，道光二十六年缓征地丁，前于本年五月内具奏府谷县未完银四百九十二两零，截至十一月底止，仍未征完。除将未完银两严催征解，俟批解到司，再行归入咸丰元年正月内截数请奏"等情，具详前来。臣覆核无异。除将未完银两，严饬督催征解外，所有道光三十年分额征正赋新、旧钱粮，截止十一月底，已、未完数目，理合循例具奏，伏乞皇上圣鉴。谨奏。(道光三十年)十二月十七日。道光三十年十二月二十七日奉朱批："户部知道。钦此。"

237 奏报陕西本年十一月十二月份雨水并十一月粮价情形事

陕西巡抚臣张祥河跪奏，为恭报雪泽麦苗情形，仰祈圣鉴事。

窃照陕省十月中旬暨十一月初旬雪泽麦苗情形，业经臣恭折具奏在案。兹据西安、凤翔、汉中、同州、商州、邠州、乾州、□□等府州属，陆续具报于十一月十□□□并十二月初一、二、三、四、五等日先后得雪，除融化入土外，积地一、二、三、四、五寸不等。

臣查陕省入冬以来，叠见祥霙，土膏沾润。兹复瑞雪滋培，二麦根荄，益加凝固，于农田大有裨益。民情欢悦，四境安恬，堪以仰慰宸怀。谨将十一月分各属粮价，敬缮清单，恭呈御览，伏祈皇上圣鉴。

谨奏。(道光三十年)十二月十七日。道光三十年十二月二十七日奉朱批:“知道了。钦此。”

238 呈陕西道光三十年十一月份粮价清单

谨将陕西省道光三十年十一月分各属粮价,敬缮清单,恭呈御览。计开:

西安府属,价中。大米每仓石价银,自一两一钱八分至二两三钱一分,与上月相同。小米每仓石价银,自九钱至一两六钱一分,与上月相同。小麦每仓石价银,自八钱八分至一两六钱六分,与上月相同。大麦每仓石价银,自四钱二分至七钱,与上月相同。豌豆每仓石价银,自八钱三分至一两二钱六分,与上月相同。

延安府属,大米价贵,馀俱价中。大米每仓石价银,自一两四钱四分至二两九钱八分,与上月相同。小米每仓石价银,自九钱至一两七钱,与上月相同。小麦每仓石价银,自一两一钱至一两七钱七分,与上月相同。糜米每仓石价银,自一两八分至一两六钱,与上月相同。豌豆每仓石价银,自八钱至一两五钱,与上月相同。

凤翔府属,大米价贱,馀俱价中。大米每仓石价银,自一两三钱二分至一两七钱,与上月相同。小米每仓石价银,自一两六分至一两四钱四分,与上月相同。小麦每仓石价银,自七钱八分至一两三钱六分,与上月相同。大麦每仓石价银,自四钱七分至七钱三分,与上月相同。豌豆每仓石价银,自六钱九分至一两一钱,与上月相同。

汉中府属,小麦、大麦价贵,馀俱价中。大米每仓石价银,自八钱四分至二两一钱七分,与上月相同。小米每仓石价银,自七钱二分至一两六钱,与上月相同。小麦每仓石价银,自八钱七分至二两四分,与上月相同。大麦每仓石价银,自四钱四分至一两八分,与上月相同。豌豆每仓石价银,自七钱一分至一两八分,与上月相同。黄豆每仓石价银,自五钱至一两三钱六分,与上月相同。

榆林府属，小麦、豌豆价中，馀俱价贵。大米每仓石价银，自二两六分至三两一钱一分，与上月相同。小米每仓石价银，自一两四钱三分至二两一钱七分，与上月相同。小麦每仓石价银，自一两五钱至一两九钱，与上月相同。糜米每仓石价银，自一两四钱三分至二两一钱七分，与上月相同。豌豆每仓石价银，自九钱七分至一两三钱，与上月相同。

同州府属，大米价贵，馀俱价中。大米每仓石价银，自一两五钱一分至二两八钱九分，与上月相同。小米每仓石价银，自九钱一分至一两六钱二分，与上月相同。小麦每仓石价银，自九钱一分至一两四钱二分，与上月相同。大麦每仓石价银，自六钱二分至九钱四分，与上月相同。豌豆每仓石价银，自七钱七分至一两四钱四分，与上月相同。

兴安府属，大米价贱，馀俱价中。大米每仓石价银，自一两三钱九分至一两六钱五分，与上月相同。小米每仓石价银，自九钱一分至一两四钱三分，与上月相同。小麦每仓石价银，自一两一钱九分至一两五钱，与上月相同。大麦每仓石价银，自四钱四分至八钱五分，与上月相同。豌豆每仓石价银，自八钱至一两三钱，与上月相同。黄豆每仓石价银，自八钱至一两三钱，与上月相同。

商州属，大米价贱，馀俱价中。大米每仓石价银，自一两五钱至一两九钱五分，与上月相同。小米每仓石价银，自九钱至一两二钱五分，较上月减五分。小麦每仓石价银，自一两二分至一两四钱二分，与上月相同。大麦每仓石价银，自四钱八分至七钱六分，较上月贵四分。豌豆每仓石价银，自六钱二分至一两三钱八分，与上月相同。

邠州属，大米价贵，馀俱价中。大米每仓石价银，自一两六钱九分至三两一分，与上月相同。小米每仓石价银，自八钱至一两二钱六分，与上月相同。小麦每仓石价银，自八钱二分至一两三钱，与上月相同。豌豆每仓石价银，自七钱六分至一两，较上月减四分。

乾州属，大麦价贵，馀俱价中。大米每仓石价银，自一两六钱四分至二两五钱六分，与上月相同。小米每仓石价银，自一两四钱六分至二两，与上月相同。小麦每仓石价银，自一两三钱九分至一两五钱五分，与上月相同。大麦每仓石价银，自六钱一分至一两六分，与上月相同。豌豆每仓石价银，自一两一钱九分至一两四钱七分，与上月相同。

鄜州属，价贱。小米每仓石价银，自五钱五分至七钱四分，与上月相同。小麦每仓石价银，自五钱五分至七钱四分，与上月相同。豌豆每仓石价银，自四钱五分至七钱三分，与上月相同。

绥德州属，豌豆价贱，馀俱价中。小米每仓石价银，自七钱九分至一两三钱四分，与上月相同。小麦每仓石价银，自一两二钱七分至一两七钱七分，与上月相同。豌豆每仓石价银，自八钱一分至九钱六分，与上月相同。朱批："览。"

239 奏为查明京控咨案并无逾限事

再，京控咨交案件有无逾限，例应半年汇奏一次。兹届汇奏之期，查陕省自本年七月至今，仅止大荔县民孙新彩一起，业经行司审结，现在详咨，核计限期，并无违逾，理合附片陈明。谨奏。道光三十年年十二月二十七日奉朱批："知道了。钦此。"

240 奏报本年十一月份收存捐监银两数目事

再，查陕省收捐监生银两，截至道光三十年十月底止，司库存银五千九百四十两，经臣附片奏明在案。今十一月分又收捐监生一十四名，共银一千五百一十二两，连前司库共存银七千四百五十二两。除筹解京饷银六千八百四两外，实存银六百四十八两，理合循例附片奏闻。谨奏。道光三十年十二月二十七日奉朱批："户部知道。钦此。"

咸 丰 朝

241 奏请将白水县知县徐良槐革职事

再，上年十一月二十八日，有白水县民刘家瑞赴臣衙门，呈控该县刑押勒逼，酷诈多赃等情。当即饬行藩、臬两司，提省严究详办，并将该县知县徐良槐撤任调省，另委候补知县钱钧前往接署，即密令其拿解案内门丁、差役人等在案。

兹据署两司暨首府面禀，人证尚未到齐，诘讯该令，概不承认，丁役供词亦多支饰。臣查案关民人讦告官员赃私，难保该令非恃符狡匿。相应请旨，将白水县知县徐良槐革职，以便提同全案人证，质讯明确，并饬查仓库钱粮有无亏短，再行据实参办。谨附片具奏。(咸丰元年)正月初二日。咸丰元年正月十一日奉朱批："□□。钦此。"

242 奏请王履亨升补兴安府知府事

陕西巡抚臣张祥河跪奏，为拣员升补南山要缺知府，以重地方，仰祈圣鉴事。

窃照兴安府知府濮城告病，接到部咨，系道光三十年十一月十四坐日行文，照限减半计算，应作为十二月初九日开缺。所遗系繁难要缺，例应在外拣员升调。查该府管辖二厅六县，地处南山，界连川楚，五方杂处，良莠不齐，一切弹压抚绥，均关紧要，非精明干练，熟悉情形之员，不足以资治理。臣与署藩、臬两司，在于通省现任知府、同知，及候补知府内逐加遴选，非现居要缺，即人地未宜，实无堪以调补之员。

惟查有商州直隶州知州王履亨，年六(十二岁)，山东举人，充补实录馆誊录。全书告成，议叙知县，分发陕西，题补吴堡县知县。旋调大荔、咸宁等县知县，升补今职，道光十八年闰四月到任。二十七年大计卓异，赴部引见，准其卓异，加一级，注册回任候升，二十八年十二月回任。该员才具稳练，办事认真，在陕年久，前曾委署该府篆务一载有馀，于南山情形颇为熟悉。且系历俸七年，卓异应升人员，任内并无参罚案件，以之升补兴安府知府，实堪胜任，据署藩、臬两司会详前来。

合无仰恳天恩，敕部核覆，准以商州直隶州知州王履亨升补兴安府知府，于严疆要缺，实有裨益。如蒙俞允，该员卓异引见未满三年，毋庸再行送部引见。至所遗商州直隶州知州员缺，系繁疲难要缺，容俟准到部覆，另行升调。所有拣员升补要缺知府缘由，谨会同陕甘督臣琦善，合词恭折具奏，伏祈皇上圣鉴训示。谨奏。（咸丰元年）正月初二日。咸丰元年正月十一日奉朱批："吏部议奏。钦此。"

243 奏报赴京陛见起程日期事

陕西巡抚臣张祥河跪奏，为恭报微臣起程入觐日期，仰祈圣鉴事。

窃臣前经奏恳赴京陛见，钦奉朱批："知道了，著来见。钦此。"臣跪读之下，欣幸感激，莫可名言。伏查陕省入春以来，雨雪应时，麦苗长发，四境恬熙。现在新任藩司王懿德到省，臣随于正月初十日，将巡抚关防，循例委员赍交藩司王懿德署理，臣料理数日，即于十七日起程北上，恭聆训诲。至藩司印务，前已委令臬司多慧署理，臬司系督粮道陈景亮兼署，均毋庸另委。所有微臣交卸起程日期，理合恭折具奏，伏乞皇上圣鉴。谨奏。（咸丰元年）正月初十日。咸丰元年正月二十日奉朱批："知道了。钦此。"

244 奏为陕西富平县知县沈功枚等命案久悬不结请旨解任质讯事

再，臣于上年十二月初六日据富平县县丞李世钦禀揭，该县知县沈功枚，于民词、人命等案日久不结，管押拖累多人，均未能指出姓名，难保无挟制别情。当即饬行藩、臬两司，遴委候补知县陈斯善驰往代理县事,并令密查具覆。

兹据陈斯善覆到,开具在押人犯名单,系刀匪二十四名,贼犯三十名,案犯三十一名,患病保外身故人犯四名,与原禀四百馀人之数不符。现将该县及该县丞撤提来省。相应请旨,将富平县知县沈功枚、县丞李世钦一并解任,以便质讯明确,再行参办。谨附片具奏。咸丰元年正月十一日奉朱批:"□□。钦此。"

245 奏为续获直隶越狱盗犯吴幅成儿秦世安二名事

再,臣前准直隶督臣咨缉通州越狱盗犯丁继岗等九名到陕,当即督饬印委各员,先后拿获杨瓜子、金柱子及案内之纪元虎三名,经臣两次附片奏明,解交直隶省在案。

兹复据署大荔县知县孙方坦禀报,拿获丁幅成儿,即吴幅成儿。又,华州知州叶椿龄禀报,派役协同委员周蕃寿家丁,拿获秦世安即秦六六子。随饬司提省,讯取吴幅成儿、秦世安供词,核与直隶来文相符。除委员解赴直隶归案办理,并令各属仍行访缉在逃之丁继岗等务获外,所有续获邻省越狱盗犯二名缘由,谨附片具奏。咸丰元年正月十一日奉朱批:"知道了。钦此。"

246 奏报由京赴陕沿途雨水苗情事

再,臣道经直隶,自上月下旬得雨后,保定至获鹿一带麦田沾润,惟气候稍寒。三月初旬至山西祁县后日渐暄和,十二日抵平阳,连朝透雨,各该处二麦渐长,已高四、五、六寸不等。渡河入陕境,亦一色芃茂,民情欢悦,足以仰慰宸廑。谨附片具奏。(咸丰元年三月十八日)咸丰元年四月初一日奉朱批:"览。钦此。"

247 奏请唐李杜升补商州直隶州知州事

陕西巡抚臣张祥河跪奏,为拣员升补南山要缺直隶州知州,仰祈圣鉴事。

窃照商州直隶州知州王履亨，经臣奏升西安府知府，于本年二月接准部咨，坐二月初一日，扣至二月二十五日开缺。所遗系繁疲难三项相兼要缺，例应在外拣员升调。查该州地处南山，界连豫楚，管辖四县为陕省东南门户，幅员辽阔，五方杂处，必须精明强干之员，方足以资治理。当经前护抚臣王懿德，督率署藩、臬两司，在于通省同知、直隶州，并府属知州及候补各员内逐加遴选，非现居要缺，即人地未宜，实无堪调堪补之员。

惟查有咸宁县知县唐李杜，年五十岁，湖南进士，由吏部额外主事，呈请奏归进士本班，选授靖边县知县，道光二十三年闰七月到任。捐输经费，以同知双月候选，旋调今职，于三十年十二月到任。据署藩司陈景亮、署臬司崇纶查得，该员老成干练，办事实心，历俸已满三年，任内并无违碍处分，以之升补商州直隶州知州，实属合例，亦堪胜任。于三月初十日会详，护抚臣王懿德核定，未及出奏，移交前来。臣覆查无异，相应陈奏。

合无仰恳天恩，俯念员缺紧要，敕部复核，准以咸宁县知县唐李杜，升补商州直隶州知州，实于要缺有裨。如蒙俞允，该员以知县请升知州，应俟部覆至日，给咨赴部引见。至所遗咸宁县，系省会首邑，俟准到部覆，再行拣调，合并陈明。所有拣员请升南山要缺直隶州缘由，谨会同陕甘督臣琦善，合词恭折具奏，伏乞皇上圣鉴训示。谨奏。(咸丰元年)四月初三日。咸丰元年四月十三日奉朱批："吏部议奏。钦此。"

248 奏报校阅潼关协商州营营伍事竣等事

再，臣前于三月十六日到陕接印，奏明顺道先阅潼商、西安各营伍。兹已将潼关协商州营将弁兵丁以次校阅，于四月初三日回省照常办事，即当分日阅看西安满、汉各营，俟阅毕统核等第，一并奏报。谨附片具奏。咸丰元年四月十三日奉朱批："知道了。钦此。"

249 奏报陕西省咸丰元年二月份报捐监银数目事

再,查陕西省收捐监生银两,截至咸丰元年正月底止,司库存银三千六百七十二两,业经前护抚臣王懿德附片奏明在案。今二月分又报捐监生八名,收银八百六十四两,连前司库共实存银四千五百三十六两,理合循例附片奏闻。谨奏。(咸丰元年四月初三日)咸丰元年四月十三日奉朱批:"户部知道。钦此。"

250 奏报陕西省各属二月中旬至三月中旬得雨并二月粮价情形事

陕西巡抚臣张祥河跪奏,为恭报雨水田苗情形,仰祈圣鉴事。

窃照陕省各属正月下旬雪泽麦苗情形,业经前护抚臣王懿德恭折具奏在案。兹据西安、延安、凤翔、汉中、榆林、同州、兴安、商州、邠州、乾州、鄜州、绥德等府州属,陆续具报于二月十八、九,二十,二十一、二、三、七、八,三十,及三月初一、二、三、八、九并十二、三、四、五等日,先后得雨一、二、三、四寸至深透不等。

臣查麦苗吐秀,最重春膏,陕省入春以来雪雨优沾,土脉早含滋润。兹复渥逢甘雨,广逮麦田,高陇、平原青葱弥望,豌豆亦俱长发。其南、北两山包谷、杂粮,均可及时播种,地方安谧,民气恬熙,堪以仰慰圣怀。谨将二月分各属粮价,敬缮清单,恭呈御览,伏乞皇上圣鉴。谨奏。(咸丰元年)四月初三日。咸丰元年四月十三日奉朱批:"知道了。钦此。"

251 呈陕西咸丰元年二月粮价清单

谨将陕西省咸丰元年二月分各属粮价,敬缮清单,恭呈御览。计开:

西安府属,价中。大米每仓石价银,自一两一钱八分至二两三钱一分,与上月相同。小米每仓石价银,自八钱五分至一两六钱二分,较上月贵一分。小麦每仓石价银,自八钱四分至一两六钱六分,与上月相同。大麦每仓石价银，自四钱三分至七钱四分，较上月贵四分。豌豆每仓石价银，自七钱九分至一两三钱八分，较上月贵一钱二分。

延安府属，大米价贵，馀俱价中。大米每仓石价银，自一两四钱四分至二两九钱八分，与上月相同。小米每仓石价银，自九钱至一两七钱，与上月相同。小麦每仓石价银，自一两一钱至一两七钱八分，较上月贵一分。糜米每仓石价银，自一两八分至一两六钱，与上月相同。豌豆每仓石价银，自八钱至一两五钱，与上月相同。

凤翔府属，大米价贱，馀俱价中。大米每仓石价银，自一两三钱六分至一两六钱七分，较上月减三分。小米每仓石价银，自一两六分至一两四钱二分，较上月减二分。小麦每仓石价银，自七钱五分至一两四钱，较上月贵四分。大麦每仓石价银，自四钱一分至七钱五分，较上月贵二分。豌豆每仓石价银，自六钱六分至一两一钱一分，较上月贵一分。

汉中府属，小麦、大麦价贵，馀俱价中。大米每仓石价银，自八钱四分至二两一钱七分，与上月相同。小米每仓石价银，自七钱二分至一两六钱，与上月相同。小麦每仓石价银，自八钱八分至二两四分，与上月相同。大麦每仓石价银，自四钱三分至一两八分，与上月相同。豌豆每仓石价银，自七钱八分至一两八分，与上月相同。黄豆每仓石价银，自五钱至一两三钱六分，与上月相同。

榆林府属，小麦、豌豆价中，馀俱价贵。大米每仓石价银，自二两六分至三两一钱一分，与上月相同。小米每仓石价银，自一两四钱三分至二两一钱七分，与上月相同。小麦每仓石价银，自一两五钱至一两九钱，与上月相同。糜米每仓石价银，自一两四钱三分至二两一钱七分，与上月相同。豌豆每仓石价银，自九钱七分至一两三钱，与上月相同。

同州府属，大米价中，馀俱价贱。大米每仓石价银，自一两四钱五分至二两八钱五分，较上月减四分。小米每仓石价银，自八钱七分至一两五钱九分，较上月减三分。小麦每仓石价银，自八钱七分至一两三钱七分，较上月减五分。大麦每仓石价银，自五钱至九钱三分，较上月减一分。豌豆每仓石价银，自七钱三分至一两三钱八分，较上月减六分。

兴安府属，大米价贱，馀俱价中。大米每仓石价银，自一两三钱九分至一两六钱五分，与上月相同。小米每仓石价银，自九钱一分至一两三钱八分，与上月相同。小麦每仓石价银，自一两一钱九分至一两五钱，与上月相同。大麦每仓石价银，自四钱四分至八钱五分，与上月相同。豌豆每仓石价银，自八钱至一两三钱，与上月相同。黄豆每仓石价银，自八钱至一两三钱，与上月相同。

商州属，大米价贱，馀俱价中。大米每仓石价银，自一两五钱二分至一两九钱五分，与上月相同。小米每仓石价银，自九钱至一两二钱五分，与上月相同。小麦每仓石价银，自一两八分至一两四钱五分，较上月贵三分。大麦每仓石价银，自四钱八分至七钱，较上月贵一分。豌豆每仓石价银，自六钱二分至一两三钱八分，与上月相同。

邠州属，大米价贵，馀俱价中。大米每仓石价银，自一两六钱五分至三两一分，与上月相同。小米每仓石价银，自七钱六分至一两三钱三分，较上月贵七分。小麦每仓石价银，自七钱九分至一两三钱七分，较上月贵七分。豌豆每仓石价银，自六钱九分至一两五分，较上月贵五分。

乾州属，大麦、小米价贵，馀俱价中。大米每仓石价银，自一两六钱八分至二两五钱六分，与上月相同。小米每仓石价银，自一两五钱至二两三分，较上月贵三分。小麦每仓石价银，自一两四钱二分至一两五钱五分，与上月相同。大麦每仓石价银，自六钱二分至一两六分，与上月相同。豌豆每仓石价银，自一两二钱一分至一两四钱七分，与上月相同。

鄜州属，价贱。小米每仓石价银，自五钱五分至七钱四分，与上月相同。小麦每仓石价银，自五钱五分至七钱四分，与上月相同。豌豆每仓石价银，自四钱五分至七钱二分，与上月相同。

绥德州属，豌豆价贱，馀俱价中。小米每仓石价银，自七钱九分至一两三钱七分，较上月贵三分。小麦每仓石价银，自一两二钱七分至一两七钱七分，与上月相同。豌豆每仓石价银，自八钱一分至九钱六分，与上月相同。朱批："览。"

252 奏为委任陈景亮署理陕西臬司并程德润署理粮道事

再，臣于三月二十四日接准部咨，钦奉上谕："直隶永定河道员缺，著崇纶调补。陕西盐法道员缺，著文海补授。钦此。"当即恭录转行遵照。查盐法道崇纶现署臬司印务，应即委员接署，以便该道前赴调任。

查有督粮道陈景亮，曾权臬篆，办理裕如，堪以仍令署理。其所遗粮道员缺，查有候补道程德润，前经臣与护抚臣王懿德叠次委署粮道，均臻妥协，堪委接署。至崇纶本任盐法道缺，系候补道白维清署理，毋庸更移。除分(别)檄饬遵(照)外，所有委署缘由，谨附片具奏。咸丰元年四月十三日奉朱批："知道了。钦此。"

253 奏报查阅潼关商州及西安满汉各营伍情形事

陕西巡抚臣张祥河跪奏，为查阅潼关、商州及西安满、汉各营伍情形，恭折奏祈圣鉴事。

窃臣钦奉谕旨，派阅陕西省营伍，当经奏明，先将潼关协商州、西安各营挨次校阅在案。查潼、商二营兵数较少，兹看得合操阵式、步伐，均尚整齐，连环枪炮，藤牌杂技，亦尚联络便捷。将、备弓马去得，点验马匹膘壮，军装、器械齐全。嗣回至省城，将西安满营官兵逐加阅看，演打进步连环，并五子过堂，整齐联络，枪箭准头架式，均属可观。马上、步下杂技，以及幼丁过堂枪，亦皆趫捷。每兵十名，箭中靶俱在三十箭，枪在二十枪以上。此外，有新添马上三枪，中靶者十得八九。协领以下骑射娴熟，其前锋马甲骑射稍次者，咨明将军，勒限练习。查看马匹、军装，一律足额。又将抚标中、左、右三营，并提标西安城守协及盩厔等营官兵，详细考校。兵丁排演阵式，及演打连环，过堂排枪，均皆联络如式。中靶准额，箭在三十箭，枪在二十枪以上。弓力俱系六力，并有七力、八力者。藤牌跳舞，亦属便捷，马上技艺灵便。

臣于阅看大阵之后，复阅速战阵，进止严整，所有连环枪炮、喷筒、刀矛，亦甚谙习。另看抬炮、抬枪，中数十得八九。将、备等弓马可观，旗帜、器械俱各鲜明坚利，马匹膘壮足额。臣统阅以上各营，悉心比较，应以满营暨抚标、城守协等营为优，堪列一等，潼关次之，商州又次之。

当将官兵技艺较好者，酌量记名、记功，先予升拔，并分别赏给衣料、银牌。庸劣者，自额外外委以下，咨明递降，尤劣者当场责革，用示劝惩。其各厅州县壮兵，俱经调阅，业已饬令该地方官勤加操演，以佐兵力，而资巡防。所有各营员弁应劾者，总据该管将领禀揭，经臣考验相符。内有城守协盩厔营把总王丕，经制外委何玉，又潼关协渭南汛把总乔钺觐，署韩城汛经制外委朱起蛟，又抚标左营经制外委李振邦，马、步箭撒放均不能合式。惟年力正壮盛，曾出兵打仗，尚堪造就。应请将把总王丕、乔钺觐俱降为外委、经制外委，朱起蛟、李振邦均降为额外外委，以观后效。臣现咨明兵部，并督臣、提臣知照。

伏查驻防官兵，骑射是其本业，即抚标与城守协各营官兵，皆近在同城，见闻可及，自当不时饬令操演。其馀各营，亦严谕将、备等，以关中地处边陲，武备最为紧要，必须认真训练，精益求精，务期兵皆劲旅，士尽干城，以仰副圣主整饬戎行至意。至省外南北山各镇营，均应次第阅看，容俟办理计典、奏销完竣，再行出省前往查阅。所有阅过潼、商及西安满汉各营伍缘由，理合恭折具奏，伏祈皇上圣鉴。谨奏。(咸丰元年)四月二十一日。咸丰元年五月初一日奉朱批：“知道了。钦此。”

254 奏报陕西省咸丰元年三月份报捐监银数目事

再，查陕西省收捐监生银两，截至咸丰元年二月底止，司库存银四千五百三十六两，业经臣附片奏明在案。今三月分又报捐监生七名，收银七百五十六两，连前司库共实存银五千二百九十二两，理合循例附片奏闻。谨奏。（咸丰元年四月二十一日）咸丰元年五月初一日奉朱批："户部知道。钦此。"

255 奏为藩司厘清耗羡请缓交代事

陕西巡抚臣张祥河跪奏，为查核藩库耗羡银两动用、漏销，并有支借等项，亟须逐细勾稽，恳恩诣将该司交代酌展限期，仰祈圣鉴事。

窃臣前于上年十二月内接准部咨，钦奉上谕："饬查各省藩库滥支、滥借，据实奏明，分别赔补等因。钦此。"遵即恭录转行查办去后。旋因藩司正、署叠更，随查随止。兹臣回任，复饬据现任藩司王懿德查得，陕西藩库正、杂款项，均与现存银数相符。惟耗羡一款，截至道光二十九年底止，应存银十二万八百馀两，库帐仅存银一万三千馀两。随查有道光二十三年奉部拨协甘饷银十万两内，动用耗羡银五万两，二十四年奏销册内漏未登入。此外历年皆有漏未请销之款，兼有滥支、滥借等项，必须按年根查。且库内正、杂银款，向系统归大总，更当按款分晰。无如年分久远，案卷纷烦，实非克期所能清理。

现正查办上年奏销之际，例限綦严，自应赶先办理，并于册内声叙，俟查办明确，另当造册送部，核销更正。其滥支、滥借，以及别项有无轇轕，亦即逐款分别厘定赔补，以归有著。至该司接收前任交代，例有定限，应请奏明（酌）展，俟查办完竣，即行出结等情，具详前来。臣查耗羡银款，既经该司查有漏销及滥支、滥借等项，亟应逐细勾稽，分别更正赔补，断不准稍涉含混舛错。所详先办奏销，展缓交代，尚为慎重起见。

合无仰恳天恩，俯准将藩司交代，于正限两个月之外展缓一月，再行结报。俾该司得以悉心经理，将库存项彻底澄清，总期缕晰条分，各归各款，庶此后度支明晰，而库项益昭核实矣。除咨部备案外，所有藩司厘清款项，展缓交代缘由，理合恭折具奏，伏祈皇上圣鉴。谨奏。（咸丰元年）四月二十一日。咸丰元年五月初一日奉朱批："依议。户部知道。钦此。"

256 奏报陕西省各属三月下旬至四月上旬得雨并三月粮价情形事

陕西巡抚臣张祥河跪奏，为恭报雨水田禾情形，仰祈圣鉴事。

窃照陕省各属二月下旬及三月中旬雨水田苗情形，业经臣恭折具奏在案。兹据西安、延安、凤翔、汉中、榆林、同州、兴安、邠州、乾州、鄜州、绥德等府州属，陆续具报于三月二十一、二、三、四及四月初二等日，先后得雨二、三、四、五寸至深透不等。

臣查陕省平原各属，大麦均经结实，现在将次收获。小麦颖栗纷敷，日来天气晴和，颗粒更加饱满。其南、北两山包谷、杂粮，一律长发畅茂，地方安谧，堪以仰慰宸怀。谨将三月分各属粮价敬〔谨〕缮清单，恭呈御览，伏乞皇上圣鉴。谨奏。（咸丰元年）四月二十一日。咸丰元年五月初一日奉朱批："知道了。钦此。"

257 呈陕西咸丰元年三月粮价清单

谨将陕西省咸丰元年三月分各属粮价，敬缮清单，恭呈御览。计开：

西安府属，价中。大米每仓石价银，自一两一钱八分至二两三钱，较上月减一分。小米每仓石价银，自八钱五分至一两六钱六分，较上月贵四分。小麦每仓石价银，自八钱四分至一两七钱五分，较上月贵九分。大麦每仓石价银，自四钱三分至七钱四分，与上月相同。豌豆每仓石价银，自七钱九分至一两三钱八分，与上月相同。

延安府属，大米价贵，馀俱价中。大米每仓石价银，自一两四钱七分至二两九钱四分，与上月相同。小米每仓石价银，自九钱至一两六钱七分，较上月减三分。小麦每仓石价银，自一两一钱至一两七钱八分，与上月相同。糜米每仓石价银，自一两八分至一两三钱九分，较上月减二钱二分。豌豆每仓石价银，自八钱至一两二钱三分，较上月减二钱七分。

凤翔府属，大米价贱，馀俱价中。大米每仓石价银，自一两三钱六分至一两六钱八分，较上月贵一分。小米每仓石价银，自一两三分至一两四钱三分，较上月贵一分。小麦每仓石价银，自七钱七分至一两四钱，与上月相同。大麦每仓石价银，自四钱一分至七钱五分，与上月相同。豌豆每仓石价银，自六钱六分至一两一钱二分，较上月贵一分。

汉中府属，小麦、大麦价贵，馀俱价中。大米每仓石价银，自八钱四分至二两二钱九分，较上月贵一钱二分。小米每仓石价银，自七钱二分至一两五钱七分，较上月减三分。小麦每仓石价银，自八钱八分至二两一钱八分，较上月贵一钱四分。大麦每仓石价银，自四钱三分至一两八分，与上月相同。豌豆每仓石价银，自七钱八分至一两八分，与上月相同。黄豆每仓石价银，自五钱至一两五钱三分，较上月贵一钱七分。

榆林府属，小麦、豌豆价中，馀俱价贵。大米每仓石价银，自二两一钱四分至三两一钱一分，较上月贵一钱。小米每仓石价银，自一两四钱三分至二两二钱，较上月贵三分。小麦每仓石价银，自一两五钱六分至一两九钱七分，较上月贵七分。糜米每仓石价银，自一两四钱三分至二两二钱，较上月贵三分。豌豆每仓石价银，自一两二分至一两三钱五分，较上月贵五分。

同州府属，价中。大米每仓石价银，自一两四钱五分至二两七钱九分，较上月减六分。小米每仓石价银，自九钱一分至一两五钱三分，较上月减六分。小麦每仓石价银，自九钱一分至一两三钱五分，较上月减二分。大麦每仓石价银，自五钱至八钱七分，较上月减六分。豌豆每仓石价银，自七钱七分至一两三钱五分，较上月减三分。

兴安府属，大米价贱，馀俱价中。大米每仓石价银，自一两三钱四分至一两六钱，较上月减五分。小米每仓石价银，自八钱七分至一两四钱，较上月贵二分。小麦每仓石价银，自一两一钱九分至一两五钱，与上月相同。大麦每仓石价银，自四钱四分至八钱四分，较上月减一分。豌豆每仓石价银，自八钱至一两三钱，与上月相同。黄豆每仓石价银，自八钱至一两三钱，与上月相同。

商州属，大米价贱，馀俱价中。大米每仓石价银，自一两四钱九分至一两九钱四分，较上月减一分。小米每仓石价银，自九钱至一两二钱五分，与上月相同。小麦每仓石价银，自一两二分至一两四钱五分，与上月相同。大麦每仓石价银，自四钱二分至七钱，与上月相同。豌豆每仓石价银，自六钱二分至一两三钱八分，与上月相同。

邠州属，大米价贵，馀俱价中。大米每仓石价银，自一两六钱五分至三两一分，与上月相同。小米每仓石价银，自七钱六分至一两三钱三分，与上月相同。小麦每仓石价银，自七钱九分至一两三钱七分，与上月相同。豌豆每仓石价银，自六钱九分至一两五分，与上月相同。

乾州属，大麦、小米价贵，馀俱价中。大米每仓石价银，自一两六钱六分至二两五钱二分，较上月减四分。小米每仓石价银，自一两四钱八分至二两三分，与上月相同。小麦每仓石价银，自一两四钱至一两五钱一分，较上月减四分。大麦每仓石价银，自六钱一分至一两二分，较上月减四分。豌豆每仓石价银，自一两二钱至一两四钱六分，较上月减一分。

鄜州属，价贱。小米每仓石价银，自五钱五分至七钱七分，较上月贵三分。小麦每仓石价银，自五钱五分至七钱四分，与上月相同。豌豆每仓石价银，自四钱五分至七钱，较上月减三分。

绥德州属，价中。小米每仓石价银，自一两一钱六分至一两三钱七分，与上月相同。小麦每仓石价银，自一两二钱三分至一两七钱七分，与上月相同。豌豆每仓石价银，自八钱二分至一两二钱一分，较上月贵二钱五分。朱批:"览。"

258 奏报陕省道光三十年应征带征钱粮已未完数目事

陕西巡抚臣张祥河跪奏,为陕省道光三十年应征、带征钱粮,已、未完数目,循例奏闻事。

窃照向例办理钱粮奏销,应将每年完、欠数目分晰具奏,历经遵办在案。兹据布政使王懿德详称:"陕西省道光三十年分,额征地丁、起存药味等项,共银壹佰六十万九千八百二十八两零,通完。又,额征粫米折价银二千四百三十九两零,通完。又,额耗羡银二十三万七千三百八十九两零,通完。又,额征起存本色粮一十九万八千四百二十九石零,内已完粮一十九万七千七百八十二石零,未完粮六百四十七石零。又,额征本色草一万五千六百三十二束零,通完。

又,带征道光二十二年未完缓征存留正银五百三十八两零,内已完银七两零,仍未完银五百三十两零。未完耗羡银八十两零,内已完银一两零,仍未完银七十九两零。仍未完起运本色粮三百八十六石零。

又,带征道光二十三年未完缓征存留正银五百一十七两零,内已完银三十七两零,仍未完银四百八十两零。未完耗羡银七十七两零,内已完银五两零,仍未完银七十二两零。仍未完起运本色粮三百七十一石零。

又,带征道光二十四年未完缓征存留正银七十四两零,内已完银一两零,仍未完银七十二两零。未完耗银一十一两零,内已完银二钱零,仍未完银一十两零。仍未完起运本色粮五十三石零。

又,带征道光二十六年未完起存正银一千四百六十七两零,内已完银一千八两零,仍未完银四百五十八两零。未完耗银二百二十两零,内已完银一百五十一两零,仍未完银六十八两零。未完起运本色粮二千四十六石零,内已完粮五百五十五石零,仍未完粮一千四百九十一石零。未完本色草二千九百三十八束零,内已完草一千七百三十七束零,仍未完草一千二百一束零。

又,带征道光二十七年未完缓征存留正银二百八十二两零,内已完银二百一十三两零,仍未完银六十九两零。未完耗银四十二两零,内已完银三十一两零,仍未完银一十两零。未完缓征起运本色粮二百二石零,内已完粮四十一石零,仍未完粮一百六十一石零。未完本色草三百六十二束零,内已完草一百二束零,仍未完草二百六十束零。

又,带征道光二十九年未完缓征存留正银三百五两零,内已完银三十五两零,仍未完银二百六十九两零。未完耗银四十五两零,内已完银五两零,仍未完银四十两零。未完缓征起运本色粮六百六十石零,内已完粮三百七十三石零,仍未完粮二百八十六石零。未完本色草四百九十八束零,内已完草六十一束零,仍未完草四百三十五束零。

查带征节年未完缓征地丁起存正耗银两,并本色粮草,前已钦奉恩旨,豁免道光三十年以前积欠钱粮,业经奏请"等情,具详前来。臣覆核无异。除将未完粮石,责令该管道府州,依限催征完解外,理合恭折具奏,并将已、未完数目缮具简明清单,恭呈御览,伏乞皇上圣鉴。谨奏。(咸丰元年)四月三十日。咸丰元年五月十八日奉朱批:"户部知道。单并发。钦此。"

259 呈陕西省道光三十年应征正耗等项细数清单

谨将道光三十年应征正、耗等项已、未完细数,开缮清单,恭呈御览。计开:

应征道光三十年银粮等项已、未完数目:

一,道光三十年,额征地丁等项银一百六十万九千八百二十八两零,通完。

一,道光三十年,额征糯米折价银二千四百三十九两零,通完。

一,道光三十年,额征耗羡银二十三万七千三百六十九两零,通完。

一，道光三十年，额征起存本色粮一十九万八千四百二十九石零，内已完粮一十九万七千七百八十二石零，未完粮六百四十七石零。

一，道光三十年，额征本色草一万五千六百三十二束零，通完。

以上道光三十年应征正、耗银粮草束，共已完正、耗银一百八十四万九千六百三十六两零，全数通完。已完粮一十九万七千七百八十二石零，未完粮六百四十七石零。已完草一万五千六百三十二束零，全数通完。

一，带征道光二十二年未完缓征存留正银五百三十八两零，内已完银七两零，仍未完银五百三十两零。未完耗银八十两零，内已完银一两零，仍未完银七十九两零。仍未完起运本色粮三百八十六石零。

一，带征道光二十三年未完缓征存留正银五百一十七两零，内已完银三十七两零，仍未完银四百八十石零。未完耗银七十七两零，内已完银五两零，未完银七十二两零。仍未完起运本色粮三百七十一石零。

一，带征道光二十四年未完缓征存留正银七十四两零，内已完银一两零，仍未完银七十二两零。未完耗银一十一两零，内已完银二钱零，仍未完银一十两零，仍未完起运本色粮五十三石零。

一，带征道光二十六年未完起存正银一千四百六十七两零，内已完银一千八两零，仍未完银四百五十八两零。未完耗银二百二十两零，内已完银一百五十一两零，仍未完银六十八两零。未完起运本色粮二千四十六石零，内已完粮五百五十五石零，仍未完粮一千四百九十一石零。未完本色草二千九百三十八束零，内已完草一千七百三十七束零，仍未完草一千二百一束零。

一，带征道光二十七年未完缓征存留正银二百八十二两零，内已完银二百一十三两零，仍未完银六十九两零。未完耗银四十二两零，内已完银三十一两零，仍未完银一十两零。未完缓征起运本色粮二百二石零,内已完粮四十一石零,仍未完粮一百六十一石零。未完本色草三百六十二束零,内已完草一百二束零,仍未完草二百六十束零。

一,带征道光二十九年未完缓征存留正银三百五两零,内已完银三十五两零,仍未完银二百六十九两零。未完耗银四十五两零,内已完银五两零,仍未完银四十两零。未完缓征起运本色粮六百六十石零,内已完粮三百七十三石零,仍未完粮二百八十六石零。未完本色草四百九十六束零,内已完草六十一束零,仍未完草四百三十五束零。朱批:"览。"

260 奏报陕西省道光三十年份征收新赋钱粮截止奏销前全完数目事

陕西巡抚臣张祥河跪奏,为陕西省道光三十年分征收新赋钱粮,截至奏销以前全完数目,开列上年比较清单,恭折奏祈圣鉴事。

窃照前准户部咨开,钦奉谕旨:"州县实征实解银数,各省督、抚,于奏销题报外,照例具奏。折内开具清单,明列通省三年比较等因。钦此。"嗣又准部咨,统以年底截数,次年二月春拨时开单奏报。即道光五年春拨为始,遵照办理。六年正月内,复准部咨:"通年全额钱粮,势难于春拨时统行确核。行令仍以奏销截数开单奏报,并于单内将已完银数下,注明造入春、秋拨册若干,颁发清单式样,画一办理等因。"

兹据布政使王懿德详报,"道光三十年分,额征新赋地丁正项银一百三十三万一千二百五十二两零,截至奏销止,已十分全完。内造入道光三十年秋拨银八十五万六千二百二十四两零,咸丰元年春拨银四十四万一千四百七两零,实存库银三万三千六百一十九两零,俟咸丰元年秋拨册内造报候拨"等情,具详前来。臣逐细覆核无异。除咨明户部外,所有应征新赋银两全完缘由,理合恭折具奏,敬缮比较细数清单,恭呈御览,伏乞皇上圣鉴。谨奏。(咸丰元年)四月三十日。

咸丰元年五月十八日奉朱批："知道了。钦此。"

261 呈陕西省道光三十年征收新赋钱粮比较清单

谨将陕西省道光三十年征收新赋钱粮，比较上三年完欠分数，缮具清单，恭呈御览。计开：

一，道光三十年分，额征新赋地丁正银一百三十三万一千二百五十二两零，截至奏销止，已十分全完。内造入道光三十年秋拨银八十五万六千二百二十四两零，咸丰元年春拨银四十四万一千四百七两零。实存库银三万三千六百一十九两零，俟咸丰元年秋拨册内造报候拨。

一，比较道光二十九年额征地丁正项银一百三十三万九千一百五十五两零，于是年奏销前十分全完，计已完分数相同。

一，比较道光二十八年额征正项银一百三十三万一千四百三十九两零，于是年奏销前十分全完，计已完分数相同。

一，比较道光二十七年额征地丁正项，除缓征外，应征银一百三十万四千五百四十四两零，于是年奏销前已完九分八厘七毫，计多完一厘三毫。朱批："览。"

262 奏报司库实存耗羡银两数目事

陕西巡抚臣张祥河跪奏，为查明司库实存耗羡银数，循例奏闻事。

窃照司库耗羡收支、动存各款，例应于奏销地丁钱粮时，恭折具奏。兹查陕西省道光三十年奏销册造，司库现存及缺官扣半养廉，共银九百六十六两九钱零。除将清册咨部外，理合循例具奏，并开缮清单，恭呈御览，伏乞皇上圣鉴。谨奏。（咸丰元年）四月三十日。咸丰元年五月十八日奉朱批："户部知道。单并发。钦此。"

263 呈陕西布政使司库道光三十年耗羡银数清单

谨将陕西布政司库道光三十年分耗羡银数，开缮清单，恭呈御览。计开：

旧管：一，存耗羡，原报存剩银一十二万八百七十七两六钱零。内除不敷银一十万七千七百馀两，查系历年动支漏未请销及滥支、滥借之项，俟清查明确，另行造册，补请核销更正，并分别追赔外，止实存储公用银一万三千一百五十三两一钱零。一，存缺官扣半银二万一千八百七十五两一钱零。

新收：一，收耗羡银二十五万八千五百八十四两七钱零。一，收缺官扣半银九千六百五十七两八钱零。

开除：一，支耗羡银二十七万八百三十五两九钱零。一，支缺官扣半银三万一千四百六十八两零。

实在：一，存耗羡银九百一两九钱零。一，存缺官扣半银六十四两九钱零。朱批："览。"

264 奏请褒城县知县何玉珍与醴泉县知县杜宗岳并石泉县知县舒钧与榆林县知县侯国璋对调事

陕西巡抚臣张祥河跪奏，为知县人地未宜，酌量对调，仰祈圣鉴事。

窃照知县为亲民之官，责任綦重，非但题调缺分繁简互异，即同为选缺，亦有难易之分，自应人与地宜，方足以资治理。查西安府属之醴泉县，地当孔道，差务殷繁，现任知县杜宗岳，心地明晰，才识稍拘，虽公事尚无贻误，而于接递差务，戢暴除奸，办理究形竭蹶。又榆林府属之榆林县，系该郡附郭首邑，政务甚殷，现任知县侯国璋，办公尚知勇往，惟才识中平，于繁剧首邑，经理未能尽协。该二县均应酌调。

兹查有褒城县知县何玉珍，年六十六岁，直隶举人，加捐知县，分发陕西，补授今职，道光二十七年十二月到任。该员安详历练，办事稳妥，以之调补醴泉县知县，可期得力。又，石泉县知县舒钧，年五十四岁，甘肃举人，拣选知县，遵例分发陕西，补授今职，道光二十八年八月到任。该员为守兼优,办事精细,以之调补榆林县知县,实堪胜任。其所遗褒城县员缺,即以杜宗岳调补;石泉县员缺,即以侯国璋调补。该二县公务尚简,较为易治,据藩司王懿德、署臬司陈景亮查明,各该员等均无降革留任展参处分,及盗劫已起四参之案,会详请奏前来。

臣查醴泉之与褒城,榆林之与石泉,虽均系简缺,而近日情形难易,实有不同。合无仰恳圣恩,俯准将褒城县知县何玉珍调补醴泉县知县,石泉县知县舒钧调补榆林县知县。所遗褒城县员缺,即以杜宗岳调补;石泉县员缺,即以侯国璋调补。如此一转移间,人地各得其宜,洵于公事有益。如蒙俞允,该员等以简调简,均毋庸送部引见,合并陈明。臣为慎重地方起见,谨会同陕甘督臣琦善,合词恭折具奏,伏乞皇上圣鉴训示。谨奏。(咸丰元年)五月初二日。咸丰元年五月十五日奉朱批:"□□。钦此。"

265 奏报出省续阅营伍日期事

再,臣校阅陕省营伍,前已将阅过潼关、商州及西安满汉各营,分晰具陈在案。兹查应办计典奏销,均次第完竣,尚无紧要事件,自应先赴北山一带校阅。臣定于五月初九日起程,前阅金锁关、宜君、鄜州、延安、绥德镇标各营,逐细考核。至臣署日行事务,饬委藩司王懿德代拆代行,有紧要包封,送臣行馆办理。其臬司解审命盗各案,并委藩司提讯,仍由臣查核定拟。所有起身出省日期,谨附片具奏。(咸丰元年五月初二日)咸丰元年五月十五日奉朱批:"知道了。钦此。"

266 奏报陕西省西安等九府州属二麦约收分数事

陕西巡抚臣张祥河跪奏,为恭报陕西省西安等九府属二麦约收分数,仰祈圣鉴事。

窃照二麦约收分数,例应先期恭折奏报。兹据西安、凤翔、汉中、同州、兴安、商州、邠州、乾州、鄜州九府州,将所属二麦约收分数开折具报，由藩司汇详请奏前来。臣覆加查核，统计西安等九府州属七十二厅州县，多寡牵算，二麦约收七分有馀，敬缮清单，恭呈御览。至延安、榆林、绥德三府州属，节气觉迟，向来均于开报实收分数时，一并具报，合并陈明，理合缮折具奏。伏乞皇上圣鉴。谨奏。（咸丰元年）五月初二日。咸丰元年五月十五日奉朱批：“知道了。钦此。”

267 呈陕西省西安等九府州属二麦约收分数清单

谨将陕西省咸丰元年西安等九府州属二麦约收分数，开缮清单，恭呈御览。计开：

约收九分有馀者，盩厔一县。约收九分者，鄠县一县。约收八分有馀者，乾州、永寿二州县。约收八分者，泾阳、三水二县。约收七分有馀者，临潼、富平、咸阳、高陵、蓝田、兴平、三原、渭南、孝义、宁陕、耀州、醴泉、麟游、郿县、陇州、西乡、城固、洋县、大荔、华阴、白水、澄城、韩城、蒲城、郃阳、朝邑、潼关、邠州、武功、商南、雒南、山阳三十二厅州县。约收七分者，同官、汧阳、褒城、华州、商州五州县。约收六分有馀者，长安、咸宁、凤翔、扶风、岐山、宝鸡、南郑、留坝、佛坪、宁羌、凤县、沔县、略阳、紫阳、洵阳、白河、长武、淳化、镇安、鄜州、洛川、中部、宜君二十三厅州县。约收六分者，定远、石泉二厅县。约收五分有馀者，安康、平利、汉阴、砖坪四厅县。

以上西安等九府州属七十二厅州县，多寡牵算，二麦约收七分有馀。朱批：“览。”

268 奏为遵旨审拟富平县县丞李世钦禀讦知县沈功枚处置命案久悬不结等一案事

陕西巡抚臣张祥河跪奏，为县丞禀讦知县，质讯明确，恭折覆奏，仰祈圣鉴事。

窃照富平县县丞李世钦，禀讦该县知县沈功枚于民词、命案日久不结，管押拖累多人等情，经臣参奏，钦奉上谕：“李世钦、沈功枚均著解任，交该抚质讯明确，照例参办等因。钦此。”钦遵转行审办去后。

兹据委员西安府知府段大章等讯明，李世钦由捐纳县丞分发陕西，咨补富平县美原镇县丞，与该县知县沈功枚素无嫌隙。道光二十九年，沈功枚初到富平县任，因李世钦分驻地方距县较远，时有刀匪出没，令李世钦添募丁役巡缉，每年许帮经费银一百五十两。后因用度支绌未给，李世钦亦以有关情面，不便索讨。三十年九月间，李世钦因公赴县，托词向沈功枚借银三百两，意欲沈功枚将帮项致送。沈功枚未会其意，许借钱一百千文，李世钦没要回署。至十月内赴乡巡查，途遇乡民拦车喊冤，李世钦欲令其往县呈告，乡民不肯，李世钦返诘其故，乡民混称“县中词讼等案，管押约有四百馀人，恐被拖累”之言答覆。

维时李世钦未询姓名，即至县城向沈功枚查问。沈功枚告知并无前项情弊，心疑李世钦特问公事，恐其托故告借，嘱令典史彭用霖转告，允借钱一百五十千文，如不敷用，即借钱二百千文亦可。李世钦忆及沈功枚前止许借钱一百千文，今复加倍，或系丁役私押，藉此多给钱文，免伊查核。又闻有刀匪保外病故未详，遂以“沈功枚于民词、命案日久不结，管押拖累多人”禀。经臣行司，饬委候补知县陈斯善驰往代理县事，一面密查禀覆。

旋据陈斯善将所押各犯查明，系刀匪二十四名，贼犯三十名，案犯三十一名，患病保外身故刀匪四名，开单禀报，核与李世钦原单四百馀人之数不符。当将沈功枚、李世钦撤调来省，奏请解任质讯。经委员前署西安府知府成瑞，督率宜川县知县姚洽，审据沈功枚供出，李世钦曾向借贷，檄调典史彭用霖到案查询，供亦无异。惟李世钦坚不承认，称系因公起见，难保非恃符狡展。后禀前护抚臣王懿德具奏，将李世钦革职，行令提集严究。调抚各案原押刀匪张奎成等二十四名，均因讯无协诈逞凶，照例系带铁杆，日则令其谋生，夜则收置公所。贼犯刘素成等三十名，或因起赃未到，或因供与事主呈报两歧，押候讯办。案犯纪家齐等三十一名，或因押交当息本银，或因行使假绺,或因押交租钱,或因斗殴伤人,以上概系例应管押之犯。现经饬县查讯,分别办理,应免纷纷提省。

至保外病故之贺南京儿、贾步灯、张沅升、孙安西儿,俱系带刀游荡匪徒,经沈功枚先后获案。正在讯详,适因患病保外医治罔效身死,沈功枚逐一验明,取有医生、尸亲、店保、看役供结在卷,尚未详报。今提到尸亲人等,详加推讯,佥供均系取保在外病故,委非久押拖毙。该署府成瑞恐有不实不尽,又察委候补知县周荣堃,改装易服,前赴富平,周历县境,按照李世钦所禀各情,访据乡民,悉称沈功枚实无压案不结,管押多人之事。并询之各处乡约,亦无异词,取结禀赍。成瑞卸事移交,该府覆讯定拟,申详藩、臬两司,审转前来。

臣随亲提研鞫,据沈功枚供称,伊于民词、人命等案,历系随到随审,应断结者断结,应详办者详办。其有供词游移,赃未起获等项应行押候者,具有簿籍可稽,并未敢稍涉拖累,丁役亦无从私押。并据门丁薛大、差役张新等,供亦相符。质之李世钦,无词置辩,自认实系误听乡民混称图准之言,信以为真,冒昧具禀,咎无可辞,委非因借挟诈。再四驳诘,俱各矢口不移,案无遁饰。

此案已革富平县县丞李世钦,因该县许帮缉捕经费未给,托词告借,以期沈功枚会意致送,尚与无端需索,有心挟诈不同。惟以传闻之词,不察虚实,遽行禀讦,且非干己事件,实属冒昧。李世钦应照违制律杖一百,业已革职,应毋庸议。解任富平县知县沈功枚,讯无延案不结,拖累多人。即许帮李世钦缉捕经费未给,亦因用项支绌。惟于刀匪在保病故,既已验明,并未通详,应申不申,例有处分。

查该员前因经征富平县上年钱粮,短解正银一万四千九百馀两,奏请摘去顶带,勒限两个月批解,如能限内全完,再行开复。现据藩司王懿德详报,该员业将前项银两,于限内扫数征完,解交司库,尚知愧奋,呈请具奏开复。相应请旨,将富平县知县沈功枚开复顶带,仍交部照例议处。门丁薛大、差役张新等,俱无私押情弊,免其置议。不知姓名之乡民,并免查传,无干省释。除供招咨部外,所有讯明县丞禀讦知县缘由，理合恭折具奏，伏乞皇上圣鉴。谨奏。（咸丰元年）五月初二日。咸丰元年五月十五日奉朱批：“□□。钦此。”

269 奏为审拟宝鸡县教谕高锡躬担理民词刑押诈索几致酿命事

再，宝鸡县教谕高锡躬，前经护理巡抚、藩司王懿德，以该员担理民词，刑押诈索，几致酿命等情参奏。钦奉上谕：“陕西宝鸡县教谕高锡躬，著即革职，严行审讯，按律惩办等因。钦此。”钦遵转行审办去后。

兹据委员西安府等提集人证，严加研讯。缘已革教谕高锡躬，因见张承祄铺旁深坑，与学宫奎星阁基址逼近，恐致日久坍却，饬传填筑。张承祄以坑系李德寿所挖，并挟李德寿不让当价利钱之嫌，捏词赴学呈控。维时知县公出，高锡躬遂将李德寿传至学署查问，戒责手掌一百，押候该县回署牒究。李德寿不服吵嚷，高锡躬又将其戒责一百。嗣欲复讯，李德寿恐再责打，情急气忿，自用瓷片划伤项颈抵制，经李德寿之侄李茂控府禀揭，提省委审。

反覆究诘，不特高锡躬供无索诈别故，即原告李茂，亦自认图准架捏不讳。是该革员虽无索诈情弊，而担理民词，因其狡赖，两次戒责二百之多，以致李德寿情急气忿自残，实属任性妄为，情节较重，将高锡躬于违制杖一百律上，酌加一等，拟杖六十，徒一年。张承祄、李德寿，分别问以徒杖，由藩司王懿德、署臬司陈景亮审明，详请核办前来。臣覆查无异。除将全案供招，同张承祄等应科各罪，饬司另行造册，咨送刑部核议外。所有讯明已革教谕担理民词，尚无索诈及按律惩办缘由，谨附片具奏。（咸丰元年五月初二日）咸丰元年五月十五日奉朱批：“刑部议奏。钦此。”

270 奏为西安将军札勒罕泰因病出缺事

陕西巡抚臣张祥河跪奏，为西安将军因病出缺，循例由驿具奏，请旨迅赐简放，仰祈圣鉴事。

窃照西安将军札勒罕泰，气体素称强健，在任三年，营务谙练。本年四月十八日偶患热证，当经延医诊治，照常办事。嗣至二十五日，忽尔加重，以咯血后气分尤亏，臣近在同城，不时往看，嘱令安心调理。札勒罕泰屡以受恩优渥，莫报涓埃，涕泪交横，感恋不已。五月初三日痰壅气喘，臣闻信亟往探视，即于是日辰刻出缺。

查札勒罕泰嗣子萨灵阿，年十六岁，并未在署，身旁仅止妻女二人，今猝然病故，情殊可悯。所有身后一切事宜，臣与左、右翼副都统暨司道等妥为照料。其所遗西安将军员缺紧要，相应请旨，迅赐简放，以重职守。为此缮折，循例由驿具奏，并将副都统常春等交到折件，恭呈御览，伏祈皇上圣鉴。谨奏。（咸丰元年）五月初五日。咸丰元年五月十二日奉朱批："知道了。钦此。"

271 奏请谢质卿调补长安县知县事

陕西巡抚臣张祥河跪奏，为拣员调补省会要缺知县，以资治理，仰祈圣鉴事。

窃照长安县知县孙治，钦奉谕旨，升补潼关厅同知。接到部咨，坐四月初四日行文，按陕西照限减半计算，应作为四月二十八日开缺。所遗长安县，系省会首邑，政务殷烦，时有发审案件，必须精明干练之员，方足以资治理。臣与藩、臬两司，在于通省知县内逐加遴选，非现居要缺，即人地未宜。惟查有朝邑县知县谢质卿，年四十七岁，江西举人，捐输知县，选授今职，道光二十七年九月到任，试俸三年期满，销去"试俸"字样。该员安详稳练，办事克勤，现署长安县篆务，办理裕如。且历俸已满三年，一切因公处分，例不核计，以之调补长安县要缺知县，实属合例，亦堪胜任，据藩、臬两司，于咸丰元年五月初二日会详前来。

合无仰恳天恩，俯念要缺需员，敕部覆核，准以谢质卿调补长安县知县，洵于省会要缺有裨。如蒙俞允，该员系现任知县调补知县，衔缺相当，毋庸送部引见。至所遗朝邑县知县，系繁难中缺，陕省现有应补人员，容俟另行请补，合并陈明。所有拣员调补省会首邑要缺知县缘由，谨会同甘陕总督臣琦善，合词恭折具奏，伏祈皇上圣鉴训示。谨奏。(咸丰元年)五月二十四日。咸丰元年六月初四日奉朱批："吏部议奏。钦此。"

272 奏报出省校阅行抵榆林日期事

再，臣于五月初九日自省起程，至二十四日抵榆林。所有金锁关、宜君、鄜州、延安、绥德各营，已顺道校阅。现查阅镇标、城守官兵，兵数较多，分日细校，并调神木、黄甫、波罗、定边等各协营将弁，一并阅看，容俟竣事旋省，再行报闻。谨附片具奏。(咸丰元年)五月二十四日。咸丰元年六月初四日奉朱批："知道了。钦此。"

273 奏报陕西省咸丰元年四月捐监银两数目事

再，查陕西省收捐监生银两，截至咸丰元年三月底止，司库存银五千二百九十二两，业经臣附片奏明在案。今四月分又报捐监生一十一名，收银一千一百八十八两，连前司库共实存银六千四百八十两，理合循例附片奏闻。谨奏。(咸丰元年五月二十四日)咸丰元年六月初四日奉朱批："户部知道。钦此。"

274 奏报陕西省各属四月中下旬至五月上旬得雨并四月粮价情形事

陕西巡抚臣张祥河跪奏，为恭报雨水田禾情形，仰祈圣鉴事。

窃照陕省各属三月下旬及四月初旬雨水田禾情形，业经臣恭折具奏在案。兹据西安、延安、凤翔、汉中、同州、商州等府州属，陆续具报于四(月)十九、二十，并二十八、九，三十及五月初一等日，先后得雨一、二、三、四寸不等。

臣查陕省平原各属，二麦业已碾收，正当播种秋禾之际，得此甘雨滋培，洵于农田大有裨益。其南、北两山包谷、杂粮，长发均极畅茂，北山一带二麦较迟，现在将次成熟，民情乐业，气象恬熙，堪以仰慰宸怀。谨将四月分各属粮价，敬缮清单，恭呈御览，伏祈皇上圣鉴。谨奏。（咸丰元年）五月二十四日。咸丰元年六月初四日奉朱批："知道了。钦此。"

275 呈陕西咸丰元年四月粮价清单

谨将陕西省咸丰元年四月分各属粮价，敬缮清单，恭呈御览。计开：

西安府属，价中。大米每仓石价银，自一两一钱八分至二两三钱，与上月相同。小米每仓石价银，自八钱五分至一两六钱六分，与上月相同。小麦每仓石价银，自八钱四分至一两七钱五分，与上月相同。大麦每仓石价银，自四钱三分至七钱四分，与上月相同。豌豆每仓石价银，自七钱九分至一两三钱八分，与上月相同。

延安府属，大米价贵，馀俱价中。大米每仓石价银，自一两四钱八分至二两八钱九分，较上月减五分。小米每仓石价银，自九钱至一两六钱六分，较上月减一分。小麦每仓石价银，自一两八分至一两七钱八分，与上月相同。糜米每仓石价银，自一两八分至一两三钱九分，与上月相同。豌豆每仓石价银，自八钱三分至一两二钱一分，较上月减二分。

凤翔府属，大米价贱，馀俱价中。大米每仓石价银，自一两三钱六分至一两六钱八分，与上月相同。小米每仓石价银，自一两三分至一两四钱三分，与上月相同。小麦每仓石价银，自八钱一分至一两四钱二分，较上月贵三分。大麦每仓石价银，自三钱九分至七钱一分，较上月减四分。豌豆每仓石价银，自六钱七分至一两一钱四分，较上月贵二分。

汉中府属，小麦、大麦价贵，馀俱价中。大米每仓石价银，自八钱四分至二两二钱九分，与上月相同。小米每仓石价银，自七钱二分至一两五钱七分，与上月相同。小麦每仓石价银，自八钱六分至二两一钱八分，与上月相同。大麦每仓石价银，自四钱一分至一两八分，与上月相同。豌豆每仓石价银，自七钱八分至一两八分，与上月相同。黄豆每仓石价银，自五钱至一两五钱三分，与上月相同。

榆林府属，小麦、豌豆价中，馀俱价贵。大米每仓石价银，自二两二钱四分至三两二钱一分，与上月相同。小米每仓石价银，自一两四钱五分至二两二钱一分，较上月贵一分。小麦每仓石价银，自一两五钱六分至一两九钱七分，较上月贵一分。糜米每仓石价银，自一两四钱五分至二两二钱一分，较上月贵一分。豌豆每仓石价银，自一两二分至一两三钱三分，较上月减二分。

同州府属，价中。大米每仓石价银，自一两四钱五分至二两六钱六分，较上月减一钱三分。小米每仓石价银，自九钱一分至一两四钱五分，较上月减八分。小麦每仓石价银，自九钱一分至一两三钱五分，与上月相同。大麦每仓石价银，自五钱至八钱七分，与上月相同。豌豆每仓石价银，自七钱七分至一两二钱五分，较上月减一钱。

兴安府属，大米价贱，馀俱价中。大米每仓石价银，自一两三钱四分至一两五钱五分，较上月减五分。小米每仓石价银，自八钱七分至一两四钱，与上月相同。小麦每仓石价银，自一两一钱八分至一两四钱五分，较上月减五分。大麦每仓石价银，自四钱四分至七钱，较上月减一分四钱。豌豆每仓石价银，自八钱至一两一钱，较上月减二钱。黄豆每仓石价银，自七钱九分至一两二钱，较上月减一钱。

商州属，大米价贱，馀俱价中。大米每仓石价银，自一两四钱七分至一两九钱三分，较上月减一分。小米每仓石价银，自九钱至一两二钱五分，与上月相同。小麦每仓石价银，自一两二分至一两四钱五分，与上月相同。大麦每仓石价银，自四钱二分至七钱，与上月相同。豌豆每仓石价银，自六钱二分至一两三钱八分，与上月相同。

邠州属，大米价贵，馀俱价中。大米每仓石价银，自一两六钱五分至三两八分，较上月贵七分。小米每仓石价银，自七钱六分至一两四钱，较上月贵七分。小麦每仓石价银，自一两一分至一两四钱四分，较上月贵七分。豌豆每仓石价银，自六钱九分至一两一钱二分，较上月贵七分。

乾州属，大麦价贵，馀俱价中。大米每仓石价银，自一两五钱三分至二两五钱一分，较上月减一分。小米每仓石价银，自一两四钱五分至一两九钱九分，较上月减四分。小麦每仓石价银，自一两三钱八分至一两五钱，较上月减一分。大麦每仓石价银，自六钱至一两一分，较上月减一分。豌豆每仓石价银，自一两一钱九分至一两四钱三分，较上月减三分。

鄜州属，价贱。小米每仓石价银，自五钱五分至八钱，较上月贵三分。小麦每仓石价银，自五钱五分至七钱七分，较上月贵三分。豌豆每仓石价银，自四钱四分至七钱五分，较上月贵五分。

绥德州属，价中。小米每仓石价银，自一两一钱五分至一两三钱七分，与上月相同。小麦每仓石价银，自一两二钱四分至一两七钱七分，与上月相同。豌豆每仓石价银，自八钱三分至一两二钱一分，与上月相同。朱批："览。"

276 奏为遵旨审拟褒城县民范和生京控南郑县生员郭茂兰等争水酿命贿抚顶凶等一案事

陕西巡抚臣张祥河跪奏，为遵旨研讯定拟，仰祈圣鉴事。

窃照褒城县民范和生，以南郑县生员郭茂兰等争灌田水，放枪毙命，贿托顶凶等情，赴京呈控。经步军统领衙门具奏，奉旨："此案著交张祥河亲提人证、卷案，秉公研讯确情，按律定拟具奏。原告民人范和生，该部照例解往备质。钦此。"即经前护抚臣王懿德饬行遵办，臣回任后催提人、卷。兹据委员西安府知府段大章审明定拟，由署臬司陈景亮覆讯转解前来。

臣亲提研鞫。缘范和生籍隶褒城县，与南郑县生员郭茂兰住居连界。附近有山泉一道，其水系南郑宝峰寺发源，由寺后环绕向南顺流，南郑民于猪腰石地方筑堤障水，灌田八百馀亩，完粮二十四石零，并无褒城民人之分。嘉庆年间，南、褒两处之民争水，历控府、道勘讯。

道光二十七年四月间，范和生商允薛怀生，开沟挖堰引水，并向村人按地派钱滋讼。郭茂兰等情急，控经南、褒二县会勘讯明，将范和生等分别问拟徒、杖详咨。二十九年四、五月内，褒城民马利栋等，两次将堤挖毁。六月间，南郑民郭湾见田禾枯萎，与袁春生邀同黄老么等，往向理论争殴，许登潮等放枪中伤张姜娃等，郭湾戳伤马体常，袁春生殴伤杨发，王玉卜戳伤黄老么，内马体常、杨发、黄老么，因伤先后殒命。报经南、褒二县会讯，将郭湾、袁春生，照擅杀罪人例，王玉卜依斗杀律，均拟绞候。马利栋、韩幅、张姜娃，照棍徒扰害例拟军。许登潮等照馀人例，拟杖。堰水仍照匝断，不许褒民强控，立碑遵守等情解勘，题准部覆在案。

嗣黄老么之妻萧氏，以夫死无依，贫难度日，凭媒改适。三十年三月，范和生徒满释回，忆及从前挖争堰水，未经断给，心不甘服，纠众复将堰堤掘口挖沟。郭茂兰等控府提讯，因范和生在逃，将马黑娃等分别责惩，断赔修堰费钱三十千文，并令马黑娃等照断填沟。范和生闻知往阻，用刀扎伤马黑娃右腿潜逃，差缉未获。范和生起意京控拖累，虑难邀准，即捏以枪毙人命，贿买顶凶，及致死黄老么，将其妻黄萧氏贿托官卖，诬赖王玉卜戳死。又以赔修堰费并兴讼盘费，作为差诈各情，赴步军统领衙门呈控，奏奉谕旨，交臣审办。臣提集人证，亲加研讯。

据郭茂兰等佥供，水出南郑，灌溉民田，屡经官断，立有碑记。褒城均系旱地，并无水分，前因马利栋等胁众控堤，郭湾等理论，殴戳杨发、马体常毙命。黄老么因见王玉卜路过，心疑叫骂，被戳身死，同系一日之事，委无纠领数百馀人，枪毙顶凶，将黄老么谋毙，诬赖王玉卜致死。黄萧氏因贫改醮，亦非贿托官卖。并据郭湾、袁春生供称，伊等均种水地，被马利栋等掘堰，无水灌溉，田禾枯萎，是以同理殴戳杨发、马体常身死。伊等素操农业，各有身家，如未殴毙人命，何肯挺身认罪？连年被褒城民争水，受累贫难，又有何人出贿？至黄老么被王玉卜戳毙，不特王玉卜供认属实，即尸妻黄萧氏亦无异词。并称如系郭茂兰谋毙，其必先为具告伸冤，何待范和生京控？质之范和生，无可置辩，自认架捏，严究不移，案无遁饰。

查例载，“凶恶棍徒屡次生事行凶，无故扰害良人，人所共知，确有实据者，发极边足四千里安置”等语。此案范和生捏砌郭茂兰等纠众枪毙人命，致死黄老么，诬赖王玉卜戳毙，赴京控告，提讯均属子虚，按诬告罪，止拟流加徒。惟堰渠本无褒城民人水分，先因控争不给，问徒发配。嗣限满释回，不知悛改，辄复胁众挖掘，并嗔马黑娃遵断填沟，用刀将其扎伤，种种凶恶，实属无故扰害，应按例问拟。

范和生除诬告不议外，合依“凶恶棍徒屡次生事行凶，无故扰害良人，人所共知，确有实据者，发极边足四千里安置”例，发极边足四千里充军，左右面俱刺字，至配杖一百，折责安置。马黑娃等，讯止被胁挖堰，业经府审责惩，应免重科。生员郭茂兰等，亦应免议。堰水仍令南郑民灌田，褒城民不得强挖，以杜争端而安农业。案已讯明，未到人证免提省累，无干概释。除全案供招咨部外，所有审明定拟缘由，理合恭折具奏，伏祈皇上圣鉴，饬部议覆施行。谨奏。（咸丰元年）五月二十四日。咸丰元年六月初四日奉朱批：“刑部议奏。钦此。”

277 奏为宁陕厅同知毛瀚富平县知县沈功枚难胜繁要之任请旨改补事

陕西巡抚臣张祥河跪奏，为同知、知县难胜繁要之任，请旨改补，以肃吏治，仰祈圣鉴事。

窃照宁陕厅抚民同知，系南山繁难要缺，五方杂处，良莠不齐，一切弹压稽查，均关紧要。现任同知毛瀚，年五十一岁，江苏举人，由四川巴州知州丁忧起服，捐输同知，分发陕西，题补今职，于道光三十年六月到任。该员才具尚属明晰，惟于巡缉事件，办理未能周妥。又富平县知县沈功枚，年五十五岁，浙江监生，捐输知县，分发陕西，先补清涧县知县，嗣于道光三十年十一月奏调今职。该员人尚谨饬，惟富平系繁疲难兼三要缺，讼狱烦多，该员听断未能尽协。以上二员均早撤任调省。

兹复督同两司，逐加查察，虽无别项劣迹，第于烦要之区俱不相宜，未便因调补在先，稍涉迁就。相应请旨，将宁陕厅同知毛瀚，富平县知县沈功枚改简留陕，遇有相当缺出，再行补用，仍照例送部引见。至所遗各缺，均系要缺，容俟准到部咨，拣员请补，并据藩、臬两司会详前来。除饬查各该员经手仓库钱粮有无未清，另行办理外，所有同知、知县难胜繁要之任，酌拟改补缘由，谨会同陕甘督臣琦善，合词恭折具奏，伏乞皇上圣鉴训示。谨奏。(咸丰元年)六月初六日。咸丰元年六月十八日奉朱批："□□。钦此。"

278 奏报咸丰元年上忙征收新旧钱粮已未完数目事

陕西巡抚臣张祥河跪奏，为本年上忙征收新、旧钱粮，已、未完数目，循例恭折奏闻，仰祈圣鉴事。

窃照嘉庆二十年六月内，经户部奏准，行令各省，于每年上、下忙应征钱粮，除留支外，实应解司银数，分别正课、杂项，依限详报督、抚，二十日内专折具奏等因。兹据藩司王懿德详报："咸丰元年分，额征民屯更起存及粮折价，除屯丁兑食并豁免外，共银一百六十二万二千五百八十五两零。内除存留银二十八万三千四百三十五两零，止该解司银一百三十三万九千一百五十两零。计自二月开征起，至上忙截数止，已完银八十五万七千三百四十五两零，未完银四十八万一千八百四两零。又，原额盐课银八千九百八十两零，今上忙已完银一千一百七两零，未完银七千八百七十三两零。

又，道光三十年原未完地丁起运银三万三千七百九十三两零，今上忙续征通完。又，道光二十六年府谷县原未完银四百九十二两零，今上忙续完银一百一十八两零，仍未完银三百七十三两零。查未完银两，前已钦奉恩旨，豁免道光三十年以前积欠钱粮等项，业经臣奏请豁免,以广皇仁,尚未奉到部覆。又,道光三十年原未完盐课银二千七百五十两零,今已全数续征通完"等情,具详前来。臣覆核无异。除将未完银两,责令该管道府州,于下忙秋征时,督催依限完解外,所有咸丰元年征收新、旧钱粮,已、未完数目,理合循例具奏,伏乞皇上圣鉴。谨奏。(咸丰元年)六月初六日。咸丰元年六月十八日奉朱批:"户部知道。钦此。"

279 奏为本年钱粮现已征收完欠分数事

陕西巡抚臣张祥河跪奏,为本年钱粮现已征收完、欠分数,循例奏祈圣鉴事。

窃照嘉庆八年五月,经户部奏准,令各省于每年五月,将征完旧欠及当年新赋钱粮征完若干,专折奏明等因。除征完旧欠钱粮数目,臣于本年奏销时另折奏明外,兹据藩司王懿德详称,"咸丰元年分应征钱粮,额征民屯更起运存留及豁免外,共银一百六十二万二千五百八十五两零。内除存留银二十八万三千四百三十五两零,实应解起运银一百三十三万九千一百五十两零。计自二月间开征起,至五月止,现已解储司库银八十五万七千三百四十五两零,未完银四十八万一千八百四两零。计本年新征银两,完纳六分四厘有馀"等情,臣覆核无异。除饬将未完银两,于秋征时,责令该管道府州督催征解,依限全完外,所有咸丰元年分额征钱粮,已、未完数目,理合循例具奏,伏乞皇上圣鉴。谨奏。(咸丰元年)六月初六日。咸丰元年六月十八日奉朱批:"户部知道。钦此。"

280 奏报查阅金锁关宜君及延绥镇标各营情形并甄劾世袭云骑校马斌等事

陕西巡抚臣张祥河跪奏,为查阅金锁关、宜君及延绥镇标各营伍情形,仰祈圣鉴事。

窃臣钦奉谕旨,派阅陕西省营伍,业将阅过潼关、商州并西安满、汉各营官兵，恭折奏报在案。复于五月初九日自省起程，由金锁关、宜君一带，至延绥镇属各营挨次校阅。每到一营，先将枪靶、箭靶高宽尺寸及安靶弓数，饬令遵照部式竖立，不许偷宽挪近。各营额设官兵多寡不等，除口外屯防外，按其册开实在存营官兵，数多者合操大阵，次阅技艺；数少者不敷演阵，即阅枪箭准头。

兹看得金锁关、宜君二营，所演阵式、步伐，均尚整齐，连环枪炮，藤牌杂技，亦尚联络便捷。将、备弓马去得，点验马匹膘壮，军装、器械齐全。其延绥镇属之延安、鄜州、绥德三营，兵数无多，不敷演阵，只阅枪箭准头，足数。马匹、军装，一律足额。嗣至延绥镇总兵驻扎之榆林府城，并调集该镇所属之神木、定边、波罗等协营将弁，分日详细考校。内延绥镇标中、左、右，延绥城守四营兵丁，排演阵式及演打连环，过堂排枪，均皆联络如式。中靶准头，每兵十名，箭在三十箭，枪在二十枪以上。弓用六力、八力，藤牌跳舞，亦属便捷，马上技艺灵便。臣于阅看大阵之后，复阅速战阵，进止严整，所用连环枪炮，喷筒刀矛，亦甚谙习。另看抬炮、抬枪，中数十得八九。将、备弓马可观，旗帜、器械，俱各鲜明坚利，马匹膘壮足额。

臣统阅以上各营，悉心比较，应以延绥镇标等营为优，堪列一等。宜君、金锁关营次之，延安、鄜州、绥德三营又次之。当将官兵技艺较好者，酌量记名、记功，先予升拔，并分别赏给衣料、银牌。庸劣者，自额外外委以下，咨明递降，尤劣者当场责革，用昭劝惩。其各厅州县壮勇俱经调阅，业已饬令该地方官勤加操演，以佐兵力而资巡防。所有各营员弁应劾者，先据该管镇、将禀揭，经臣逐加考验。内有署镇羌堡都司，提标后营世袭云骑尉马斌；署延安营中军守备，镇标右营世袭云骑尉石怀宝，均各箭射无准，才俱平庸，相应请旨，一并革去随营，仍留世职。又，署木瓜园堡守备，镇标右营世袭云骑尉王国正，年力就衰，中箭甚少，应请旨以原品休致。又，署经阳汛把总，提标中营经制外委马连荣；署延绥镇标中营左哨经制外委，右营额外外委杨连进，或箭不到靶，或弓马未能合式，应请将马连荣降为额外外委，杨连进降为马兵，以肃军伍。臣现咨明兵部，并督臣、提臣知照。

伏查关中地处岩疆，武备最关紧要。臣一路察看各营，星罗棋布，法制极为周详。使技艺尽抵精纯，悉成劲旅，洵足以壮声威，永资绥靖。臣已谆嘱镇臣，并于沿途严谕各该营将、备，必须随时认真训练，务使习一艺有一艺之功，备一兵得一兵之用。不得因查阅已过，稍涉懈弛，以仰副圣主整饬边防至意。臣于六月十四日回省清理地方公事，拟俟乡试文闱办竣后，再赴汉中、陕安各镇校阅，届时另行奏闻，合并陈明。所有阅过金锁关、宜君及延绥镇标各营伍缘由，理合恭折具奏，伏乞皇上圣鉴。谨奏。(咸丰元年)六月十七日。咸丰元年七月初一奉朱批："□□。钦此。"

281 奏为委署陕西藩司等司道县各员事

再，陕西藩司王懿德，钦奉上谕，补授福建巡抚，并赴甘肃审办案件，理应派员署理。查有署臬司、督粮道陈景亮，前曾委署藩篆，办理裕如，堪以委署。所遗臬司印务，现在实缺道员，或地居紧要，或道路窎远，一时递署乏人。查有署督粮道、候补道程德润，曾任甘肃藩、臬，熟悉刑名，堪以委署。其所遗之原署督粮道缺，查有西安府知府段大章，年强才裕，堪以就近兼护。

又，咸宁县知县唐李杜，准升商州直隶州知州，应行给咨赴部引见。所遗系冲繁难疲四项相兼要缺，据藩、臬两司，查有安康县知县陈仅，任内并无盗劫已起四参之案，堪委署理，会详前来。除分别檄饬遵照外，所有委署缘由，合并附片陈明。谨奏。(咸丰元年六月十七日)咸丰元年七月初一日奉朱批："知道了。钦此。"

282 奏请洛川县知县鄂锦与同官县知县杨瑛对调事

陕西巡抚臣张祥河跪奏，为知县人地未宜，酌量对调，恭折奏祈圣鉴事。

窃照陕西省各厅州县，凡有庸劣贪鄙等员，业经随时甄核降革，勒休改简，分别奏明在案。兹臣巡阅延绥等处营伍，沿途往返接见各属，留心体察，较为真切。查有鄜州之洛川县，地当冲途，抚绥弹压，在在吃重。现任知县鄂锦，年四十五岁，正红旗满洲监生，由捐纳笔帖式，拣选知县，选授今职，道光二十七年五月到任。该员心地朴诚，尚知黾勉，惟才识拘谨，于此缺不甚相宜，未便稍涉迁就。

复查西安府属同官县知县杨瑛，年六十一岁，江西举人，教习知县，分发陕西。先补吴堡县知县，嗣调定边、咸阳等县知县，丁忧回籍，捐输仍归陕西候补，服满起复，于道光二十七年八月到省，题补今职，本年六月十一日到任。该员年健才明，办事稳练，堪以调补洛川县知县。其所遗同官县一缺，政简民淳，易于治理，即以鄂锦对调，亦能称职。该员任内并无盗案展参处分，如此一转移间，俱可不致遗误，并与藩、臬两司商酌，意见相同。

合无仰恳天恩，俯准以同官县知县杨瑛调补洛川县知县。所遗同官县知县，即以鄂锦对调，洵于地方有裨。如蒙〔谕〕(俞)允，该员等以简调简，衔缺相当，毋庸送部引见。所有察看知县人地未宜，酌量对调缘由，理合恭折具奏，伏乞皇上圣鉴训示。谨奏。(咸丰元年)六月二十四日。咸丰元年七月初七日奉朱批："□□。钦此。"

283 奏请陈仅调补咸宁县知县事

陕西巡抚臣张祥河跪奏，为拣员调补省会要缺知县，以资治理，仰祈圣鉴事。

窃照咸宁县知县唐李杜，钦奉谕旨，升补商州直隶州知州，接到部咨，坐四月二十九日行文，按陕西照限减半计算，应作为五月二十三日开缺。所遗咸宁县，系省会首邑，政务殷繁，时有发审案件，必须精明干练之员，方足以资治理。臣与藩、臬两司，在于通省简缺知县内逐加遴选，非现居要缺，即人地未宜，实无合例堪以调补之员。

惟查有安康县知县陈仅，年六十二岁，浙江举人，议叙知县。选授延长县知县，调补紫阳县知县，旋调今职，道光十九年十一月到任。

十年俸满，二十七年大计卓异，引见候升。又于三十年，经前刑部侍郎恒春保举引见，本年二月回任。该员老成诚朴，办事稳练，且系俸满卓异，并特保回任候升之员，一切因公处分，例免核计。以之调补咸宁县要缺知县，实堪胜任。惟以繁调繁，与例稍有未符，但系省会首邑四字要缺，人地实在相需，例得声明，专折具奏，据藩、臬两司，于咸丰元年六月初九日会详前来。

合无仰恳天恩，俯念要缺需员，敕部核覆，准以安康县知县陈仅调补咸宁县知县，洵于省会要缺有裨。如蒙俞允，该员系现任知县请调知县，衔缺相当，毋庸送部引见。至所遗安康县知县，系繁疲难要缺，容俟陈仅准调部覆至日，再行拣员调补，合并陈明。所有拣员调补省会首邑要缺知县缘由，理合恭折具奏，伏乞皇上圣鉴训示。谨奏。（咸丰元年）六月二十四日。咸丰元年七月初七日奉朱批："吏部议奏。钦此。"

284 奏报陕西咸丰元年五月捐监银两数目等事

再，查陕西省收捐监生银两，截至咸丰元年四月底止，司库存银六千四百八十两，经臣附片奏明在案。今五月分报捐监生三名，收银三百二十四两，连前司库共存银六千八百四两。

又，道光十一年三月内接准部咨，监生每名在部捐银一百八两，在省捐银一百两，亦属轻重未宜，均定为一百八两等因。当查是年正、二两月，陕省收捐监生，应补交银四百一十两，行司饬缴在案。兹据各监生陆续照数补齐，统计司库现共存银七千二百一十四两，合并附片陈明。谨奏。（咸丰元年六月）二十四日。咸丰元年七月初七日奉朱批："户部知道。钦此。"

285 奏为查明藩库奏销报部款项拟请将尾剩积银提补耗羡事

陕西巡抚臣张祥河跪奏，为查明藩库奏销报部款项银数，现已分晰核定筹补，各归各款，恭折奏祈圣鉴事。

窃照前奉谕旨，饬查各省藩库滥支、滥借，分别赔补。当即饬据藩司王懿德查得，陕省库存耗羡银两，有动用、漏销及借支等项，亟应逐细勾稽，分别更正赔补。经臣奏请将该司交代展缓一月，再行结报，责成悉心厘清。钦奉朱批："依议。户部知道。钦此。"钦遵转行在案。

兹据该司王懿德督同委员，细查耗羡一款。截至道光二十九年奏销止，应存银十二万八百七十七两零，库帐止实存银一万三千一百五十三两零，计不敷银十万七千七百二十四两零。溯查历年奏销底帐，有动用漏未请销各款，共银五万六千六十九两零。又，库帐误动耗羡，及应收耗羡，误收别款，共银一千八百三十七两零。又，滥借修署等项银一万九千二百八十四两零。以上核对档案，实皆有著之款，应造册分别补请核销提还，并勒限一年追缴，尚不敷银三万五百三十二两零。

今查至乾隆六十年，有耗羡借用粮价项下银八万两，嘉庆元年提还银五万五千两，已入是年耗羡奏销。嘉庆二年又提还银二万五千两，该年耗羡奏销，未经开支。跟查历年以后底账，多有霉烂残帐，亦别无滥借、滥支之案。所有前项不敷银两，是否即系此款漏销，抑或另有轇轕之处，历年久远，案卷不全，无从追赔，而库款又未便虚悬。

现查库存各杂项，尚有节年来尾剩积馀银五万五千八十四两零，无关报拨，应即于此银内提拨银三万五百三十二两零，收入耗羡不敷之数，以归实储。其正、杂地丁等项，共三十八款，俱按照道光三十年奏销止应存银数，及咸丰元年截至五月二十日止新收银数，除动支外，统共旧管、新收，应实存共银九十四万五千二百四十五两零，并无亏短挪移等情，具详请奏前来。臣查司库正、杂地丁各款，均经该司查无亏短，条分缕晰，各归各款，此后收支不得互相借动，俾昭清晰而免牵混。其各属滥借修署银两，亦经该司查系有著之款，应如所议，勒限一年返缴。

至将各款节年尾剩积馀，例不报拨银两，提拨收入耗羡，委因历年久远，案卷霉烂不全，无从跟查追赔，系属实在情形。相应奏明请旨，于前项尾剩积馀银两内，提拨银三万五百三十二两零，收入耗羡不敷之数，以实库项。下剩银二万四千五百五十一两零，即行报部存案。除将造齐各册咨部，并该司交代另行办理外，所有厘清司库各款银两缘由，理合恭折具奏，伏乞皇上圣鉴训示。谨奏。（咸丰元年）六月二十四日。咸丰元年七月初七日奉朱批："户部议奏。钦此。"

286 奏报陕西省本年京控案件已未审结及限期无迟逾情形事

再，京控案件有无逾限，每届半年，例应汇奏一次。兹查陕西省本年共有京控六起，业经审结三起，尚有三起正在讯办，核计限期，均无迟逾，理合附片陈明。谨奏。（咸丰元年六月二十四日）咸丰元年七月初七日奉朱批："览。钦此。"

287 奏报陕西省各属五月中旬至六月中旬得雨并五月粮价情形事

陕西巡抚臣张祥河跪奏，为恭报雨水田禾情形，仰祈圣鉴事。

窃照陕省各属四月下旬及五月初旬雨水田禾情形，业经臣恭折具奏在案。兹据西安、延安、凤翔、汉中、榆林、同州、兴安、商州、邠州、乾州、鄜州、绥德等府州属，陆续具报于五月十一、二，十七、八、九，二十，并二十五、六、七、八、九，暨六月初二，初四、五、六、七、八、九，十一、二、三等日，先后得雨一、二、三、四、五寸至深透不等。

臣查陕省平原一带，以及南、北两山所种各色秋禾，正当长发之际，叠获甘膏，藉滋培养，可期敷荣畅茂，民情欢悦，四境安恬，堪以仰慰圣怀。谨将五月分各属粮价，敬缮清单，恭呈御览，伏乞皇上圣鉴。谨奏。咸丰元年七月初七日奉朱批："知道了。钦此。"

288 呈陕西省各属咸丰元年五月粮价清单

谨将陕西省咸丰元年五月分各属粮价，敬缮清单，恭呈御览。

计开：

西安府属，价中。大米每仓石价银，自一两一钱八分至二两三钱，与上月相同。小米每仓石价银，自七钱九分至一两六钱六分，与上月相同。小麦每仓石价银，自七钱七分至一两七钱五分，与上月相同。大麦每仓石价银，自四钱至七钱四分，与上月相同。豌豆每仓石价银，自七钱九分至一两三钱八分，与上月相同。

延安府属，大米价贵，馀俱价中。大米每仓石价银，自一两四钱八分至二两八钱九分，与上月相同。小米每仓石价银，自九钱至一两六钱六分，与上月相同。小麦每仓石价银，自一两四分至一两七钱八分，与上月相同。糜米每仓石价银，自一两八分至一两三钱九分，与上月相同。豌豆每仓石价银，自八钱三分至一两二钱一分，与上月相同。

凤翔府属，大米价贱，馀俱价中。大米每仓石价银，自一两三钱六分至一两六钱八分，与上月相同。小米每仓石价银，自一两三分至一两四钱三分，与上月相同。小麦每仓石价银，自七钱七分至一两四钱二分，与上月相同。大麦每仓石价银，自三钱七分至七钱五分，就上月贵四分。豌豆每仓石价银，自六钱五分至一两一钱七分，较上月贵三分。

汉中府属，小麦、大麦价贵，馀俱价中。大米每仓石价银，自八钱四分至二两二钱九分，与上月相同。小米每仓石价银，自七钱二分至一两五钱五分，较上月减二分。小麦每仓石价银，自八钱六分至二两一钱八分，与上月相同。大麦每仓石价银，自三钱三分至一两八分，与上月相同。豌豆每仓石价银，自六钱九分至一两五分，较上月减三分。黄豆每仓石价银，自五钱至一两五钱三分，与上月相同。

榆林府属，小麦、豌豆价中，馀俱价贵。大米每仓石价银，自二两二钱四分至三两二钱一分，与上月相同。小米每仓石价银，自一两四钱五分至二两二钱一分，与上月相同。小麦每仓石价银，自一两五钱六分至一两九钱八分，与上月相同。糜米每仓石价银，自一两四钱五分至二两二钱一分,与上月相同。豌豆每仓石价银,自一两二分至一两三钱三分,与上月相同。

同州府属,价中。大米每仓石价银,自一两四钱五分至二两五钱四分,较上月减一钱二分。小米每仓石价银,自九钱一分至一两三钱七分,较上月减八分。小麦每仓石价银,自九钱一分至一两三钱五分,与上月相同。大麦每仓石价银,自五钱至八钱三分,较上月减四分。豌豆每仓石价银,自七钱七分至一两二钱四分,较上月减一分。

兴安府属,大米价贱,馀俱价中。大米每仓石价银,自一两三钱四分至一两五钱五分,与上月相同。小米每仓石价银,自八钱七分至一两四钱,与上月相同。小麦每仓石价银,自一两一钱八分至一两四钱五分,与上月相同。大麦每仓石价银,自四钱四分至七钱,与上月相同。豌豆每仓石价银,自八钱至一两一钱,与上月相同。黄豆每仓石价银,自七钱九分至一两二钱,与上月相同。

商州属,大米价贱,馀俱价中。大米每仓石价银,自一两四钱九分至一两九钱二分,较上月减一分。小米每仓石价银,自七钱八分至一两二钱五分,与上月相同。小麦每仓石价银,自九钱六分至一两四钱一分,较上月减四分。大麦每仓石价银,自三钱六分至六钱一分,较上月减九分。豌豆每仓石价银,自六钱一分至一两三钱八分,与上月相同。

邠州属,大米价贵,馀俱价中。大米每仓石价银,自一两六钱五分至三两八分,与上月相同。小米每仓石价银,自七钱六分至一两四钱,与上月相同。小麦每仓石价银,自一两一分至一两四钱四分,与上月相同。豌豆每仓石价银,自六钱九分至一两一钱二分,与上月相同。

乾州属,大麦价贵,馀俱价中。大米每仓石价银,自一两五钱三分至二两五钱一分,与上月相同。小米每仓石价银,自一两四钱五分至一两九钱五分,较上月减四分。小麦每仓石价银,自一两三钱八分至一两四钱九分,较上月减一分。大麦每仓石价银,自六钱至一两一分，与上月相同。豌豆每仓石价银，自一两一钱九分至一两四钱一分，较上月减二分。

鄜州属，价贱。小米每仓石价银，自五钱四分至八钱五分，较上月贵五分。小麦每仓石价银，自五钱五分至七钱七分，与上月相同。豌豆每仓石价银，自四钱四分至七钱五分，与上月相同。

绥德州属，价中。小米每仓石价银，自一两一钱七分至一两四钱，较上月贵三分。小麦每仓石价银，自一两二钱二分至一两七钱九分，较上月贵二分。豌豆每仓石价银，自八钱四分至一两二钱一分，与上月相同。朱批："览。"

289 奏为遵旨审拟富平县民姜瑞麟京控蒋南金贿唆诬良及本县征粮逼毙多命等一案事

陕西巡抚臣张祥河跪奏，为遵旨审明定拟，恭折奏祈圣鉴事。

窃照富平县民姜瑞麟，以蒋南金贿唆贼犯，诬扳伊父为盗，并本县征粮逼毙多命等情，赴京呈控，经步军统领衙门奏奉谕旨："此案著交张祥河，亲提人证、卷宗，秉公研讯确情，按律定拟具奏。原告民人姜瑞麟，该部照例解往备质。钦此。"并准部咨，将该原告递解到陕。遵即行提人、卷至省，饬委西安府知府段大章审明，由署藩司陈景亮、署臬司程德润覆审详解前来。

臣亲提研鞫，缘蒋南金、冯魁、姜瑞麟，分隶蒲城、富平等县。蒋南金先于道光五年在同州府考试，用蒋召南名字，希图顶替进场，与赵士楷换卷作文，经场外拿获，审拟"诓骗未成"，例问拟枷杖。八年更名蒋南金，考进文学生员，包揽词讼。冯魁充当蒲城县快班头役，素听蒋南金指使。姜瑞麟之父姜大智，赋性强横，带刀游荡，前于二十年，经富平县访闻差拿，姜大智自愿改悔，央贡生李楷、武生王辅清具结保释。

二十三年，蒋南金与井茂连、王省开设客店，每遇住店兴讼之人，屡次代作词状，令人誊写，经前任咸宁县罗定约访拿未获，传到在店照看，昔存今故之郭斗忠，起得词稿三十七纸。随将蒋南金衣顶详革，移知蒲城县朱大源拿究。至二十四年，蒋南金同井茂连前赴蒲城投审，捏供词稿系寓客寄存，该县朱大源令其照词书写，笔迹不符，详请开复，经藩司批驳，蒋南金畏罪潜逃，票差冯魁缉拿，冯魁徇(私)故纵，未经送案。二十六年，姜大智故智复萌，联络蒋南金，互为声援。适蒋南金在富平兰山里置买地亩，商同姜大智，将粮过于党林里。姜大智族人姜幅顺，查知蒋南金素不安分，向姜大智阻挡未过，蒋南金、姜大智均与姜幅顺有嫌。

是年正月二十九日夜，已死党良儿、姜印儿，与贺毓春等行窃蒲城县周佩连家衣服，藏放水洞，经党茂修、党经林拾获。蒋南金、姜大智忆及党良儿曾窃姜幅顺家被获殴逐，商令党良儿诬扳姜幅顺为贼，报复泄忿。党良儿起先不从，蒋南金等许向差役招呼，不令投案，党良儿应允。蒋南金做词二纸，一用党树连之名呈县，一交缉役刘忠投递。

嗣周佩连闻知赃被拾获，嘱冯魁给姜大智钱四千文，托其找寻。姜大智遂问党茂修等，将赃并当票起出，冯魁因赃不全，意图讹诈，拴锁姜大智究问，姜大智令李添旺转央蒋南金，给钱十六千文息事。蒋南金复藉端挟制姜大智索谢，姜大智无奈，将蒋南金前借伊钱三十八串借约抽销，心怀愤恨，即赴臬司呈控蒋南金劣衿济恶，并令蒋应显帮控，批府提讯。冯魁畏惧，当将所诈姜大智钱文退还。蒋南金不甘，以党良儿诬扳姜幅顺为贼，系姜大智一人主使，令党良儿之母党杨氏暨姜幅顺同往蒲城投诉。前任蒲城县张肇元屡关姜大智未到，原保李楷等闻知，亦即具禀富平县。旋获党良儿、姜印儿，解交蒲城，讯实伙窃，押候究办。

姜大智令党良儿之弟党树才，赴蒲呈首蒋南金唆扳良善。讵党良儿、姜印儿在押患病，保后医治罔效，先后身故，张肇元逐一验明，填格详报。刘忠另因误公革役。姜大智又使党树才，以蒋南金嘱差阻绝其兄饮食，致令死口无对，控经蒲城县，屡传均未到案。姜大智之妻姜许氏路遇蒋南金斥骂，蒋南金之子蒋志娃气忿，拳殴许氏左眼，抓伤左腮颊，姜瑞麟控县验伤关提。

迨后姜大智在镇赶集，蒋南金令李添旺、李添贵、党牛头及蒋志娃，将其拉至空窑关闭，次早禀经富平县丞，饬差姚德押解送县。姜大智乘间脱逃，潜往四川一带躲避，至三十年五月回家。党杨氏令党树才往问不依。姜大智央姜万太劝处，给与党杨氏钱十千文，麦一石，以资养赡。党树才之兄党乐儿，又与姜幅顺将姜大智骡头拉去，姜大智不能家居，仍复出外。姜瑞麟心疑党树才等滋闹，皆系蒋南金主唆，先后控经臬司、巡抚、学政，批饬究审。蒋南金风闻逃避，姜瑞麟又照历控情节，并添砌征粮逼毙甲长等情，赴步军统领衙门呈控，奏奉谕旨交审，经臣亲提研鞫，各供前情不讳。伏查所控钱粮，较之诬盗为重，随逐一严究。

如控该县钱粮新、旧并征逼死甲长一款。卷查道光二十六年富平县收成歉薄，经前抚臣林则徐奏请，将民欠地丁缓至二十七年麦后征收，后又展至二十八、九，三十等年，始行带征全完报解。并查二十七年有党锡庚之弟党应庚，因充兰山里甲长，经催粮赋，欠正银四十馀两，经差杨升禀县，比责勒限催完。嗣党应庚在家染患时疫，病痧身死，维时党锡庚外贸回归，怀疑控司，旋经查系病亡，具悔详销。

此外有周六儿之兄周汶幅，与周建清充当美田里正、副甲长，征收三十年粮赋，粮差刘得屡催周汶幅无完，邀同正甲长周建清向索。周汶幅谎称已在美原镇钱铺总完银九两一钱，刘得等不信，约往对质，周汶幅虑恐查出虚捏，禀返投入路旁井内溺毙，报县验详各在案。是该县钱粮本有常征、旧欠，催粮甲长一系责后病故，一系情虚自尽，并无逼毙十馀人之事。现讯党锡庚，据供无异。并行提周六儿，不愿来省，出具切结，核与原详相符。

又，所控浮收仓粮，多征地丁，及流差皆取于民一款。讯得富平县出易仓粮，向系斗出斗进，并无出少易多。至外用杂费，每石土粮，折征银一两二钱二分四厘二毫零，因民间银色低潮短平，计加库平足色及倾销火耗，并批解脚价费等项，共需市平银一两四钱八分。富平地处偏僻，不通驿路，间有流差过境，俱系雇觅车马，官为发价。传讯仓书乔连凝、斗级路幅、户书刘守义、银匠刘和、差役邢振等，佥供委无浮收多征及浮派车马情事。并据粮正、花户众供，果有前项弊端，岂肯身受其累，甘心隐忍？

又，所控蒋南金等与县丞为知客，同吸民脂一款。讯系道光二十六年岁歉时，县丞李世钦同县办理赈务，曾举首事武生何秦等劝捐钞、麦，赈散贫民，并无请蒋南金为知客，做寿散帖敛钱各情。县丞衙门仅有门子、马夫各一名，皂隶四名，向无轿夫，亦无差役多名。蒋南金素与县丞不识，委无将姜大智锁押，嘱差姚德凌虐情弊。

他如所控蒋南金不顾父母之养，纵子蒋志娃逐殴胞兄蒋官儿，诬控为盗，代刘家瑞作呈贿证，及抢雷省时聘妻，霸娶杨姓之妻为妾一节。讯得蒋南金在富平县置田另住，其父蒋瀛洲不愿迁移，仍在原籍蒲城，与伊兄蒋官儿同度，并非弃亲不顾。

道光二十六年正月初三日，蒋志娃骑骡赴张振南家探望，适蒋官儿踵至，将骡骑回。蒋南金商议姜大智，欲以张振南之名，在于蒲城控告蒋官儿白昼抢畜，因张振南不依中止。蒋南金等又假捏姜立成以被窃骡头具控，前署富平县曹士鹤将蒋官儿传案，姜大智令昔存今故之忽锐顶作原告质审，蒋官儿有口难分，承认行窃，经县杖责，追骡还主结案。

白水县捐贡刘宗瑞，先延张培之在家课子，张培之因其相待刻薄，口角争吵，自拾磁片种伤控县。刘宗瑞扬言张培之无品，难司教读，张培之虑恐无处觅馆，愁急投窖殒命。报验审讯，刘宗瑞因张培之呈控在先，自认殴伤，详革饬审。其母刘郭氏闻子收禁，令侄刘集瑞带同刘宗瑞之妻刘陈氏，捏称张培之曾向其孙调奸上控，批审该县，覆讯检举，将刘宗瑞照“威逼人致死”律，拟杖发落，分别正控详咨。并闻蒋南金与刘集瑞同住一店，疑其唆讼，差传审无教唆，省释详结。蒋南金聘娶雷有时之妻万氏为室，委系雷有时之母退婚在前，改嫁在后，并非抢买。杨澄因妾王氏懒惰倔强，不安于室，凭媒嫁与蒋南金为妾，立有婚书，亦非霸娶。

至所控蒋南金使蒋彦娃等，领富平差役强魁拴锁诈钱，袁成藉票拘诈纠匪抢麦未成，假设公堂，及唆李云正京控等情，查讯均无其事。臣恐有不实不尽，复令姜瑞麟逐一指实，以凭彻究。据供，京控各情，系伊架捏，伊父姜大智闻知，虑恐审虚，于委员未讯之先，伊即经具悔。并诘蒋南金等，此外再无不法别案，再四严究，俱各矢口不移，案无遁饰。查例载："积惯讼棍，依棍徒生事扰害，例发云贵、两广极边烟瘴充军。"又律载："故纵罪囚，与囚同罪。"又例载"蓦越赴京告重事不实，发边远充军"各等语。

此案革生蒋南金，先因枪替未成，问拟枷杖。嗣更名幸进，又复包揽词讼。姜大智带刀游荡被获，悔恳保释，后与蒋南金互相联络，听从越里过粮。因挟姜幅顺阻挡之嫌，商令贼匪扳其为贼，作呈代递。并因蒋南金胞兄蒋官儿骑回骡头，商同捏名屡控，倩人代讯，致蒋官儿枉受杖责。又因蒋南金向其挟制抽销借约，彼此讦讼，避延不案，实属积惯讼棍，为害闾阎。该犯等先则同恶相济，继而构怨相倾，厥罪继均，应按例问拟。

蒋南金即蒋召南，应照"积惯讼棍，依棍徒生事扰害"例，问发云贵、两广极边烟瘴充军。该犯前因揽作讼词至三十七纸之多，狡供避就，几致幸逃法网，情殊险恶，应从重发新疆，酌拨种地、当差，以示惩儆，并于右面刺"外遣"二字。姜大智照"积惯讼棍，依棍徒生事扰害，问发云贵、两广极边烟瘴充军"例，发云贵、两广极边烟瘴充军。差役冯魁听从蒋南金指使，当蒋南金唆讼事发，奉票查拿，胆敢徇庇故纵，抗不送案，实属误公藐法，亦应按例问拟。冯魁合仿"故纵罪囚，与囚同罪"律，亦发云贵、两广极边烟瘴充军。至犯各杖一百，折责安置，该犯等事犯在道光三十年正月二十八日恩诏以前，情节较重，均不准其援免。

姜瑞麟所控蒋南金贿串贼匪，诬扳伊父为盗，事尚有因。惟妄砌该县比粮逼毙甲长，及浮收仓粮，多征丁银，并县丞散帖敛钱各情，皆属虚诬，系告重事不实。第于未审之先，其父代为悔恳，即同自首，应依例酌减问拟。姜瑞麟应于“蓦越赴京告重事不实，发边远充军”例上减一等，拟杖一百，徒三年，至配折责安置。李添旺、李添贵、党牛头听从蒋南金，将姜大智拉进空窑关闭。蒋志娃拳殴姜许氏受伤，并听从伊父蒋南金，帮拉姜大智关闭。刘忠于蒋南金等交给呈词，并不查明，混行投递。井茂连扶同捏供，均有不合。应俱照“不应重”律，杖八十。杨澄即杨姓，因妾王氏懒惰倔强，凭媒嫁与蒋南金为妾，杨澄、王氏均依“用财卖休”律，杖一百，妾减一等，各杖九十。王氏无宗可归，免其离异。以上各杖罪均在赦前，概予援免。

党树才、姜幅顺前在蒲城呈诉，虽系蒋南金等主使，一因兄死非命，一因身受其害。万氏退婚在前，改醮在后，尚无不合，应与拉畜有因之党乐儿，及帮同劝赈之武生何秦等，均免置议。党杨氏得受钱、麦，已为养赡费用，并免著追。党乐儿所拉骡头，现在姜幅顺家喂养，应同蒋南金前借姜大智钱文，照追还主。冯魁退还赃钱，与杨澄所得财礼，均追入官。词稿案结销毁，未到人证，免提省累。至混请开复蒋南金衣顶之前任蒲城县知县朱大源，业已病故，应毋庸议。

其承审未能究出实情之前任蒲城县告病知县张肇元，并误责蒋官儿之前署富平县清涧县告病知县曹士鹤，均例有应得之咎，相应请旨，一并交部议处。除供招咨部外，所有审明定拟缘由，理合恭折具奏，伏乞皇上圣鉴，敕部议覆施行。谨奏。(咸丰元年)七月初九日。
咸丰元年七月二十一日奉朱批：“刑部议奏。钦此。”

290 奏为委署陕西布政使等司道州各员事

再，陕西藩司一缺，前委督粮道陈景亮署理。兹新任臬司易棠业已到省，查藩司吴式芬由贵州来陕，尚需时日，自应令该臬司接署藩篆。陈景亮仍回粮道本任，兼办乡试文闱提调事宜。

又，延榆绥道周鸣鸾，与臬司易棠系儿女姻亲，例应回避。所遗员缺，查有榆林府知府何锟，堪以就近兼护。又，署宁羌州知州唐汝成，现经由司调省，派办科场事务。所遗员缺，查有葭州知州张景蕃，任内并无盗案四参处分，堪以调署。除分檄饬遵外，所有委署缘由，理合附片陈明。谨奏。（咸丰元年七月初九日）咸丰元年七月二十一日奉朱批："知道了。钦此。"

291 奏为审明龚周氏谋杀亲夫一案分别按律定拟事

陕西巡抚臣张祥河跪奏，为审明逆伦重犯，分别办理，仰祈圣鉴事。

窃据署孝义厅同知雍载庆详报，客民龚周氏商同〔其〕（奸）夫陈性品，并伊子龚大狗儿、媳龚陶氏，谋杀亲夫龚漠具身死，私埋匿报等情，当以案关重大，批饬确究。旋据该署厅押解犯、证到省，饬委西安府知府段大章会同审拟，由署臬司程德润覆审招解前来。

臣亲提研鞫，缘龚周氏系已死湖北客民龚漠具之妻，龚漠具素务庄农，性情急躁。龚大狗系其长子，赋性痴呆，不知耕作，龚漠具时加训责，龚周氏救护，亦屡被龚漠具殴骂。龚陶氏系龚大狗儿之妻。有原籍湖北，客居该厅之陈性品，与龚漠具认识往来，龚周氏同媳龚陶氏均见面不避。咸丰元年三月十三日，陈性品至龚漠具家探望，乘间与龚周（氏）调戏成奸，被龚陶氏撞破。龚周氏虑恐张扬，即诱令龚陶氏亦与陈性品奸好。以后各遇便续奸，不记次数，未给钱物，龚漠具、龚大狗儿均不知情。

四月十九日，陈性品正与龚陶氏同坐堂屋说笑，龚漠具回家看见喝问，陈性品趋避。龚漠具当问龚陶氏，盘出奸情责打，并辱骂龚周氏不知管教。龚周氏未敢分辩，代为跪求，龚漠具愈加疑惑，声言欲寻陈性品，一并杀害。

□□二十二日下午，陈性品探知〔陈〕（龚）漠具赴镇赶集，向龚周氏问信，龚周氏哭告情由，陈性品即欲出外躲避。龚周氏恋奸情密，起意商同陈性品、龚陶氏将龚漠具致死，免受后累，装点跌毙掩饰，便与陈性品长久通奸。陈性品虑龚大狗儿查知不依。龚周氏料其性愚可欺，遂唤龚大狗儿，捏称其父龚渶具调奸龚陶氏不从殴骂，伊气忿不过，已邀令陈性品帮殴，令其一同殴打，诸事有〔依〕(伊)承当。龚大狗儿不肯，龚周氏就以“龚渶具屡向责打，非伊护庇，早被殴毙，如不听从，以后任其殴毙，再不救护”之言向吓，龚大狗儿畏惧应允，约定乘夜下手各散。

旁晚，龚渶具转回睡宿，龚周氏将房门虚掩，陈性品在另房等候。三更后，听闻龚渶具鼾睡，龚周氏手执灯亮，龚大狗儿、龚陶氏分携铁斧、弯刀，同陈性品进房，见龚渶具向里侧卧。陈性品上床将龚渶具掀按，龚大狗儿用斧背殴伤龚渶具左耳相连耳轮，龚陶氏用刀背殴伤龚渶具额门。龚渶具翻身喊救，陈性品接过龚大狗儿铁斧，用背连殴伤其偏左、右眉丛；龚周氏亦接过龚(陶)氏弯刀，用背连殴其脑后发际，龚渶具登时殒命。陈性品当即回家。次早，龚周氏等假装哭泣，族人龚开榜闻而查讯，龚周氏声称龚渶具先日赶集晚归，酒醉失足跌毙伤状，龚开榜信实，因值农忙，各自走去。龚周氏即令陈性品□□殓埋。

嗣经该厅访闻差拿，先获龚周氏、龚陶氏，取供诣验。陈性品带同龚大狗儿，逃至孝义、咸宁交界地方，被委(遇)缺即补县丞杨光澍盘住，适原役赶至，协同拿获。讯详解省提审，各供前情不讳，诘无起衅别故，及再有同谋加功。□陈性品等逃后，亦无行凶为匪，并知情容留之人。再三研究，矢口不移，案无遁饰。

查律载：“妻因奸同谋杀死亲夫者，凌迟处死。”又：“谋杀父及夫之父，已杀者皆凌迟处死。”又例载“奸夫听从奸妇，并纠其子谋杀本夫，陷人母子，均罹寸磔，奸夫拟斩立决”各等语。又，嘉庆十五年十二月十四日奉旨：“刑部议覆审四川省程邓氏商同伊子勒毙亲夫一案。向来外省遇有因奸谋毙亲夫之案，审拟具奏，例应听候部议。此案程邓氏因伊夫程洪受平日酗酒嫖赌，又见其站立伊媳房门外，辄疑图奸，商同伊子程德帮勒毙命，实为人伦至变。该督审明后，即将程德恭请王命正法。而程邓氏一犯,尚照寻常谋毙夫命案情,仍请敕下部议,未免拘泥。程邓氏著即凌迟处死。案非情理所有,事属仅见,嗣后或有情节似此者,即照此办理。钦此。”钦遵在案。

龚周氏同媳龚陶氏,均与陈性品通奸,经伊夫龚渼具撞破龚陶氏奸情殴骂,并詈该氏不知管教,称欲将奸夫陈性品一并杀害。该氏恋奸情密,起意商同陈性品并伊子、媳,将伊(夫)龚渼具殴毙,实属淫恶,应(按)律例问拟。龚周氏除纵媳与人通奸,及埋尸不失各轻罪不议外,合依“妻因奸同谋杀死亲夫者,凌迟处死”。龚大狗儿先于伊母商令帮殴未允,嗣因吓逼,畏惧听从,下手殴毙父命。龚陶氏与陈性品通奸被翁撞获,同姑(将)翁谋殴毙,均属罪大恶极,应按律问拟。龚大狗儿、龚陶氏除听从私埋轻罪不议外,合依谋“谋杀父及夫之父,已杀者凌迟处死”律,凌迟处死。案非情理所有,事属仅见,覆与程邓氏商同其子勒毙亲夫之案,情节更重。孝义厅距省在三百里以外,且有溪河阻隔,臣于审明后,即恭请王命,分委署臬司程德润、臣标下中军参将尹培立,将龚大狗儿、龚陶氏绑赴市曹,分别凌迟正法处死。仍枭取龚大狗儿首级,传首犯事地方,悬竿示众,以昭炯戒。

陈性品与龚周氏姑、媳通奸,听从龚周氏,将本夫杀毙。虽龚大狗儿非该犯相纠,而龚周氏令其帮殴,究因该犯虑恐不备不依所致,凶恶已极,按例问拟。陈性品听从埋尸轻罪不议外,合依“奸夫听从奸妇,并纠其子谋杀本夫,陷人母子,均罹寸磔,奸夫拟斩立决”例,拟斩立决,照例先行刺字。乡约何复兴失于查察,应照不应重律,杖八十,折责革役。龚开榜讯系被罔,并非知情徇隐,应免置议,尸□饬埋。至拿获罪应凌迟、斩决人犯各一名之遇缺即补县丞杨光澍,容俟部覆至日另办。除供招咨部外,所有审明分别办理缘由,理合恭折具奏,伏乞皇上圣鉴。谨奏。咸丰元年七月廿一日奉朱批:“刑部速议具奏。钦此。”

292 奏报陕西省六月雨水田禾并粮价情形事

陕西巡抚臣张祥河跪奏,为恭报雨水田禾情形,仰祈圣鉴事。

窃照陕省五月中旬暨六月上旬雨水田禾情形,业经臣恭折具奏在案。兹据西安、延安、凤翔、汉中、榆林、同州、兴安、商州、邠州、乾州、鄜州、绥德等府州属,陆续具报于六月十四、五,十九,二十,二十一并二十七、八、九,暨七月初六、七、八,十二、三、四、五、六等日,先后得雨一、二、三、四、五寸至深透不等。

臣查陕省各属入伏以后,雨泽应期。平原、高阜各色秋禾,正当发荣之际,叠逢甘雨滋培,生机勃然,更觉芃茂,民情欢悦,共卜丰年,堪以仰慰圣怀。谨将六月分各属粮价,敬缮清单,恭呈御览,伏乞皇上圣鉴。谨奏。(咸丰元年)七月二十四日。咸丰元年八月初六日奉朱批:“知道了。钦此。”

293 呈陕西省各属咸丰元年六月粮价清单

谨将陕西省咸丰元年六月分各属粮价,敬缮清单,恭呈御览。计开:

西安府属,价中。大米每仓石价银,自一两一钱八分至二两二分,较上月减二钱八分。小米每仓石价银,自七钱九分至一两五钱八分,较上月减八分。小麦每仓石价银,自七钱一分至一两七钱五分,与上月相同。大麦每仓石价银,自四钱至七钱四分,与上月相同。豌豆每仓石价银,自七钱九分至一两三钱八分,与上月相同。

延安府属,大米价贵,馀俱价中。大米每仓石价银,自一两四钱九分至二两八钱九分,与上月相同。小米每仓石价银,自九钱至一两六钱七分,较上月贵一分。小麦每仓石价银,自一两四分至一两七钱八分,与上月相同。糜米每仓石价银,自一两八分至一两三钱九分,与上月相同。豌豆每仓石价银,自八钱三分至一两二钱一分,与上月相同。

凤翔府属,大米价贱,馀俱价中。大米每仓石价银,自一两三钱六分至一两六钱八分，与上月相同。小米每仓石价银，自一两三分至一两四钱三分，与上月相同。小麦每仓石价银，自七钱九分至一两四钱二分，与上月相同。大麦每仓石价银，自三钱八分至七钱五分，与上月相同。豌豆每仓石价银，自六钱七分至一两一钱六分，较上月减一分。

汉中府属，小麦、大麦价贵，馀俱价中。大米每仓石价银，自八钱四分至二两二钱九分，与上月相同。小米每仓石价银，自七钱二分至一两五钱四分，较上月减一分。小麦每仓石价银，自八钱六分至二两一钱八分，与上月相同。大麦每仓石价银，自三钱八分至一两八分，与上月相同。豌豆每仓石价银，自六钱六分至一两五分，与上月相同。黄豆每仓石价银，自五钱至一两五钱三分，与上月相同。

榆林府属，小麦、豌豆价中，馀俱价贵。大米每仓石价银，自二两三钱一分至三两三钱六分，较上月贵一钱五分。小米每仓石价银，自一两四钱五分至二两二钱一分，与上月相同。小麦每仓石价银，自一两五钱六分至二两九分，较上月贵一钱一分。糜米每仓石价银，自一两四钱五分至二两二钱一分，与上月相同。豌豆每仓石价银，自一两二分至一两四钱一分，较上月贵八分。

同州府属，价中。大米每仓石价银，自一两四钱五分至二两四钱七分，较上月减七分。小米每仓石价银，自九钱八分至一两三钱四分，较上月减三分。小麦每仓石价银，自九钱八分至一两三钱四分，较上月减一分。大麦每仓石价银，自五钱至七钱九分，较上月减四分。豌豆每仓石价银，自八钱四分至一两二钱四分，与上月相同。

兴安府属，大米价贱，馀俱价中。大米每仓石价银，自一两二钱九分至一两五钱五分，与上月相同。小米每仓石价银，自八钱二分至一两四钱，与上月相同。小麦每仓石价银，自一两九分至一两四钱五分，与上月相同。大麦每仓石价银，自四钱四分至七钱，与上月相同。豌豆每仓石价银，自六钱八分至一两一钱，与上月相同。黄豆每仓石价银，自七钱五分至一两二钱，与上月相同。

商州属，大米价贱，馀俱价中。大米每仓石价银，自一两五钱至一两九钱二分，与上月相同。小米每仓石价银，自七钱八分至一两二钱五分，与上月相同。小麦每仓石价银，自九钱六分至一两四钱一分，与上月相同。大麦每仓石价银，自三钱六分至六钱，较上月减一分。豌豆每仓石价银，自六钱至一两三钱八分，与上月相同。

邠州属，大米价贵，馀俱价中。大米每仓石价银，自一两六钱五分至三两一钱五分，较上月贵七分。小米每仓石价银，自七钱六分至一两四钱七分，较上月贵七分。小麦每仓石价银，自一两一分至一两三钱，较上月减一钱四分。豌豆每仓石价银，自六钱九分至一两二分，较上月减一钱。

乾州属，大麦价贵，馀俱价中。大米每仓石价银，自一两五钱三分至二两五钱一分，与上月相同。小米每仓石价银，自一两四钱五分至一两九钱五分，与上月相同。小麦每仓石价银，自一两三钱八分至一两四钱九分，与上月相同。大麦每仓石价银，自六钱至一两一分，与上月相同。豌豆每仓石价银，自一两一钱九分至一两四钱一分，与上月相同。

鄜州属，价贱。小米每仓石价银，自五钱四分至八钱四分，较上月减一分。小麦每仓石价银，自五钱五分至七钱六分，较上月减一分。豌豆每仓石价银，自四钱四分至七钱三分，较上月减二分。

绥德州属，价中。小米每仓石价银，自一两一钱七分至一两四钱二分，较上月贵二分。小麦每仓石价银，自一两二钱至一两八钱一分，较上月贵二分。豌豆每仓石价银，自八钱二分至一两二钱一分，与上月相同。朱批："览。"

294 奏为代奏已革陕甘总督琦善任内查核陕西候补知县江开被参案声叙未符请更正事

陕西巡抚臣张祥河跪奏，为据呈代奏事。

本年七月二十五日，据已革陕甘总督琦善呈称，"窃琦善前在陕甘总督任内，遵旨查奏陕西候补知县江开曾经被参有案。上年乡试，江开充同考官，以文理荒谬之卷强呈考官，求中未允，以致物议沸腾一案，折内声称‘候补知县江开为举人时，在湖北曾经被人指参，经钦差奏请递解回籍’等语。兹复查询得，江开前此被参，系前任两湖总督周天爵钦奉寄谕，将江开饬令回籍，非由钦差奏请递解。彼时琦善因是年该省有钦差查办周天爵被参之案，记忆不真，以致参叙未符。虽江开现因派充同考官，将别房荐而未中之卷，代呈主司求中，奉旨交部议处，照例降调，于此案无相干涉。惟于当日回籍之处，声叙既有不符，自应呈请代奏，咨部更正”等情。

臣查此案部议，系照科场例降调，原呈所称记忆不真之处，与正案无涉，当即面告琦善，似可毋庸烦渎圣听。兹案已具呈，臣不敢壅于上闻，理合据情代奏，并将原呈恭呈御览，伏乞皇上圣鉴。谨奏。

(咸丰元年)八月初三日。咸丰元年八月十七日奉朱批:“该部知道。原呈并发。钦此。”

295 奏为各属拿获匪犯随时按例惩办事

陕西巡抚臣张祥河跪奏，为各属拿获匪徒，随时分别惩办，恭折奏闻，仰祈圣鉴事。

窃照陕省各属，向有一种匪类，配执刀械，三五成群，或倚众逞凶，或籍端讹诈，到处滋扰土人，名曰“刀匪”。前经臣督率印委各员，拿获刀匪及逃凶贼犯等一百零五名，于道光二十九年六月，内阁奏奉朱批:“所办甚属认真。钦此。”钦遵分檄饬拿在案。嗣因各属报获渐少，诚恐捕务松动。并查此项匪徒，多在两三县交界地方往来游奕，此拿彼窜，弋获为难。复与臬司节次严谕各州县，互相关会，随时访查，毋涉懈弛，庶匪犯无可容身，即不致肆行扰累。

旋据各厅州县协同委员，先后拿获刀匪及贼犯一百四十五名，又获逃凶、逃遣、逃军徒流七十八名。计自道光二十九年七月起，至本年七月止，两年以来，统共拿获匪犯二百二十三名。其中系稔恶凶徒,均经臣陆续批饬,严讯确供,照例分别惩办。查印委各员,缉捕尚为得力。惟系该员等分内应办之事,存记量予甄拔。臣仍严饬加倍巡防,实力躧缉,不得始勤终惰,务使(有)犯必获,无案不破,以期仰副圣主戢暴安良至意。所有随时督率拿获各匪办理缘由,谨缮折具陈,伏乞皇上圣鉴。谨奏。(咸丰元年)八月初三日。咸丰元年八月十七日奉朱批:“知道了。钦此。”

296 奏为咸丰元年陕甘文闱乡试在于即用知县内考取同考官二员等事

再,本年陕甘文闱乡试,应调同考官十员。查现任实缺州县,进士、举人出身者,多有经手要件,不敷调派。除于甘肃、陕西实缺州县内考取八员外,遵照道光十年通行章程,在候补人员中考选,得即用知县刘廷鉴、大挑知县张其翻二员,文理优长,一体充当分校。

至两省应试士子,共计七千七百馀名,经臣于八月初六日入闱监临,三场均极安静。十七日,按试西安、宁夏、凉州驻防翻译士子三十九名,照例点进贡院,向内帘恭领钦颁题纸,在严密处所缮写刊刻,发给士子。十九日交卷出场,一切场规,亦极严肃。除将翻译试卷三十九本,逐一弥封,总包钤印,即日委员解交礼部外,所有原奉钦颁陕甘驻防乡试题并朱封,谨于此次附折恭缴。臣即于二十日出闱回署办事,仍留提调、监试二道,在闱内稽查弹压。谨附片奏闻。咸丰元年闰八月初五日奉朱批:“知道了。钦此。”

297 奏报陕西省咸丰元年六月监银收存数目事

再,查陕西省收捐监生银两,截至咸丰元年五月底止,司库存银七千二百一十四两,业经臣附片奏明在案。今六月分又报捐监生四名,收银四百三十二两,连前司库共实存银七千六百四十六两,理合循例附片奏闻。谨奏。咸丰元年八月初六日奉朱批:“户部知道。钦此。”

298 奏报陕西省七月下旬至八月中旬得雨并七月粮价情形事

陕西巡抚臣张祥河跪奏,为恭报雨水田禾情形,仰祈圣鉴事。

窃照陕省六月下旬及七月中旬雨水田禾情形,业经臣恭折具奏在案。嗣据延安、汉中、榆林、同州、兴安等府属,陆续具报于七月二十,二十一、二、三、四,暨二十六、七,二十九、三十,并八月十一、二、三等日,先后得雨二、三寸至深透不等。省城地方,又自八月初八日得雨起,至十六日止,始而断续相间,继则大沛滂沱,连宵达旦,极为透足。虽省外各属尚未报到,而察看阴云广布,远近定可同沾。臣查陕省平原一带,入秋以后雨水不缺。兹复获此甘澍,各色秋禾,正当吸籽升浆,日来天气放晴,颗粒可期饱满。其留种冬麦之地,均可及时翻犁播种。南、北两山包谷、杂粮,亦皆吐穗扬花,渐次成熟,粮价平减,民气安恬,堪以仰慰宸廑。

再,据长安县禀报,上王等村,六七月间暴雨数次,山水陡发,冲淹地亩,仅一隅中之一隅,并不成灾。臣已饬司委员会勘,容俟查覆,再行奏报外,所有七月分各属粮价,敬缮清单,恭呈御览,伏乞皇上圣鉴。谨奏。(咸丰元年)八月二十二日。咸丰元年闰八月初五日奉朱批:“知道了。钦此。”

299 呈陕西省各属咸丰元年七月粮价清单

谨将陕西省咸丰元年七月分各属粮价,敬缮清单,恭呈御览。计开:

西安府属,价中。大米每仓石价银,自一两二钱至二两二分,与上月相同。小米每仓石价银,自七钱九分至一两五钱八分,与上月相同。小麦每仓石价银,自七钱一分至一两六钱六分,较上月减九分。大麦每仓石价银,自四钱至七钱,较上月减四分。豌豆每仓石价银,自七钱九分至一两二钱五分,较上月减一钱三分。

延安府属,大米价贵,馀俱价中。大米每仓石价银,自一两四钱九分至二两八钱九分,与上月相同。小米每仓石价银,自九钱至一两六钱七分,与上月相同。小麦每仓石价银,自一两一钱至一两七钱七分,较上月减一分。糜米每仓石价银,自一两八分至一两三钱九分,与上月相同。豌豆每仓石价银,自八钱三分至一两一钱九分,较上月减二分。

凤翔府属,大米价贱,馀俱价中。大米每仓石价银,自一两三钱六分至一两六钱八分,与上月相同。小米每仓石价银,自一两三分至一两四钱三分,与上月相同。小麦每仓石价银,自七钱九分至一两四钱二分,与上月相同。大麦每仓石价银,自三钱八分至七钱五分,与上月相同。豌豆每仓石价银,自六钱五分至一两一钱四分,较上月减二分。

汉中府属,小麦、大麦价贵,馀俱价中。大米每仓石价银,自八钱四分至二两二钱九分,与上月相同。小米每仓石价银,自七钱二分至一两五钱三分,较上月减一分。小麦每仓石价银,自八钱六分至二两一钱八分,与上月相同。大麦每仓石价银,自四钱一分至一两八分,与上月相同。豌豆每仓石价银,自六钱八分至一两六分,较上月贵一分。黄豆每仓石价银,自五钱至一两五钱三分,与上月相同。

榆林府属,豌豆价中,馀俱价贵。大米每仓石价银,自二两三钱八分至三两三钱六分,与上月相同。小米每仓石价银,自一两四钱五分至二两二钱一分,与上月相同。小麦每仓石价银,自一两五钱六分至二两九分,与上月相同。糜米每仓石价银,自一两四钱五分至二两二钱一分,与上月相同。豌豆每仓石价银,自一两二分至一两四钱一分,与上月相同。

同州府属,价中。大米每仓石价银,自一两四钱五分至二两三钱九分,较上月减八分。小米每仓石价银,自九钱八分至一两三钱四分,与上月相同。小麦每仓石价银,自九钱八分至一两三钱四分,与上月相同。大麦每仓石价银,自五钱至七钱九分,与上月相同。豌豆每仓石价银,自八钱四分至一两二钱四分,与上月相同。

兴安府属,大米价贱,馀俱价中。大米每仓石价银,自一两二钱五分至一两五钱五分，与上月相同。小米每仓石价银，自八钱至一两四钱，与上月相同。小麦每仓石价银，自一两六分至一两四钱五分，与上月相同。大麦每仓石价银，自四钱四分至七钱，与上月相同。豌豆每仓石价银，自六钱八分至一两一钱，与上月相同。黄豆每仓石价银，自七钱三分至一两二钱，与上月相同。

商州属，大米价贱，馀俱价中。大米每仓石价银，自一两五钱至一两九钱二分，与上月相同。小米每仓石价银，自七钱八分至一两二钱五分，与上月相同。小麦每仓石价银，自九钱至一两四钱一分，与上月相同。大麦每仓石价银，自三钱六分至六钱，与上月相同。豌豆每仓石价银，自六钱至一两三钱八分，与上月相同。

邠州属，大米价贵，馀俱价中。大米每仓石价银，自一两六钱五分至三两一钱五分，与上月相同。小米每仓石价银，自七钱六分至一两四钱七分，与上月相同。小麦每仓石价银，自九钱七分至一两三钱，与上月相同。豌豆每仓石价银，自六钱九分至九钱九分，较上月减三分。

乾州属，大麦价贵，馀俱价中。大米每仓石价银，自一两五钱三分至二两五钱一分，与上月相同。小米每仓石价银，自一两四钱五分至一两九钱，较上月减五分。小麦每仓石价银，自一两三钱八分至一两四钱九分，与上月相同。大麦每仓石价银，自六钱至一两一分，与上月相同。豌豆每仓石价银，自一两一钱九分至一两四钱一分，与上月相同。

鄜州属，价贱。小米每仓石价银，自五钱四分至八钱四分，与上月相同。小麦每仓石价银，自五钱四分至七钱五分，较上月减一分。豌豆每仓石价银，自四钱四分至七钱二分，较上月减一分。

绥德州属，价中。小米每仓石价银，自一两一钱至一两四钱二分，与上月相同。小麦每仓石价银，自一两二钱至一两八钱一分，与上月相同。豌豆每仓石价银，自八钱二分至一两二钱一分，与上月相同。朱批："览。"

300 奏报陕西省咸丰元年七月捐监名银数目事

再，查陕西收捐监生银两，截至咸丰元年六月底止，存银七千六百四十六两，业经臣附片奏明在案。今七月分又报捐监生十四名，收银一千五百一十二两，连前司库共实存银九千一百五十八两，理合循例附片奏闻。谨奏。咸丰元年闰八月初五日奉朱批："户部知道。钦此。"

301 奏为查明长安县被水地方勘不成灾业已捐廉安抚勿庸另行调济事

陕西巡抚臣张祥河跪奏，为长安县被水地方勘不成灾，业以捐廉安抚，毋庸另行调济，恭折奏闻，仰祈圣鉴事。

窃据长安县知县谢质卿禀报："该县属之上王等村，先于六月初七、十六、二十一等日，天降暴雨，山水陡发，间被冲淹地亩、民房、人口，业已捐廉安抚，并不成灾"等情，经臣以事关民瘼，应否量予调济，饬司委勘妥办，不得稍存讳饰，并于具奏七月分雨水折内陈明在案。兹据委员候补知县周蕃寿，会同该县诣勘，适该村又于七月初十至十五等日阴雨，将次冲淹地亩复被冲刷。随会勘得两次冲塌民房十二间，淹毙民人二口。该县初勘之后，当即捐给修葬各费，现又捐廉加散一月口粮，民情均各安贴。惟所淹之地，共计一十二顷馀亩，砂石积压，难以修复，应请照例豁除粮赋等情，由藩司具详前来。

臣查长安县被水地方，既经委员等确勘，实系一隅中之一隅，先后由县捐廉，散给修葬各费并口粮等项，自毋庸再予抚恤。除将不能修复地亩，查明应完银粮细数，照例提请豁除外，所有被水地方勘不成灾，业已捐廉安抚，勿须另行调济缘由，理合缮折具奏，伏乞皇上圣鉴。谨奏。(咸丰元年)闰八月二十日。咸丰元年九月初三日奉朱批："知道了。钦此。"

302 奏报出省校阅汉南一带营伍日期事

再，臣校阅陕省营伍，前已将阅过金锁关、宜君及延绥镇标各营伍，分晰具陈在案。兹查应办文闱乡试完竣，尚无紧要事件，自应前赴汉南一带校阅。臣定于闰八月二十日起程，先阅提属西凤、邠州、长武，及汉中、陕安二镇标各营，逐细考核。至臣署日行事件，饬委署藩司易棠代拆代行，遇有紧要包封，送臣行馆办理。其臬司解审命盗各案，并委署藩司提讯，仍由臣察核定拟。所有阅伍出省日期，谨附片具奏。咸丰元年九月初三日奉朱批："知道了。钦此。"

303 奏报陕省各属秋禾约收分数事

陕西巡抚臣张祥河跪奏，为恭报陕省秋禾约收分数，仰祈圣鉴事。

窃照秋禾约收分数，例应先行奏报。兹据西安、延安、凤翔、汉中、榆林、同州、兴安、商州、邠州、乾州、鄜州、绥德十二府州，将所属秋禾约收分数开折呈报，由司具详前来。臣覆加查核，统计陕西各属九十一厅州县，多寡牵算，约计收成六分有馀。理合缮具清单，恭呈御览，伏祈皇上圣鉴。谨奏。（咸丰元年）闰八月二十日。咸丰元年九月初三日奉朱批："知道了。钦此。"

304 呈陕西省各属秋禾约收分数清单

谨将咸丰元年西安等十二府州属秋禾约收分数，开列清单，恭呈御览。计开：

约收八分有馀者，乾州、永寿二州县。约收八分者，三水一县。约收七分有馀者，临潼、鄠县、盩厔、渭南、泾阳、高陵、咸阳、蓝田、陇州、洋县、西乡、城固、白水、澄城、华阴、蒲城、朝邑、潼关、安康、邠州、长武、淳化、武功、商州、山阳、中部等二十六厅州县。约收七分者，醴泉、富平、兴平、孝义、麟游、大荔等六厅县。

约收六分有馀者，咸宁、长安、宁陕、同官、耀州、三原、延川、甘泉、靖边、肤施、延长、定边、安塞、郿县、汧阳、扶风、凤翔、岐山、留坝、宁羌、定远、凤县、褒城、南郑、略阳、佛坪、榆林、华州、韩城、郃阳、洵阳、汉阴、石泉、紫阳、平利、白河、商南、雒南、镇安、鄜州、洛川、宜君、绥德、米脂、清涧等四十五厅州县。约收五分有馀者,保安、宜川、安定、宝鸡、沔县、葭州、怀远、神木、府谷、砖坪、吴堡等十一厅州县。以上西安等十二府州九十一厅州县,多寡牵算,秋禾约收六分有馀。朱批:"览。"

305 奏报陕西省八月下旬至闰八月上旬得雨并八月粮价情形事

陕西巡抚臣张祥河跪奏,为恭报雨水田禾情形,仰祈圣鉴事。

窃照陕省七月下旬及八月中旬雨水田禾情形,业经臣恭折具奏在案。嗣据西安、延安、凤翔、汉中、同州、邠州、乾州等府属,陆续具报于八月二十八、九,暨闰八月初二、三、四、五、六、七等日得雨深透。

臣查陕甘本年入秋以后雨泽较多,土膏极为滋润,二麦均经播种。所有南、北两山包谷、杂粮,以及平原一带秋禾结实成熟,次第刈获。其长安县被水之区,亦经确查安抚,另折具陈。现在粮价平减,民气恬熙,堪以仰慰宸廑。谨将八月分各属粮价,敬缮清单,恭呈御览,伏乞皇上圣鉴。谨奏。(咸丰元年)闰八月二十日。咸丰元年九月初三日奉朱批:"知道了。钦此。"

306 呈陕西省各属咸丰元年八月粮价清单

谨将陕西省咸丰元年八月分各属粮价,敬缮清单,恭呈御览。计开:

西安府属,价中。大米每仓石价银,自一两二钱至二两二分,与上月相同。小米每仓石价银,自七钱九分至一两五钱八分,与上月相同。小麦每仓石价银,自七钱一分至一两六钱六分,与上月相同。大麦每仓石价银,自四钱至七钱,与上月相同。豌豆每仓石价银,自七钱九分至一两二钱五分,与上月相同。

延安府属,大米价贵,馀俱价中。大米每仓石价银,自一两四钱九分至二两八钱六分,较上月减三分。小米每仓石价银,自九钱至一两六钱七分，与上月相同。小麦每仓石价银，自一两一钱至一两七钱七分，与上月相同。糜米每仓石价银，自一两八分至一两三钱九分，与上月相同。豌豆每仓石价银，自八钱三分至一两一钱九分，与上月相同。

凤翔府属，大米价贱，馀俱价中。大米每仓石价银，自一两三钱二分至一两六钱八分，与上月相同。小米每仓石价银，自一两三分至一两四钱三分，与上月相同。小麦每仓石价银，自七钱九分至一两三钱九分，较上月减三分。大麦每仓石价银，自三钱八分至七钱五分，与上月相同。豌豆每仓石价银，自六钱五分至一两一钱二分，较上月减二分。

汉中府属，小麦、大麦价贵，馀俱价中。大米每仓石价银，自八钱四分至二两二钱九分，与上月相同。小米每仓石价银，自七钱二分至一两五钱二分，较上月减一分。小麦每仓石价银，自八钱六分至二两一钱八分，与上月相同。大麦每仓石价银，自四钱一分至一两八分，与上月相同。豌豆每仓石价银，自六钱九分至一两六分，与上月相同。黄豆每仓石价银，自五钱至一两五钱三分，与上月相同。

榆林府属，豌豆价中，馀俱价贵。大米每仓石价银，自二两四钱四分至三两三钱六分，与上月相同。小米每仓石价银，自一两四钱五分至二两二钱一分，与上月相同。小麦每仓石价银，自一两五钱六分至二两九分，与上月相同。糜米每仓石价银，自一两四钱五分至二两二钱一分，与上月相同。豌豆每仓石价银，自一两二分至一两四钱一分，与上月相同。

同州府属，价中。大米每仓石价银，自一两四钱五分至二两三钱五分，较上月减四分。小米每仓石价银，自九钱八分至一两三钱四分，与上月相同。小麦每仓石价银，自九钱八分至一两三钱四分，与上月相同。大麦每仓石价银，自五钱至七钱八分，较上月减一分。豌豆每仓石价银，自八钱四分至一两二钱四分，与上月相同。

兴安府属，大米价贱，馀俱价中。大米每仓石价银，自一两二钱五分至一两五钱五分，与上月相同。小米每仓石价银，自八钱至一两四钱，与上月相同。小麦每仓石价银，自一两六分至一两四钱五分，与上月相同。大麦每仓石价银，自四钱四分至七钱，与上月相同。豌豆每仓石价银，自六钱八分至一两一钱，与上月相同。黄豆每仓石价银，自七钱三分至一两二钱，与上月相同。

商州属，大米价贱，馀俱价中。大米每仓石价银，自一两五钱至一两九钱二分，与上月相同。小米每仓石价银，自八钱一分至一两二钱五分，与上月相同。小麦每仓石价银，自八钱七分至一两四钱一分，与上月相同。大麦每仓石价银，自三钱六分至六钱，与上月相同。豌豆每仓石价银，自六钱至一两三钱八分，与上月相同。

邠州属，大米价贵，豌豆价贱，馀俱价中。大米每仓石价银，自一两六钱五分至三两一钱五分，与上月相同。小米每仓石价银，自七钱六分至一两四钱七分，与上月相同。小麦每仓石价银，自九钱七分至一两三钱，与上月相同。豌豆每仓石价银，自六钱九分至九钱九分，与上月相同。

乾州属，大麦价贵，馀俱价中。大米每仓石价银，自一两五钱三分至二两五钱一分，与上月相同。小米每仓石价银，自一两四钱五分至一两九钱，与上月相同。小麦每仓石价银，自一两三钱八分至一两四钱九分，与上月相同。大麦每仓石价银，自六钱至一两一分，与上月相同。豌豆每仓石价银，自一两一钱九分至一两四钱一分，与上月相同。

鄜州属，价贱。小米每仓石价银，自五钱三分至八钱五分，较上月贵一分。小麦每仓石价银，自五钱三分至七钱六分，较上月贵一分。豌豆每仓石价银，自四钱四分至七钱三分，较上月贵一分。

绥德州属，价中。小米每仓石价银，自九钱八分至一两四钱二分，与上月相同。小麦每仓石价银，自一两二钱至一两八钱一分，与上月相同。豌豆每仓石价银，自八钱二分至一两二钱一分，与上月相同。朱批："览。"

307 奏为委任王义樟署理宁陕厅同知并金玉麟署理渭南县知县事

再，宁陕厅同知毛瀚改简遗缺，现经由司以渭南县知县王义樟拟升，当令先往署理。其所遗渭南县，系冲繁难兼三要缺，应行拣委。查有澄城县知县金玉麟，堪委接署。据藩、臬两司查明，该员等各任内均无降革展参，及盗劫已起四参之案，会详署理前来。除批饬遵照外，所有委署缘由，理合循例附片陈明。谨奏。咸丰元年九月初三日奉朱批："知道了。钦此。"

308 奏报陕西咸丰元年八月监银收存数目事

再，查陕省收捐监生银两，截至咸丰元年七月底止，存银九千一百五十八两，业经臣附片奏明在案。今八月分又报捐监生十九名，收银二千五十二两，连前司库共实存银一万一千二百一十两，理合循例附片奏闻。谨奏。(咸丰元年闰八月廿日)咸丰元年九月初三日奉朱批："户部知道。钦此。"

309 奏请王义樟升补宁陕厅同知事

陕西巡抚臣张祥河跪奏，为南山边缺同知，循例拣员请升，恭折奏祈圣鉴事。

窃照宁陕厅同知毛瀚，经臣奏奉谕旨改简，接准部覆，坐咸丰元年七月二十五日行文。按陕西照限减半计算，应作八月十九日开缺，归八月分截缺，扣至闰八月二十九日限满。前于是月十九日，据藩、臬两司，以渭南县知县王义樟拟升具详，当经臣咨部展限在案。兹查宁陕厅系南山繁疲难三项相兼边缺，幅员辽阔，五方杂处，抚绥弹压，均关紧要，例应在外拣员升调。臣等在于通省现任并候补同知、知县，及著有劳绩，应升各员内逐加遴选，非本任紧要，即人地未宜，一时实乏堪调堪补之员。

惟查有渭南县知县王义樟，年五十一岁，福建进士，即用知县，分发陕西,题补延长县知县,道光十九年四月到任。二十六年委署汉阴厅通判,旋调今职,二十七年六月到任,二十八年俸满。该员才识明练,有守有为,曾署南山通判,熟悉情形。且历俸已满十年,任内并无降革展参之案,其因公处分,例不核计。以之升补宁陕厅边要同知,洵堪胜任,亦属合例,相应专折具陈。

合无仰恳天恩,俯念南山要缺,敕部核覆,准以渭南县知县王义樟,升补宁陕厅同知,实于要缺有裨。如蒙俞允,该员以知县请升同知,应俟部覆至日,给咨送部引见。至所遗渭南县,系冲烦难要缺,容俟准到部覆,再行拣调,合并陈明。所有循例拣员请升要缺同知缘由,谨会同暂署陕甘督臣萨迎阿,合词恭折具奏,伏乞皇上圣鉴训示。谨奏。(咸丰元年)九月初六日。咸丰元年九月二十二日奉朱批:"吏部议奏。钦此。"

310 奏报校阅西凤等营情形并地方情形事

再,臣于九月初六日行抵汉中,所有西凤、汉凤、留坝等营官兵,业经校阅。沿途严查保甲,各厅州县挨户悬牌,尚为整肃。大道如此,恐其饰观,复委随弁,于入栈山僻处所抽查,一律如式。并令设立十家灯,一灯一锣,取守望相助之义,以资夜巡。诚以南山要地,不特兵弁宜加训练,即守土之员,务先讲求巡缉以时,劝谕居民不得容留匪类,俾安本业,共乐生成。臣又面饬各属,此后隆冬,尤关紧要,如不认真查办,当即撤参。至汉中、兴安两镇属,及西乡、宁陕各营,以次校阅,统俟竣事,再行报闻,谨附片具奏。(咸丰元年九月初八日)咸丰元年九月二十二日奉朱批:"知道了。钦此。"

311 奏请谢质卿升补乾州直隶州知州事

陕西巡抚臣张祥河跪奏,为拣员请升要缺直隶州知州,以重地方,仰祈圣鉴事。

窃照乾州直隶州知州常瀚,于咸丰元年闰八月初七日丁忧出缺,经臣恭疏题报，照例归闰八月底截缺，扣至九月三十日一月限满。查该州地当孔道，管辖二县系冲烦难要缺，例应在外拣员升调，必须精明干练之员，方足以资治理。臣与署藩、臬两司，在于通省现任同知、直隶州，并著有劳绩，应升及候补各员内逐加遴选，非现居要缺，即人地未宜，实乏调补之员。惟查有长安县知县谢质卿，堪以请升，据两司于九月初五日会详前来，当经咨部展限在案。

兹臣查谢质卿，年四十六岁，江西举人，议叙知县。选授朝邑县知县，道光二十七年九月到任，旋调今职，于咸丰元年七月奉文到任。该员安详明练，办事奋勤，历俸已满三年，曾经详销试俸。且系道光三十年大计案内卓异之员，任内并无违碍处分，以之升补乾州直隶州知州，实属合例，亦堪胜任。

合无仰恳天恩，俯念员缺紧要，敕部核覆，准以长安县知县谢质卿，升补乾州直隶州知州，实于要缺有裨。如蒙俞允，该员以知县请升知州，应俟部覆及卓异文到，并案给咨送部引见。所遗长安县，系省会首邑，俟准部覆，再行拣调。至此案于限内咨部展限，兹自截缺后，统计未逾三月，合并陈明。所有拣员请升要缺直隶州知州缘由，谨会同暂署陕甘督臣萨迎阿，合词恭折具奏，伏乞皇上圣鉴训示。谨奏。(咸丰元年)九月二十七日。咸丰元年十月十三日奉朱批："吏部议奏。钦此。"

312 奏报陕西省各属闰八月雨水麦苗粮价情形事

陕西巡抚臣张祥河跪奏，为恭报雨水麦苗情形，仰祈圣鉴事。

窃照陕省八月下旬暨闰八月上旬雨水田禾情形，业经臣恭折具奏在案。嗣据各府州属，陆续具报皆不缺雨。臣查陕西通省，本年入秋以后，雨泽极为透足，土膏滋润。所有平原、高阜，二麦播种甚广，现在渐次出土。其各色秋禾，均已登场碾打，田园菜蔬，亦一律芃茂。粮价虽有增减，尚属中平，民情欢悦，阖境安恬，堪以仰慰宸怀。谨将闰八月分各属粮价，敬缮清单，恭呈御览，伏乞皇上圣鉴。谨奏。(咸丰元年)九月二十七日。咸丰元年十月十三日奉朱批:“知道了。钦此。”

313 呈陕西省各属咸丰元年闰八月粮价清单

谨将陕西省咸丰元年闰八月分各属粮价,敬缮清单,恭呈御览。计开:

西安府属,价中。大米每仓石价银,自一两二钱至二两二分,与上月相同。小米每仓石价银,自七钱九分至一两五钱八分,与上月相同。小麦每仓石价银,自七钱一分至一两七钱五分,较上月贵九分。大麦每仓石价银,自四钱至七钱,与上月相同。豌豆每仓石价银,自七钱九分至一两二钱五分,与上月相同。

延安府属,大米价贵,馀俱价中。大米每仓石价银,自一两五钱一分至二两八钱三分,较上月减三分。小米每仓石价银,自九钱至一两六钱七分,与上月相同。小麦每仓石价银,自一两一钱至一两七钱七分,与上月相同。糜米每仓石价银,自一两五分至一两三钱九分,与上月相同。豌豆每仓石价银,自八钱二分至一两一钱九分,与上月相同。

凤翔府属,大米价贱,馀俱价中。大米每仓石价银,自一两三钱二分至一两六钱八分,与上月相同。小米每仓石价银,自一两三分至一两四钱三分,与上月相同。小麦每仓石价银,自七钱九分至一两三钱九分,与上月相同。大麦每仓石价银,自三钱八分至七钱五分,与上月相同。豌豆每仓石价银,自六钱五分至一两一钱,较上月减二分。

汉中府属,小麦、大麦价贵,馀俱价中。大米每仓石价银,自九钱四分至二两二钱九分,与上月相同。小米每仓石价银,自七钱二分至一两五钱二分,与上月相同。小麦每仓石价银,自八钱六分至二两一钱八分,与上月相同。大麦每仓石价银,自四钱一分至一两八分,与上月相同。豌豆每仓石价银,自六钱九分至一两六分,与上月相同。黄豆每仓石价银,自五钱二分至一两五钱三分,与上月相同。

榆林府属,大米、小麦价贵,馀俱价中。大米每仓石价银,自二两四钱四分至三两三钱六分，与上月相同。小米每仓石价银，自一两四钱五分至二两，较上月减二钱一分。小麦每仓石价银，自一两五钱六分至二两九分，与上月相同。糜米每仓石价银，自一两四钱五分至二两，较上月减二钱一分。豌豆每仓石价银，自一两二分至一两四钱一分，与上月相同。

同州府属，价中。大米每仓石价银，自一两四钱五分至二两三钱四分，较上月减一分。小米每仓石价银，自九钱八分至一两三钱四分，与上月相同。小麦每仓石价银，自九钱八分至一两三钱四分，与上月相同。大麦每仓石价银，自五钱至七钱七分，较上月减一分。豌豆每仓石价银，自八钱四分至一两二钱四分，与上月相同。

兴安府属，大米价贱，馀俱价中。大米每仓石价银，自一两二钱五分至一两五钱五分，与上月相同。小米每仓石价银，自八钱至一两四钱，与上月相同。小麦每仓石价银，自一两六分至一两四钱五分，与上月相同。大麦每仓石价银，自四钱四分至七钱，与上月相同。豌豆每仓石价银，自六钱八分至一两一钱，与上月相同。黄豆每仓石价银，自七钱三分至一两二钱，与上月相同。

商州属，大米价贱，馀俱价中。大米每仓石价银，自一两四钱五分至一两九钱四分，较上月贵二分。小米每仓石价银，自七钱八分至一两二钱五分，与上月相同。小麦每仓石价银，自八钱六分至一两四钱一分，与上月相同。大麦每仓石价银，自四钱五分至六钱，与上月相同。豌豆每仓石价银，自六钱至一两三钱八分，与上月相同。

邠州属，大米价贵，豌豆价贱，馀俱价中。大米每仓石价银，自一两六钱五分至三两一钱五分，与上月相同。小米每仓石价银，自七钱六分至一两四钱，较上月减七分。小麦每仓石价银，自九钱七分至一两三钱，与上月相同。豌豆每仓石价银，自六钱九分至九钱九分，与上月相同。

乾州属，大麦价贵，馀俱价中。大米每仓石价银，自一两五钱三分至二两五钱一分，与上月相同。小米每仓石价银，自一两四钱五分至一两九钱，与上月相同。小麦每仓石价银，自一两三钱八分至一两四钱九分，与上月相同。大麦每仓石价银，自六钱至一两一分，与上月相同。豌豆每仓石价银，自一两一钱九分至一两四钱一分，与上月相同。

鄜州属，价贱。小米每仓石价银，自五钱三分至八钱五分，与上月相同。小麦每仓石价银，自五钱四分至七钱六分，与上月相同。豌豆每仓石价银，自四钱四分至七钱三分，与上月相同。

绥德州属，价中。小米每仓石价银，自九钱八分至一两四钱二分，与上月相同。小麦每仓石价银，自一两二钱至一两八钱一分，与上月相同。豌豆每仓石价银，自八钱二分至一两二钱一分，与上月相同。朱批："览。"

314 奏为谢赏御制听政诗刻恩事

陕西巡抚臣张祥河跪奏，为恭谢天恩事。

窃臣于九月二十二日在南山阅兵，途次接准部文，赍到恩赏御书《御门听政述志示在廷诸臣》诗刻一分，当即恭设香案，望阙叩头祗领。钦惟我皇上御极初元，励精图治，协天心以受箓，秉考训以敷言。黼扆当畅，垂儆而臣工并勉；奎稟倬汉，批吟而谟典兼诀。

兹届举珉摹拓之初，不遗紫陇分颁之远。臣幸叨恩赐，恭绎箴辞。正己而绝党援，始可以对君上；反经而无邪慝，乃足以奠民生。所惧习尚相沿，尤怵持循不易。惟有慎之又慎，体宵旰以励夙夜之寅；庶几勤益加勤，仰勋华而赞赓扬之盛。臣谨沥陈钦感下忱，具折恭谢天恩，伏祈圣鉴。谨奏。（咸丰元年）九月二十七日。咸丰元年十月十三日奉朱批："知道了。钦此。"

315 奏报周览南山耕作情形事

再，臣阅兵南山，沿途稽查户口。楚、蜀客民，十民五六置产耕作，俱有赀本，已阅三四十年，无异土著。老林开垦，几无隙地，民食全赖包谷、洋芋、苦荞,其山田低处,亦种豆麦、高粱。至稻田,惟近溪靠涧,筑成阡陌如罫。本年秋雨过多,收成稍歉,统计尚有六分。

汉阴、南郑民情好讼,控案较多,大半争地争水,即批勘办。现查牌甲尚为整肃,不得容留匪类。臣察看之下,仍前严饬各属,认真力行,以期久远。顷阅宁陕、东江各营官兵,计十月初二日旋省。所有周览南山情形,谨附片具奏。(咸丰元年九月二十七日)咸丰元年十月十三日奉朱批:"知道了。钦此。"

316 奏为循例甄别试用知府景昌期满才具明练堪胜繁缺事

陕西巡抚臣张祥河跪奏,为知府试用期满,循例甄别,恭折奏祈圣鉴事。

窃照定例,捐纳知府到省试用一年期满,督、抚察看才具,分别堪胜繁简,专折奏闻,照例补用。其有才具平常,即严行甄别降补等因。兹查捐纳知府景昌,年五十二岁,正白旗汉军善元佐领下人,由内务府笔帖式,升主事、员外郎,补放公中佐领。旋捐输知府,分发陕西,道光三十年七月引见,奉旨:"著照例发往。钦此。"是年十月初一日到省。连闰扣至咸丰元年九月初一日,试用一年期满,据署藩、臬两司出考,会详请奏前来。

臣查该府景昌,才具明练,办事克勤,历委审理控案,并署凤翔府篆,尚无贻误,堪以繁缺知府补用。臣仍随时察看,如果始终奋勉,遇有缺出,照例请补。倘日久生懈,即当据实奏闻,分别降补,断不敢稍事姑容,以期仰副圣主澄叙官方至意。所有循例甄别缘由,谨会同暂署陕甘督臣萨迎阿,合词恭折具奏,伏乞皇上圣鉴。谨奏。(咸丰元年)十月初九日。咸丰元年十月十九日奉朱批:"吏部知道。钦此。"

317 奏报查阅西凤等镇标各营伍情形事

陕西巡抚臣张祥河跪奏,为查西凤、邠州、长武及汉中、陕安镇标各营伍情形,仰祈圣鉴事。

窃臣前经奏明，于闰八月二十日出省查阅营伍。当由固原提属之西凤营，一路至汉中、陕安镇属各营，挨次校阅。每到一营，先将枪靶、箭靶高宽尺寸及安靶步数，饬令遵照部式竖立，不许偷宽挪近。并验明弓用六力。各营额设官兵多寡不等，除口外屯防外，按其册开实在存营官兵，数多者合操大阵，次阅技艺；数少者不敷演阵，止阅枪箭准头。兹看得固原提属之西凤、邠州、长武三营，所演阵式、步伐，均尚整齐。连环枪炮，藤牌杂技，亦尚联络便捷。将、备弓马去得。点验马匹膘壮，军装、器械齐全。

嗣行抵汉中、陕安二镇驻扎地方，并调集汉中镇属之沔县、阳平、宁羌、略阳、华阴、佛坪，陕安镇属之白土关、砖坪、镇坪、紫阳、洵阳、孝义、镇安等营将弁，分日详细考核。内汉中镇标中、左、城守三营，陕安镇标中、左二营，兴安城守营兵丁，排演阵式，演打连环，过堂排枪，俱皆联络，军容严肃。每兵十名，打三十枪，射五十箭，牵算中靶，均在二十枪、三十箭以上，多有五箭全中者。藤牌跳舞跻捷，马上技艺灵便。

臣每于阅看大阵之后，复阅速战阵式，俱系排拣健锐，操演精纯。所用连环枪炮、喷筒刀矛，亦甚谙习。另看抬炮、抬枪，汉中、陕安两镇中数居多，其馀亦十得八九。将、备弓马可观，旗帜、器械，均各鲜明坚利，马匹膘壮足额。此外汉凤、铁炉川、留坝、定远、西乡、宁陕、东江口等营，以及分防各汛，兵额较少，臣顺道考验，年力俱尚精壮，枪箭亦足分数，并无老弱充数之人。

臣统阅以上各营，悉心比较，应以汉中、陕安二镇等营为优，俱堪列一等，西凤、邠州、长武三营次之。随将官兵技艺较好者，酌量记功，先予升拔，并分别赏给衣料、银牌。其架式撒放不尽合法者，自额外外委以下，分别责降，勒限练习；庸劣者当场斥革，用昭劝惩。其各厅州县壮兵，俱经调阅，业已饬令该地方官勤加操练。至各营员弁应劾者，先据该管将、备等禀揭，经臣逐一考验。署孝义营都司，陕安镇标中营云骑尉世职马经良；署陕安镇标左营守备，云骑尉世职文应龙，均仅中箭一枝。马经良年力强壮，尚堪造就，相应请旨，将马经良撤任，停其委署，勒限练习。文应龙革退随营，仍留世职。

又，汉中镇标中营千总，以守备补用之金升，亦止中箭一枝，应请旨降为把总。又，署西江口汛千总，云骑尉世职杨三元；陕安镇标左营，云骑尉世职李林喜；紫阳营云骑尉世职潘铭世，西凤、长武营云骑尉世职程从恩、刘忠；署陕安镇标中营把总，恩骑尉世职陈金；或箭射无准，或弓马生疏，均应请旨革退随营，仍留世职。

又，千总刘占鳌、刘元龙，把总安永仓、杨应春、杨兆熊、涂占春，经制外委陈训、熊安、文玉珍、李万发、张举、邓贤富、陈玉琳、张云凌、徐升、王成仓，额外外委王祥麟、沙定邦、张友德、何升，或箭不到靶，或弓马未能合式，由臣另开营分咨部，分别递降，并移督臣、提臣知照。伏思兵可百年不用，不可一日无备。汉中、陕安两镇均处南山，攸关紧要，惟在操演于平时，非恃校阅于一时。臣已谆嘱各镇臣，并沿途面饬将、备，务须精益求精，依限轮流训练，不得因查阅已过，稍涉松懈。其分汛员弁，亦经严谕缉捕盗贼，查拿匪类。总期地方静谧，恶习湔除，饷不虚縻，兵资得力，以仰副圣主设兵卫民，修明武备至意。

再，查陕省固原提标及所属河州镇，俱在甘肃地方，向由陕甘总督就近查阅，臣前已咨明督臣在案。兹臣回省清厘公事，并即开考武闱，合并陈明。所有查阅提属西凤、邠州、长武，及汉中、陕安等镇各营伍缘由，理合恭折具奏，伏乞皇上圣鉴。谨奏。（咸丰元年）十月初九日。咸丰元年十月十九日奉朱批："□□。钦此。"

318 奏为审拟斩犯杜改儿越狱脱逃一案事

陕西巡抚臣张祥河跪奏，为斩犯越狱脱逃，即日拿获，审明办理，恭折奏闻事。

窃照长安县知县谢质卿禀报，寄禁该县斩犯杜改儿，于九月二十六日五更时越狱脱逃，即日拿获解省等情，当经臣批司严究去后。兹据西安府知府段大章审明，由臬司招解前来。臣随提犯，亲加研鞫。缘杜改儿系蒲城县人，于咸丰元年三月内，因抢夺李映怀银铺，致死事主灭口，审依“抢夺杀人”例，拟斩立决具题，留禁长安县监，听候部覆。

九月二十五日，该县谢质卿奉府委勘咸宁县灞、浐二桥工程公出。是日傍晚，典史绍之棠带同刑书陈思俊进监收封，验明杜改儿如法镣铐，收禁内监，锁闭栅门。讵杜改儿自知罪重，于二十六日五更时，乘禁卒祁祥、邢魁，更夫张名、张欣睡熟，扭断镣铐并栅门铁锁，脱去红衣裤，潜至水道，用铁杻拉拨动砖块，由水道逃出。禁卒祁祥等醒觉，禀知典史，申报该县。谢质卿即于工次选带干捕，亲督典史、丁役、刑禁，当日追至高陵县地方，将杜改儿拿获解省，由府勘明情形，审认不讳。严讯禁卒人等，实因一时疏忽，失于防范，并无贿纵情弊，再四究诘，矢口不移。

查律载：“罪囚越狱脱逃，仅止一二人乘间穿穴逾墙脱逃，原犯斩立决，即行正法。”又，“监犯越狱，如狱卒果系依法看守，一时疏忽，偶致疏脱，并无贿纵情弊者，依律减囚罪二等。限内能自捕得，准其依律免罪”各等语。此案杜改儿系抢夺致死事主，拟斩立决之犯，胆敢越狱脱逃，实属情罪重大，未便稍稽显戮。审明后，恭请王命，行令署臬司程德润，会同中军参将尹培立，将该犯杜改儿绑赴市曹，即行正法，以昭炯戒。禁卒祁祥、邢魁，讯系一时疏忽，并无贿纵情弊，与刑书陈思俊，均于即日内随同本官，将犯捕获，应依律俱准免罪。更夫张名、张欣，并不小心巡逻，应照不应重律，杖八十，各折责发落。

典史绍之棠，虽于即日将犯捕获，惟疏于防范，咎有应得，请旨交部议处。长安县知县谢质卿奉委公出，确有事由、月日、处所，且复亲督获犯，例得免议。除供招咨部外，所有重犯越狱，即日拿获审办缘由，理合恭折具奏，伏乞皇上圣鉴。谨奏。（咸丰元年）十月初九日。

咸丰元年十月十九日奉朱批：“该部知道。钦此。”

319 奏为委署西安府等府厅知府各员事

再，西安府知府段大章，奉旨补授陕西延榆绥道，应即交卸，前赴新任。所遗员缺，查有汉中府知府蒋琦淳，堪以调委署理。其所遗汉中府知府员缺，查有定远厅同知何丙勋，堪委接署。

又，凤翔府知府成瑞调补甘肃镇西府知府，所遗凤翔府缺，查有候补知府王炳勋，堪以委署。据署藩、臬两司会详前来。除批饬遵照外，理合循例附片陈明。谨奏。（咸丰元年十月初九日）咸丰元年十月十九日奉朱批："知道了。钦此。"

320 奏报陕西省咸丰元年闰八月份监银收存数目事

再，查陕省收捐监生银两，截至咸丰元年八月底止，存银一万一千二百一十两，业经臣附片奏明在案。今闰八月分又报捐监生四名，收银四百三十二两，连前司库共实存银一万一千六百四十二两，理合循例附片奏闻。谨奏。咸丰元年十月十三日奉朱批："户部知道。钦此。"

321 奏报陕西省咸丰元年十月监银收存数目事

再，查陕省收捐监生银两，截至咸丰元年九月底止，存银一万二千八百三十两，业经臣附片奏明在案。今十月分又报捐监生十二名，收银一千二百九十六两，连前司库共实存银一万四千一百二十六两，理合附片奏闻。谨奏。（咸丰元年十一月十八日）咸丰元年十一月二十九日奉朱批："户部知道。钦此。"

322 奏报陕西省各属十月下旬至十一月上旬得雪并十月粮价情形事

陕西巡抚臣张祥河跪奏，为恭报雪泽麦苗情形，仰祈圣鉴事。

窃照陕省九月下旬暨十月初旬雨雪麦苗情形，业经臣恭折具奏在案。兹据西安、延安、凤翔、汉中、同州、兴安、商州、邠州、乾州、鄜州等府州属，陆续具报于十月二十二、三，及十一月初一、二、三、四、

五、七、八等日先后得雪，除融化外，积地一、二、三、四寸不等。其馀各属，雨雪均亦不缺。

臣查陕省本年秋雨沾足，二麦播种甚广。入冬以来，又复得此瑞雪，农田藉以兹培，大有裨益，民情欢悦，四境安恬，堪以仰慰圣怀。谨将十月分各属粮价，敬缮清单，恭呈御览，伏乞皇上圣鉴。谨奏。(咸丰元年)十一月十八日。咸丰元年十一月二十九日奉朱批："知道了。钦此。"

323 呈陕西省各属咸丰元年十月粮价清单

谨将陕西省咸丰元年十月分各属粮价，敬缮清单，恭呈御览。计开：

西安府属，价中。大米每仓石价银，自一两一钱九分至二两二分，与上月相同。小米每仓石价银，自七钱九分至一两六钱六分，较上月贵八分。小麦每仓石价银，自七钱一分至一两七钱五分，与上月相同。大麦每仓石价银，自四钱至七钱，与上月相同。豌豆每仓石价银，自七钱九分至一两二钱五分，与上月相同。

延安府属，价中。大米每仓石价银，自一两五钱[illegible]分至二两七钱五分，较上月减三分。小米每仓石价银，自九钱至一两六钱七分，与上月相同。小麦每仓石价银，自一两一钱至一两七钱七分，与上月相同。糜米每仓石价银，自一两至一两三钱九分，与上月相同。豌豆每仓石价银，自七钱一分至一两一钱九分，与上月相同。

凤翔府属，大米价贱，馀俱价中。大米每仓石价银，自一两三钱二分至一两六钱七分，较上月减一分。小米每仓石价银，自一两三分至一两四钱一分，与上月相同。小麦每仓石价银，自八钱三分至一两三钱九分，与上月相同。大麦每仓石价银，自四钱三分至七钱五分，与上月相同。豌豆每仓石价银，自七钱至一两一钱二分，与上月相同。

汉中府属，小麦、大麦价贵，馀俱价中。大米每仓石价银，自一两一钱二分至二两二钱九分，与上月相同。小米每仓石价银，自七钱二分至一两五钱三分，与上月相同。小麦每仓石价银，自九钱至二两一钱八分，与上月相同。大麦每仓石价银，自四钱一分至一两八分，与上月相同。豌豆每仓石价银，自七钱至一两八分，与上月相同。黄豆每仓石价银，自五钱三分至一两五钱三分，与上月相同。

榆林府属，大米价贵，馀俱价中。大米每仓石价银，自二两二钱八分至三两一钱六分，较上月减一钱。小米每仓石价银，自一两三钱九分至二两，与上月相同。小麦每仓石价银，自一两五钱六分至一两九钱七分，较上月减七分。糜米每仓石价银，自一两三钱九分至二两，与上月相同。豌豆每仓石价银，自一两二分至一两三钱一分，较上月减六分。

同州府属，价中。大米每仓石价银，自一两四钱四分至二两三钱一分，较上月减一分。小米每仓石价银，自九钱八分至一两三钱一分，与上月相同。小麦每仓石价银，自九钱八分至一两三钱四分，与上月相同。大麦每仓石价银，自四钱八分至七钱六分，较上月减一分。豌豆每仓石价银，自八钱四分至一两二钱四分，与上月相同。

兴安府属，大米价贱，馀俱价中。大米每仓石价银，自一两二钱五分至一两五钱五分，与上月相同。小米每仓石价银，自八钱至一两四钱，与上月相同。小麦每仓石价银，自一两六分至一两四钱五分，与上月相同。大麦每仓石价银，自四钱二分至七钱，与上月相同。豌豆每仓石价银，自六钱八分至一两一钱，与上月相同。黄豆每仓石价银，自七钱三分至一两二钱，与上月相同。

商州属，大米价贱，馀俱价中。大米每仓石价银，自一两四钱二分至一两九钱二分，较上月减二分。小米每仓石价银，自九钱至一两二钱五分，与上月相同。小麦每仓石价银，自九钱六分至一两四钱一分，与上月相同。大麦每仓石价银，自四钱二分至六钱，与上月相同。豌豆每仓石价银，自六钱至一两三钱八分，与上月相同。

邠州属，大米价贵，豌豆价贱，馀俱价中。大米每仓石价银，自一两六钱五分至三两一钱五分，与上月相同。小米每仓石价银，自七钱六分至一两二钱,较上月减一钱四分。小麦每仓石价银,自九钱七分至一两二钱三分,较上月减七分。豌豆每仓石价银,自六钱九分至九钱四分较上月减五分。

乾州属,大麦价贵,馀俱价中。大米每仓石价银,自一两五钱三分至二两五钱一分,与上月相同。小米每仓石价银,自一两四钱五分至一两九钱,与上月相同。小麦每仓石价银,自一两三钱八分至一两四钱九分,与上月相同。大麦每仓石价银,自六钱至一两一分,与上月相同。豌豆每仓石价银,自一两一钱九分至一两四钱一分,与上月相同。

鄜州属,价贱。小米每仓石价银,自五钱四分至八钱一五分,较上月减六分。小麦每仓石价银,自五钱四分至七钱四分,较上月减四分。豌豆每仓石价银,自四钱四分至六钱九分,较上月减五分。

绥德州属,价中。小米每仓石价银,自九钱八分至一两三钱五分,较上月减七分。小麦每仓石价银,自一两二钱至一两七钱六分,较上月减五分。豌豆每仓石价银,自八钱二分至一两二钱一分,与上月相同。朱批:"览。"

324 奏请前任山东布政使王笃等帮办省城防堵事务事

再,省城现办防堵,所有修城刀濠,添置器械,业已次第兴办。惟本境事宜,尤仗绅董襄理,最为得力。臣查得前任山东布政使王笃,候补五品京堂聂沄,前任四川杂谷厅同知马百龄,俱住居省城。又前任塔尔巴哈台领队大臣,副都统衔花沙布,系西安驻防人,皆年健有力。相应请旨,饬令帮办本城防堵事宜。该员等谊关桑梓,自当奋勉出力,可收指臂之助。当与督臣舒兴阿面商,意见相同,伏候训示,谨附片具奏。(咸丰三年正月十一日)咸丰三年二月初二日奉朱批:"□□。钦此。"

325 奏报咸丰二年份钱粮已未完数目事

陕西巡抚臣张祥河跪奏，为查明咸丰二年分钱粮，截至年底止，已、未完解数目，循例恭折奏闻，仰祈圣鉴事。

窃照嘉庆九年六月内，准户部咨，令将已、未完解钱粮数目，截至年底，于次年开印前报部，一面专折具奏等因，历经遵行在案。兹据藩司吴式芬详称："咸丰二年分，额征民屯更起运，并粮折等项钱粮，除各属留支外，实应解司银一百三十三万一千二百五十二两零。截至上年十一月底止，已完银一百二十六万七千二百六两零，业经详请具奏在案。

兹自上年十二月起，至年底止，续完银四万三千一百七十六两零，仍未完银二万八百六十九两零。统计咸丰二年钱粮，已完九分八厘零"等情，具详请奏前来。臣覆核无异。除将未完银两，严饬督催赶紧征收解司外，所有咸丰二年分额征正赋钱粮，截至年底止，已、未完解数目，理合循例恭折具奏，伏乞皇上圣鉴。谨奏。（咸丰三年）正月二十二日。咸丰三年二月初二日奉朱批："户部知道。钦此。"

326 奏报陕西省上年十二月雨雪粮价情形事

陕西巡抚臣张祥河跪奏，为恭报雨雪麦苗情形，仰祈圣鉴事。

窃照陕省上年十一月中旬暨十二月上旬雪泽情形，业经臣恭折具奏在案。兹据西安、延安、凤翔、汉中、榆林、同州、商州、邠州、乾州、鄜州、绥德等府州属，陆续具报于十二月十四、五、六、七、八，及二十一，并二十四、五等日，先后得雪，除融化入土外，积地一、二、三、四、五寸至七寸不等。

臣查陕省各属，上年入冬以后雪泽频仍。将届腊除，又复祥霙飞洒，平原、山境一律均沾，土脉极为滋润。现当阳和初转，地气方升，二麦渐次发生，民情甚为欢悦，堪以仰慰宸廑。谨将十二月分各属粮价，敬缮清单，恭呈御览，伏乞皇上圣鉴。谨奏。（咸丰三年）正月二十二日。咸丰三年二月初二日奉朱批："知道了。钦此。"

327 呈陕西省咸丰二年十二月粮价清单

谨将陕西省咸丰二年十二月分各属粮价，敬缮清单，恭呈御览。计开：

西安府属，价中。大米每仓石价银，自一两一钱至二两二分，与上月相同。小米每仓石价银，自七钱九分至一两六钱六分，与上月相同。小麦每仓石价银，自七钱七分至一两七钱五分，与上月相同。大麦每仓石价银，自四钱至七钱，与上月相同。豌豆每仓石价银，自七钱五分至一两二钱五分，与上月相同。

延安府属，价中。大米每仓石价银，自一两六钱二分至二两七钱六分，较上月贵一分。小米每仓石价银，自九钱二分至一两六钱七分，与上月相同。小麦每仓石价银，自九钱八分至一两七钱七分，与上月相同。糜米每仓石价银，自九钱九分至一两三钱九分，与上月相同。豌豆每仓石价银，自六钱至一两一钱九分，与上月相同。

凤翔府属，大米价贱，馀俱价中。大米每仓石价银，自一两三钱二分至一两六钱七分，与上月相同。小米每仓石价银，自一两六分至一两四钱三分，与上月相同。小麦每仓石价银，自九钱一分至一两三钱八分，与上月相同。大麦每仓石价银，自四钱四分至七钱二分，与上月相同。豌豆每仓石价银，自七钱五分至一两一钱，与上月相同。

汉中府属，小麦、大麦价贵，馀俱价中。大米每仓石价银，自一两五分至二两三钱一分，与上月相同。小米每仓石价银，自八钱四分至一两五钱八分，与上月相同。小麦每仓石价银，自九钱三分至二两一钱九分，与上月相同。大麦每仓石价银，自四钱八分至一两九分，与上月相同。豌豆每仓石价银，自七钱八分至一两二钱一分，较上月减四分。黄豆每仓石价银，自五钱三分至一两五钱五分，较上月减二分。

榆林府属，大米、小麦价贵，馀俱价中。大米每仓石价银，自二两二钱至三两四钱六分，与上月相同。小米每仓石价银，自一两三钱九分至一两八钱四分，与上月相同。小麦每仓石价银，自一两五钱二分至二两二钱二分，与上月相同。糜米每仓石价银，自一两三钱九分至一两九钱七分，与上月相同。豌豆每仓石价银，自一两一分至一两五钱六分，与上月相同。

同州府属，价中。大米每仓石价银，自一两四钱七分至二两一钱七分，与上月相同。小米每仓石价银，自一两至一两二钱八分，与上月相同。小麦每仓石价银，自九钱八分至一两三钱四分，与上月相同。大麦每仓石价银，自五钱一分至七钱九分，与上月相同。豌豆每仓石价银，自八钱四分至一两二钱一分，与上月相同。

兴安府属，大米价贱，馀俱价中。大米每仓石价银，自一两三钱四分至一两七钱七分，与上月相同。小米每仓石价银，自八钱九分至一两四钱二分，与上月相同。小麦每仓石价银，自一两一钱八分至一两九钱，与上月相同。大麦每仓石价银，自四钱二分至八钱六分，与上月相同。豌豆每仓石价银，自六钱四分至一两三钱，与上月相同。黄豆每仓石价银，自八钱一分至一两三钱五分，与上月相同。

商州属，大米价贱，馀俱价中。大米每仓石价银，自一两四钱三分至一两九钱三分，较上月贵一分。小米每仓石价银，自九钱三分至一两五钱六分，较上月贵三钱一分。小麦每仓石价银，自一两一钱至一两五钱九分，较上月贵一钱八分。大麦每仓石价银，自五钱四分至六钱二分，与上月相同。豌豆每仓石价银，自六钱至一两六钱，较上月贵二钱二分。

邠州属，大米价贵，小米价中，馀俱价贱。大米每仓石价银，自一两六钱五分至三两二钱二分，与上月相同。小米每仓石价银，自七钱六分至一两三钱三分与上月相同。小麦每仓石价银，自七钱九分至一两一钱，与上月相同。豌豆每仓石价银，自六钱九分至九钱一分，与上月相同。

乾州属，大麦价贵，馀俱价中。大米每仓石价银，自一两六钱三分至二两五钱一分，与上月相同。小米每仓石价银，自一两四钱六分至一两九钱，与上月相同。小麦每仓石价银，自一两二钱八分至一两四钱九分，与上月相同。大麦每仓石价银，自六钱至一两一分，与上月相同。豌豆每仓石价银，自一两一钱八分至一两四钱一分，与上月相同。

鄜州属，价贱。小米每仓石价银，自五钱二分至六钱八分，较上月减二分。小麦每仓石价银，自五钱一分至七钱一分，较上月减一分。豌豆每仓石价银，自四钱三分至六钱，较上月减一分。

绥德州属，价中。小米每仓石价银，自九钱六分至一两三钱七分，与上月相同。小麦每仓石价银，自一两三钱至一两七钱六分，与上月相同。豌豆每仓石价银，自八钱三分至一两二钱一分，与上月相同。朱批："览。"

328 奏报陕西省咸丰二年十二月份监银收存数目事

再，查陕西收捐监生银两，截至咸丰二年十一月底止，存银八千九百二十六两，业经臣附片奏明在案。今十二月分又报捐监生十一名，收银一千一百八十八两，连前司库共实存银一万一百一十四两，理合循例附片奏闻。谨奏。(咸丰三年正月廿二日)咸丰三年二月初二日奉朱批："户部知道。钦此。"

329 奏报查明陕省咸丰二年份下忙征收正赋盐课钱粮已未完数目事

陕西巡抚臣张祥河跪奏，为查明陕省上年下忙征收正赋、盐课钱粮，已、未完数目，循例奏闻，仰祈圣鉴事。

窃照各州县征解钱粮，前于嘉庆二十年六月内，经户部奏准，令将每年上、下忙应征钱粮，除留支外，实应解司银数，分别正课、杂项，依限造册，详报督、抚具奏，并将原册送部等因，经遵行在案。兹据藩司吴式芬详称，"查陕省各属咸丰二年分，额征民屯更起存并粮折银，除屯丁兑食及存留外，共银一百三十三万一千二百五十二两零。内上忙征完银八十七万二千六百七十三两零，未完银四十五万八千五百七十八两。今下忙续完银四十三万七千七百九两零，仍未完银二万八百六十九两零。又,原额盐课银八千九百八十两零,内上忙征完银一千一百七十六两零,未完银七千八百三两零。今下忙续完银三千六百二十五两零,仍未完银四千一百七十八两零”等情,具详请奏前来。

臣覆核无异。除将未完正银,严饬该管道府州,赶紧督催征解,并将送到册籍,另行咨部外。所有咸丰二年分下忙征收正赋、盐课钱粮,已、未完数目,理合循例恭折具奏,伏祈皇上圣鉴。谨奏。(咸丰三年)正月二十九日。咸丰三年二月初十日奉朱批:“户部知道。钦此。”

330 奏为准升商州直隶州知州唐李杜展缓赴部引见事

再,准升商州直隶州知州唐李杜,应行赴部引见。惟该州地方现办团练防堵,公务繁多,必须实缺人员,方为得力。应请将该州唐李杜仍留本任,俟事竣后,再行给咨。除檄饬遵照外,所有知州展缓赴部缘由,谨附片具奏。咸丰三年二月初二日奉朱批:“吏部知道。钦此。”

331 奏报陕西省正月雨雪麦苗并粮价情形事

陕西巡抚臣张祥河跪奏,为恭报雨雪麦苗情形,仰祈圣鉴事。

窃照陕省各属上年十二月中旬及本年正月上旬得雪情形,业经臣恭折具奏在案。兹据西安、延安、凤翔、汉中、同州、商州、邠州、乾州、鄜州等府州属,陆续具报于正月十三、四、五,及二月初六、七等日,先后各得雨雪,除消化入土外,积地一、二、三、四寸不等。

臣查陕省各属,上年冬间瑞雪频沾,二麦盘根,极其深固。兹复获此春膏,长发可期畅茂,民情均极安贴,堪以仰慰圣怀。谨将正月分粮价,敬缮清单,恭呈御览,伏祈皇上圣鉴。谨奏。(咸丰三年)二月十四日。咸丰三年二月二十五日奉朱批:“知道了。钦此。”

332 呈陕西省各属咸丰三年正月粮价清单

谨将陕西省咸丰三年正月分各属粮价,敬缮清单,恭呈御览。

计开：

西安府属，价中。大米每仓石价银，自一两一钱至二两二分，与上月相同。小米每仓石价银，自七钱九分至一两六钱六分，与上月相同。小麦每仓石价银，自七钱七分至一两七钱五分，与上月相同。大麦每仓石价银，自四钱至七钱，与上月相同。豌豆每仓石价银，自七钱五分至一两二钱五分，与上月相同。

延安府属，价中。大米每仓石价银，自一两六钱二分至二两七钱六分，与上月相同。小米每仓石价银，自九钱二分至一两六钱七分，与上月相同。小麦每仓石价银，自九钱八分至一两七钱七分，与上月相同。糜米每仓石价银，自九钱九分至一两三钱九分，与上月相同。豌豆每仓石价银，自六钱至一两二钱三分，较上月贵四分。

凤翔府属，大米价贱，馀俱价中。大米每仓石价银，自一两三钱二分至一两六钱七分，与上月相同。小米每仓石价银，自一两六分至一两四钱三分，与上月相同。小麦每仓石价银，自九钱一分至一两三钱八分，与上月相同。大麦每仓石价银，自四钱四分至七钱二分，与上月相同。豌豆每仓石价银，自七钱五分至一两一钱，与上月相同。

汉中府属，小麦、大麦价贵，馀俱价中。大米每仓石价银，自一两四分至二两三钱一分，与上月相同。小米每仓石价银，自八钱一分至一两五钱八分，与上月相同。小麦每仓石价银，自九钱八分至一两一钱九分，与上月相同。大麦每仓石价银，自四钱八分至一两九分，与上月相同。豌豆每仓石价银，自八钱二分至一两二钱八分，较上月贵七分。黄豆每仓石价银，自五钱三分至一两五钱五分，与上月相同。

榆林府属，大米、小麦价贵，馀俱价中。大米每仓石价银，自二两二钱至三两四钱六分，与上月相同。小米每仓石价银，自一两三钱九分至一两八钱四分，与上月相同。小麦每仓石价银，自一两五钱二分至二两二钱二分，与上月相同。糜米每仓石价银，自一两三钱九分至一两九钱七分，与上月相同。豌豆每仓石价银，自一两一分至一两五钱六分，与上月相同。

同州府属，价中。大米每仓石价银，自一两四钱七分至二两一钱七分，与上月相同。小米每仓石价银，自一两至一两二钱八分，与上月相同。小麦每仓石价银，自一两一分至一两三钱四分，与上月相同。大麦每仓石价银，自五钱一分至七钱九分，与上月相同。豌豆每仓石价银，自八钱五分至一两二钱一分，与上月相同。

兴安府属，大米价贱，馀俱价中。大米每仓石价银，自一两二钱七分至一两七钱七分，与上月相同。小米每仓石价银，自八钱九分至一两四钱二分，与上月相同。小麦每仓石价银，自一两一钱四分至一两九钱，与上月相同。大麦每仓石价银，自三钱九分至八钱六分，与上月相同。豌豆每仓石价银，自六钱四分至一两三钱，与上月相同。黄豆每仓石价银，自八钱一分至一两三钱五分，与上月相同。

商州属，价中。大米每仓石价银，自一两四钱七分至二两三分，较上月贵一钱。小米每仓石价银，自八钱至一两六钱六分，较上月贵一钱。小麦每仓石价银，自一两一钱至一两六钱九分，较上月贵一钱。大麦每仓石价银，自五钱五分至六钱二分，与上月相同。豌豆每仓石价银，自六钱至一两七钱，较上月贵一钱。

邠州属，大米价贵，小米价中，馀俱价贱。大米每仓石价银，自一两六钱五分至三两二钱二分，与上月相同。小米每仓石价银，自七钱六分至一两三钱三分，与上月相同。小麦每仓石价银，自七钱九分至一两一钱，与上月相同。豌豆每仓石价银，自六钱九分至九钱一分，与上月相同。

乾州属，大麦价贵，馀俱价中。大米每仓石价银，自一两六钱三分至二两五钱一分，与上月相同。小米每仓石价银，自一两四钱六分至一两九钱，与上月相同。小麦每仓石价银，自一两二钱八分至一两四钱九分，与上月相同。大麦每仓石价银，自六钱至一两一分，与上月相同。豌豆每仓石价银，自一两一钱八分至一两四钱一分，与上月相同。

鄜州属，价贱。小米每仓石价银，自五钱二分至六钱八分，与上月相同。小麦每仓石价银,自五钱一分至七钱一分,与上月相同。豌豆每仓石价银,自四钱三分至六钱,与上月相同。

绥德州属,价中。小米每仓石价银,自九钱六分至一两三钱七分,与上月相同。小麦每仓石价银,自一两三钱至一两七钱六分,与上月相同。豌豆每仓石价银,自八钱三分至一两二钱一分,与上月相同。朱批:"览。"

333 奏为委令陈景亮署理陕西按察使并白维清署理督粮道事

再,陕西臬司长臻,钦奉谕旨,补授奉天府府尹。所遗臬司印务,应行委员接署,以便长臻交卸起程。查有督粮道陈景亮,曾权臬篆,堪以署理。其所遗粮道员缺,查有候补道白维清,堪以委署。除分别檄饬遵照外,所有委署缘由,合并附片谨奏。咸丰三年二月二十五日奉朱批:"知道了。钦此。"

334 奏报陕西省咸丰三年正月监银收存数目事

再,查陕西收捐监生银两,截至咸丰二年十二月底止,存银一万一百一十四两,业经臣附片奏明在案。今本年正月分又报捐监生四名,收银四百三十二两,连前共存银一万五百四十六两。内除奉部筹拨军饷银七千两外,止实存银三千五百四十六两,理合附片奏闻。谨奏。咸丰三年二月二十五日奉朱批:"户部知道。钦此。"

335 奏报陕西省二月下旬至三月上旬雨水田禾并二月粮价情形事

陕西巡抚臣张祥河跪奏,为恭报雨水田禾情形,仰祈圣鉴事。

窃照陕省各属本年正月中旬暨二月初旬雨雪情形,业经臣恭折具奏在案。兹据西安、延安、凤翔、汉中、榆林、同州、商州、邠州、乾州、鄜州、绥德等府州属,陆续具报于二月二十三并二十八、九,及三月初一、二、三、五、六、七等日,先后得雨一、二、三、四寸至深透不等。

臣查关中年景，首重麦收。当芃苗秀发之时，叠逢甘雨滋培，于农田大有裨益，民情欢悦，粮价中平，堪以仰慰圣怀。谨将二月分粮价，敬缮清单，恭呈御览，伏祈皇上圣鉴。谨奏。(咸丰三年)三月十七日。咸丰三年三月二十七日奉朱批："知道了。钦此。"

336 呈陕西省各属咸丰三年二月粮价清单

谨将陕西省咸丰三年二月分各属粮价，敬缮清单，恭呈御览。计开：

西安府属，价中。大米每仓石价银，自一两一钱至二两二分，与上月相同。小米每仓石价银，自七钱九分至一两六钱六分，与上月相同。小麦每仓石价银，自七钱七分至一两七钱五分，与上月相同。大麦每仓石价银，自四钱至七钱，与上月相同。豌豆每仓石价银，自七钱二分至一两二钱五分，与上月相同。

延安府属，价中。大米每仓石价银，自一两六钱二分至二两七钱六分，与上月相同。小米每仓石价银，自九钱二分至一两六钱七分，与上月相同。小麦每仓石价银，自九钱八分至一两七钱七分，与上月相同。糜米每仓石价银，自九钱九分至一两三钱九分，与上月相同。豌豆每仓石价银，自六钱至一两二钱三分，与上月相同。

凤翔府属，大米价贱，馀俱价中。大米每仓石价银，自一两三钱四分至一两六钱七分，与上月相同。小米每仓石价银，自一两六分至一两四钱三分，与上月相同。小麦每仓石价银，自九钱一分至一两三钱八分，与上月相同。大麦每仓石价银，自四钱四分至七钱二分，与上月相同。豌豆每仓石价银，自七钱五分至一两一钱，与上月相同。

汉中府属，小麦、大麦价贵，馀俱价中。大米每仓石价银，自一两四分至二两三钱一分，与上月相同。小米每仓石价银，自八钱一分至一两五钱八分，与上月相同。小麦每仓石价银，自九钱八分至二两一钱九分，与上月相同。大麦每仓石价银，自四钱八分至一两九分，与上月相同。豌豆每仓石价银，自八钱二分至一两二钱四分，较上月减四分。黄豆每仓石价银，自五钱三分至一两五钱五分，与上月相同。

榆林府属，大米、小麦价贵，馀俱价中。大米每仓石价银，自二两二钱至三两四钱六分，与上月相同。小米每仓石价银，自一两三钱九分至一两八钱四分，与上月相同。小麦每仓石价银，自一两五钱二分至二两二钱二分，与上月相同。糜米每仓石价银，自一两三钱九分至一两九钱七分，与上月相同。豌豆每仓石价银，自一两一分至一两五钱六分，与上月相同。

同州府属，价中。大米每仓石价银，自一两四钱九分至二两一钱七分，与上月相同。小米每仓石价银，自一两至一两二钱八分，与上月相同。小麦每仓石价银，自一两一分至一两三钱四分，与上月相同。大麦每仓石价银，自五钱一分至七钱九分，与上月相同。豌豆每仓石价银，自八钱五分至一两二钱一分，与上月相同。

兴安府属，大米价贱，馀俱价中。大米每仓石价银，自一两二钱七分至一两六钱八分，较上月减九分。小米每仓石价银，自八钱九分至一两四钱二分，与上月相同。小麦每仓石价银，自一两一钱四分至一两九钱，与上月相同。大麦每仓石价银，自三钱九分至八钱六分，与上月相同。豌豆每仓石价银，自六钱四分至一两三钱，与上月相同。黄豆每仓石价银，自八钱一分至一两二钱二分，较上月减一钱三分。

商州属，价中。大米每仓石价银，自一两五钱七分至二两三分，与上月相同。小米每仓石价银，自九钱六分至一两六钱六分，与上月相同。小麦每仓石价银，自一两八分至一两六钱九分，与上月相同。大麦每仓石价银，自五钱四分至六钱二分，与上月相同。豌豆每仓石价银，自六钱至一两七钱，与上月相同。

邠州属，大米价贵，小米价中，馀俱价贱。大米每仓石价银，自一两六钱五分至三两二钱二分，与上月相同。小米每仓石价银，自七钱六分至一两三钱三分，与上月相同。小麦每仓石价银，自七钱九分至一两一钱六分，较上月贵六分。豌豆每仓石价银，自六钱九分至九钱八分，较上月贵七分。

乾州属，大麦价贵，馀俱价中。大米每仓石价银，自一两六钱三分至二两五钱一分，与上月相同。小米每仓石价银，自一两四钱六分至一两九钱，与上月相同。小麦每仓石价银，自一两二钱八分至一两四钱九分，与上月相同。大麦每仓石价银，自六钱至一两一分，与上月相同。豌豆每仓石价银，自一两一钱八分至一两四钱一分，与上月相同。

鄜州属，价贱。小米每仓石价银，自五钱二分至六钱八分，与上月相同。小麦每仓石价银，自五钱一分至七钱一分，与上月相同。豌豆每仓石价银，自四钱三分至六钱，与上月相同。

绥德州属，价中。小米每仓石价银，自九钱六分至一两三钱七分，与上月相同。小麦每仓石价银，自一两三钱至一两七钱六分，与上月相同。豌豆每仓石价银，自八钱三分至一两二钱一分，与上月相同。朱批："览。"

337 奏报陕西省咸丰三年二月监银收存数目事

再，查陕西收捐监生银两，截至咸丰三年正月底止，存银三千五百四十六两，业经臣附片奏明在案。今二月分又报捐监生一名，收银一百八两，连前司库共实存银三千六百五十四两，理合循例附片奏闻。谨奏。（咸丰三年三月十七日）咸丰三年三月二十七日奉朱批："户部知道。钦此。"

338 奏为审拟临潼县民张时中京控县差姚魁等挟弊蠹害串断勒结事

陕西巡抚臣张祥河跪奏，为遵旨审明定拟，恭折奏祈圣鉴事。

窃照临潼县民张时中，京控县差姚魁等挟弊蠹害，串断勒结等情，经都察院具奏，奉旨："此案著交张祥河，亲提人证、卷宗，秉公研讯确情，按律定拟具奏。原告民人张时中，该部照例解往备质。钦此。"并准兵部将该原告递解到陕。遵即行提人、卷至省，饬委西安府蒋琦淳审拟，由藩司吴式芬、署臬司陈景亮覆讯详解前来。

臣亲提研鞫。缘张时中籍隶临潼县，与该县差役姚魁、王怀，兵书王道平，户书张三让、刘成锡，及姚玉庆、李成寅、纪登霄、刘三，均相熟识。该县地分三十六里四甲半，因当孔道，往来差务繁多，里民轮充甲总，经管差徭。每遇大差过境，额设驿马不敷供支，不得不借资民力，向系官发价值，交甲总雇觅民间车马应用。其守候、回空，并车夫口食，马匹喂养，不无赔累。嘉庆年间，阖县士民公议，临邑共地九千七百馀顷，每地一顷，帮银二钱，共帮银一千九百馀两，由各里甲总催收，汇交在城值年甲总，以备津贴，其银不经官吏之手。道光二十三、四，及二十八、九等年差务较少，前任知县刘建韶、姜申璠，谕令只准帮银一千五百两，如办差有馀，留为科试誊录之用。此外，里民完粮掣票，每里向给粮差、户书，饭食、纸笔钱一二千文不等，名为“茶果钱”，共计钱五十馀千文，亦由各里甲总收齐送交，出自里民情愿，历久均皆相安无异。

先是，道光四年，民人张述斌因县采买喂马料草，携草赴号交纳，与管号家丁口角，捏情呈控，巡抚批府讯结。二十六年，生员赵晏清又以浮摊科派，控经批饬府审，赵晏清旋即出外游学，不知去向，经府详销。迨三十年，轮应姚玉庆、李成寅、纪登霄、刘三充当值年甲总。张时中因近年以银易钱较昔倍增，意欲减少帮银，见好地方，转向姚玉庆等相商。姚玉庆等当以“银价虽贵，差亦加多。且银钱价值长落不定，日后倘若低落，甲总难免赔累，不如仍旧”之言答覆。张时中不依争吵，经兵书王道平，户书张三让、刘成锡听闻，前往询悉情由，均称张时中未充甲总，不应多管闲事，劝斥各散。张时中因嗔姚玉庆等不肯附和减少，又疑王道平等受嘱袒庇，遂邀王邦凝、贾新和，捏词叠控。

咸丰元年，张时中轮充甲总，即将帮银减为八百两摊收。而姚玉庆等查知，将伊等所管三里四甲半照旧收帮，各自办差，不由张时中经理。张时中先后往央县差姚魁、王怀，门丁穆姓，转催姚玉庆等交纳帮银。姚魁等因此项银两向不经官,催缴未允,并斥张时中率改旧章之非。张时中气忿,又同王邦凝、张有时、张必广等屡次上控,批府提讯,令照旧章。张时中不服,致未详结。张时中起意京控,虑难邀准,捏指差役挟弊蠹害,串断勒结等情,并将张述斌等昔年控案一并添砌,赴都察院具呈。奏奉谕旨,递解到陕。委员提审,即据张时中投递悔词,臣恐有抑勒贿和情弊,复提集讯,供悉前情不讳。姚玉庆等委无贿串丁、书,买充甲总。摊帮银两,实系津贴夫、马口食喂养使用,官吏向不经手。所给书差催粮口食,掣票纸笔钱文,实出里民情愿,俱非折勒敛派。其县差姚魁、兵书王道平、户书张三让等,坚供并无勒索帮银,执持签票拘押情弊。质之张时中,自认挟嫌妄控,希图准状,因恐审虑坐诬,是以先行具悔,恳求免究。再三严诘,矢口不移,案无遁饰。

查律载"申诉不实者,杖一百"等语。此案张时中欲图减少里民公帮办差银两,见好地方,因嗔姚玉庆等不肯附和,并挟丁书、差役斥责之嫌,辄行捏情妄控,殊属不合。姑念事出有因,与平空诬告者不同,且于未审之先,即据实具悔,情同自首,应请从宽,照"申述不实,杖一百"律,拟杖一百,折责发落。姚玉庆、李成寅、纪登霄、刘三,讯未贿串丁、书,买充甲总。其不允减帮银,将伊等里甲照旧摊收,系虑办公不敷起见,并非入己,应请免议。

差役姚魁等,讯无勒索帮银,锁拿拘押情事,应与并未串诈之兵书王道平,户书张三让、刘成锡,均免置议。至前项公帮银两,津贴夫、马费用,系以民间之财,仍济民间之用。惟事关闾阎,若仍其旧,诚恐甲总日久视为利薮,逐渐增加,剥削小民,应同里民所给书差催粮纸笔、饭食钱文,一概裁革。嗣后差务过境,如需雇觅民间车马,除官发价值外,其守候、回空夫马口食、料草,里民自行照料,毋许甲总藉口津贴,另立摊帮名目,以免滋扰而杜讼端。案已讯明,未到人证,免提省累。除供招咨部外,所有审明定拟缘由,理合恭折具奏,伏乞皇上圣鉴,敕部核覆施行。谨奏。(咸丰三年)三月二十八日。咸丰三年四月初九日奉朱批:“刑部议奏。钦此。”

339 奏为怀远县知县初庆彨人地未宜请以肤施县知县马书新对调事

陕西巡抚臣张祥河跪奏,为知县人地未宜,酌请对调,仰祈圣鉴事。

窃照知县为亲民之官,责任綦重,非但题调缺分繁、简互异,即同为选缺,亦有难易之别,自应人与地宜,方足以资治理。陕省州县内,有不能称职各员,业经臣随时甄别降改,奏明在案。兹查榆林府属之怀远县,虽系简缺,惟近来民情好讼,且时有匪类滋事。现任知县初庆彨,年五十三岁,顺天宛平县举人,原籍山东,大挑知县,签掣陕西,补授今职,道光二十四年十二月到任。该员谨饬安详,奉公勤慎,惟于巡缉事宜,不甚得力,未便迁就。

查有肤施县知县马书新,年五十一岁,山西监生,报捐知县,分发陕西。因拿获邻境盗犯,尽先补用,旋补今职,道光二十九年二月到任。该员才具明练,办事稳妥,以之调补怀远县知县,实堪胜任。所遗肤施县员缺,民情质朴,较为易治,即以初庆彨调补,亦能称职。据藩司吴式芬、臬司文俊查明,各该员均无展参有关降调,及盗劫已起四参之案,会详请奏前来。

合无仰恳圣恩,俯准将肤施县知县马书新调补怀远县知县,所遗肤施县员缺,即以初庆彨调补。一转移间,人地各得其宜,洵于公事有益。如蒙俞允,该员等以简调简,均毋庸送部引见,合并陈明。谨会同陕甘〔总〕(督)臣舒兴阿,合词恭折具奏,伏乞皇上圣鉴训示。谨奏。(咸丰三年)四月初八日。咸丰三年四月十九日奉朱批:“□□。钦此。”

340 奏为淳化县知县一缺应归部选事

再,查有捐班前先用知县佘士夑,顺天监生,祖籍安徽,由历次捐输知县,分发陕西,咸丰元年三月到省。臣平日接见,细加体察,该员才具中平，尚少历练，难膺民社。现在轮补到班，据藩、臬两司，将该员照例详请题补淳化县知县前来。臣既查知才不胜任，自当随时甄劾，未便稍涉迁就。

惟该员年甫二十七岁，尚堪驱策。相应请旨，将捐班前先用知县佘士夔，以府经历、县丞降补，归部铨选。再查定例，试用人员才不胜任，随时甄别参处。轮届应补之期，不得将名次在后人员，题咨补用。今轮补之员既经甄劾，所有淳化县一缺，应归部选，合并声明，谨附片具奏。咸丰三年四月十九日奉朱批："□□。钦此。"

341 奏为杭嘉湖道员缺请旨简放事

再，据藩、臬两司转据长安县详称，"据浙江杭嘉湖道家丁谢升呈称，伊家主黄宅中，现年五十八岁，山西进士。由贵州大定府知府，奉旨简放浙江杭嘉湖道，交代起程，取道川陕赴任。不意沿途中风，身左麻木，动履维艰，竟成痹痿之证。兹行至西安省城，延医诊视多日，难以就痊。呈请转详，委验取结，咨浙开缺，回籍调理"等情，由司饬委西安府往验，先行会详前来。

臣覆查无异。除照例取结，咨明吏部暨山西、浙江各抚臣外，所有浙江杭嘉湖道员缺紧要，相应请旨简放，以重职守，理合附片具陈，伏乞圣鉴。谨奏。咸丰三年四月十九日奉朱批："□□。钦此。"

342 奏报陕西各属三月下旬至四月上旬雨水并三月粮价情形事

陕西巡抚臣张祥河跪奏，为恭报雨水田禾情形，仰祈圣鉴事。

窃照陕省各属二月下旬及三月上旬雨水田苗情形，业经臣恭折具奏在案。兹据西安、延安、凤翔、汉中、榆林、同州、兴安、商州、邠州、乾州、鄜州、绥德等府州属，陆续具报于三月二十三、四、五、六、七，及四月初三、四、五、六、七等日，得雨二、三、四、五寸至深透不等。

臣查陕省平原各属，大麦均经结实，现在将次收获。小麦颖栗纷敷，日来天气晴和，颗粒更当饱满。其南、北两山包谷、杂粮，应时长发，地方安谧，民气恬熙，堪以仰慰宸怀。谨将三月分各属粮价，敬缮清单，恭呈御览，伏祈皇上圣鉴。谨奏。（咸丰三年）四月二十五日。咸丰三年五月初五日奉朱批："知道了。钦此。"

343 呈陕西各属咸丰三年三月粮价清单

谨将陕西省咸丰三年三月分各属粮价，敬缮清单，恭呈御览。计开：

西安府属，价中。大米每仓石价银，自一两一钱二分至二两二分，与上月相同。小米每仓石价银，自七钱九分至一两六钱九分，较上月贵三分。小麦每仓石价银，自七钱七分至一两七钱五分，与上月相同。大麦每仓石价银，自四钱至七钱，与上月相同。豌豆每仓石价银，自七钱二分至一两二钱五分，与上月相同。

延安府属，价中。大米每仓石价银，自一两六钱二分至二两七钱六分，与上月相同。小米每仓石价银，自九钱二分至一两六钱七分，与上月相同。小麦每仓石价银，自九钱八分至一两七钱七分，与上月相同。糜米每仓石价银，自九钱九分至一两三钱九分，与上月相同。豌豆每仓石价银，自六钱至一两二钱七分，较上月贵四分。

凤翔府属，大米价贱，馀俱价中。大米每仓石价银，自一两三钱四分至一两六钱七分，与上月相同。小米每仓石价银，自一两六分至一两四钱三分，与上月相同。小麦每仓石价银，自九钱一分至一两三钱八分，与上月相同。大麦每仓石价银，自四钱四分至七钱二分，与上月相同。豌豆每仓石价银，自七钱五分至一两一钱，与上月相同。

汉中府属，小麦、大麦价贵，馀俱价中。大米每仓石价银，自九钱四分至二两三钱一分，与上月相同。小米每仓石价银，自七钱四分至一两五钱九分，较上月贵一分。小麦每仓石价银，自九钱三分至二两一钱九分，与上月相同。大麦每仓石价银，自四钱三分至一两九分，与上月相同。豌豆每仓石价银，自七钱八分至一两二钱二分，较上月减二分。黄豆每仓石价银，自四钱九分至一两五钱八分，较上月贵三分。

榆林府属，大米、豌豆价中，馀俱价贵。大米每仓石价银，自二两二钱至三两五钱二分，较上月贵六分。小米每仓石价银，自一两三钱九分至一两八钱八分，较上月贵四分。小麦每仓石价银，自一两五钱二分至二两二钱七分，较上月贵五分。糜米每仓石价银，自一两三钱九分至二两二分，较上月贵五分。豌豆每仓石价银，自一两一分至一两六钱一分，较上月贵五分。

同州府属，价中。大米每仓石价银，自一两四钱九分至二两一钱七分，与上月相同。小米每仓石价银，自一两至一两二钱八分，与上月相同。小麦每仓石价银，自一两一分至一两三钱四分，与上月相同。大麦每仓石价银，自五钱一分至八钱，较上月贵一分。豌豆每仓石价银，自八钱五分至一两二钱一分，与上月相同。

兴安府属，大米价贱，馀俱价中。大米每仓石价银，自一两二钱七分至一两六钱八分，与上月相同。小米每仓石价银，自八钱九分至一两四钱二分，与上月相同。小麦每仓石价银，自一两一钱四分至二两，较上月贵一钱。大麦每仓石价银，自三钱九分至八钱六分，与上月相同。豌豆每仓石价银，自六钱四分至一两三钱，与上月相同。黄豆每仓石价银，自八钱一分至一两二钱二分，与上月相同。

商州属，价中。大米每仓石价银，自一两五钱一分至二两三分，与上月相同。小米每仓石价银，自九钱九分至一两六钱六分，与上月相同。小麦每仓石价银，自一两一钱一分至一两六钱九分，与上月相同。大麦每仓石价银，自五钱六分至六钱五分，较上月贵三分。豌豆每仓石价银，自六钱至一两七钱，与上月相同。

邠州属，大米价贵，小米价中，馀俱价贱。大米每仓石价银，自一两六钱五分至三两二钱二分，与上月相同。小米每仓石价银，自七钱六分至一两三钱三分，与上月相同。小麦每仓石价银，自七钱九分至一两一钱六分，与上月相同。豌豆每仓石价银，自六钱九分至九钱八分，与上月相同。

乾州属，大麦价贵，馀俱价中。大米每仓石价银，自一两六钱三分至二两五钱一分，与上月相同。小米每仓石价银，自一两四钱六分至一两九钱，与上月相同。小麦每仓石价银，自一两二钱八分至一两四钱九分，与上月相同。大麦每仓石价银，自六钱至一两一分，与上月相同。豌豆每仓石价银，自一两一钱八分至一两四钱一分，与上月相同。、

鄜州属，价贱。小米每仓石价银，自五钱二分至六钱二分，较上月减六分。小麦每仓石价银，自五钱一分至六钱四分，较上月减七分。豌豆每仓石价银，自四钱三分至五钱四，较上月减六分。

绥德州属，价中。小米每仓石价银，自九钱六分至一两三钱七分，与上月相同。小麦每仓石价银，自一两三钱至一两七钱六分，与上月相同。豌豆每仓石价银，自八钱三分至一两二钱一分，与上月相同。朱批："览。"

344 奏报陕西咸丰三年三月监银收存数目事

再，查陕省收捐监生银两，截至咸丰三年二月底止，存银三千六百五十四两，业经臣附片奏明在案。今三月分又报捐监生一名，收银一百八两，连前司库共实存银三千七百六十二两，理合循例附片奏闻。谨奏。（咸丰三年四月廿五日）咸丰三年五月初五日奉朱批："户部知道。钦此。"

345 奏报陕西省西安等九府州属二麦约收分数事

陕西巡抚臣张祥河跪奏，为恭报陕西省西安等九府州属二麦约收分数，仰祈圣鉴事。

窃照二麦约收分数，例应先期恭折奏报。兹据西安、凤翔、汉中、同州、兴安、商州、邠州、乾州、鄜州九府州，将所属二麦约收分数开折具报，由藩司汇详请奏前来。臣覆加查核，统计西安等九府州属七十二厅州县，多寡牵算，二麦约收六分有馀，敬缮清单，恭呈御览。至延

安、榆林、绥德三府州属，节气较迟，向来均于开报实收分数时一并具报，合并陈明，理合缮折具奏，伏祈皇上圣鉴。谨奏。(咸丰三年)四月二十九日。咸丰三年五月初十日奉朱批："知道了。钦此。"

346 呈陕西省西安等九府州属二麦约收分数清单

谨将陕西省咸丰三年西安等九府州属二麦约收分数，开缮清单，恭呈御览。计开：

约收九分有馀者，盩厔一县。约收七分有馀者，鄠县、咸阳、醴泉、兴平、汧阳、西乡、潼关、商南、乾州、武功十厅州县。约收七分者，宁陕、临潼、洋县、朝邑、三水五厅县。约收六分有馀者，孝义、咸宁、长安、富平、泾阳、渭南、高陵、耀州、同官、蓝田、三原、岐山、陇州、郿县、扶风、宝鸡、南郑、城固、褒城、留坝、略阳、沔县、凤县、宁羌、佛坪、大荔、韩城、蒲城、白水、郃阳、华州、华阴、紫阳、洵阳、商州、雒南、山阳、邠州、淳化、永寿、鄜州、洛川、中部、宜君四十四厅州县。约收六分者，凤翔、定远、澄城、安康四厅县。约收五分有馀者，麟游、汉阴、平利、石泉、砖坪、白河、镇安、长武八厅县。

以上西安等九府州属七十二厅州县，多寡牵算，二麦约收六分有馀。朱批："览。"

347 奏报陕西省咸丰二年应征带征钱粮已未完数目事

陕西巡抚臣张祥河跪奏，为陕省咸丰二年应征、带征钱粮，已、未完数目，循例奏闻事。

窃照向例办理钱粮奏销，应将每年完、欠数目，分晰具奏，历经遵办在案。兹据布政使吴式芬详称："陕西省咸丰弍年分，额征地丁、起存、药味等项，共银壹百陆拾万玖千捌百贰拾捌两零，通完。又额征糯米折价银贰千肆百叁拾玖两零，通完。又额耗羡银贰拾叁万柒千叁百陆拾两零，通完。又额征起存本色粮壹拾玖万捌千肆百贰拾玖石零，内已完粮壹拾玖万柒千玖百柒十贰石零，未完粮肆百伍拾柒石零。又额征本色草壹万伍千陆百叁拾贰束零，通完。又带征征完咸丰元年未完起运本色粮伍百贰拾叁石零，全数通完”等情，具详前来。

臣覆核无异。除将未完粮石，责令该管道府州，依限催征完解外，理合恭折具奏，并将已、未完数目，缮具简明清单，恭呈御览，伏祈皇上圣鉴。谨奏。（咸丰三年）四月三十日。咸丰三年五月二十三日奉朱批：“户部知道。单并发。钦此。”

348 呈陕西省咸丰二年应征正耗等项已未完清单

谨将咸丰二年应征正、耗等项，已、未完细数，开缮清单，恭呈御览。计开：

应征咸丰二年银粮等项，已、未完数目：

一，咸丰二年额征地丁等项银一百六十万九千八百二十八两零，通完。

一，咸丰二年额征糯米折价银二千四百三十九两零，通完。

一，咸丰二年额征耗羡银二十三万七千三百六十两零，通完。

一，咸丰二年额征本色粮一十九万八千四百二十九石零，内已完粮一十九万七千九百七十二石零，未完粮四百五十七石零。

一，咸丰二年额征本色草一万五千六百三十二束零，通完。

以上咸丰二年应征正耗银粮、草束，共已完正耗银一百八十四万九千六百二十七两零，全数通完。已完粮一十九万七千九百七十二石零，未完粮四百五十七石零。已完草一万五千六百三十二束零，全数通完。

一，带征征完咸丰元年未完起运本色粮五百二十三石零，全数通完。朱批：“览。”

349 奏为陕西省咸丰二年份征收新赋钱粮全完数目比较事

陕西巡抚臣张祥河跪奏，为陕西省咸丰二年分征收新赋钱粮，截至奏销以前全完数目，开列上三年比较清单，恭折奏祈圣鉴事。

窃照前准户部咨开，钦奉谕旨："州县实征实解银数，各省督、抚于奏销题报外，照例具奏，折内开具清单，明列通省三年比较等因。钦此。"嗣又准部咨，统以年底截数，次年二月春拨时开单奏报。即以道光五年春拨为始，遵照办理。六年正月内，复准部咨，通年全额钱粮，势难于春拨时统行确核，行令仍以奏销截数开单奏报，并于单内将已完银数下，注明造入春、秋拨册若干，颁发清单式样，画一办理等因。

兹据布政使吴式芬详报，"咸丰二年分，额征新赋地丁正项银一百三十三万一千二百五十二两零，截至奏销止，已十分全完。内造入咸丰二年秋拨银八十七万九千四百六十七两零，咸丰三年春拨银四十三万一千四十三两零，实存库银二万七百四十一两零，俟咸丰三年秋拨册内造报候拨"等情，具详前来。臣逐细覆核无异。除咨明户部外，所有应征新赋银两全完缘由，理合恭折具奏，敬缮比较细数清单，恭呈御览，伏乞皇上圣鉴。谨奏。(咸丰三年)四月三十日。咸丰三年五月二十三日奉朱批："户部知道。单并发。钦此。"

350 呈陕西省咸丰二年份征收新赋钱粮比较清单

谨将陕西省咸丰二年征收新赋钱粮，比较上三年完、欠分数，缮具清单，恭呈御览。计开：

一，咸丰二年分，额征新赋地丁正银一百三十三万一千二百五十二两零，截至奏销止，已十分全完。内造入咸丰二年秋拨银八十七万九千四百六十七两零，咸丰三年春拨银四十三万一千四十三两零。实存库银二万七百四十一两零，俟咸丰三年秋拨册内造报候拨。

一，比较咸丰元年额征地丁正项银一百三十三万九千一百五十两零，于是年奏销前十分全完，计已完分数相同。

一，比较道光三十年额征地丁正项银一百三十三万一千二百五十二两零，于是年奏销前十分全完，计已完分数相同。

一，比较道光二十九年额征地丁正项银一百三十三万九千一百五十五两零，于是年奏销前十分全完，计已完分数相同。朱批："览。"

351 奏报查明司库实存耗羡银两数目事

陕西巡抚臣张祥河跪奏，为查明司库实存耗羡银数，循例奏闻事。

窃照司库耗羡收支、动存各款，例应于奏销地丁钱粮时恭折具奏。兹查陕西省咸丰二年奏销册造，司库现存及缺官扣半养廉，共银三千四百三十三两零。除将清册咨部外，理合循例具奏，并开缮清单，恭呈御览，伏祈皇上圣鉴。谨奏。（咸丰三年）四月三十日。咸丰三年五月二十三日奉朱批："户部知道。单并发。钦此。"

352 呈陕西司库咸丰二年耗羡银两数目清单

谨将陕西布政司库咸丰二年分耗羡银数，开缮清单，恭呈御览。计开：

旧管：

一，应存耗羡银一十二万八百五十九两零，内除清查案内原报不敷银一十万七千七百二十四两五钱零，止实存银一万三千一百三十四两四钱零。

一，存缺官扣半银六千八百二十二两零。

新收：

一，收耗羡银二十五万八千一百六十八两零。

一，收缺官扣半银五千四百五十八两零。

开除：

一，支耗羡银三十七万四千七百八十二两零。

一，支缺官扣半银一万五百六十两。

实在：

一，应存耗羡银四千二百四十五两零。内除清查案内不敷银二千五百三十二两一钱零，业已奉准部咨筹款弥补，俟完日另办外，止实存银一千七百一十二两九钱零。

一，存缺官扣半银一千七百二十两零。朱批："览。"

353 奏为委署西安府等处理事同知等各员事

再，西安府理事同知文照回避，所遗系旗缺，应于旗员内拣选委署。查有汉阴厅通判庆升，堪以委令署理。所遗员缺，查有咸宁县知县陈仅，现在派赴兴安府城勘修堤工，堪以就近接署，仍可照料工程。其所遗咸宁县员缺，系省会首邑，政务殷繁，查有鄠县知县吴春焕，堪以调署。该员等任内均无钱粮展参，及盗劫已起四参之案，据藩、臬两司会详前来。除批饬遵照外，所有委署缘由，理合附片陈明。谨奏。咸丰三年五月初五日奉朱批："知道了。钦此。"

354 奏为西安府理事同知文照与新任臬司文俊系从堂弟兄应行回避等事

再，据藩司详据西安府理事同知文照禀称，该员与新任臬司文俊系从堂弟兄，应行回避等情。臣查定例"外官有关刑名、钱谷，考核纠参者，不分远近，系族中，俱令官小者回避。"又，"现任外官，藩、臬有本旗之人及至亲，应回避。均令该督、抚先行委署，令其离任。"又，"理事同知额缺无多，如遇回避之员，令督、抚给咨赴部，俟有缺出，引见补授"各等语。今西安府理事同知文照，既系臬司文俊从堂弟，该司有考核通省刑名之责，自应令文照回避。查西安理事同知系冲繁中缺，除委员接署，并俟部覆至日，给咨赴部外，理合附片请旨，敕部另补，伏乞圣鉴。谨奏。咸丰三年五月初五日奉朱批："该部照例办理。钦此。"

355 奏报陕西省各属四月下旬至五月中旬雨水并四月粮价情形事

陕西巡抚臣张祥河跪奏，为恭报雨水田禾情形，仰祈圣鉴事。

窃照陕省各属三月下旬及四月上旬雨水田禾情形，业经臣恭折具奏在案。兹据西安、延安、凤翔、汉中、榆林、同州、兴安、商州、邠州、乾州、鄜州、绥德等十二府州属，陆续具报于四月二十八、九，三十，及五月初一、二、三、四、五，并十二、三、四等日，得雨一、二、三、四、五寸至深透不等。

臣查陕西平原各属，二麦均已碾收，正当播种秋禾，得此甘雨滋培，洵于农田有益。其南、北两山包谷、杂粮，长发均极畅茂。北山一带二麦较迟，现已将次成熟，民情乐业，气象恬熙，堪以仰慰圣怀。谨将四月分粮价，敬缮清单，恭呈御览，伏祈皇上圣鉴。谨奏。（咸丰三年）五月二十四日。咸丰三年六月初八日奉朱批："知道了。钦此。"

356 呈陕西各属咸丰三年四月粮价清单

谨将陕西省咸丰三年四月分各属粮价，敬缮清单，恭呈御览。计开：

西安府属，价中。大米每仓石价银，自一两一钱二分至二两二分，与上月相同。小米每仓石价银，自七钱九分至一两六钱九分，与上月相同。小麦每仓石价银，自七钱七分至一两七钱五分，与上月相同。大麦每仓石价银，自四钱至七钱，与上月相同。豌豆每仓石价银，自七钱二分至一两二钱五分，与上月相同。

延安府属，价中。大米每仓石价银，自一两六钱四分至二两七钱六分，与上月相同。小米每仓石价银，自九钱二分至一两六钱七分，与上月相同。小麦每仓石价银，自九钱八分至一两七钱七分，与上月相同。糜米每仓石价银，自九钱九分至一两三钱九分，与上月相同。豌豆每仓石价银，自六钱至一两二钱三分，较上月减四分。

凤翔府属，大米价贱，馀俱价中。大米每仓石价银，自一两三钱四分至一两六钱七分，与上月相同。小米每仓石价银，自一两六分至一两四钱三分，与上月相同。小麦每仓石价银，自九钱一分至一两三钱八分，与上月相同。大麦每仓石价银，自四钱四分至七钱二分，与上月相同。豌豆每仓石价银，自七钱五分至一两一钱，与上月相同。

汉中府属，小麦、大麦价贵，馀俱价中。大米每仓石价银，自九钱三分至二两三钱一分，与上月相同。小米每仓石价银，自七钱八分至一两五钱九分，与上月相同。小麦每仓石价银，自九钱三分至二两一钱九分，与上月相同。大麦每仓石价银，自四钱三分至一两九分，与上月相同。豌豆每仓石价银，自七钱三分至一两二钱二分，与上月相同。黄豆每仓石价银，自四钱九分至一两五钱五分，较上月减三分。

榆林府属，大米、豌豆价中，馀俱价贵。大米每仓石价银，自二两一钱六分至三两五钱二分，与上月相同。小米每仓石价银，自一两三钱二分至一两八钱八分，与上月相同。小麦每仓石价银，自一两四钱四分至二两二钱七分，与上月相同。糜米每仓石价银，自一两三钱二分至二两二分，与上月相同。豌豆每仓石价银，自九钱六分至一两六钱一分，与上月相同。

同州府属，价中。大米每仓石价银，自一两四钱九分至二两一钱七分，与上月相同。小米每仓石价银，自一两至一两二钱八分，与上月相同。小麦每仓石价银，自一两一分至一两三钱四分，与上月相同。大麦每仓石价银，自五钱一分至八钱，与上月相同。豌豆每仓石价银，自八钱至一两二钱一分，与上月相同。

兴安府属，大米价贱，馀俱价中。大米每仓石价银，自一两二钱七分至一两六钱八分，与上月相同。小米每仓石价银，自八钱九分至一两四钱三分，较上月贵一分。小麦每仓石价银，自一两一钱四分至二两，与上月相同。大麦每仓石价银，自三钱九分至八钱六分，与上月相同。豌豆每仓石价银，自六钱四分至一两四钱，较上月贵一钱。黄豆每仓石价银，自八钱一分至一两二钱二分，与上月相同。

商州属，价中。大米每仓石价银，自一两五钱一分至二两三分，与上月相同。小米每仓石价银，自九钱六分至一两六钱六分，与上月相同。小麦每仓石价银，自一两一钱四分至一两六钱九分，与上月相同。大麦每仓石价银，自五钱六分至六钱二分，较上月减三分。豌豆每仓石价银，自六钱至一两七钱，与上月相同。

邠州属，大米价贵，小米价中，馀俱价贱。大米每仓石价银，自一两六钱五分至三两二钱二分，与上月相同。小米每仓石价银，自七钱六分至一两三钱三分，与上月相同。小麦每仓石价银，自七钱九分至一两一钱六分，与上月相同。豌豆每仓石价银，自六钱九分至九钱八分，与上月相同。

乾州属，大麦价贵，馀俱价中。大米每仓石价银，自一两六钱三分至二两五钱一分，与上月相同。小米每仓石价银，自一两四钱六分至一两九钱，与上月相同。小麦每仓石价银，自一两二钱八分至一两四钱九分，与上月相同。大麦每仓石价银，自六钱至一两一分，与上月相同。豌豆每仓石价银，自一两一钱八分至一两四钱一分，与上月相同。

鄜州属，价贱。小米每仓石价银，自五钱二分至六钱二分，与上月相同。小麦每仓石价银，自五钱一分至六钱四分，与上月相同。豌豆每仓石价银，自四钱三分至五钱四分，与上月相同。

绥德州属，价中。小米每仓石价银，自九钱六分至一两三钱七分，与上月相同。小麦每仓石价银，自一两三钱至一两七钱六分，与上月相同。豌豆每仓石价银，自八钱三分至一两二钱一分，与上月相同。（咸丰三年五月二十四日）朱批："览。"

357 奏为宝陕局低铜不敷请酌量配铸高铜事

陕西巡抚臣张祥河跪奏，为查明宝陕局低铜不敷，酌量配铸高铜，仰祈圣鉴事。

窃照宝陕局铸钱，定例每百斤以白铅四十八斤，铜五十二斤配铸。其铜斤数内，例用高铜七成，低铜三成，久经办理在案。兹据藩司吴式芬、盐法道文海详称，"宝陕局截至咸丰二年十二月底止，仅存金钗低铜七百馀斤，不敷三年正月配铸。所有第四十运委员傅荣勋领办滇铜，尚未到陕，应即量为调剂，以免停卯。局中现存滇洋高铜二十九万三千馀斤，请自本年正月起，查照道光元年、十年奏明低铜不敷，纯用高铜之例，每百斤内，计用纯高铜五十斤，较原用铜数减去二斤；白铅五十斤，较原用铅数加增二斤，其钱文仍一律光亮经久，亦不致多费工本。俟委员运铜到陕，再行照旧高低配铸”等情，详请具奏前来。

臣查铸钱所用铜斤，例应高铜七成，低铜三成。间遇低铜不敷，即奏明以高铜配铸，该司道所议，与例相符。且核计高铜与铅斤各半配铸，每钱一串，约需工本银九钱九分一厘一毫七丝零。较之常例铸钱一串，需工本银一两三分八厘九毫三丝之数，尚有节省。除饬催委员赶运回陕，以资接济外，所有宝陕局筹议纯用高铜，及减铜加铅，暂行配铸缘由，理合恭折具奏，伏乞皇上圣鉴。谨奏。（咸丰三年）五月二十四日。咸丰三年六月初八日奉朱批：“户部议奏。钦此。”

358 奏报陕西省咸丰三年四月监银收存数目事

再，陕西收捐监生银两，截至咸丰三年三月底止，存银三千七百六十二两，业经臣附片奏明在案。今四月分报捐监生四名，收银四百三十二两。又前准户部咨，筹饷新例案内，收捐随官贡、监生正项银两，并入监饷项下奏拨，于月报折内声明附奏。并将姓名、银数，按月造送等因。

查陕省自本年正月以来，并未收捐随官贡、监生银两。所有咸丰二年，共捐随官贡、监生二十名，收银二千一百五十八两，前已由司具详咨部在案。此次并入统计，司库连前实存银六千三百五十二两，理合循例附片奏闻。谨奏。咸丰三年六月初八日奉朱批：“户部知道。钦此。”

359 奏为委令蔡宗茂接署潼商道并请旨迅赐简放事

再，据潼商道朱庆祺，具禀染患怔忡病证，前尚时发时愈，近复增添痰壅气喘，忽醒忽迷，未敢恋栈贻误，恳请开缺调理等情。除批饬委验取结，另疏题报外，所遗员缺，查有候补道蔡宗茂，现派潼关总理本境防堵粮台，堪以就近接署。除檄饬遵照外，所有潼商道一缺，系属冲要，相应请旨，迅赐简放，以重职守，谨附片具奏。咸丰三年六月二十四日奉朱批："□□。钦此。"

360 奏为委署盐法道等道府县各员事

再，盐法道文海，派委总理督臣行营事务，所遗员缺，查有候补道白维清，堪以委署。又，西安府知府蒋琦淳，经臣委赴朝邑县大庆关地方，帮办防堵。所遗员缺，查有候补道何丙勋，堪委署理。又，雒南县界连河南，正当严防之际，现任知县邵玉琳未甚得力，查有中部县知县曹映斗，堪委调署。所遗中部县员缺，即以邵玉琳署理，亦堪胜任。该令等任内均无钱粮及盗劫已起四参之案，除檄饬遵照外，所有委署缘由，合并附片陈明。谨奏。咸丰三年六月二十四日奉朱批："知道了。钦此。"

361 奏报本年上忙征收新旧钱粮已未完数目事

陕西巡抚臣张祥河跪奏，为本年上忙征收新、旧钱粮，已、未完数目，循例恭折奏闻，仰祈圣鉴事。

窃照嘉庆二十年六月内，经户部奏准，行令各省于每年上、下忙应征钱粮，除留支外，实应解司银数，分别正课、杂项，依限详报督、抚，二十日内专折具奏等因。

兹据布政使吴式芬详报，"咸丰三年分，额征民屯更起存及粮折价，除屯丁兑食外，共银一百六十万九千三百六十四两零。内除存留银二十七万八千一百一十二两零，止该解司银一百三十三万一千二百五十二两零。计自二月开征起，至上忙截数止，已完银八十五万二千三百九两零，未完银四十七万八千九百四十二两零。又，原额盐课银八千九百八十两零，今上忙已完银九百二十三两零，未完银八千五十六两零。又，咸丰二年，原未完地丁起运银二万八百六十九两零。又，未完盐课银四千一百七十八两零，今上忙均已续征通完"等情，具详前来。

臣覆核无异。除将未完银两,责令该管道府州,于下忙秋征时,督催依限完解外,所有咸丰三年征收新、旧钱粮,已、未完数目,理合循例具奏,伏祈皇上圣鉴。谨奏。(咸丰三年)六月二十四日。咸丰三年七月初七日奉朱批:“户部知道。钦此。”

362 奏报咸丰三年额征钱粮已未完数目事

陕西巡抚臣张祥河跪奏,为本年钱粮现已征收完、欠分数,循例奏祈圣鉴事。

窃照嘉庆八年五月,经户部奏准,令各省于每年五月,将征完旧欠及当年新赋钱粮,征完若干,专折奏明等因。除征完旧欠钱粮数目,臣于本年奏销时另折奏明外,兹据藩司吴式芬详称,“咸丰三年分应征钱粮,额征民屯更起运存留,共银一百六十万九千三百六十四两零。内除存留银二十七万八千一百一十二两零,实应解起运银一百三十三万一千二百五十二两零。计自二月开征起,至五月止,现已解储司库银八十五万二千三百九两零,未完银四十七万八千九百四十二两零。统计本年新征银两,完纳六分四厘有馀”等情。

臣覆核无异。除饬将未完银两,于秋征时责令该管道府州督催征解,依限全完外,所有咸丰三年分额征钱粮,已、未完数目,理合循例具奏,伏乞皇上圣鉴。谨奏。(咸丰三年)六月廿四日。咸丰三年七月初七日奉朱批:“户部知道。钦此。”

363 奏报陕西各属五月中下旬至六月上旬雨水田禾并五月粮价情形事

陕西巡抚臣张祥河跪奏,为恭报雨水田禾情形,仰祈圣鉴事。

窃照陕省各属四月下旬暨五月中旬雨水田禾情形,业经臣恭折具奏在案。兹据西安、延安、凤翔、汉中、榆林、同州、邠州、乾州、鄜州、绥德等府州属,陆续具报于五月十八、九,二十三、四,并六月初

三、四，初十，十一、二、三等日，先后得雨一、二、三、四寸至深透不等。

臣查陕省平原一带，以及南、北两山秋禾，正当长发之际，叠获甘霖，藉滋培养，可期敷荣畅茂。民情欢悦，四境安恬，堪以仰慰圣怀。谨将五月分各属粮价，敬缮清单，恭呈御览，伏祈皇上圣鉴。谨奏。

(咸丰三年)六月二十四日。咸丰三年七月初七日奉朱批："知道了。钦此。"

364 呈陕西各属咸丰三年五月粮价清单

谨将陕西省咸丰三年五月分各属粮价，敬缮清单，恭呈御览。计开：

西安府属，价中。大米每仓石价银，自一两一钱二分至二两二分，与上月相同。小米每仓石价银，自七钱九分至一两六钱九分，与上月相同。小麦每仓石价银，自七钱七分至一两七钱五分，与上月相同。大麦每仓石价银，自四钱至七钱，与上月相同。豌豆每仓石价银，自六钱九分至一两二钱五分，与上月相同。

延安府属，价中。大米每仓石价银，自一两六钱六分至二两七钱六分，与上月相同。小米每仓石价银，自九钱二分至一两六钱七分，与上月相同。小麦每仓石价银，自九钱八分至一两七钱七分，与上月相同。糜米每仓石价银，自九钱九分至一两三钱九分，与上月相同。豌豆每仓石价银，自七钱五分至一两一钱，与上月相同。

凤翔府属，大米价贱，馀俱价中。大米每仓石价银，自一两三钱四分至一两六钱七分，与上月相同。小米每仓石价银，自一两六分至一两四钱三分，与上月相同。小麦每仓石价银，自九钱一分至一两三钱八分，与上月相同。大麦每仓石价银，自四钱四分至七钱二分，与上月相同。豌豆每仓石价银，自七钱五分至一两一钱，与上月相同。

汉中府属，小麦、大麦价贵，馀俱价中。大米每仓石价银，自九钱四分至二两三钱一分，与上月相同。小米每仓石价银，自七钱八分至一两五钱九分，与上月相同。小麦每仓石价银，自七钱七分至二两一钱九分，与上月相同。大麦每仓石价银，自四钱至一两九分，与上月相同。豌豆每仓石价银，自六钱九分至一两二钱二分，与上月相同。黄豆每仓石价银，自四钱六分至一两五钱八分，较上月贵三分。

榆林府属，小米、豌豆价中，馀俱价贵。大米每仓石价银，自二两一钱六分至三两五钱六分，较上月贵四分。小米每仓石价银，自一两三钱二分至一两九钱三分，较上月贵五分。小麦每仓石价银，自一两四钱四分至二两三钱二分，较上月贵五分。糜米每仓石价银，自一两三钱二分至二两七分，较上月贵五分。豌豆每仓石价银，自九钱六分至一两六钱六分，较上月贵五分。

同州府属，价中。大米每仓石价银，自一两四钱九分至二两一钱七分，与上月相同。小米每仓石价银，自一两至一两二钱八分，与上月相同。小麦每仓石价银，自一两一分至一两三钱四分，与上月相同。大麦每仓石价银，自五钱一分至八钱，与上月相同。豌豆每仓石价银，自八钱五分至一两二钱一分，与上月相同。

兴安府属，大米价贱，小麦价贵，馀俱价中。大米每仓石价银，自一两二钱七分至一两六钱八分，与上月相同。小米每仓石价银，自八钱九分至一两四钱三分，与上月相同。小麦每仓石价银，自一两一钱四分至二两一钱，较上月贵一钱。大麦每仓石价银，自三钱九分至八钱六分，与上月相同。豌豆每仓石价银，自六钱四分至一两四钱，与上月相同。黄豆每仓石价银，自八钱一分至一两二钱二分，与上月相同。

商州属，价中。大米每仓石价银，自一两五钱一分至二两三分，与上月相同。小米每仓石价银，自九钱九分至一两六钱六分，与上月相同。小麦每仓石价银，自一两一钱五分至一两六钱九分，与上月相同。大麦每仓石价银，自五钱六分至六钱二分，与上月相同。豌豆每仓石价银，自六钱至一两七钱，与上月相同。

邠州属，大米价贵，小米价中，馀俱价贱。大米每仓石价银，自一两六钱五分至三两二钱二分，与上月相同。小米每仓石价银，自七钱六分至一两三钱三分，与上月相同。小麦每仓石价银，自七钱九分至一两一钱六分，与上月相同。豌豆每仓石价银，自六钱九分至九钱八分，与上月相同。

乾州属，大麦价贵，馀俱价中。大米每仓石价银，自一两六钱三分至二两五钱一分，与上月相同。小米每仓石价银，自一两四钱六分至一两九钱，与上月相同。小麦每仓石价银，自一两二钱八分至一两四钱九分，与上月相同。大麦每仓石价银，自六钱至一两一分，与上月相同。豌豆每仓石价银，自一两一钱八分至一两四钱一分，与上月相同。

鄜州属，价贱。小米每仓石价银，自四钱九分至五钱八分，较上月减四分。小麦每仓石价银，自五钱一分至六钱，较上月减四分。豌豆每仓石价银，自四钱三分至五钱四分，与上月相同。

绥德州属，价中。小米每仓石价银，自九钱六分至一两三钱七分，与上月相同。小麦每仓石价银，自一两三钱至一两七钱六分，与上月相同。豌豆每仓石价银，自八钱四分至一两二钱一分，与上月相同。朱批："览。"

365 奏报查明陕西省咸丰三年上半年京控咨交案件并无逾限事

再，京控案件有无逾限，例应半年汇奏一次。兹查陕西省自本年正月以来，有郃阳县孀妇吕党氏，佛坪厅民张馀富，临潼县民张时中三起，均已讯结。现止华州民程遇隆一起，正在审办，核计限期，尚未逾违。

又，怀远县民朱怀德等一起，因传提要证谢九除等未到，无从质讯定断，业将审办情形，咨明都察院在案。除督率各员，随时秉公讯拟，依限办理外，所有查明京控案件并无逾限缘由，理合附片陈明。谨奏。（咸丰三年六月二十四日）咸丰三年七月初七日奉朱批："知道了。钦此。"

366 奏报陕西省咸丰三年五月监银收存数目事

再,陕西收捐监生并随官报捐贡、监生正项银两,截至咸丰三年四月底止,共存银六千三百五十二两,业经臣附片奏明在案。嗣准部咨,改拨苏州应解甘饷银六千三百五十二两外,实在无项。今五月分收捐监生一名,又收外省随官报监生一名,共收储银二百一十六两,理合循例附片奏闻。谨奏。(咸丰三年六月廿四日)咸丰三年七月初七日奉朱批:“户部知道。钦此。”

367 奏报陕西抚标出师换防存营各兵数目事

再,臣接准署理陕甘督臣易棠咨,准户部咨,具奏饬查兵数,以重饷需一折,钞录咨行到陕。原奏内开:“请旨敕下各省督、抚,查明该省存营及调防本省兵若干名,奉调出省兵若干名,留防某省兵若干名,各将简明数目,迅速奏咨等因。”臣查陕省提镇各营,向隶陕甘总督统辖,自应由署督臣核明汇总办理。至臣所管抚标中、左、右三营,兹饬查明,原额外委马步守兵二千二百七十二名,内叶尔羌换防外委马步守兵七十八名,库车换防马步守兵一百一十一名,吐鲁番换防兵一名。

又,上年五月内,调赴湖南出师外委马步守兵四百一十二名。十一月内,调赴河南防堵外委马步守兵二百五十八名。本年二月内,跟随署四川督臣慧成,驰赴江北听差武举马兵五名。五月内,派赴雒南防守,改调山西堵剿外委马步守兵二百二名。六月内,跟随陕甘督臣舒兴阿驰赴河南听差,武进士马兵及守兵一十名。除由湖南军营因伤因病,遣发回营兵一百九十九名,移回原营募补粮缺一百一十分,已据各营照数募补。核计现在军营防剿兵五百七十八名,换防兵一百九十名,实在存营兵一千五百四名,并无留防他省兵丁。所有查明抚标三营出师、换防、存营各兵确数,理合附片陈明。谨奏。(咸丰三年七月十五日)咸丰三年八月初四日奉朱批:“该部知道。钦此。”

368 奏报陕西各属六月中下旬至七月上旬雨水田禾并六月粮价情形事

陕西巡抚臣张祥河跪奏，为恭报雨水田禾情形，仰祈圣鉴事。

窃照陕省各属五月下旬暨六月上旬雨水田禾情形，业经臣恭折具奏在案。兹据西安、延安、榆林、同州、鄜州、绥德等府州属，陆续具报于六月十八、九，二十一、二、三、四、五，及七月初九等日，先后得雨一、二、三寸至深透不等。

臣查陕省南、北两山，雨水均各不缺。其平原一带，入夏以来叠获甘膏，各色秋禾，已资畅发。今复澍泽频沾，生机勃然，即芋蔬瓜果，亦皆一律青葱，十分芃茂，民情安悦，四境恬熙，堪以仰慰圣怀。谨将六月分各属粮价，敬缮清单，恭呈御览，伏祈皇上圣鉴。谨奏。

（咸丰三年）七月十五日。咸丰三年八月初九日奉朱批："知道了。钦此。"

369 呈陕西各属咸丰三年六月粮价清单

谨将陕西省咸丰三年六月分各属粮价，敬缮清单，恭呈御览。计开：

西安府属，价中。大米每仓石价银，自一两一钱二分至二两二分，与上月相同。小米每仓石价银，自八钱四分至一两六钱九分，与上月相同。小麦每仓石价银，自七钱三分至一两六钱九分，较上月减六分。大麦每仓石价银，自四钱四分至七钱，与上月相同。豌豆每仓石价银，自六钱九分至一两二钱五分，与上月相同。

延安府属，价中。大米每仓石价银，自一两六钱六分至二两七钱六分，与上月相同。小米每仓石价银，自九钱二分至一两六钱七分，与上月相同。小麦每仓石价银，自九钱八分至一两七钱七分，与上月相同。糜米每仓石价银，自九钱九分至一两三钱九分，与上月相同。豌豆每仓石价银，自六钱至一两二钱一分，较上月减二分。

凤翔府属，大米价贱，馀俱价中。大米每仓石价银，自一两三钱四分至一两六钱七分，与上月相同。小米每仓石价银，自一两一钱一分至一两四钱三分，与上月相同。小麦每仓石价银，自九钱一分至一两三钱八分，与上月相同。大麦每仓石价银，自四钱四分至七钱二分，与上月相同。豌豆每仓石价银，自七钱五分至一两一钱，与上月相同。

汉中府属，小麦、大麦价贵，馀俱价中。大米每仓石价银，自九钱四分至二两三钱一分，与上月相同。小米每仓石价银，自七钱八分至一两五钱九分，与上月相同。小麦每仓石价银，自七钱七分至二两一钱九分，与上月相同。大麦每仓石价银，自三钱九分至一两九分，与上月相同。豌豆每仓石价银，自六钱九分至一两二钱二分，与上月相同。黄豆每仓石价银，自四钱六分至一两五钱五分，较上月减三分。

榆林府属，小米、豌豆价中，馀俱价贵。大米每仓石价银，自二两一钱六分至三两五钱六分，与上月相同。小米每仓石价银，自一两三钱二分至一两九钱三分，与上月相同。小麦每仓石价银，自一两四钱四分至二两三钱二分，与上月相同。糜米每仓石价银，自一两三钱二分至二两七分，与上月相同。豌豆每仓石价银，自九钱六分至一两六钱六分，与上月相同。

同州府属，价中。大米每仓石价银，自一两四钱九分至二两一钱七分，与上月相同。小米每仓石价银，自一两至一两二钱八分，与上月相同。小麦每仓石价银，自九钱五分至一两三钱四分，与上月相同。大麦每仓石价银，自五钱一分至七钱八分，较上月减二分。豌豆每仓石价银，自八钱至一两二钱一分，与上月相同。

兴安府属，大米价贱，馀俱价中。大米每仓石价银，自一两二钱七分至一两六钱八分，与上月相同。小米每仓石价银，自八钱九分至一两四钱三分，与上月相同。小麦每仓石价银，自一两一钱四分至二两，较上月减一钱。大麦每仓石价银，自三钱九分至八钱四分，较上月减二分。豌豆每仓石价银，自六钱至一两三钱，较上月减一钱。黄豆每仓石价银，自八钱一分至一两二钱二分，与上月相同。

商州属，价中。大米每仓石价银，自一两五钱一分至二两三分，与上月相同。小米每仓石价银，自一两一钱四分至一两六钱六分，与上月相同。小麦每仓石价银，自一两至一两六钱九分，与上月相同。大麦每仓石价银，自五钱至六钱二分，与上月相同。豌豆每仓石价银，自六钱至一两七钱，与上月相同。

邠州属，大米价贵，小米价中，馀俱价贱。大米每仓石价银，自一两六钱五分至三两二钱二分，与上月相同。小米每仓石价银，自三钱六分至一两三钱三分，与上月相同。小麦每仓石价银，自七钱九分至一两一钱六分，与上月相同。豌豆每仓石价银，自七钱九分至九钱八分，与上月相同。

乾州属，大麦价贵，馀俱价中。大米每仓石价银，自一两六钱三分至二两五钱一分，与上月相同。小米每仓石价银，自一两四钱六分至一两七钱二分，较上月减一钱八分。小麦每仓石价银，自一两一钱七分至一两四钱九分，与上月相同。大麦每仓石价银，自六钱至一两一分，与上月相同。豌豆每仓石价银，自一两一钱七分至一两四钱一分，与上月相同。

鄜州属，价贱。小米每仓石价银，自四钱八分至五钱八分，与上月相同。小麦每仓石价银，自五钱至六钱，与上月相同。豌豆每仓石价银，自四钱三分至五钱二分，较上月减二分。

绥德州属，价中。小米每仓石价银，自九钱六分至一两三钱七分，与上月相同。小麦每仓石价银，自一两三钱至一两七钱六分，与上月相同。豌豆每仓石价银，自八钱四分至一两二钱一分，与上月相同。朱批："览。"

370 奏为缉获私书《无瑕玉》作者吕益谦等犯审明定拟事

陕西巡抚臣张祥河跪奏，为遵旨缉获吕益谦等犯，审明定拟，恭折奏祈圣鉴事。

窃照前奉上谕，饬拿吕益谦等犯，严加讯究，奏明惩办。当经臣与督臣舒兴阿钦遵，派委文武各员，驰往部阳、澄城二县，会同地方官，照依御史觉罗达庆、周炳鉴单开姓名、乡镇，按名查缉，一面奏报在案。旋经委员将吕益谦等拿获，陆续解省。查明王放勋、王钦明、王允恭、王克让，系王懋和、王喜郎、王眼春、王三卯。正在审办间，又承准军机大臣字寄："奉上谕：'据刑部奏称，查验王向离携带吕益谦所著《无瑕玉》私书，显与《时宪书》相悖等因。钦此。'"钦遵饬司确审究办去后。兹据藩、臬两司，督率委员等讯明定拟，具详前来。督臣舒兴阿业已统带官兵，前往豫省，臣随亲提，隔别研鞫。

缘吕益谦籍隶郃阳县，训蒙度日。前曾考试文童，现在刑部监禁之王向离即王懋元，系伊表侄。王长问、王长乐、王长存、王长英，俱系吕益谦姑表弟兄，吕和声系伊族侄。吕益谦与民人王清槐、王澄海、李景忠，及澄城县生员问万清、问树滋，民人问报恩，俱相认识。问万清先年曾为吕益谦阅过文字，嗣吕益谦于道光二十六年即在该县良石村训蒙，迄今八载。王养志、王伯虎、王双炎、王再成、王步霄、王懋盛、王金元、王兆喜、王崇生、王安民、王幅兆、王成德、王懋德、王懋功、王同春、王懋和、王喜郎、王眼春、王三卯等，均系吕益谦学徒。

咸丰二年正月内，吕益谦因闻广西被贼滋扰，地方受害，志切同仇。是年三、六、九等月，央令素识之村人李景江、李景寅、李添凤，赴湖广探听贼情，李景江等各因母老农忙，佥未应允。吕益谦谬谓胸有韬略，起意著书平贼，希图呈献进用，名为《无瑕玉》。书正缮写间，王向离前去探望，吕益谦嘱其查写历代纪数一张，给伊看明，写在卷首。并与王向离讲究《无瑕玉》书中意理，王向离不解其说，各自走回。迨后吕益谦作成二本，前编系问时辨中，引时适中，因时定中。后编俱称"天文及帝王世系，闰月定时，千岁日至"之语。前编有五六十页，后编亦有六七十页，是言《中庸》内天命、率性、修道三章，及前编未尽之言。

三年正月初二日，吕益谦听闻贼势狂妄，附近之山西出有团练章程告示，意欲采择，呈请该县仿办。即由家起身，从韩城赴山西河津、稷山、绛州一带查看，初九日仍由原路转回。因贼氛尚远，故未呈县，遂开馆训课。是月不记日期,王向离复至吕益谦馆内闲坐,吕益谦将《无瑕玉》前、续二编给看,并取出法帖数十张,告知著书希图进用情由。嘱托王向离一并带京,藉卖法帖为名,显伊本事,如有人聘伊平贼,便可带挈王向离同得好处。王向离先不肯信,因吕益谦复以"若能聘伊前往,自有本领设施",并以"自己进京呈献,不能高抬身价"之言,向其夸说,王向离信从,于二月初八日起程赴京。此现讯吕益谦妄著私书,并王向离携带赴京之原委也。

臣查御史原奏,吕益谦所著一书,并无涉及兵法,与所供著书平贼之意,绝不相符。诘以前、续二编,各有数十页,自非一朝一夕能成,岂无底稿之理?据吕益谦供称:"书虽未涉兵法,因《中庸》上存'子路问强'一章,又叙称《易经》错综变化,俱是用兵之道,意谓即可平贼,所以写入。并用《孟子》内'千岁之日至,可坐而致'一节,采用《四书人物备考》所引《大衍历》冬至岁首议论,证解冬至应在子月之半,不应在子月之首。又论闰月定时之法,将子月写在第一行,系按地支次序排列,并非欲以建子为岁首。又因《中庸》'其至矣乎','至'字与《孟子》'千岁之日至','至'字其理相遇,牵连混写,以致语意不明。此书悉系随想随写,如有错处,即在原本涂改,实无底稿,无凭呈验"等语。又诘以"作书何必写入王向离问答及校阅多人?且徒众三十馀人,何以十人分占天干,以为氏号?并将年只九岁及十一、二、三岁之王姓四人,名以钦、明、放、勋等字,其意何居?"

据吕益谦供称,"前作书时,冀图动人观看,思及体裁,必托为问答,始能显出书中命意所在,是以写王向离为问答之人。其将学徒王养志等十人,分取知甲、知乙等字为氏,系因作书格式,广列及门姓氏,检阅、参校字样,方足陪衬全书。且伊既论天文,及门亦要同知,故将天干十字,分取为氏。又因校阅之人愈多愈善,并须创立美名,以显贵重。适阅《书经·尧典》及《大禹谟》,遂将学徒王懋和、王喜郎、王眼春、王三卯四人,以放勋、钦明、允恭、克让为名,以乃圣、乃神、乃武、乃文为号,俱系随手混写,并未虑及有无违碍。此外又开写李景忠等多人校阅，亦系借名陪衬之意，其实李景忠等均未阅过，并不知情”等语。

当提该学徒王养志等查讯。内惟王雨成、王步霄、王懋功年各十七岁，其馀均系八岁以上，十四岁以下幼稚蒙童。询以吕益谦著书之事，俱茫然无知，逐一推讯，各供如绘。又查王向离在部供称，吕益谦曾有“必以子月为岁首，方合中和之气”之言答说，则是吕益谦妄以岁首为非，即与钦定《万年书》相悖。向其严究，据吕益谦坚供：“不特著书并无是意，亦未与王向离说及此言。且王向离进京之时，伊亦并未送给盘费钱文，均系王向离混供”等语。反覆研鞠，矢口不移。臣等悉心查察，吕益谦现年四十六岁，学业未成，不过乡村学究，识解迂愚，妄矜著作。即所论冬至应在子月之半，不应在子月之首，亦属浅学人掉弄笔墨陋习，尚无他意。惟创立书名，希图呈献进用，且以王懋和等四人，改为放勋、钦明、乃圣、乃神等氏号，随手混写，实属有违定例。

查假以上书，希图进用及违制等律，各罪止杖一百，二罪相等，应从一科断。吕益谦合依违制律，杖一百，折责发落，递籍管束。李景江、李景寅、李添凤，讯未听从赴楚探贼。问万清、问树滋、问报恩、王长问、王长乐、王长存、王长英、吕和声、王清槐、王澄海、李景忠等，与吕益谦或系素识，或系亲族，均未阅过《无瑕玉》书，亦不知王向离带书进京情事。应将并不知伊师著书命名之蒙童王养志、王伯虎、王双英、王雨成、王步霄、王懋盛、王金元、王兆喜、王崇生、王安民、王幅兆、王成德、王懋德、王懋功、王同春、王懋和、王喜郎、王眼春、王三卯等，概予省释，以免拖累。其王向离一犯，应听刑部覆讯拟结。除各供咨部外，所有审明按律定拟缘由，理合缮折具奏，伏乞皇上圣鉴训示。谨奏。（咸丰三年）十月十五日。咸丰三年八月初四日奉朱批：“□□。钦此。”

371 奏报陕西咸丰三年六月监银收存数目事

再，查陕西收捐监生，并随官报捐贡、监生正项银两，截至咸丰三年五月底止，司库存银二百一十六两，业经臣附片奏明在案。嗣准部咨，改拨苏州应解甘饷银六千三百五十二两外，实在无项。今六月分又报捐监生六名，收银六百四十八两，连前司库共实存银八百六十四两，并无随官报捐贡、监，理合循例附片奏闻。谨奏。（咸丰三年七月十五日）咸丰三年八月初四日奉朱批："户部知道。钦此。"

372 奏报代蜀筹解京饷仅能凑足银两数目事

再，臣于七月初三日承准军机大臣字寄："六月二十八日奉上谕：'户部奏急筹接济库款一折。前据裕瑞奏粜变仓谷一百万石，该部按照成案核算，约可得价银六、七十万两，著即饬属赶紧粜变。惟该省距京较远，所变谷价，恐一时未能解到。著哈芬于山西省先筹银十五万两，张祥河于陕西省先筹银二十五万两，均无论何款，迅即凑足，委员赶解，于七月内到部。至山、陕二省，现办防堵，需用亦急，著裕瑞先将应粜谷价，筹垫银四十万两，分解山西、陕西还款。至库款万分支绌，前有旨，谕令哈芬、张祥河，于殷商富户暂为那借，并劝谕捐输。现在究有若干。其陕西捐输，并著张祥河督同绅士，设法劝谕，集有成数，随时奏闻请奖等因。钦此'。"臣遵即行司筹解去后。

兹据藩司吴式芬禀称："陕库自上年军兴以来，迭次拨解广西、湖南、湖北等省军饷，及京饷并借支派调官兵等项，已动用银一百三十馀万两。本年四月间，又拨解京饷十万两，徐州军饷四万九千两，甘饷三万两，河南军饷二十万两，总督行营军饷五万两，本省防堵经费二十万两。计本年春征后，共拨用银六十馀万两，库款几何，搜罗殆尽。现在正、杂等项，实止存银十馀万两，不敷目前支放。通盘筹划，不特不能如数拨解，即减半亦无从措办。惟查有地牙当税等二十四款，存银一万三千七百零，各项减平银一万五千四百零。又各项军需款内，存银二万五千八百零。此款系从前军需所馀，尚未结案，然当急需，只好动拨。以上仅能凑足银五万馀两，此外委无可以设凑之款”等情。据此，臣查陕省司库自上年迄今，动用银两将及二百万，该司所禀无款可筹，尚属实在情形。

当与该司熟商，现在陕省捐输，既书捐银十馀万两，如能速解，可得银十万两。此项虽系应归前次那用地丁，为本省支放兵饷之用，惟部库需饷甚殷，自应先其所急，拟俟收齐，共凑银十五万两解京。臣等现已督率办捐绅士等，赶紧催交，随到随解。一面咨会四川，速将垫解银两解还，以期无误兵饷要需。至陕省各属捐输，现亦督同设法剀切申劝，妥筹速办。统俟集有成数，造到捐生姓名册籍，另行奏请奖励。所有代蜀筹解京饷，仅能凑足十五万两缘由，理合附片具陈，伏乞圣鉴。谨奏。（咸丰三年七月十五日）咸丰三年八月初四日奉朱批：“户部知道。钦此。”

373 奏为候补知县李廷燮因公殒命请敕部赠荫事

再，据藩、臬两司详称，“陕省候补知县李廷燮，前经委赴河南灵宝县之函谷关一带，查勘驻兵形势。不意该员勘毕转回，行至灵宝县西二十馀里过河，山水陡发，冲翻坐车，被淹身死”等情。并准督臣舒兴阿，以李廷燮因公被淹，业已查明，由驿附奏钞折咨臣，循例奏请恩恤前来。

臣查定例，“官员因公差委，在大洋大江，遭风漂没身故者，照本官应升品级加赠，并荫一子入监读书，期满候选。应得恤赏祭葬银两，移咨礼、兵、工各部议给。其内洋内河漂没者，减等荫赠”等语。今候补知县李廷燮，因委勘函谷一带地势，猝遭河水陡发，冲淹殒命，事属因公，情堪悯惜。相应请旨，敕部照例赠荫，以示矜恤，理合附片具陈，伏祈圣鉴。谨奏。咸丰三年八月初四日奉朱批：“□□。钦此。”

374 奏报陕西各属七月中旬至八月上旬得雨田禾并七月粮价情形事

陕西巡抚臣张祥河跪奏，为恭报雨水田禾情形，仰祈圣鉴事。

窃照陕省各属六月下旬暨七月初旬雨水田禾情形，业经臣恭折具奏在案。兹据西安、延安、凤翔、汉中、榆林、同州、兴安、邠州、乾州、鄜州、绥德等府州属，陆续具报于七月初十，十一、二、三，十五，并二十四、五、六、七，及八月初七、八等日，先后得雨一、二、三、四、五寸至深透不等。

臣查陕省各属，入秋以来雨泽频沾，兹当秋禾吸籽升浆，又复获此甘膏，洵属大有裨益。其留种冬麦之地，亦可及时翻犁播种。至南、北两山包谷、杂粮，现已成熟，将次收获，粮价平减，民气安恬，堪以仰慰圣怀。谨将七月分各属粮价，敬缮清单，恭呈御览，伏乞皇上圣鉴。谨奏。(咸丰三年)八月二十五日。咸丰三年九月十五日奉朱批："知道了。钦此。"

375 呈陕西各属咸丰三年七月粮价清单

谨将陕西省咸丰二年七月分各属粮价，敬缮清单，恭呈御览。计开：

西安府属，大米价贱，馀俱价中。大米每仓石价银，自七钱九分至一两九钱五分，较上月减七分。小米每仓石价银，自六钱五分至一两六钱六分，较上月减三分。小麦每仓石价银，自五钱二分至一两六钱九分，与上月相同。大麦每仓石价银，自三钱三分至六钱九分，较上月减一分。豌豆每仓石价银，自五钱九分至一两一钱八分，较上月减七分。

延安府属，价中。大米每仓石价银，自一两六钱六分至二两七钱五分，较上月减一分。小米每仓石价银，自九钱二分至一两六钱七分，与上月相同。小麦每仓石价银，自九钱七分至一两七钱七分，与上月相同。糜米每仓石价银，自九钱九分至一两三钱九分，与上月相同。豌豆每仓石价银，自六钱至一两一钱九分，较上月减二分。

凤翔府属，大米价贱，馀俱价中。大米每仓石价银，自一两五分至一两五钱九分，较上月减八分。小米每仓石价银，自五钱至一两三钱五分，较上月减八分。小麦每仓石价银，自五钱至一两三钱二分，较上月减六分。大麦每仓石价银，自二钱五分至七钱二分，与上月相同。豌豆每仓石价银，自四钱八分至一两五分，较上月减五分。

汉中府属，小米、大麦价贵，馀俱价中。大米每仓石价银，自九钱四分至二两三钱一分，与上月相同。小米每仓石价银，自七钱三分至一两五钱九分，与上月相同。小麦每仓石价银，自六钱二分至二两一钱九分，与上月相同。大麦每仓石价银，自三钱七分至一两九分，与上月相同。豌豆每仓石价银，自六钱至一两一钱九分，较上月减三分。黄豆每仓石价银，自五钱六分至一两五钱五分，与上月相同。

榆林府属，小米、豌豆价中，馀俱价贵。大米每仓石价银，自一两九钱六分至三两五钱六分，与上月相同。小米每仓石价银，自一两三钱二分至一两九钱三分，与上月相同。小麦每仓石价银，自一两四钱一分至二两三钱二分，与上月相同。糜米每仓石价银，自一两三钱二分至二两七分，与上月相同。豌豆每仓石价银，自九钱六分至一两六钱六分，与上月相同。

同州府属，价中。大米每仓石价银，自一两四钱九分至二两一钱七分，与上月相同。小米每仓石价银，自七钱四分至一两二钱八分，与上月相同。小麦每仓石价银，自七钱三分至一两三钱四分，与上月相同。大麦每仓石价银，自五钱一分至七钱六分，较上月减二分。豌豆每仓石价银，自六钱八分至一两二钱一分，与上月相同。

兴安府属，大米价贱，馀俱价中。大米每仓石价银，自一两二钱七分至一两七钱五分，较上月贵七分。小米每仓石价银，自八钱九分至一两四钱三分，与上月相同。小麦每仓石价银，自一两一钱四分至二两，与上月相同。大麦每仓石价银，自三钱九分至八钱四分，与上月相同。豌豆每仓石价银，自六钱至一两三钱，与上月相同。黄豆每仓石价银，自八钱一分至一两二钱二分，与上月相同。

商州属，价中。大米每仓石价银，自一两五钱一分至二两三分，与上月相同。小米每仓石价银，自一两一钱四分至一两六钱六分，与上月相同。小麦每仓石价银，自一两至一两六钱九分，与上月相同。大麦每仓石价银，自五钱四分至六钱二分，与上月相同。豌豆每仓石价银，自六钱至一两七钱，与上月相同。

邠州属，大米价贵，小米价中，馀俱价贱。大米每仓石价银，自一两三钱三分至三两二钱二分，与上月相同。小米每仓石价银，自五钱七分至一两三钱三分，与上月相同。小麦每仓石价银，自五钱八分至一两一钱六分，与上月相同。豌豆每仓石价银，自五钱四分至九钱八分，与上月相同。

乾州属，大麦价贵，馀俱价中。大米每仓石价银，自一两六钱三分至二两五钱一分，与上月相同。小米每仓石价银，自一两四钱三分至一两五钱四分，较上月减一钱八分。小麦每仓石价银，自八钱二分至一两四钱九分，与上月相同。大麦每仓石价银，自六钱至一两一分，与上月相同。豌豆每仓石价银，自八钱二分至一两四钱一分，与上月相同。

鄜州属，价贱。小米每仓石价银，自四钱八分至五钱八分，与上月相同。小麦每仓石价银，自四钱八分至六钱，与上月相同。豌豆每仓石价银，自四钱三分至四钱九分，较上月减三分。

绥德州属，价中。小米每仓石价银，自九钱六分至一两三钱七分，与上月相同。小麦每仓石价银，自一两三钱至一两七钱六分，与上月相同。豌豆每仓石价银，自八钱四分至一两二钱一分，与上月相同。朱批："览。"

376 奏为委任富明阿署理汉中府知府事

再，陕西盐法道文海，奉旨调任山西河东道。所有行营事务，现准督臣舒兴阿来咨，饬调汉中府知府毕至驰往接办。所遗汉中府员缺,查有留坝厅同知富明阿,堪以署理,据藩、臬两司会详前来。除批饬遵照外,所有委署缘由,合并附片陈明。谨奏。咸丰三年九月十五日奉朱批:"知道了。钦此。"

377 奏为委令王炳勋署理同州府知府事

再,同州府知府文廉,据禀丁艰,所遗员缺,钦奉谕旨:"著慧诚补授等因。钦此。"慧诚未到以前,应行委员接署,以便文廉交卸回旗。

查有候补知府王炳勋,前经钦差办理防剿事务,署四川督臣慧成奏调随营,经理文案。因沿途受暑,致患痢疾,由慧成给咨回陕,现已医治痊愈,堪以暂行委署,据藩、臬两司会详前来。除批饬遵照外,理合循例附片具奏。(咸丰三年八月廿五日)咸丰三年九月十五日奉朱批:"知道了。钦此。"

378 奏报陕西咸丰三年七月监银收存数目事

再,查陕西收捐监生正项银两,并无随官报捐贡、监,截至咸丰三年六月底止,司库存银八百六十四两,业经臣附片奏明在案。今七月分收捐监生二名,又收外省随官报捐监生一名,共收银三百二十四两,连前司库共实存银一千一百八十八两,理合循例附片奏闻。谨奏。(咸丰三年八月廿五日)咸丰三年九月十五日奉朱批:"户部知道。钦此。"

379 奏请推升都察院都事陈煦新选古田县知县张金管暂留陕西办理捐输防堵事

再,推升都察院都事陈煦,前经劝办捐输之前任山东布政使王笃,以该员曾任郃阳县八年,久著循声,士民翕服,禀恳留陕帮办,可收指臂之效。又,新选福建古田县知县张金管,委办防堵局务,颇为得力。以上二员,均经咨部展限,旋接部文,应由该抚奏明办理等因。

臣查劝捐绅士,钦奉谕旨,准其各举所知。今王笃既举陈煦堪以协同敦劝,其张金管一员,委办事件,一时遽难更易生手。相应请旨,将推升都察院都事陈煦,新选福建古田县知县张金管暂留陕省,办理捐输、防堵。一俟事竣,即饬请咨赴部引见,为此附片陈明,伏乞圣鉴。谨奏。(咸丰三年八月二十五日)咸丰三年九月十五日奉朱批:“依议。该部知道。钦此。”

380 奏报陕西省各属秋禾约收分数事

陕西巡抚臣张祥河跪奏,为恭报陕省秋禾约收分数,仰祈圣鉴事。

窃照秋禾约收分数,例应先行奏报。兹据西安、延安、凤翔、汉中、榆林、同州、兴安、商州、邠州、乾州、鄜州、绥德十二府州,将所属秋禾约收分数,开折呈报,由司具详前来。臣覆加查核,统计陕西各属九十一厅州县,多寡牵算,约计收成六分有馀。理合缮具清单,恭呈御览,伏祈皇上圣鉴。谨奏。(咸丰三年)九月初三日。咸丰三年九月十六日奉朱批:“知道了。钦此。”

381 呈陕西省各属秋禾约收分数清单

谨将咸丰三年西安等十二府州属秋禾约收分数,开列清单,恭呈御览。计井:

约收八分有馀者,盩厔、武功二县。约收八分者,醴泉、三水二县。约收七分有馀者,鄠县、蓝田、临潼、渭南、泾阳、三原、富平、同官、肤施、陇州、扶风、郿县、汧阳、麟游、西乡、韩城、朝邑、安康、长武、淳化、永寿等二十一州县。约收七分者,孝义、耀州、长安、洋县、潼关、大荔、乾州等七厅州县。

约收六分有馀者,宁陕、咸阳、高陵、靖边、定边、甘泉、安塞、延川、保安、延长、凤翔、岐山、南郑、留坝、定远、城固、褒城、凤县、略阳、葭州、华州、华阴、蒲城、郃阳、白水、澄城、砖坪、白河、石泉、洵阳、紫阳、平利、商州、商南、镇安、山阳、邠州、鄜州、洛川、中部、宜君、绥德等四十二厅州县。约收六分者，咸宁、宝鸡、宁羌、汉阴、雒南等五厅州县。约收五分有馀者，兴平、宜川、安定、佛坪、沔县、榆林、怀远、神木、府谷、清涧、米脂、吴堡等十二厅县。

以上西安等十二府州九十一厅州县，多寡牵算，秋禾约收六分有馀。朱批："览。"

382 奏为陈明与提督桂明咨商倘有警报须带兵赴晋迎剿系未定之词是以未敢具陈事

再，臣前为贼匪已入晋境大庆关等处，添兵堵御，由驿驰奏一折。本年八月二十九日奉朱批："知道了。近接桂明奏报，有汝与该提督札商，令桂明过河进剿之语。此非上策，已有旨，令桂明仍驻陕省。汝此次折内，何以并未提及？钦此。"臣前因蒲州以上一带，地方紧要，飞咨提臣，倘续有警报，似须亲身带兵前往，或遴派将弁迎剿，系咨商未定之词，是以未敢具陈。兹将原咨缮呈御览，谨附片覆奏。咸丰三年九月十六日奉朱批："览。钦此。"

383 奏报陕西省各属八月下旬至九月上旬雨水田禾并八月粮价情形事

陕西巡抚臣张祥河跪奏，为恭报雨水田禾情形，仰祈圣鉴事。

窃照陕省各属七月下旬暨八月初旬雨水田禾情形，业经臣恭折具奏在案。兹据西安、延安、凤翔、汉中、榆林、同州、兴安、商州、邠州、乾州、鄜州等府州属，陆续具报于八月二十三、四、五、六、七、八、九，三十，及九月初一、二、三等日，先后得雨一、二、三、四、五寸至深透不等。

臣查陕省入秋以后，雨泽频沾，土膏极为滋润。所有平原、高阜，二麦一律播种齐全，现在渐次出土。其各色秋禾，均已登场碾打，民情欢悦，四境安恬，堪以仰慰圣怀。谨将八月分各属粮价，敬缮清单，恭呈御览，伏祈皇上圣鉴。谨奏。(咸丰三年)九月二十二日。咸丰三年十月十二日奉朱批："知道了。钦此。"

384 呈陕西各属咸丰三年八月粮价清单

谨将陕西省咸丰三年八月分各属粮价，敬缮清单，恭呈御览。计开：

西安府属，大米价贱，馀俱价中。大米每仓石价银，自七钱至一两九钱五分，与上月相同。小米每仓石价银，自五钱九分至一两六钱六分，与上月相同。小麦每仓石价银，自四钱九分至一两六钱九分，与上月相同。大麦每仓石价银，自三钱一分至六钱七分，较上月减二分。豌豆每仓石价银，自五钱九分至一两一钱八分，与上月相同。

延安府属，价中。大米每仓石价银，自一两六钱六分至二两七钱，较上月减五分。小米每仓石价银，自九钱至一两六钱一分，较上月减六分。小麦每仓石价银，自九钱二分至一两七钱三分，较上月减四分。糜米每仓石价银，自九钱九分至一两三钱九分，与上月相同。豌豆每仓石价银，自五钱九分至一两一钱九分，与上月相同。

凤翔府属，价贱。大米每仓石价银，自九钱五分至一两四钱，较上月减一钱九分。小米每仓石价银，自四钱二分至九钱六分，较上月减三钱九分。小麦每仓石价银，自四钱二分至九钱，较上月减四钱二分。大麦每仓石价银，自二钱一分至五钱九分，较上月减一钱三分。豌豆每仓石价银，自四钱二分至七钱八分，较上月减二钱七分。

汉中府属，小麦、大麦价贵，馀俱价中。大米每仓石价银，自八钱一分至二两三钱一分，与上月相同。小米每仓石价银，自六钱六分至一两五钱九分，与上月相同。小麦每仓石价银，自五钱二分至二两一钱九分，与上月相同。大麦每仓石价银，自三钱三分至一两九分，与上月相同。豌豆每仓石价银，自五钱五分至一两一钱一分，较上月减八分。黄豆每仓石价银，自五钱六分至一两五钱五分，与上月相同。

榆林府属，小米、豌豆价中，馀俱价贵。大米每仓石价银，自一两六钱三分至三两五钱六分，与上月相同。小米每仓石价银，自一两一钱一分至一两九钱三分，与上月相同。小麦每仓石价银，自一两二钱三分至二两三钱二分，与上月相同。糜米每仓石价银，自一两一钱五分至二两七分，与上月相同。豌豆每仓石价银，自八钱至一两六钱六分，与上月相同。

同州府属，价中。大米每仓石价银，自一两四钱九分至二两一钱七分，与上月相同。小米每仓石价银，自六钱六分至一两二钱八分，与上月相同。小麦每仓石价银，自六钱一分至一两三钱一分，较上月减三分。大麦每仓石价银，自五钱一分至七钱四分，较上月减二分。豌豆每仓石价银，自六钱二分至一两二钱三分，较上月减八分。

兴安府属，大米价贱，馀俱价中。大米每仓石价银，自一两二钱七分至一两七钱五分，与上月相同。小米每仓石价银，自八钱九分至一两四钱三分，与上月相同。小麦每仓石价银，自一两一钱四分至二两，与上月相同。大麦每仓石价银，自三钱九分至八钱四分，与上月相同。豌豆每仓石价银，自六钱至一两三钱，与上月相同。黄豆每仓石价银，自八钱一分至一两二钱二分，与上月相同。

商州属，价中。大米每仓石价银，自一两五钱一分至二两三分，与上月相同。小米每仓石价银，自一两二分至一两六钱六分，与上月相同。小麦每仓石价银，自九钱九分至一两六钱九分，与上月相同。大麦每仓石价银，自五钱四分至六钱二分，与上月相同。豌豆每仓石价银，自六钱至一两七钱，与上月相同。

邠州属，大米价贵，小米、小麦、豌豆价贱。大米每仓石价银，自一两一钱一分至三两一分，较上月减二钱一分。小米每仓石价银，自四钱三分至一两一钱二分，较上月减二钱一分。小麦每仓石价银，自四钱一分至九钱八分，较上月减一钱八分。豌豆每仓石价银，自四钱二分至八钱四分，较上月减一钱四分。

乾州属，价中。大米每仓石价银，自一两三钱九分至二两四钱，较上月减一钱一分。小米每仓石价银，自一两八分至一两四钱四分，较上月减一钱。小麦每仓石价银，自七钱三分至一两三钱八分，较上月减一钱一分。大麦每仓石价银，自四钱八分至九钱三分，较上月减八分。豌豆每仓石价银，自七钱三分至一两三钱二分，较上月减九分。

鄜州属，价贱。小米每仓石价银，自四钱三分至五钱一分，较上月减七分。小麦每仓石价银，自四钱二分至五钱三分，较上月减七分。豌豆每仓石价银，自四钱一分至四钱九分，与上月相同。

绥德州属，价中。小米每仓石价银，自九钱五分至一两三钱七分，与上月相同。小麦每仓石价银，自一两二钱至一两七钱六分，与上月相同。豌豆每仓石价银，自八钱三分至一两二钱一分，与上月相同。朱批："览。"

385 奏报筹议委解京饷数目事

再，臣接准督臣舒兴阿咨，奉上谕："此时京饷万分紧(急)，据户部奏请于陕西捐输款项，提拨银二十五万两。著即饬司，无论何项，移缓就急，派委妥员解京，以应急需。并将解饷起程日期，先行具奏等因。钦此。"知会到臣。当即饬司筹解去后。

兹据藩司吴式分详称："陕省此次捐输，正值上年甫经劝捐之后。其各富户向恃东南诸省贸易，现当贼匪滋扰，大半歇业。虽该绅民报效情殷，而措缴颇(形)竭蹙，是以劝办数月，仅据各属陆续解到银十五万馀两。内除前已凑解京饷三万两，又拨解督臣行营军饷三万两，又请拨本省防堵经费八万两外，计尚存银一万有零。

至司库各款，自去岁军兴以来，节次拨解外省及本省兵差并京饷等项，共银一百数十万两。本年春征后，又奉拨京饷、徐州粮台，并甘饷以及筹备京饷，共银四十馀万两。内有拨用地丁，以捐输归补，迄今虚悬，竟致应放兵饷，不敷支发。嗣又筹垫京饷二十五万两，令四川省变买谷价归还。复将款项逐一搜罗，曾经详奏筹垫银十五万两，已将解到之捐输银三万两，及杂项二十四款尾数银五万两，凑足八万两，委解赴京。现在统核库存银十二万两，又停扣六成养廉银二万六千两，捐输银一万馀两，此外别无可筹，实难如数"等情，具详请奏前来。

臣查该司所详库款，委属实在情形。惟是京饷紧要，自应移缓就急，先将库存银两提拨银十五万两，分起委员解京，以应急需。馀俟捐输、催收有项，再行察看办理。除飞咨山西、河南、直隶各省，查明应由何路行走外，所有筹议委解京饷缘由，理合附片具陈，伏祈圣鉴。谨奏。（咸丰三年九月廿九日）咸丰三年十月十三日奉朱批："□□。钦此。"

386 奏为酌放迤西渡口官给印票以利农盐商等事

陕西巡抚臣张祥河跪奏，为酌放迤西渡口农、盐、煤船，官给照票，仍严禁私渡，以防奸宄，仰祈圣鉴事。

窃照陕境黄河渡口，无论何项船只，前已概令撤收封禁，不准行走，经臣与提臣节次奏明在案。兹据潼商道徐之铭，转据朝邑县知县易世泽禀称，该县东抵山西永济县，中以黄河为界，河身西徙，地属河东，农民隔河耕种，十居八九。现据沿河之加里、营田庄、辛村、雷村等处乡保绅耆，以山西贼踪远窜，正值收秋、播种二麦之际，若再稍延时日，来岁麦收不登，凡完粮俯仰之资，无从取给。恳将大庆关暂开农渡，以便种麦，搬运秋禾。

又据署同州府王炳勋，转据大荔县知县刘廷鉴禀称，该县盐引销完，商人应赴河东购买票盐，不能运盐回县，恳请饬行防堵官兵，保护通渡，以资接济民食。又据河东盐法道文海禀称，商人尹夺魁在九成等承办陕省票盐，经由潼关渡口，封禁船只，已经数月，于民食、课项颇多窒碍。此外，并有民人以米易晋省之煤，时近隆冬，亦复叠请开渡。

臣查民间收种以时，而盐、煤等项，尤属日用所必需。陕省前因贼势紧急，业已禁绝船只多时，事关民瘼，不得不权其缓急，渐次开渡。随与司道熟商，拟令种地业户，及承办票盐，贩粮买煤真正各商，取具乡地认保，开列姓名，官给印票，准一二小船剥载。并由提臣桂明拣派妥靠官兵，管押稽查，不准私渡一人。其馀商旅，统俟直隶逆匪歼除净尽，再令照常行走。如此分别办理，既不致奸宄溷入，而于民食、课项，均有裨益。除咨提臣，暨饬行防所各委员、地方官妥办外，所有酌放农、盐、煤船缘由，谨缮折具陈，伏祈皇上圣鉴。谨奏。(咸丰三年)十月初八日。咸丰三年十月二十日奉朱批："知道了。奸匪溷迹，不可不防。钦此。"

387 奏为委令德亮署理定远厅同知事

再，汉中府属定远厅同知一缺，前经以高陵县知县德亮请升。该厅分驻南山，地方紧要，应令德亮先行署理，以专责成。查明该员任内并无降革展参，及盗劫已起四参之案，据藩、臬两司会详前来。除批饬遵照外，理合循例附片陈明。谨奏。(咸丰三年)十月初八日。咸丰三年十月二十日奉朱批："知道了。钦此。"

388 奏报陕西咸丰三年八月监银收存数目事

再，查陕西收捐监生并随官报捐贡、监生正项银两，截至咸丰三年七月底止，司库存银一千一百八十八两，业经臣附片奏明在案。今八月分并无收捐监生及随官报捐贡、监银两，实在司库存银一千一百八十八两，理合循例附片奏闻。谨奏。咸丰二年十月十三日奉朱批："户部知道。钦此。"

389 奏报提拨京饷数目已委员分起解京事

再，臣于十月二十日，承准军机大臣字寄："十月十三日奉上谕：'本日据张祥河奏提拨银十五万两，分起委员解京等语。此项银两自陕起程解京，所有经过各地方，著各该督、抚严饬所属文武，多派兵役，小心护送，以期迅速抵京，毋得稍有疏忽。将此由五百里各谕令知之等因。钦此'。"

遵查此项银两，前次具奏后，适准山西抚臣来咨，该省道路肃清。

即由司分作两起委员，各管解银七万五千两，于十月初一、初三等日，自陕起程，从山西、直隶行走。并咨会檄饬沿途，一体多派兵役，小心护送，以期妥速而免疏虞。所有陕省提拨京饷银两，早已起解缘由，理合附片陈明。谨奏。（咸丰三年十月二十六日）咸丰三年十（一）月初八日奉朱批："知道了。钦此。"

390 奏报陕西省十月得雨日期寸数并九月粮价情形事

陕西巡抚臣张祥河跪奏，为恭报雨水麦苗情形，仰祈圣鉴事。

窃照陕省八月下旬暨九月上旬雨水田禾情形，业经臣恭折具奏在案。兹据西安、同州、商州等府州属，陆续具报于十月初五、六及初八、九等日，先后得雨二、三寸至深透不等。

臣查陕省地方，全以麦收为重。本年入秋后连得透雨，土脉本极滋润，今复续获雨泽，二麦大有裨益。其未得雨之处，麦根亦属稳固。所有平原、山境，民情安恬，粮价中平，堪以仰慰圣怀。谨将九月分各属粮价，敬缮清单，恭呈御览，伏祈皇上圣鉴。谨奏。（咸丰三年）十月二十六日。咸丰三年十一月初八日奉朱批："知道了。钦此。"

391 呈陕西各属咸丰三年九月粮价清单

谨将陕西省咸丰三年九月分各属粮价，敬缮清单，恭呈御览。计开：

西安府属，大米价贱，馀俱价中。大米每仓石价银，自五钱二分至一两八钱，较上月减一钱五分。小米每仓石价银，自四钱九分至一两六钱六分，与上月相同。小麦每仓石价银，自四钱八分至一两六钱九分，与上月相同。大麦每仓石价银，自三钱一分至六钱四分，较上月减三分。豌豆每仓石价银，自五钱八分至一两一钱八分，与上月相同。

延安府属，价中。大米每仓石价银，自一两五钱九分至二两六钱七分，较上月减三分。小米每仓石价银，自六钱五分至一两三钱六分，较上月减二钱五分。小麦每仓石价银，自六钱五分至一两五钱三分，较上月减二钱。糜米每仓石价银，自六钱至一两三钱二分，较上月减七分。豌豆每仓石价银，自五钱五分至一两一钱九分，与上月相同。

凤翔府属，价贱。大米每仓石价银，自九钱至一两四钱，与上月相同。小米每仓石价银，自四钱至九钱六分，与上月相同。小麦每仓石价银，自四钱至九钱，与上月相同。大麦每仓石价银，自二钱至五钱一分，较上月减八分。豌豆每仓石价银，自三钱八分至七钱八分，与上月相同。

汉中府属，小麦、大麦价贵，馀俱价中。大米每仓石价银，自七钱八分至二两三钱一分，与上月相同。小米每仓石价银，自六钱至一两五钱八分，较上月减一分。小麦每仓石价银，自五钱至二两一钱九分，与上月相同。大麦每仓石价银，自二钱八分至一两九分，与上月相同。豌豆每仓石价银，自五钱一分至一两一钱一分，与上月相同。黄豆每仓石价银，自五钱一分至一两五钱五分，与上月相同。

榆林府属，大米、小麦价贵，馀俱价中。大米每仓石价银，自一两四钱一分至三两一钱九分，较上月减三钱七分。小米每仓石价银，自八钱至一两五钱一分，较上月减四钱二分。小麦每仓石价银，自一两四分至二两一分，较上月减三钱一分。糜米每仓石价银，自八钱三分至一两六钱七分，较上月减四钱。豌豆每仓石价银，自六钱二分至一两三钱七分，较上月减二钱九分。

同州府属，价中。大米每仓石价银，自一两三钱五分至二两一钱七分，与上月相同。小米每仓石价银，自六钱三分至一两二钱八分，与上月相同。小麦每仓石价银，自六钱至一两三钱一分，与上月相同。大麦每仓石价银，自五钱至七钱四分，与上月相同。豌豆每仓石价银，自六钱一分至一两一钱三分，与上月相同。

兴安府属，大米价贱，馀俱价中。大米每仓石价银，自一两九分至一两六钱，较上月减一钱五分。小米每仓石价银，自八钱三分至一两三钱三分，较上月减一钱。小麦每仓石价银，自一两八分至二两，与上月相同。大麦每仓石价银，自三钱七分至八钱四分，与上月相同。豌豆每仓石价银，自六钱至一两三钱，与上月相同。黄豆每仓石价银，自七钱至一两二钱二分，与上月相同。

商州属，价中。大米每仓石价银，自一两四钱一分至二两三分，与上月相同。小米每仓石价银，自九钱至一两六钱六分，与上月相同。小麦每仓石价银，自一两至一两六钱九分，与上月相同。大麦每仓石价银，自五钱四分至六钱二分，与上月相同。豌豆每仓石价银，自五钱九分至一两七钱，与上月相同。

邠州属，大米价贵，馀俱价贱。大米每仓石价银，自一两一钱一分至二两八钱七分，较上月减一钱四分。小米每仓石价银，自四钱三分至九钱七分，较上月减一钱五分。小麦每仓石价银，自四钱一分至九钱一分，较上月减七分。豌豆每仓石价银，自四钱二分至八钱四分，与上月相同。

乾州属，小米价中，馀俱价贱。大米每仓石价银，自九钱至一两八钱，较上月减六钱。小米每仓石价银，自七钱二分至一两二钱七分，较上月减一钱七分。小麦每仓石价银，自五钱七分至七钱九分，较上月减五钱九分。大麦每仓石价银，自三钱九分至五钱六分，较上月减三钱七分。豌豆每仓石价银，自五钱四分至七钱六分，较上月减五钱六分。

鄜州属，价贱。小米每仓石价银，自四钱至四钱四分，较上月减七分。小麦每仓石价银，自四钱一分至四钱九分，较上月减四分。豌豆每仓石价银，自三钱九分至四钱六分，较上月减三分。

绥德州属，价中。小米每仓石价银，自九钱四分至一两三钱七分，与上月相同。小麦每仓石价银，自一两一钱一分至一两七钱六分，与上月相同。豌豆每仓石价银，自八钱三分至一两一钱七分，较上月减四分。朱批："览。"

392 奏为委令张恩荣署理凤翔县知县事

再，署凤翔县知县李炳南，撤省另有差委，所遗员缺，应行委员接署。查有安塞县知县张恩荣，任内并无降革展参，及盗劫已起四参之案，堪以调署，据藩、臬两司会详前来。除批饬遵照外，理合循例附片陈明。谨奏。（咸丰三年十月廿六日）咸丰三年十一月初八日奉朱批："知道了。钦此。"

393 奏报陕西咸丰三年九月监银收存数目事

再，查陕西收捐监生，并随官报捐贡、监生正项银两，截至咸丰三年八月底止，司库存银一千一百八十八两，业经臣附片奏明在案。今九月分又报捐监生三名，收银三百二十四两，连前司库共实存银一千五百一十二两，并无随官报捐贡、监，理合循例附片奏闻。谨奏。（咸丰三年十月廿六日）咸丰三年十一月初八日奉朱批："户部知道。钦此。"

394 奏报陕西各属十月中下旬十一月上旬雨雪并十月粮价情形事

陕西巡抚臣张祥河跪奏，为恭报雨雪麦苗情形，仰祈圣鉴事。

窃照陕省各属本年九月下旬及十月初旬雨水田禾情形，业经臣恭折具奏在案。兹据西安、延安、凤翔、汉中、榆林、同州、商州、邠州、乾州、鄜州、绥德等府州属，陆续具报于十月十三、四、五、六、七，十九、二十、二十一，及十一月初六、七、八等日，先后得有雨雪，除融化外，积地一、二、三、四、五寸不等。

臣查陕省各属入冬以来，高阜、平原均获雨雪，土脉滋润，二麦盘根深固。民情欢悦，阖境安恬，堪以仰慰圣怀。谨将十月分各属粮价，敬缮清单，恭呈御览，伏祈皇上圣鉴。谨奏。（咸丰三年）十一月十九日。咸丰三年十二月初一日奉朱批："知道了。钦此。"

395 呈陕西各属咸丰三年十月粮价清单

谨将陕西省咸丰三年十月分各属粮价，敬缮清单，恭呈御览。

计开：

西安府属，大米价贱，馀俱价中。大米每仓石价银，自五钱二分至一两六钱，较上月减二钱。小米每仓石价银，自四钱九分至一两六钱六分，与上月相同。小麦每仓石价银，自四钱八分至一两六钱九分，与上月相同。大麦每仓石价银，自三钱一分至六钱，较上月减四分。豌豆每仓石价银，自五钱五分至一两一钱八分，与上月相同。

延安府属，价中。大米每仓石价银，自一两四钱五分至二两六钱，较上月减七分。小米每仓石价银，自三钱二分至一两二钱八分，较上月减八分。小麦每仓石价银，自五钱二分至一两五钱三分，与上月相同。糜米每仓石价银，自五钱至一两三钱二分，与上月相同。豌豆每仓石价银，自五钱至一两一钱九分，与上月相同。

凤翔府属，价贱。大米每仓石价银，自八钱四分至一两四钱，与上月相同。小米每仓石价银，自四钱至九钱六分，与上月相同。小麦每仓石价银，自四钱至九钱，与上月相同。大麦每仓石价银，自二钱至五钱一分，与上月相同。豌豆每仓石价银，自三钱八分至七钱八分，与上月相同。

汉中府属，小麦、大麦价贵，馀俱价中。大米每仓石价银，自七钱七分至二两三钱一分，与上月相同。小米每仓石价银，自六钱至一两五钱六分，较上月减二分。小麦每仓石价银，自五钱至二两一钱九分，与上月相同。大麦每仓石价银，自三钱至一两九分，与上月相同。豌豆每仓石价银，自四钱八分至一两一钱一分，与上月相同。黄豆每仓石价银，自五钱六分至一两五钱五分，与上月相同。

榆林府属，大米价贵，馀俱价中。大米每仓石价银，自一两二钱八分至二两八钱八分，较上月减三钱一分。小米每仓石价银，自六钱六分至一两三钱八分，较上月减一钱三分。小麦每仓石价银，自九钱九分至一两六钱九分，较上月减三钱二分。糜米每仓石价银，自七钱八分至一两四钱三分，较上月减二钱四分。豌豆每仓石价银，自五钱七分至一两一钱二分，较上月减二钱五分。

同州府属，价中。大米每仓石价银，自一两三钱五分至二两一钱七分，与上月相同。小米每仓石价银，自六钱三分至一两二钱八分，与上月相同。小麦每仓石价银，自六钱至一两三钱一分，与上月相同。大麦每仓石价银，自五钱至七钱二分，较上月减二分。豌豆每仓石价银，自六钱一分至一两一钱三分，与上月相同。

兴安府属，大米价贱，馀俱价中。大米每仓石价银，自九钱四分至一两五钱五分，较上月减五分。小米每仓石价银，自八钱三分至一两三钱，较上月减三分。小麦每仓石价银，自七钱八分至一两九钱，较上月减一钱。大麦每仓石价银，自三钱五分至八钱四分，与上月相同。豌豆每仓石价银，自六钱至一两二钱，较上月减一钱。黄豆每仓石价银，自六钱五分至一两二钱，较上月减二分。

商州属，价中。大米每仓石价银，自一两二钱三分至二两三分，与上月相同。小米每仓石价银，自九钱至一两六钱六分，与上月相同。小麦每仓石价银，自九钱二分至一两六钱九分，与上月相同。大麦每仓石价银，自五钱三分至六钱二分，与上月相同。豌豆每仓石价银，自五钱九分至一两七钱，与上月相同。

邠州属，大米价贵，馀俱价贱。大米每仓石价银，自一两一钱一分至二两八钱七分，与上月相同。小米每仓石价银，自四钱三分至九钱七分，与上月相同。小麦每仓石价银，自四钱一分至九钱一分，与上月相同。豌豆每仓石价银，自四钱二分至八钱四分，与上月相同。

乾州属，价贱。大米每仓石价银，自九钱六分至一两七钱五分，较上月减五分。小米每仓石价银，自六钱至九钱一分，较上月减三钱六分。小麦每仓石价银，自六钱三分至七钱四分，较上月减五分。大麦每仓石价银，自三钱九分至五钱六分，与上月相同。豌豆每仓石价银，自五钱七分至七钱三分，较上月减三分。

鄜州属，价贱。小米每仓石价银，自三钱七分至四钱二分，较上月减二分。小麦每仓石价银，自三钱六分至四钱六分，较上月减三分。豌豆每仓石价银，自三钱五分至四钱四分，较上月减二分。

绥德州属，价中。小米每仓石价银，自九钱二分至一两三钱三分，较上月减四分。小麦每仓石价银，自一两一钱一分至一两七钱，较上月减六分。豌豆每仓石价银，自八钱四分至一两一钱七分，与上月相同。朱批："览。"

396 奏报陕西咸丰三年十月监银收存数目事

再，查陕西收捐监生，并随官报捐贡、监生正项银两，截至咸丰三年九月底止，司库存银一千五百一十二两，业经臣附片奏明在案。今十月分又报捐监生一名，收银一百八两，连前司库共实存银一千六百二十两，并无随官报捐贡、监，理合循例附片奏闻。谨奏。（咸丰三年十一月十九日）咸丰三年十二月初一日奉朱批："户部知道。钦此。"

397 奏报循例校阅省标营伍情形事

陕西巡抚臣张祥河跪奏，为循例校阅省标营伍，仰祈圣鉴事。

窃照陕西抚标中、左、右三营，原额弁兵二千二百七十馀名。近年叠次征调防剿，将、备亦多派出。所有存营官兵，经臣随时督饬操练，未敢松懈。兹届冬季考校之期，臣随调集，于十一月二十六、七等日亲赴教场，先看大阵，步伐整齐，声势联络，杂项技艺，亦俱趫捷。并将抬炮、抬枪，特为挑出另演，中靶者十得八九。其官兵马步弓箭，连日阅看，统计马步兵中箭成数在八分以上，分别最优者，奖赏记名，次则勒限练习。将领、备弁骑〔马〕射，均尚可观。

臣于考毕，仍饬按期认真训练，断不可稍涉怠惰。总使技勇精纯，悉成劲旅，以期仰副圣主修明武备至意。所有校阅省标营伍情形，理合缮折具奏，伏祈皇上圣鉴。谨奏。（咸丰三年）十二月初二日。咸丰三年十二月十四日奉朱批："知道了。钦此。"

398 奏请陈仅升补宁陕厅同知事

陕西巡抚臣张祥河跪奏，为南山边缺同知拣员请升，恭折奏祈圣鉴事。

窃照宁陕厅同知王义樟告病遗缺,接准部咨,坐咸丰三年十月初五日行文,照限减半计算,扣至十月二十九日为开缺日期。查宁陕厅系繁疲难三项相兼边缺,幅员辽阔,五方杂处,抚绥弹压,均关紧要,例应在外拣员升调。臣等在于现任及候补同知内逐加遴选,非现居要缺,即人地未宜,一时实无堪以调补之员。

惟查有咸宁县知县陈仅,年六十四岁,浙江举人,誊录议叙知县,道光十三年选授延长县知县,调补紫阳、安康等县。二十七年大计卓异引见,奉旨:"准其卓异,加一级,仍驻册回任候升。钦此。"嗣经刑部右侍郎恒春保举引见,奉旨:"著回任。钦此。"旋调今职,咸丰元年闰八月到任。该员老成稳练,办事实心,久任南山,情形熟悉。且历俸已满十年,任内并无降革展参之案,其因公处分,例不核计。以之升补宁陕厅边要同知,洵堪胜任,亦属合例,兹于三年十一月二十三日,据藩、臬两司会详前来。

合无仰恳天恩,俯念南山要缺,敕部核覆,准以咸宁县知县陈仅升补宁陕厅同知,实于要缺有裨。如蒙俞允,该员以知县请升同知,应行给咨送部引见。至所遗咸宁县,系冲繁疲难要缺,容俟准到部覆,另行拣调,合并陈明。所有循例请升要缺同知缘由,谨会同署理陕甘督臣易棠,合词恭折具奏,伏祈皇上圣鉴训示。谨奏。(咸丰三年)十二月初十日。咸丰三年十二月二十一日奉朱批:"吏部议奏。钦此。"

399 奏报查明陕西省本年下半年京控咨交案件并无逾限情形事

再,京控案件有无逾限,每届半年,例应汇奏一次。兹查陕西省自本年七月以来,有怀远县民朱怀德、佘万荣等一起,现已讯结。又宜君县孀妇张郭氏一起,正在集审,核计限期,尚无迟逾。此外,有蒲城县民张茂兰一起,甫于十月准咨,亦行司提讯。除督率承办各员,随时秉公讯拟,依限办理外,所有查明京控案件并无逾限缘由,理合附片陈明。谨奏。(咸丰三年十二月初十日)咸丰三年十二月二十一日奉朱批:“览。钦此。”

400 奏为审明固原提标兵丁田芮等在途抢夺行旅布匹案按律定拟事

陕西巡抚臣张祥河跪奏,为兵丁在途抢夺行旅布匹,审明定拟,仰祈圣鉴事。

窃照上年派往商州防堵之固原提标兵丁田芮等,在于蓝田县属抢夺过客焦有盛布匹一案,控经该县勘讯,详报督臣舒兴阿,奏奉上谕:“舒兴阿奏请将带兵约束不严之游击、千总革职审办一折。陕西固原提标后营游击伊密扬阿,中营千总马致远,管带防兵,行抵平凉县地方,多索车辆。经该县拨给外,仍敢延宕不行,任听弁兵私折车价,以致殴辱职官,并有沿途抢夺行旅之事,实属目无法纪。伊密扬阿、马致远,均著先行革职,交该督提集人证,秉公审讯,按律定拟具奏等因。钦此。”当由督臣舒兴阿将伊密扬阿等所带兵丁,饬发筹办商州防堵之甘肃藩司段大章提讯间,适段大章赴京,人证远在商州,自应严究,以昭核实。经司行提全案人、卷来省,委审去后。兹据署西安府知府何丙勋讯明定拟,由藩、臬两司具详前来。督臣业已统带官兵出省进剿,臣随亲提研鞫。

缘田芮、胡彦林、朱珍、白奉林、杨奉岐、马贞、赵有、朱有,并在逃之马得,分隶陕甘中卫、固原、武功等州县。田芮、胡彦林、朱珍、白奉林、杨奉岐、马得,均充固原提标兵丁,马贞、赵有、朱有,俱充馀丁,先未为匪。咸丰二年十二月间,粤匪窜扰湖北,调派提标中营千总马致远,带领田芮等前赴商州防堵。三年正月十五日,行至蓝田县地方,马致远乘马先行,田芮等落后。适遇焦有盛赶骡运布,亦道经该处,因雨后路途泥泞,不期骡头惊跑,驮布翻落地下,致将马得撞倒。马得气忿,起意抢夺布匹泄愤,各犯允从。一共九人,用刀割断麻绳,打开布卷,田芮、白奉林、马贞、朱有各抢布二匹,朱珍、杨奉岐各抢布一匹,胡彦林抢布三匹,赵有抢布四匹。至马得抢布若干,田芮等均未看清，旋各前进。焦有盛畏其势众，未敢追捕，控经蓝田县，会营勘讯。移查田芮等将布卖钱花用，马致远等查知，先将田芮等送县。嗣又查出首犯马得一名，交与兵丁白朴、林万顺看管。讵马得即于是夜乘间潜逃，屡次饬缉，弋获无期。臣就现犯逐一研鞠，据供前情不讳，诘无拦劫、吓逼情事，此外亦无另犯不法。带兵千总马致远，委非知情故纵，再三推究，矢口不移，案无遁饰。

查例载“总甲、快手、应捕人等抢夺，犯该徒罪以上，不分人多人少，发边远充军”等语。此案兵丁田芮等，听从在逃兵丁马得，藉挟焦有盛骡头将其撞跌之嫌，抢夺布匹泄忿，赃已入手，实属目无法纪，应比例问拟。田芮、胡彦林、朱珍、白奉林、杨奉岐，均比照“总甲、快手、应捕人等抢夺，犯该徒罪以上，不分人多人少，发边远充军”例，俱发边远充军。

首犯马得，虽在逃未获，惟首从罪名相等，毋庸监候待质。马贞、赵有、朱有，讯系馀丁，究与营兵有间，应于田芮等军罪上减一等，各拟杖一百，徒三年，到配折责安置，俱于左面刺“抢夺”二字。兵丁白朴、林万顺，看管马得，并不小心，致令脱逃，虽讯非贿纵，惟疏忽之咎难辞。白朴、林万顺，均比照“主守不觉失囚”律，各杖六十，折责革伍。买赃之不知姓名人，并免查究。所抢布匹，照估追赔。逸犯马得，严缉获日另结。无干省释。带兵千总马致远，前经参革，现同已革固原提标后营游击伊密扬阿，因任听弁兵在平凉县私折车价，殴辱官役，赴甘备质，应听甘省归案审办。除各供咨部外，所有审拟缘由，理合缮折具奏，伏祈皇上圣鉴训示。谨奏。（咸丰三年）十二月初十日。咸丰三年十二月二十一日奉朱批：“刑部议奏。钦此。”

401 奏为缉获渭南等县纠众图抢案犯郭创法等各犯委员严讯事

再，现当严防奸宄之际，捕务最关紧要，经臣屡饬各属，认真查缉，不得稍涉疏懈。兹据渭南县知县金玉麟面禀，访闻民人郭创法，纠众欲图抢掠滋事，并有武举张英魁随从附和筹画，已将首、从等犯及武举张英魁，拿获十名，押解来省。

又，白河县营文武，拿获奸匪翁占魁一名，亦据该县知县潘清禀报解省。除饬司，督同委员严讯究办外，所有获犯缘由，理合附片谨奏。（咸丰三年十二月初十日）咸丰三年十二月二十一日奉朱批：“知道了。钦此。”

402 奏为遵旨审拟怀远县民朱怀德佘万荣京控县吏私征虐民事

陕西巡抚臣张祥河跪奏，为遵旨督同审拟具奏，仰祈圣鉴事。

窃照怀远县民朱怀德、佘万荣，以私征虐民等词，先后遣抱赴京呈控。经都察院具奏，奉旨：“此案著交张祥河，督同臬司，亲提人证、卷宗，秉公研讯确情，按律定拟具奏。抱告民人武述文、陶大富，该部照例解往备质。钦此。”并准递解该抱告等到陕。遵即行司，提集人、卷审办去后。兹据委员署西安府知府何丙勋审拟，由臬司会同藩司覆讯详解前来。

臣随亲提研鞫。缘陶大富、武述文、朱怀德、佘万荣，均籍隶怀远县，与县差王瓒、乡约高逢泰、兵书陈继宗，并在保病故之工书蒋铼即蒋锡凤，俱相熟识。该县地分五堡六驿号，额设马一百二十八匹，接递往来文报。所需喂马草、豆，向由县署按照例价，豆每石，草每千斤，各发银一两三钱，差传各堡乡约，承领采买。其采买之多寡，视值年之草、豆有无积馀为限，历久相安无异。

咸丰元年春间，该县查知各驿号马草、豆不敷喂养，惟清平堡较别堡多有积藏，因于该堡加买豆十八石，草九千斤，循照旧章发价，交差王瓒，转给乡约施得才购买。王瓒因施得才曾欠伊钱八千九百文未还，在于草、豆价内扣除，施得才无力归补，即照扣除之数转发，未向各户告知，以致该堡民等心疑王瓒浮派短价，议令柴尔明等指名控究。并添砌各项使用供应及重加乡税等词，先后由县赴府、道暨臣衙门具控，批府传讯，押候覆审议详。朱怀德、佘万荣虑恐案悬莫结，起（意）京控。随照依柴尔明等上控原呈，自书词稿，并添列各项款单，控经都察院讯供解陕，饬发西安府蒋琦淳审讯。原告供词含混，禀委署理葭州赵继芬，前往榆林府，会同委员驰至怀远县，确查所控各项，据实缕禀，一面移提榆林府卷。并据怀远县以乡约高逢泰患病，将其子高玉，同工书蒋锞即蒋锡凤，兵书陈继宗、差役王璿批解来省。复经蒋琦淳因供词未确，禀请札提先在榆林府具结之柴尔明、谢九除质讯。

旋据咸宁县禀报，蒋锞于取供后在保病故，檄委长安县验详，并经榆林府将柴尔明等解到，蒋琦淳卸署事，移交现署知府何丙勋。正在提讯间，讵陶大富先因该县差役苗尔实等，于咸丰三年二月初七日往拿柴尔明等未获，行至县属石湾镇地方，被在逃未获之拓兆祥纠领陶大富，与未获之吕唐、张成贵、尚好吴、张有恩、魏万忠、老梁，并不识姓名乞丐四人，一共十二人，分执石块、木棒，拦路堵截，用石乱殴，致伤受雇该差等背负行李之援免军犯朱金作顶心右耳根，倒地登时殒命。并将差役苗尔实、武成、郝清、李伏、周生蔚殴伤，绳捆不放。经县验详禀府会营，督饬兵役六十馀名，捕拿拓兆祥等无获。因拓兆祥窑窄人多，致将窑内拦炕沿墙挤踏。当将其妻李氏及陶大富之妻魏氏传案，究问拓兆祥、陶大富下落，即行释放。

陶大富探知前情，不敢回家，起意赴京续控，冀图挟制。随邀允素好之武述文同至京城，照依佘万荣等先控原呈，添砌发兵抄抢财物、民妇，烧毁房屋各情，并捏写“佘万荣等遣伊等抱告”字样，书就呈词，央武述文同赴都察院控告。讯供奏解回陕，归案审详，亲提研讯。

如原呈所叙大、小差过境费一摊千，春秋祭祀，买补号马等项，除不得价费钱无定一节。该县地居边塞，向无差使往来，即间有委员查驿查仓，所需马匹以及饭食，一切均由驿号并县署捐支。其春秋祭祀应用牛羊，向系牙行屠户，在署领价承买，历有领字存卷。号马遇有倒毙，每匹由官发价银八两，交通事向蒙古地方买补，均无票提刑比情事。

又，所叙杂税银五、六十两，每年会税大钱一千四五百串，并乡税收钱无定一节。该县向例，乡民买卖牲畜，每价一两，纳税三分，随时尽收尽解，并非私设滥添，亦无每年收钱一千四五百串之事。又所叙道光十四、五、六等年，民欠籽种、谷粮缓征一半，吏书所收使费至七百串馀，有工房现在书吏可证一节。查得道光二十五年豁免籽种、口粮，系因灾出借之款。其出易常粮，该县于咸丰元年七月奉文豁免，即已停征，乡民不知，因而怀疑具控。至折收使费，讯因村窎路绕，该书造报花名册籍繁多，又经更驳五次，各堡公议，各帮给纸笔并口食钱数百文及数千文不等，委无收钱七百馀串。

又，款单内称草、豆价一千二百六十串，馀尽行刻扣，并列各项扣款一节。该县书役承办一切公事，均由各堡乡约凑收钱一、二千文不等，作为津贴纸张、口食之费，相沿已久，均出里民情愿，且为数无多，并与草、豆价无相干涉。其馀各项扣款，查无帐据可凭。讯据兵书陈继宗、差役王瓒，坚供委无勒派刻扣。质之原告朱怀德、佘万荣，自认怀疑妄控，希图准状，高逢泰亦无串弊虐民情事。复提陶大富，讯据供称，伊于拓兆祥纠众拦殴朱金作身死，并殴伤差役苗尔实时，仅止在场助势，并未帮殴伤人。朱金作被何人石殴何处致死，实未看清。至伊京控呈内所叙抄抢财物、民妇，烧毁房屋各情，并将兵役六十馀人改为六百馀人，系伊希图挟制，砌捏耸准等语。再三究诘，矢口不移。

查例载："差役非奉官票致被殴死者，照平人谋故斗杀本律定拟，不得以拒捕杀人论。"又律载："共殴人致死之馀人，杖一百。"又，"人命及拒捕共殴等案正犯，在逃现获之犯，称逃者为首。如案内人数众多，仅获一二名，无尸亲证佐指认者，现获之犯按例拟罪监禁。"又律载："申诉不实者，杖一百。"又，各例内载"二罪相等，从一科断"各等语。此案陶大富因闻县差往拿京控案内柴尔明等，听从拓兆祥纠众拦截，用石乱殴，致伤受雇该差等背负行李之朱金作身死，并将差役苗尔实等殴捆受伤。经县禀府会营督拿，不敢回家，起意邀允武述文，捏名京控，冀图耸准挟制。

查已死朱金(作)非奉官佥差,该犯及拓兆祥等既非犯罪事发,亦非票内指名拒捕之人,而柴尔明等又未被差拘获,核与聚众夺犯及拒捕杀差之例不符,自应以凡斗论。惟该犯是否并非原谋?朱金作果否乱殴致毙?现在拓兆祥等未获,当时被殴之苗尔实等,又不能指认先后及预谋纠殴之为何人,难保非该犯恃无质证,狡供避就,应按例依律定拟。

陶大富控出有因,照"申诉不实"律,应杖一百。与馀人满杖罪名相等,从一科断,合依"同谋共殴人致死,馀人杖一百"律,拟杖一百,照例监候待质,俟缉获逸犯拓兆祥等到日,再行质讯究办。武述文听邀京控,讯因不知陶大富控词虚实及听纠殴差情事,应照不应重律,杖八十,折责发落。朱怀德、佘万荣先因施得才转发草、豆价,未将王璿折收之事告知,以致堡民心疑王璿浮派短价,议令柴尔明等叠次上告。嗣因不知榆林府讯结,仍照原呈开写款单,赴京妄控。虽讯无差遣陶大富等抱告情事,究属不合。姑念事出有因,与平空诬告者不同,且到案据实供明,亦非始终诬执可比。应照申诉不实律,杖一百,折责发落。

差役王璿将草、豆价扣除旧欠,乡约施得才于王璿扣去钱文,并不向各户言明补交,均属非是。业经榆林府分别枷责革役,应免重科。柴尔明、谢九除等控词失实,既经榆林府讯明责惩,亦不知拓兆祥纠众殴差之事,应与并无勒派刻扣之兵书(陈继)宗,及在保病故之工书蒋镞即蒋锡凤,均免置议。乡约高逢泰,已据其子高玉并原告朱怀德等质无串弊虐民情事,请免传质。该县号马草、豆以及各项差使,祭祀应用物件,嗣后均照榆林府所断,遵循旧章,发价采买,毋许抑勒派累。并行榆林府,将断案饬知怀远县办理,一面查取承缉不力职名,另详请参。无干省释。除各供分咨外,所有审明定拟缘由,理合缮折具奏,伏乞皇上圣鉴,饬部核覆施行。谨奏。(咸丰三年)十二月初十日。咸丰三年十二月二十一日奉朱批:"刑部议奏。钦此。"

403 奏为遵旨交卸并报现办一切公事情形事

再,臣于十一月二十八日接准部咨,钦奉上谕:“张祥河著来京,另候简用。陕西巡抚,著王庆云补授等因。钦此。”闻命之下,感悚交萦。俯念臣抚陕五年,毫无报称,幸年谷顺成,民情悦豫。现在紧要公事,如商州、兴安、潼关等处防堵,屡与提臣桂明往返会商,奏派官兵,分别布置,并节经拿获奸细多名,照例正法、遣戍。平原一带刀匪,连年获犯数百馀名,随时惩办。近依格杀勿论之例,尤知敛迹,仍饬严拿,不准松懈。部拨京饷,均督藩司立时筹划委解,实在无款者,亦已据实咨部办理。各属团练逐渐举行,黄河迤西酌放煤、盐、农船,饬委文武员弁,严防奸宄,弗稍弛禁。

西安省会城垣,经臣倡率司道捐廉修竣。兹绅耆等禀修城外之郭,现饬咸、长二县,劝捐兴办。抚标弁兵,连年征调频仍,其存营者定立章程,逐日轮流练习,呈报查考。现将枪炮、弓马、骑射情形,在于冬操折内陈明。

又,上年官民捐输军饷银两,将及百万,已解司库,陆续拨用。所有应奖绅、庶,先后陈奏,尚有数县册未造到。本年又劝捐银六十馀万两,已解司库三十馀万两,分别拨用,馀亦严催,赶紧措缴。惟捐户甚众,应得官阶不一,州县册籍,一时查造不及,是以将捐数较多之户,先行奏报。又,改铸大钱,已饬司道筹办,铜铅银票一项,尚未准部颁发。借征钱粮,奉到部文,当即行司刊刻誊黄,正与司道公商妥办之法。又,命盗案件,臬司招解,随时按限题咨。其京控数起,屡催承办各员,据称或因人证未齐,或应细鞫推求,未据详到。

本年计典,已将属员事实优劣,饬该管道府核办。此外,年底循例事宜,俱应移交新任。计期将届封篆,臣俟交卸事毕,整理行装,已及开正,即行起程北上。除交卸日期,容另疏题报外,所有陕省现办一切公事,合先附片缕陈,伏祈圣鉴。谨奏。(咸丰三年十二月初二日)

咸丰三年十二月十四日奉朱批:“览。钦此。”

404 奏报本年钱粮已未完解数目事

陕西巡抚臣张祥河跪奏，为查明本年钱粮完解数目，恭折奏闻，仰祈圣鉴事。

窃照前准部咨，令将新、旧钱粮，于十二月内查明已、未完解数目，先行奏明，仍于次年四月内具题等因，历经遵办在案。兹据藩司吴式芬详报："咸丰三年分，额征民屯更起运，并粮折等项，除各属留支外，实应解司银一百三十三万一千二百五十二两零。自本年二月起，至五月底止，已完银八十五万二千三百九两零，业经奏明在案。其未完银四十七万八千九百四十二两零，自六月起，至十一月底止，续完银三十七万二千七百一十四两零，均经解储司库。仍未完银一十万六千二百二十七两零。统计咸丰三年钱粮，已完九分二厘零"等情，具详请奏前来。

臣覆核无异。除将未完银两，严饬督催赶紧征解外，所有咸丰三年分额征正赋钱粮，截止十一月底止，已、未完解数目，理合循例恭折具奏，伏祈皇上圣鉴。谨奏。（咸丰三年）十二月十一日。咸丰三年十二月二十二日奉朱批："知道了。钦此。"

405 奏为咸丰三年各属交代银两提解清楚事

陕西巡抚臣张祥河跪奏，为查明各属交代征存银两，均经按限提解清楚，循例具奏，仰祈圣鉴事。

窃照州县交代，每届年终，例应将有无征存未解银两，及交代各州县有无逾限之处，汇奏一次等因，遵办在案。兹据藩司吴式芬查明，咸丰三年分，各属交代，扣至十月底止，据各府厅州县结报交代清楚，造送册结，共五十案。凡册造征存银两，均已陆续扫数提解完结，并无存留属库未解之项，亦无逾限未结交代，开单具详请奏前来。

臣覆核无异。除清单咨送户部外，所有咸丰三年各属交代银两提解清楚缘由，理合循例恭折具奏，伏乞皇上圣鉴。谨奏。（咸丰三年）十二月十一日。咸丰三年十二月二十二日奉朱批："知道了。钦此。"

406 奏报查明陕西省正赋钱粮年清年款并无积欠现在督征上下忙情形事

陕西巡抚臣张祥河跪奏，为遵旨查明陕省正赋钱粮年清年款，并无积欠，现在督征上、下忙情形，恭折奏祈圣鉴事。

窃臣承准军机大臣字寄："咸丰三年九月十八日奉上谕：'各省地丁征银，乃国家惟正之供，岂容任意拖欠，以致帑藏日亏等因。钦此。'"当即恭录行司，通饬钦遵办理。伏查陕省节年正赋地丁，俱系年清年款，并无积欠。至本年钱粮，因值军务，需用浩繁，屡与藩司严饬各属，总须较常年提前催征，以济急需，不准稍有拖延。兹据该司吴式芬详称"本年上忙地丁，业于秋拨案内造册，经臣咨送户部，酌拨在案。其下忙银两已完者，亦经拨支兵饷及军需动用。未完者，现复札催委提，应于春拨案内分晰造册"等情，具详请奏前来。

臣覆核无异。除将未完银两各州县，饬司移行该管道府督催征收，扫数通完，并委员守提，赶紧解司，统候征完后造册，咨送户部备拨外。所有督征本年上、下忙钱粮缘由，理合缮折具陈，伏祈皇上圣鉴。谨奏。咸丰三年十二月十四日奉朱批："知道了。钦此。"

407 奏为俟新任布政使司徒照到任前吴式芬暂缓交卸事

再，藩司吴式芬钦奉上谕："著来京，交吏部带领引见。陕西布政使，著司徒照补授。钦此。"臣查新任布政使司徒照折回到陕，计期不远，当此筹饷吃紧之际，自应暂令吴式芬一手经理。俟司徒照到任，再行交卸，以免辗转之烦。除檄饬知照外，合并附片陈明。谨奏。咸丰三年十二月二十一日奉朱批："知道了。钦此。"

408 奏报捐输军饷事

前陕西巡抚臣张祥河跪奏，为竭诚捐输事。

窃臣籍隶江苏松江府，去年因接家信，绅董设局筹办防堵并练勇经费。臣于十月初遣丁赴家，陆续报捐银钱，计共六千馀两，统归江苏抚臣汇办在案。兹臣于本年正月二十四日行抵潼关,据提臣桂明告知,陕省在防官兵凑银输将。臣旧治关怀,谨措捐银三千两,就近兑交潼关防堵局,以备需用,伏祈赏收,稍尽报效微忱,特附提臣折内具陈,仰祈皇上圣鉴。谨奏。(咸丰四年)正月二十七日。咸丰四年二月初八日奉朱批:"□□。钦此。"

409 奏为臣子张茂辰奉旨内用谢恩事

顺天学政臣张祥河跪奏,为恭谢天恩事。

臣于保定途次接阅抄知,臣子张茂辰考试荫生,由吏部带领引见,奉旨:"著内用。钦此。"窃臣自维驽钝,□□亲光。乘轺方懔乎持衡,肯构滋惭于诒谷。臣子茂辰年尤稚弱,质更庸愚。占毕何知,愧未谙乎蛾术;官方寡识,遽叨沐夫鸿慈。命锡自天,感深无地。

伏念粉署清华之例,夙号殊荣;樗材粗直之资,敢膺斯选!臣惟有教之上进,勖以公趋。勉职事于司曹,时加学习;拜恩施于宸极,冀答生成。所有微臣感激下忱,理合缮折扣谢天恩,伏祈皇上圣鉴。谨奏。(咸丰五年)三月二十一日。咸丰五年三月二十五日奉朱批:"知道了。钦此。"

410 奏报科试直隶冀州等三州情形事

顺天学政臣张祥河跪奏,为敬陈直隶三州试竣情形,仰祈圣鉴事。

窃臣于二月初五日陛辞后,随于初八日出都,驰赴冀州,接办科试。当查各属生员及冀州、衡水□童生,业经揭晓,未曾招覆。其未考之南宫、新河、枣强、武邑四县童生,即排日接试,照额取进,一并招覆竣事。嗣赴赵州、深州,以次试竣。该二处虽系被扰之区,查应试生童较之上三届,人数亦复相等。臣于讲书放告时,谕以耕读仍安旧业,休养生息,自能渐次丰盈,众皆欢忭。

至场外添派巡役,严密稽查,尚称整肃。生童等诗文平顺者居多，间有瑕疵，夹签改削，于发落日面饬更正，俱能领会。现在臣行抵保定，计所属十六州县暨易州三属，赶紧按试。此后河间府岁、科并试，天津府科试，容再次第办理。兹将试过冀州、赵州、深州三属情形，先行缮折具陈，伏乞皇上圣鉴。谨奏。（咸丰五年）三月二十一日。咸丰五年三月二十五日奉朱批："知道了。钦此。"

411 奏报赵州雨水苗情事

再，赵州于二月二十七日得雨二寸，深州于三月十八日得雨三寸。沿途麦苗滋长，弥望青葱，大田土润，正在翻犁，民情悦豫，足以仰慰圣怀，谨附片具奏。咸丰五年三月二十五日奉朱批："知道了。钦此。"

412 奏报试竣保定等三府情形事

顺天学政臣张祥河跪奏，为保定、河间、天津三府试竣情形，仰祈圣鉴事。

窃臣前在省城，将试过冀州等三州先行具奏在案。嗣按试保定蒇事，即赴河间，后赴天津，计三月二十三日起，至六月初六日止，次第赶办，一律完竣。查该三府生童，文理较他处为优。河间岁试武场，技勇可观，头号石有三上胸者，尤为出色。查看地方安辑，又连得透雨后，民情欢忭，丰稔可期，臣即于初六日儆装，启行旋京。所有试竣三府情形，谨缮折具陈，伏乞皇上圣鉴。谨奏。（咸丰五年）六月初六日。咸丰五年六月十一日奉朱批："知道了。钦此。"

413 奏为患病请开缺回京调理事

吏部左侍郎、顺天学政臣张祥河跪奏，为闱中骤患寒疾，日久增剧，吁恳天恩，准开学政员缺，俾臣回京调理事。

臣于上年十月出棚按试保定，嗣至定州，至正定赶紧考试，无间昕朝。因在教场雪地看箭，感受严寒，初仅委顿，渐觉难支，入春来肝旺燥肺，寒热相薄，筋络亦为牵动，此地无医可资诊治。臣身受殊恩，畀以持衡重任,正当勉力图报,乃以孱躯致病,夙夜焦灼。

窃念学政周历各府,衡才防弊,俱关紧要,非力疾所能强支。现计畿南岁试为期正宽,惟有仰恳天恩,另赐简放,准臣回京调治。臣暂留正定,恭候命下,照例将学政印信,封交督臣桂良收执,一俟回京调治就痊,当即泥首宫门,销假当差。所有微臣患病缘由,谨据实缮折沥陈。伏祈皇上圣鉴。谨奏。(咸丰五年)正月十二日。咸丰六年正月十九日奉朱批:"□□。钦此。"

414 奏报岁试保定等三府情形事

吏部左侍郎、顺天学政臣张祥河跪奏,为岁试保定府、定州、正定府三棚事竣,先行具陈,仰祈圣鉴事。

窃臣于上年十月十五日陛辞后,即驰赴保定府岁试,并易州向归一处考校。查该府州文、武生童,诗文、技艺,均有可观,臣悉心校阅,取进如额。旋于十一月二十九日赴定州,十二月十七日赴正定府,以次按试。该二处生童人数,较上届亦复不减,其文风稍次于省城,而武艺尤强。臣每至一处,必先饬提调官,于场外多设兵役巡逻,场内则严搜检,杜枪替,均尚安静整肃。并于覆试发落等日,谆勖以读书习艺,总须务本守分,仰副圣主作人之至意。兹将试竣保定等三棚情形,合先恭折具陈,伏祈皇上圣鉴。谨奏。(咸丰六年)正月十二日。咸丰六年正月十九日奉朱批:"知道了。钦此。"

415 奏为遵查告病大兴县知县胡启文政绩事

臣(吏部左侍郎兼管顺天府尹)张祥河,臣(顺天府府尹)曾望颜跪奏,为遵旨查明胡启文才具官声,据实保奏,仰祈圣鉴事。

本年八月十七日,内阁奉上谕:"王茂荫保举循声素著之府县等官一折,所有折内开列之告病大兴县知县胡启文,著臣等秉公确查保奏等因。钦此。"臣等当即钦遵,博访舆论,稽查案牍。该员胡启文,系河南进士,于咸丰二年,由直隶广昌县调补顺天武清县知县。闻逆匪时将北窜，即首先倡办团练，修城浚池，督率阖邑绅民举行十家牌法，联庄守御，遍历乡村，躬亲劝导，民皆踊跃从事。迨逆匪窜踞独流，逼扰天津，正与武清接壤，该员于县属王庆坨、杨村、蔡村、河西务等处，节节设防，极其严密。即经拿获逆党胡得等正法，县境肃清，民赖安堵。且查当时兵差络绎，该员办理裕如，毫无扰累，以故舆情爱戴。经前兼尹臣翁心存等保奏，奉旨："以直隶州知州即用，先换顶戴。钦此。"钦遵在案。

兹臣等复奉旨秉公确查，当饬东路厅同知李朝仪，访据武清县绅民，开具该员事迹清折，呈送前来。臣等查该员在大兴县任内告病卸事，然其任武清三年，能使众志成城，宵小不生，外寇不犯，实已著有成效。观其所刊十家牌法，简而易行，现取其书，通饬二十四州县照办。臣等窃谓该员不独著循良之声，并足备干城之选。相应据实保奏，并将武清县绅民所开该员事迹清折，另缮清单，恭呈御览。应俟该员病痊起复日，由臣等给咨送部引见，恭候谕旨。所有查明胡启文才具官声，据实保奏缘由，谨缮折具陈，伏祈皇上圣鉴。谨奏。咸丰六年十月初四日。

416 呈东路厅同知李朝仪访据武清县绅民开具前任该县知县胡启文政事实迹清单

(吏部左侍郎兼管顺天府尹张祥河，顺天府府尹曾望颜)谨将东路厅同知李朝仪，访据武清县绅民，开具前任该县知县胡启文政事实迹清折，恭呈御览。

一，防堵。咸丰三年秋，逆贼北窜，胡启文闻警豫为经理，重修城楼四座。凡城之残缺处，皆补砌完固，督派官绅、商民，昼夜分值各门稽查，出入极为严密。城上四面，各筑炮台数座，安置大炮，时常演放。立火药局，碾做炮药，置备抬枪、鸟枪器械，并五色旗，分列四面。派教佐营弁各当一面，以旗为号，约束严明。城上每夜派定十家牌，挑选精壮，轮流守望。自三年九月起，至四年二月止，每夜步行上城，劝谕差点，黎明回署，风雪不间。又派绅士，每日分往村镇，搜查奸细，拿获奸匪十数名，讯明严办。以故土匪敛迹，城乡安堵。城外复凿濠十馀里，宽、深各三丈馀，亲自丈量督办，以为捍卫。贫民以工代赈，无不踊跃乐从。

一，编查保甲。胡启文令各村镇查造户口清册，各立十家牌，派公正绅民作为村正、村副，严密稽查。并设立条款，恺切晓谕，俾民咸知观感，自相保卫，故众志成城，始终无间。

一，团练。胡启文亲自出钱，〔催〕（雇）民壮一千名，教习五名，昼夜团练。并于城乡择老成持重者，派为团总，使各村镇自相团练，不时稽查，俱有考证。

一，翦除恶棍。胡启文亲带兵勇，黉夜出城，拿获著名恶棍吴六等，馀党闻风潜逃，民皆安堵乐业。

一，除盗。巨盗冯七，绅民畏之如虎，历犯多案，总未拿获。胡启文自带民勇潜访踪迹，立时擒获，民除大害，自此外匪无敢犯武清境界。

一，听讼。胡启文在任公正廉明，不可枚举。偶遇民间涉讼，是非立判，案无留牍，民皆悦服。即有多年未完之案，经审即结，是以邻县俱来案诉冤，有卷可证。

一，查灾。咸丰三年，县境被水灾，灾区甚广。胡启文亲自出城查阅，渴饮清泉，饥食干饼，舟车所不能到处，步行罔不周遍。且据实禀报，不忍下民受催科之累，辛苦备尝，爱民如子若此。

417 奏为置田赡族请准立案事

吏部右侍郎、兼管顺天府府尹事务臣张祥河跪奏，为置田赡族，叩恳天恩，俯准立案事。

窃查宋臣范仲淹，曾以己田千亩，作为义田赡给族人，虽嫡派子孙，不得私卖，载在志书。后虽有仿而行之者，均以未经奏明立案，不克传之久远。臣伯祖原任刑部尚书张照，亦曾以己田千亩作为义田，以赡族之贫乏者，于雍正十年奏蒙谕旨允准在案。惟现在阅年已久，族姓滋繁，在城在乡，恐尚未能周□。臣绍承先志，于道光二十七年，曾将祖遗产业五百亩捐作义田，详咨户、礼二部。

兹复以历年租息所入，随时添置，又得五百亩。连前共计一千亩，一并仰恳天恩，俯准作为臣族义田，敕下江苏抚臣，札行臣本籍府县官，为查核立册存案，载入志书，不得私卖。违者虽臣子孙，亦以盗卖官田论。则臣族得资周恤，悉被天家禄养之恩，而义田藉以长存，永沾圣主生民之德。所有臣置田赡族缘由，谨缮折叩求恩准立案，伏祈皇上圣鉴。谨奏。咸丰七年十二月初八日。

418 奏为审明已革固安县知县席伊炳讳盗滥刑毙命案按律定拟事

臣(吏部右侍郎)张祥河，臣(顺天府府尹)梁同新跪奏，为审明革职知县讳盗为窃，滥刑毙命各情，众证明确，据供按律定拟，恭折具奏，仰祈圣鉴事。

窃照固安县知县席伊炳，滥毙廪生李世德一案，当经臣等撤任提审。嗣因该令恃符狡展，坚不承认，奏请革职，奉旨："依议。钦此。"臣等随督同霸昌道怡昌，治中蒋大镛，南路同知费涛，候补同知周绍曾，覆提一干人证，逐加研鞫。缘席伊炳籍隶河南渑池县，先任江西新城县，因案革职，捐复县丞，分发直隶，升署固安县知县。尚万儒、鲍玉林、郑二、白荣、白顺、李明，均籍隶固安县，刘升籍隶东安县，高朱氏、高连姐籍隶霸州。尚万儒系捐职从九品，鲍玉林系万长发另伙，白荣等均系固安县捕役。白荣因另案经南路同知饬县管押，听候查办。郑二开设客店生理。固安县牛它镇地方，有已死李世德胞叔李连元，与籍万侯等伙开万长发钱铺生理。

咸丰六年十一月二十九日，该铺被贼撞门入室，抢去钱、衣等物，拒伤籍世恒、解成库，经铺伙籍世南报县。该令因病未往，令已革典史王彦彬，暨已革把总赵起赴彼验勘，面与籍世南商明，改报为窃。

其时该铺另伙鲍玉林在场相劝，李世德闻知不依，即以讳抢为窃等词，赴县呈控。该令因令门丁高二告知王彦彬，转告赵起，邀出河营把总刘济堂说合，许为获贼赔赃，将原呈由署内撤回销毁。李世德后因并未获贼赔赃，即以鲍玉林“假冒事主，讳盗为窃”等词，赴臬司呈控，鲍玉林因此与李世德有嫌。

七年八月间，尚万儒由牛它镇带同高朱氏、高连姐母女，至该县南关晋升店，嘱令郑二窝留卖奸。尚万儒复与奸宿，李世德亦在彼居住，奸宿吸烟。赵起闻知，转告席令，十六日晚间，该令即传捕役吴玉山，将白荣叫进署内，面谕往赵起衙门听候吩咐。白荣往时，见鲍玉林在坐，赵起令白荣先去。白荣遂带领白顺、刘升、李明，持械前往，将李世德、高连姐，并烟具、烟枪、烟土，一并拿获。路遇赵起、鲍玉林，鲍玉林教令白荣，将李世德下衣剥去，以为宿娼凭据。李世德嚷骂，李明用铁通条殴伤李世德左、右肩甲，左后肋，左腿，刘升亦用木鞭杆戳伤李世德谷道。

时赵起先进县署，向该令告知，该令即行堂讯，李世德供明名姓，该令斥其冒认，并称李世德是体面人，不做此事。即令皂役马玉等，叠次掌责二百，笞责四百之多。李世德延至二十四日，在押身故，据永清县仵作王玉昆验明，系因伤身死。医生周云亭供结，是板毒归心身死，并无别故。并讯据籍世恒、鲍玉林，门丁高二，典史王彦彬，把总赵起、刘济堂，原拿捕役白荣、白顺、李明、刘升，行刑皂役马玉等及原告人证，屡供各情不讳，覆诘不移，案无遁饰。

此案已革固安县知县席伊炳，于境内抢案，任听典史、把总等商明改窃，自认不能辞咎。至将宿娼之李世德拿获堂讯，立时掌责二百，笞责四百，亦据当堂承认。惟于差令在押之捕役白荣往拿各情，诿为不知，一味逞刁肆辩，并谓“这样问案，恐怕难结”等语。臣等查李世德吸烟宿娼，罪有应得，固与故勘平人有间。但甫经到案，遽尔掌责二百，及供明名姓，复又笞责四百，致李世德因伤身死，其为触起前情，藉端泄愤情事显然。既据众证明确，未便因其坚不承招，任听狡避，自应按例从重问拟。

席伊炳除讳盗为窃，例止革职轻罪不议外，合依“将应行审讯之犯恣意凌虐，因而致毙人命者，照非法殴打律治罪。非法殴打致死者，杖一百，徒三年，应从重发往新疆，效力赎罪”。至该革员在任经手仓库钱粮，应俟查明有无亏挪情弊，另行核办。尚万儒始与高连姐奸宿，复由牛它镇带至该县晋升店，嘱郑二窝留卖奸，亦应按例问拟。尚万儒应革去从九品职衔，合依“窝顿流娼日月经久者，杖一百，徒三年”例，拟杖一百，徒三年。鲍玉林因挟李世德上控之嫌，辄令白荣撕其单裤，以为宿娼凭据，明系有意陷害，情殊凶恶，亦应比例问拟。鲍玉林除妄预官府之事轻罪不议外，应比照“棍徒生事扰害，军罪上量减一等，杖一百，徒三年”例，拟杖一百，徒三年，与尚万儒均至配折责安置。

高朱氏与女高连姐，以流娼出外卖奸，高连姐与尚万儒、李世德奸宿，应合依“军民相奸者，奸妇枷号一个月，杖一百”例，拟枷号一个月，杖一百。系犯奸之妇，杖决枷赎，追取赎银，入官册报。高朱氏合依“纵容亲女与人通奸者，杖一百”律，拟杖一百，业已瘫废，应免置议。郑二听从尚万儒窝留高连姐卖奸，应照“知情容隐”例，杖八十。李明用铁通条殴伤李世德左、右肩甲等处，刘升亦用木鞭杆戳伤李世德谷道，均应照“他物殴人成伤者，笞四十”律，拟笞四十。白荣尚有南路厅饬县管押之案，应由彼案从重拟结。王彦彬、赵起，于勘验万长发钱铺被抢，商明改窃，亦有不合，业已革职，应毋庸议。刘济堂系河营把总，并非兼辖，与赵起不同。惟听邀说合，究有不合，应开复把总，交兵部查议。

李世德身列胶庠，吸烟宿娼，本干例拟，业已身死，亦毋庸议。原告李张氏等，控词虽未尽实，现经李玉德等代为供明，系得自传闻，不敢狡执，应与门丁高二，暨奉官差委之捕役吴玉山、白顺，皂役马玉等，均毋庸议。郑二、李明、刘升，所得杖笞各罪，时届热审，分别减等宽免。无干省释。烟土、烟具，案结销毁。除供招咨送刑部外，所有审拟缘由是否有当,理合恭折具奏,伏乞皇上圣鉴,训示遵行。谨奏。咸丰八年六月初四日。

419 奏为特参大兴县知县贺廷銮规避告病不实请撤任交部议处等事

臣(吏部右侍郎)张祥河,臣(顺天府府尹)吴鼎昌跪奏,为特参告病之知县,据实奏闻,仰祈圣鉴事。

窃查大兴县知县贺廷銮,因偶染风寒病症,禀请开缺,回籍调理等情前来。臣等查看得,该员连日接见时尚无病容,虽则偶染时症,何得骤请开缺?现值办理武闱乡试在迩,差务需人,实属有心取巧,希图规避。若不据实参奏,何以整肃官方?相应请旨,将大兴县知县贺廷銮即行撤任,交部议处,以示惩儆。所遗大兴县知县一缺,容臣等另行拣员调补。理合据实参奏,伏乞皇上圣鉴。谨奏。咸丰八年九月二十六日。

420 奏请钦点武闱监临事

臣(吏部右侍郎)张祥河,臣(顺天府府尹)吴鼎昌跪奏,为请旨事。

窃查顺天府武乡试,外闱校射,向例顺天府府尹、府丞暨钦派兵部堂官二员,会同钦派王大臣、监察御史,分闱校阅。至内场监临事宜,于乾隆三十年,经前任兼管府尹裘曰修奏请,于兼管府尹及府尹二员内,钦派一员入闱,稽查场务,历经遵办在案。

今本年十月戊午科武闱乡试,所有十三日以后内场监临事务,理合循例奏请,于臣张祥河、臣吴鼎昌二员内钦点一员,届期入闱办理,为此谨奏请旨。咸丰八年九月二十六日。

421 奏为顺天府府尹吴鼎昌丁忧并请简放事

臣(吏部右侍郎)张祥河跪奏,为府尹闻讣丁忧,恭折奏闻请旨事。

本月二十日,据府尹臣吴鼎昌遣家人赴臣寓禀知:“吴鼎昌亲父吴岐丰，就养胞弟山东运河同知吉昌署内，兹接家信，于九月二十五日，在运河同知署内病故。尹臣系属亲子，例应丁忧”等情。除咨吏部查照，并由臣将日行公事暂行办理外，所有府尹闻讣丁忧缘由，理合恭折奏闻。员缺紧要，并请旨迅赐简放，伏乞皇上圣鉴。谨奏。咸丰八年十月二十一日。

422 奏为遵旨恭录聚奎堂内悬挂从前历奉谕旨事

臣（工部尚书）张祥河，臣刘琨，臣成琦，臣袁希祖跪奏，为覆奏事。

本月十七日，接奉朱谕：“著将聚奎堂内悬挂从前历奉谕旨，抄录呈览。钦此。”臣等遵即会同内帘监试御史，谨将聚奎堂内悬挂乾隆年间历奉谕旨三道，恭录进呈御览。

再，查聚奎堂二架梁高处，悬有木匣一个，约长丈馀，必须设梯登取，方能启视。现值扃门，未便传进匠役，且历久函藏，臣等未敢擅动，合并奏闻。谨奏。（咸丰九年）二月十八日。咸丰九年二月十八日奉朱批：“著穆荫于覆试出场日，带同军机章京数人前往贡院，将现悬木匣启视。若有何项谕旨，抄录呈览，并查至公堂内有无悬挂谕旨。钦此。”

423 奏为直隶所属蓟州知州李上林人地不宜请留直另补等事

臣（都察院左都御史）张祥河，臣（顺天府府尹）董醇跪奏，为现任要缺知州人地未宜，请旨撤回改简，以重地方，仰祈圣鉴事。

窃照东路同知所属蓟州知州一缺，承值陵寝差务，兼管河道堤工，事务纷繁，系属冲繁二项沿河要缺，非精明强干，才堪肆应之员，不克胜任。现任知州李上林，江西进士，年五十二岁，由顺义县知县，升补今职。臣等于其来京接见，询以地方公事，未能详明。留心查看，该员虽于现办事件尚无贻误，惟才具殊欠开展，经理差务，亦未裕如。蓟州缺分紧要，难资整顿，实属人地不宜，未便稍事迁就。

经直隶总督臣宗室庆祺往返函商，意见相同，理合据实奏闻，请旨将蓟州知州李上林撤回，留于直隶，遇有相当简缺，酌量改补，仍照例送部引见。所遗蓟州知州员缺,容俟拣员另行请补。除委员先行接署,并查明经手仓库钱粮,有无亏短,另行办理外,谨会同直隶总督臣宗室庆祺,合词恭折具奏,伏乞皇上圣鉴训示。谨奏。咸丰九年二月十九日。

424 奏请奖叙捕蝗捐资出力各员事

臣(都察院左都御史)张祥河,臣(顺天府府尹)董醇跪奏,为捕蝗捐资出力各员,遵旨分别核请奖叙,恭折奏祈圣鉴事。

窃照咸丰七年,自春至秋,近畿一带,蝗蝻滋生,前经臣等叠次严札该管道厅,督率所属州县认真搜捕。并分饬各州县,会同教佐、营员,实力扑捕,兼令设局收买,给以钱米。事竣,将捐资各员,可否照筹饷例分别请奖,于咸丰八年三月初二奏奉上谕:"张祥河等奏捐资捕蝗各员,可否援例请奖一折。上年,近畿一带,蝗蝻萌生,该兼尹等督饬所属实力搜捕,所需经费,均系各州县自行捐办,尚属急公。所有捐资各员,著准其照筹饷例,分别核请奖叙。钦此。"遵即经分咨,并饬治中蒋大镛,南路同知费涛,候补知县高骧云,会同查对银数,解过蝗斤,分别优次,确查议覆。

兹据该治中等核明各州县捐资捕蝗出力各员,开单请奖,具详前来。臣等查顺属各州县等官及教佐、营弁,除搜捕蝗蝻,应时扑灭,去害利稼者,例得各加一级外。其收买蝗蝻,及雇备人夫、兵丁饭食,解验需用绳索、蒲包、车脚盘费等项,自行捐资各员,应由臣等按单开列咨部,遵照捐例核计,分别给予加级、纪录及随带加级。其次,出力教佐、营弁,不及议叙章程者,由臣等酌奖,以示区别。

至东路同知李朝仪,南路同知费涛,前署南路同知、现补顺德府同知周绍曾,西路同知乔文蔚,北路同知吕圻,督率办理,始终罔懈。可否仰恳天恩,饬部照例奖叙之处,出自逾格鸿慈,臣等未敢擅便。所有捐资捕蝗出力各员,分别核请奖叙缘由,理合恭折具奏,伏乞皇上圣鉴,训示遵行。谨奏。咸丰九年三月二十五日。

425 奏请将节次扣留兵车大城县知县高骧云撤任提审事

直隶总督臣恒福，兼管顺天府府尹臣张祥河，顺天府府尹臣董醇跪奏，为特参节次打用兵车过站之知县，并访闻该家丁等有通同卖放情事，请旨撤任查讯，以肃功令，仰祈圣鉴事。

窃照兵行迅速，全恃车马应手，经由地方官，各自按站应付。不准打用过站，俾资旋转，而免诿延，久经通饬遵照。前因奉调吉林、黑龙江官兵，分赴山东、安徽防剿，檄饬各该地方官，妥为供送。旋据静海县，以该县备送吉林头起官兵大车七十五辆，全被大城县扣留过站，致令不敷轮转，后兵无车可送，禀请饬放等情。当经臣恒福，以现今正值兵差吃紧之际，若皆似此效尤，必致纷纷藉口贻误，关系匪轻，批司严饬赶紧如数放还。并将大城县知县高骧云先记大过二次，以示薄惩，原所以儆后来。乃该县不惟罔思补过，且复屡蹈前愆。覆经臣恒福饬由总局，委据试用知府刘策先、候补知县倪人垌查明，该县实打用过站四次，计共车二百数十辆之多，以致后兵无车难进，属实取巧玩误。并访知该县门丁赵姓，管号家丁任姓，有通同舞弊，卖放兵车情事，尤应确究虚实，分别严惩。即经臣恒福委弁前往，将该家丁等锁带来津，发交天津府究审，并据该管道府揭请参奏前来。

相应请旨，将大城县知县高骧云即行撤任。一面饬令天津府提讯该家丁等，实在有无通同卖放，该县是否知情纵容，务得确情，分别据实惩办。其所遗大城县知县员缺，业经咨由臣张祥河、臣董醇，会督藩、臬两司，查有大挑试用知县曾世槐，堪以委令署理。其未到任以前，业经臣恒福，饬令原委查访之候补(知)县倪人垌，就近暂行代理，俾克责令接办兵差。并饬原委之试用知府刘策先暂驻大城，督同照料，以昭慎重而免贻误。理合恭折具奏，伏乞皇上圣鉴训示。谨奏。(咸丰九年)六月初三日。咸丰九年六月初六日奉朱批："□□。钦此。"

426 奏为世袭一等海澄公黄庆春在京病故遗子呈请就近编入大兴县民籍事

臣(工部尚书兼管顺天府府尹事务)张祥河,臣(顺天府府尹)董醇跪奏,为据情具奏,仰祈圣鉴事。

窃据原任世袭一等海澄公黄庆春之母王氏呈称:“伊子黄庆春,原籍福建平和县,前在江南徐州镇总兵任内,奉旨来京候简,于咸丰八年三月间在京寓病故,惟遗幼子三人。现值道路梗阻,家贫子幼,资斧莫措,力难回籍。且原籍并无期功之亲,无可依靠,开列亲丁人数,并取具同乡官印结,恳请就近编入大兴县民籍,俾孤寡有所依托”等情。当因事关世袭人员入籍,分咨户、兵二部核办。旋准先后咨覆,应由臣等奏明办理。

臣等伏查海澄公黄梧,于顺治十三年以率众投诚,敕封海澄公。兹伊裔孙,原任世袭一等海澄公黄庆春在京病故,仅遗幼子三人,道途远阻,无力回籍,据其母王氏呈请就近编入大兴县民籍,俾孤寡有所依托之处,伏候谕旨遵行。至海澄公世职应由何人承袭,未据呈明,应由兵部查核办理,合并声明,伏乞皇上圣鉴训示。谨奏。咸丰九年八月初三日。

427 奏为遵查京城钱铺数目酌议限制章程事

臣(工部尚书兼管顺天府府尹事务)张祥河等跪奏,为遵旨查明京城钱铺数目,酌议限制章程,恭折奏祈圣鉴事。

咸丰九年七月二十四日,奉上谕:“御史孟传金奏奸商关闭钱铺,匪徒乘机抢掠,请严行惩办一折。近日京城关闭钱铺,总因奸商于开设之初,已心存诓骗。迨出票既多,骤然歇业,无盗贼之名而有其实,为害闾阎,殊属可恶。著该管地方官查明亏欠若干,交刑部严追治罪。其匪徒抢劫钱铺之案,著步军统领、顺天府五城一体严拿,务获究办。并著顺天府五城,查明京城内外共有钱铺若干,嗣后应如何予以限制,酌定章程具奏,以杜弊端而安民业。钦此。”臣等遵即饬令大兴、宛平两县,确查京城内外共有钱铺若干,一面会同悉心核议限制章程。

兹据该两县查明,京城内外钱铺,自康熙年间至道光十年以前开设,本无互保者一百二十二家。道光十年以后遵照新章,取有结保者一百二十二家,通计挂幌钱铺共五百一十一家。此外金店、参店,及烟、布等各铺,带换银钱,未挂钱幌者,不在此数。臣等详查例案,参酌现在情形,公同察核,酌议章程七条,谨缮清单,恭呈御览。除匪徒抢劫之案,由步军统领及臣等各衙门一体严拿,务获究办外,谨将遵旨核议缘由,恭折覆奏,是否有当,伏乞皇上圣鉴,训示遵行。再,此折系顺天府主稿,合并声明。谨奏。咸丰九年九月十六日。工部尚书兼管顺天府府尹事务臣张祥河,顺天府府尹臣董醇,巡视中城掌广西道监察御史臣庆澂,署巡视中城礼科给事中臣刘子城,巡视东城掌山西道监察御史臣毓通,巡视东城掌山东道监察御史臣吴焯,假。巡视南城礼科给事中臣觉罗隆庆,巡视南城掌陕西道监察御史臣何兆瀛,巡视西城吏科掌印给事中臣阿克敦布,差。巡视西城户科给事中臣何璟,巡视北城户科掌印给事中臣凤宝,巡视北城刑科掌印给事中臣李鹤年。

428 呈酌议钱铺限制章程单

(工部尚书兼管顺天府府尹事务张祥河等)谨将酌议钱铺限制章程,开单恭呈御览。

一,各钱铺开设之初,无不称系殷实良民。迨经关闭,票存累万盈千,率皆折扣开发,殊为闾阎之害。现查内外各城,挂幌钱铺共有五百一十一家,足敷军民兑换银两。请即以此作为定额,不准再有开设,以清弊源。如有私自开设,查拿送部,照违制律治罪。倘日后关闭过多,军民兑换不便,再行查核情形,奏请开设,仍不得过五百一十一家之数。

一,有保钱铺亏空票存,枷号勒限开发,未完计赃治罪,追产赔抵。刑部向照诓骗财物计赃，准窃盗论，应请仍照旧章，认真办理。至钱铺一家关闭，互保之钱、当各铺，于一二月内同时关闭，显系先期约会，居心更属险诈。此等同时关闭各铺，票存钱文限满不完，应请准窃盗论，送部计赃，加一等治罪。

一，道光十年，都察院奏定章程："关闭之铺，果于限内全数给发者，照例免罪。其有仅付数成折扣，不按原数给发者，仍交刑部，按其所折成数，减等治罪。如止完一二成，不准减等。续经刑部议准，逾限未完钱文，按诓骗律计赃，准窃盗论。"定议已极周详。惟原保各铺分赔不完，作何治罪，未经议及。今酌议，关闭钱铺亏欠票存，本铺店主本能开发，或开发未完若干，除本主治罪外，其互保未完钱文，按各互保分派，限三个月照数赔完。限满不完，照本主罪名，减一等治罪。

一，道光十八年，步军统领衙门议定章程："钱铺互保，内如有关闭一家，责令补保一家。"原议本属周密，无如日久视为具文。现查京城内外，有保钱铺一百二十二家，其间互保之铺不无关闭，或短一二家、三四家不等。应请自奏准之日起，分别起限补保，责令钱行经纪分段确查，先行呈报。如短一家者，予限两个月；二家予限三个月，三家予限四个月，四家予限五个月，限满不补，饬令开发票存，摘幌不准换银出票。如敢私自出票，比照私自开设，查拿送部，照违制律治罪。

一，现在未挂钱幌之铺，或假称金店、参店，或藉名烟铺、布铺，率皆换银出票，并无联名保结，一经关闭，毫无著落。应请勒限两个月开发票存，完竣摘去兑换银两招牌，以后不准私自出票。如敢故违，即由步军统领衙门、顺天府五城一体查拿送部，比照私自开设，严行惩办。其已经开出钱票，若不依限开发完竣，应请准窃盗论，送部计赃，照例治罪。

一，道光二十年，都察院议定章程："援照成案，旧设者免保，新开者取保。"今查大、宛两县单开，道光十年以后开设各铺一百二十二家，均有联名互保。其道光十年以前开设，本无互保者共三百八十九家，甚有康熙、乾隆远年开设之铺。若概责令从新取保，未免迹涉纷扰,请仍照旧章免保。惟既无互保,将来或有关闭亏空,其应议罪名,若不较有保之铺酌量加重,不足以昭平允。今酌议无保旧铺,如日后有亏空票存,不能依限开发完竣,应请准窃盗论,送部计赃,比有保钱铺加一等治罪。

一,道光十年,步军统领衙门议定:"如有因街市传言此铺欲行关闭,凡存钱之家一闻此言,不辨虚实,均各持票接踪索取。竟有藉取钱之名,踹毁该铺门窗,抢取什物者,拿交刑部,照抢夺例治罪。"奏明通行在案。除现犯之案,由各衙门严拿究办外,应请申明旧例,严行谕禁,有犯必惩,以绝奸萌。

以上各条,均为防弊安民起见,臣等公同商酌,意见相同。如蒙俞允,应即通行,实力办理。倘有奸滑商人假托势要,恃强不遵,即行查拿严办,以杜流弊,合并陈明。

429 奏请拣派武闱乡试内场监临事

臣(工部尚书兼管顺天府府尹事务)张祥河,臣(顺天府府尹)董醇跪奏,为请旨事。

窃查顺天武乡试外围校射,向例顺天府府尹、府丞,暨钦派兵部堂官二员,会同钦派王大臣、监察御史分围校阅。至内场监临事宜,于乾隆三十年,经前任兼管府尹裘曰修奏请,于兼管府尹及府尹二员内钦派一员,入闱稽查场务,历经遵办在案。今本年十月己未恩科武闱乡试,所有十三日以后内场监临事务,理合循例奏请,于臣张祥河、臣董醇二员内钦点一员,届期入闱办理,为此谨奏请旨。咸丰九年九月二十九日。

430 奏为查明丁忧革员石景蘧现尚在京遵旨将该革员送交刑部收审事

臣(工部尚书兼管顺天府府尹事务)张祥河,臣(顺天府府尹)董醇跪奏,为查明丁忧革员现尚在京,谨将遵旨办理缘由恭折覆奏,仰祈圣鉴事。

咸丰九年十二月初八日,奉上谕:"丁忧户部主事石景蘧暂行革职,著顺天府五城查明,如尚在京,即将该革员送交刑部,归案审讯。并将寓所资财,严密查封备抵等因。钦此。"臣等遵即密查,该革员现尚在京,寓居上斜街地方。随即督率宛平县前往,将该革员衣物等件,眼同查封,饬县派人看守。并将该革员送交刑部收审。所有臣等遵旨办理缘由,理合恭折覆奏,并将查封衣物等件,开具清单,恭呈御览,伏乞皇上圣鉴。谨奏。咸丰九年十二月十一日。

431 奏为公同阅看考试孝廉方正卷拟定名次恭候钦定事

臣(工部尚书兼管顺天府府尹事务)张祥河,臣沈兆霖,臣匡源跪奏,蒙发下考试孝廉方正卷八本,臣等公同阅看,拟列名次,于卷面黏签,恭呈御览,伏候钦定。谨奏。(咸丰九年)

432 奏为遵旨查明恩吉改籍满洲等事

臣(工部尚书兼管顺天府府尹事务)张祥河,臣董醇(顺天府府尹)跪奏,为遵旨查明,恭折具奏,仰祈圣鉴事。

本年三月初六日,内阁奉上谕:"御史恩霙奏汉军旗员朦混改入满洲一折。据称,翰林院侍讲恩吉,系内务府正白旗汉军人员,考取附生、拔贡,中式举人,卷册均系汉军旗籍,何以今竟归入满洲?难保无通同朦混,擅改户档情弊。著礼部、兵部、内务府、顺天府,将该员户考各册及箭册中卷,一并查明具奏。钦此。"钦遵由内阁抄出到臣衙门。

臣等遵即检查道光二十九年《己酉科顺天乡试题名录》,第二百十九名恩吉,名下注有"正白旗内务府毓恒管领下汉军"字样。并饬据满洲儒学申称"查得翰林院侍讲恩吉,系正白旗内务府汉军毓恒管领下,于道光二十二年岁考入学,二十三年补廪,二十九年考取选拔。是年己酉科乡试,中式第二百十九名举人"等情前来。臣等复查无异。所有中式各原卷,均送礼部存查,应由礼部等衙门查明具奏外,理合恭折具奏,伏乞皇上圣鉴。谨奏。咸丰十年三月十三日。

433 奏请直隶顺天两属各州县速将本节年应解旗租设法催征等事

臣(工部尚书兼管顺天府府尹事务)张祥河,臣(顺天府府尹)董醇跪奏,为顺天府属历年应解旗租银两,严饬各属勒限催解,并将咸丰八、九两年奏请饬司赶紧造报详办,恭折奏祈圣鉴事。

窃臣等接准户部来文抄奏,内开:顺天、直隶两属旗租,直隶自咸丰元年至六年,除指拨动用外,共欠解银五十九万馀两。顺天自三年至六年,共欠解银二十九万馀两。屡经奏催,顺天府前陆续共解积欠银六万馀两,直隶并未批解,计七、八、九三年欠数甚巨。上年奏请自九年起,顺天、直隶分办奏销积欠一款,予限半年,设法征齐解部。七、八两年奏销,限四个月造报。其长垫一款,自元年至八年,除归还垫款外,应馀银十七万五千馀两。其中节年缓、带征,及奏拨内务府地数、租数共除若干,并令直隶、顺天划算清楚,限四个月分晰奏报,馀银解部。历年旗租内米粮、草束变价,即令详细查明造报,奏奉谕旨咨行。遵照在案。今仅据顺天府属补解积欠银二万四千八百馀两,应仍予限两个月,将积欠银两及七、八两年奏销前饬查各款,赶紧奏报解部等因。咸丰十年二月初四日具奏,本日奉旨:“依议。钦此。”钦遵咨行到府。

臣等查咸丰三年自下忙起,经部奏明,以顺属八项旗租,改由臣衙门提解部库以来,历年应办奏销,均由各州县册详,报藩司汇核办理。今准部咨奏明:“自咸丰九年起,顺天、直隶分办奏销,应仍催令该司作速详办。并准部咨,积欠租银一款,予限半年,设法征齐解部等因。”

臣等查本年二月间,由部奏催以后,即经饬据各州县陆续补解节年租银,共一万二千二百五十馀两。又据续解到节年银一千九百九十两零，臣衙门均系随到随解。惟各属积欠，为数尚多，除将民欠未完银两，仍严饬藩司及该管道厅实力督催。暨分札各州县，速将本节年租银，赶紧设法催征，依限完解。并饬藩司查明已离顺属各员，先行详参，及查有催征不力，征存未解各员，一并严参外，理合恭折具奏，伏乞皇上圣鉴。谨奏。闰三月二十六日。咸丰十年闰三月二十六日奉朱批："现解之数甚少。所称民欠之款，将来亦不容含混，一归蠲缓，终为无著之项。著户部察核具奏。"

434 奏为预行筹备供支策应官兵饷需等事

臣（工部尚书兼管顺天府府尹事务）张祥河，臣（顺天府府尹）董醇跪奏，为豫行筹备供支策应官兵饷需，并声明仿照支发章程，恭折奏祈圣鉴事。

窃本月二十五日，准王大臣片称"奏明酌拟豫派定共兵一万名，出京后应领口粮一切，即由顺天府筹备供支"等因，行知前来。臣等遵即札饬藩司，先期宽为筹备。一面分札霸昌、通永两道，查明各该道库有无存款，约可提取若干。旋据霸昌道英毓面禀："该道库久无存款，无凭动拨。"通永道库近来通融垫办兵差库款，情形大略相同。臣等伏查，臣衙门向无库储，所有顺天府属旗租一项，均系随到随解部库，此外别无经手出纳之款。两道库又属无款可动，应令藩司迅速筹拨银二十万两，分起解京，以供兵饷要需。

惟军行迟早未能豫定，势难停兵待饷，倘有贻误，关系非轻。拟请先由部库陆续垫发，将来藩库银两解京，即令如数缴还部库。仍请饬部，于兵未出京以前，先于此数内酌发银五万两，交臣衙门支发总局收领，俾免临时坐待，有缓不济急之虞。其支发盐、菜、米折、马干、驼干等项，拟请查照天津办理章程核办，以归画一。至零款一切，臣衙门咸丰三年办有章程内发钱之款，今昔情形或有不同，应即随时分别奏咨办理。是否有当，伏乞皇上圣鉴，训示遵行。

再，兵丁以一万名计算，应领盐、菜、米等项，每月约需银五万六七千两。加以官役应领之款,大约在六万两上下。其杂支之款无定,尚不在此数内,合并声明。谨奏。咸丰十年五月二十九日。朱批:“户部速议具奏。”

435 奏为拿获私贩马匹人犯徐长清请饬交讯办事

臣(工部尚书兼管顺天府府尹事务)张祥河,臣(顺天府府尹)董醇跪奏,为遵旨盘获私贩马匹连人犯,并请饬交讯办,恭折奏祈圣鉴事。

窃臣等承准军机大臣密寄:“咸丰十年六月十一日奉上谕:‘前因夷人载马北行,当谕玉明、文煜,严禁居民卖给马匹。该夷现于金州、福山等处停泊船只,搬运马鞍,包藏祸心,难免不为水陆并犯之计。恐其在各产马处所添买马匹,或密嘱奸商,代为购求,并恐髮捻各匪四路购买,不得不严为防范。产马之区及民间马匹,均宜严禁私贩。著张祥河、董醇,派委干员,严密稽查。如有官为购买马匹者,必须验明执照,照例纳税后,方准放行。倘有来历不明之人及无执照者,向各处私买马匹,务须认真盘诘,立即严拿,将所买马匹尽行入官,拿获人贩,讯明具奏。勿使匪徒得售其奸,是为至要!将此由四百里,各密谕知之等因。钦此。’遵旨寄信前来。”臣等伏查夷人购买马匹信息,先于五月内,准直隶督臣咨会,臣等当即分札各厅属,严密访查。续经钦奉寄谕,遵即遴委妥员,分赴各属,并密札各厅,督同密办各在案。

兹据昌平州知州潘霨禀称:“六月十三日,在所属龙王山地方,有形迹可疑三人,赶马一群牧放,拿获徐长清一人,并马七十二匹。讯据供称,伊与朱姓、李秃子,由安定门外馆王二派伊放青马,系库伦进贡之马。又称,马是沙拉布喇嘛等送至昌平刘太监家,辗转交伊等牧放。正查讯间,有朱兴茂禀称‘此马系初四日从安定门大和号而来,由外馆王二送至丰善村刘家牧放’各等语。此项马匹既无公文,又无各口税票,例应盘查。王二现住京城,隔属关传,恐延时日,将徐长清、朱兴茂,并马差解讯办等因。”

臣等接禀后，当即密札候补县王锡琦，赴安定门外馆，将王二即王起攻刻即提到，交霸昌道英毓、治中蒋大镛。讯据供称："库伦来京进贡，大喇嘛罗卜僧益士合伊相好，将马七十一匹并蒙古人另马一匹，共马七十二匹，交给伊卖。因行市不好未卖，送到沙河牧放，交给丰善村刘大照管。"

又据徐长清供称："伊随王二同赴库伦，接进喇嘛共有马二百七十匹，沿途倒毙，仅存七十二匹。"复诘王起攻，据称："喇嘛进口实有马二百二十馀匹，除进贡、零卖外，伊经手卖与外馆人马一六十匹。又伊妻弟李方经手赊与朱兴茂七十二匹。"质之朱兴茂，始则称王二令伊照管，继则称由李方手赊买，拟在各集零卖等语。臣等查徐长清等牧马多匹，并无上税执照呈验，前后供词，亦多参差。诘以实在欲卖往何处，坚不吐实。案涉进贡喇嘛，合无恳请饬交王大臣，讯明办理。再，解到马匹，臣等衙门无处安放，应交何处收领，伏候训示遵行。所有遵旨盘获私贩马匹人犯缘由，理合恭折奏闻。谨奏请旨。咸丰十年六月二十日。

436 奏为粮台需饷浩繁豫请续拨银两以资接济事

臣（工部尚书兼管顺天府府尹事务）张祥河，臣（顺天府府尹）董醇跪奏，为粮台需饷浩繁，豫请续拨银两，以资接济，恭折仰祈圣鉴事。

窃臣等前奉谕旨，在于通州设立粮台，当将派员督办情形，先后奏明在案。兹据粮台委员霸昌道英毓禀称："通州及河西务，原驻兵共九千名，现又续调京兵五千名，察哈尔官兵二千名，密云官兵五百名，并闻尚有续调之兵，统计马步队几及二万，原拨饷银十万两，不敷一月支放。现又雇备炮车，挑挖引河，且续调之京兵五千名，并无帐房。奉带兵大臣瑞麟行令，赶备席片，搭造棚座，以资栖止。是正、杂各款，均难刻延，前拨之十万两转瞬即罄，禀请豫为筹拨"等情。

臣等查行军首重饷糈。当此筹防吃紧，各兵口分既刻不容缓，而造办一切，尤关紧要。原拨饷银，深恐不日告罄，详核所禀，均系实情。合无仰恳皇上天恩，饬部续拨饷银二十万两，俾资接济。臣等仍当严饬该道，力求撙节，不使稍涉虚糜，以重度支。所有吁请续拨饷银缘由，理合恭折具奏，伏乞皇上圣鉴训示。谨奏。咸丰十年七月十三日。

437 奏请给普济堂小米事

臣（工部尚书兼管顺天府府尹事务）张祥河，臣（顺天府府尹）董醇跪奏。

窃照广安门外普济堂，向蒙恩赏小米三百石，分给功德林一百石，历年遵办在案。今节届立冬，正当收养贫民之际，仰恳天恩赏给，以资接济，理合奏闻请旨。（咸丰十年）九月二十五日。咸丰十年九月二十九日奉朱批："今岁近畿百姓猝遭兵燹，深堪悯恻。若仍照向章收养，难免茕独无告者，仍丧于沟渎之中，朕心甚为廑念。著总理行营王大臣速行酌议，应加赏米石若干，并五城粥厂应提早开放之处，一并迅筹具奏。钦此。"

438 奏为筹借恭备圣驾回銮谒陵大差车价银两等事

臣张祥河，臣董醇跪奏，为筹借恭备圣驾回銮谒陵大差车价银两，恭折仰祈圣鉴事。

窃臣等接准户部文称，正月初三日奉上谕："朕于三月初二日启跸恭谒东陵，礼成后，驻跸避暑山庄。所有应行事宜，著各该衙门敬谨豫备。钦此。"钦遵知照前来。当即参酌历届成案，在于顺天府所属州县，均匀饬调大车四百二十辆。其馀不敷之车，饬令大兴、宛平二县雇备应用在案。嗣准督臣恒福咨称："派员驰赴总理行营王大臣处，面请指示，回銮大差各项人等，需用大车六百辆，轿车一百五十辆，回京后，全行饬令守候恭办。由京谒陵礼成后，驻跸避暑山庄差务，俟回至热河，再行遣撤。议由热河所属，备办大车二百辆，轿车五十辆；直隶所属，备办大车二百辆，轿车一百辆；

顺天所属,备办大车二百辆,以均劳逸。”知会臣等,于前调四百二十辆之内,酌量减调,统于二月初十日前送由古北口,解赴热河听差,即复酌减饬调亦在案。

溯查嘉庆年间,恭逢巡幸热河大差,用车五百馀辆及六百馀辆不等,均先由内务府拨车价银三万两,发给大、宛两县具领,分兑包封,转交委员,按日散放。此次应差日期,与旧案不相上下,当即循照成案咨领,并节经咨催去后。准内务府覆称:“所存银两,不敷发放,亦无别项可筹。此时差务吃紧,库内如有存银,断无不放此项之理。行令暂行通融办理,俟收到银两,刻即发给等因。”

查刻下东作方兴,民间正在用车之际。臣等详加体访,每大车一辆,每日雇价,约须铜制京钱五千。各处银价,每两仅易铜制京钱二千四五百至七八百文不等。从前成案,载重之车,每日给银一两,住宿则每日给银八钱,守候则每日给银五钱二分。现即照数悉发实银,计例价,止敷日用之半,其不敷之项,势须由承雇各地方官设法津贴。为日较长,为数颇巨,若应给例价再不应手,犹欲强令各车拉载,恐致众情鼓噪,临差贻误,焦灼万分。旋准热河都统及直隶总督咨称,转据承德府具禀:“前项车辆,请照总理行营王大臣示谕,沿途往返,作为长车短价,由经各地方官按站给发等因”。当即函商藩司,以经过各州县,连年兵差络绎,率多疲累。现复各有承办桥道及支应一切差务,势难责令再垫此项车价巨款。且二月十九日圣驾到京,距三月初二日启跸之日,计相隔十二日,所需住宿,及差前差后守候、回空各价,为数尚多,亦须筹给。

当复函商藩司,据称:“现值青黄不接,司库亦万分支绌。拟直隶所备之车,由司库领价散放热河,由道库支发顺天,由臣衙门给领”等语。臣衙门向无库储,大、宛两县,自上年八月十一日起,截至本年正月二十四日止,计已应付过热河差车一千馀辆。据该两县面禀“往返守候之价,除在内务府领过一万一千两外,其馀皆系垫发,业已力尽筋疲。自正月十七日至本月初五日,各衙门咨取豫备回銮差务之车,在前备大车、轿车七百五十辆外，又复三百馀辆，无米为炊，实难为继”等情。正拟沥情具奏，向部库拨借间，适直隶藩司解到旗租银一万七千两，将由大、宛二县转解户部。

臣等伏念差期紧迫，内务府无款可筹，令臣衙门暂行通融办理，不得不移缓就急，以重差务。已饬大、宛二县，暂借前项银两，赶即分兑包封，发交委员，按日散放。如有盈馀，照数缴还，倘不足用，再请找领，差竣核实报销。一面咨明内务府，一俟收有款项，即照数拨解户部归款，以省辗转领解之烦。如此一转移间，库项、差务，可期两无贻误。臣等为遵旨敬谨豫备大差起见，所有筹借车价银两缘由，除咨内务府、户部查照外，理合据实恭折具奏，伏乞皇上圣鉴。谨奏。咸丰十一年二月初九日。

439 奏请知照各处随扈上陵用车情形并按日散给行价以便稽查照料等事

再，此次直隶、顺天、热河，共备大车六百辆，轿车一百五十辆供应差务，为数繁多，稽查照料，颇非易易。所有各衙门由京咨取大车三百二十三辆，内已由大、宛两县应付二百七十九两，垫发往返、守候之价，自须分别划清，方免重复领价之弊。拟由臣等分晰开具清单，咨呈总理行营王大臣，查照其备往应差七百五十辆之内，除已在京拨付正蓝旗护军统领等衙门大车四十四辆外。其馀车辆，请由总理行营王大臣饬将分交何处，领用若干，开单知照，臣等以便转饬委员，按日散放车价。

各车到京后，各衙门随扈上陵之员役，有无换班增减，亦由总理行营王大臣豫为派定。何处用车若干辆，即由何处自行照管，开单知照。臣等仍令散价委员，按日放给住宿例价，俟载重拉差，再按日散给行价，庶稽查较易，并免拥挤潜逃，临时掣肘。臣等为慎重差务起见，是否有当，拟合附片具陈，伏乞皇上圣鉴，请旨施行。谨奏。（咸丰十一年二月初九日）

440 奏为去冬雪泽沾足今夏必值大雨时行请核议如何扣除程途以免递送试题延误等事

再,去冬雪泽沾足,一经夏令融化后,值大雨时行,山泉涨发,驰递文报,恐有人力难施之时。由南而北既恐稽延,由北而南亦虞迟误。往后各项考试,递送钦命题目,倘有延误,即将管驿官严参,亦已缓不及事。应如何扣除程途,仍先期一半日发交,以为宽展豫防之处。可否请旨,饬下礼部核议施行,恭候圣裁。谨奏。咸丰十一年四月十七日奉朱批:"张祥河等奏,递送题目应如何宽展等语,著总理行营王大臣察核具奏。钦此。"

441 奏为取中翻译生员及录科试卷应否进呈热河事

臣(工部尚书兼管顺天府府尹事务)张祥河,臣(顺天府府尹)董醇,臣(顺天府府丞)吴存义跪奏,为请旨事。

窃查定例,"八旗翻译童生,三年之内考试二次"。又,嘉庆九年,礼部奏准"翻译乡试之年,应考翻译童生,即归并录科一场办理等因"在案。今本年武会试揭晓后一日,举行辛酉科翻译乡试。所有先期录科之翻译生员、贡监生、天文生、中书、七八品笔帖式、小京官等,并考试翻译童生,应照例归并一场办理。兹拟择于七月初十日考试翻译录科人员,十二日考试翻译童生,除应办事宜,臣等遵照定例办理。

再,本年并无翻译录科蒙文人员及报考翻译蒙文童生,均应照例停止外。其阅卷大臣等官,由礼部等衙门开列,先期具奏,于七月初八日听候宣旨,即日入场。顺天府府丞臣吴存义,系提调场务之员,例应一同入场。所需翻译录科满洲文字题一道,及翻译童试满洲题一道,查总理行营王大臣议覆原奏内称"嗣后,无论何项考试,钦命题目,均于考试之前四日发下,交兵部马上飞递至京,交留京王大臣敬谨收存。届期应交何员祗领,赍赴试所,拆阅宣示,即由留京王大臣查照向例办理等因"具奏,奉旨:"依议。钦此。"钦遵在案。

现届拟择考试翻译之期,臣等遵例先期奏闻,恭请钦命翻译录科汉字题目一道，考试翻译童生汉字题目一道，先期发下，交兵部马递至京，交留京王大臣敬谨收存。俟七月初九日，发出考试翻译录科题目一道；七月十一日，发出考试翻译童生题目一道。臣董醇按日祗领，送入贡院，交臣吴存义转交阅卷大臣，刊刻印刷散给。其录科拟取一、二、三等试卷，及童生取中试卷，遵例由阅卷大臣拟定名次，进呈御览后，发交礼部拆号填榜。

兹查科场条例内载“考试翻译试卷阅定后，将取中士子，在聚奎堂严加覆试，阅卷大臣酌拟名次，进呈钦定。并将覆试卷另行封送奏事处，以备磨对，俟发下后，由礼部拆号填榜，交顺天府张挂。如遇巡幸，顺天府将应否进呈之处请旨。如奉旨毋庸进呈，于发榜前一日知会礼部，礼部堂官一员赍印入闱，会同弹压之副都统、监试御史、提调等至聚奎堂，眼同阅卷大臣拆号填榜，用印张挂。其考取名次、旗分，即由阅卷大臣开单具奏，送交礼部存案”等语。今本年七月考试翻译生员并录科，恭逢圣驾驻跸热河，所有取中试卷，应否进呈之处，臣等恭折具奏，伏乞皇上训示施行。为此谨奏。咸丰十一年六月十八日。

442 奏为宁河县知县毛庆麟拿获邻境斩决盗犯王沨起等三名请依例送部引见事

再，臣张祥河等查，宁河县知县毛庆麟，于咸丰九年四月间未补缺时，首先拿获邻境香河县盗犯王沨起，大李老即李长明，小李老即李四老三名，贼犯王三即王恺等二名，经臣等讯供后，奏送刑部审办。声明该员缉捕奋勉，由刑部定案时，请旨给予议叙，以示鼓励。嗣准咨称，王沨起、大李老，纠允现经监毙之小老李等，骑马持械，迭次行劫，将王沨起、大李老审依“强盗已行，不分首从皆斩”。拿获该犯等之知县毛庆麟缉捕奋勉，应否议叙，由臣衙门自行奏请办理等因，于十年八月二十二日具奏，奉旨：“王沨起，大李老即李长明，俱著即处斩。王黑子著即处绞。馀依议。钦此。”钦遵知照前来。

查例载：“拿获邻境迭次行劫盗犯，罪应斩决，三名以上者，准送部引见。”又，咸丰五年王大臣议奏“嗣后获盗人员一案，犯在三名以内者，仍照定例核办”等语。此案知州衔候补知县，现任宁河县知县毛庆麟，首先拿获邻境斩决盗犯王溯起等三名，核与送部引见之例相符，应请送部引见。该员获盗在先，所有补缺后疏防之案，例免核计。如蒙俞允，俟命下之日，臣等再行给咨该员，送部带领引见，理合附片具奏请旨。谨奏。咸丰十一年六月二十九日奉朱批：“著送部引见。”

443 奏为病难速痊恳请开缺事

太子太保，工部尚书兼管顺天府府尹事务臣张祥河跪奏，为微臣病难速痊，吁恳天恩开缺调理，仰祈圣鉴事。

窃臣前因患病，三次具折请假，均蒙恩准，感悚方深。月馀以来，服药调理，尚与病症相投。惟以元气太亏，精神日渐委顿，兼之右髂运动不灵，跬步需人扶掖，医者佥云：“年近八十，气血已衰，非克期所能奏效。”

伏念臣逮事四朝，受恩极重，平时精神强固，逐日趋公，未敢稍懈。近因卧病兼旬，以致旷职，焦灼日深。况工部事务殷繁，兼尹尤有整饬地方之责，臣若再以病躯恋栈，负疚滋多。辗转筹思，惟有仰恳天恩，俯准开缺，俾臣得专心调理。倘荷鸿慈福芘，病体得就速痊，即当泥首宫门，求赏差使，断不敢稍耽安逸，自外生成。所有微臣病久未痊，吁请开缺缘由，谨缮折据实沥陈，不胜惶悚待命之至，伏乞皇上圣鉴。谨奏。咸丰十一年十一月十九日。

444 奏为病体未痊恳请开缺事

太子太保，工部尚书兼顺天府府尹事务臣张祥河跪奏，为微臣假期将满，病体未痊，仍恳天恩俯准开缺，仰祈圣鉴事。

窃臣前因患病，陈请开缺，荷蒙恩旨，赏假一月，谕令安心调理，跪聆之下，感悚弥深。当即多方医治，冀得病体稍痊，庶可竭力从公，勉酬高厚。乃月馀以来，心神虽较前清朗，而右髂仍复不能运动，筋骨酸麻，牵连腰脊，医者佥云："受病已深，须交春令，血脉融合，方能见效。"

惟现在假期将满，疾尚未瘳，伏枕扪心，实深负疚。不得已，惟有仍恳天恩，准臣开缺，俾得专心调治，则嗣后有生之年，皆出自圣恩之再造也。所有微臣病久未痊，再行陈请开缺缘由，谨缮折据奏，臣不胜悚切待命之至，伏乞皇上圣鉴。谨奏。咸丰十一年十二月十七日。

445 奏请给予永清县知县王锡琦知州虚衔事

（工部尚书兼管顺天府府尹事务张祥河）再，臣等接准刑部行知，以直隶候补知县王锡琦拿获斩枭盗犯，于本年三月十二日奏奉谕旨："著归入候补班前先用等因。钦此。"钦遵知照前来。臣等查此案先于咸丰九年九月间，据该员会同通州等丁役，拿获抢劫遵化州兵饷盗犯张潮沨等。彼时臣等以该员系候补之员，缉捕勤奋，因于上年闰三月十一日奏交刑部之时，随折声请可否归入候补班前先用，俟刑部定案时，声明请旨。

嗣以顺天府属永清县知县缺出，例应该员军功到班，于上年经藩、臬两司详，由直隶督臣会同以该员题补。今此案议结，已在该员军功到班题补之后，所有原请归入候补班前先用，应请注销。其拿获斩枭盗犯之案，可否给予知州虚衔，以示鼓励之处，出自皇上逾格鸿慈，拟合附片陈明，伏乞圣鉴训示遵行。谨奏。（咸丰十一年）

446 奏请奖励阴阳学正术高毓衡等人事

再，臣张祥河等查，上年办理抚议事宜，所有在事出力各员，均经奏请奖励，业已共沐恩施。兹查有臣衙门阴阳学正术高毓衡，医学正科朱有仁呈递折件，押送车辆；书吏陈垲、金承业办理一切文案，悉臻妥速，均属临难不避，备尝艰险，日夜辛勤，始终其事，未便没其微劳。所有高毓衡、朱有仁等二员，拟请赏给六品顶戴；书史陈垲、金承业等二名，拟请以从九品不论双单月，遇缺即选，以示奖励之处，出自逾格

鸿施，谨附片具奏，伏乞皇上圣鉴。谨奏。（咸丰十一年）

447 奏为自陈病危事

太子太保，前任工部尚书臣张祥河跪奏，为君恩未报，臣病垂危，伏枕哀鸣，仰祈圣鉴事。

窃臣江左下士，由嘉庆二十五年庚辰科进士，以中书用，充军机章京。洊升户部郎中，出任山东粮道，河南按察使，广西、甘肃布政使，升任陕西巡抚。蒙文宗显皇帝特召来京，到日即除内阁学士，兼署侍郎，升吏部左、右侍郎，都察院左都御史，晋阶工部尚书，仍兼管顺天府府尹事务。叠荷赐紫禁城骑马，特颁御书“谊笃宗支”匾额，赏加太子太保衔。历充福建乡试副考官，顺天乡试同考官，顺天学政。自维一介庸愚，渥被四朝知遇，私幸年虽近耄，精力尚强，当圣主维新景运之初，或小臣可报涓埃之日。

不料福薄灾生，于上年十月间因公前赴田村，猝中风寒，右手足麻木不仁，两次乞假医治未愈，奏请解职。复蒙赏假一月调理，迄未就痊，始荷恩准开缺。兼旬以来，百端诊治，无如气血衰竭，加以骽臂浮肿，饮食不进，行将长辞圣世，瞻念阙廷，不胜呜咽。伏愿我皇上以典学为致治之基，以用贤为行政之本。恤民即所以平贼，节用即所以理财。虚辞废务，浮文妨要，古所戒也；卧薪尝胆，虑患忧危，今所急也。以臣待尽馀生，不能有所补救，傥蒙圣慈采纳，则臣虽死之日，犹生之年。区区愚忱，无任延颈陨涕，感激依恋之至。谨缮遗折，叩谢天恩，伏祈圣鉴。谨奏。同治元年正月十七日。[1]

---

① 据张祥河子张茂辰等编《先温和公（张祥河）年谱》：“同治元年壬戌，七十八岁。正月初旬，疾笃，先君口授遗折。十四日戌时，寿终京邸正寝。越三日，遗疏上。”

四、台北资料

军机处录副奏折

448 奏报到任日期

甘肃布政使臣张祥河跪奏，为恭报微臣到任日期，叩谢天恩，仰祈圣鉴事。

窃臣仰沐鸿恩，补授甘肃布政使，叠蒙召见三次，训谕周详，跪聆之馀，莫名钦感。二月十三日陛辞后，当即俶装起程，于四月十八日行抵甘肃省城，准署藩司、按察使臣云麟，将印结、文卷移交前来。臣恭设香案，望阙叩头，祇领任事。

伏念甘肃为边陲繁剧之区，藩司有用人理财之责。举凡勾稽出入，筹划转输，在在均关紧要。惟有恪遵恩训，遇事禀商督臣，认真核办，不敢稍涉因循，以期仰副高厚生成于万一。所有微臣到任日期，并感激下忱，理合缮折叩谢天恩，伏乞皇上圣鉴。谨奏。（道光二十八年）四月十八日。道光二十八年五月十三日奉朱批："知道了。钦此。"

449 奏报雨雪粮价情形

陕西巡抚臣张祥河跪奏，为恭报雨雪麦苗情形，仰祈圣鉴事。

窃照陕省各属闰八月下旬及九月上旬雨水田禾情形，业经臣恭折具奏在案。兹据西安、延安、同州、商州、鄜州、绥德等府州属，陆续具报于九月十二、三、六、七、八，并二十五、六，及十月初二等日，先后得雨雪一、二、三寸不等。

臣查〔查〕陕(省)各属,向以麦田为重。本年秋霖沾足,平原、高阜,播种极宽。现值二麦盘根,幸获祥霙普被,土膏更为优渥。其菜蔬各种,亦皆迺发芃生,民气欢欣,地方安谧,洵足仰慰圣怀。谨将九月分各属粮价,敬缮清单,恭呈御览,伏祈皇上圣鉴。谨奏。(咸丰元年)十月二十五日。咸丰元年十一月初七日奉朱批:"知道了。钦此。"

450 陕省元年九月份收捐监生银数

再,查陕省收捐监生银两,截至咸丰元年闰八月底止,存银一万一千六百四十二两,业经臣附片奏明在案。今九月分又报捐监生十一名,收银一千一百八十八两,连前司库共实存银一万二千八百三十两,理合循例附片奏闻。谨奏。咸丰元年十一月初七日奉朱批:"户部知道。钦此。"

451 奏请准以蒋琦淳调补西安知府

陕西巡抚臣张祥河跪奏,为省会要缺知府遵旨拣员调补,恭折奏祈圣鉴事。

窃臣接准吏部咨开,钦奉上谕:"陕西西安府知府员缺紧要,著该督、抚于通省知府内拣员调补,所遗员缺,著毕至补授。钦此。"坐咸丰元年闰八月二十日行文,按限减半,应归九月分截缺,十月底一月限满。伏查西安府系省会首郡,管辖十八厅州县,地方辽阔,政务殷繁,且时有发审案件,非精明干练之员,不足以资治理。

臣随与署藩、臬两司,在于通省知府内逐加遴选。查有汉中府知府蒋琦淳,年三十五岁,广西全州人,由道光庚子科进士,改翰林院庶吉士,散馆授职编修。充甲辰科会试、顺天乡试,乙巳科会试同考官。二十九年,保送上书房行走,是年京察一等。三十年六月,钦奉上谕,补授江西九江知府。咸丰元年正月,奉旨调补今职,六月初一日到任。该员精明稳练,办事认真,以之调补西安府知府,实堪胜任,据署藩、臬两司,于十月初八日会详请奏前来。

合无仰恳天恩，俯准以蒋琦淳调补西安知府，洵于繁剧相宜。如蒙俞允，该员系现任知府遵旨拣调，毋庸送部引见，任内因公处分，例免核计。其所遗汉中府知府员缺，遵旨即以毕至补授。所有拣员调补省会要缺知府缘由，谨会同暂署陕甘督臣萨迎阿，合词恭折具奏，伏祈皇上圣鉴训示。谨奏。（咸丰元年）十月二十五日。咸丰元年十一月初七日奉朱批："□□。钦此。"

452 奏请准以武访畴补授凤翔知府

陕西巡抚臣张祥河跪奏，为循例请补知府，以重地方，仰祈圣鉴事。

窃照凤翔府知府成瑞，调补甘肃镇西府知府。所遗员缺，于咸丰元年九月二十一日奉到部咨，准其扣留外补。坐闰八月二十日，按限减半计算，应归九月分截缺，十月底一月限满。查定例"各省道府等官，奉旨命往候补，无论题、调、选缺，令督、抚酌量才具，择其人地相宜者，悉准先尽酌量补用"等语。今凤翔府一缺，管辖一州七县，远连甘肃，近接南山，地广事繁，民风向多健讼，全在知府认真整顿，督率有方，非老成熟谙之员，不足以资治理。陕省知府班内，现无捐输遇缺即补及各项遇人员，自应照例以候补人员，酌量请补。臣随与署藩、臬两司，在于候补并有劳绩各员内逐加遴选，人地均不相宜。

惟查有候补知府武访畴，年四十九岁，山西进士，即用知县，签掣四川，亲老造近，改掣陕西。先补清涧县知县，继调镇安、长安等县知县，升补孝义厅同知。因获盗，以知府用，遵例报捐离任，于道光二十四年奏补凤翔府知府。二十五年十二月，丁祖母承重忧，回籍守制。因在陕捐输经费，二十六年十月，钦奉上谕："武访畴著俟服阕后，仍以知府留于陕西，归候补班，无论题、调、选缺补用。钦此。"嗣服满领咨，于二十八年五月到省。该员安详明练，办事慎勤，且曾实任凤翔府，办理裕如。以之请补凤翔府知府，洵属人地相宜，亦符定例，据署藩、臬两司，于十月初十日会详前来。

合无仰恳天恩，敕部核覆，准以武访畴补授凤翔府知府，实于地方有裨。如蒙俞允，该员系候补知府请补知府，衔缺相当，毋庸送部引见，并免查议参罚，合并陈明。所有循例请补选缺知府缘由，谨会同暂署陕甘督臣萨迎阿，合词恭折具奏，伏乞皇上圣鉴训示。谨奏。(咸丰元年)十月二十五日。咸丰元年十一月初七日奉朱批："吏部议奏。钦此。"

453 奏闻委刘良驷署临潼县篆由

再，临潼县知县钟锡瑞患病开缺，除另疏具题外，所遗系冲繁难要缺，应拣员委署。查有岐山县知县刘良驷，任内并无降革展参，及盗劫已起四参之案，堪以委令署理，据署藩、臬两司会详前来。除批饬遵照外，理合循例附片奏闻。谨奏。咸丰元年十一月初七日奉朱批："知道了。钦此。"

454 奏闻遵查长安县属被水情形来春无庸接济由

陕西巡抚臣张祥河跪奏，为遵照查明，据实覆奏，仰祈圣鉴事。

窃臣承准军机大臣字寄："咸丰元年十月初三日奉上谕：'本年陕西长安县属被水，已据该抚奏明，随时抚恤。来春应否接济之处，查明于封印前奏到等因。钦此。'"臣查长安县被水村庄，本系一隅中一隅，并不成灾。前经该县捐廉，分别散给口粮。现将水冲及沙压不能修复地亩，饬查应完银粮细数，另行题请豁除，小民渥受皇仁，均已各安生业。兹臣与署藩司，督属悉心查察，民力不至拮据，来春自可毋庸接济。所有查明缘由，理合据实恭折覆奏，伏乞皇上圣鉴。谨奏。(咸丰元年)十一月初二日。咸丰元年十一月十三日奉朱批："知道了。钦此。"

455 奏闻委督粮道陈景亮署臬篆由

再，臣承准军机处封寄："钦奉上谕：'易棠著即赴甘肃署理按察使。陕西按察使，著张祥河派员署理。钦此。'"臣查臬司易棠，前经奏明委署藩司，其臬司员缺，系候补道程德润署理。兹易棠奉调，新任藩司吴式芬尚未来陕，仍应派署藩司，即饬该司迅速赴甘。查有督粮道陈景亮，前曾署理藩篆，堪以委署。所遗督粮道缺，查有候补道白维清，堪委接署。除檄饬遵照外，理合附片陈明。谨奏。咸丰元年十一月十三日奉朱批："知道了。钦此。"

456 奏闻委解流犯郭成等赴刑部事

再，臣于十月十五日接准部咨，"奉旨：刑部奏究出起意改造小斛之已革花户流犯郭成、郑德祥，自陕西巡抚提传，押解刑部，归案审讯。钦此。"臣查流犯郭成、郑德祥，发配韩城、白水等县安置。当即行司，将郭成等于十九日提传到省，即日派委文武员弁，小心押解赴部，合并附片陈明。谨奏。咸丰元年十一月十三日奉朱批："知道了。钦此。"

457 查张祥河于道光二十二年祥符大工合龙奉上谕赏戴花翎

咸丰元年十一月二十九日，陕西巡抚张祥河片奏首先捐养廉银一万两，奉朱批："著如所请行。钦此。"查张祥河于道光二十二年祥符大工合龙，奉上谕，赏戴花翎。①

458 奏为各属交代银两提解清楚缘由

陕西巡抚臣张祥河跪奏，为查明各属交代征存银两，均经按限提解清楚，循例具奏，仰祈圣鉴事。

窃照州县交代，每届年终，例应将有无征存未解银两，及交代各州县有无逾限之处，汇奏一次等因，遵办在案。兹据署藩司陈景亮查明，咸丰元年分各属交代，扣至十月底止，据各府厅州县结报交代清

---

① 此件系夹片，应为补充说明文字，今仍以台北"故宫博物院"著录为准。

楚，造送册结，共六十九案。凡册造征存银两，均已陆续扫数提解完结，并无存留。属库未解之项，亦无逾限未结交代，开单具详请奏前来。

臣覆核无异。除清单咨送部外，所有咸丰元年各属交代银两，提解清楚缘由，理合循例恭折具奏，伏乞皇上圣鉴。谨奏。（咸丰元年）十二月初五日。咸丰元年十二月十七日奉朱批：“知道了。钦此。”

459 奏为查明乡试考生由

陕西巡抚臣张祥河跪奏，为查明乡试年老士子未经中式，循例奏闻，仰祈圣鉴事。

窃照文闱乡试，年届九十、八十诸生，三场完竣者，例应于揭晓后，查明年岁、人数具奏。本年陕西辛亥恩科乡试，臣于揭晓后，即饬藩司，将完场年老诸生确查详报。复咨送陕甘学政吴福年，查对学册实在年岁，移覆前来。

臣查陕西省年届八十岁之蒲城县附生惠仲杰，八十岁之商州岁贡生董云鸿，八十一岁之鄠县廪生贾治源，八十二岁之武功县恩贡张燕绥，八十四岁之同州府附生景英华，九十岁之韩城县副贡李震阳，九十一岁之大荔县副贡潘澍，九十一岁之临潼县附生徐束庭，九十三岁之盩厔县副贡杨廷铎，九十三岁之泾阳县副贡刘荣春等十名，均年届九十、八十，三场完竣，榜发未经中式。该生等青衿励志，皓首穷经，操觚不懈于芸窗，注籍未登于蕊榜。幸沐作人之化，欣随盛典以观光；冀分选士之荣，渥荷洪恩而锡羡。所有查明完场年老诸生缘由，理合循例恭折具奏，伏祈皇上圣鉴，敕部核覆施行。谨奏。（咸丰元年）十二月初五日。咸丰元年十二月十七日奉朱批：“礼部议奏。钦此。”

460 奏请以赵光撍调长安令由

陕西巡抚臣张祥河跪奏，为拣员调补省会要缺知县，以资治理，仰祈圣鉴事。

窃照长安县知县谢质卿，升补乾州直隶州知州。接准部咨，坐十月二十六日行文，按陕西照限减半计算，应作为十一月二十一日开缺，归十一月三十日截缺。所遗长安县，系省会首邑，政务殷烦，时有发审案件，必须精明干练之员，方足以资治理。臣与署藩、臬两司，在于通省简缺知县内逐加遴选，非现居要缺，即人地未宜，实无合例堪以调补之员。

惟查有泾阳县知县赵光撍，年四十五岁，山西进士，即用知县，签掣广西，亲老告近，改掣陕西。补授汧阳县知县，道光二十二年正月到任，旋调今职，二十八年十月到任。咸丰元年补行大计卓异，奉部覆准。该员才具明敏，干练有为，以之调补长安县知县，实堪胜任，一切因公处分，例免核计。惟以烦调烦，与例稍有未符。但长安系省会首邑四字要缺，人地实在相需，例得声明，专折具奏，据署藩、臬两司，于十二月初二日会详前来。

合无仰恳天恩，俯念要缺需员，敕部核覆，准以泾阳县知县赵光撍，调补长安县知县，洵于省会要缺有裨。如蒙俞允，该员系现任知县请调知县，衔缺相当，毋庸送部引见。至所遗泾阳县知县，系繁疲难要缺，容俟赵光撍准调部覆至日，再行拣员调补，合并陈明。所有拣调省会首邑要缺知县缘由，谨会同陕甘总督臣舒兴阿，合词恭折具奏，伏乞皇上圣鉴训示。谨奏。（咸丰元年）十二月初五日。咸丰元年十二月十七日奉朱批："吏部议奏。钦此。"

461 奏为密陈道府考语由

陕西巡抚臣张祥河跪奏，为密陈道府考语，仰祈圣鉴事。

窃照两司道府等官，例应于年底加具切实考语，开单密奏。臣巡抚陕西，已及三载，所有在省司道府各官人品才具，每逢接见时，无不悉心体察。其在省外各道府，亦均就其平日所办事件及士民舆论，互相参考，以定其器识操持。

查陕西各官，除新任藩司吴式芬现在赴京陛见，臬司易棠奉旨前赴甘肃署理按察使。并新授延榆绥道段大章，新授汉中府知府毕至，暨请补凤翔府知府武访畴，均未到任。其馀现任道府，就臣等见闻所及，出具切实考语，敬缮清单，恭呈御览，伏祈皇上圣鉴。谨奏。(咸丰元年)十二月初五日。咸丰元年十二月十七日奉朱批："知道了。单片留中。钦此。"

462 奏报雪泽麦苗粮价情形

陕西巡抚臣张祥河跪奏，为恭报雪泽麦苗情形，仰祈圣鉴事。

窃照陕省十月下旬暨十一月上旬雪泽麦苗情形，业经臣恭折具奏在案。嗣据汉中府属具报，于十一月二十七、八等日得雪，除融化外，积地一寸有馀。

臣查陕西通省，本年秋雨普遍优渥，入冬以来，叠获祥霙。兹附近省城地方，又于十二月十一日复得雪，于农田大有裨益，二麦根荄，可期愈加凝固。其北山一带，现虽未报得雪，土膏亦皆滋润，民情欢忭，阖境安恬，堪以仰慰圣怀。谨将十一月分各属粮价，敬缮清单，恭呈御览。伏祈皇上圣鉴。谨奏。(咸丰元年)十二月十六日。咸丰元年十二月二十八日奉朱批："知道了。钦此。"

463 奏为查明本年钱粮完解数目由

陕西巡抚臣张祥河跪奏，为查明本年钱粮完解数目，恭折奏闻，仰祈圣鉴事。

窃照前准部咨，〔今〕(令)将新、旧钱粮，于十二月内查明已、未完解数目，先行奏明，仍于次年四月内具题等因，历经遵办在案。兹据署藩司陈景亮详报，"咸丰元年分，额征民屯更起运，并粮折等项，除各属留支外，实应解司银一百三十三万九千一百五十两零。自本年二月起，至五月底止，已完银八十五万七千三百四十五两零，业经奏报在案。其未完银四十八万一千八百四两零，自六月起，至十一月底止，续完银四十三万四千七百四十七两零，均经解储司库。仍未完银四万七千五十六两零。统计本年钱粮,已完九分六厘有馀。

再,道光二十六年,府谷县未完缓征地丁银三百七十三两零,前已钦奉恩旨豁免。道光三十年以前积欠钱粮等项,业经前护抚臣王懿德奏请邀免,已于本年七月内钦奉上谕,照数豁免讫”等情,具详前来。臣覆核无异。除将未完银两严饬督催征解外,所有咸丰元年分额征正赋新、旧钱粮,截至十一月底,已、未完数目,理合循例具奏,伏乞皇上圣鉴。谨奏。(咸丰元年)十二月十六日。咸丰元年十二月二十八日奉朱批:“户部知道。钦此。”

464 奏为洋县知县林绶昌委署南郑县知县由

再,南郑县知县陈模,现因人地未宜,经该管道府咨禀两司,转请撤任,调省察看,再行酌办。所遗南郑县,系冲繁难要缺,应拣员接署。查有洋县知县林绶昌,任内并无降革展参,及盗劫已起四参之案,堪以委令署理,据署藩、臬两司会详前来。除批饬遵照外,所有知县调省察看,及委员接署缘由,合并附片陈明。谨奏。咸丰元年十二月十七日奉朱批:“知道了。钦此。”

465 奏闻收捐监生名数银数由

再,查陕省收捐监生银两,截至咸丰元年十月底止,存银一万四千一百二十六两,经臣附片奏明在案。今十一月分又报捐监生十八名,收银一千九百四十四两,连前司库共实存银一万六千七十两,理合附片奏闻。谨奏。咸丰元年十二月廿八日奉朱批:“户部知道。钦此。”

466 奏为查明京控案件并无逾限由

再,京控案件有无逾限,每届半年,例应汇奏一次。兹查陕西省自本年七月以来,有肤施县客民李全林一起,业已讯详。又盩厔县庠生吴雄藩,凤翔县回民铁九恭,渭南县民张发三起,因有要证,一俟提到,即可断结。核计限期,均无迟逾。此外,有府谷县皂役张付,蒲城县民张德兴，平利县民党友鹏，醴泉县民罗曰忠四起，系甫于十月、十一月、十二月递到，原告亦经行司提审。除督率承办各员，随时秉公讯拟，依限办理外，所有查明京控案件并无逾限缘由，理合附片陈明。谨奏。咸丰元年十二月二十八日奉朱批："知道了。钦此。"

467 奏明咸丰元年分钱粮截至年底止已未完解数目

陕西巡抚臣张祥河跪奏，为查明咸丰元年分钱粮，截至年底止，已、未完解数目，循例恭折奏闻，仰祈圣鉴事。

窃照嘉庆九年六月内，准户部咨，令将已、未完解钱粮数目，截至年底，于次年开印前报部，一面专折具奏等因，历经遵行在案。兹据署藩司陈景亮详称，"咸丰元年分，额征民屯更起运，并粮折等项钱粮，除各属留支外，实应解司银一百三十三万九千一百五十两零。截至上年十一月底止，已完银一百二十九万二千九十三两零，业经详明具奏在案。兹自上年十二月起，至年底止，续完银三万九千一百八十五两零，仍未完银七千八百七十一两零。统计咸丰元年钱粮，已完九分九厘零"等情，具详请奏前来。

臣覆核无异。除将未完银两严饬督催，赶紧征收解司外，所有咸丰元年分额征正赋钱粮，截至年底止，已、未完解数目，理合循例恭折具奏，伏乞皇上圣鉴。谨奏。(咸丰二年)正月二十日。咸丰二年二月初二日奉朱批："户部知道。钦此。"

468 奏报雪泽麦苗情形

陕西巡抚臣张祥河跪奏，为恭报雪泽麦苗情形，仰祈圣鉴事。

窃照陕省上年十一月下旬及十二月上旬雪泽麦苗情形，业经臣恭折具奏在案。兹据西安、延安、凤翔、汉中、榆林、同州、兴安、商州、邠州、鄜州、绥德等府州属，陆续具报于上年十二月十二、五、六、七，并二十四、六、七，及本年正月初二、三，十三、四等日，先后均得雪泽，除融化外，积地一、二、三、四寸不等。

臣查陕省各属冬雪均沾，土膏含润，当春令始和之会，正地气上腾之时。又逢甘泽滋培，高下田原，一律普遍。二麦渐次长发，蔬苗亦遂萌生，民情极为欢悦，堪以仰慰圣怀。谨将十二月分各属粮价，敬缮清单，恭呈御览，伏祈皇上圣鉴。谨奏。(咸丰二年)正月二十日。

咸丰二年二月初一日奉朱批："知道了。钦此。"

469 奏报藩库耗羡银两复行查出漏销误动误收各款分别划除拨还著赔

陕西巡抚臣张祥河跪奏，为藩库耗羡银两，复行查出漏销、误动、误收各款，分别划除拨还著赔，恭折奏祈圣鉴事。

窃照陕西藩库耗羡一项，前经升任藩司王懿德查明具详，应存银十二万八百七十七两零，除去漏销、误收、滥借等款，不敷银三万五百三十二两零。另查存有尾剩积馀银五万五千八十四两零，无关报拨，议提银三万五百三十二两零，归补耗羡不敷之数，经臣据详陈奏。嗣接部咨，饬令确查，如有动用漏未请销之款，仍准续行奏报，照数划除。倘无归著，即应分年分月，责令经手之藩司赔缴。所有尾剩积馀银两，全数提解部库等因。行司查办去后。

兹据署藩司陈景亮详称："遵即督同委员，检齐历年收支奏销耗羡册档，及外款与耗羡相涉各卷，逐年逐案，详加考核勾稽。前升司王懿德所查耗羡存银十二万八百七十七两零，内有道光十年奏销新收项下，重报咸宁、长安二县缴还修城银五百两，未经开除，致多银五百两，实在止应存银十二万三百七十七两零。其所查不敷银三万五百三十二两零，今复查出漏销银二万五千六十六两零，并误动、误收银二千九百三十四两零。除道光二十三年吴堡县解缴原借养廉应还，耗羡误收杂款银七十一两零，随即提归耗羡本款外。尚有误动、误收银二千八百六十二两零，前未按款归还，统入尾剩积馀银内详报，应请分别划除拨还。此外，查无归著耗羡银二千五百三十二两零，应行著赔。又所查滥支、滥借各款，复查得华阴县请修监狱一案，系奉部覆准办，经由司详咨更正，馀俱例准借款兴修。现已收回银三千四百数十两，仍再严催，俟届一年限满办理”等情，造册详请奏咨前来。

臣查耗羡银两，既经该署司复行查出漏销及误动、误收，前未归还，统入尾剩积馀，自应遵照部议，将漏销银二万五千六十六两零照数划除。其误动、误收各项，亦应于前报尾剩积馀银内，拨出银二千八百六十二两零，归还耗羡，以实库储而免虚悬。其馀尾剩银五万二千馀两，悉数解部。至下短耗羡银二千五百三十二两零，查无归著，部议分年分月，责令经手之藩司赔缴。溯自乾隆五十四年以来，已越六十馀载，究由何年、何月、何任藩司经手，委属无从辨别。伏思库存款项，丝毫为重，今短少银二千五百馀两，历任藩司均未经查出。臣等悉心筹酌，惟有于乾隆五十四年起，至道光二十九年止，按各藩司匀摊赔缴。

查得正任藩司三十二员，署任藩司三十七员。拟令正任每任摊赔银五十两一钱三分八厘六毫零，署任减半，每任摊赔银二十五两六钱九分三厘零，计正、署藩司六十九员，共银二千五百三十二两零。相应奏明请旨，敕部核覆，以便遵照分咨，著藩赔交。除将造齐各细册咨部外，所有复行查出耗羡银两漏销、误动、误收各款，筹议分别划除拨还著赔缘由，理合缮折具奏，伏乞皇上圣鉴训示。谨奏。(咸丰二年)正月二十日。咸丰二年二月初一日奉朱批：“户部议奏。钦此。”

470 奏报豁免民欠常社仓粮筹议陆续弥补以归实储

陕西巡抚臣张祥河跪奏，为豁免民欠常、社仓粮，筹议陆续弥补，以归实储，仰祈圣鉴事。

窃臣接准部咨，覆议前护抚臣王懿德钦遵咸丰元年正月初二日恩旨，奏豁陕省各属节年民欠未完、出借、出易常平仓粮八万二千八百七石零，社仓粮三万八百九石零，一体准予豁免。惟仓存短缺之数，若照清查原议著赔，既有名无实，劝捐亦归补无期，应由该抚将如何弥补之处，议详具奏等因。即行司查办去后。兹据署藩司陈景亮查明，“常平仓粮，向有粜价银两及馀剩兵粮采买拨补。今若挹彼注兹，是将已亏之仓粮，仍取偿于仓库，无异挪移。其馀库存闲款，早已节次解部，而现存者俱关报拨，未敢擅动。

查有庙岳生息一项，系备修理工程之用，近无要工，存积息银三万馀两。又省城广备义仓，捐储粮石，业已足数，约馀捐银二万两。拟于此二款内，共动银五万两，于咸丰二年，发交西安、同州、凤翔、乾州四府州属典铺生息，每岁可得息银五千两，陆续给发各属，随时买补。至社仓粮石，亦系动用公款采买，与他省捐收者不同。均请于生息项下，分别买补，一俟常、社各粮足额，即收还所借本银，各归各款。此系外省筹补之件，其收支银两数目，并请免其送部核销，以省案牍”等情，具详前来。

臣查此项民欠未完节年借易常、社仓粮，仰蒙天恩，倘准豁免其仓存短绌之数，自宜遵照部咨，筹议弥补。随督同藩司，逐款确查，仅有庙工生息暨义仓捐银，堪以酌动。应请动银五万两，发商生息，俾令陆续补足，庶仓粮既归实储，而库项亦无格碍，洵属两有裨益。除将此次准豁粮石，同豁免正耗银粮，饬即造册，另行题销外，所有查明豁缺常、社仓粮，筹议动项生息，陆续弥补缘由，理合缮折具奏，伏祈皇上圣鉴。谨奏。(咸丰二年)正月二十日。咸丰二年二月初一日奉朱批：“户部知道。钦此。”

471 奏报陕省收捐监生银数

再，查陕省收捐监生银两，截至咸丰元年十一月底止，存银一万六千七十两，经臣附片奏明在案。今十二月分又报捐监生十七名，收银一千八百三十六两，连前司库共实存银一万七千九百六两，理合附片奏闻。谨奏。咸丰二年二月初一日奉朱批：“户部知道。钦此。”

472 奏报地方上年下忙征收正赋盐课钱粮已未完数目

陕西巡抚臣张祥河跪奏，为查明陕省上年下忙征收正赋盐课、钱粮，已、未完数目，循例奏祈圣鉴事。

窃照各州县征解钱粮，前于嘉庆二十年六月内经户部奏准，令将每年上、下忙应征钱粮，除留支外，实应解司银数，分别正课、杂项，依限造册详报，督、抚具奏，并将原册送部等因，历经遵行在案。兹据署藩司陈景亮详称，"查陕省各属，咸丰元年分，额征民屯更起存并粮折银，除屯丁兑食及存留、豁免外，共银一百三十三万九千一百五十两零。内上忙征完银八十五万七千三百四十五两零，未完银四十八万一千八百四两零。今下忙续完银四十七万三千九百三十三两零，仍未完银七千八百七十一两零。

又，原额盐课银八千九百八十两零，内除上忙征完银一千一百七两零，仍未完银七千八百七十三两零。今下忙续完银四千一十八两零，仍未完银三千八百五十四两零。又，上忙带征道光二十六年府谷县因灾缓征未完旧欠地丁银三百七十三两零，前已钦奉恩旨，豁免道光三十年以前积欠钱粮等项，业经前护抚臣王懿德具奏请免，已于元年七月内钦奉上谕，照数豁免讫"等情，具详前来。

臣覆核无异。除将未完银两严饬该管道府州，赶紧督催征解，并将送到册籍，另行咨部外，所有咸丰元年分下忙征收正赋新、旧盐课钱粮，已、未完数目，理合循例恭折具奏，伏祈皇上圣鉴。谨奏。(咸丰二年)二月十四日。咸丰二年二月二十二日奉朱批："户部知道。钦此。"

473 奏报地方雨雪麦苗情形

陕西巡抚臣张祥河跪奏，为恭报雨雪麦苗情形，仰祈圣鉴事。

窃照陕省上年十二月中旬及本年正月初旬雪泽麦苗情形，业经臣恭折具奏在案。兹据西安、延安、凤翔、汉中、榆林、同州、邠州、乾州、鄜州、绥德等府州属，陆续具报于正月十五、六、七、八、九，并二十，二十一、二、三，及二月初八、九等日，先后得雨雪，除融化入土深透外，积地一、二、三、四、五寸不等。

臣查陕省各属，上冬间瑞雪优沾，二麦盘根，极其稳固。兹复获此春膏，长发可期畅茂，民情极为安恬，堪以仰慰圣怀。谨将正月分各属粮价，敬缮清单，恭呈御览，伏祈皇上圣鉴。谨奏。（咸丰元年）二月十四日。咸丰二年二月二十二日奉朱批："知道了。钦此。"

474 奏报西安等属绅民请建已故抚臣林则徐专祠

陕西巡抚臣张祥河跪奏，为绅民人等请以原任抚臣林则徐入祀名宦，并建专祠，据情代奏，仰祈圣鉴事。

窃照西安、同州、凤翔等府绅士宋金鉴等，请以原任陕西巡抚，升任云贵总督林则徐入祀名宦。并据民人封君佑等，联名赴臣衙门呈称："道光二十六、七等年，陕省西、同、凤、乾四府州属数十州县，天气亢旱，二麦均未下种，民食维艰，势甚惶恐。幸赖巡抚林则徐多方调济，奏请缓征，减价平粜，复禁遏粜，挡粮出境，收养孤独，劝富救贫，沥诚祷雨，虽荒歉接连两岁，而黎庶安堵如常。其间保全室家，拯活民命，实啻数十万人。他若振兴文教，严缉匪徒，既顺舆情，尤宜土俗。凡益上益下之成效，皆实心实力所讲求，泽沛秦川，至今戴德。呈堂据情上达，入祀名宦，并于省垣建立专祠，永申报祀，以告久违"等情。当即批司确查去后。

兹据各司道等查明，会详前来。臣查林则徐前抚关中，居官慈惠，率属廉明。其筹办抚恤，培植学校，严惩强暴诸政迹，确有裨于国计民生。该绅民等请以专祀修祠，群情踊跃。臣覆加察访，实出至诚，不敢壅于上闻。除入祀名宦，应由地方官开造事实清册，循例详题办理外，所有西安、同州、凤翔绅民欲建专祠之处，合无仰恳天恩，俯允所请，择地捐建，俾资观感，间足以表遗爱而顺舆情。谨会同陕甘总督臣舒兴阿，陕甘学政臣吴福年，合词恭折具奏，伏乞皇上圣鉴训示。谨奏。（咸丰二年）二月十四日。咸丰二年二月二十二日奉朱批："□□。钦此。"

475 奏报陕西省收捐监银数

再，查陕省收捐监生银两，截至咸丰元年十二月底止，存银一万七千九百六两，经臣附片奏明在案。现准部咨，拨解部库银一万六千两。今本年正月分未收捐监银两，司库止实在存银一千九百六两，理合附片奏闻。谨奏。咸丰二年二月二十二日奉朱批："户部知道。钦此。"

476 奏报陕省士庶捐助粤西军饷事

再，臣前准部咨，奉旨劝谕官绅士庶，捐助粤西军饷，令援照海疆捐输例案。当经臣将部定海疆捐输章程条例，及陕省从前原办议叙各成案，编次成册，通行各属劝办去后。

兹据司道府等先行呈报，内布政使吴式芬捐银一万两；署按察使，候补道，曾任甘肃藩司程德润捐银一万两；督粮道陈景亮捐银一万两，盐法道文海捐银二千两，潼商道朱庆祺捐银三千两，西安府知府蒋琦淳捐银三千两，共银三万八千两，俱已解库兑收，听候拨用。此外，各厅州县陆续禀报绅民捐数，截至二月十三日止，已捐银五十五万馀两。惟所捐银两，以绅民等甫过新年，又道路窎远，尚未解省。一俟解齐，即行分晰造册，奏请恩奖。现在体察情形，续捐者尚不乏人，已饬赶办。

臣窃思下民急公亲上，因感沐深仁厚泽，情殷盼捷，倍励输将。惟民力稍不如前，但较上届捐数，不甚相悬，自当饬令停止，已仰副圣主爱民之至意。所有现劝助饷捐数，合先附片具陈。谨奏。咸丰二年二月二十二日奉朱批："知道了。钦此。"

477 奏报各属雨雪粮价事

陕西巡抚臣张祥河跪奏，为恭报雨水田苗情形，仰祈圣鉴事。

窃照陕省正月下旬暨二月上旬雨雪麦苗情形，业经臣恭折具奏在案。兹据西安、延安、凤翔、汉中、榆林、同州、兴安、商州、邠州、乾州、绥德等府州属，陆续具报于二月十一、二、三、四、五、六，并二十

二、三、四、五，暨三月初四、五，初七等日，先后得雨一、二、三、四寸至深透不等。

臣查陕省平原各属，向以麦收为重，幸逢甘膏叠沛，远近优沾。二麦、豆禾，更觉长发吐秀，可期畅茂。其南、北山包谷、杂粮，均可及时播种，地方安谧，民气恬熙，堪以仰慰圣怀。谨将二月分各属粮价，敬缮清单，恭呈御览，伏乞皇上圣鉴。谨奏。(咸丰二年)三月十七日。咸丰二年三月二十八日奉朱批："知道了。钦此。"

478 奏请将即用知县王平格改教职事

陕西巡抚臣张祥河跪奏，为即用知县循例陈请改教，恭折奏祈圣鉴事。

窃据藩司吴式芬、署臬司程德润详称，据西安府详据进士即用知县王平格禀称，"年四十三岁，山西榆次县拔贡，中式道光二十四甲辰科本省乡试举人。丁未科会试，中式三甲进士，引见，奉旨以知县即用，签掣江西。亲老告近，改掣陕西，于咸丰元年十二月十五日到省。自揣才力难膺民社，情愿改就教职"等情，具详请奏前来。

臣查例载"各省候补委用人员，未经开缺，如有愿改教职者，毋庸定以年报"等语。今即用知县王平格，甫经到陕，尚未得补实缺，既据情愿改教，核与定例相符。相应请旨，将进士即用知县王平格准改教职，由部照例选用。除咨明吏部暨山西、江西抚臣查明外，谨缮折具奏，伏乞皇上圣鉴训示。谨奏。(咸丰二年)三月十七日。咸丰二年三月二十八日奉朱批："王平格著准其改归教职。吏部知道。钦此。"

479 奏报动用本款生息银两修理要津桥堤等工事

陕西巡抚臣张祥河跪奏，为修理要津桥堤等工，动用本款生息银数，恭折奏祈圣鉴事。

窃照前据咸宁县具报，该县境内浐河、灞河桥堤，上年秋雨过多，河水盛涨，节被冲塌，当经批司委勘去后。兹据藩司吴式芬详称，"准督粮道陈景亮，咨据西安府知府蒋琦淳，转据咸宁县知县陈仪，会同委员长安县知县谢质卿前诣勘得，灞桥南岸，原筑东西灰土堤岸一道，水从底根淘沙，漩冲坍塌。堤身长十三丈，顶宽一丈二尺，底宽一丈三尺五寸，通高一丈五尺。其迤南桥头，原建石柱木梁，横棚木枋，面筑灰土退水。小桥通长六丈，宽四丈，高六尺二寸，接筑路堤长六十丈，宽四丈，高四尺五寸。均被雨水侵刷，车马践踏，木料腐朽，桥梁塌陷，路堤两边坍损，中成坑窝。又浐河西桥头，原筑丁拐式灰土堤岸，水从东南横冲，堤根坍塌，长十四丈，顶宽一丈八尺，底宽二丈及一丈二尺二三寸不等，通高九尺。相度形势，拟于浐桥西堤岸，并丁拐式马头顶加筑灰土，高一二尺，俾免横冲泛溢。其馀另行刨筑地脚，下钉拍桩，照旧修筑。逐款确切勘估，共需工料银三千六百八十九两八钱，造具估计册结，由府道加结，移司核明"，具详请奏前来。

臣查浐、灞二桥，在省城以东，为豫、晋、陇、蜀往来要津，差使文报，络绎不绝。今被冲坍桥堤，实系刻不容缓之工。既经委员勘明，确估无浮，所需工料，向有该桥本款生息银两，应请照数动支，饬令及早兴修，工竣核实造销，以护桥座而利遄行。除另疏题报，并估计册结送部外，谨会同陕甘督臣舒兴阿，合词恭折具奏，伏乞皇上圣鉴。谨奏。(咸丰二年)三月十七日。咸丰二年三月二十八日奉朱批："工部知道。钦此。"

480 奏为绅民捐输军饷请奖励由

陕西巡抚臣张祥河跪奏，为绅民捐输军饷，恳恩赏收予奖，以示鼓励，仰祈圣鉴事。

窃照前准户部咨，奉旨劝谕官绅、士庶，捐助粤西军饷，饬令援照海疆捐输例案办理等因。当经臣议定简明章程，力除积弊，出示晓谕，责成各厅州县劝办，不许稍涉抑勒。并与两司道府倡捐，及绅民捐银五十五万馀两，先后陈奏在案。嗣据各属具禀，官绅人等报效情殷，续又捐输银二十万馀两，连前共捐银七十五万馀两。现已解储司库银三十万两，均经批饬查明捐数，分别造册去后。兹据藩、臬两司，转据长安、兴平、临潼、耀州、盩厔、同官、陇州、济川、长武等九州县，造具各捐户姓名、银数及请给官职，并京外各职衔册籍，先行呈赍。其造册未到之处，俟饬催至日，再为办理等情，会详前来。

臣查该绅民等踊跃输将，闻风兴起，实皆出于至诚，洵堪嘉尚。按照节办捐输例案及各捐例，均有应得官阶，自宜酌请甄叙，以奖其报效之忱。除捐银二百两至四五百两者，造册送部，照海疆捐输章程议叙外。其捐资较多之绅民，相应分别等差，开缮清单，恭呈御览。合无仰恳天恩，准予奖励，以昭激劝。

至此次所捐银两，不经吏胥之手，原兑原解，听候拨用。除将现已解到库平银三十万两，连前报拨官捐银三万八千两，业准部拨，委员解京。馀银饬令催交司库，再行报拨，并俟各属造册至日，续行请叙外。所有长安等州县捐输绅民，酌请奖励及先行拨解缘由，谨缮折具奏，伏祈皇上圣鉴训示。谨奏。（咸丰二年）三月二十三日。咸丰二年四月初三日奉朱批："□□。钦此。"

481 陕西绅民捐输军饷请奖名单

谨将捐输粤西军饷银数较多之绅民，分别奖励，开具清单，恭呈御览。

分发湖北候补知县唐鸿序，陕西三水县人，现捐银六千两。查酌增及豫工事例，知县捐主事，分部学习行走，共需银三千二百二十两。今唐鸿序捐银六千两，将及加倍，谨拟请旨，以主事分部学习行走。

优贡生唐彝典，陕西三水县人，现捐银六千两。查酌增及豫工事例，由贡生捐银五千二百九十两，准以主事不论双单月即用。今唐彝典捐银六千两，有盈无绌，谨拟请旨，以主事不论双单月选用。

武监生宋致贤，陕西临潼县人，现捐银四千两。查海疆捐输加衔章程，士民捐银四千两，给予同知衔。今宋致贤捐数相符，谨拟请旨，给予同知职衔。

监生张连升，陕西兴平县人；武童生苏万芳，盩厔县人；现各捐银一千六百两。查道光二十二年海疆捐输案内，陕西武生高鸣阳捐银一千六百两，奉旨赏给都司职衔。今张连升、苏万芳所捐银数相符，谨拟请旨，均赏给都司职衔。

州判职衔王鉴，陕西盩厔县人，现捐银一千四百两。查海疆捐输加衔章程，士民捐银二千两，给予布经职衔。今王鉴捐银一千四百两，将本身州判职衔减半，抵作银六百两，核计银数二千两，谨拟请旨，给予布经职衔。

副贡生就职教谕陈作宾，陕西陇州人，现捐银一千两。查豫工事例，内开八品等官捐银一千两，加七品衔。今陈作宾捐数相符，谨拟请旨，赏加七品衔。

分发甘肃试用从九品袁均，陕西长安县人，现捐银一千两。查道光二十二年海疆捐输案内，捐足从九品陶福载捐银一千两，奉旨："著以从九品归部尽先选用。"今袁均捐数相符，谨拟请旨，以从九品仍留原省尽先补用。

童生贺炳焜，陕西渭南县人，现捐银八百两。查海疆捐输加衔章程，士民捐银八百两，给予县丞职衔。今贺炳焜捐数相符，谨拟请旨，给予县丞职衔。

武生王步月，议叙八品顶带王毓彦，陕西盩厔县人，现各捐银八百两。查海疆捐输加衔章程，士民捐银八百两，给予守御所千总职衔。今王步月、王毓彦捐数相符，谨拟请旨，均给予守御所千总职衔。

盐知事职衔苏封，陕西盩厔县人，现捐银六百两。查海疆捐输加衔章程，士民捐银八百两，给予县丞职衔。今苏封捐银六百两，将本身盐知事职衔减半，抵作二百两，核计银数八百两，谨拟请旨，给予县丞职衔。

议叙八品顶带苏万全，从九品职衔赵廷彦，武童生赵纶，陕西盩厔县人；武童生梁复基，同官县人，现各捐银六百两。查道光二十二年海疆捐输案内，陕西武童生宋中选捐银六百两，奉旨赏给卫守备职衔。今苏万全、赵廷彦、赵纶、梁复基捐数相符，谨拟请旨，均赏给卫守备职衔。(咸丰二年三月二十三日)朱批："另有旨。"

482 奏为现任各官捐输军饷请奖励由

陕西巡抚臣张祥河跪奏，为现任各官捐输粤饷经费，恳恩赏收，酌予奖励，仰祈圣鉴事。

窃准部咨，钦奉谕旨，劝捐粤西军饷，当即钦遵，官民并劝。兹据延榆绥道段大章等十三员，共捐银二万五千三百两，均已解库，由藩、臬两司，汇详请奏前来。臣查该员等竭忱输将，尚属急公慕义，按照捐输章程及各捐例银数，有盈无绌，谨酌分等差，开单呈览。可否仰恳恩施逾格，准予鼓励，恭候钦定，为此缮折具陈，伏乞皇上圣鉴训示。谨奏。(咸丰二年)三月二十三日。咸丰二年四月初三日奉朱批："□□。钦此。"

483 现任各官员捐输军饷请奖名单

谨将捐输粤饷经费各员，开列清单，恭呈御览。

同州府知府文廉，兴安府知府王履亨，各捐银三千两，谨拟请旨，均赏道衔。

商州直隶州知州唐李杜，捐银三千六百两，谨拟请旨，赏加知府衔。

宁陕厅同知王义樟，捐银三千两，谨拟请旨，赏加运同衔。

泾阳县知县赵光搢，咸阳县知县马晓林，渭南县知县金玉麟，临潼县知县刘良驷，各捐银二千两。谨拟请旨，均赏加知州衔。

延榆绥道段大章，捐银二千两。陕安道陈晋恩，捐银一千两。汉中府知府毕至，捐银一千两。谨拟请旨，交部从优议叙。

定远厅同知何丙勋，捐银三百两。扶风县知县钟泰，捐银四百两。谨拟请旨，交部议叙。(咸丰二年三月二十三日)朱批："另有旨。"

484 再外省呈请捐输人员查海疆旧案一体准收相应附请奖叙二员名单

再，外省呈请捐输人员，查海疆旧案，一体准收，相应附请奖叙二员名单。

分发河南候补县丞张金奏，直隶磁州人，现捐银六千二百两。查道光二十二年海疆捐输案内，陕西候补直隶州判易世泽，捐银五千二百两，奉旨："著免补本班，以知县留陕补用。"今张金奏捐银六千二百两，较易世泽银数加增一千，谨拟请旨，免补本班，以知县仍留河南原省补用。

盐知事职衔宓齐，浙江海宁州人，现捐银八百五十两。查道光二十二年海疆捐输案内，已满未考吏陶煜，捐银六百两，奉旨："以从九品，由部签掣，分发候补。"今宓齐捐银八百五十两，较陶煜银数加增，谨拟请旨，以未入流由部签掣，分发候补。（咸丰二年三月二十三日）朱批："另有旨。"

485 奏报陕省收捐监银数

再，查陕省收捐监生银两，截至咸丰二年正月底止，存银一千九百六两，经臣附片奏明在案。今二月分又报捐监生四名，收银四百三十二两，连前司库共实存银二千三百三十八两，理合附片奏闻。谨奏。咸丰二年三月二十八日奉朱批："户部知道。钦此。"

486 奏谢天恩给予随带加五级事

再，准吏部咨，以臣倡捐粤西军饷银一万两，由部酌议请旨，奉朱批："张祥河著给予随带加五级等因。钦此。"行知前来。伏念臣稍助军需，为分内所应尽，乃蒙圣恩甄叙，随级优加，仰申锡之自天，益感铭于无地，理合附片叩谢天恩。谨奏。咸丰二年三月二十八日奉朱批："览。钦此。"

487 奏为四川补用同知程廷桀捐输军饷五千两请恩赏戴蓝翎由

再,据四川补用同知程廷桀呈称:"湖北天门县人,由监生遵例捐纳同知,分发四川补用,尚未赴省,随任在陕。兹捐粤西军饷银五千两,兑收司库。"臣查近案,河南陕州直隶州知州邱文藻,捐银三千两,奉旨赏戴蓝翎。今该员程廷桀,以分省补用同知捐银五千两,其官职与邱文藻相等,而所捐银两,较邱文藻加增六成有馀。合无仰恳圣恩,赏戴蓝翎,恭候钦定,谨附片具奏。咸丰二年四月初三日奉朱批:"□□。钦此。"

488 奏报雨水田禾情形

陕西巡抚臣张祥河跪奏,为恭报雨水田禾情形,仰祈圣鉴事。

窃照陕省二月中下旬暨三月中旬雨水田禾情形,业经臣恭折具奏在案。嗣据西安、延安、凤翔、汉中、同州、兴安、商州、邠州、鄜州、绥德等府州属,陆续具报于三月二十,二十一、二、三,暨四月初四、五、六、七等日,先后得雨一、二、三、四、五寸至深透不等。

臣查陕省平原各属,大麦均经结实,现在将次收获,小麦亦颖粟纷敷,如日来天气晴和,颗粒更当饱满。其南、北山包谷、杂粮,应时长发,地方安谧,民气恬熙,堪以仰慰宸怀。谨将三月分各属粮价,敬缮清单,恭呈御览,伏乞皇上圣鉴。谨奏。(咸丰二年)四月十八日。咸丰二年四月二十九日奉朱批:"知道了。钦此。"

489 奏报收捐监银数

再,查陕省收捐监生银两,截至咸丰二年二月底止,存银二千三百三十八两,经臣附片奏明在案。今三月分又报捐监生七名,收银七百五十六两,连前司库共实存银三千九十四两,理合附片奏闻。谨奏。咸丰二年四月二十九日奉朱批:"户部知道。钦此。"

490 奏报麦收分数

陕西巡抚臣张祥河跪奏,为恭报陕西省西安等九府州属二麦约收分数，仰祈圣鉴事。

窃照二麦约收分数，例应先期恭折奏报。兹据西安、凤翔、汉中、同州、兴安、商州、邠州、乾州、鄜州九府州，将所属二麦约收分数开折具报，由藩司汇详请奏前来。臣覆加查核，统计西安等九府州属七十二厅州县，多寡牵算，二麦约收六分有馀，敬缮清单，恭呈御览。至延安、榆林、绥德三府州属，节气较迟，向来均于开报实收分数时，一并具报，合并陈明，理合缮折具奏，伏乞皇上圣鉴。谨奏。（咸丰二年）四月十八日。咸丰二年四月二十九日奉朱批："知道了。钦此。"

491 奏报麦收分数清单

谨将陕西省咸丰二年西安等九府州属，二麦约收分数，开缮清单，恭呈御览。计开：

约收九分有馀者，盩厔一县。约收八分有馀者，鄠县、乾州二州县。约收八分者，三水一县。约收七分有馀者，渭南、泾阳、三原、高陵、富平、咸阳、临潼、兴平、醴泉、蓝田、耀州、陇州、凤翔、汧阳、岐山、西乡、潼关、华州、大荔、澄城、朝邑、蒲城、郃阳、华阴、白水、邠州、雒南、武功、永寿二十九厅州县。约收七分者，同官、洋县、商州三州县。约收六分有馀者，宁陕、孝义、咸宁、长安、扶风、郿县、麟游、留坝、佛坪、宁羌、南郑、城固、略阳、凤县、沔县、褒城、韩城、安康、洵阳、长武、淳化、镇安、山阳、商南、鄜州、洛川、中部、宜君二十八厅州县。约收六分者，定远、宝鸡二厅县。约收五分有馀者，汉阴、砖坪、白河、平利、石泉、紫阳六厅县。

以上西安等九府州属七十二厅州县，多寡牵算，二麦约收六分有馀。朱批："览。"

492 奏报以吕式古署理长安县知县

再，长安县知县谢质卿，奉准部咨，升补乾州直隶州知州，应行交卸，请咨赴部引见。所遗员缺，系冲繁疲难要缺，例应拣员委署。查有宜君县知县吕式古，任内并无盗劫已起四参，及钱粮未完展参之案，堪以委令署理，据藩、臬两司会详前来。除批饬遵照外，理合循例附片陈明。谨奏。咸丰二年四月二十九日奉朱批："知道了。钦此。"

493 奏明司库实存耗羡银数

陕西巡抚臣张祥河跪奏，为查明司库实存耗羡银数，循例奏闻事。

窃照司库耗羡收支动存各款，例应于奏销地丁钱粮时，恭折具奏。兹查陕西省咸丰元年奏销册造，司库现存及缺官扣半养廉，共银一万九千九百五十六两四钱零。除将清册咨部外，理合循例具奏，并开缮清单，恭呈御览，伏乞皇上圣鉴。谨奏。（咸丰二年）四月三十日。咸丰二年五月二十日奉朱批："户部知道。单并发。钦此。"

494 奏报陕西省咸丰元年分征收新赋钱粮数目

陕西巡抚臣张祥河跪奏，为陕西省咸丰元年分征收新赋钱粮，截至奏销以前全完数目，开列上三年比较清单，恭折奏祈圣鉴事。

窃照前准户部咨开："钦奉谕旨：州府实征实解银数，各省督、抚，于奏销题报外，照例具奏。折内开具清单，明列通省三年比较等因。钦此。"嗣又准部咨，统以年底截数，次年二月春拨时，开单奏报。即以道光五年春拨为始，遵照办理。六年正月内，复准部咨，通年全额钱粮，势难于春拨时统行确核，行令仍以奏销截数开单奏报。并于单内，将已完银数下，注明造入春、秋拨册若干，颁发清单式样，画一办理等因。

兹据布政使吴式芬详报，"咸丰元年分，额征新赋地丁正项银一百三十三万九千一百五十两零，截至奏销止，已十分全完。内造入咸丰元年秋拨银八十八万六百九十两零，咸丰二年春拨银四十五万五百七十三两零，实存库银七千八百八十六两零，俟咸丰二年秋拨册内造报候拨"等情，具详前来。

臣逐细覆核无异。除咨明户部外，所有应征新赋银两全完缘由，理合恭折具奏，敬缮比较细数清单，恭呈御览，伏乞皇上圣鉴。谨奏。(咸丰二年)四月三十日。咸丰二年五月二十日奉朱批："户部知道。单并发。钦此。"

495 奏报陕省咸丰元年应征带征钱粮已未完数目

陕西巡抚臣张祥河跪奏，为陕省咸丰元年应征、带征钱粮，已、未完数目，循例奏闻事。

窃照向例办理钱粮奏销，应将每年完、欠数目，分晰具奏，历经遵办在案。兹据布政使吴式芬详称，"陕西省咸丰元年分，额征地丁起存药味等项，共银一百六十二万六千八百四十七两零，通完。又额征糯米折价银二千四百三十九两零，通完。又额耗羡银二十三万九千八百六十三两零，通完。又额征起存本色粮一十九万八千四百二十九石零，内已完粮一十九万七千九百五石零，未完粮五百二十三石零。又额征本色草一万五千六百三十二束零，通完。

又带征征完道光三十年未完起运本色粮六百四十七石零，通完。又带征道光二十二年未完存留正银五百二十两零，耗银七十九两零，起运本色粮三百八十六石零。又带征道光二十三年未完存留正银四百八十两零，耗羡银七十二两零，起运本色(粮)二百七十一石零。又带征道光二十四年未完存留正银七十二两零，耗羡银一十两零，起运本色粮五十三石零。又带征道光二十六年未完起存正银四百五十八两零，耗银六十八两零，起运本色粮一千四百九十一石零，本色草一千二百一束零。又带征道光二十七年未完存留正银六十九两零，耗银一十两零，起运本色粮一百六十一石零，本色草二百六十束零。又带征道光二十九年未完存留正银二百六十九两零，耗银四十两零，起运本色粮二百八十六石零，本色草四百三十五束零。

查带征节年未完缓征地丁起存正耗银两并本色粮草，前于钦奉恩诏，豁免道光三十年以前积欠钱粮等项案内，业经造册具奏邀免，已于咸丰元年七月内钦奉上谕，照数豁免”等情，具详前来。臣覆核无异。除将未完银石，责令该管道府州，依限催征完解外，理合恭折具奏，并将已、未完数目，缮具简明清单，恭呈御览，伏祈皇上圣鉴。谨奏。（咸丰二年）四月三十日。咸丰二年五月二十日奉朱批：“知道了。钦此。”

496 奏报地方雨水田禾情形

陕西巡抚臣张祥河跪奏，为恭报雨水田禾情形，仰祈圣鉴事。

窃照陕西省三月下旬暨四月上旬雨水田禾情形，业经臣恭折具奏在案。兹据西安、延安、凤翔、汉中、榆林、同州、商州、鄜州、绥德等府州属，陆续具报于四月十一、二、三、四，并十九，及五月初三、四，十一、二等日，先后得雨一、二、三、四寸至深透不等。馀日晴霁，暄润相宜，平原一带，二麦均已刈获登场，收成尚称中稔。其南、北两山包谷、杂粮，长发均极畅茂，北山气候较迟，现亦将次成熟，民情乐业，气象恬熙，堪以仰慰圣怀。谨将四月分各属粮价，敬缮清单，恭呈御览。伏乞皇上圣鉴。谨奏。（咸丰二年）五月二十一日。咸丰二年六月初三日奉朱批：“知道了。钦此。”

497 奏报遵旨调派官兵迅赴湖北协防事

陕西巡抚臣张祥河跪奏，为遵旨调派官兵，迅赴湖北防堵，仰祈圣鉴事。

窃臣于五月十九日巳刻，接准军机大臣字寄：“本月十四日奉上谕：‘著陕甘总督舒兴阿、陕西巡抚张祥河，于陕西省提、镇各标内，挑选精兵二千名，派委得力镇将大员，妥备军装器械，驰赴湖北，协力防堵，毋稍迟误等因。’”并准军机处知会，即恭录一分，知照督臣，一体钦遵办理。

先是，接准湖北抚臣龚裕来咨，业经臣于抚标三营拣调兵四百名，西安城守协营拣调兵二百名，西凤营所属酌调兵二百名，潼关协所属酌调兵二百名，共预备兵一千名。札调曾经出兵之宜陕营参将萨保，商州营游击马义管带，专候谕旨遵行。兹奉旨饬调兵二千名，自应钦遵续调。当即由五百里函商督臣，就近再挑固原提标兵五百名，陕安镇标兵二百五十名，汉中镇标兵二百五十名，以足二千之数，并商派镇将二员统领。

臣现在催令前派之将弁等迅速到省，先将预备之兵管带启行，一俟各处调齐，陆续分起前进。臣定拟于五月二十二日，将臣标官兵作为头起，间日行走。所有遵办缘由，合先缮折具覆，伏乞皇上圣鉴。谨奏。(咸丰二年)五月二十一日。咸丰二年六月初三日奉朱批："知道了。钦此。"

498 奏报官绅捐输军饷续行恳恩奖励

陕西巡抚臣张祥河跪奏，为官绅捐输军饷，续行恳恩奖励，仰祈圣鉴事。

窃照陕西各属绅民及现任官员，先后捐输粤西军饷，业经臣将长安等九州县捐银六百两以上之绅民，并倡捐之司道府州，分别开单，奏恳恩施奖励在案。兹据朝邑等二十一厅州县，造具各捐户姓名、银数及请给官职，并京外各职衔册籍前来。臣查前奉谕旨："该省绅民所捐银两，著俟该抚陆续奏到，再行分别奖励等因。钦此。"

今该绅民等踊跃输将，闻风兴起，实皆出于至诚，自应酌请甄叙，以奖其报效之忱。除捐银二百两至四五百两者，造册送部，照海疆捐输章程议叙外。其捐资较多之绅民暨现任各官，分别等差，开缮清单，恭呈御览。合无仰恳天恩，准予奖励，以昭激劝而示观感。至未经造册各处，容饬催至日赶造核办，另行请叙。所有官绅捐输续请奖励缘由，谨缮折具陈，伏祈皇上圣鉴训示。谨奏。(咸丰二年)五月二十一日。咸丰二年六月初三日奉朱批："□□。钦此。"

499 奏报陕西省收捐监生及银数

再,查陕省收捐监生银两,截至咸丰二年三月底止,存银三千九十四两,经臣附片奏明在案。今四月分又报捐监生五名,收银五百四十两,连前司库共实存银三千六百三十四两,理合附片奏闻。谨奏。咸丰二年六月初三日奉朱批:"户部知道。钦此。"

500 奏报陕西省遵旨咨办捐输事

再,此次捐输,经臣督率所属劝办,截至五月十三日止,计绅民报捐银八十五万馀两,实任各官报捐银八万馀两,统共银九十三万馀两。前于四月十六日,接准户部咨开:"续捐银两,于接到部文之日起,有愿归入筹饷新例报捐者,令照新例,每年月造册咨部办理。"随即札司查明,前项捐银,未奉部文以前,已收银五十六万二千九百六十三两;奉到部文以后,收银一十四万六千二百一十六两。内分起委员解赴广西暨部库银五十九万八千两,尚存司库银一十一万一千一百馀两。其馀银两均未解司,自应循照部议,分别办理。

惟陕省民风淳朴,凡殷实之家,大抵不愿出仕。是以历届捐输议叙,职衔、顶带荣身者,居其大半。兹臣拟将先收银五十六万馀两,概照海疆捐输章程请奖。其馀捐续收银两,如各捐生有愿照新例报捐者,将其籍贯、姓名、银数并上兑日期,造册送部,归入卯期核办。其只请加衔以及捐封等项,仍按现办章程,一律办理,俾昭核实而免牵混。所有现遵部咨办理捐输缘由,谨附片具奏。咸丰二年六月初三日奉朱批:"户部知道。钦此。"

501 奏为本年上忙征收新旧钱粮已未完数目由

陕西巡抚臣张祥河跪奏,为本年上忙征收新、旧钱粮,已、未完数目,循例恭折奏闻,仰祈圣鉴事。

窃照嘉庆二十年六月内,经户部奏准,行令各省,于每年上、下忙应征钱粮,除留支外,实应解司银数,分别正课、杂项,依限详报督、抚,二十日内专折具奏等因。兹据藩司吴式芬详报,“咸丰二年分,额征民屯更起存及粮折价,除屯丁兑食外,共银一百六十万九千三百六十四两零。内除存留银二十七万八千一百一十二两零,止该解司银一百三十三万一千二百五十二两零。计自二月开征起,至上忙截数止,已完银八十七万二千六百七十三两零,未完银四十五万八千五百七十八两零。又,原额盐课银八千九百八十两零,今上忙已完银一千一百七十六两零,未完银七千八百三两零。

又,咸丰元年原未完地丁起运银七千八百七十一两零。又,原未完盐课银三千八百五十四两零,今上忙均已续征通完”等情,具详前来。臣覆核无异。除将未完银两,责令该管道州,于下忙秋征时,督催依限完解外,所有咸丰二年征收新、旧钱粮,已、未完数目,理合循例具奏,伏乞皇上圣鉴。谨奏。(咸丰二年)六月十三日。咸丰二年六月二十四日奉朱批:“户部知道。钦此。”

502 奏为本年钱粮征收完欠分数由

陕西巡抚臣张祥河跪奏,为本年钱粮现已征收完、欠分数,循例奏祈圣鉴事。

窃照嘉庆八年五月,经户部奏准,令各省于每年五月,将征完旧欠及当年新赋钱粮,征完若干,专折奏明等因。除征完旧欠钱粮数目,臣于本年奏销时另折奏明外,兹据吴式芬详称,“咸丰二年分,应征钱粮额征民屯更起运存留,共银一百六十万九千三百六十四两零。内除存留银二十七万八千一百一十二两零,实应解起运银一百三十三万一千二百五十二两零。计自二月开征起,至五月止,现已解储司库银八十七万二千六百七十三两零,未完银四十五万八千五百七十八两零。计本年新征银两,完纳六分五厘有馀”等情。

臣覆核无异。除将未完银两,于秋征时,责令该管道府州督催征解,依限全完外,所有咸丰二年分额征钱粮,已、未完数目,理合循例具奏,伏乞皇上圣鉴。谨奏。(咸丰二年)六月十三日。咸丰二年六月二十四日奉朱批:“知道了。钦此。”

503 奏请将陈模改补凤县令由

陕西巡抚臣张祥河跪奏,为撤任知县请改补南山边缺知县,以资治理,仰祈圣鉴事。

窃照凤县知县富星阿,于咸丰二年五月十四日因病出缺,业经臣恭疏题报。所遗系南山沿边要缺,缉匪安良,最关紧要,自应循例以病故之日作为开缺,拣员题调。臣随督同藩、臬两司,在于通省现任知县及应升人员内逐加遴选,非现居要缺,即人地未宜,实无堪以升调之员。惟查有撤任查看之南郑县知县陈模,年四十六岁,浙江进士,即用知县。先补宜君县知县,旋调南郑,道光三十年八月到任。前因该员于南郑首剧不甚相宜,奏请撤任,调省查看,再行酌办。

嗣后该员交卸来省,臣与藩、臬两司细加察看,该员心地朴实,人亦稳练,叠次差遣,均无贻误,而于缉捕事件,尤为勤奋。且熟悉南山情形,以之改补凤县边缺知县,实堪胜任,据藩司吴式芬会同署臬司程德润,声明人地实在相需,于六月初五日,援例会详请奏前来。

合无仰恳天恩,俯念边缺需员,准以南郑县知县陈模改补凤县知县,洵于边缺有裨。如蒙俞允,该员系撤任知县改补知县,衔缺相当,毋庸送部引见。至所遗南郑县知县,系冲繁难要缺,容俟陈模改补部覆到日,再行遴员升调,合并陈明。所有改补南山沿边要缺知县缘由,谨会同陕甘督臣舒兴阿,合词恭折具奏,伏祈皇上圣鉴训示。谨奏。(咸丰二年)六月十三日。咸丰二年六月二十四日奉朱批:“吏部议奏。钦此。”

504 奏闻审拟渭南县民畅兆俊京控案由

陕西巡抚臣张祥河跪奏,为遵旨审明定拟,恭折奏祈圣鉴事。

窃照渭南县民畅兆俊,假伊孀嫂畅张氏出名,自书抱告,以韩麻子等谋杀贿验,沉冤未申等情,赴京呈控。经都察院奏奉谕旨:“此案著张祥河，亲提人证、卷宗，秉公严审，按律定拟具奏。抱告民人畅兆俊，该部照例解往备质。钦此。”并准递解该抱告到陕。随行提人、卷至省，饬委西安府知府蒋琦淳审明，由署臬司程德润详解前来。

臣亲提研鞫。缘畅兆俊籍隶渭南县，有伊分居堂兄畅兆吉，向在蓝田县属李继广钱铺管帐，与铺伙韩麻子、李锡、王元、张大，均素相和好。道光三十年二月十八日，畅兆吉出外，将铺帐暂交韩麻子经理。韩麻子查出帐簿载有另开药铺之高维凌，借钱二十千五百文，往索并无其事。嗣畅兆吉外归，路过高维凌门首，高维凌唤进，斥其捏写借欠之非。畅兆吉不能抵赖，自认系伊侵用，借名搪塞，央恳高维凌应承未允。畅兆吉知事败露，即以“无颜见人”之言愁叹，高维凌劝令回铺，自行清理而散。讵畅兆吉愧悔莫释，是夜潜至刘大用坟地内，用腰系布带，在杏树横枝上挽成双套，投缳自缢。

次早，刘大用赴地工作惊见，喊同乡约刘兴，认系畅兆吉，业已殒命。通知韩麻子，转告畅兆吉之妻畅张氏，央同夫堂弟畅兆俊，族人畅长举，夫表兄杨继魁，并幼子畅梦周儿前往看明，询悉情由。刘大用等欲赴蓝田县报验，畅兆俊等因畅兆吉死由捏帐，不忍暴露，当向阻止，将尸解下，抬回家中。畅张氏复见伊夫项颈有周匝绳痕，额颊、肚腹等处，均有发变血坠情形，疑系殴勒。报经渭南县讯明，畅兆吉委系自缢，并无别故，录供通详。

畅张氏心疑不释，又以谋勒装缢等词，令畅兆俊抱告，迭控府司并臣衙门，均饬前署知府成瑞提审。正在集讯间，畅张氏查明前情，即据实首悔。经成瑞逐一究诘韩麻子等，并无勒毙装缢情事，实由畅张氏痛夫情切，妇女无知，心疑复控。且于未讯之先具悔，情同自首，从宽免议。惟畅张氏夫死子幼，贫寡无依，情殊可悯，令韩麻子等酌帮银钱，以资营葬，取结销案。韩麻子等回家告知铺主李继广，愿出银二十两，帮给畅张氏安葬夫柩。

畅兆俊因上控系伊作抱，心生觊觎，往向畅张氏索分未遂，即扬言畅兆吉系被韩麻子等谋毙装缢，定欲赴京翻控，并阻(畅)张氏，不许埋葬，冀图讹诈，俾韩麻子畏累说合给钱。缓程行至华州，竟无人说合，起意独自京控。虑难邀准，即将结案后韩麻子等帮银，作为府断装殓银两，并将前给票差贾兴等口食钱一千五百文，添作诈赃钱十五千文。馀照前次抱告呈底，架砌韩麻子等谋勒毙命，及刑仵受贿匿伤各情，仍假畅张氏出名，自书抱告，控经都察院奏奉谕旨，交臣审办。

臣亲提研鞫，各供前情不讳。严诘韩麻子等，坚供委无殴勒致毙，移尸装缢。并据仵作刘升供称："原验畅兆吉尸身咽喉缢痕一道，八字不交。周围项颈之伤，系由该民生前用带接续发辫线，联挽成双套自缢。颔颊、肚腹等处，均有发变血坠情形，委系缢毙，并无受贿串匿。"差役贾兴，亦只得过畅兆俊口食钱一千五百文，委无诈赃十五千文之事。复据畅张氏供明："伊夫实因捏帐败露，愧悔自尽。伊前心疑上告，经府提讯，业已查明悔销。此次畅兆俊假伊之名京控，伊实不知。果伊夫死有别情，岂肯隐瞒？"质之畅兆俊，无可置喙，自认图诈，假名捏控，究诘不移，案无遁饰。

查律载"诬告人死罪未决者，杖一百，流三千里，加徒役三年"等语。此案畅兆俊因堂兄畅兆吉捏帐败露，愧悔自尽，迭为其嫂畅张氏作抱上告。迨经府讯，(畅)张氏具悔结案，该犯索分葬费银两未遂，复思图诈，假名捏情京控，实属不法。查所控各情，惟架砌韩麻子等谋勒畅兆吉毙命为重，如果得实，韩麻子等均应分别首、从，拟以斩绞。今讯属子虚，应按律问拟。畅兆俊合依"诬告人死罪未决"律，杖一百，流三千里，加徒役三年。事犯到官，虽在咸丰二年四月初三日恩诏以前，核其情罪，不在准减之列，应不准其援减，至配折责安置。

县差贾兴，得受畅兆俊口食钱一千五百文，虽讯系畅兆俊情愿给与，于法无枉。惟以在官人役收受有事人财，究属不合，应照"不枉赃一两以上，杖七十，无禄人减一等"，杖六十。事在赦前，应予宽免，仍行革役。韩麻子、李锡、王元、张大，均讯无殴勒毙命，移尸装缢情事，应与并未受贿匿伤之刑仵刘升等，均毋庸议。无干省释。畅兆吉尸棺，饬令畅张氏自行安葬。案已讯明，未到人证，免提省累。除供招咨部外，所有审明定拟缘由，理合恭折具奏，伏祈皇上圣鉴，敕部议覆施行。谨奏。(咸丰二年)六月十九日。咸丰二年七月初一日奉朱批："刑部议奏。钦此。"

505 奏闻陕省派赴湖北防兵全数出境由

陕西巡抚臣张祥河跪奏，为派赴湖北防堵官兵全数出境，恭折奏闻，仰祈圣鉴事。

窃臣前奉谕旨，著挑选精兵二千名，驰赴湖北防堵。当即钦遵，分别派调，恭折奏报。一面咨商督臣，遴委陕安镇总兵福诚，署潼关协副将题升金塔协副将尹培立统带。嗣先调之兵一千名分起行走，于五月二十四日起，至六月初三日行出潼关。续调之一千名，饬催陆续跟接前进。现据潼关厅等禀报，该官兵等自六月初九日起，至十六日全数趱出陕境，沿途行走，俱极安静。各属供支，亦无贻误。其副将尹培立，总兵福诚，亦即于六月初三并十五日先后起程，统带前项官兵驰往。至各官兵应领行装、口粮，俱已照例给发。除俟事缓造报外，所有陕省派赴湖北防兵全数出境缘由，谨会同陕甘督臣舒兴阿，合词缮折具奏，伏乞皇上圣鉴。谨奏。(咸丰二年)六月十九日。咸丰二年七月初一日奉朱批："知道了。钦此。"

506 奏为长安令赵光揩请展限更调俟科场事竣遴选接署有人再行给咨赴部由

再，署长安县事宜君县知县吕式古，因病出缺，除另疏题报外，所遗原署长安县，系省会首邑，现在办理兵差转驿，又值科场，均关紧要，一时乏员委署。查该县员缺，前以泾阳县知县赵光揩调补，业经奉部覆准，应即饬令赵光揩赴任，以专责成。至该员于上年大计卓异，并请循例展限，俟科场事竣，遴选接署有人，再行给咨赴部。谨附片具奏。咸丰二年六月二十四日奉朱批："知道了。钦此。"

507 奏闻委江士松署商州直隶州篆由

再，准升商州直隶州知州唐李杜，请咨赴部。所遗系南山繁疲难要缺，管辖四县，在在与湖北、河南毗连，一切巡缉事宜，均关紧要，应行拣员接署。查有绥德州知州江士松，老成明练，堪委署理。其所遗绥德州员缺，查有佛坪厅同知李梦愚，堪以委署，据藩、臬两司会详前来。除批饬遵照外，理合循例附片陈明。谨奏。咸丰二年七月初一日奉朱批："知道了。钦此。"

508 奏闻查明京控案件并无逾限由

再，京控案件有无逾限，每届半年，例应汇奏一次。兹查陕西省自本年正月以来，有盩厔县民吴雄藩，渭南县民畅兆俊、韩添奉三起，均已讯结，现在分别奏咨。又，凤翔县回民铁九恭一起，因有要证尚未提到，核计限期，并无迟逾。

此外，有怀远县民朱怀德，略阳县民陈潮远，商南县民李振敏三起，俱甫于三、四、五等月递到，原告亦经行司提审。除督率承办各员，随时秉公讯拟，依限办理外，所有查明京控案件并无逾限缘由，理合附片陈明。谨奏。咸丰二年七月初一日奉朱批："知道了。钦此。"

509 奏报地方雨水及田禾情形

陕西巡抚臣张祥河跪奏，为恭报雨水田禾情形，仰祈圣鉴事。

窃照陕省各属五月下旬暨六月上旬雨水田禾情形，业经臣恭折具奏在案。兹据西安、延安、凤翔、汉中、同州、兴安、商州、邠州、乾州、绥德等府州属，陆续具报于六月十三、十九、二十、二十一，及七月初四、五、六、七、八、九、十并十一等日，先后得雨一、二、三、四、五寸至深透不等。

臣查陕省南、北两〔水〕(山)，雨水均各不缺。其平原一带，近亦叠获甘膏，各色秋禾，正当长发之时，甘泽频沾，生机益畅。即芋蔬瓜果，亦皆一律青葱，十分芃茂，民情欢悦，四境安恬，堪以仰纾宸注。

谨将六月分各属粮价，敬缮清单，恭呈御览，伏祈皇上圣鉴。谨奏。(咸丰二年)七月十九日。咸丰二年七月三十日奉朱批："知道了。钦此。"

510 奏报兴安被水委员查办情形

陕西巡抚臣张祥河跪奏，为兴安府被水情形较重，委员查办，恭折奏祈圣鉴事。

窃照七月二十三日，臣转据兴安府知府王履亨，暨安康县知县刘应祥禀报，该府向有新、旧二城，新城系驻陕安镇并各弁兵，地尚高阜；旧城系该府县与教佐泛官并商民所居，本属窪下，东西北三面，皆临汉江。自七月初八日起至十三日，大雨如注，江水泛溢，更兼各路山水围绕城垣。该府等会同属陕安镇总兵恒兴，多派兵役，预备沙袋，堵筑城门，连日雨势不止，昼夜防范。

讵于十四日巳刻，水陡长七八丈，势极汹涌，人力难施，以致城墙倒卸多处，水即直入冲塌房屋，淹毙人口。该府等饬将监犯提至高阜安置，一面经署镇恒兴，在新城多雇船只，捞救被水居民。所有文武衙署、监狱、仓库，以及庙宇、书院、考棚等项，全行冲塌淹没，案卷未及抢出者，亦多遗失。知县刘应祥怀印被淹，拘椽浮沉，遇救得生，首、臂受伤。典史张绍升已被淹毙，追捞获尸身，钤记尚系腰间未失。现在水势渐退，容俟赶紧查勘户口、房间，再行详报。至救出灾民，已经捐廉煮粥散放，地方安静，但人数众多，必得宽为筹备。镇城原设常平仓稻谷三千石，拟即碾米，作为接济，附禀前来。

臣查该府依山濒江，每遇山水暴发，江水盛涨之年，往往漫至关厢，设法堵御，旋即消退。惟道光十二年八月，曾经冲塌城垣、衙署、仓库、监狱，淹毙人口，查办赈恤修葺在案。此次情形相似，而较前尤重，亟须查勘安抚。随飞檄陕安道陈晋恩，驰往该府，督率查办，一面拣委曾任安康多年之咸宁县知县陈仪，携带银两前往。并添派候补知县周蕃寿，协同将被灾贫民户口、房间，勘查明确，妥为安抚。

此外，沿江各乡有无被淹之处，如何调济，分别具详请奏，务俾灾黎糊口有资，以仰副圣主轸念元元，不使一夫失所至意。其被冲之城垣、衙署、仓厫、监狱等工，亦即饬令确勘，照例估计请修。所有兴安府被水较重，委员前往查办缘由，理合先行缮折具奏，伏乞皇上圣鉴。谨奏。(咸丰二年)七月二十九日。咸丰二年八月初九日奉朱批："□□。钦此。"

511 奏为薛迎瑞捐输粤西军饷银两请恩赏带蓝翎由

再，据朝邑县具报，该县议叙盐提举职衔薛迎瑞，捐输粤西军饷银五千两，解交司库兑收等情。查前有四川补用同知程廷桀，在陕捐银五千两，奉旨赏带蓝翎。今薛迎瑞以五品职衔人员，捐银五千两，核与程廷桀之案相符。合无仰恳圣恩，赏带蓝翎，恭候钦定，谨附片具奏。咸丰二年八月初九日奉朱批："□□。钦此。"

512 奏为绅民续捐粤西军饷请予奖励由

陕西巡抚臣张祥河跪奏，为绅民捐输军饷，续行恳恩奖励，仰祈圣鉴事。

窃照陕西各属官绅、士庶，先后捐输粤西军饷银九十三万馀两，业经臣将长安等州县捐银六百两以上之绅民，两次开单，奏恳恩施奖励在案。兹据朝邑等十县造具各捐户姓名、银数及请给职官，并京外文武职衔册籍前来。臣查前奉谕旨："该省绅民所捐银两，著俟该抚陆续奏到，再行分别奖励等因。钦此。"今该绅民等踊跃输将，闻风兴起，实皆出于至诚，自应酌请甄叙，以奖其报效之忱。

除捐银二百两至四五百两者，造册送部，照海疆捐输章程议叙外，其捐资较多之绅民，分别等差，开缮清单，恭呈御览。合无仰恳圣恩，准予奖励，以昭激劝而示观感。至未经造册各处，饬催到日，核明兑收银两，是否在接奉部文之后，按照章程及新定条例，分别奏咨请叙。所有绅民捐输续恳奖励缘由，谨缮折具陈，伏乞皇上圣鉴训示。谨奏。(咸丰二年)七月二十九日。咸丰二年八月初九日奉朱批："□□。

钦此。”

513 奏报延长令张正修与保安令对调

陕西巡抚臣张祥河跪奏，为知县回避原籍，循例拣员对调，恭折奏祈圣鉴事。

窃据藩、臬两司会详，据延长县知县张正修禀称，“年四十一岁，山西介休县人，由捐输知县补授长武县知县，旋调今职，道光三十年十一月到任。查得原籍介休县小路至任所，计程四百四十里，系在五百里以内，例应回避”等情，于咸丰元年二月初六日禀报到司，当经详请盘查原籍去后。

兹于本年五月十八日，奉准山西巡抚咨开：“查明介休县僻径小道至灵石县冷泉关四十五里，冷泉关至隰州石嘴会七十五里，石嘴会至永和县刘家圪台一百七十里，刘家圪台至陕西延川县黄河渡一百一十里，以上共计四百里等因。”随复饬据延川县“查自黄河渡至延长县交界之交口镇小路四十里”，申覆前来。查定例：“题补得缺之员，到任始知原籍僻径小路与任所在五百里以内，准其酌量改调回避。”今张正修原籍小路，相距任所既在五百里以内，自应照例回避。延长系属选缺知县，应于选缺内拣选。查有保安县知县吴潮生，堪以对调，会详请奏前来。

臣查保安县知县吴潮生，年四十二岁，江苏附监生，由捐输知县选授今职，道光二十八年十二月到任。该员年力正强，安详勤慎，堪与张正修对调。相应请旨，将保安县知县吴潮生，调补延长县知县。其所遗保安县员缺，即以张正修调补，洵堪胜任，与例亦符。该员等互相调补，衔缺相当，毋庸送部引见。所有知县回避原籍，例应拣员对调缘由，谨会同陕甘督臣舒兴阿，合词恭折具奏，伏乞皇上圣鉴训示。谨奏。（咸丰二年）七月二十九日。咸丰二年八月初九日奉朱批：“吏部议奏。钦此。”

514 奏报审办砖坪厅地方客民李沅因奸谋杀案

陕西巡抚臣张祥河跪奏，为审明因奸谋杀本夫，攸关服制重犯，分别定拟，遵例具奏，仰祈圣鉴事。

窃据砖坪厅通判万启埬详报，客民李沅与小功弟妻李袁氏通奸，商同谋杀本夫李硲书身死一案，当经批饬解去后。兹据兴安府知府王履亨审明，由署臬司程德润覆审解勘前来，臣提犯亲讯。缘李沅籍隶湖南德州，寄居该厅，务农度日。与已死小功服弟李硲书邻近居，常相往来，李硲书之妻李袁氏见面不避。道光三十年九月间，不记日期，李沅至李硲书家闲坐，乘间与李袁氏调戏成奸，后非一次，并未给过钱物。李硲书先(不)知情。咸丰二年二月十八日，李沅往与李袁氏续奸已毕，同坐说笑，适李硲书外归撞见，生气叫骂，李沅跪走，李硲书揪住胸衣，抓伤李沅肾囊，李沅挣脱逃避。李硲书复将袁氏揪殴。益因袁氏狡赖不认，李硲书随将袁氏搬回娘家，与妻弟袁家银同居，时向袁氏殴詈，追究奸情。并称日后定将奸夫、淫妇，一并杀死泄忿。

三月二十六日夜，李沅探知李硲书与袁家银俱各外出，往寻袁氏续奸。袁氏告知前情，嘱其不必再往。讵李沅恋奸情热，起意谋杀，即以"不如先将李硲书砍死，假装被不知姓名人杀害，既可保全性命，又可长久奸好"之言，向袁氏密商，袁氏亦恋奸应允，约定次夜下手，李沅复问明李硲书睡卧处所走散。二十七日夜，袁氏暗将门机退开虚掩，仍与李硲书脱衣就寝。三更时分，李沅携刀潜往，听闻李硲书鼾声睡熟，推门进内，走至床边，用刀砍伤李硲书顶心头门。李硲书惊起，抓住李沅左手，大声喊救。李沅恐人听闻，即用刀乱截，砍伤李硲书左后肋、右胳膊，松手滚跌下床，李沅又戳伤其肚腹。惟时袁氏起身穿衣，并未声张。经王黑子、袁家银闻声趋视，瞥见李沅携刀自内跪走，同至袁氏房内查看，李硲书业已殒命，当向袁氏盘出情由报验。获犯详讯，由司解勘，臣亲提研鞫，据供前情不讳。严诘此外再无同谋加功之人，各供不移，案无遁饰。

查律载："妻因奸同谋杀死亲夫者，凌迟处死。"又例载"亲属相奸，如奸夫将本夫杀死，或与奸妇商同谋死者，奸妇依律问拟，奸夫拟斩立决"各等语。此案李沅因与小功弟妻李袁氏通奸，被本夫李硲书撞见殴詈，辄商同李袁氏，将李硲书谋毙，应按律问拟。李袁氏合依"妻因奸同谋杀死亲夫者，凌迟处死"律，凌迟处死。李沅(系)李硲书小功服兄，合依"亲属相奸，奸夫将本夫杀死者，斩立决"例，拟斩立决，照例刺字。王黑子、袁家银救阻不及，均毋庸议。无干省释。除全案供招咨部外，所有审明定拟缘由，遵例专折具奏，伏乞皇上圣鉴，敕部核覆施行。谨奏。咸丰二年七月三十日奉朱批："刑部速议具奏。钦此。"

515 陕省收捐监生及银数

再，查陕省收捐监生银两，截至咸丰二年五月底止，存银四千六十六两，经臣附片奏明在案。今六月分又报捐监生九名，收银九百七十二两，连前司库共实存银五千三十八两，理合附片奏闻。谨奏。咸丰二年七月三十日奉朱批："户部知道。钦此。"

516 奏报雨水田禾情形

陕西巡抚臣张祥河跪奏，为恭报雨水田禾情形，仰祈圣鉴事。

窃照陕省各属六月中旬暨七月初旬雨水田禾情形，业经臣恭折具奏在案。兹据西安、凤翔、汉中、榆林、同州、兴安、商州、邠州、乾州、鄜州等府州属，陆续具报于七月十二、三、四，暨二十并二十五、六等日，先后得雨一、二、三、四寸至深透不等。

臣查陕省各属，入秋以后雨泽频沾，兹当秋禾吸籽升浆，又复获此甘膏，洵属大有裨益。其留种冬麦之地，亦可及时翻犁播种。至南、北两山包谷、杂粮，现已成熟，将次收获。粮价平减，民气安恬，堪以仰慰圣怀。谨将七月分各属粮价，敬缮清单，恭呈御览，伏乞皇上圣鉴。谨奏。(咸丰二年)八月二十日。咸丰二年九月初一日奉朱批："知道了。钦此。”

517 奏请以庆升升补定远厅同知

陕西巡抚臣张祥河跪奏，为拣员升补南山要缺同知，以重地方，仰祈圣鉴事。

窃照定远厅同知(何)丙勋，因获盗犯以知府用，于咸丰二年六月十四日接到部咨，准拟离任，留陕候补。坐五月二十三日，陕省例限五十日减半计算，扣至六月十八日，作为开缺日期。所遗系繁疲难边要缺，例应在外拣选升调。该厅地处南山，界连川省，五方杂聚，良莠不齐，一切弹压抚绥，均关紧要，非精明干练之员，不足以资治理。

臣与藩、臬两司，在于通省实任同、通、知州、知县及候补同知，并(应)升各员内逐加遴选，非现居要缺，即人地未宜。惟查有汉阴厅通判庆升，年四十三岁，内务府汉军镶黄旗人。由笔帖式加捐通判，充国使馆校对官，纂辑《武职大臣年表》，书成议叙，选补汉阴厅抚民通判，道光二十八年十一月到任。该员年壮才明，勤于听断，熟悉南山情形，历俸已满三年，任内因公处分，例不核计。以之升补定远厅同知，实属合例，亦堪胜任，据藩、臬两司，于八月初三日会详前奏前来。

合无仰恳天恩，俯念南山要缺需员，敕部核覆，准以汉阴厅通判庆升，升补定远厅同知，实于地方有裨。如蒙俞允，俟部覆至日，给咨送部引见。至所遗汉阴厅通判，系属简缺，陕省现有应补人员，容俟庆升准升部覆至日，另详请补。所有拣员请升南山要缺同知缘由，谨会同陕甘督臣舒兴阿，合词恭折具奏，伏乞皇上圣鉴训示。谨奏。(咸丰二年)八月二十日。咸丰二年九月初一日奉朱批：“吏部议奏。钦此。”

518 奏报陕省收捐监生银数

再，查陕省收捐监生银两，截至咸丰二年六月底止，存银五千三十八两，经臣附片奏明在案。今七月分又报捐监生九名，收银九百七十二两，连前司库共实存银六千一十两，理合附片奏闻。谨奏。咸丰二年九月初一日奉朱批:“户部知道。钦此。”

519 奏报藩司吴式芬暂署按察使篆务

再,署按察使候补道程德润因病出缺,所遗篆务,查新任臬司长臻不日即可到任,现在尚无紧要案件,即委藩司吴式芬暂行兼署。除檄饬遵照外,合并附片陈明。谨奏。咸丰二年九月初一日奉朱批:“知道了。钦此。”

520 奏报派兵前往截堵粤匪北窜

再,臣于八月十六日,接准军机大臣字寄:“初十日奉上谕:‘现因粤匪窜扰湖南,豫、皖两省调兵过多,须于邻省备调接应。著舒兴阿、张祥河,于陕甘各标官兵内,选备精兵三千名,如安徽、河南等省咨调,即奏明派往毋误等因。’”

臣于两月前,先经知会固原标豫备兵五百名,延绥镇标豫备兵五百名,并本城西安将军满营豫备兵一千名,认真操演,以备征调。兹奉旨豫备官兵三千名,当由五百里札商督臣舒兴阿,如数添办,并豫派得力将弁,一面妥备军装器械,静候咨调。谨附片具奏。咸丰二年九月初一日奉朱批:“览。钦此。”

521 奏报本年陕甘文闱乡试情形

再,本年陕甘文闱乡试,应调同考官十员。查现任实缺州县,进士、举人出身者,多有经手要件,不敷调派。除于甘肃、陕西实缺州县内考取七员外,遵照道光十年通行章程,在候补人员中考选,得现署岐山县知县萧为光,前任南郑县知县陈模,候补知县郑庆崧三员,文理优长,一体充当分校。至两省应试士子,共计七千二十馀名,经臣于八月初六日入闱监临,三场均极安静。

十七日,按试西安、宁夏驻防翻译士子二十六名,照例点进贡院。凉州驻防,并无应试者。随向内帘恭领钦颁题纸,在严密处所缮写刊刻，发给士子。十九日交卷出场，一切场规，亦极严肃。除将翻译试卷二十六本，逐一弥封，总包钤印，即日委员解交礼部外，所有原奉钦颁陕甘驻防乡试题并朱封，谨于此次附折恭缴。臣即于二十日出闱回署办事，仍留提调、监试二道，在闱内稽查弹压，谨附片奏闻。咸丰二年九月初一日奉朱批："知道了。钦此。"

522 奏请以蔡天锡调凤县令由

陕西巡抚臣张祥河跪奏，为拣员升补南山边缺知县，以裨地方，仰祈圣鉴事。

窃照凤县知县富星阿病故，遗缺系南山沿边要缺，例应在外拣员调补，当以撤任察看之南郑县知县陈模，奏请改补。旋于七月三十日接准部咨："南郑县系冲繁难内地要缺，凤县系边要缺。陈模既于南郑首剧人地未宜，应不准其改补凤县知县。其凤县员缺，饬即另拣合例人员题调等因。"查凤县地处南山，五方杂处，一切弹压巡缉，均关紧要，必须熟悉情形，精明干练之员，方足以资治理。臣随督同藩司，在于通省现任及候补正途知县内逐加遴选，非现居要缺，即人地未宜，实无堪以调补之员。

惟查有按察司经历蔡天锡，年四十八岁，福建监生，由长安县典史，捐输经费保奏，奉旨："著以按察司经历，遇缺即补。钦此。"咨补今职，道光二十五年六月到任。俸满保荐，三十年大计卓异。该员年壮才明，办事勤奋，在陕多年，熟悉南山情形，且系卓异及俸满保荐应升之员，以之升补凤县边要缺知县，实属人地相宜，亦堪胜任。惟查凤县系属调缺，该员蔡天锡系应升题缺之员，今请升调缺，与例稍有未符。但南山员缺紧要，人地实在相需，据藩司兼署臬司事吴式芬，于八月二十七日援例具详请奏前来。

合无仰恳天恩，俯念南山沿边要缺需员，敕部核覆，准以按察司经历蔡天锡，升补凤县知县，实于地方有裨。如蒙俞允，俟部覆至日，给咨送部引见。至所遗按察司经历员缺，陕省现有应补人员，容俟蔡天锡准升部覆至日，另行咨补，合并陈明。所有拣员请升南山边缺知县缘由，谨会同陕甘督臣舒兴阿，合词恭折具奏，伏乞皇上圣鉴训示。谨奏。（咸丰二年）九月初八日。咸丰二年九月十八日奉朱批："吏部议奏。钦此。"

523 奏请将撤任令陈模留省另补由

陕西巡抚臣张祥河跪奏，为撤任知县人地未宜，留省酌量补用，仰祈圣鉴事。

窃照撤任南郑县知县陈模，前经臣奏请改补凤县知县，现接部咨："不准改补。其凤县员缺，饬即另拣合例人员题调。至陈模既于南郑县首剧不甚相宜，或留于该省酌量另补，行令查明具奏等因。"除凤县一缺，拣员另折奏请升补外，查撤任南郑县知县陈模，年四十七岁，浙江进士，即用知县。先补宜君县知县，旋调今职，道光三十年八月到任。因于南郑人地不甚相宜，奏请撤任调省查看。该员心地朴实，办事稳练，惟于南郑县附郭首邑人地未宜，据藩司兼署臬司事吴式芬，具详请奏前来。

相应请旨，将撤任南郑县知县陈模留省，遇有相当缺出，酌量补用。至所遗南郑县知县员缺，系冲繁难要缺，容俟准到部覆，另行拣调，合并陈明。所有知县难胜首剧之任，留省酌量补用缘由，谨会同陕甘督臣舒兴阿，合词恭折具奏，伏乞皇上圣鉴训示。谨奏。（咸丰二年）九月初八日。咸丰二年九月十八日奉朱批："依议。吏部知道。钦此。"

524 奏报陕省秋禾约收分数

陕西巡抚臣张祥河跪奏，为恭报陕省秋禾约收分数，仰祈圣鉴事。

窃照秋禾约收分数，例应先行奏报。兹据西安、延安、凤翔、汉中、榆林、同州、兴安、商州、邠州、乾州、鄜州、绥德十二府州，将所属秋禾约收分数开折呈报，由司具详前来。

臣覆加查核,统计陕西各属九十一厅州县,多寡牵算,约计收成六分有馀。理合缮具清单,恭呈御览,伏祈皇上圣鉴。谨奏。咸丰二年九月十八日奉朱批:"知道了。钦此。"

525 奏为查勘与楚北交界地带并险要形势绘图贴说预防奸细等由

再,陕省南山濒临楚江,与楚北接壤之地甚多。臣于夏秋间饬司,委候补直隶州知州陈捷魁巡历汉中一带,候补知县周蕃寿巡历兴安一带,逐细查勘交界处所并险要形势,绘图贴说,一面预防奸细阑入。于何处吃紧,即于何处添派兵役,力加侦缉。遇有面生可疑之人,立时拿究,并节次咨行镇将,及饬该管道府,于查保甲之外,一体遵办。兹复勘得,险要处向有卡房,可以修用,即确查各营旧存之抬炮、抬枪,酌量移置。如有宽阔之地,再设炮台,安放大炮。

臣现手定团练简明章程十二条,刊刷晓示。仍委熟悉形势之知州陈捷魁,带同石泉县知县侯国璋,按察司经历蔡天锡,驰赴白河、洵阳、紫阳、平利、商州、商南、山阳等州县与楚北交界处所,以次举行,俾早晚练习,日中仍令各安本营,无妨生理。办有成效,官为合操,分别奖励。凡此均为百姓保卫身家,亦地方官巡缉匪徒应办之事。所有择要团练缘由,谨附片具奏。咸丰二年九月十八日奉朱批:"知道了。钦此。"

526 奏报地方雨水及田禾情形

陕西巡抚臣张祥河跪奏,为恭报雨水田禾情形,仰祈圣鉴事。

窃照陕西省七月分雨水田禾情形,业经臣恭折具奏在案。兹据西安等府州属先后具报,八月以来,均未得雨。臣查陕西各属,本年七月间雨泽较多,土膏滋润。所有平原一带,二麦均已播种出土,现止山头地角间,有未能种齐,如于月内得雨,尚不为迟。其南、北两山早晚秋禾,亦各次第收获,民情欢悦,地方安贴,堪以仰慰圣怀。谨将八月分各属粮价，敬缮清单，恭呈御览，伏祈皇上圣鉴。谨奏。（咸丰二年）九月二十日。咸丰二年十月初一日奉朱批："知道了。钦此。"

527 奏报陕西省收捐监银数目

再，查陕省收捐监生银两，截至咸丰二年七月底止，存银六千一十两，经臣附片奏明在案。今八月分又报捐监生七名，收银七百五十六两，连前司库共实存银六千七百六十六两，理合附片奏闻。谨奏。咸丰二年十月初一日奉朱批："户部知道。钦此。"

528 奏报拣委庄浪协副将松龄等率领精兵三千名驰赴湖北候遣

再，臣于九月十八日承准军机大臣字寄："奉上谕：'著舒兴阿、张祥河，将所备精兵三千名，迅派得力将弁，星速驰赴湖北，听候调遣，毋稍迟误等因。'"查前奉谕旨，饬备兵丁，当经臣咨会督臣舒兴阿，在于陕西固原提标属挑选兵一千名，延绥镇标属挑选兵五百名，其馀一千五百名，由督臣于河州、宁夏两镇标及督标挑选，共足三千之数。并预备火药、军装、器械，拣委得力之庄浪协副将松龄，花马池营参将吉连，宜君营参将方台管带，经臣与督臣先后奏闻在案。

兹臣遵即分行各营，催令赶紧分起启行，星驰前赴湖北，听候调用，不得稍有迟误。除俟各兵全数出境，另行奏报外，所有遵办缘由，合先附片具陈。谨奏。咸丰二年十月初一日奉朱批："知道了。钦此。"

529 奏请以卫绪涣署理陇州知州

再，现署陇州知州候补知县钱钧，具报闻讣丁忧。所遗员缺，查有淳化县知县卫绪涣，任内并无盗劫已起四参，及钱粮未完展参降调处分之案，堪以委令署理，据藩司兼署臬司具详前来。除批饬遵照外，理合循例附片陈明。谨奏。咸丰二年十月初一日奉朱批："知道了。钦此。"

530 奏报遵旨停止团练操演事

陕西巡抚臣张祥河跪奏，为覆陈南山择要暂行团练，系循照旧章试办，现在遵旨训示，停其操演，仍饬力行保甲事。

九月二十六日，接准军机大臣字寄："奉上谕：'张祥河奏择要举行团练等语云云。钦此。'"伏查陕省南山择要暂行团练，原议就旧有之卡房、土堡，旧存之枪矛、刀械，一律修整。并查户口之多寡，有壮丁者户出一丁，无则免派，以时练习，仍安本业，悉照嘉庆年间堵御教匪成案办理。其经费无多，另由臣等捐廉酌给。先经委员查勘时，询问绅耆，佥以捍卫地方，守望相助，有备无患，均各乐从。遂定章程，如葺卡房、修器械、立社长、教技艺、时练习、肃征令、广储蓄、备工匠、设哨探、严约束、禁饮博、戒欺凌十二条，檄委候补直隶州知州陈捷魁等，赴商州及商南县最要处所，先为试行。此系就民结团，官为经理，以本境之人，防护本境，非如招募无业之人，易聚难散。

兹奉到谕旨训示，诚恐小民有妨生理，臣跪读之下，曷胜钦佩！现在饬令停其操演，将朝廷恤民至意，传谕绅耆，务在戢暴安良，以坚众志。至卡堡本系旧有，仍加修葺，器械整理后，仍归库收储，壮丁造册存记，呼应较便。臣惟有严饬各营汛弁兵，勤加训练，并谆饬所属，于编查保甲，加紧加严，力行毋懈，以靖奸宄而辑边方。所有现办情形，谨据实详细具覆，伏乞皇上圣鉴。谨奏。(咸丰二年)十月初二日。
咸丰二年十月十三日奉朱批："知道了。钦此。"

531 奏报保荐试用知府赵维广堪膺繁缺知府之任

陕西巡抚臣张祥河跪奏，为知府试用期满，循例甄别，恭折奏祈圣鉴事。

窃照捐纳知府分发到省，试用一年期满，例应察看才具，分别堪胜繁简，专折奏闻。兹查试用知府赵维广，年四十二岁，直隶优贡，考取八旗官学教习。先在顺天捐输内阁中书，嗣加捐知府，分发陕西。咸丰元年四月引见，奉旨："著照例发往。钦此。"是年九月二十三日到省。扣至本年九月二十三日，试用一年期满，据藩司兼署臬司事吴式芬，以赵维广年壮才长，老成勤慎，堪膺繁缺知府之任，具详请奏前来。

臣查该府赵维广，才具明晰，办事克勤，堪以繁缺知府，照例补用。仍当随时留心察看，倘始勤终怠，即当据实奏办，断不敢稍事姑容，以期仰副圣主澄叙官方至意。所有循例甄别缘由，谨会同陕甘督臣舒兴阿，合词恭折具奏，伏乞皇上圣鉴。谨奏。(咸丰二年)十月初二日。咸丰二年十月十三日奉朱批："吏部议奏。钦此。"

532 奏报雨雪麦苗及粮价等情形

陕西巡抚臣张祥河跪奏，为恭报雨雪麦苗情形，仰祈圣鉴事。

窃照陕省各属本年八月田禾情形，业经臣恭折具奏在案。兹据西安、延安、凤翔、同州、商州、邠州、鄜州、乾州等府州属先后具报，于九月二十三及十月初二、三，并初九、初十、十一等日，各得雨雪，除融化入土外，积厚一、二、三寸不等。

臣查陕省各属，向以二麦为重。本年七月间雨水较多，播种极广，其山头地角，于九月得雨后，亦皆补种齐全，现已出土，获此雪泽滋润，大有裨益。田园菜蔬，一律芃茂，民情欢悦，四境安恬，堪以仰慰圣怀。谨将九月分各属粮价，敬缮清单，恭呈御览，伏祈皇上圣鉴。谨奏。(咸丰二年)十月二十三日。咸丰二年十一月初六日奉朱批："知道了。钦此。"

533 奏报捐监银两

再，查陕省收捐监生银两，截至咸丰二年八月底止，存银六千七百六十六两，经臣附片奏明在案。今九月分又报捐监生七名，收银七百五十六两，连前司库共实存银七千五百二十二两，理合循例附片奏闻。谨奏。咸丰二年十一月初六日奉朱批："户部知道。钦此。"

534 奏报兴安府办赈完竣

陕西巡抚臣张祥河跪奏，为办理兴安灾赈完竣，核明正赈、加赈实用银数，并续查出淹毙武弁二员，请旨赐恤事。

窃臣前将兴安府被水较重情形具奏，奉上谕："著该抚迅饬该管道府及委员等，(将)被灾贫民户口、房间，认真查勘，妥为抚恤。其沿江乡村被淹之处，并著查明具奏等因。钦此。"遵即转饬查办去后。兹据该管道府，督率印委各员逐一查勘，冲塌城墙五百四十三丈，城门楼一座，护城堤七百九十三丈。其馀城墙、城楼、城堤，俱皆鼓裂残缺。文武衙署、科房、案卷、书籍、仓库、监狱，以及铜尺、步弓、砝码、斛斗，并领存盐引三千四百二十馀道，考棚、书院、庙宇，城外之教场、演武厅，悉被冲没。府署虽尚存房十馀间，亦多歪斜，四无墙壁。监禁人犯先期提至新城，现在分寄邻封汉阴、平利等厅县监。库储银两俱经淘获。又冲没常平、义社仓粮，禄屯兵米，共京斗稻谷三万三千三百二十七石零。水涸后，淘出义仓京斗稻谷五百二十三石零，亦俱霉烂，经县变价钱三百八十馀千文，以备买补还仓。

又查出外委文玉珍、阮钧治，并兵丁十二名，均被淹毙。文玉珍尸身无存，钤记两颗，亦皆漂失，由营详司补发。又在配军流犯内，被淹之军犯安二小，尸已寻获，尚有流犯王盛辉、王可增二名，查找无踪，是否被淹，容另办理。至城关内外，被水贫民，冲塌房屋，淹毙人口，除有力自愿埋葬修盖外，实在乏食贫民三千二百六十四户，男女大小一万二千七百五十三口，照例先给一月本色口粮，需米一千六百四十一石零。碾动恒口仓京斗稻谷一千九百一十四石零，折京斗米九百五十七石零，不敷采买米六百八十四石零，共用银九百五十七两零。

冲塌无力贫民瓦草房九千二百二十馀间，当兹经费支绌之际，自应撙节筹办，酌按人口多寡，自一二口至三口，给予一间修费，至多者以三间为率，共房四千四百八十七间，需银四千九百九十四两。淹毙男女大口一千一百五十六口，小口二百二十六口，照例每大口给银二两，小口给银一两，需银二千五百三十八两，共银八千四百八十九两零。惟被水之后家口伤残，生计维艰，情殊堪悯，应再加赈一月，折色口粮需银一千九百六十九两零。现交冬令，天气渐寒，当即循照道光十二年成案，及时散给，该灾黎等感沐皇仁，业已各得其所。以上正赈、加赈，统共用银一万四百五十九两零。此外，沿江乡村被淹无多，秋收中稔，本年应完钱粮，毋庸蠲缓等情，由藩司吴式芬具详前来。

臣覆核无异。所散银两，均系实用。至续行查出淹毙之署中营经制外委，兴安城守营额外外委文玉珍；署左营经制外委，砖坪营额外外委阮钧治，合无仰恳天恩，敕部照例议恤之处，恭候钦定。其被冲城堤、衙署等项工程，俟堪估明确，分别缓急，再行陈奏。文卷饬令补钞存案。除将散放银两细数，另疏题报外，所有办理灾赈完竣缘由，理合缮折具陈，伏乞皇上圣鉴。谨奏。(咸丰二年)十月二十三日。咸丰二年十一月初六日奉朱批："文玉珍、阮钧治，均著照例议恤。该部知道。钦此。"

535 奏报筹饷二十万两听候部拨

陕西巡抚臣张祥河跪奏，为遵旨移缓就急，筹备银二十万两，听候部拨，仰祈圣鉴事。

窃臣于十月初九日，承准军机大臣字寄："奉上谕：'著该督、抚督饬藩司，确查该省可减可删之款，及留支待用正、杂等项，约计至本年下忙为止，可以移缓就急者，每省或三、二十万两，或一、二十万两，各自体察情形，从宽筹备，迅速核明数目，于一月内奏到，候朕饬部分拨等因。钦此。'"遵即行据藩司吴式芬查明，具详前来。

臣复督同该司，逐加确查，陕西藩库现存一切正、杂银两，攸关支发，均属在所必需，实无可减可删之款。惟值军需孔亟，用饷浩繁，必须移缓就急，宽为筹备。臣等体察情形，悉心酌核，除随时支发各项，不便移动，及收存零星尾数不足济用者，均毋庸议外。查有本年秋拨后，各属应解地丁银二十五万馀两，已在冬拨册内造报续完。除陕省供应赴楚防剿官兵俸、装动银七万两，现存银一十八万馀两，向系奉部拨给本省次年兵饷之用，堪以暂行动拨。至明岁应放本省兵饷，尚有本年未完地丁，及来年上忙征收地丁，可以接项拨支，不致办理掣肘。

此外有捐监一款，截至本年九月底止，存银七千馀两。又本年各项减平存银一万五千馀两，俱系应行解京之项，亦可凑拨。兹拟于地丁项下动银一十八万两，捐监项下动银七千两，各项减平银内动银一万三千两，共足二十万两之数，恭候敕部分拨。所有筹备银两缘由，谨遵一月限内缮折具陈，伏乞皇上圣鉴。谨奏。(咸丰二年)十月二十三日。咸丰二年十一月初六日奉朱批："户部知道。钦此。"

536 奏报遵旨饬属暂停团练力行保甲

再，臣于十月二十一日，承准军机大臣字寄："十三日奉上谕：'张祥河奏遵旨暂停团练操演，力行保甲一折，即照所议办理等因。钦此。'"臣遵即恭录行知督臣，一体钦遵办理。并即严饬所属文武各官，务于操防稽察等事，勤加讲求，毋得稍涉疏懈，以期仰副圣主谆谆训饬至意。谨附片覆奏。咸丰二年十一月初六日奉朱批："览。钦此。"

537 奏报世职强盛龄情愿发标学习

陕西巡抚臣张祥河跪奏，为文生员兼袭世职情愿入标学习，遵照部咨，比例奏明请旨，仰祈圣鉴事。

窃照韩城县附生强盛龄，因伊祖强克捷原任河南滑县知县，于嘉庆十八年贼匪滋事，全家被害，蒙恩赏给骑都尉，世袭罔替。伊父强逢泰承袭后，荐升福建督粮道病故。道光十八年，该生接袭，经部奏明引见，准以文生员兼袭骑都尉。该生历应丁酉、己亥、庚子、丙午四科文乡试未第，呈恳请咨赴部，或发标学习。当即咨部，旋接部文，内开"世职并无赴部报效之例，亦无办过成案。该生如果情愿发标学习，应将文生员注销，由该抚考验弓马，比例奏明办理等因"到臣，饬知在案。兹据藩司详送前来。

臣查例载，“承袭云骑尉、恩骑尉人员，于未经发标学习之前，呈请考试者，准其以世职顶带应试，毋庸给与俸银。如应试数次后，仍愿入标学习者，准其发标学习，照例给俸。如本系文武生员兼袭者，准给世职俸银”等语。今强盛龄以文生员兼袭骑都尉，固与世职顶带应试者稍觉不同。惟云骑尉、恩骑尉应试数次后，均准发标学习，强盛龄于未发标之前，屡试不第，情愿投标学习，比之云骑尉、恩骑尉应试数次后仍愿入标者，实无二致。且其祖强克捷以身殉难，曾荷赐谥“忠烈”。其母徐氏抗节骂贼，活钉脔割，恩谥“节烈恭人”，建坊旌表。若因向无例案可循，遽不准其及时自效，似非仰体圣朝优待忠荩至意。

现经臣考验，强盛龄人体面，弓马亦堪造就。相应遵照部咨，比依“云骑尉、恩骑尉应试数次后发标学习”之例，奏明请旨。合无仰恳天恩，将强盛龄文生员注销，准其以骑都尉世职发标学习，恭候欽定。所有文生员兼袭骑都尉世职，情愿入标学习，遵照部咨，比例办理缘由，理合专折具奏，伏乞皇上圣鉴训示。谨奏。(咸丰二年)十一月初六日。咸丰二年十一月十七日奉朱批：“□□。钦此。”

538 奏报陕甘派赴湖北防兵全数出境

陕西巡抚臣张祥河跪奏，为恭报陕甘派赴湖北防兵全数出境，仰祈圣鉴事。

窃臣前奉谕旨，饬将所备官兵三千名，驰赴湖北，听候调遣。当即咨会督臣舒兴阿，拣派得力镇将，分别管带起程，经臣与督臣先后奏闻在案。兹查该官兵三千名，陆续行抵潼关，自十月初五日起，至二十六日全数趱出陕境。沿途行走安静，各属供支，亦无贻误。至各官兵应领行装、口粮，照例给发。除俟事竣造报外，所有陕、甘两省，派赴湖北防兵全数出境缘由，谨会同督臣舒兴阿，合词缮折具奏，伏乞皇上圣鉴。谨奏。(咸丰二年)十一月初六日。咸丰二年十一月十七日奉朱批:“知道了。钦此。”

539 奏报校阅省标营伍情形并甄劾箭射无准之弁咨部办理情形

陕西巡抚臣张祥河跪奏,为校阅省标营伍情形,并甄劾箭射无准之弁,咨部办理,仰祈圣鉴事。

窃照陕西抚标中、左、右三营弁兵,每届冬季,例应考校。兹臣调集,于十一月初二、三等日亲赴教场,先看大阵,步伐整齐,声势联络,杂项技艺,亦俱趫捷。特将抬炮、抬枪,挑出另演,中靶者十得八九,较前更有进境。其官兵马步弓箭,连日阅核,统计马步守兵,中箭成数在八分以上,分别奖赏,记名拔补;生疏者予以责惩,勒限练习。将领、备弁,骑射均尚可观。

惟查有箭射无准之中营候补千总,世袭恩骑尉左汝德,应革退随营候补,仍留世职。又左营候补千把总,武举刘占魁,应革退随营候补,仍留武举。当即咨部办理。臣仍严饬将领,按期认真操练,不任稍涉松懈。务使技勇精纯,咸成劲旅,以期仰副圣主修明武备至意。所有校阅省标营伍情形,暨甄劾咨部办理缘由,理合缮折具奏,伏乞皇上圣鉴训示。谨奏。(咸丰二年)十一月初六日。咸丰二年十一月十七日奉朱批:“兵部知道。钦此。”

540 奏报督缉匪类情形

再,臣节次饬属稽查匪类,严防卡隘。计自本年夏秋以来,递送湖北省灾民六起,共三百六十名口;江西省灾民一起,共一百六十九名口;安徽省灾民二起,共七十七名口。均系赀解各回本籍。又,各州县具报拿获刀匪六十三名,均已依法惩治。

近据潼关厅同知孙治,盘获直隶安肃县越狱斩犯许秃子一名。此外,尚有平利县拿获湖北武昌县逃凶魏明礼一名,南郑县拿获四川南江县抢劫盗犯刘现荣等十二名,绥德州拿获山西文水县游匪陈万勇等十二名,均于审供后,委员分别解交各省,归案讯办。似各属缉捕，尚有成效。除仍行令随时认真查拿外，所有督缉匪类情形，谨附片具奏。咸丰二年十一月十七日奉朱批："缉拿匪类，系平日地方应办之事，陕省近日情形，尚属认真。目下急务，惟在严密查拿会匪奸细。慎之！钦此。"

541 奏报地方雪泽麦苗情形

陕西巡抚臣张祥河跪奏，为恭报雪泽麦苗情形，仰祈圣鉴事。

窃照陕省各属九月下旬暨十月初旬雨雪麦苗情形，业经臣恭折具奏在案。兹据西安、延安、凤翔、汉中、榆林、同州、邠州、鄜州、绥德等府州属，陆续具报于十月十七、八、九，及十一月初二、三等日先后得雪，除融化外，积地一、二、三寸不等。

臣查陕省各属入冬以后，得雪虽未优渥，幸秋雨透足，土膏滋润，尚不致形干燥。若能月内续获祥霙，于二麦盘根，尤为有益。现在地方静谧，民气安恬，堪以仰慰宸廑。谨将十月分各属粮价，敬缮清单，恭呈御览，伏乞皇上圣鉴。谨奏。（咸丰二年）十一月二十五日。咸丰二年十二月初八日奉朱批："知道了。获沾雪泽，即行专折具奏。钦此。"

542 奏请奖励陕省捐输军饷绅民事

陕西巡抚臣张祥河跪奏，为陕省绅民捐输军饷，续行恳恩奖励，仰祈圣鉴事。

窃照陕省各属官绅、士庶，先后捐输军饷银九十三万馀两，业经臣将长安等厅州县捐银六百两以上之绅民，三次开单，奏恳恩施奖励在案。兹据渭南等十县造具各捐生姓名、银数册籍前来，臣查前奉谕旨："该省绅民所捐银两，著俟该抚陆续奏到，再行分别奖励等因。钦此。"

今该绅民等踊跃乐输，实皆出于至诚，自应酌请甄叙，以奖其报效之忱。除捐银二百两至四五百两造册送部，照海疆捐输章程议叙外，其捐资较多之绅民，分别等差，开缮清单，恭呈御览。合无仰恳天恩，准予奖励，以昭激劝而示观感。至未经造册各处，饬催到日，核明兑收银数，分别奏咨请叙。所有绅民捐输，续恳奖励缘由，谨缮折具陈，伏乞皇上圣鉴训示。谨奏。（咸丰二年）十一月二十五日。咸丰二年十二月初八日奉朱批："户部核议具奏。单并发。钦此。"

543 奏请以高陵知县德亮升补定远厅同知事

陕甘巡抚臣张祥河跪奏，为南山要缺同知拣员请升，仰祈圣鉴事。

窃照定远厅同知何丙勋，捐升知府离任遗缺，前以汉阴厅通判庆升升补。旋于十月十二日接准部咨，因庆升尚未请销试俸，与例未符，饬令另拣合例人员调补等因。臣查该厅地处南山，界连川省，五方杂聚，良莠不齐，一切弹压抚绥，均关紧要，非精明干练之员，不(足)以资治理。随与藩、臬两司，在于通省同、通、知州及候补同知，并有劳绩应升人员内逐加遴选，非现居要缺，即人地未宜。

惟查有高陵县知县德亮，年六十二岁，江宁驻防，满洲正白旗巴彦柱佐领下人，由进士选授今职，道光十三年七月到任。该员人甚朴实，办事老成，历俸已满十年，任内因公处分，例不核计。以之升补定远厅要缺同知，实属合例，亦堪胜任，据藩、臬两司，于十一月初十日会详请奏前来。

合无仰恳天恩，俯念南山要缺需员，敕部核覆，准以高陵县知县德亮，升补定远厅同知，实于地方有裨。如蒙俞允，俟部覆至日，给咨送部引见。至所遗高陵县，系属简缺，陕省现有应补人员，容另请补。所有拣员请升南山要缺同知缘由，谨会同陕甘督臣舒兴阿，合词恭折具奏，伏祈皇上圣鉴训示。谨奏。（咸丰二年）十一月二十五日。咸丰二年十二月初八日奉朱批："吏部议奏。钦此。"

544 奏为查明各属交代征存银两均经按限提解清楚由

陕西巡抚臣张祥河跪奏，为查明各属交代征存银两，均经按限提解清楚，循例具奏，仰祈圣鉴事。

窃照州县交代，每届年终，例应将有无征存未解银两，及交代各州县有无逾限之处，汇奏一次等因，遵办在案。兹据藩司吴式芬查明，咸丰二年分各属交代，扣至十月底止，据各府厅州县结报交代清楚，造送册结共五十三案。凡册造征存银两，均已陆续扫数提解完结，并无存留属库未解之项，亦无逾限未结交代，开单具详请奏前来。

臣覆核无异。除清单咨送户部，所有咸丰二年各属交代银两提解清楚缘由，理合循例恭折具奏，伏乞皇上圣鉴。谨奏。(咸丰二年)十二月初七日。咸丰二年十二月十九日奉朱批："户部知道。钦此。"

545 奏为密陈司道考语由

陕西巡抚臣张祥河跪奏，为密陈司道知府考语，仰祈圣鉴事。

窃照司道府等官，例应于年底出具切实考语，开单密奏。臣仰蒙天恩，畀任陕西巡抚已届四载，在省司道知府人品才(具)，每逢接见，无不留心体察。其省外道府，亦就其平日所办事件及士民舆论，互相参考，以期整饬官方。陕省现任各员，除臬司长臻，陕安道周鸣鸾，均到任未及三月，例不加考外。所有藩司并各道府，谨就臣闻见所及，出具切实考语，敬缮清单，恭呈御览，伏乞皇上圣鉴。谨奏。(咸丰二年)十二月初七日。咸丰二年十二月十九日奉朱批："知道了。单留中。钦此。"

546 奏报陕西省收捐监生银两数目

再，查陕省收捐监生银两，截至咸丰二年九月底止，存银七千五百二十二两，业经臣附片奏明在案。今十月分又报捐监生七名，收银七百五十六两，连前司库共实存银八千二百七十八两，理合循例附片奏闻。谨奏。咸丰二年十二月初八日奉朱批："户部知道。钦此。"

547 奏报查明兴安府被灾居民来春毋庸接济事

再，臣前准军机大臣字寄："奉上谕：'本年陕西兴安府城猝被水淹，经该省奏到，随时加恩赈济，小民谅可不致失所。惟念来春青黄不接之时，民力未免拮据。著传谕该抚体察情形，如有应行接济之处，查明据实具奏，务于封印前奏到等因。钦此。'”遵即饬司移行道府确查去后。兹据查明，由司具详前来。

臣查兴安府本年被水，均在城关内外，多系店铺商贾、匠作手艺之家，概有营生。其无力之户，前经按名赈恤，现在各安生业，来春青黄不接之时，不致拮据，应请毋庸再行接济。所有查明缘由，谨附片覆奏。咸丰二年十二月初八日奉朱批："知道了。钦此。"

548 奏报委华州知州叶椿龄署佛坪厅同知事

再，现署佛坪厅同知，候补直隶州知州张景萱，因患腿疾，解任调理。所遗员缺，查有华州知州叶椿龄，任内并无盗劫已起四参，及钱粮未完展参降调处分之案，堪以署理，据藩、臬两司会详前来。除批饬遵照外，理合循例附片陈明。谨奏。咸丰二年十二月初八日奉朱批："知道了。钦此。"

549 奏报选派官兵前赴河南防堵贼匪情形

再，臣于十一月十六日，承准军机大臣字寄："奉上谕：'著舒兴阿、张祥河，于陕甘提、镇各标内，挑选精兵二千名，派委得力将弁管领，星速驰赴河南，交署巡抚琦善，听候谕旨调拨，毋稍迟误等因。'"遵即在于陕西固原提标挑选兵五百名，延绥镇标挑选兵二百五十名，抚标挑选兵二百五十名。其馀一千名，咨会督臣，于甘肃标属挑选。

旋于二十二日接到督臣函覆，已在附近之甘肃提标派兵三百名，河州镇标派兵三百名，宁夏镇标派兵二百名，凉州镇标派兵二百名，共足二千名之数。遴委署抚标中军参将兵格，署汉凤营游击英贵，署甘肃提标中军参将张守仁，循化营参将崇贵分别管带。并饬各营，拣委备弁、千总等官管领，酌带火药、军装、器械，赶紧起程。

又准西安将军舒伦保咨，奉旨调派满营马队兵一千名，前赴河南防堵，亦即饬司支给俸、装，裹带盐、药、口粮等项。现在满营马队兵头起，已于二十日起启行，一俟该马队全数出省后，即令陕甘绿营各官兵跟接前进，不致迟滞。所有遵办缘由，谨附片具奏。咸丰二年十二月初八日奉朱批："知道了。钦此。"

550 奏报挑派官兵前赴河南防堵贼匪情形

再，臣正在封折间，于十一月二十四日辰刻，承准军机大臣字寄："十九日奉上谕：'琦善奏遵赴楚豫交界督防，请饬陕甘挑选兵丁，并著相机妥办等因。钦此。'"遵即恭录，咨会陕甘督臣舒兴阿照办。一面飞行汉中、兴安二镇，悉照谕旨挑派兵丁，遴选千、把，押队起程，由潼关驰赴河南，听候调遣。

至陕省本境应行防堵之区，在商州间道直达湖北襄阳，固应严防。而兴安之白河、洵阳、平利，以及镇安、山阳、商南等县，均皆壤接湖北郧西、郧县、竹山、竹溪，其中路径丛杂，处处可通，亦不可不为之计。臣前已委员，分赴交界处所察看要隘，设卡盘诘奸细，毋任闯入。现复遵旨相机妥办，总以镇静人心为要，容另奏报。所有接奉谕旨，调派兵丁缘由，合先附片具陈。谨奏。咸丰二年丨二月初八日奉朱批："知道了。钦此。"

551 奏为查明钱粮完解数目由

陕西巡抚臣张祥河跪奏，为查明本年钱粮完解数目，恭折奏闻，仰祈圣鉴事。

窃照前准部咨，令将新、旧钱粮，于十二月内查明已、未完解数目，先行奏明，仍于次年四月内具题等因，历经遵办在案。兹据藩司吴式芬详报，"咸丰二年分，额征民屯更起运，并粮折等项，除各属留支外，实应解司银一百三十三万一千二百五十二两零。自本年二月起，至五月底止，已完银八十七万二千六百七十三两零，业(经)奏报在案。

其未完银四十五万八千五百七十八两零，自六月起，至十一月底止，续完银三十九万四千五百三十二两零，均经解储司库。仍未完银六万四千四十五两零。统计本年钱粮，已完九分五厘一毫有馀”等情，具详前来。臣覆核无异。除将未完银两，严饬督催征解外，所有咸丰二年分额征新赋钱粮，截至十一月底止，已、未完数目，理合循例具奏，伏祈皇上圣鉴。谨奏。（咸丰二年）十二月十六日。咸丰二年十二月二十七日奉朱批：“户部知道。钦此。”

552 奏为雪泽粮价由

陕西巡抚臣张祥河跪奏，为恭报雪泽麦苗情形，仰祈圣鉴事。

窃照陕省十月中旬及十一月初旬雪泽麦苗情形，业经臣恭折具奏在案。兹据西安、延安、凤翔、汉中、榆林、同州、兴安、商州、邠州、乾州、鄜州、绥德等十二府州属，陆续具报于十一月十四、五，二十六、七、八、九，及十二月初三、四、五、六、七、八等日，先后得雪，除融化外，积地一、二、三、四、五寸不等。

臣查陕省各属正殷待泽，连获祥霙，二麦盘根稳固，于农田大有裨益。民情欢悦，阖境安恬，堪以仰慰宸怀。谨将十一月分各属粮价，敬缮清单，恭呈御览，伏祈皇上圣鉴。谨奏。（咸丰二年）十二月十六日。咸丰二年十二月二十七日奉朱批：“知道了。钦此。”

553 奏为查明乡试年老诸生由

陕西巡抚臣张祥河跪奏，为查明乡试年老士子未经中式，循例奏闻，仰祈圣鉴事。

窃照文闱乡试，年届八十诸生，三场完竣者，例应于揭晓后查明年岁、人数具奏。本年陕西壬子科乡试，臣于揭晓后即饬藩司，将完场年老诸生，确查详报。复咨送陕甘学政吴福年，查对学册实在年岁，移覆前来。臣查陕省年届八十岁之清涧县增生薛攀龙，朝邑县附生荣云皋二名，均三场完竣，榜发未经中式。该生青衿励志，皓首穷经，操觚不懈于芸窗，注籍未登于蕊榜。幸沐作人之化，欣随盛典以观光;冀分选士之荣,渥荷洪恩而锡羡。所有查明完场老生缘由,理合循例恭折具奏,伏祈皇上圣鉴,敕部核覆施行。谨奏。(咸丰二年)十二月十六日。咸丰二年十二月二十七日奉朱批:“礼部议奏。钦此。”

554 奏为署陕西提督伊犁总兵丰伸以现在筹备军需未克从征情殷报效谨捐银一万两请代奏由

再,署陕西提督伊犁总兵丰伸,以现在筹备军需,未克从征,情殷报效,谨捐银一万两,咨请代奏前来。除将银两饬司兑收入库,听候拨用外,所有署提督捐备军饷缘由,合并附片陈明。谨奏。咸丰二年十二月十九日奉朱批:“□□。钦此。”

555 奏为城固县知县潘清调署白河县知县由

再,兴安府属之白河县,与湖北郧县等处交界。现任知县李登瀛,平日经理地方事件,尚能称职,此时筹办防堵,察看未甚得力。查有城固县知县潘清,堪以调署。所遗员缺,即以白河县知县李登瀛署理。该员等任内均无盗劫已起四参,及钱粮未完展参降调处分之案,据藩、臬(两)司会详前来。除批饬遵照外,理合循例附片陈明。谨奏。咸丰二年十二月十九日奉朱批:“知道了。钦此。”

556 覆奏遵旨筹办楚省交界地方扼要严防贼匪窜扰等由

再,臣于十二月初二日,承准军机大臣字寄:“十一月二十六日奉上谕:‘前降旨令舒兴阿、张祥河派员,于楚省交界地方,扼要严防等因。钦此。’”臣遵即知会西安将军臣舒伦保,陕甘督臣舒兴阿,一体钦遵办理。伏思贼匪自粤楚窜扰以来,其狡诡伎俩,每于大路牵掣重兵,另由小路抄袭。此次河南边境既设有重兵,难保不由郧、襄间道旁窜。陕省商州及兴安,与楚北交界处所甚多,臣节次派委干员,会同地方官,查办团练防堵事宜。昨奉谕旨,相机妥办,复又遴委护送兵差来省之延榆绥道段大章前赴商州,盐法道文海、陕安道周鸣銮赴兴安会办，潼商道朱庆祺严查关隘。并札饬地方文武，先将山僻溪径，掘濠修垒，设卡盘诘奸细，毋任阑入在案。

兹复钦遵，即函商督臣。现在固原无事，应咨令署陕西提督丰伸，豫备兵二千名，俟探有确信，就近移驻商州防堵。汉中不与楚北接壤，应饬署总兵常英，豫备兵一千名，协济兴安。亦俟侦探到日，会同署陕安镇总兵恒兴，择要布置，务在一律严密，以备不虞。所有遵旨筹办防堵缘由，谨附片具奏。咸丰二年十二月十九日奉朱批："知道了。钦此。"

557 奏为新任陕甘学政臣沈桂芬甫经到任无凭出具考语等由

再，查学政声名，向附本省密考具陈。新任陕甘学政臣沈桂芬，甫经到任，无凭出考。其所延阅文幕友，例应开列姓名具奏。兹准咨开幕友六人，系江苏举人赵晋勋，浙江举人洪麟绶，直隶拔贡孙孝先，直隶增生张大勋，浙江附生李继蟠，江苏监生秦臻，理合循例附片陈明。谨奏。咸丰二年十二月十九日奉朱批："知道了。钦此。"

558 奏谢恩赏御书福字

陕西巡抚臣张祥河跪奏，为恭(谢)天恩事。

窃臣于本月十七日赍折差旋，奉到恩赏御书"福"字一方，当即恭设香案，望阙叩头祗领。钦惟我皇上泰祉延洪，履端介景。龙笺摛藻，秉青管以迎年；凤阙翔禧，洒金壶而布润。矧值三阳之肇启，宜征万福之攸同。臣切倾葵，蒙颁戬谷。先立春十日，恩从天上初来；用敷锡兆民，福与〔泰〕(秦)中同被。所有钦感下忱，理合缮折，恭谢天恩，伏祈皇上圣鉴。谨奏。(咸丰二年)十二月二十二日。咸丰三年正月初四日奉朱批："知道了。钦此。"

559 奏报陕甘派赴河南防兵全数出境事

陕西巡抚臣张祥河跪奏，为恭报陕甘派赴河南防兵全数出境，仰祈圣鉴事。

窃照咸丰二年十二月二十六日，承准军机大臣字寄："二十一日奉上谕：'豫省防剿吃紧，著该督抚迅饬前调官兵，兼程前进，速抵豫、楚交界，听候调遣等因。钦此。'"遵查陕甘绿营，两次挑派赴豫官兵五千名，节经臣等督催，于西安满营马队一千名出境后，跟接前进，不许稍有稽延。计前项官兵内，除臣奏明截留陕西省防堵兵一千一百八十名，其馀三千八百二十名，陆续行抵潼关。自十二月初五日起，至二十四日，全数趱出陕境。沿途行走安静，各属供支，亦无贻误。至各官兵应领行装、口粮，照例给发。除俟事竣造报外，所有陕、甘两省派赴河南防兵全数出境缘由，谨会同督臣舒兴阿，合词缮折具奏，伏乞皇上圣鉴。谨奏。(咸丰二年)十二月二十七日。咸丰三年正月初九日奉朱批："知道了。钦此。"

560 奏闻收捐监生名数银数由

再，查陕省收捐监生银两，截至咸丰二年十月底止，存银八千二百七十八两，业经臣附片奏明在案。今十一月分又报捐监生六名，收银六百四十八两，连前司库共实存银八千九百二十六两，理合循例附片奏闻。谨奏。咸丰二年十二月二十七日奉朱批："户部知道。钦此。"

561 奏为查明京控案件并无逾限由

再，京控案件有无逾限，每届半年，例应汇奏一次。兹查陕西省自本年七月以来，有凤翔县回民铁九恭，商南县民李振敏，略阳县民陈朝远三起，均已讯结。又怀远县民朱怀德，郃阳县孀妇吕党氏，佛坪厅民张馀富三起，正在集审，核计限期，尚无迟逾。此外，有临潼县民张时中，华州民程遇隆，俱于十月、十一月甫经递到，原告亦行司提讯。除督率承办各员，随时秉公讯拟，依限办理外，所有查明京控案件并无逾限缘由，理合附片陈明。谨奏。咸丰二年十二月二十七日奉朱批："知道了。钦此。"

562 奏为查明流犯在配并无不法由

再,臣于十月二十九日,承准军机大臣字寄:“奉上谕:‘御史张澧翰奏,陕西宝鸡县有遣犯孙三、张二、田四,卖烟聚赌,并恃强向铺户居民赊借,稍不遂意,即持械寻殴。著张祥河饬属查明宝鸡县遣犯孙三、张二、田四等不法情事,按律惩办等因。钦此。’”遵即行司,饬提孙三等来省,严审究办去后。

旋据宝鸡县查明,该县安置流犯内,有孙起洬即孙三,张庭祥即张二,田四三名,并非遣犯,恭逢道光三十年正月二十六日恩诏,均免罪释放。现在孙三、田四俱已回籍,惟张庭祥因无盘费,尚在县城。随将张庭祥解省,发委西安府。讯据张庭祥坚供:“委无卖烟聚赌,强借寻殴之事。”当查孙起洬原犯纠众互斗,依例拟流三千里。张庭祥亦因“共殴人致死”律,拟绞减流。田四则由收卖雅片烟土问流。是否各犯本属逞凶不法之徒,原奏卖烟聚赌,强借寻殴,断非无因,必须按律惩治。

复经由司委员即用知县王道立,驰赴宝鸡县,传集乡约何金财、保正鲁存高,暨铺户居民李典、高福银、段李家娃、姚炳续等,逐一隔别研讯。佥称孙三等从前在配,均各安分守法,并无卖烟聚赌,及恃强向铺户居民赊借不遂,持械寻殴。今蒙传询,如有其事,伊等受害,正应实供以泄忿恨,何肯隐忍不言?只求详察,并各愿具甘结。检无指控,案据出示招告多日,亦无呈首之人各等情,由臬司长臻详覆前来。

臣查援免流犯张庭祥即张二等,既经委员分别查审,在配当各安分守法,取具乡保人等切结。复又督饬确访,委无卖烟聚赌,强借寻殴情事,应毋庸议。惟此等凶恶性成,现已免罪,难保日后不故智复萌。除将张庭祥即张二,递回原籍直隶天津县,并饬查明并孙三、田四亦系天津人,是否回籍,一体严加管束,毋任再出滋事。所有查明流犯在配并无不法缘由,理合附片具陈,伏乞圣鉴。谨奏。咸丰二年十二月二十七日奉朱批:“知道了。钦此。”

563 奏报所有议筹防堵经费由

再,据藩、臬两司详称,"商州、兴安南山一带,均与楚北毗连,业经分派委员,在各要隘防堵。现需费虽尚无多,惟楚、豫两省大兵云集,一经痛剿,贼匪势必溃散。倘窜近陕境,必须调重兵防剿,不得不预为筹备。司库别无款项可动,惟有前次奉文筹备军饷银二十万两,除已拨解湖北防堵经费银五万六千三百五十馀两,存银十四万三千六百四十馀两。拟于此内暂请缓拨银十万两,以备需用"等情,会(详)请奏前来。

臣查陕省本年以来,奉部指拨官民捐输银九十三万二百七十馀两。又地丁正、耗,捐监以及庙工生息,清查尾剩,并减平、裁汰、筹备等项银四十二万三千九百六十馀两,解赴广西、湖南、湖北及京库等处,计先后二十一次,共银一百三十五万四千二百四十馀两。所详司库无项,尚属实在情形。第防堵吃紧,经费亦宜预为筹画。

相应奏恳圣恩,俯准于前次移缓就急筹备军饷银内,留存陕省银十万两,暂缓由部指拨。臣当督饬撙节办理,俟事竣核实造销,断不准稍滋縻费。如将来本境无事,毋须动用,仍即咨部报拨。所有议筹防堵经费缘由,谨附片具奏。咸丰二年十二月二十七日奉朱批:"户部知道。钦此。"

564 奏报陕西地方得雪情形

再,陕西各属入冬以来,得雪虽未优渥,尚不致形干燥,业经臣于前折具奏。嗣于十二月十七日奉朱批:"知道了。获沾雪泽,即行专折具奏。钦此。"臣捧读之下,仰见圣主宵旰诚求,无微不至。

兹据咸宁、长安两首县具报,于十二月十五、六、七等日得雪,除融化外,积地四寸有馀。其附近之西安、凤翔、同州、邠州、乾州,先后禀报得雪一、二、三、四、五寸不等。现在云阴密布,各属自必一律普沾。除俟报齐,归于下月汇奏外,查麦根盘固,全赖冬雪滋培,今获沛祥霙,且在立春以前,农民极为欢悦,合并附片陈明。谨奏。咸丰三年正月初四日奉朱批:"知道了。钦此。"

565 奏报遵旨严密防守陕省边境

再,臣于十二月二十三日,承准军机大臣字寄:"十八日奉上谕:'著舒兴阿即遵前旨,迅督精兵,兼程前进。其未到以前,仍著(舒)伦保、张祥河,饬令所派各员妥速设防,毋稍延误。将此由六百里,各谕令知之。钦此。'"臣前经节次与督臣函商,当饬提、镇调兵,分赴商州、兴安,已各报起程在案。现届岁除,商州、潼关为入陕门户,防范尤属紧要。固原兵到需时,即将奏明截留之调豫兵一千一百八十名,分为二起,以七百三十名安置商州、武关,四百五十名安置潼关,业于二十五日趱赴各该处。又咨明各镇,另备多兵,以资续调。

查商州团练兵械较少,另从省城挑备枪炮、火药等项,亦已委弁解往。顷据前委兴、商各道府等禀报,次第勘明险陡,择要布置,统俟督臣到陕,会商妥办。所有遵旨严密防守边境乂安情形,谨会同西安将军奴才舒伦保,合词附片具奏。咸丰三年正月初九日奉朱批:"知道了。钦此。"

宫中档咸丰朝奏折

566 奏报遵旨速议鲁鸿隽呈请代弟捐输赎罪一案

刑部尚书臣麟魁等谨奏,为遵旨速议具奏事。

据会议军器王大臣奏,鲁鸿隽呈请代弟捐输赎罪一案,咸丰六年九月二十二日奉朱批:"该部衙门速议具奏。单片并发等因。钦此。"于二十五日知照到部。臣等查阅原奏内称:"据前任典史鲁鸿隽呈称:'胞弟鲁鸿畴,系山西河东监掣同知,奉委查黄河渡口,又奉河东道委赴垣曲县硖口村募勇。彼时逆匪由山西垣曲县窜入,攻陷垣曲县城,其时鲁鸿畴在硖口村募勇,未及回顾,奉提革审,比例拟军加遣，从重发往新疆。'鲁鸿隽谊属同胞，今遵'准家属声明缘事案由，代为赎罪'之条，捐银八千两，代弟鲁鸿畴赎罪等语。查该官犯鲁鸿畴，以河东盐务人员，因地方公事获咎，似与守土之员彼时在城失事者不同，其情尚书可原。兹复捐银八千两，洵属急公，可否准其赎罪免遣等因。具奏前来。"

查赎罪章程："五品官赎遣罪，银三千六百两。"又，臣部会奏："军务获咎人员，不准赎罪。"又议覆御史江鸿升奏请推广赎罪章程声明："凡不准赎罪之案，有加一倍或二三倍捐赎者，开列犯案事由及捐赎银数汇奏，恭候钦定等因。"各在案。

此案已革河东监掣同知鲁鸿畴，奉委在垣曲县帮办防堵，贼陷垣曲时，该革员奉委下乡募勇，并未在城。惟于垣曲失陷后，不能募勇克复，辄即奔赴大营，请兵驰救，从重比照"派委防守文员，若仅止协同防堵，带兵无多，仓猝遇贼，寡不敌众，因而失守要隘者"，从重照"同城捕盗官失守城池"之例，拟军，加发新疆效力赎罪。按照章程，系属军营获咎人员，应不准捐赎。

惟查该革员原犯情节，系帮办防堵，城陷时因下乡募勇，并未在城，与失守城池者有间。兹据该大臣奏称，该革员之兄捐银八千两，代弟赎罪，与加倍捐赎之数，尚属有盈。相应声明该革员原案事由及捐赎银数，恭候钦定。所有臣等速议缘由，理合恭折具奏请旨。咸丰陆年拾月初肆日。尚书臣麟魁，尚书臣赵光，左侍郎臣承芳，左侍郎臣齐承彦，右侍郎臣宗室国瑞，进班。右侍郎臣李清凤，尚未到任。署右侍郎署理兼管顺天府尹事务臣张祥河。朱批："鲁鸿畴著准其赎罪。"

567 奏报遵旨速议民妇孙尉氏呈请代子捐输赎罪一案

刑部尚书臣麟魁等谨奏，为遵旨速议具奏事。

据会议军器王大臣奏民妇孙尉氏呈请代子捐输赎罪一案，咸丰六年九月二十二日奉朱批："该部衙门速议具奏。单片并发等因。钦此。"于二十五日知照到部。臣等查阅原奏内称，"据民妇孙尉氏呈称，伊子孙锦斋，前充户部银库书吏，因听从黄遇清用官票抵换现银案内，拟斩监候，秋后处决，勒限追赃。嗣因应缴赃银在刑部完缴，改为缓决。氏现年八十馀岁，只生此子，近复多病，日夜焦思身无倚靠。兹闻铸炮，情愿报效实京钱四万吊，代子赎罪等情。当经咨查刑部案情相符。查孙锦斋罪名，现经刑部以该犯完缴赃银，由情实改为缓决。且该犯之母孙尉氏年近耄耋，孤身独子，终无倚靠，情尚可悯。兹报效钱文，较之赎免钱数，加至数倍有盈，可否准其赎免之处等因"，具奏前来。

查赎罪章程"斩绞减等人犯，仍照原议赎罪，平人赎斩绞银一千二百两"等语。现在斩绞纳赎之例，久经停止。死罪人犯，未经遇有恩旨减为遣军流徒，按例不准赎罪。惟查道光二十四年六月间，臣部议覆河南巡抚奏邬六因疯致毙人命，拟绞，据伊子捐钱五千串，代父赎罪。因该犯系疯病杀人，监禁已逾十年，核与实犯斗杀者不同，奏准赎罪在案。

此案已革户部银库书吏孙锦斋，于解库旗租听从黄遇清等买钞抵换现银案内，经钦派大臣载铨、花沙纳审拟斩监候，入于朝审情实，限一年勒追赃银。嗣于限内全完，奏明改入缓决。兹据该大臣片奏，该犯之母报效京钱四万串，声请赎罪。核其情节，该犯原犯系照"监守盗仓库钱粮一千两以上，拟斩监候。按例完赃，即准减二等发落"。定案时声明完赃，改入缓决，系属从重办理，与实犯死罪者有间。该犯之母所捐钱数，较平人收赎斩罪，加至数倍有盈。相应开明该犯原案事由及捐输钱数，恭候钦定。所有臣等速议缘由，理合恭折具奏请旨。咸丰陆年拾月初肆日。尚书臣麟魁，尚书臣赵光，左侍郎臣承芳，左侍郎臣齐承彦，右侍郎臣宗室国瑞，进班。右侍郎臣李清凤，尚未到任。署右侍郎署理兼管顺天府尹事务臣张祥河。朱批："孙锦斋著准其赎罪。"

568 奏为奏明请旨定期考试

吏部尚书臣花沙纳等谨奏,为奏明请旨,定期考试事。

道光二十七年六月初四日,大学士、军机大臣会同臣部奏定考试翻译翰詹章程,内开"应用外班之翻译各缺,侍读、侍讲、洗马,由满洲、蒙古员外郎,宗人府副理事官、内阁侍读考补。中允由主事、钦天监监副、宗人府经历,都察院都事、经历,大理寺寺丞、太常寺寺丞、光禄寺署正考补。赞善由小京官、笔帖式考补。分为三项,各按各项转补。吏部先期咨取各衙门翻译进士、举人出身应考各官汇齐,奏请在殿廷考试,行文知照各处,钦派大臣阅卷,分别拟定名次,交与吏部带领引见,记名后注册,各按考取名次挨补。如考取人员何项补竣,即以何项人员奏请再行考试等因"在案。今查记名,以侍读、侍讲、洗马、中允、赞善人员将次用完,经臣部行文咨取各衙门去后。

兹据各部院衙门,将满洲、蒙古翻译进士、举人出身之应考人员,陆续咨送到部,共二十九员。理合奏明请旨,定期考试,并应在何殿考试之处,恭候钦定。俟命下之日,臣部知照各衙门,一体遵照办理,为此谨奏。咸丰六年十月十三日。吏部尚书臣花沙纳,吏部尚书臣翁心存,留署。吏部左侍郎臣瑞常,吏部左侍郎臣匡源,吏部右侍郎臣穆荫,吏部右侍郎臣张祥河。朱批:"十月十八日,在正大光明考试。"

569 奏为遵旨议奏派员调补西林县知县一缺

吏部尚书臣花沙纳等谨奏,为遵旨议奏事。

内阁抄出广西巡抚劳崇光等奏称:"西林县知县李晓告病,所遗西林县知县员缺,系极边烟瘴,水土恶劣,专难题调要缺,前请以雒容县知县杨毓麟调补。兹准部咨,杨毓麟前因负债被控,革去顶带,撤任讯究,尚未开复议结,核与调补之例不符,仍令拣员调补。自应遵照,另行拣调。于通省内地知县内逐加遴选,或现居要缺,或补缺在开缺之后,或由佐贰升补,尚未赴部引见,皆与调补之例不符。求其合例可调者,一时实无其人。

兹查有罗城县未到任知县凃泰琛，精细勤明，办事稳练，能耐烟瘴，以之调署西林县知县，实堪胜任。惟该员本任罗城县，尚未到任，无俸可计，亦未捐免试俸，与例稍有未符。但人地实在相需，例得专折奏请。且通省并无合例堪调之员，只可于不合例人员中，酌量拣调。相应专折奏恳天恩，俯准以罗城县知县凃泰琛，调署西林县知县，洵于烟瘴要缺有裨。如蒙俞允，仍饬将应缴捐免实授试俸历俸银两，照数补交，以符新例。至该员系现任知县请调知县，衔缺相当，毋庸送部引见。所遗罗城县知县员缺，系内地腹俸，广西现有应补人员，应请扣留外补等因。”咸丰六年十月初一日奉朱批：“吏部议奏。钦此。”钦遵抄出到部。

查定例：“各省知县以上官员，如遇例应提调缺出，及烟瘴地方，俱准升调兼行，听该督、抚酌量具题。”又：“广西烟瘴各缺，准该督、抚择其熟悉，能耐烟瘴水土之员，拣选调补，毋庸扣定年限。”又，筹饷新例内开“外任官员，如有未请实授，准其捐免，捐免之后即准升调”各等语。又，臣部奏定章程内开“内地升调烟瘴、苗疆、夷疆、边疆、海疆等项要缺，所保之员系例无明文，不在例准声明之列，该督、抚业已全行声叙，奉旨交议时，臣部仍具奏请旨，恭候钦定。如加恩准行，免其处分。如不准行，照例议处等因”在案。今西林县知县，系烟瘴难要缺，例应在外拣选。前据该抚请以雒容县知县杨毓麟调补，经臣部查，该员任内有撤任究讯未结之案，核与调补之例不符，议驳。于咸丰五年八月十九日具奏，奉旨：“依议。钦此。”钦遵行知在案。

兹据该抚等奏请以罗城县知县凃泰琛调补，钦奉朱批，交臣部议奏。臣等查凃泰琛，四川副榜，由教习知县分发广西。咸丰二年七月题署罗城县知县，今请调烟瘴要缺，例不扣历俸年限。惟据该抚等折内声称，凃泰琛因委署武缘县知县，尚未到罗城县本任，已将不合例之处，全行声叙。惟不在例准声明之列，按照臣部奏定章程具奏请旨，恭候钦定。

如奉旨凃泰琛准其调补西林县知县，该员系题署人员请调烟瘴要缺，应令补交实授银两，其试俸、历俸例不计扣，应免其补交银两。所遗罗城县知县员缺，准其留于该省，照例按班序补，并将该抚等处分宽免。如不准行，该抚等违例奏请，应交臣部照例议处。其西林县知县要缺，仍令另拣合例人员升调。谨将臣等遵旨议奏缘由，缮折具奏，伏乞皇上圣鉴，训示遵行。谨奏。咸丰六年十月十八日。吏部尚书臣花沙纳，吏部尚书臣翁心存，吏部左侍郎臣瑞常，吏部左侍郎臣匡源，吏部右侍郎臣穆荫，吏部右侍郎臣张祥河。留署。朱批："涂泰琛著准其调补。馀依议。"

570 奏报遵旨速议捐款缘由

户部等部大学士，管理户部事务臣文庆等谨奏，为遵旨速议事。

两江总督怡良等奏，江藩司属被旱较广，拟请捐米抵赈，以济灾黎一折。咸丰六年九月二十八日奉朱批："户部速议具奏。单并发。钦此。"钦遵由内阁抄出到部。据原奏内称"窃照江、扬、淮、徐等属，本年自春徂夏，雨泽较少，交秋亢旱尤甚，收成无几。就大概情形而论，里下河受旱最重，淮、徐等处次之。小民秋成失望，兼之烽烟未靖，生计愈艰，一交冬令，饥寒交迫。现据纷纷禀报，均经臣等批司，饬令将灾重之区乏食贫民设法劝捐，量予接济。一面饬令印委各员，确勘轻重情形，另行会折奏报。惟本年灾区较广，一经勘定灾分，办理赈务，需费甚巨，不能不设法筹办，舍劝捐别无可筹之策。无如军兴一来，一再捐输，民力已竭，而粮台、河工捐局，犹复林立。若不稍示优异，仍照寻常捐赈给予奖励，不足以昭鼓舞。查上年河南兰口漫工，山东被淹地方，曾经捐米赈济有案。兹据署江宁布政使梁佐中，参酌东省成案，酌议变通章程，胪列条款，具详请奏前来。臣等覆加查核，所议尚属适中，并缮清单，敬呈御览。此外如有未尽事宜，另行随时酌办"等语。

臣等伏查本年九月，因山东、河南、江苏、安徽、浙江等省被水被旱被蝗，仰荷天恩，饬交臣部筹拨帑银、米谷，以资赈恤。内江苏一省奏奉恩旨，拨帑银肆万两，各属仓谷碾动捌万石，一体开放。是江苏被灾地方，未俟该省奏请赈济，即已渥邀恩膏速沛，俾资安辑，得免流离失所之虞。兹据该督等缕陈江、扬、淮、徐等属被灾情形，查照上年山东被淹捐米赈济成案，酌议变通章程前来。臣等详核所奏，系为预筹劝捐之法，以为赈济之需，应请准其照办。

复思该省地方被灾较广，贫民生计维艰，既蒙恩给帑银，动拨仓谷，以资赈恤，复准筹捐米石，源源接济。应令该督等钦遵前奉谕旨，派令司道大员，督饬各属，将收捐赈米接续核实散放。自此被灾穷黎，益荷皇仁之高厚，共乐闾泽之均沾矣。所有该督等奏陈捐米放赈各款，臣等悉心核议，另缮清单，恭呈御览。

再，此折系户部主稿，会同吏部办理，合并陈明。谨将臣等遵旨速议缘由，恭折具奏，是否有当，伏乞皇上圣鉴。谨奏。咸丰陆年拾月拾九日。大学士管理户部事务臣文庆，户部尚书臣柏葰，出班。户部尚书臣朱凤标，户部左侍郎臣宗室肃顺，户部左侍郎臣朱嶟，户部右侍郎臣熙麟，留署。户部右侍郎臣杜翻，吏部尚书臣花沙纳，吏部尚书臣翁心存，吏部左侍郎臣瑞常，吏部左侍郎臣匡源，吏部右侍郎臣穆荫，吏部右侍郎臣张祥河。朱批："依议速行。该督等恪遵前旨，迅派司道大员，核实散放。并严查印委各员暨绅董等，劝谕输将，勿许稍有抑勒。"

571 奏为翰林院满汉侍读侍讲等请旨保送十二员或十三员

吏部尚书花沙纳臣等谨奏，为奏明请旨事。

查定例内载："翰林院满汉侍读、侍讲，及无额缺之满汉编、检，各按其现任若干员，同读、讲等官一体核计，于七员内保送一员。"又，"拣发河工学习人员，应归河督察看，原衙门毋庸注考等语。"又查咸丰二年京察，翰林院册造一百三十九员内保送二十员，照例于七员内保送一员，计少数一员。经臣部于二年正月二十三日奏明请旨，奉朱批："仍准其保送二十员。钦此。"钦遵各在案。

此次咸丰八年京察，据翰林院造具满汉侍读等官履历清册，于七年十二月十七日，暨本年正月二十日两次密封到部。臣等督饬司员，于本月二十一日封门考察，查该衙门初次册造八十一员，二次册造复任到院者十二员，共九十三员。内除丁忧之侍讲孙鼎臣、编修杨庆麟二员，河工学习例不注考之检讨李应田一员，实止九十员。今两次保送一等十三员，按照七员内保送一员之例不敷，虽仅止一员，究与定例未符，核与二年京察翰林院成案事同一律。

相应奏明请旨，可否准其保送十三员，抑或只准保送十二员之处，恭候钦定。所有臣等奏明请旨缘由，理合恭折具奏，伏乞皇上圣鉴，训示遵行。谨奏。咸丰八年正月二十四日。吏部尚书臣花沙纳，留署。吏部尚书臣周祖培，吏部左侍郎臣文清，吏部左侍郎臣匡源，假。吏部右侍郎臣穆荫，吏部右侍郎臣张祥河。朱批："准其保送十三员。"

572 奏为遵旨议奏吏部于奉旨依议折内将前任乌鲁木齐都统倭什珲布误写伊犁将军该部堂司各官例议罚奉一月公罪可否准其抵销乞示遵

都察院左都御史臣宗室绵森等谨奏，为遵旨议处具奏事。

咸丰八年十二月十九日，内阁奉旨："依议折内，于前任乌鲁木齐都统倭什珲布，误写'伊犁将军'，该部堂司各官均属疏忽，著交都察院分别议处。钦此。"钦遵抄出到臣衙门。当经片行吏部，查取应议堂司各官职名去后。兹于二十四日，据该部抄录原奏并应议职名，咨送前来。

查例载"本内错写衔名或字画舛误，将司员罚俸一个月，堂官免议。若所办系特旨交议之件，将司员罚俸三个月，堂官罚俸一个月"等语。此案前任乌鲁木齐都统倭什珲布，奏留候选道朱朝玠护理镇迪道篆务，奉朱批："知道了。钦此。"经吏部查照定例章程议驳，奏明请旨折内，于前任乌鲁木齐都统倭什珲布，误写"伊犁将军"，实属疏忽。钦奉谕旨，将该部堂司各官，交臣衙门分别议处，自未便仅照"司员罚俸一个月，堂官免议”之例。

应请将吏部郎中贵肇、王继庭，主事李书宝，均照“本内错写衔名，系特旨交议之件，罚俸三个月”例，各罚俸三个月。未能看出之堂官，署吏部尚书刑部尚书麟魁，协办大学士吏部尚书周祖培，左侍郎文清、匡源，右侍郎穆荫，署右侍郎都察院左副都御史梁瀚，均照例各罚俸一个月。具系公罪，例准抵销。可否准其抵销之处，恭候钦定。再，左副都御史梁瀚，现署吏部右侍郎，例应回避，未经列衔，合并声明。所有臣等遵旨分别议处缘由，理合恭折具奏，伏乞皇上圣鉴。谨奏。咸丰八年十二月二十七日。都察院左都御史臣宗室绵森，左都御史兼管顺天府尹事务臣张祥河，左副都御史臣富廉，左副都御史臣成琦，差。左副都御史臣张锡庚，学差。朱批：“均准其抵销。”

573 奏为吏部主事邓庆麟等为原任山西平阳府知府何维墀全家殉难呈请在尽节地方捐建专祠事

都察院左都御史臣宗室绵森等跪奏，为奏闻请旨事。

据吏部主事邓庆麟、曹会成，户部员外郎夏景唐，主事赵鸿仪，礼部郎中李维藩，兵部员外郎宋焕文，刑部主事王麟绂、邓文藻、史致文，工部郎中郝铎，员外郎于凌辰，翰林院庶吉士贾春暄，候补国子监监丞刘钊申，候选知府蔺天成，候选知县李向宸、戴广谟，候补知县单传及，候选盐大使张缙等，联名具呈，以“援案请建专祠，表彰忠节”等词，遣家丁刘清惠赴臣衙门投递。臣等公同讯问，据抱呈刘清惠供，系吏部主事邓庆麟家人，家主与同乡各官写就呈词，黏连印结，吁请转奏。

查原呈内称，“道衔原任山西平阳府知府何维墀，系奉天金州厅人。道光乙酉科拔贡生，由礼部小京官中式甲午科举人，升本部主事，洊迁郎中，授江西赣州府知府，丁忧服阕，补山西平阳府知府。咸丰三年八月，逆匪窜扰平阳，该故员捐廉募勇，亲率在城文武，分门固守。初十日卯刻，贼匪拥众三万，攻扑城垣，城内兵勇并力御抵，枪炮齐施，轰毙执黄旗贼目四名，贼众死者无算，逆贼纷纷败退。突有乱民陈黑娃，纠众数千，抢过东门吊桥，逆匪乘势回扑，烧毁东北各门，以致城陷。该故员犹复督勇，短兵巷战，转斗数时，杀贼三十馀名。该故员被贼砍伤顶颈，身中九枪，登时阵亡。伊妻徐氏并在室长女，伊长子贡生何麟寿并其妻赵氏，次子监生何镜寿并其妻钟氏、子思官，三子附生何乔寿之妻夏氏并其女荫姑，四子童生何鸿寿阖门自尽。幕友正白旗拔贡生多隆阿，浙江人杨承廉，并伊妻弟徐成彦、徐成伟，家丁魏祥等十名仆妇，王氏婢顺儿，均随同殉难。经署抚查明，奏请优恤。嗣该郡绅士，以该故员夙得民心，殉难最惨，呈请在尽节地方捐修专祠，奏奉俞允各在案。

窃惟该员品行端方，学问醇正，素为乡里推服。兹复全家殉难，大节凛然，洵足以维持名教，矜式乡闾。查咸丰六年工部主事张鹏飞等，以原任江南江安督粮道陈克让在金陵阵亡，全家殉难，呈请在原籍奉天公建专祠，仰蒙代奏，奉旨允行。兹道衔山西平阳府知府何维墀，事同一律，职等情愿仍在本籍奉天地方公建专祠，春秋享祀，以慰忠魂而励士气”等语。臣等查殉难官员，议恤建祠，向由各督、抚据情题奏。原任道衔山西平阳府知府何维墀，于咸丰三年八月城陷，与其妻徐氏并子何麟寿等全家殉难，经山西巡抚奏请优恤，并该郡绅士，呈请在尽节地方捐建专祠各在案。

兹据奉天绅士，因该员品行端方，兹复全家殉难，与原任江安道陈克让请建专祠之案相符，情愿为何维墀在本籍公建专祠，事关崇祀，谨抄录原呈，恭呈御览，可否饬交礼部查议之处，伏候皇上训示遵行。谨奏。咸丰九年二月十一日。都察院左都御史臣宗室绵森，左都御史兼管顺天府尹事务臣张祥河，留署。左副都御史臣富廉，左副都御史臣张锡庚，学差。左副都御史署吏部右侍郎臣梁瀚。朱批：“礼部议奏。”

574 奏为审明京控命案按律定拟事

臣(左都御史兼管顺天府尹事务)张祥河,臣(顺天府府尹)董醇跪奏,为审明京控命案,按律定拟,恭折奏祈圣鉴事。

窃查都察院具奏,通州孀妇舒刘氏,京控张七等杀死一家二命,凶犯未获一案。咸丰七年十月初四日奉旨:"此案着交张祥河、黄宗汉,亲提人证、卷宗,秉公严讯确情,按律定拟具奏。原告民妇舒刘氏,该部照例解往备质。钦此。"并准该衙门将原告舒刘氏,连原呈咨送到臣衙门。当经饬发通永道锡祉,亲提审讯,拟议详解。张七因张八业已病故,舒刘氏曾经控有张八帮殴,意欲推说舒信系张八扎死,冀图减罪。并因舒刘氏控因地亩记仇,虑问重罪,顿翻前供,仍发该道覆讯。张七供认如初,详解亲审,张七供又翻易,即督同治中蒋大镛提讯。先因张七供词狡展,究出案证郝二即郝荣目睹,即将郝二饬传到案,提同一干犯证、原告,逐加覆鞫。

缘张七即张万祥,籍隶通州,与已死舒老即舒士明,并其侄舒三即舒信,同村居住,素无嫌隙。张九系张七堂弟,向在张七家佣工。张二即秃张二,系张七堂兄,张八系张七胞弟。于咸丰六年,先因赎地,与舒士明口角,经庄人说合完事。七年七月十八日,舒士明在地看守庄稼,晌午时分,张九赶车由地内拉运棒子回家,张七肩挑空饭担随车走回,从舒士明地边经过。因边套瞎骡,将舒士明地边草筐篓内之草吃食一嘴,舒士明看见吆喝,张七喝骂瞎骡。舒士明两眼昏花,心疑张七借骡骂人,与张七口角,经张九解劝各散。当有郝二即郝荣,听闻嚷闹,走向舒士明,问明情由解劝,拟找张七说合。

张九将车赶回家中,卸下棒子,复同张七赶车赴地。行至郝三场院地方,适舒信由伊家后门走出,嗔张七辱骂其叔舒士明,因向张七嚷骂,当经张九解劝几句。因牲口拉车往前走去,向前追赶,舒信走近,要揪张七发辫,张七闪躲,顺用鞭杆,向舒信肩上殴打,并未成伤。经舒信将鞭杆抵格落地,张七虑恐吃亏,即抽出所带削鞭杆尖刀,向舒信吓扎一下,致将舒信肚腹扎伤倒地。郝二即郝荣,因病后无力拦阻，在旁磕头解劝。张七向北走去，舒士明闻声趋至，赶向张七扑殴，张七情急，又用刀向舒士明吓扎一下，致伤舒士明左胁，倒地身死。

维时张二即秃张二，在自己场内翻晾高粱，望见争殴，顺抗木〔乂〕(叉)趋劝，张七业已歇手。地邻陈八走到查看，舒士明业已气绝身死，舒信受伤躺地，张二畏累走避。当经舒士明之妻舒刘氏等，将舒信抬回调治，张七撩弃凶刀逃跑，张九赶车回家。即经保正石成金查知，将张七、张九拴获，赴通州报验。讵舒信伤重，亦于十八日夜因伤殒命。复据石成金报经通州诣验讯供，并缉获张二到案，讯取供词，将张七等分别禁押。舒刘氏因当时张九赶车在场，并见张二抗有木〔乂〕(叉)走到，心疑张九等有帮殴情事。并因张八系张七胞弟，希图泄愤，随赴都察院，一并牵告。奏奉谕旨，饬交严审，各供前情不讳，诘非挟嫌豫谋，有心致死，亦无帮殴之人。核与通永道所讯供词，大略相同。臣等诚恐有不实不尽，覆究不移，案无遁饰，应即拟结。

查例载“斗杀之案，殴死一家二命者，绞立决”等语，此案张七即张万祥，因车骡吃食舒士明地边草箈箩之草，先与舒士明口角走散，后被舒信向骂，致相争殴，辄用尖刀扎伤舒信肚腹。舒士明赶往骂殴，该犯复用尖刀扎伤舒士明左胁，以致舒上明、舒信，先后因伤身死，殊属不法。舒士明与舒信讯系期亲叔侄，该犯杀死一家二命，自应按例问拟。张七即张万祥，合依“斗杀之案，殴死一家二命者，绞立决”例，拟绞立决，左面刺“凶犯”二字。张九、张二，讯无持械帮殴情事。第张九当张七用刀扎伤舒信、舒士明之时，不能力为拉劝，张二既经望见争殴，亦不速往劝阻，以致舒信、舒士明均被张七扎伤身死，已属劝阻不力。到案时，又不将张七力证，以致张七辗转翻易。张九，张二即秃张二，均应照不应重律杖八十，各折责发落。

舒刘氏控词稍有不实，讯因痛夫情切，怀疑所致，并非有心捏控。且伊夫舒士明，夫侄舒信，均死非命，情尚可原，应请从宽免议。郝二即郝荣，因患病甫愈，年逾六旬，体弱力软，当张七动凶时，向其磕头央劝，尚非劝阻不力。到案时据实向张七质证，张七始俯首无词，亦请从宽免议。张七之弟张八，讯据张七并案证郝二等，均供明无帮殴情事，现已病故，应毋庸议。馀属无干，概毋庸议。凶刀撩弃无存，免其查起。除将全案供招咨部外，所有臣等亲提定拟缘由，是否有当，理合恭折具奏。伏乞皇上圣鉴，敕部核议施行。谨奏。咸丰九年二月二十六日。朱批："刑部速议具奏。"

575 奏为京县知县要缺需员拣选奏请升补事

臣张祥河，臣董醇跪奏，为京县知县要缺需员，循例拣选，恭折奏请升补，仰祈圣鉴事。

查例载："大兴、宛平二县缺出，应在顺天所属各县内详加遴选。如所属各员，一时无可保题，准于通省内拣选保升。"又，道光三十年八月奉到通行内阁开"嗣后州县以上应升缺出，现尽各项著有劳绩应升人员升用。如实因人地未宜，亦必须于折内声明，方准以合例人员请升"各等语。兹查大兴县京县知县贺廷銮，因办理闱差，辄称患病，骤请开缺，希图规避，经臣等奏请革职，奉旨允准。并奉部覆，坐咸丰八年十一月十三日行文，按直隶照限二十日减半扣满计算，作为十一月二十二日接到部文开缺，归十一月分截缺。当因缺关紧要，一时未能遴选得人，咨部展限在案。所遗大兴县京县知县一缺，系附京首邑，旗民杂处，政剧差多，冲繁疲难四项相兼最要之缺，例应在外保题。臣等遵于顺属及通省各县曾经著有劳绩人员，逐加遴选，非本任紧要，即人地未宜，自应在于合例人员内拣选请升。

查有顺义县知县贺瀛，年三十五岁，山东历城县人，由监生遵山东捐赈例，报捐知县。咸丰六年七月初七日引见，奉旨："著照例发往。钦此。"是月二十三日到任。八年，在京遵例捐免实授、试俸、历俸，现调署大兴县。详加查核，该员年壮才明，安详稳练，以之升补大兴县京县知县，实堪胜任，与例亦属相符，据藩、臬两司会详前来。

合无仰恳天恩，俯念京县要缺治理需员，准以顺义县知县贺瀛升补，实于首县要缺有裨。如蒙俞允，给咨送部引见，恭候钦定。再，该员系属初升，任内并无参罚案件。所遗顺义县知县选缺，直隶现有应补人员，应请扣留外补。俟奉到部覆，核明开缺日期，另行序补。谨会同直隶总督臣恒福，合词恭折具奏，伏乞皇上圣鉴，训示遵行。谨奏。咸丰九年四月二十一日。朱批："吏部议奏。"

576 奏为邸钞伪刻奏片朱批传讯钞报刻字人犯坚不吐实请旨饬交刑部严讯事

臣张祥河，臣董醇跪奏，为邸钞伪刻奏片朱批，传讯钞报刻字人犯，坚不吐实，请旨饬交刑部严讯事。

窃臣等于三月二十一日接阅邸报，内开文煜片："再，通州知州因案撤任查讯，经顺天府奏奉朱批允准在案。所遗通州一缺，地当紧要，现在办理海防，尤关紧要。查有候补直隶州知州刘心田，精明干练，办事勤能，堪以委令署理。除檄饬遵照外，谨附片具奏。"奉朱批："知道了。钦此。"查通州知州陈寿昌，并未撤任，因委令查勘地亩，差往文安县，另札候补同知张瀚暂署通州事务。前署督臣文煜，并无移知臣衙门，有改委刘心田署理之事。臣等正深疑讶，且闻直隶及通州各衙门均见此钞，辗转查讯，亦无实据。臣等即将聚兴报房王有新，聚恒报房姜彦绪，合成报房黄成衔，立本堂钞报房章同和，先后传到研讯。

据王有新、姜彦绪同供："向来外省折奏、片奏、夹单报底，具由该报房到东华门内立本堂章姓手，取来刻刷，发给分送。"据黄成衔供："所有外省折奏、片奏、夹单报底，具由立本堂章姓转交金姓取来刻刷，发给分送。"据章同和供称："系礼部当月处贴写在东华门，内开立本堂钞报房。所有外省折奏、片奏、夹单报底，具系亲赴内阁满票签手内，领下号簿钞写。前于三月十八日，到满票签领簿，不知值日姓名，见上面第四号有文煜片奏一件，内夹有片奏底一纸，当即照钞，分送并发给报房刻刷。"至何人伪造，何人指使传钞各情，坚不吐实。因恩该犯等胆敢擅刻无据奏章，并捏造朱批，情节甚重。且恐有身后办事之人，若非从严究办，必致另兹弊端。相应请旨，饬交刑部严行审讯，以惩诈伪而儆将来。是否有当，伏乞皇上圣鉴训示。谨奏。咸丰九年四月二十四日。朱批:“著派瑞麟，会同刑部严行审讯。”

577 奏为京县知县要缺需员循例拣选奏恳恩准升用事

臣张祥河，臣董醇跪奏，为京县知县要缺需员，循例拣选，奏恳圣恩准升，以资治理事。

窃查宛平县京县知县毛庆麟，因办理乡试场差不善，奏参革职。奉准部覆，坐咸丰八年十二月初五日行文，按直隶照限二十日减半扣满计算，应作为八年十二月十四日接到部文开缺，归八年十二月分截缺。所遗宛平县京县知县一缺，附京首邑，五方辐辏，旗民杂处，政务殷繁，且时有承追发审案件，为冲繁疲难四项最要之缺，前因一时拣选乏人，业经咨部展限。查定例，大、宛二县缺出，应在顺天所属各县内遴选。又，道光三十年八月奉部通行内开:“嗣后州县以上应升缺出，先尽各项著有劳绩应升人员升用。如实因人地未宜，必须于折内声明，方准以合例应升人员内照例升用。”又，咸丰元年七月奉准通行:“嗣后各省州县以上应题、应调缺出，如系题缺请升，调缺请补，或题缺请调，调缺请升，俱令该督、抚，照例于折内详细声明，方准升调”各等语。今宛平县京县知县一缺，现在并无应补人员，遵即在于顺属及通省各县应升人员内逐加遴选，其曾得劳绩应升各员，非本任紧要，即人地未宜。

惟查有宁河县知县张昭，年四十四岁，贵州绥阳县人，由廪生中式道光甲辰科举人。咸丰癸丑科中式进士，引见，奉旨:“以知县即用。钦此。”签掣直隶，于咸丰三年六月十二日到省。四年题补今职，奉部覆，准于咸丰五年三月十八日到任。臣等详加察核，该员年力富强，办事稳练，历俸已满，以之升补宛平县京县知县，实堪胜任，与例亦属相符，据藩、臬两司会详前来。

合无仰恳天恩，俯念员缺紧要，准以宁河县知县张昭，升补宛平县京县知县，俾资治理。如蒙俞允，再行给咨送部引见，恭候钦定。再，该员系属初升人员，任内并无参罚。所遗宁河县知县繁缺，容俟奉到部文，核明开缺日期，另行拣员请补。谨会同直隶总督臣恒福，合词恭折具奏，伏乞皇上圣鉴，训示遵行。谨奏。咸丰九年四月二十九日。朱批："吏部议奏。"

578 奏为户部郎中铁钱局监督杨宝臣以大臣蒙蔽圣聪贻误国计等词赴臣衙门呈递一事请旨

都察院左都御史臣宗室绵森等跪奏，为奏闻请旨事。

据户部郎中，铁钱局监督杨宝臣，以"大臣蒙蔽圣聪，贻误国计"等词，赴臣衙门呈递。臣等公同讯问，据称："本年四月初五日，准户部以节省经费，暂减二卯，会稿咨局，往返会商未定。户部并不再商，于十九日率递联衔封奏，即日，惠亲王传监督等，令备覆奏，当经拟稿呈阅。尚未具奏，不数日，外间轰传不使铁钱，监督仓惶再拟奏稿，亦未及奏。二十九日，奉旨将铁钱局归户部管理。自尚书肃到部，始有减卯裁炉之议，民间讹言蜂起，而铁钱滞行。监督等将致坏之由与补救之法，曾经六次详回"等语，馀与原呈略同。并附陈简明要议，求为代奏。

臣等以事关钱法，未便壅于上闻。除将该员杨宝臣咨交户部，听候查办外，谨将原呈恭呈御览，伏乞皇上训示。再，据该员呈递已奏、未奏奏底三件，封送军机处备查，合并声明。谨奏。咸丰九年五月十五日。都察院左都御史，署工部尚书，署正红旗汉军都统臣宗室绵森；左都御史，兼管顺天府府尹事务臣张祥河；左副都御史臣富廉，左副都御史，署吏部右侍郎臣梁瀚。留署。（咸丰九年五月十五日）朱批："著派载垣、彭蕴章，秉公查办。"

579 奏报请旨宗室乡试录取之人数

臣张祥河，臣董醇，臣毛昶熙跪奏，为请旨事。

嘉庆五年十一月，军机大臣奏准宗室乡试章程，内开："取中额数，由顺天府查明入场试卷数目，奏请钦定。"查咸丰二年壬子科乡试，宗室入场八十五名，奉朱批："取中五名。"咸丰五年乙卯科乡试，宗室入场八十三名，奉朱批："取中五名。"咸丰八年戊午科乡试，宗室入场六十四名，奉朱批："取中四名。"

今咸丰九年己未恩科宗室乡试，准至公堂移称，实在入场六十二名。所有取中额数，理合奏闻，恭候钦定，臣衙门行文至公堂，转行内帘，钦遵办理，为此循例具奏。再，臣董醇，臣毛昶熙，现入文闱，合并声明，伏祈皇上圣鉴，训示施行。谨奏。咸丰九年八月十八日。朱批："取中肆名。"

580 奏为宛平县要缺需员循例拣选人员奏恳赐恩准予调补事

臣张祥河，臣董醇跪奏，为京县知县要缺需员，循例拣选，奏恳圣恩准补，以资治理事。

窃查宛平县京县知县张昭，捐升知府选用。奉部截缺，开单行知，于咸丰九年十月初五日行文。按直隶照限二十日减半扣满计算，应以十月十四日接到部文开缺，归十月分截缺。所遗宛平县京县知县一缺，系附京首邑，旗民杂处，政务殷繁，且时有承追发审案件，为冲繁疲难四项最要之缺。查定例，此缺应在顺天所属各县内遴选，如无可保题，准于通省人员内拣选。

又，道光三十年八月奉部通行，嗣后州县以上应升缺出，先尽各项著有劳绩应升人员升用。如实因人地未宜，必须于折内声明，方准以合例应升人员内照例升用。又，咸丰元年奉部通行，嗣后各省州县以上，应题应调缺出，如系题缺请升，调缺请补，或题缺请调，调缺请升，俱令该督、抚照例于折内详细声明，方准升调各等语。今宛平县京县知县一缺，现在并无应补人员，应于顺天及通省各县应升人员内遴选。其曾得劳绩，以应升之缺升用各员，现在非本任紧要，即人地未宜。

惟查有宝坻县知县刘秉琳，年四十二岁，湖北黄安县人，由附生中式道光已亥科本省乡试举人。咸丰壬子科会试中式进士，引见，奉旨："以知县即用。钦此。"签掣直隶，是年六月到省，题补今职。奉部覆，准五年二月二十七日到任，现署宛平县知县。臣等详加察核，该员才具稳练，办事安详，历俸已满三年，以之升补宛平县京县知县要缺，实堪胜任。该员前因经征上忙钱粮未完，奏参摘顶，旋于九年七月二十一日，将应征钱粮，扫数解交司库兑收。核计完解之日，系在宛平县开缺以前，虽开复日期在后，与例稍有未符。惟京县员缺紧要，人地实在相需，例得专折奏请，据藩、臬两司会详前来。

合无仰恳天恩，俯念京县要缺治理需员，准以宝坻县知县刘秉琳升补，实于京畿要缺有俾。如蒙俞允，俟部覆到日，给咨送部引见，恭候钦定。再，该员系属初升，且题调要缺，任内一切因公处分，例得免计。所有参罚案件及应完银数，照例核明造册，另文送部。至所遗宝坻县知县要缺，容俟奉文核明开缺日期，另行拣补。谨会同直隶总督臣恒福，合词恭折具奏，伏乞皇上圣鉴，训示遵行。谨奏。咸丰十年正月二十七日。朱批："吏部议奏。"

581 奏请准以宝坻县知县刘秉琳升补宛平县京县知县

臣张祥河，臣董醇跪奏，为京县知县要缺需员，奏恳圣恩准补，以资治理事。

咸丰十年闰三月十三日，接准吏部咨开："据该兼管府尹等，奏请以现任宝坻县知县刘秉琳，升补宛平县京县知县。钦奉朱批，交部议奏。查现任人员，如因钱粮未完，奏参摘顶，应俟开复奉旨后所出之缺，始准升补，向不计其完解日期。今该员刘秉琳摘顶之案开复，奉旨系在宛平县出缺以后，该兼尹等折内虽已全行声叙，核与章程不符。所有该兼尹等，奏请将宝坻县知县刘秉琳，升补宛平县京县知县之处，应毋庸议。其宛平县知县员缺，仍令另拣合例人员升补等因。奉旨：'依议。钦此。'"钦遵移咨前来。

臣等查宛平县京县知县一缺，系附京首邑，旗民杂处，政务殷繁，时有承追发审案件，本为冲繁疲难四项最要之区。近来海防紧要，兵车络绎，尤非常年可比。臣等前于直省现任人员内逐加遴选，查有宝坻县知县刘秉琳，才具稳练，办事安详，堪以胜任。该员钱粮于上年七月内全完，宛平县于上年十月内出缺，均于前奏声明。兹查该员自调署宛平县数月以来，闱差、兵差，均无贻误，虽开复顶带在宛平县出缺以后，向不计其钱粮完解日期。惟人地实在相需，合无吁恳天恩，俯念京畿要缺，准以宝坻县知县刘秉琳升补，实于地方有裨。

如蒙俞允，俟部覆到日，再行给咨送部引见，恭候钦定。所遗宝坻县知县要缺，容俟奉文核明开缺日期，另行拣补。谨会同直隶总督臣恒福，合词恭折具奏，伏乞皇上圣鉴，训示遵行。谨奏。咸丰十年五月二十一日。朱批："吏部议奏。"

582 奏为车辆稀少雇觅维艰据实沥陈并请兼雇骡驼事

臣张祥河，臣董醇跪奏，为车辆稀少，雇觅维艰，据实沥陈，并请兼雇骡驼，恭折奏祈圣鉴事。

窃臣等于本月十二日，由内阁抄出："奉朱笔：'张祥河、董醇，均著摘去顶带，以示薄惩。饬令将应需车辆，赶紧备齐。如再行延玩，定行严办。钦此。'"臣等跪聆之馀，悚惶无地。伏查臣衙门旧案，恭逢圣驾巡幸热河，先期一两月，酌调阖属大车四五百辆应用。各州县接奉行知，各就所辖地面，按照旧章派雇，是以克期集事。近年兵差络绎，民力凋敝，且为时迫促，碍难调派。臣等于未奉朱笔之先，接准内务府等处咨取车辆，一面将办理掣肘情形登覆，一面严饬大、宛两县赶雇。无如时值京城各门紧闭，车辆散处城外，一时无从雇觅。

旋复面饬该两县，就城内设法雇备，已应付过内务府等处大小车数十辆。此外，各衙门及各城防守大臣咨调之车，不一而足，现亦严饬雇备。但京城夷氛逼近，蓄车之户，本已远出躲避。加以城内住户纷纷迁徙，无一不需车拉载，俱用重价争购，竟有出银五六两，雇单套车一日者。旬日以来，有去无返，益形短绌。民间乘坐，仅有单套轿车，不堪涉远，且亦寥寥无几。经大、宛两县，将各车行锁拿枷号，责令搜雇，而三、四套之大车，仍复不能应手。臣等受恩深重，当此多事之秋，曷敢稍存畏难？第京城车辆实在稀少，近畿州县，亦各拉送兵差，兼值秋收，不遑应雇，万分焦急。

现饬大、宛两县，兼雇骡驼运送，仍设法购觅车辆。据该两县面禀"刻下人心惶惑，物价愈昂，如按例给价，不能有受雇者。只可照民价雇觅，设法招徕，往返价值，随时实发实报。伊等具有天良，际此时艰，身家性命均不可问，断不敢略涉浮冒，犹思染指。且所雇车驼，系交各衙门拉用，均可向车夫、驼夫查问，尤不敢稍行虚捏。并有户部自雇之车，其价较常多至数倍，俱可互证"等语。臣等详加体察，委系实在情形，并非豫为多销地步。所有车辆稀少，兼雇骡驼应用，并拟按雇价实用实销缘由，理合据实恭折沥陈，伏乞皇上圣鉴训示。谨奏。咸丰十年八月二十一日。朱批："所奏自系实在情形，务期无误要需，断难拘于例价。著实用实销，勿得稍涉虚冒。"

583 奏谢蒙恩著还顶带事

臣张祥河，臣董醇跪奏，为恭谢天恩，仰祈圣鉴事。

咸丰十年九月十九日，承准钦差大臣和硕恭亲王奕䜣札知："钦奉朱批：'张祥河、董醇，均著赏还顶戴。倘抚局诸务摒挡未妥，仍应严惩勿贷。钦此。'钦遵知照前来。"臣等闻命之下，倍切悚惶。

伏查前因办车迟误，实属咎有应得，仅予摘顶薄惩，已属格外从宽。兹奉恩命赏还顶戴，益觉惭感交集。臣等惟有竭力殚心，矢勤矢慎，以期稍赎前愆，仰酬高厚鸿慈于万一。谨将臣等感激下忱，缮折具奏，恭谢天恩，伏乞皇上圣鉴。谨奏。咸丰十年九月二十一日。朱批："知道了。"

584 奏为臣等因筹解银两不力曾交部治罪现蒙恩宽免谨此叩谢

臣张祥河，臣董醇跪奏，为恭谢天恩，仰祈圣鉴事。

咸丰十年九月二十三日亥刻，承准留京办事王大臣片开："本月十九日奉上谕：'据总理行营王大臣仁寿另片奏，宝鋆等筹解银两不力，请一并交部，从重治罪等语。本日已据户部奏解银八万两前来，宝鋆、张祥河、董醇，均著加恩宽免等因。钦此。'钦遵知照前来。"

伏查臣等前办车辆，未能立时应手，续后又以道路阻碍稽迟，实属咎有应得。荷蒙圣恩，予以宽免，闻命之下，悚感难名。臣等惟有随时警惕，益矢慎勤，以期勉竭驽骀，仰答高厚鸿慈于万一。所有臣等感激下忱，恭折叩谢天恩，伏祈皇上圣鉴。谨奏。咸丰十年九月二十五日。朱批："知道了。"

585 奏报粮价钱价事

臣张祥河，臣董醇跪奏。

窃照京城粮价、钱价，例应按月奏闻。兹据大兴、宛平二县，将九月分各项价值，开报前来。臣等按单逐一核对，内开粮价，俱与上月相同，并无增减。钱价较上月稍增。理合缮具清单，恭呈御览。谨奏。咸丰十年九月二十五日。朱批："知道了。"

586 奏为现审案件按月具报事

臣张祥河，臣董醇跪奏，为现审案件，按月具奏事。

道光十二年七月十五日，奉上谕："申启贤等奏办理现审案件情形一折。嗣后，顺天府衙门现审咨交案件，有关罪名者，注明收审月日及已完、未完，月终具奏一次，交吏科京畿道逐件核封，按限详查。若有应行扣限，于月折内注明。倘无故迟延，即据实劾参。其馀无罪可科自理之案，免其列入月折。该府尹等严饬承审之员，随到随结。如有逾限者，立即查取职名，咨部核议。至该衙门遇有咨查各旗册档及传质人证之案，著照户部现在奏定章程，于接准咨文之日起，限半个月咨覆。如仍任意迟延，致逾定限，即将该旗指参，照例议处。其有原告意存拖累，投词后传讯不到，著照原告两月不到之例注销。钦此。”钦遵在案。

伏查臣衙门咨交各案，前经按月开单具奏。兹查道光十二年七月初一日起，至咸丰十年九月二十日止，部院各各衙门咨交一千二百零三案。除已结一千一百九十七案，尚有未完六案，应入月折。臣等谨将各案，注明收到委审月日及应行扣限缘由，开具略节，恭呈御览。交吏科京畿道，与每月注销清册，逐件核对，按限严催承办各员，随到随结，毋任积压悬案。如有逾限者，立即查取职名，送部核议。再，臣衙门每届月终具奏后，设或收到咨交现审案件，应请归入下月缮折汇奏，理合恭折奏闻，伏乞皇上圣鉴。谨奏。咸丰十年九月二十五日。朱批：“知道了。”

587 奏恩赏小米一百石以资接济事

臣张祥河，臣董醇跪奏。

窃照广安门外普济堂，向蒙恩赏小米三百石，分给功德林一百石，历年遵办在案。今节届立冬，正当收养贫民之际，仰恳天恩赏给，以资接济，理合奏闻请旨。咸丰十年九月二十五日。朱批：“今岁近畿百姓，猝遭兵燹，深堪悯恻。若仍照向章收养，难免茕独无告者，仍丧于沟渎之中，朕心甚为廑念。著总理行营王大臣速行酌议，应加赏米石若干，并五城粥厂应提早开放之处，一并迅筹具奏。”

588 奏请准将捐纳员外郎觉罗溥晋留部以员外郎缺补用事

工部尚书臣宗室绵森等谨奏，为请旨事。

查捐例内开：“捐纳分部学习人员，仍准归班铨选。其在部行走，未得缺之前，照例支给公费，不必给与俸禄。果有才具出众之员，准该堂官于应选之缺，保题补用等因。”又，吏部议覆御史朱丕烈条奏内称：“捐纳分部学习人员，照进士学习之例，定以三年为限，方准保题补用等因”各在案。现准吏部知照，奏定各项引见人员章程内开：“各衙门学习期满人员，拟照服满、假满奏留之例，由各衙门随时专折奏明，作为期满等因。”知照到部。

查臣部捐纳员外郎觉罗溥晋，自咸丰六年九月到部以来，臣等留心试看，该员行走勤慎，委办各差，尚为奋勉，洵属堪以造就之员。合无仰恳皇上天恩，可否将该员留于臣部，遇有员外郎缺出，照例按班补用。谨将该员履历，缮写清单，恭候钦定。如蒙俞允，臣部移咨吏部，停其铨选，为此谨奏请旨。咸丰十年十二月初三日。工部尚书臣宗室绵森，尚书臣张祥河，左侍郎臣福济，未到任。署左侍郎臣清安，差。左侍郎臣李菡，差。右侍郎臣宗室国瑞，差。署右侍郎臣文祥，右侍郎臣宋晋。随扈。朱批：“溥晋著留部。”

589 奏报兴修内九门外七门城工劝捐办理事

工部尚书臣宗室绵森等谨奏，为奏明请旨事。

窃臣部于上年十一月二十二日，准步军统领衙门咨称，“所有内九门、外七门城工，附片具奏，奉上谕：‘此项应修工程，著准其劝捐办理，俟明岁春融，即行赶紧兴修。钦此。’钦遵钞录原奏知照，希即赶紧估计钱粮数目，开具做法清单，咨行步军统领衙门，以便奏明办理等因”前来。臣等当即拣派司员，分往各处，详细履勘。约计钱粮甚巨，当经臣部声明在千两以上，咨覆步军统领衙门去后。本年正月初九日，准督修城工大臣文祥咨称“此项工程，既据咨覆在千两以上，自应由工部照例奏派勘估”等语。臣等查例载：“各处咨报工程，银数在千两以上，奏请钦派查估，由查估大臣将应修做法，丈尺查勘明确，奏明造册送部，由工部核算钱粮，奏请钦派承修等因。”

今此项工程，系奉旨赶紧兴修，且系劝捐办理，非寻常动用正项之工，业经钦派大臣督办。若拘执成例，辗转稽迟，恐致有误兴工。相应奏明请旨，是否另请钦派大臣勘估后，由工部核算钱粮，再由督办大臣劝捐办理。抑或径交督办大臣，查勘明确办理之处，伏候训示遵行。再，臣部署右侍郎文祥系督修之员，是以未经列衔，合并声明，为此谨奏请旨。咸丰十一年正月十七日。工部尚书臣宗室绵森，尚书臣张祥河，左侍郎公臣麟兴，未到任。署左侍郎臣广凤，左侍郎臣李菡，右侍郎臣宗室国瑞，差。右侍郎臣宋晋。随扈。朱批："著即派文祥认真查勘，奏明办理。不准尽依例价，务期核实。"

590 奏报会议丈量旧河滩地开垦招民耕种升科情形

工部等部工部尚书臣宗室绵森等谨奏，为遵旨会议具奏事。

咸丰十年八月初二日，内阁抄出河东河道总督黄赞汤奏，豫省兰仪以下乾河各厅，拟请饬令会同地方官，丈量旧河滩地开垦，招民耕种升科，以裨经费，并以营弁改作操防而重地方一折。咸丰十年七月二十八日奉旨："该部妥议具奏。钦此。"钦遵抄出到部。当经臣部以此案应否由户部主稿，片行去后。旋于八月二十日，据户部咨称"查系开垦河滩地亩，应由臣部主稿，会同具奏等因"前来。

查原奏内称，"豫省北岸兰汤汛漫口，因经费难筹，未能兴堵，请俟军务肃清，再行勘筹。其乾河各厅，亦请暂缓裁撤，恭折密陈在案。于本年三月内恭奉上谕：'沈兆霖奏请就黄河改道，劝捐筑堤，饬令各就地方，悉心酌议，将有无窒碍情形，先行审度具奏等因。钦此。'当经臣与直隶督臣，并河南、山东抚臣，先行札委道府大员，前往周历勘估，劝谕民间，能否捐办。俟各委员具禀到齐，再行筹议会商覆奏"等语。

臣工部查前项工程，迭经奉有谕旨，应令该河督会同该督、抚，悉心酌议，将能否捐办情形，迅即据实覆奏，毋再延缓。又据奏称，"南河、乾河各厅，业经裁撤，则南河兰仪以下乾河厅员，亦应酌裁。但情形各有不同。查豫省南岸各州县，切近逆氛，北岸豫东各县，筹办团练防剿，未能兼管河堤。若将厅营汛弁全裁，则数百里荒堤，并无官弁巡查，似非所宜。且有官住堤，与沿河州县声气联络，究可得守望相助之益。惟各该厅汛，除巡堤之外，别无所事。臣复查兰仪以下旧河身,现俱淤成平陆,两崖滩地广远,拟请饬令乾河各厅,会同地方官,将旧河身及滩地确切丈量,凡可以开垦耕种者,实有地若干亩,先行造册,详送司道存案。第一年招民试种,第二年酌征钱粮五成。至第三年,则须确勘地亩之肥瘠,其膏腴者应完钱漕,照豫省定例征收,稍瘠者如何减成征解,临时再行议办”等语。

臣工部查豫省南北两岸各州县,筹办防剿,未能兼管河堤。而兰仪以下河滩广远,允宜开垦耕种,以裕度支。傥能办有成效,于库项、河防,均有裨益。应如所奏,准其办理。仍饬令该厅员,会同地方官,据实丈量,不得以多报少。确计实有地若干亩,先行造册报部备查,以杜牵混。并令该员等实力奉行,招民试种,升科分别等第,征收钱漕。另立滩租款目,每岁查明完、欠,开具经征、催征各职名,一并造册送部,具题考核。

又据奏称,“滩内各村庄居民,向来认种之地,如先已升科者,毋庸另议外。其尚未升科,亦应确按地亩之肥瘠,分别酌征,一并造册通详咨部”等语。亦应如所奏办理,仍令该河督遴委妥员,详细查明,将酌征钱漕,先行报部,俟前项新垦地亩试种成日,一并汇案造册,报部具题。至滩地河身新垦升科之地,所征漕米,仍搭解通仓。户部查滩地所征漕米,应令随同大漕,赴通交纳。其新垦升科之地,分别等则,顷亩若干,应征漕米若干,应征漕项银两若干,先行造册送部,并造入漕项奏销案内,题报查核。

又据奏称:“征收上、下忙官银,应请毋庸解缴司库。如南岸兰仪、睢州、宁陵、商邱、虞城五州县滩地钱粮,径解开归道库。北岸考城县及东省曹、单二县滩地钱粮,径解河北道库,凑作上游有河七厅修防之费,以抵司库例拨之款。”臣工部查各项河租成案,均系解交道库,以济工需。前项租银,虽系河滩地亩新升之款,但河滩广远,究有若干地亩,若干租银,及如何抵司库例拨之处,俟试种一年后,由该河督体察情形,专折奏明核办。

又据奏称,“每岁滩地钱漕,虽仍归地方官征解,应责成乾河各厅督催。傥有征不足数及挪移短少，准其由厅禀揭请参”等语。臣工部查，征收滩地钱漕，自系地方官专责，应由该管上司督催，所有该河督奏称责令厅员督催之处，应毋庸议。至乾河各营，现无修防之责，应请改为操防。兵部查河营武弁、兵丁，向不练习弓马技艺，祇须明白工程，熟谙椿扫，故虽年老，尚可留工。若既改为操防，必须汰其老弱，另选精壮补充等语。

查东河兰仪以下乾河各营将弁，既无修防之责，自应如所奏，准其一律改为操防。并令该督于所属将弁内，严加考核，遴选得力之弁，督率兵丁，常川在堤，练习技艺，方能渐成劲旅。并出具切实考语，暨改拨日期，造册送部查核。其一切未尽事宜，应令该督分别题咨报部，再行核办。其下游乾河之处，无工可修，各兵在堤习练弓箭，应令按日酌给口粮，拟俟滩地升科后，由各该道于各州县径解钱粮内核发。户部查，该河督请将防河官兵改设操防，拟俟滩地升科后，由各州县径解钱粮内，按日酌给口粮。惟未升科以前，或开垦不能升科，该官兵口粮作何给发，当此支绌万分之际，与其改设操防，难收实效，不如暂行裁撤，以节糜费。应令该河督再行体察情形，悉心妥议具奏。

至改操防之兵，不必归抚、镇各标管辖。南岸归开归道调遣，北岸兰、考二汛，归河北道调遣。东省曹、单五汛，归兖沂道调遣。亦应如所奏，不必归抚、镇各标管辖，至归各道调遣。吏部查，河南开归陈许道、河北道，山东兖沂曹济道，均有兵备加衔。既据该河督奏请，将乾河各营改为操防之兵，分归各该道调遣，并令协同地方兵勇防堵等因，应准如所请。并令各该道随时考核，务加整顿，毋得日久滋弊，以致有名无实。兵部查，各武汛随同各营备，督饬兵丁，操演技艺，以期周密等语，亦应如该河督所奏办理。总须严饬该管营备，督饬兵丁，认真操演，务期一兵得一兵之用，悉成劲旅，俾不致有名无实。

至乾河各文汛，饬令随同各厅，协理丈量滩地，开垦升科。各武汛随同各营备，督饬兵丁操演技艺之处，应由该河督自行查办。再，此折系工部主稿，会同吏部、户部、兵部办理，合并声明。所有臣等遵旨妥议缘由，理合恭折具奏，伏乞圣鉴。恭候命下，臣部行文河东河道总督、直隶总督，河南、山东各抚，一体钦遵办理，为此谨奏请旨。咸丰十一年正月十七日。工部尚书臣宗室绵森，尚书臣张祥河，左侍郎公臣麟兴，未到任。署左侍郎臣广凤，左侍郎臣李菡，右侍郎臣宗室国瑞，差。署右侍郎臣文祥，右侍郎臣宋晋。随扈。吏部尚书臣全庆，留京。尚书臣陈孚恩，左侍郎臣德全，左侍郎臣匡源，随扈。右侍郎臣基溥，赴热河。右侍郎臣黄宗汉。大学士管理户部事务臣周祖培，协办大学士户部尚书臣宗室肃顺，随扈。尚书臣沈兆霖，左侍郎臣文祥，左侍郎臣梁瀚，右侍郎臣宝鋆，右侍郎臣刘崐。大学士管理兵部事务臣贾桢，兵部尚书臣穆荫，随扈。尚书臣朱凤标，左侍郎臣宗室载堪，假。左侍郎臣徐树铭，差。署左侍郎臣厉恩官，右侍郎臣庆英，右侍郎臣毕道远。朱批："乾河各营员弁、兵丁，着即行裁撤，勿庸再行查看情形。其一切关涉营制事宜，均毋庸议。惟现任实缺营弁暨精壮兵丁，应如何补缺入伍之处，着该河督会同巡抚妥拟具奏。馀依议。"

591 奏为捐修四川城濠等工请免造报核与奏案不符恭折奏明请旨事

工部尚书臣宗室绵森等谨奏，为捐修城濠等工，请免造报，核与奏案不符，恭折奏明请旨事。

咸丰十一年二月初五日，内阁抄出署理四川总督崇实，奏率属捐修省城外濠炮台、关卡等工完竣，开具清单，附片请奖一折。奉上谕："崇实奏修挖城濠工竣，请将捐资、督工各员奖励，开单呈览一折。四川省城外濠日久湮塞，经署四川总督崇实率属倡捐，派员督工，现已修挖完竣，该员等尚属著有微劳。盐茶道韩锦云，著赏加盐运使衔；副将张定川，著交部从优议叙；协领英安，著赏戴花翎；都司刘华，著以游击尽先升用；千总何鉴等，均著以守备尽先补用，何鉴并赏戴蓝翎。守备陈忠美、李鸣仕，均著赏戴蓝翎；府经历丁芳兰，著归候补班尽先补用，并赏加州同衔；候补巡检冯会，著免补本班，以府经历补用；典史徐淦，著免补本班，以县丞遇缺即补；崇宁县典史庄裕崧，著开缺以县丞补用。另片奏成都知府文良等，督修四关土城出力等语。文良著赏戴花翎，试用知州胡兴倬，著免补本班，以同知、直隶州知州补用。题补绵州直隶州知州文棨，著赏换花翎。其馀出力各员弁，著准其择优保奏。此项工程，著免其造册报销。该部知道。单并发。钦此。”钦遵抄出到部。

查原奏内称，“四川省城外濠日久湮塞，全川以省会为根本，城垣恃壕堑为险隘，实系万分紧要之工。遴员勘估，需款甚巨，经署理四川总督崇实率属倡捐，派员督工，一律告竣。统计修挖周城外濠四千四百馀丈，添修四门炮台、关卡，并于城外添筑土城，环抱民居。工竣之日，会同查勘，悉臻稳固。此项工程捐自官民，请免造报”等语。臣等查各省捐修工程，既经奏请奖叙，即与动款无异。是以臣部于咸丰八年六月间，奏请明定章程，钦奉上谕：“工部奏捐修各工，近年以来，地方劝捐未能画一。且所捐银钱，该督、抚奏请给予奖叙者，即与动用正款无异，岂可漫无稽察，致滋冒滥？嗣后，除民间捐修，并不邀请奖叙，均免其造报外。其馀地方劝办请奖，并给予实在官阶，以及应修之工，有关田庐保障者，一体造册报部核销，予以保固限期。如有违例奏请者，即著该部奏请议处等因。钦此。”通行遵照在案。

今此案捐修城濠等工，业经该督奏请奖叙，自应遵照臣部奏定章程，造册报销。且此项工程既称需款甚巨，银数自在伍百两以上，该督并未将各员所捐银数，及工需实在数目，分晰奏明，亦未声叙保固限期，核与臣部奏案不符。再，查咸丰十年正月间，陕甘总督乐斌奏率属捐修护城、炮岸等工，奏奉谕旨，交部议叙，免其造册报销。经臣部以核与奏案不符，奏明请旨，于咸丰十年三月十一日奉上谕：“工部奏捐修城工，核与奏案不符，查明请旨一折。前因捐修城工，将该督等交部议叙，免其造册报销。兹据工部奏称：‘各省捐修工程，劝办请奖，即与动款无异，岂可漫无稽察，致滋冒滥？且此项工程，银数在伍百两以上，未据声明保固限期，核与该部奏案不符。所有甘肃省捐修城工一案，仍著造册报销，并将陕甘总督乐斌此次议叙撤销，毋庸交部议处。馀依议。钦此。'"钦遵行文陕甘总督遵照在案。

今此案事同一律，可否仿照例案，仍令造册报销，并将该督违例奏请，交部议处。抑或即遵此次谕旨，免其造报，将该督处分宽免之处，理合恭折奏明，请旨遵行。伏候命下，臣部行文该督等，一体钦遵办理，为此谨奏请旨。咸丰十一年三月初十日。工部尚书臣宗室绵森，随扈。尚书臣张祥河，左侍郎公臣麟兴，未到任。署左侍郎臣广凤，随扈。左侍郎臣李菡，右侍郎臣宗室国瑞，差。署右侍郎臣文祥，右侍郎臣宋晋。朱批："仍令造册报销。该督违例奏请，著交部议处。"

五、《张祥河奏稿》

592 奏为筹办官兵盐粮安设台站事

陕西巡抚臣张(祥河)跪奏,为筹办征防官兵盐粮分例,及安设站台,运送军伙粮饷事宜,恭折奏闻,仰祈圣鉴事。

窃照粤匪窜扰湖北,节次奉调陕甘满汉官兵,前赴楚豫防剿。并于陕省接壤楚北之兴安、商州及潼关一带,设防堵御。所有派拨官兵,供支一切,自应预定章程,庶有遵守。随检查嘉庆十九年陕西岐郿军需案内,征防官兵应支分例,系照嘉庆五年经略大臣额勒登保,及嘉庆八年钦差奏定章程办理。此次应请仍照前案,通饬筹办。其汉中〔府〕、(兴)安、延绥等镇官兵,抵防之日,一体照例支给盐粮。南山团集壮勇,若赴防所协助,亦照前案,每名每日给口食钱八十文。如不赴防,即行停止。

至应需军粮,先经饬令各厅州县,动碾仓储谷石。又派员分地按照市价,豫先采买,并饬赶造军火,挽运文报。照依向例,分别平原、山路,安设马步正腰各塘,俾臻迅速。沿途供应官兵过多,其有车马骡驮轮转不及者,并令邻近州县雇觅协济,照例给价,以利遄行。现将一应军需事件,由司道督率西安府等总理,按款动支。臣等惟当严饬实心经理,加意撙节,不得稍有冒滥。除咨部备查外,所有筹办缘由,谨会同督臣舒(兴阿),合词缮折具陈,伏乞皇上圣鉴。谨奏。(咸丰三年正月二十二日)(咸丰三年)二月二十二日奉朱批:"该部知道。"

593 奏为选派兵丁一千名赶赴荆州及酌筹协济荆州兵饷事

(前缺)委得力将弁管带,饬令赶赴荆州,听候将军台涌调遣。又于是月二十九日，钦奉上谕："荆州防兵需饷，若待户部筹拨，诚恐缓不济急。陕省距荆州较近，著该督、抚于陕西省库存各款，移缓就急，酌量协济，迅速解赴荆州各等因。钦此。"当即咨会臣舒兴阿，于途次往返札商。会同查得，陕甘兵丁，如甘省以西之甘凉、西肃及河州一带，地近番夷，撤回当此春令，自应留防。其甘肃省东至陕西各营，多经楚、豫征调，颇觉空虚，是以臣舒兴阿将口外换防官兵，奏明暂缓。臣张祥河，于河南两次续调兵丁五千名内，奏请截留一千馀名，在陕防堵。

伏思关中形势，早经御史王茂荫、陈庆镛先后具奏，久在圣明洞鉴之中。此时设防之兴安、商州，其间山溪僻径，处处可通楚北。而潼关为陕门户，道路扼要，亦在所必防。臣等采访绅民舆论，佥以劝办团练，原期互相保卫，则各卡隘必须重兵，始足以固人心而资抵御。现在兴安派兵一千五百名，商州派兵二千七百三十名，潼关派兵四百五十名，尚形单薄。拟俟臣舒兴阿，前往交界处所，确切查勘，再当量为续调布置，俾昭严密。是陕省兵力，防堵本境，势亦吃紧。兹奉谕旨，选派荆州兵丁一千名。臣等悉心体察，只有将派赴潼关防堵之宁夏、延绥二镇兵四百五十名抽调，仍令原带之凉州镇标右营游击马骥管带，由关起程。并于派防商州之固原兵内，扣出五百五十名，委署靖远协副将锡普常阿管带，赶赴荆州。①

至蒙谕令协济饷银，查得司库别无款项可动。惟有委往湖北省城，采买铅价运费等项银一万六千馀两，现因道路不通，寄存襄阳府库，堪以移缓就急。该府相距荆州数百馀里，已咨将军台涌，就近委

① 按，"陕省兵力"至"赶赴荆州"文字，依浮签录入。其删改前之原稿为："陕省兵力，防堵本境，正当吃紧，所有奉旨选派荆州兵丁，碍难抽调。臣等为固守严疆起见，不得不据实直陈，恭候恩准，免期调往。"核之《清实录》中相关文字，张祥河最终派兵赴荆州。此折尾云"所有体察陕省兵力，防堵本境吃重，势难抽调"诸语，乃删改未尽所留，今一仍其旧。

员，迎提护解前往。此外，尚有前次筹备军饷银两，除叠次部拨及留备本境防堵经费外，馀剩银一万五千两。再于此内拨银一万馀两，解赴荆州，共足三万两之数，以应急需。除分咨外，所有体察陕省兵力，防堵本境吃重，势难抽调，暨酌筹协济荆州兵饷缘由，谨合词缮折具奏，伏祈皇上圣鉴。谨奏。(咸丰三年)正月二十六日奉朱批："知道了。"

594 奏为陕甘学臣沈桂芬捐资助饷事

再，臣接准陕甘学臣沈桂芬咨，以逆匪窜入楚北，军需浩繁，措得库平养廉银二千两捐助军饷，稍效涓埃，咨臣转奏前来。除将捐助银两，饬令藩司照数兑收，听候拨用外，所有陕甘学臣捐资助饷缘由，理合附片奏闻。谨奏。(咸丰三年正月二十九日)(咸丰三年)二月十九日奉朱批："另有旨。"(浮签)上谕："张祥河奏陕甘学院沈桂芬捐备军饷等语，沈桂芬着交部从优议叙。钦此。"

595 奏为酌量调署知县事

再，凤翔府属之凤翔、宝鸡二县，俱与南山接壤，现当择要巡防，盘查奸宄，在在均关紧要。自应酌量人地，暂行分别调署，以资治理。查有延长县知县吴潮生，堪与凤翔县知县黎保泰对调署理。宜川县知县姚洽，堪与宝鸡县知县宫尔锡对调署理。该员等任内皆无钱粮降革展参，及盗劫已起四参之案，据藩、臬两司会详前来。除批饬遵照外，所有酌量调署知县缘由，谨附片具奏。(咸丰三年正月二十九日)(咸丰三年)二月十九日奉朱批："知道了。"

596 恭报护送廓尔喀使臣出境日期事

奏为恭报护送廓尔喀使臣出境日期，仰祈圣鉴事。

窃臣前准署四川督臣裕瑞咨，廓尔喀国王遣使葛箕、更别热兴等进献贡品，于上年十二月初七日，自四川成都起程，移陕一体护送。臣当即移司，遴委府厅，会同武职各员，分段接护。该葛箕等于十二月二十日，由四川广元县入陕西宁羌州境。三十日，行抵宝鸡县黄牛铺地方，正使更别热兴陡患中风，病不能行，延至本年正月初三日身故，业已饬县，妥为料理。兹副使萨尔达尔等，于正月初九日到省，照例筵宴，该副使等极为欢悦。经委员护送，于二十六日至潼关出境，沿途行走安静。除分咨外，所有廓尔喀使臣出境日期，理合缮折具陈，伏乞皇上圣鉴。谨奏。(咸丰三年正月二十九日)(咸丰三年)二月十九日奉朱批："知道了。"

597 奏为派赴荆州防兵全数出境事

再，前奉上谕："著该督、抚于荆州陕西绿营内，再选精兵一千名，排委得力将弁管带，饬令赶赴荆州，听候调遣等因。钦此。"当经臣等将派赴潼关防堵之宁夏、延绥二镇兵四百五十名抽调，并于派赴商州防堵之固原提属兵内，扣出五百五十名，共足一千名，饬委将弁管带，分起前往。

兹查头起官兵四百五十名，已于本年正月初十日，由潼关出境。其二起兵五百五十名，接续行抵潼关，于二十一日全数趱出陕境，沿途行走安静，各属供支，亦无贻误。至该官兵应领行装、口粮，照例给发，除俟事竣造报外，所有派赴荆州防兵，全数出境缘由，谨会同陕甘督臣舒(兴阿)，合词附片具奏。(咸丰三年正月二十九日)(咸丰三年)二月十九日奉朱批："知道了。"

598 奏为移建兴安府城动用银两事

奏为委勘兴安府城，应行移建，估需动用银两，及时赶办，以资捍卫，仰祈圣鉴事。

窃照兴安府城垣，于上年七月内，因汉江泛溢，山水陡长，猝被漫淹冲塌过甚，当经臣将查办赈抚，节次奏明在案。并以府城频遭水患，似须择地移建，饬令该管陕安道周鸣鸾，亲往确勘，再行定议。兹据该道督率府县暨各委员，周历履勘，该府城地势低洼，汉江绕于西北，施、陈二沟与黄洋河水环于东南，每遇夏秋盛涨，时虞上溢。旋筑东、西二堤，藉以保护。乃自道光十二年被水冲塌城堤，甫二十载，江河并涨，冲塌各堤七百九十三丈，鼓裂残缺二百一十三丈，以致水涌入城，将城身冲塌五百四十三丈，鼓裂陷蜇五百馀丈，庙宇、衙署、兵房，悉被冲塌。盖缘江河淤垫壅遏，宣泄不及，此旧城易遭水患，而近来更甚于往昔之情形也。即以工程而论，不特城已坍塌过半，其未坍之处，根脚汕刷，亦皆空虚。今若照旧兴修，必须重培基址，名为修复，无异拆造。且逼近江河，水势顶冲，终非久计。

随勘得相距二里馀赵台山麓，另有新城一座，后枕高冈，俯瞰汉水，有居高临下之势。此次被水，该处独未受淹，第规模极为狭隘，内驻总兵，馀属兵居查东门外，名曰增广城。本系官地，形势平旷，足容官民庐舍。逐加丈量，自新城东北角起，至东南角止，长二百七十丈，再将增广城圈入，共凑长九百六十三丈四尺，堪以修建府、县、照磨、典史、儒学、都司、把总文武衙署，仓厫、监狱。

溯查道光十二年修复旧城，建盖衙署，用过工料银十万八千四百二十馀两。现在各工，除书院、考棚，由府县劝谕绅民，捐赀另修外。所有城垣、衙署、仓厫、监狱、教场、庙宇，连修葺新城屡年坍塌六百五十馀丈，撙节确估，计需工料银八万二千九百八十馀两。较之从前修复旧城衙署等项，省工一百馀丈，节费二万五千四百四十馀两。似此一转移间，于帑项不至多糜，而工程可期经久。绘具图说，由司复核，声明所需工料银两，无项可动，惟查有绅民续行捐输银五万三千馀两。除捐生应叙官职，俱照捐输筹饷本例办理外，请将此项银两，留作修城经费，先行给发，俾即乘时兴工。其不敷之银，容俟库存有款，另行筹补各等情，具详请奏前来。

臣查兴安府地处南山，控扼楚蜀，城垣保障，最为紧要。而衙署、仓厫、监狱，又属办公体制所系，均为刻不可缓之工。既据勘明，修复旧城所费多而难免水患，移建新城所费少而永庆安居，权其利害，自应舍旧图新，未便以库存无项，稍涉停待，转致夏令大雨时行，尤难动工。该司议将捐饷银两，留作经费，系以本省绅民之乐输，为本省城工之实用。相应奏恳恩准，趁此春融，赶紧兴办，俾资捍卫。其不敷之银，仍俟库存有款，再为筹补。除饬造具估计细数册结图说，另疏具题咨部外，所有勘明移建城垣，估计动用银款，及时兴修缘由，谨会同陕甘督臣舒兴阿，合词缮折具陈，伏乞皇上圣鉴训示。谨奏。（咸丰三年二月十四日）（咸丰三年）三月初六日奉朱批："该部议奏。"

599 奏为借款捐修堤工事

再，据藩司转据委员等详称，"旧城商民，以汉江搬运货物较近，多有不愿迁徙，似应俯顺舆情，听从其便。然该处滨临江河，泛涨靡常，原筑东、西二堤，最为吃重。现勘西堤形同壁立，堤身低矮单薄，残缺不全，应行加高培厚。东堤内外残缺，比西堤尤甚，必须大加拆修，外帮碎石坦坡。

又，旧城南门一带城身，全被山水冲刷，砖土剥落殆尽，亦应修堤，加以碎石坦坡，庶足以资保卫。惟是工程浩大，需费一万馀两，商贾甫被水灾，骤难措办。应请援照乾隆三十五年兴安府被水，商民议修堤工，准借耗羡银二万两，分作十二年缴完之案，在于司库耗羡银内，借银一万，饬解该府县，转交商民，自行经理，赶紧修筑完固。所借银两，于具领后，在该商民等厘金银内，议作十年缴还归款，洵于地方有裨"等情，由司具详前来。臣覆核无异。除饬遵照妥办外，所有借款捐修堤工缘由，合并附片谨奏。（咸丰三年二月十四日）（咸丰三年）三月初六日奉朱批："该部议奏。"

600 奏为酌派官兵驰往江北防剿事

陕西巡抚臣张祥河跪奏，为酌派官兵，驰往江北防剿，恭折奏祈圣鉴事。

窃照本月二十六日，臣接准署四川督臣慧成咨开，钦奉上谕："著即于陕西省现在调赴防所官兵内，酌带数千名，驰赴江北，会同杨殿邦、杨以增，筹办防剿等因。钦此。”并知会酌选精兵三千名前来。

臣查逆氛距陕省较远，所有防所各官兵，自可照数抽拨。随由六百里函商督臣舒兴阿，酌量指派。惟兵行贵速，督臣远在兴安，若俟文到，缓不济急。兹臣就近将潼关防兵四百名，并商州防兵一千名，先行酌调，仍令原派官管领，赶交署督臣慧成，带往江北。其馀官兵一千六百名，一俟督臣派定，亦即檄饬分起催趱遄行，跟接前进，听候调遣。除俟全数出境，会同督臣具报外，所有酌量先调防兵缘由，理合由驿具奏，伏乞皇上圣鉴。谨奏。(咸丰三年二月二十八日)(咸丰三年)三月初八日奉朱批：“知道了。”

601 奏为省垣修城浚濠完竣并不动项事

再，西安省城外砖内土，周围四千九百馀丈。自道光七年补修后，迄今二十馀载，积年雨水浸渗刷涤，坍塌城身里皮七段，凑长二千馀丈。外皮砖墙鼓裂数处，凑长七八十丈，宽二三尺至二丈馀不等，城楼亦间有损坏。上年冬间，臣与司道率同府县确切估计，臣先捐银一千两，藩司吴式芬，前臬司升任奉天府府尹长臻，督粮道陈景亮，亦各捐银一千两，共银四千两，为之倡率。于本年正月内，饬派委员绅士，购集料物，鸠工兴修。臣等约同西安将军、副都统，亲历查勘，现将坍塌、鼓裂各工，俱照旧式，修理坚固。尚有炮台等工，一律补葺，即可告竣，洵足以经久远而资捍卫。

又，城外濠沟，近亦多有堙塞，由商民乐输，督饬首府县经办，均已一律挑挖深阔，四面通畅。向系从潏河引水，历通济渠，由西关堰口入濠。每于春夏，先尽农田灌溉，堰内常至缺水。日来普得甘雨，麦田透足，将水引入城濠，渐次弥满。所有省垣修城浚濠完竣，并不动项缘由，谨附片具奏。(咸丰三年三月十七日)(咸丰三年)四月初六日奉朱批：“知道了。”

602 奏为遵旨密速委员查拿事

再，臣于三月二十六日，接准军机大臣字寄：“奉上谕：‘御史觉罗达庆、周炳鉴奏，在京城菜市口四合店，盘获形迹可疑之王向离，讯系陕西郃阳县人，携带伊表叔吕益谦所著《无暇玉》一书，难保无另有不法情事。所有吕益谦等犯，著舒兴阿、张祥河，按照单开姓名、住址，迅速密委干员，前往查拿务获，讯究奏明惩办等因。钦此。'"查督臣舒兴阿，现在凤翔途次，当即行文知会。臣即于是日，密委在省之鄠县知县吴春焕驰赴郃阳，候补知县赵宜煊驰赴澄城，按名缉拿。除俟拿获解省，严加究讯，奏明惩办外，所有遵旨密速委员查拿缘由，谨先附片具奏。(咸丰三年三月二十八日)(咸丰三年)四月十九日奉朱批："知道了。"

603 奏为筹款支发西安满营官兵经费并全数出境事

再，臣前准西安将军舒伦保咨开："钦奉上谕：'著于西安驻防兵内，挑选精兵一千名，驰赴江南淮扬一带，交慧成调遣。所需经费，著陕西巡抚筹款支发等因。钦此。'"遵即饬司支给俸赏、行装，及裹带盐菜、口粮、驼折等银。

兹该官兵由省起程，陆续行抵潼关，自三月十六日起，至十九日止，全数趱出陕境。沿途行走安静，各属供应无误。至管带之西安副都统双成，亦于二十六日起程。所有筹款支发西安满营官兵经费，并全数出境缘由，谨附片具奏。(咸丰三年三月二十八日)(咸丰三年)四月十九日奉朱批："知道了。"

604 奏为拿获行迹可疑道人事

再，臣前因粤匪窜扰湖北等处，陕西南山州县，多与连界，节经严饬认真巡缉去后。旋据署臬司陈景亮派委候补知县封锡蒲，在于盩厔楼观台道院，会同该县，拿获形迹可疑之道人杨合亨并杨教成，解省委审。

据杨合亨供称，湖南长沙县人，咸丰元年出家，后至武昌城外长春观。上年十一月内，贼匪来观焚抢，将伊掳去，并未打仗。贼匪询伊何路能探信息，伊图脱身，随口答说陕西现有熟人。当于十八日起身，途遇伊师兄王合元，同抵南阳府分手。王合元前往汴梁，伊在南阳元妙观度岁，本年始到盩厔，即被拿获。实因被掳图脱，随口应许探信，自离武昌，从未与贼带信是实。据杨教成供，四川嘉定府人，出家多年。去岁十一月内，在汉阳府元妙观被贼裹胁，随即乘空逃出，各处挂单度日。本年走至盩厔楼观台被获到案，委无甘心从逆，帮同打仗情事。

臣查杨教成先被贼胁，未同打仗，旋即乘间逸出，在于各处挂单，似非甘心从逆。惟杨合亨既许为贼探信，胆敢来陕，所供被掳图脱之处，殊难凭信。现已函致河南抚臣，查取王合元一案。除俟覆到，督饬研究确切，另行分别办理外，所有拿获行迹可疑道人缘由，谨附片具奏。(咸丰三年四月初八日)(咸丰三年)四月二十九日奉朱批："知道了。"

605 奏为曹熙署理长安县事

再，查长安县知县赵光播，应行给咨赴部引见。所遗员缺，系冲繁疲难四项相兼要缺，例应拣员接署。查有蒲城县知县曹熙，任内并无钱粮展参，及盗劫已起四参之案，堪以署理，据藩、臬两司会详前来。除批饬遵照外，理合循例附片陈明。谨奏。(咸丰三年四月二十九日)(咸丰二年)五月二十一日奉朱批："知道了。"

606 奏为总兵金万全捐备军饷事

再，据延榆绥镇总兵金万全，以军务需用孔亟，未克从征，情殷报效，愿捐银三千两。除已由司照数兑收存库，听候拨用外，所有总兵捐备军饷缘由，合并附片谨奏。(咸丰三年四月二十九日)(咸丰三年)五月二十一日奉朱批："另有旨。"咸丰三年五月初十日内阁奉上谕："张祥河奏总兵捐备军饷等语。陕西延榆绥镇总兵金万全，著交部从优议叙。钦此。"

607 奏为遴委绅耆劝捐事

陕甘总督臣舒兴阿，陕西巡抚臣张祥河跪奏，为陕省捐输先已筹办,现复遵旨督饬绅耆,妥速劝导,以济军饷,仰祈圣鉴事。

窃照本年四月十八日,臣等承准军机大臣字寄:“奉上谕:‘著舒兴阿、张祥河,遴委陕西省曾任京外各官,公正绅耆,众望素孚者,传旨饬令劝谕绅士、商民人等,竭力捐输,随时奏请优叙。仍就该省所捐总数及各州县捐数,加广中额、学额。如富家巨族,有能捐资至百万或数十万者,即赏加五等封爵,其次赏加轻车都尉等官,并准予以袭次。俾民间咸知捐资助饷,与效力行间无异。如有能多捐,不愿荣身者,即明白晓谕,给予藩司印照,填写借用银数,俟军务告蒇,如数发还,仍先行酌请优奖等因。钦此。’”

遵查陕西曾任京外在籍各官,前因省城防堵等事,经臣等会商请旨,饬派前任山东布政使王笃,前候补五品京堂聂沄,前任四川杂谷厅同知马百龄,前任塔尔巴哈台领队大臣副都统衔花沙布,前任江苏淮扬道路慎庄,帮同办理在案。嗣钦奉谕旨,捐输团练。当以关中七府五州内,惟同州府属向多殷实之家,次则西安府,在次凤翔、邠州,此外均系南北两山瘠苦之区。

查王笃等籍隶同州、西安,业经分委王笃,于三月二十四日前往同州府属;聂沄、路慎庄,于三月二十八日,先往西安府属,继赴凤翔、邠州。复据王笃等陆续各举所知,前任河南南汝光道李凌云,前任湖南长沙府知府雷成朴,前直隶候补知府李树玉,前河南候补通判高炘,员外郎衔光禄寺署正胡锡壤,候选知县袁奉仁,坐补大荔县训导刘树棠,前任甘肃庄浪乡学训导张文楷,举人李元春,孝廉方正张澂河,河工议叙从九职衔严奉朝,暨前任鄜县知县,推升都察院都事陈煦,随同分途,先为劝办捐输。其花沙布、马百龄,即留省城劝捐。兹蒙特谕,民间捐资助饷,与效力行间无异。臣等惟有督饬绅耆,于该处士民中,择其富厚者,晓以大义,善为开导。总期有益于军需,不致稍形夫扰累。除俟捐有成数之行请奖励外,所有遵办缘由,谨合词缮折具奏,伏乞皇上圣鉴训示。谨奏。(咸丰三年四月二十九日)(咸丰三年)五月二十一日奉朱批:“知道了。妥为劝谕,以遂伊等报效之忱。如有不肖地方官及吏胥等，勒索舞弊，即从严参办，加等治罪。”

608 奏为督饬劝捐并移缓就急事

陕西巡抚臣张祥河跪奏，为遵旨督饬赶办捐输，暨筹款移缓就急，恭折奏祈圣鉴事。

窃臣于五月初二日，承准军机大臣五百里字寄：“四月二十七日奉上谕：‘前因军务未竣，需饷甚巨，叠经谕令各督、抚，延访公正绅耆，劝谕捐输。著张祥河遵照前旨，迅饬地方官，会同劝捐各绅士等，妥速办理。一经集有成数，即一面奏明，委员解往军营，一面开具各捐户姓名请奖。至该省藩库正、杂各款，如有可移缓就急之处，无论何项，即权其轻重，迅筹拨解，以济要需，勿稍迟误等因。钦此。’”查陕省捐输，前经臣遴选在籍之绅士王笃、聂沄、路慎庄，于三月二十四、二十八等日，分赴同州、西安、凤翔、邠州，先为劝办。其花沙布、马百龄，即留省城劝捐，会同督臣舒兴阿，恭折奏明在案。

嗣据王笃等禀报，先后在大荔、泾阳、三原、长安等县，与所举绅士及地方各官，剀切晓以大义，商民等志切同仇，输将尚形踊跃。惟以南路梗阻，生业迥不如前，而经臣谆切示劝，颇知爱戴顺从，计已书捐银十数馀万两，其银须陆续设凑解库。兹钦奉谕旨，遵复转饬妥速办理，赶催缴银，俾资军营接济。并开具各捐户姓名，拟援照筹饷新例，奏恳天恩优奖，以示观感而广招徕。

至藩库正、杂各款，饬司查覆，上年曾拨筹备军饷二十万两，嗣又供支各起官兵及本省防堵，共三十馀万两。本年四月，又于续收上忙地丁内，拨解京饷十万两。现只存银二十馀万两，皆关本省随时支发之项，原难移动。第当此军务未竣，大兵云集，待饷孔殷，自应权其轻重，移缓就急。臣悉心筹画，拟于存银内先拨二十万两，请旨饬部，指拨何省军营粮台，以便派委妥员，作速解往。其本省用款，俟捐输银两收到，即行归还，以供支放。如此酌量变通，既可接济要需，而本省应用，亦不致贻误。所有遵旨分别筹办缘由，理合缮折具陈，伏祈皇上圣鉴训示。谨奏。(咸丰三年五月初九日)(咸丰三年)六月初二日奉朱批:"户部速议具奏。"

609 奏为派赴山东江南防兵全数出境事

陕西巡抚臣张祥河跪奏,为循例具报陕甘派赴山东、江南防兵,全数出境,仰祈圣鉴事。

窃照前奉谕旨,饬派陕甘官兵四千名,驰赴山东、江南交界,听候调遣。当经督臣舒兴阿,指派兴安、商州防兵,暨延绥、宁夏、甘凉提镇属营兵,凑调如数,拣委得力将弁,分别管带起程。该各营远近不一,陆续行抵潼关,自三月二十五日起,至五月初一日,全数趱出陕境。沿途行走安静,各属供支,亦无贻误。至各官兵应领行装、口粮,照例给发。除俟事竣造报外,所有陕甘两省派赴山东、江南防兵,全数出境缘由,谨会同督臣舒兴阿,合词缮折具奏,伏祈皇上圣鉴。谨奏。(咸丰三年五月初九日)(咸丰三年)七月初二日奉朱批:"知道了。商州防堵,似比潼关稍缓。著斟酌情形,毋致顾彼失此为要。"

610 奏为督饬藩司移缓就急撙节支用事

再,督臣带兵进剿贼匪,随营设有粮台。陕省潼关一带,本境防堵,亦设粮台。并各属团练役勇,又商州、兴安,现派道员,分兵设防,均须酌发银两。种种需用浩繁。司库前次筹备军饷银二十万两,业已解赴河南,因捐输银两骤难收齐,尚未补足。此刻库款短缺,臣惟有督饬藩司,移缓就急,撙节支用,一面催收捐项筹补,合并附片陈明。谨奏。(咸丰三年五月初九日)(咸丰三年)七月初二日奉朱批:"知道了。"

611 奏为饬办十二连寨事

再,潼关城外五里许,向有禁沟一道,亘长三十馀里,东联河南阌乡,南趋陕西雒南,西接华阴,北即潼关。昔年黄巢、李闯,均由此窜入关中,是以设十二连城,三里一城,安兵数百名,多设火器、矢弩,联络呼应，即有百万之众，莫能超越飞渡，载在志书。当此防堵吃紧之际，自宜循照修复，以期巩固疆圉。臣随饬盐法道文海，候补道蔡宗茂，率同委员绥德州知州江士松，潼关厅同知孙治，驰往履勘去后。

兹据禀报，故址久废，现仅有大土墩十二座，若照旧制修复，所费过多。拟改为十二连寨，每寨设望楼一座，四面砖砌雉堞，以备施放火枪、矢弩之用。墩之上，亦设望楼一座，遇有寇警，登高瞭望，此呼彼应，信息顷刻可到关城。并于每寨相隔里许，添设营房，共建营房二十四所，拨兵驻守。统共撙节估计，实需工料银三千五百馀两。如此建置，平时可以严密稽查，有事足资兵勇防御，不特固潼关门户，实为全秦保障。除饬在于潼关粮台项下，动银采买物料，赶紧兴修外，所有饬办十二连寨缘由，理合附片具陈，伏乞圣鉴。谨奏。(咸丰三年五月初九日)(咸丰三年)七月初二日奉朱批："知道了。"

612 奏为续调官兵添派防堵并委道员分往督率办理以昭周密事

奏为续调官兵添派防堵，并委道员分往督率办理，以昭周密，仰祈圣鉴事。

窃照陕省防堵情形，业经臣与将军舒伦保、督臣舒兴阿随时会商，调派各营官兵，分别布置，节次奏明在案。现因督臣奉命酌带精兵五千名，出关赴晋协剿，计留本境防兵，仅四千馀名。臣先经在于固原提署汉中、河州、延绥各镇属，续调官兵二千馀名，以备补派。适又接到河南抚臣陆应谷八百里飞咨，贼匪窜扰密县、新郑县，有遁襄阳之说，知会交界地方，一体严防。

臣查潼关、雒南、朝邑、大庆关等处，早已派兵设防，并有西安满营官兵、壮丁，共一千名，在于函谷关驻守。又经督臣与提臣桂明相机妥筹，且提臣驻扎潼关，居中调度，是东路一带，均皆扼险据守，可期无虞。惟贼势既欲南窜襄阳，则商州、商南，尤为吃重。臣酌拨宁夏凉州兵一千馀名，先为设防，盘查奸细。并派督粮道陈景亮，驰往商州武关，督率布置。

又，兴安白河，滨临汉江，虽系逆流，而时届夏令，东南风顺，攸关紧要。此外，关垭子陆路，亦应多设侦探，必须层层布置，以杜贼匪偷越。复经札饬陕安道周鸣銮，剋日前赴兴安，督同该府县会营，暂将存城兵丁及练就役勇，妥为防守。仍俟所调陕甘官兵陆续到齐，再为分派。所有调兵添防缘由，谨会同西安将军臣舒伦保，合词由驿六百里恭折具奏，伏乞皇上圣鉴训示。谨(奏)。(咸丰三年六月十九日)

613 奏为盘获奸匪审拟办理事

奏为盘获奸匪，审拟办理，恭折奏祈圣鉴事。

窃照陕省拿获行迹可疑道人杨合亨、杨教成，当经臣将讯取大概供情，先行陈奏。一面函致河南抚臣，查取王合元一案，发司确究。旋据臬司饬委候补知县萧为光，即补吏目萧善伦，候补从九品郭维垣，在于省城西门外，盘获行迹可疑之王芳、陈敬邦到案，并饬委审去后。兹据委员署西安府知府何丙勋审明定拟，由司招解前来，臣随督同藩、臬两司，亲提研鞫。

缘杨合亨、杨教成，王芳即王贵，又名何及及，陈敬邦，分隶湖南长沙，四川犍为、云阳，湖北当阳等县，彼此素不认识，先未为匪。杨合亨于咸丰元年出家焚修，后至武昌城外长春观居住。二年十一月内，贼匪窜扰武昌，是月十六日，伪太平王至观搜抢，将伊掳去入伙。其馀道人，多被胁从，不许剃发。杨合亨在营住宿二日，即有伪令派伊来陕探听官兵多寡，再往报信，给与大红哔叽一方，缀于衣内脊心为号。伊于十八日起身，行至南阳府，遇见已被豫省正法之师兄王合元，询知欲往汴梁探听消息，当各分途走散。杨合亨在南阳元妙观度岁，三年二月，始抵盩厔县楼观台挂单，惟恐衣缀哔叽被人看破，将外面用墨涂黑，自离武昌，尚未与贼送信。

杨教成于十六岁出家，迨后各处游方，并无定所。咸丰二年十一月，在汉阳府元妙观，被贼裹胁入伙，派在贼营做饭，并未打仗，于是月二十六日夜乘间逃往各处，挂单度日。三年二月，走至盩厔楼观台,即经委员会县一同拿获解省。

王芳于咸丰二年十一月,在汉阳府小镇店地方游荡,被贼掳去入伙,即有贼目在伊左手腕拴系青铜钱二文为记,声言遇贼不杀。伊在贼营看守行李五六日,贼目派伊来陕探听官兵多寡,给与盘费钱五百文,嘱伊亲身回报。伊应允动身,十二月间至河南灵宝县,本年正月过黄河,由山西河津、绛州至韩城县,遇见陈敬邦,谈及被掳情由。又从蒲城、泾阳往甘肃平凉,折回走泾州、长武、咸阳进省,住李丑儿店内,一路打莲花落乞讨度日。二十三日,伊想与贼送信,走出西门,即被拿获。

陈敬邦系咸丰二年七月间,在长沙大西门外被贼掳去,硬将伊右肩甲刺有黑圈,并未打仗。旋即乘空逃出,各处讨乞度日,黑圈洗除不去。本年正月至韩城县地方,会遇王芳,谈及被掳情由,各至走散。五月间,伊来省城,即被拿获。查验杨合亨衣内脊心,缀有哔叽一方,外面用墨涂黑,里面大红色。王芳左手腕拴系青铜钱二文,杨教成周身并无记认,陈敬邦右肩甲尚有黑圈。再三究诘,各供矢口不移,案无遁饰。

此案杨合亨、王芳被贼截掳入伙,甘心从逆,胆敢来陕窥伺,不法已极,应照"谋叛已行者斩"律,拟斩立决。当于审明后,恭请王命,饬委臬司文俊暨标下中军,将该犯杨合亨、王芳绑赴市曹,即行正法。杨教成、陈敬邦,讯系被掳入伙,乘间逸出,尚无随同打仗,来陕窥探情事。惟系逃后被获,与悔罪投首不同,应照"谋叛已行不首",拟以满流。当此贼氛未靖,军务戒严,应从重发往新疆,给官兵为奴,面刺"外遣"二字。店主李丑儿讯不知情,应毋庸议。除各供咨部,并仍饬属密查,倘有奸细潜踪来陕,随时加紧缉拿外,所有审办缘由,理合恭折具奏,伏祈皇上圣鉴。谨奏。(咸丰三年六月十九日)(咸丰三年)七月初二日奉朱批:"刑部议奏。"

614 奏为撤收黄河各渡船只事

陕西巡抚臣张祥河跪奏，为陕境黄河渡口，查禁船只，恭折奏祈圣鉴事。

窃照本年七月十八日，臣接准军机大臣字寄："七月十三日奉上谕：'前经叠降谕旨，令沿河各督、抚严防河岸，稽查渡口，各该督、抚自当饬属认真办理。乃前次汜水一带，竟有贼匪抢船情事。现在怀庆大兵云集，剿匪叠次获胜，该逆势已穷蹙，难保无续来之匪，偷渡接应。且恐其奔窜渡河而南，俱不可不豫为防范。本日，据孙瑞珍奏，堵剿之策，必先扼守黄河，撤收船只。但将紧要渡口，处处扼定，并将南、北岸船只，悉数撤收，去其桅舵，或牵置岸上，或凿沉水中，该逆无船可获，自不能任意往来。凡各该省收船之事，专责沿河各州县文武，各就本境，赶紧妥办，计旬日间，即可撤收净尽。至文报往来，可留渡船数只备用，并派诚实员弁，严密看守等语。黄河为南北天险，扼守要隘，必应如此办理，但恐奉行不力，又有疏懈，所关非细。著直隶、东河、南河、江苏、河南、山东、山西、陕西各督、抚，迅饬沿河各地方文武并河道厅弁，各就本境，不拘何项船只，悉数撤收。不特渡口最关紧要，即偏僻港汊，亦当严防偷越。该督、抚仍遴委妥员，沿河往来察看，遇有玩泄员弁，即严参惩办，断不可任贼匪再有抢船偷渡之事等因。钦此。'"

遵查陕西省黄河渡口，以潼关厅之风陵渡，朝邑县之大庆关，最为紧要。缘陕省商民以米易晋省之煤，船只往来，络绎不绝。前因逆匪滋事，凡遇长江大河，任其所之，皆临时掠取商船飞渡。现在晋省岁收丰稔，无藉秦粟，时值夏秋，陕省用煤，亦尚可缓，当兹堵御戒严之际，河岸尤宜设防收渡，始免偷越。先经臣于六月二十八日，通饬沿河州县，各将境内所有船只，除酌留一二只递送文报要差外，其馀商船以及私渡船只，概令封禁，撤归西岸停泊，不准行走，并饬随时密查去后。

兹蒙寄谕，臣惟有申明训示，严督沿河各属文武，无论渡口、港汉,不拘何项船只,悉数撤收。并责成协防委员等,移营会带兵役,知照山西,梭织巡逻。遇有偷渡之人,立即凿船沉货,拘案究办。如各员弁奉行不力,定当严参,总期悉数撤收净尽,俾杜偷越,以仰副圣主谆谆诰诫至意。所有查收黄河船只缘由,理合缮折具奏,伏乞皇上圣鉴训示。谨奏。(咸丰三年七月二十四日)(咸丰三年)八月二十二日奉朱批:"知道了。言之甚易,而行之甚难。汝远在省垣,稽查难周,著咨行桂明,就近严查,以防偷渡。若该处文武阳奉阴违,即由该提督专折奏参。然汝系封疆大员,断不可藉此卸责。"

615 奏为实力严拿在逃兵丁务获事

再,臣于七月十七日,准陕甘督臣舒兴阿咨:"十二日在陕州军营,承准军机大臣字寄,奉上谕:'有人奏五月二十日前后,河南府一带有逃兵五六百人,各持器械,沿河抢掠行人。询问皆云自南逃回,将及陕界,不入潼关,转而南行,似欲窜入南山等语。著舒兴阿、张祥河、哈芬、陆应谷严拿,认真查讯。如果实系逃兵,即将原营领兵将弁,查明参奏惩办。并互相知照,于交界处所实力搜查,毋得稍涉松懈等因。钦此。'"咨会前来。

臣遵查本年五月二十三日,有统带延绥镇属官兵之延安营参将业普崇额呈报,奉派带领官兵五百一十三员名,赴山东、江南交界山东巡抚李僡行营调遣。于五月十七日早,在河南中牟县地方,遇贼四五千,整队打仗,毙贼三四百名。至午刻,贼匪愈众,官兵伤亡将尽,该参将杀出重围,沿途收回官兵数十员名,由郑州至河南府等情。维时督臣舒兴阿驻扎省城,即与商移咨豫省,就地查办。旋据分发福建候补同知曹鹤彪,赴臣衙门具控,伊兄鄜州城守营都司曹鹏彪,在中牟县追贼,业普崇额等望风先逃,致伊兄阵亡等语。

臣以曹鹏彪是否在河南追贼阵亡,业普崇额等如何逃遁,均应确查,分别办理,随备文咨明河南抚臣核办。一面移会延绥镇总兵,饬调业普崇额等来省,听候研讯参究,迄今尚未覆到。现在业普崇额等，已赴督臣舒兴阿陕州军营谒见，经舒兴阿扣留收管审办，并将败残弁兵九十三员名，先行发回原营归伍。其逃失兵丁二十二名，并未带有器械，开单咨臣，饬属查缉。当即行据臬司文俊覆称："先于六月二十七日，委员在省城东门，拿获延绥镇标马兵王钦文一名。三十日，另获甘肃庄浪营随征馀丁杨发有一名，正在审办。"

兹钦奉谕旨，似原奏河南府一带逃兵五六百名，即系业普崇额之案。除候督臣审办参究，并饬各属，一体实力严拿在逃兵丁务获外，所有前办情形，理合附片陈明，伏祈圣鉴。谨奏。（咸丰三年七月二十四日）

616 奏为拟添派重兵协防山西垣曲一带事

再，秦晋防剿，无分畛域。查山西垣曲县一带，两省虽各置防兵，尚行单薄。臣咨商督臣，亟须再添重兵，派大员前往策应。指日怀庆会剿，遏其势穷旁窜，自可殄灭无遗。至陕境各要隘，视地之险夷，分兵之多寡，臣与将军舒伦保，节次函商提臣桂明，已次第调派分布。因潼关距省四站，即嘱其就近由驿驰奏，仰慰宸廑，谨附片具奏。（咸丰三年七月二十四日）（咸丰三年）八月二十二日奉朱批："览。"

617 奏为拿获奸匪李洪信等审明办理事

陕西巡抚臣张祥河跪奏，为拿获奸匪，审明办理，恭折奏祈圣鉴事。

窃照渭南县知县金玉麟，潼关厅同知孙治，泾阳县知县龚衡龄，先后禀报拿获奸匪李洪信即刘官全，董中勤、柴成，经臣批司提省审办去后。兹据委员署西安府知府何丙勋等审明定拟，由司招解前来。臣随督同藩、臬两司，亲提研鞫。

缘李洪信即刘官全，籍隶湖北天门县，小贸生理。董中勤籍隶安徽泾县，贩卖丝线营生。柴成籍隶河南淮宁县，贸易度日。咸丰二年十二月初九日，李洪信在汉阳地方访亲，遇贼被掳入伙，派令随营造饭，给与红布一方，缀于衣内脊心为记。十七日，同贼目王世春窜赴九江府，当被官兵击败，退回武昌。二十六日，贼目张姓令王世春带领李洪信，并田姓、马姓、吴姓，分赴河南、陕甘一带，探听路径。李洪信允从，即从武昌起身，由僻路行抵安陆府，王世春给与盘费钱六百文，约定甘肃省城白衣庵地方会齐，转回各自分散。三年六月十四日，李洪信始至渭南县，即被拿获。

董中勤于三年二月初八日，运货至浦口地方，遇贼被掳入伙。贼目李秀登派伊在营造饭，偕赴南京。三月初八日同往扬州，距城六十馀里，适值官兵追剿，李秀登给伊鸟枪一根，令同打仗，旋被官兵击败窜散，董中勤仍回南京。四月初九日，贼目派伊与陈永魁、陈三、李三、张大辫子、张七，分赴各处探听路径，董中勤允从。十六日，行至南宿州，陈三、李三、张大辫子、张七，分路前往亳州，董中勤跟随。陈永魁由河南一带，于五月十七日行抵潼关，陈永魁在城外等候，董中勤进城探听，即被拿获。

柴成于三年四月间，前往亳州贩运杂货，遇贼被掳入伙。贼目洪士清给与蓝布缠头并骨头腰牌，上刻姓名为记，派在营内服役。五月初七日，跟随贼众攻破归德府，十二日至汴梁省城外，天降大雨，移营朱仙镇。旋往汜水、巩县，从荥泽县渡口过河。二十六日，至怀庆府城外，贼目洪士清派令柴成，同在逃之张明善、李章保，前来陕西探听军情，柴成等应允，限五十日回营缴销。柴成惟恐名牌遗失，付交张明善收藏，一同从怀庆起身，由山间僻小路行走，中途各自走散。七月初三日，柴成行至泾阳县地方，即被拿获，先后禀解到省，逐一研鞫，据供前情不讳。严诘实系遇贼被掳入伙，甘心从贼，听派来陕探听，委无另犯不法及知情容留之人。王世春、陈永魁、张明善等，现逃何处，实不知情。查验李洪信破袄脊心，缀有红布一方，董中勤、柴成均无记认，再三推究，矢口不移，案无遁饰。

查律载，“谋叛已行者斩”等语。此案李洪信即刘官全，并董中勤、柴成，遇贼被掳入伙，辄敢甘心从贼，复听指使，来陕窥伺，不法已极，应照“谋叛已行者斩”律，拟斩立决。当于审明后，恭请王命，饬委臬司文俊暨标下中军，将该犯李洪信即刘官全，并董中勤、柴成，绑赴市曹，即行正法。现值严查奸细吃紧之际，应将各犯首级，传解被获地方，悬竿示众，以昭炯戒。红布案结销毁。除犯供咨部，并通饬各属查照供出逃犯年貌，严拿务获究报外，所有审办缘由，理合恭折具奏，伏乞皇上圣鉴。谨奏。（咸丰三年七月二十四日）（咸丰三年）八月二十二日奉朱批：“知道了。刑部知道。”

618 奏为贼匪已入晋境大庆关添兵堵御事

陕西巡抚臣张祥河跪奏，为贼匪已入晋境，大庆关等处添兵堵御，恭折由驿奏祈圣鉴事。

窃臣前因晋省垣曲县一带紧要，函商督臣舒兴阿，酌添防兵策应，当经附片具奏。兹据潼关厅探报，贼踪已窜过垣曲，查垣曲与绛县相连，须防北窜。若由绛县而西，如陕省韩城、郃阳、朝邑、华阴，以及大庆关等处，平沙一片，无险可扼，在在吃重，沿河一带，兵力尚形单薄。臣即飞饬督粮道陈景亮，将商州、武关防兵七百名，统领原派之备弁管带，先由捷径，驰赴大庆关要口，督同协防之西安府知府蒋琦淳，妥为布置。并飞咨提臣桂明，添调雒南兵三百名，计连前派该处之兵，共有三千一百馀名，以资防守。至沿河船只，经臣节次查禁，再由八百里严饬府厅州县，撤收净尽。所有添兵堵御缘由，谨缮折由驿六百里驰奏，伏乞皇上圣鉴。谨奏。（咸丰三年八月十一日）（咸丰三年）八月二十九日奉朱批：“知道了。近接桂明奏报，有汝与该提督札商，令桂明过河进剿之语。此非上策，已有旨令桂明仍驻陕省。汝此次折内，何以并未提及？”

619 奏为请旨将晁迎福赏戴花翎事

再，在籍候选盐运司运同晁迎福，捐输军饷银一万两。据绅士面禀，以现当催缴各属捐银，查造册籍之际，晁迎福籍隶省城咸宁县，首先交银，应请即给议叙，以为众劝。相应请旨，将晁迎福赏戴花翎，出自恩施，理合附片具陈，伏乞圣鉴。谨奏。（咸丰三年八月十一日）（咸丰三年）八月二十九日奉朱批："另有旨。"（浮签）"咸丰三年八月十七日内阁奉上谕：'张祥河奏在籍运同捐输军饷等语。陕西在籍候选盐运司运同晁迎福，首先捐输军饷银一万两，著赏戴花翎，以示鼓励。钦此'。"

620 奏为筹拨防堵并督臣进剿各银款数目事

再，陕省潼关等处防堵，及督臣带兵进剿，需费浩繁，业经臣奏明督饬藩司，移缓就急支用在案。兹据该藩司吴式芬详称，"陕库上次捐输银两，及所存正、杂各款，均已拨解动支。本年四月内，又将续收地丁，拨解京饷。嗣因各省军饷孔急，复于本年春拨后续收地丁银内，权其轻重，奏请移拨银二十万两，现解河南，仍俟捐输解到，即行归还。今捐输一项，虽已书捐银十馀万两，叠次饬催，未能解到。贼匪窜入豫境，陕西防堵吃紧，一切经费，刻不容缓。司库无款可筹，设有贻误，所关非细。再四筹画，当于前次筹备军饷之地丁银二十万两，暂行提银十万两，旋即补解豫省。

又于奏明修理兴安城工内，提收银五万三千两。又动拨续收筹饷经费，并续收粤西捐输银一万二千两。又提收旗标退回银四千五百两，满商筏畜税银三千两，缺官银六白两，地牙当税银四百两，茶磨课银一千两，经费杂支银五百两，盐课银六千三百两，咨追并收赎银一千两，接济粮价银一千三百两，搭钱折扣银三千七百两，糯米折价银四百两，阌灵额协银八百两，兵借粮价等银一万两，俸工驿站银一千五百两，共银二十万两，为本省办理防堵经费。此外，又于春征续收地丁银内，动拨银五万两，解赴总督行营备用。以上共银二十五万两，均俟捐输收存有项，仍即拨还"等情，详请照例具奏前来。

臣覆查无异。除饬司撙节办理，毋得稍涉虚糜外，所有筹拨防堵，并督臣进剿各银款数目缘由，理合附片陈明，伏祈圣鉴，饬部知照施行。谨奏。（咸丰三年）八月二十一日奉朱批："户部知道。"

621 奏为留坝厅修理栈道动用银两事

奏为修理栈道，动用生息本款，银数在五百两以上，循例奏闻，仰祈圣鉴事。

窃照留坝厅详请修理境内栈道一案，当经批司，委员确勘估办去后。兹据藩司吴式芬详称，准陕安道周鸣鸾咨据汉中府知府毕至，转据委员褒城县知县毛守悳，会同留坝厅同知富明阿查勘得，该厅境内栈道，自道光十六年修理后，历今六载，一切土石各路、偏桥、磡岸、马墙等项，坍塌较多，木植朽坏，急应修理平坦，以利遄行。逐一撙节确估，共需工料银九百九十七两九钱七厘，造具估计册结图说，由府道加结，移司核明，请照向例，在于汉中府库存储栈道备公本款银内，动支兴修，具详请奏前来。

臣查该厅栈道，自南星、凤县交界起，至武关、褒城县交界止，绵长一百六十里，其间俱傍山依溪，羊肠鸟道，必须修理平坦，始克遄行。现在各工奉文停止，惟栈道为川陕往来要路，文报差使，络绎不绝。若不急为修整，必致阻滞，所关匪细，非别项工程可比，实属刻不可缓之工。其所估工料银两，应请照依向例，在于汉中府库存储栈道生息备公本款银内动支，饬令赶紧认真兴修，俟工竣委勘核实造销。除将估计册结图说，送部查办外，理合循例缮折具奏，伏乞皇上圣鉴。谨奏。(咸丰三年九月初三日)(咸丰三年)九月二十七日奉朱批："知道了。"

622 奏呈飞咨提臣桂明原文

谨录八月初六日由六百里飞咨提臣桂明原文，恭呈御览。

为飞咨预筹严密防范事。窃照逆匪前在怀庆，大兵进剿，均在东、南、北三面，独留西路，未经设备。该逆避实击虚，是其常技。因思怀庆交界之济源县，紧接山西垣曲，而垣曲道路最险，实为扼要。应于此处添置重兵，派委大员，前往策应，以扼贼势穷蹙旁窜。缘秦晋防剿，无分畛域，防晋正以防秦，机宜在所必然。是以本部院两次函咨督部堂舒(兴阿)，酌添重兵，一致书于贵提督添兵，并又附片奏明各在案。

兹于八月初四日酉刻，接准督部堂八百里来咨，怀庆解围，贼窜济源，是垣曲添兵一层，此时办理已迟，何能有济？惟贼既奔至济源，恐赴垣曲，由垣曲而西，在在可虑。如陕省韩、郃、朝邑及大庆关等处，平沙一片，无险可守，若再不及早筹度，万一逆匪扰入，所关非细。为今之计，如续有警报，似需贵提督亲身带兵，或派副、参、游，驰往山西蒲州以上一带地方，迎头剿除，庶可杜其豕突狼奔，陕省自无意外之虑。在贵提督奉旨专办防堵，责任綦重，必已遵旨，计出万全，断不至示贼以可乘之隙。而本部院既有所见，亦不得不再三渎告，相应限行飞咨，为此合咨贵提督，请烦酌夺施行。潼关距省城四站，并析察核周妥，就近径为办理，毋需往返会商，俾免稽延，合并咨明。须至咨者。（咸丰三年九月初三日）

623 奏为现任内阁中书宋金鉴等捐输事

奏为绅士捐赀助饷，恳恩奖叙，以昭激劝，仰祈圣鉴事。

窃照陕省此次捐输，经臣督饬在籍各绅士分赴所属，剀切劝谕，该绅民等志切同仇，尚知报效输将。无如情形非同昔比，措缴维艰，以致数月来，仅收得银十馀万两。兹有前任武功县教谕宋兑成，在本籍岐山县捐银一万二千四百两，由该县详报，请给其子现任内阁中书宋金鉴，以六部郎中，不论双单月尽先选用。又据藩司吴式芬具详“三原县候选知县李文保，在司捐银六千六百八十一两，请以知县指省分发四川，归新例分缺先用”等情前来。

臣查该员等勉力呈捐，将银交库，洵属急公。按照新例条款，逐一核算，所捐银数，均属相符。相应奏恳天恩，俯准将现任内阁中书宋金鉴，以六部郎中，不论双单月尽先选用。候选知县李文保，以知县指省分发四川，归新例分缺先用，俾示观感而期踊跃。除交银数少者，容俟汇同续捐各绅民另行办理外，所有捐饷较多之绅士，恳请甄叙缘由，理合缮折具陈，伏乞皇上圣鉴训示。谨奏。（咸丰三年九月二十二日)(咸丰三年)十月二十六日奉朱批:"另有旨。"

624 奏为二次筹拨防堵经费银两数目事

再,臣前奏筹拨银二十万两,为本省办理防堵经费。又于春征续收地丁银内,动拨银五万两,解赴督臣行营备支。兹据藩司吴式芬详称,"粤匪窜扰豫、晋、陕省,叠奉谕旨,筹办防堵。奏调满、汉各营官兵,分派潼关、大庆关、兴商等处堵御,并督臣亲带官兵赴豫晋会剿,应需借裹、盐粮、车马、草乾及经费等项,前筹银两,陆续支用,现仅存银二百馀两。所有潼关、大庆关等处派拨兵勇,暨省城团练各勇,并添制军械、火药,在在急等支发,均难刻缓,自应再为筹拨,以顾急需。今于各属解到捐输银内,提拨银八万两,随时收入二次防堵经费款内,以备供支"等情,详请照例具奏前来。

臣覆查无异。除饬司撙节办理,毋得稍涉虚糜外,所有二次筹拨防堵经费银两数目,理合附片陈明,伏祈圣鉴,敕部知照施行。谨奏。(咸丰三年九月二十二日)(咸丰三年)十月二十六日奉朱批:"知道了。"

625 奏为饬令陕安道蔡宗茂赴任以专责成事

再,陕省潼关防堵粮台,前经派委署潼商道蔡宗茂办理。兹新任潼商道徐之铭业经到任,所有粮台一切,应即一并饬交接办。至蔡宗茂奉旨补授陕安道,查该道地处南山,时有审转案件及督属稽查匪类,在在关系紧要,即饬令该道赴任,以专责成,谨附片具奏。(咸丰三年九月二十二日)(咸丰三年)十月二十六日奉朱批:"知道了。"

626 奏请给予劝捐出力王笃布政使原衔事

再,陕省捐输,前经臣遵旨遴委在籍曾任京外各官,分赴各府州县,谆劝绅士、商民,竭力报效。兹前任山东布政使王笃,自本年三月二十四日前往同州府属劝办,至十月初一日回省,呈开共劝捐银三十五万馀两,业经解交司库银十馀万两。臣查陕省此次捐输,既值连年劝捐之后，而绅民贸易，均在东南，诸省又被贼扰，其光景迥不如前。兼之逆贼匪窜至怀庆，复窜平阳，距陕甚近，居民惊惶莫定，岂暇顾及输将，办理尤形棘手。

今该员王笃，劝捐银三十五万馀两，良由平日老成直谅，足以取信于人，故能同深感奋，竭力急公。该员系原任大学士王杰之孙，据称世受国恩，不敢仰邀甄叙。惟劝捐银数较多，首先竣事，该员前任山东藩司，署理巡抚，收受商人相沿面封项下程仪，经部议降三级调用，因任内有革职留任之案，照例革职。可否仰恳天恩，给予布政使原衔之处，恭候钦定，以示逾格鸿施，而昭激劝。其馀委办劝捐各员，容俟另行请奖外，所有劝捐最为出力之员，合先附片具陈，伏祈圣鉴。谨奏。（咸丰三年十月初八日）（咸丰三年）十一月初二日奉朱批："另有旨。"（浮签）"咸丰三年十月二十日，内阁奉上谕：'张祥河奏绅士劝捐出力，恳恩奖励等语。陕西在籍绅士，已革布政使王笃，劝谕捐输，著有成效，著加恩赏给按察使衔。其馀劝捐出力各员，并捐输绅民人等，仍著该抚查明，陆续奏请奖励。钦此。'"

627 奏为护送廓尔喀进贡使臣事

再，廓尔喀进贡使臣，由京起程回国，经臣查照理藩院咨文，先期遴委文武各员，分段接替护送。兹于八月初一日，该使臣等由潼关厅入境，于九月十一日送出陕境，交四川广元县接护前进。沿途应付妥速，行走安静，理合附片奏闻。谨奏。（咸丰三年十月初八日）（咸丰三年）十一月初二日奉朱批："知道了。"

628 奏为征防各兵循案酌给盐粮银两事

奏为征防各兵，循案酌给口粮、盐菜银两，仰祈圣鉴事。

窃照此次粤匪滋扰湖广、江南、豫、晋等省，节调陕甘满、汉各营官兵剿防。前接办理防剿事务署四川督臣慧成来咨，户部议覆漕运督臣福济等具奏，进征各兵，无论外省、本省，每日口粮，均给一钱五分。其本省防兵，仍遵定例，每日给盐菜银七分，米八合三勺。马乾每匹，例准日给银五分，请给一钱。官弁拟于盐菜外，酌加津贴，虽均系例外加增，惟马乾例定五分作正开销，其馀五分，与官弁津贴，均于事竣后，归行兵省分摊补，与正饷尚无浮冒，应如所奏办理各等因，转行在案。

兹据潼关防堵局陕安道蔡宗茂，以各兵纷纷呈恳，业经循照成案，进征满、汉兵丁，每名每日，支给口粮银一钱五分。派防本省兴商、大庆关、潼关等处兵丁，每名每日，支给盐菜银七分，米八合三勺，马乾每匹日给银一钱。官弁应领盐菜外，酌加津贴，以示体恤。仍将所给马乾银五分，同官弁津贴，均于事竣之日，归于本省摊补。请自本年七月初三日，户部议准漕运督臣奏案，奉旨"依议"之日起，按照加增银数报销。其未奉旨以前加增银两，由该道暨在局委员赔补归款等情，经省局司道查议，具详请奏前来。

臣覆查该局所办，均与福济等奏案相符。其议分日报销，著赔归款之处，亦甚核实。除俟事竣分别造销摊补外，所有酌给征防各兵口粮、盐菜银两缘由，理合缮折具陈，伏祈皇上圣鉴。谨奏。（咸丰三年十月初八日）（咸丰三年）十一月初二日奉朱批："户部知道。"

629 奏为会同将军提督覆奏防堵事

陕西提督奴才桂明，西安将军奴才舒伦保，陕西巡抚臣张祥河跪奏，为遵旨迅派官兵，严防湖北接壤要隘，并委道员分往督率办理，以昭周密，仰祈圣鉴事。

窃照本年十月十三日，奴才舒伦保驿递折，旋承准军机大臣字寄："十月初五日奉上谕：'本日，据江忠源、唐树义驰奏武昌被围一折。湖北自田家镇兵溃以后，黄州、汉阳均被贼陷，贼船上驶，省垣极为危急。现经江忠源等会兵进剿，设法驰赴汉阳，以图收复。惟江路贼船，到处梗塞，凡川陕与湖北交界地方，均关紧要，必须一律严防。著裕瑞、舒伦保、桂明、张祥河，迅即各派官兵，于湖北接壤各要隘，严密防守，实力巡查，盘缉奸宄，万不可令贼匪阑入，是为至要。本日舒伦保奏挑备官兵折内，已批示如遇调拨，即令该将军统带。现既备防楚省，舒伦保未可远离陕境，如有旨调拨所备官兵，即派协领并满洲镇将，统带启行可也。将此由六百里，各谕令知之。钦此。'"奴才舒伦保随即恭录，分咨奴才桂明，臣张祥河，一体钦遵。

会查陕省与湖北交界地方，多在商州、兴安所属境内，道路丛杂。其中如商州，应以商南县之梳洗楼、桑树为最要。前次楚豫有警，先经臣张祥河奏明，酌派凉州、宁夏官兵一千馀名，在于商州商南设防，并派督粮道陈景亮，驰往督率布置。嗣因贼窜山西，移缓就急，撤调官兵七百名，改赴大庆关要口，经奴才桂明派赴绛州、蒲州防堵。留兵三百名，分布梳洗楼、桑树，稽查奸细。其兴安府属，则应以白河县及关垭子等处为最要，亦经臣张祥河分派汉中镇兵五百名，暨移行陕安镇道，督同府县，将存城兵丁，练就役勇，分别防守。后值征调潼关各处防兵，赴豫、赴晋协剿，诚恐本境要隘纷繁，兵力单薄，兴安情形稍轻，是以又将该官兵五百名，调省预备添助防兵之用。

今钦奉谕旨，湖北接壤要隘，必须严防。伏思通省营伍，屡经征调，存城兵数甚少。兹公同商酌，先将蒲州、绛州防兵七百名，饬令原带之将备管领，仍行前赴商南，责成督粮道陈景亮，督率办理。至兴安关垭子地方，仍派汉中镇兵五百名，赶紧前往驻守。其白河一带，咨行署陕安镇总兵崇保，会同府县，将存城兵勇，一律严防，并委陕安道蔡宗茂，统率办理。所有山溪、僻径，凡可断塞之处，或挖濠，或筑垒，俱应相机妥办，并饬多设侦探，实力巡查，认真盘缉，断不准稍涉松懈，亦不任张皇。仍当随时察看，倘需添兵，或于就近营分酌调，或于各处防兵抽拨，容奴才桂明临时筹办。

再，奴才桂明前准督臣舒兴阿知会，当于蒲、绛防兵七百名，及原驻商南兵三百名之外，添调兵九百名，分驻梳洗楼、桑树。又于次要之雒南、庐灵关两处，各调兵三百名分驻，由六百里驰奏在案。现拟带领固原本标兵五百名，即日亲往商南各要隘勘查，总期防守严密，杜遏贼匪阑入，以仰副圣主廑念严疆至意。

至奴才舒伦保奉命未可远离陕境，前备官兵，时加操演，一有调拨，即派协领并满洲镇将，统带启行。所有公同遵旨迅派官兵，防守湖北接壤要隘缘由，谨合词由驿六百里恭折具陈，伏乞皇上圣鉴。谨奏。（咸丰三年十月十八日）（咸丰三年）十月二十九日奉朱批："知道了。"

630 奏为宁羌州请修栈道动用银两事

奏为修理栈道，动用生息本款，银数在五百两以上，循例奏闻，仰祈圣鉴事。

窃照宁羌州详请修理境内栈道一案，当经批司委员确勘估办去后。兹据藩司吴式芬详称，"准陕安道周鸣鸾咨，据汉中府知府毕至，转据委员沔县知县杜防，会同宁羌州知州张景蕃，查勘得该州境内栈道，自道光二十七年修理后，阅今五载，所有石路、偏桥、栏杆等项，坍塌较多，木植朽坏，急应修理平坦，以利遄行。逐一撙节确估，共需工料银九百九十四两零，造具估计册结图说，由府道加结，移司核明，请照向例，在于汉中府库存储栈道备公本款银内，动支兴修"，具详请奏前来。

臣查该州栈道，自沔县交界金堆铺起，至四川广元县交界七盘关止，共长一百七十五里。其间崇山峻岭，羊肠鸟道，必须修理平坦，始克遄行。现在各工奉文停止，惟栈道为川陕往来要路，文报差使，络绎不绝，若不急为修整，必致阻滞，所关匪细，非别项工程可比，实属刻不可缓之工。其所估工料银两，应请照依向例，在于汉中府库存储栈道生息备公本款银内动支，饬令赶紧认真兴修，俟工竣委勘，核实造销。除将估计册结图说，送部查办外，理合循例缮折具奏，伏祈皇上圣鉴。谨奏。（咸丰三年十月二十六日）（咸丰三年）十一月二十日奉朱批："该部知道。"

631 奏为查禁私钱循例具奏事

奏为陕省各属查禁私钱,循例奏闻,仰祈圣鉴事。

窃照私铸小钱行使,定例责成州县,随时访拿究办。并于岁杪出具境内并无私铸及行使小钱印结,详报督、抚具奏一次,历经遵办在案。本年陕省各属,叠经督饬严禁,据各厅州县先后禀报,在于境内随时随事,严密稽查,尚无行使小钱,以及私铸之事。并各出具印结,由藩、臬两司核明,会详请奏前来。

臣覆核无异。除仍责令实力查访,毋得视为具文外,所有咸丰三年各属查禁私钱缘由,理合循例恭折具奏,伏乞皇上圣鉴。谨奏。(咸丰三年十一月十九日)(咸丰三年)十二月十二日奉朱批:"知道了。"

632 奏为代奏谢恩事

陕西巡抚臣张祥河跪奏,为据情代奏,恭谢天恩事。

窃臣前奏绅士劝捐出力,钦奉上谕:"陕西在籍绅士已革布政使王笃,劝谕捐输,著有成效,著加恩赏给按察使衔等因。钦此。"遵即恭录行司知照。兹据王笃呈称"笃由翰林、御史,外任知府,洊升山东藩司。嗣以获咎里居,正值军需紧要,蒙列名保奏,奉旨劝谕捐输,悉皆禀承札饬办理,固无微劳可录。乃仰荷皇上逾格鸿施,头衔顿暖。望阙廷而拜命,莫名兢惕之私;矢夙夜以殚诚,冀答生成之厚。所有感激微忱,理合呈请代奏,叩谢天恩"等情,据此恭折代陈,伏乞皇上圣鉴。谨奏。(咸丰三年十一月十九日)(咸丰三年)十二月十二日奉朱批:"览。"

633 奏为拿获奸匪审明办理事

奏为拿获奸匪,审明办理,恭折奏祈圣鉴事。

窃照安康营县,具报拿获奸匪黄有得一案,当经臣批饬提省审办去后。兹据委员署西安府知府何丙勋审明定拟,由臬司招解前来,臣随亲提研鞫。缘黄有得籍隶湖南平江县,务农度日。咸丰二年九月十七日，黄有得由湖北武当山进香转回，十月十五日，行抵岳州府，遇贼被掳入伙，派令在营造饭。三年正月间，黄有得随贼住宿武昌城内，伪令派伊跟同王月泷，前往各处查探道路营汛，恐人盘获，未给腰牌号衣。黄有得应允，即与王月泷假装卖字客人，于四月间不记日期，先至四川成都府城外客店，租住数日。又同王月泷来陕窥探，所过不知系何州县。

六月十七日，至兴安府龙登河地方，王月泷嘱令黄有得赴府窥看营兵多寡，黄有得遂于将晚独自过河，潜进新城北门。经营员察出形迹可疑，带同兵丁跟至总兵衙门前，向其询问，黄有得冀图狡饰脱逃，称欲求见总兵献计。正在盘诘间，适安康县巡役踵至，协同拿获，讯报解省，据供前情不讳。严诘委系被掳入伙服役，甘心听贼指使，来陕窥探。自离武昌，尚未与贼写信，此外再无另犯不法，及知情容留之人。王月泷现逃何处，亦不知情，再三推究，矢口不移，案无遁饰。

查律载“谋叛已行者斩”等语。此案黄有得遇贼被掳服役，甘心听派来陕窥伺，不法已极，应照“谋叛已行者斩”律，拟斩立决。当于审明后，恭请王命，饬委臬司文俊暨标下中军，将该犯黄有得绑赴市曹，即行正法。除犯供咨部，并通饬各属，严缉逸犯王月泷务获究报外，所有审办缘由，理合恭折具奏，伏乞皇上圣鉴。谨奏。（咸丰三年十一月十九日）（咸丰三年）十二月十二日奉朱批：“知道了。”

634 奏为陕省各属捐输军饷银两事

奏为陕省绅民上年捐输军饷，续行恳恩奖励，仰祈圣鉴事。

窃照陕省各属官绅士庶，上年捐输军饷银两，业经臣将长安等厅州县捐银六百两以上之绅民，四次开单，奏恳恩施奖励在案。兹据咸宁等九县，造具各捐生姓名、银数册籍，由司具详前来。

臣查前奉谕旨：“该省绅民所捐银两，著俟该抚陆续奏到，分别奖励等因。钦此。”今该绅民等踊跃乐输，实皆出于至诚，自应酌请甄叙，以奖其报效之忱。除捐银二百两至四五百两者，造册送部，照海疆捐输章程议叙外。其捐资较多之绅民，分别等差，开缮清单，恭呈御览。合无仰恳圣恩，准予奖励，以昭激劝而示观感。至未经造册之宝鸡等县，叠经饬催，容俟到日，核明兑收银数，分别奏咨请叙。所有绅民捐输，续恳奖励缘由，谨缮折具陈，伏乞皇上圣鉴训示。谨奏。（咸丰三年十二月初二日）（咸丰三年）十二月二十五日奉朱批："该部核议具奏。单一件，片二件并发。"

635 奏请赏戴姚俊姚恩蓝翎事

再，据藩司详报，泾阳县议叙运同姚俊，捐职同知衔姚恩，各捐军饷银五千两，解交司库兑收等情。查前有四川补用同知程廷桀，在陕捐银五千两，奉旨赏戴蓝翎。今姚俊系从四品职衔，姚恩系正五品职衔，各捐银五千两，核与程廷桀之案相符。合无仰恳圣恩，赏戴蓝翎，恭候钦定，谨附片具奏。（咸丰三年十二月初二日）（咸丰三年）十二月二十五日奉朱批："览。"

636 奏请免议王庆元到任迟延降级处分并赏给同知衔事

再，据藩司详称，大荔县前任湖北来凤县知县王庆元，捐银二千两，拟请宽免到任迟延处分，暨加同知衔前来。臣查该员王庆元，前于河工捐输银二千两，因到来凤县任迟延，部议降一级调用，俟病痊之日，带领引见，再行奏请议叙。今该员又捐银二千两，连前共银四千两。可否仰恳天恩，俯准将该员王庆元到任迟延降级处分，宽予免议，并赏给同知衔之处，恭候钦定，合并附片谨奏。（咸丰三年十二月初二日）（咸丰三年）十二月二十五日奉朱批："览。"

637 捐输粤西军饷银数较多绅民请旨奖励清单

谨将捐输粤西军饷银数较多之绅民，分别奖励，开具清单，恭呈御览。

监生王槐清，咸宁县人，捐银二千一百两。查由监生报捐县丞，指省分发，共银一千四百九十两。今王槐清捐银二千一百两，核计多银六百一十两，谨拟请旨以县丞指发河南，归入新例补用。

候选复设教谕拔贡生姚树年，泾阳县人，捐银二千七百两。查教谕过班尽先选用，共银八百馀两。今姚树年捐银二千七百两，核计加增一倍，谨拟请旨以复设教谕归新例，不论双单月尽先选用。

恩贡张应年，醴泉县人，捐银一千二百两。查道光二十二年陕西海疆捐输案内，廪生孙肯堂捐银一千二百两，以复设训导，归捐班前先用。今张应年捐数相符，谨拟请旨以复设训导归捐班前先用。

廪生李汝钧，长安县人，捐银六百两。查道光二十二年海疆捐输案内，陕西廪生申诰，捐银六百两，以训导选用。今李汝钧捐数相符，谨拟请旨以训导选用。

童生翟淇，咸宁县人，捐银一千二百两。查常例捐监银一百八两，又酌增豫工事例，由监生捐银二百八十两，并指省分发银三百五十二两，共银七百四十两，准以未入流指省分发补用。今翟淇捐银一千二百两，有盈无绌，谨拟请旨以未入流分发甘肃补用。

候选卫守备武进士李士元，扶风县人，捐银一千一百四十一两八钱一分。查筹饷例，奉旨以卫用之武进士，捐银四百三十二两，准以营缺选用，仍归现在以营用之分发投供武进士班内，以营守备相间轮用等语。今武进士李士元，系奉旨以卫守备在籍候选之员，捐银一千一百四十馀两，较比新例银数，加增一倍有馀，谨拟请旨以营守备归新例相间轮选。

河工议叙主事职衔，加一级刘赞清，朝邑县人，捐银五千九百两。查海疆捐输章程内开“士民捐银六千两，给予郎中职衔”。又“五品等官捐银四百两，议叙加一级”。又“四品职衔人员，捐银八百四十两，给予应得封典”。今刘赞清捐银五千九百两，将本身主事职衔，照例减半抵银一千六百两，共银七千五百两，核计捐数，有盈无绌。谨拟请旨赏给郎中职衔，加一级，并请以四品〔贻〕(封)嗣父母及本生父母。

捐职布经历雷淼，澄城县人，捐银二千两。查海疆捐输加衔章程内开“士民捐银二千两，给予太常寺典簿职衔”。又“六品以下各官捐银一百五十两，议予纪录二次”。今雷淼捐银二千两，将本身布经历职衔，减半抵银一千两，共银三千两，核计银数，多银八百馀两，谨拟请旨赏给太常寺典簿职衔，并纪录二次。

童生吴家骕，泾阳县人，捐银二千二百两。查海疆捐输加衔章程内开：“士民捐银二千两，给予太常寺典簿职衔。”今吴家骕捐银二千二百两，有盈无绌，谨拟请旨赏给太常寺典簿职衔。

童生姚惪，泾阳县人，捐银一千二百两。查海疆捐输加衔章程内开：“士民捐银一千二百两，给司务职衔。”今姚惪捐数相符，谨拟请旨赏给司务职衔。

议叙州判职衔生员姚树钺，童生姚懋，俱泾阳县人。姚树钺捐银一千二百两，姚懋捐银一千六百两，查海疆捐输加衔章程内开：“士民捐银一千六百两，给予中书科中书职衔。”今姚树钺捐银一千二百两，将本身州判职衔，减半抵作银六百两，共银一千八百两，系有盈无绌。姚懋捐银一千六百两，与例相符，谨拟请旨，均赏给中书科中书职衔。

童生姚恪，泾阳县人，捐银八百两。查海疆捐输加衔章程内开：“士民捐银八百两，给予国子监典簿职衔。”今姚恪捐数相符，谨拟请旨赏给国子监典簿职衔。

盐运司运同衔刘维潮，朝邑县人，捐银八千三百两。查海疆捐输加衔章程内开：“士民捐银八千两，给予知府衔。”又“四品等官捐银五百两，议予加一级”。又“文武职衔人员，四品捐银八百四十两，给予应得封典”。今刘维潮捐银八千三百两，并将本身运同衔减半抵银三千两，核计共银一万一千三百两，计多银九百馀两，谨拟请旨赏给知府衔，加三级，并请以正四品贻封父母及妻室。

议叙通判职衔晁隆璋，咸宁县人，捐银三千五百两。查海疆捐输加衔章程内开:“士民捐银四千两,给予同知职衔。”又“五品等官捐银四百两,议予加一级。”今晁隆璋捐银三千五百两,请将本身通判职衔,减半抵作银一千二百两,核计银数四千柒百两,多银三百两,谨拟请旨赏给同知职衔,并加一级。

八品职衔禄正钧,咸宁县人,捐银一千二百两。查海疆捐输章程内开:“士民捐银一千二百两,给予州判职衔。”今禄正钧捐数相符,谨拟请旨赏给州判职衔。

贡生吴永泰,泾阳县人,捐银一千二百两。查海疆捐输加衔章程内开:“士民捐银八百两,给予县丞职衔。”又“八品捐银二百两,给予应得封典”。今吴永泰捐银一千二百两,核计多银二百两,谨拟请旨赏给县丞职衔,并貤封祖父母、父母。

监生刘长清,朝邑县人,捐银二千二百两。查道光二十二年陕西海疆捐输案内,武生高鸣阳捐银一千六百两,给予都司职衔。今刘长清捐银二千二百两,计多银六百两,谨拟请旨赏给都司职衔。

河工议叙九品顶戴刘择中,朝邑县人,捐银一千七百两。监生雷呈栋,绥德州人,捐银六百两。查道光二十二年陕西海疆捐输案内,武童宋中选捐银六百两,准给卫守备职衔。又五品职衔人员,捐银四百两,给予应得封典。今刘择中捐银一千七百两,计多银七百两,雷呈栋捐数相符,均拟请旨赏给卫守备职衔,并将刘择中以五品貤封兄嫂。

议叙郎中衔刘彩翰,朝邑县人,捐银二千九百四十两。光禄寺署正衔附生吴蔚文,泾阳县人,捐银三千两。查海疆捐输章程内开:“五品等官捐银四百两,议予加一级。六七品等官捐银三百二十两,议予加一级。”又“四品职衔人员,捐银八百四十两,给予应得封典”。今刘彩翰、吴蔚文所捐银两,有盈无绌,谨拟请旨均加二级,刘彩翰并以四品貤封祖父母,吴蔚文并以四品貤封父母。

议叙训导门鉴,候选训导廪生吴汝梅,俱系泾阳县人。门鉴捐银一千五百两,吴汝梅捐银一千三百两。查八品捐银二百两,给予应得封典。今门鉴、吴汝梅捐数，核计俱加增数倍，谨拟请旨将门鉴、吴汝梅均貤封祖父母、父母。

捐职布经历夏宗悌，咸宁县人，捐银八百两。查六品职衔人员捐银三百两，给予应得封典。今夏宗悌捐数，有盈无绌，谨拟请旨貤封父母。

前任大荔县训导刘树棠，泾阳县人，捐银一千五百两。查豫工事例，八品捐银一千两，加七品衔。又海疆捐输章程内开："八品等官捐银二百八十两，议予加一级。"今刘树棠捐数多银二百馀两，谨拟请旨赏加七品衔，并加一级。

前任山西泽州府经历杨兆麟，澄城县人，捐银八百两。查海疆捐输章程内开："八品等官捐银二百八十两，议予加一级，捐数较多，以次递加。"又"六品以下官员，捐银一百五十两，议予纪录二次"。今杨兆麟捐银八百两，谨拟请旨赏加二级，纪录二次。

已革武生连兆熊，澄城县人，捐银一千三百两。查常例内开"武生缘事斥革，除犯奸贼等款，不准捐复外，其馀情节较轻，准照常例捐复武生。捐银一百二十两，准其开复"等语。查连兆熊系因该学传唤不到，以致斥革衣顶，并无别项劣迹，情节较轻，核与开复定例符合。且捐银较例加增十倍有馀，谨拟请旨开复武生衣顶。

以上各捐生解交银两，俱在未奉部文以前，是以援照海疆捐输章程办理。其请实缺及归入新例者，所捐银数，均比筹饷新例加增，合并陈明。（咸丰三年十二月初二日）

638 奏为续行筹款解赴督臣军营事

再，臣于十一月二十五日，承准军机大臣字寄："十一月十七日奉上谕：'舒兴阿奏遵旨赴皖进剿，需饷孔亟，请饬筹解等语。前有旨令舒兴阿带兵，由豫迅往安徽，与江忠源会剿安庆等处贼匪，以期肃清江北。现当剿办吃紧之时，所有官兵军饷，最关紧要。著张祥河督同藩司，迅速筹款，赶紧委员，即日解赴舒兴阿军营等因。钦此。'"遵即督同藩司吴式芬,在于捐输项下动拨银四万两,派委妥员,于十二月初四日起程,赶紧解交,以备应用。所有续行筹款解赴督臣军营缘由,合并附片谨奏。(咸丰三年十二月初二日)(咸丰三年)十二月二十五日奉朱批:"览。知道了。"

六、附　录

639 奏为委令张祥河署理军机章京事(大学士曹振镛)

奏查军机章京刑部主事钱廷熊，现随文孚出差。其章京一缺，应请以考取记名之内阁候补中书张祥河署缺行走。谨奏。道光四年十一月二十七日奉旨："知道了。钦此。"(录副)

640 奏请张祥河充补军机章京并龙汝言接署军机章京事(大学士曹振镛)

奏查军机章京刑部郎中闻人熙，蒙简放广西知府，所遗章京一缺，应以署缺行走之内阁中书张祥河充补。其前署刑部主事钱廷熊出差之缺，应请以考取记名之内阁中书龙汝言接署行走。谨奏。道光四年十一月三十日奉旨："知道了。钦此。"(录副)

641 奏为新选山东乐陵县知县姚楗与山东督粮道张祥河分属至亲例应回避事(钟祥)

山东巡抚臣钟祥跪奏，为新选知县与现任粮道分属至亲，照例回避，恭折奏祈圣鉴事。

窃据新选山东乐陵县知县姚楗呈称，现任山东督粮道张祥河，系该员妻兄，例应回避，合将文凭呈缴，并据该道咨由藩、臬两司，会详前来。臣查定例，外官有关刑名、钱谷考核纠参者，外姻亲属中，妻之兄弟，分属至亲，应令官小者回避。有总督兼辖者，本省无可调之缺，准于总督所辖之邻省改调。如无总督兼辖省分，吏部掣定一省，行令给咨赴补等语。今该员姚楗，与粮道张祥河分属至亲，该道系统辖全省粮务之员，有关钱谷考核，自应照例令姚楗回避另补。山东系无总督兼辖省分，相应请旨，敕部掣定一省，行令赴补。

再，姚楗籍隶江苏，曾经呈明亲老告近，合并声明，听部照例核掣。缴到文凭，咨部查销。所遗乐陵县选缺，东省现有应补人员，容另照例请补。为此恭折具奏，伏乞皇上圣鉴。谨奏。道光十三年十二月初三日。朱批："吏部议奏。"（录副）

642 奏报臬司张祥河丁忧出缺委张坦兼署事（桂良）

河南巡抚臣桂良跪奏，为臬司丁忧出缺，现委道员兼署，请旨迅赐简放，以重职守，恭折奏祈圣鉴事。

兹据臬司张祥河具报，该司之父张兴镛，于七月二十八日在籍病故，该司系属亲子，例应闻讣丁忧等情。所有臬司印务，应即委员署理，以便张祥河回籍守制。查有开归陈许道张坦，老成练达，公正勤能，历署臬篆，办理裕如。本年前任臬司杨振麟升授陕西藩司，经臣奏委该道兼署，于刑名事件，均能细心推鞫，妥协精详，自应仍委署理，以资熟手。除檄饬遵照外，所有河南按察使员缺，相应请旨，迅赐简放，以重职守，理合恭折具奏，伏乞皇上圣鉴。谨奏。（道光十七年）八月廿四日。道光十七年九月初四日奉朱批："□□。钦此。"（录副）

643 奏请俟新任臬司张祥河抵豫成世瑄再赴江宁藩司新任事（河南巡抚牛鉴）

再，臬司成世瑄，奉旨升授江宁藩司，应即委署臬篆，以便交卸北上。臣查简放新任臬司张祥河由都来豫，不过旬馀，计程甚速。臣现檄饬成世瑄，令俟张祥河抵豫时，臬司印务交接后，再行迎折北上，理合附片陈明，仰乞圣鉴。谨奏。（道光二十年四月二十一日）道光二十年四月二十八日奉朱批："览。钦此。"（录副）

644 奏为河南臬司张祥河未经领凭请饬回京照例具领事(景斌等)

吏科掌印给事中臣景斌等跪奏,为臬司未经领凭,即行赴任,恭折奏闻,仰祈圣鉴事。

窃查除授外任官员,例应至臣科领凭,始行赴任。四月初七日奉上谕:"成世瑄著补授江宁布政使。所遗河南按察使,著张祥河补授。钦此。"迄今已及一月,查张祥河并未至臣科领凭。昨闻得,该员业于四月十四日起程赴任。相应奏闻请旨,应否令该员回京,照例领凭,再行赴任之处,恭候圣裁。谨奏。道光二十年五月初七日。吏科掌印给事中臣景斌,吏科掌印给事中臣汪报原,吏科给事中臣文丕,吏科给事中臣周春祺。(录副)

645 奏为臬司张祥河在京领凭已回臬司本任署理臬司步际桐奉旨调补开归陈许道已就近接印事(河南巡抚牛鉴)

再,前奉谕旨:"张祥河著回京领凭,再赴新任。钦此。"遵委河北道步际桐署理臬篆,张祥河于五月二十六日交卸进京,经臣具奏在案。兹该臬司在京领凭,于六月二十七日回臬司任,步际桐已奉旨调补开归陈许道,即饬就近接印事,以重修防,理合附片具奏,伏乞圣鉴。谨奏。(道光廿年七月八日)。朱批:"览。"(朱批)

646 奏为委令张祥河署理藩篆并步际桐暂署臬篆并请迅赐简放事(牛鉴)

河南巡抚臣牛鉴跪奏,为藩司丁忧遗缺递行委署,并请旨迅赐简放,以重职守,恭折奏祈圣鉴事。

窃臣于三月二十四日自省起程,巡阅南镇营伍。闰三月初七日,在唐县途次接据藩司鄂顺安禀称,该司亲母郑氏迎养在署,于闰三月初五日因病身故,该司例应丁忧,回旗守制等情。臣查藩司为钱粮总汇,现值奏销期近,综核尤关紧要,应即委员接署。查臬司张祥河,老成练达，堪以署理藩篆。所遗臬司印务，查有开归道步际桐，精明干练，上年曾经委署臬篆，堪以暂委兼署。除分别檄饬遵照外，所有河南藩司员缺，相应请旨，迅赐简放，以重职守。为此遵例由驿具奏，伏乞皇上圣鉴。谨奏。道光二十一年闰三月初七日。朱批："另有旨。"(朱批)

647 奏为署藩司张祥河等议请决杨桥保汴梁等事(牛鉴)

再，臣正在缮折间，接到(河)臣二十九日来函，据称："署藩司张祥河有信，言省中西南一带形势甚危，令其速办上游之事。奈胡家屯、杨桥一路，居民早有防范，纷纷据守。况渠处无兵可带，恐激成事端，并属臣保护省城，只有用砖石一节等语。"臣接阅之下，不胜骇异。

查臣先于本月十八日在漫口工次，连接署藩司张祥河禀称："省城被水围困，非在上游决口，不能解厄。"并称："俗语有'杨桥开，汴梁安'之谣。"臣回省后，以此议来告者不一而足，臣当谕以此举悖天逆理，断不可为，且自制《天誓文》一篇，衷吁祈祷，以解众惑。今自二十三日大溜全掣动以后，竭力修守，省城已有七八分可保，而署藩司复有此议，或者臣实昏愦胡涂，办理错谬。臣虽万死，何足蔽群夫？覆思维事体关系甚大，不得不据实奏明，伏乞圣鉴训示。再，臣所制《告天文》一篇，敬谨抄录，恭呈御览。谨奏。道光二十一年七月初四日奉朱批："览奏大奇。另有旨。钦此。"(录副)

648 奏为饬令张祥河暂署藩司事(牛鉴)

再，钦奉上谕："张祥河著即解任。河南按察使员缺，仍著况澄署理。现在河南布政使张晋涵尚未到任，著鄂顺安驰驿前往署理，其未到以前，著牛鉴委员暂署。钦此。"自应钦遵办理。

惟查藩司为钱粮总汇，现当灾出非常，守城赈恤等事，头绪纷繁。该署司张祥河综理局务，出纳勾稽，甚为尽心，未便迭更生手。且粮道况澄现署臬篆，开归、河北二道，俱责重修防，一时亦无可委之员。计署藩司鄂顺安驰驿而来，不日可到，似应仍令暂署，俟鄂顺安到日，

再行交替，以免贻误。理合附片陈明，伏乞圣鉴。谨奏。道光二十一年七月二十日奉朱批："览。钦此。"（录副）

649 奏为咨覆钦差大臣王鼎慧成咨询前署藩司张祥河等请于胡家屯宣泄护城事（文冲）

河东河道总督，革职留任奴才文冲跪奏，为据实陈奏，仰祈圣鉴事。

奴才于七月二十八日，接准钦差大臣王鼎、慧成等来咨，内开为咨行事："所有前署藩司张祥河等，于六月间禀请于胡家屯相度形势，宣泄滩水，保护省城，原禀及贵督部堂咨覆巡抚部院原文，希即一并抄录送阅，以览核办。事关奏案，幸勿刻迟等因。"

奴才查六月十六日祥符上汛三十一堡漫溢后，即于十九日接抚臣牛鉴亲笔信，函内附署藩司张祥河禀请于上游决开堤口泄水原禀二件，并称省城如实在十分急迫，不能不俯从舆论，于上下游想法解厄，一面奏明，一面从权办理，商办前来。奴才因事多窒碍，未经作覆。

嗣又于二十九日巳刻，接到署藩司张祥河、署臬司况澄、署粮道方宗钧、署开封府邹鸣鹤等公禀，请于胡家屯相度形势，保护省城。奴才以上游之事，一经动手，必滋事端，且能成与否，毫无把握。现在护城堤已塌，汴城仍居下游，水仍经过，亦恐无益，自应赶筹迁徙，为日前急务，断不可再有游移，逐候详论致覆。兹准钦差大臣咨查，除将各函钞黏咨覆外，所有先后函商缘由，理合据实陈明，并将抚臣原信，司道府等原禀，一并恭呈御览，伏祈皇上圣鉴。谨奏。七月廿九日。道光二十一年八月初六日奉朱批："□□。钦此。"（录副）

650 奏为遵旨查明署藩司张祥河等公函禀商宣泄上游以解省城水围事（钦差大臣王鼎等）

臣王鼎，臣慧成跪奏，为遵旨查明具奏，仰祈圣鉴事。

窃前据河南巡抚臣牛鉴片奏，署藩司张祥河因省城被水围困，禀商河臣，意欲于上游胡家屯一路设法宣泄，事体关系甚大，据实奏明等语。于初四日面奉谕旨，将原片交臣等查办。臣等到豫，即传该署藩司张祥河，详细面询。据称当因省城危在呼吸，众绅民等均以上游设法宣泄为请，恐沿河村庄盛涨，所经不免淹没。时抚臣亲驻堤工，因会同署臬司及道府等商议，以省城为仓库钱粮及百万生灵所系，禀商河宪，察看情形，听侯裁酌，原非意在必行。且系公函，因张祥河现署藩司，列衔在前，并非一人之意。惟因一时情形危迫，遽行具禀，轻率之咎，实所难辞等语。臣等当令自具亲供，并面询河臣、抚臣及司道等，所述禀商情节，与该署藩司亲供，均属相符。

查豫省自被水围困以来，万众惊忧，莫知所措。只思自守其家室，遑顾波及于他人，情急吁恳，何怪其然？该署司以藩臬大员，辄据所请，代为禀商，殊属轻率，未便以事虽未行，竟免置议。应请旨将署河南藩司、按察使张祥河，交部议处。河臣文冲，于接信后，以恐滋事端，即覆信驳斥。抚臣牛鉴据实具奏，不准举行，均无不合，应免置议。所有臣等查明署藩司张祥河等公函禀商宣泄缘由，理合恭折具奏，并将该署藩司亲供，恭呈御览，伏乞皇上圣鉴训示。谨奏。（道光二十一年）八月初四日。道光二十一年八月初七日奉朱批："□□。钦此。"（灾赈档）

651 呈前署河南藩司张祥河亲供单（钦差大臣王鼎等）

具亲供：前署河南布政使，按察使张祥河供，自六月二十二日大溜全掣围城，二十八日风雨交作，省城危在呼吸，众绅民均以上游设法宣泄为请。是日，署司、道府同在总局，亦以省城为仓库、监狱所寄，千百万生灵萃处于斯，关系綦重，不忍听其淹浸。查《府志》内载，杨桥、胡家屯皆在上游，其南有贾鲁河，距堤甚近，相传有"杨桥开，汴梁安"之谚。

又，胡家屯旧有减水废闸，可资宣泄。惟恐今昔情形不同，沿河一二村庄，盛涨所经，不免淹浸。因与署司、道府等会商公函，祥河衔名在前，禀请河督察看情形。原候裁酌，并非执意欲行。兹蒙查问，彼时实因情势危迫，遽行具禀，轻率之咎，实无可辞。谨供。朱批："览。"(灾赈档)

652 奏为遵旨议处张祥河以藩臬大员于省城猝被水围之时辄为禀商事(奕经等)

协办大学士，吏部尚书臣宗室奕经等谨奏，为遵旨议处具奏事。

道光二十一年八月初七日，内阁奉上谕："前据牛鉴奏，署河南藩司张祥河，因省城被水，禀商河督，欲于上游胡家屯一路，设法宣泄等情，当交王鼎等前往查办。兹据奏称：'查询该署藩司，实因省城危迫，众绅民等均以上游设法宣泄为词，据情禀商河督，原非意在必行，取具亲供呈览。张祥河以藩、臬大员，于省城猝被水围之时，辄据绅民之请，遽为禀商，殊属轻率。'张祥河著交部议处。钦此。"钦遵抄出到部。

查定例，"官员妄行条奏，降一级调用"等语。此案署河南布政使张祥河，因省城被水，禀商河督，欲于上游胡家屯一路，设法宣泄。据钦差大臣王鼎等奏称："查询该署藩司，实因省城危迫，众绅民等均以上游设法宣泄为词，据情禀商河督，原非意在必行，取具亲供呈览。'张祥河以藩、臬大员，于省城猝被水围之时，辄据绅民之请，遽为禀商，殊属轻率。"钦奉谕旨，交部议处。

应请将前署河南布政使，解任按察使张祥河，比照"官员妄行条奏，降一级调用"例，降一级调用，系公罪，例准抵销。可否准其抵销之处，恭候钦定。所有臣等遵旨议处缘由，理合恭折具奏，伏乞皇上圣鉴，训示遵行。谨奏。道光二十一年八月十四日。协办大学士吏部尚书臣宗室奕经，协办大学士吏部尚书臣卓秉恬，吏部左侍郎臣麟魁，吏部左侍郎臣潘锡恩，吏部右侍郎臣宗室善焘，留署。署吏部右侍郎臣王植。朱批："准其抵销。"(台北"故宫"藏宫中档)

653 奏为河臣文冲奏前署藩司张祥河禀请宣泄事已查明具奏事(钦差大臣王鼎)

再,河臣文冲奏,前署藩司、按察使张祥河,禀请于上游胡家屯宣泄公函情形,臣等业于八月初四日具奏在案。兹准前因,臣等覆核无异,合并声明。谨奏。道光二十一年八月十四日奉朱批:"览。钦此。"(录副)

654 奏请仍委张祥河暂署藩篆事(鄂顺安)

再,九月初八日接准吏部咨,称署河南藩司张祥河因省城被水,禀商河督,欲于上游一路宣泄,经钦差大臣王鼎等讯明,奏请议处,吏部议以降一级调用,依公罪例准抵销。八月十四日奉朱批:"准其抵销。钦此。"查张祥河系河南臬司,委署藩司,前奉谕旨解任。今既准部咨,该司应得处分,已蒙恩令准其抵销,自应饬回臬司本任。

惟奴才现署巡抚,所有藩司印务,应行委员接署。豫省道员五人,或现署臬篆,或调赴大工,或离省较远,俱未便委署。且新任藩司张晋熙,计不久亦可到任,所有藩司印务,应请仍委张祥河暂时署理,理合附片奏闻,伏乞圣鉴。谨奏。道光二十一年九月十九日奉朱批:"知道了。钦此。"(录副)

655 奏为署河南巡抚鄂顺安驻防督办河工令张祥河等率员弁留省修守事(王鼎等)

再,省城自六月十六日水围以后,溜渐归并,城下奇险叠出,竭力防护,已阅八旬。刻下即交霜降,势虽平缓,而大溜仍趋西北城角,时有淘刷之虞,防守未敢稍懈。第历办大工,巡抚俱驻札工所,臣鄂顺安现属抚篆,责任兼河,应即常川驻工,督饬妥办。其守城事宜,仍将熟练河工之厅员张承恩、河弁曹百安等,及原带河兵二百六十名留省,由署藩司张祥河、署臬司况澄督率修守,并令城守尉淮禄,署臣标中军参将双保,及署开封府知府邹鸣鹤协同办理。臣鄂顺安仍于督办工务之馀,不时进城查察,以期两无贻误,理合附片谨奏。道光二十

一年九月二十日奉朱批："依议。钦此。"（录副）

656 奏为豫省按察使张祥河捐银助南河工用俟有便员解往济用事（鄂顺安）

再，臣前准部咨："南河工用浩繁，籍隶该省大小官员，惟殷桑梓谊切，输将者谅不乏人，奏明准照豫省捐银助工成案，令将所捐银两解赴南河，汇归工用等因。"当经转行遵照。

兹据臬司张祥河具禀，该司籍隶江苏，谊切桑梓，情愿捐输库平纹银五千两，以助南河工用等情前来。除俟遇有便员，饬令如数解往济用外，理合附片具奏，伏乞圣鉴。谨奏。道光二十三年四月二十四日奉朱批："□□。钦此。"（录副）

657 奏为甘肃布政使张祥河捐廉接济江苏灾区请旨赏收事（陕甘总督布彦泰）

再，据甘肃布政使张祥河详称，该司籍隶江苏，现因本省被水成灾，分应勉竭棉力。谨捐养廉库平银五千两，稍应急需，详请据情代奏前来。

臣查该司情殷桑梓，报效急公，可否赏收，伏乞圣鉴训示。如蒙恩准，即将所捐银两，就近交存甘肃藩库，以充来年兵饷。一面移咨江苏省，在于协甘饷银内照数扣留，以济需用，合并声明。谨奏。（道光二十八年十一月二十四日）朱批："另有旨。"（灾赈档）

658 奏为遵议陕西巡抚张祥河条奏被灾等省豁免钱粮等事（卓秉恬等）

大学士，管理户部事务臣卓秉恬等谨奏，为遵旨议奏事。

道光叁拾年肆月贰拾伍日，奉上谕："张祥河奏应诏陈言，胪列四条一折，著各该衙门议奏。钦此。"钦遵于贰拾捌日，由内阁将原折钞出到部。除应由各该衙门议奏三条，应听各该衙门另行核议外，查原奏内称，“溯查雍正拾叁年高宗纯皇帝御极恩诏，民欠钱粮十年以上者，该部查明具奏，候旨豁免。旋奉上谕：‘各省民欠钱粮十年以上者，已于恩诏内概予蠲免，其馀未完民欠，尚事征收，民间不无烦扰。兹特再行降旨，将雍正拾贰年以前，各省钱粮，实欠在民者，一律宽免。’今直省民欠，截至道光贰拾年蠲免以后，计期已届十年，其间因灾展缓，递年带征之项，愈积愈多，小民延颈企踵，仰望新恩。第今昔时势不同，各省情形亦异，可否敕部核议，将东南各省上年被水较重之区，查明节年因灾民欠，实在力不能完者，酌定年限，优予豁免。至东南漕务州县，勒折浮收，本干例禁，应请重申巽命，不惮诰诫之烦。又，西北开垦之地过多，颇为民累，并请旨宽予限期，俾查勘得实，其实系试种无效者，概免升科”等语。

臣等伏查江苏等省，上年被水成灾，节经各该督、抚奏明，钦奉恩旨，蠲赈兼施。总计给发内帑及各省截留请拨等银，不下肆伍百万两。本年应征及历年带征漕粮正耗，亦各分别重轻，量予展缓。凡在穷黎，均已仰沐殊恩，无虞失所。该抚所请酌定年限豁免之处，似可毋庸再议。

至所称州县征漕，有浮收靳折等弊，查道光贰拾陆年御史朱昌颐奏漕务积弊折内，曾经详晰指陈。经臣部奏令有漕省分，逐款清查，严行禁革，如有浮加，即科州县以应得之罪等因，奉旨遵行在案。第恐因循日久，稽察未周，不免仍蹈前辙。应请敕下各该督、抚，实力纠查，如有前项情弊，立即严参，毋得瞻徇积习，视为具文。又，所称西北开垦过多，颇为民累一节。查道光贰拾叁年，甘肃省垦复及试种地贰万捌百馀顷，口外各城新垦地壹万贰千壹百馀顷。其口外地亩应征银粮，均已全数征收，抵充经费及供支兵粮之用。据各城大臣陆续奏报，俱称回民乐业，踊跃输将。惟甘肃内地开垦，当时即经报明实系瘠区，所拟科则，核对该省《赋役全书》，均系极下之数。

嗣据陕甘总督因试种地亩，水冲沙压，两次题请豁除地壹千壹百馀顷，共免银贰千馀两，粮两千叁百馀石，草壹万叁千伍百馀束，均经臣部题准在案。是此项地亩,如果实在试种无效,原准该督随时报请豁免。且升科年限,亦多未届期,尽可随时查勘。其垦复各地,系奏明于贰拾伍年一律升科,惟因科则尚未议准,其征收数目,该省尚应核实造报,此时若改定年限,诚恐别滋弊混。该抚所请宽予限期之处,应毋庸议。仍令陕甘总督随时查勘,不得以荒碛地亩升科滋累,亦不得将成熟地亩含混题豁,务期确切稽查,以免烦扰而昭核实。所有臣等遵旨议奏缘由,理合恭折具奏,伏乞皇上训示遵行。谨奏。道光叁拾年陆月拾叁日。大学士管理户部事务臣卓秉恬,户部尚书臣赛尚阿,户部尚书臣孙瑞珍,户部左侍郎臣阿灵阿,户部左侍郎臣朱凤标,户部右侍郎臣福济,户部右侍郎臣翁心存。(灾赈档)

659 奏为遵议陕西巡抚张祥河等奏请以三原县丞吴靖升补西乡知县事(柏葰等)

吏部尚书臣柏葰等谨奏,为遵旨议奏事。

内阁抄出陕西巡抚张祥河等奏称:“西乡县知县汪丙新改简,所遗系繁疲难要缺,例应在外拣员调补。查该县地处南山,五方杂处,素称难治,必须熟悉情形,精明干练之员,方能胜任。于通省现任知县内逐加遴选,非现居要缺,即人地未宜,实无堪调之员。惟查有三原县县丞吴靖,才具干练,办事认真,在陕多年,熟悉南山情形。且系两次保举应升之员,以之升补西乡县要缺知县,实堪胜任。惟调缺请升,与例稍有未符,但员缺紧要,人地实在相需,例得专折具奏。合无仰恳天恩,俯念要缺需员,准以三原县县丞吴靖升补西乡县知县,洵于地方有裨。如蒙俞允,该员系县丞升补知县,应俟部覆至日,给咨赴部引见。所遗三原县县丞员缺,陕西现有应补人员,容俟准升部覆,再行请补等因。”道光三十年八月初六日奉朱批:“吏部议奏。钦此。”钦遵抄出到部。

查定例,各省州县应调缺出,俱令于现任人员拣选调补。如无合例堪调之员,始准以候补人员题补。如候补无人,亦准于应升人员内拣选题升。其有员缺紧要，候补人员人地未宜，以应升人员请升，亦必须将该员不合例之处详细声明，专折具奏请旨。又，题调州县缺出，其地方佐贰等官题升，该督、抚先尽著有劳绩保奏，奉旨以应升之缺升用，并曾经卓异保荐及俸满即升人员，拣选题补。又，题升知县以上官员，俱令送部引见各等语。又，臣部奏定章程内开，升调人员与例未符，经该督、抚保奏到部，凡系例准声明，遗漏声叙，或全未声叙者，无论奉旨允准或交部议奏，均由臣部查明具奏，恭候钦定。如加恩准行，免其处分；其不准行者，该督、抚所奏系遗漏声叙，应议以罚俸六个月等因。于道光二十四年八月二十三日奉旨："依议。钦此。"钦遵在案。

今西乡县知县，系繁疲难要缺，例应在外拣选调补。吴靖，河南监生，由捐纳县丞分发陕西。因委查通省匪类，获犯多名，奉旨："著俟补缺后，以应升之缺升用。钦此。"咨署三原县县丞，道光二十二年二月二十二日到任，二十三年六月十一日实授。嗣经初次六年俸满，保荐注册，候升在案。今据该抚等奏请升补西乡县知县，钦奉朱批，交臣部议奏。

臣等查陕西西乡县知县系调缺，例应以现任人员拣选调补。如无可调之员，准以候补人员题补。如候补无人，亦准于应升人员内拣选题升。今该抚等折内声称实无堪调之员，请以三原县县丞吴靖升补，该员任内已得有应升之案，例准请升。惟查该省现有候补人员，该抚等折内未经声叙，臣部应照奏定章程具奏请旨，恭候钦定。如奉旨准行，将该督、抚处分宽免，即令给咨该员，赴部引见。所遗三原县县丞员缺，准其留于该省，另行请补。如不准行，应交臣部议处。其西乡县知县要缺，仍令该抚等别拣合例人员调补。谨将臣等遵旨议奏缘由，缮折具奏，伏乞皇上圣鉴，训示遵行。谨奏。道光三十年八月二十一日，吏部尚书臣柏葰，吏部尚书臣贾桢，吏部左侍郎臣瑞常，吏部左侍郎臣侯桐，吏部右侍郎臣明训，差。署吏部右侍郎户部左侍郎臣朱凤标。朱批："著不准行。"（朱批）

660 奏为遵旨覆奏访查陕西延榆绥道万保并巡抚张祥河被参各款情形事(琦善)

协办大学士,陕甘总督臣琦善跪奏,为遵旨访查,据实覆奏,仰祈圣鉴事。

窃臣前于八月二十八日,在西宁口外行营,承准军机大臣密寄:"奉上谕:'有人奏陕西延榆绥道万保,逗留省垣,营谋钻刺。该抚张祥河,诗酒风流,不理公事等语。该道因何盘踞省城,总不赴任?其所属三府,公事如何废弛?其三次署理粮道,如何营私巧取?该抚不理公事,是否确实?著琦善悉心查访,秉公据实具奏,毋稍徇隐。原片著钞给阅看。将此密谕知之,钦此。'"遵即密为查访。

缘该道万保系由内务府笔帖式,京察一等,补放直隶易州理事通判,升补多伦诺尔同知。捐升知府,选补广西梧州府知府,奉旨升授广东督粮道,调补陕西延榆绥道,于道光二十六年二月到任。嗣于二十八年三月间,前抚臣杨以增以该道调署潼商道,交卸后,复接署盐道、藩司各篆务,均非抚臣张祥河任内所委。迨至二十九年十月,粮道吴鼎昌升任广西臬司,遗缺经抚臣张祥河以该道在省办理文武两闱,监试甫竣,奏委接署。其在前闰四月间,粮道黄德濂送部遗缺,所委系盐法道崇纶兼署。在后本年五月,粮道陈景亮保举赴京,所委系候补道程德润接署。该员万保虽署理粮道,并无三次之多。第频年在省日多,屡署司道各缺,如何营私取巧,固无实迹可凭,而其藉端逗留,转置本任于度外,舍己耘人,旷误职守,已可概见。

至抚臣张祥河诗酒风流,不理公事。臣向闻其由进士供职中书等官,公务无多,诗酒等事,在所时有。及膺外任,洊历封疆,闻于诗酒虽不能免,惟陕省地方公事,例应与臣咨会之件甚多,每遇往返札商,皆由该抚亲笔裁答,年馀以来,并无延误。兹复访诸舆论,亦无不理公事之说。仰蒙垂询,断不敢稍涉瞻徇,自干严谴。所有遵旨查访缘由,据实恭缮密折覆奏,伏乞皇上圣鉴。谨奏。道光三十年十一月二十七日。朱批:"另有旨。"(朱批)

661 奏为陕西巡抚张祥河徇庇不问候补知县江开前劣绩据实陈奏事(江南道监察御史王文斌)

再,臣闻候补知县江开,前在两湖总督幕中,因干预公事,声名狼藉,被参获咎有案。现在陕西省城候补,闻其仍不安静,常入抚署,与该抚张祥河饮酒。并闻上年乡试,该员入闱作同考官,以文理荒谬之卷强呈主司,求中未允,外间物议沸腾,该抚徇庇不问。似此劣员,难膺民社,相应附片据实直陈。谨奏。(道光三十年)(录副)

662 奏为遵议陕西巡抚张祥河等请以唐李杜升补商州直隶州知州事(柏葰等)

吏部尚书臣柏葰等谨奏,为遵旨议奏事。

内阁抄出陕西巡抚张祥河等奏称:"商州直隶州知州王履亨,奏升兴安府知府开缺,所遗系繁疲难三项相兼要缺,例应在外拣员升调。查该州地处南山,界连豫楚,管辖四县,为陕西东南门户,幅员辽阔,五方杂处,必须精明强干之员,方足以资治理。于通省同知、直隶州、府属知州,及候补各员内逐加遴选,非现居要缺,即人地未宜,实无堪调堪补之员。惟查有咸宁县知县唐李杜,老成干练,办事实心,历俸已满三年,以之升补商州直隶州知州,实堪胜任。合无仰恳天恩,俯念员缺紧要,准以咸宁县知县唐李杜,升补商州直隶州知州,实于要缺有裨。如蒙俞允,应俟部覆至日,给咨赴部引见。所遗咸宁县,系省会首邑,俟准到部覆,再行拣调等因。"咸丰元年四月十三日奉朱批:"吏部议奏。钦此。"钦遵抄出到部。

查定例,各省知县以上官员,应行调补之缺,令该督、抚照例于属员内对品改调,不得滥行奏请升用。若该省实无可以调补之员,而属员内果有才守兼优,政绩卓著者,于疏内将无可调补,必须题升之处,详细声明,吏部查明与例相符议准。又,各省知县,必于本任内历俸三年以上,方准拣选题升。又,题升知县以上官员,俱令送部引见各等语。又,议覆御史存葆条奏章程内开:"嗣后州县以上应升缺出,应令该督、抚，先尽各项著有劳绩应升人员，拣选升用。如实因人地未宜，亦必须于折内声明，方准于合例各员内，照例请升等因。”道光三十七年七月二十日奉旨：“依议。钦此。”

又，臣部奏定章程内开：“外省升调人员与例未符，经该督、抚保奏到部，凡系例准声明，遗漏声叙，或全未声叙者，毋论奉旨允准，或交部议奏，均由臣部查明具奏，恭候钦定。如加恩准行，免其处分；其不准行者，该督、抚所奏系遗漏声叙，应议以罚俸六个月等因。”道光二十四年八月二十三日奉旨：“依议。钦此。”钦遵各在案。

今商州直隶州知州，系繁疲难要缺，例应在外拣选调补。唐李杜，湖南进士，由候选知县，选授陕西靖边县知县，道光二十三年闰七月初二日到任。调补咸宁县知县，三十年十二月十二日到任，历俸已满三年，任内并无劳绩应升之案。兹据该抚等奏请升补商州直隶知州，钦奉朱批，交臣部议奏。臣等查州县以上应升缺出，应先尽劳绩应升人员拣选升用。如因人地未宜，必于折内声明，方准将循例应升人员照例请升。

今该省尚有劳绩应升人员，该抚等折内，仅声明应调应补之员人地未宜，并未将劳绩应升人员声叙，系例准声明之项，遗漏声叙。应按照臣部奏定章程，查明具奏请旨，可否准其升补之处，恭候钦定。如奉旨准其升补，应令该抚等给咨该员，赴部引见。所遗咸宁县知县员缺，行令拣员请调，并将该抚等处分宽免。如不准行，应交臣部议处，其商州直隶州知州，仍令该抚等另行拣员调补。谨将臣等遵旨议奏缘由，缮折具奏，伏乞皇上圣鉴，训示遵行。谨奏。咸丰元年四月二十四日。吏部尚书臣柏葰，吏部尚书臣贾桢，吏部左侍郎臣瑞常，吏部左侍郎臣侯桐，吏部右侍郎臣明训，差。署吏部右侍郎户部左侍郎臣朱凤标。朱批：“唐李杜著准其升补商州知州。馀依议。”（朱批）

663 奏报官员捐银遵旨将浙江按察使孙毓溎等从优议叙事(贾桢等)

吏部尚书臣贾桢等谨奏,为遵旨议叙事。

内阁抄出,咸丰二年正月十五日奉上谕:"前据浙江按察使孙毓溎奏捐银二千两,留于山东地方,备办灾赈。兹据兆那苏图奏,山西布政使郭梦龄捐银二千两,搭解山东藩库,以备赈需各等语。郭梦龄、孙毓溎情殷桑梓,踊跃输将,均著交部从优议叙。钦此。"

又,正月十六日奉上谕:"上年山东被水较广,据陈庆偕、颜以燠等先后率属倡捐,以备赈需。该员等情殷民瘼,俾地方绅民知所观感,自应量予奖励。所有捐银三千两之河东河道总督颜以燠,捐银二千五百两之山东巡抚陈庆偕,布政使刘源灏;捐银二千两之按察使福济,盐运使司徒照,济东泰武临道花咏春,兖沂道夏廷桢;捐银一千两之运河道方墉,候补道张凤池,济南府知府李天锡,均著交部从优议叙。其捐银一千两以下之署运河同知罗镶,署泇河同知吴吉昌,署上河通判娄鼎,署捕河通判邹宗枚,均著交部议叙。钦此。"

又,正月二十七日奉上谕:"吕佺孙奏臬司捐助本籍赈需一折。贵州按察使孔庆锄捐银二千两,著准其缴存贵州藩库,留抵兵饷。该部于应拨贵州饷银内,就近拨解山东,以济赈需。孔庆锄情殷桑梓,著加恩交部从优议叙。钦此。"

又,正月二十九日奉上谕:"前据陕西巡抚张祥河奏首先捐银一万两,以备军需。兹据河南巡抚李僡奏捐军需银一万两,署布政使南汝光道郑敦谨捐银二千两,按察使沈兆沄捐银四千两,粮盐道瑞兴捐银一万两,开归陈许道林扬祖捐银四千两,彰卫怀道长臻捐银一万两,河陕汝道恒山捐银一万两,开封府知府瑛桂捐银三千两,署南阳府知府候补知府李树谷捐银一千两,陕州直隶州知州邱文藻捐银三千两。该抚等因现办军务,捐备经费,为该省官绅、士民之倡,自应量予恩施。张祥河已于道光二十二年祥符大工合龙案内,赏戴花翎,著交部从优议叙。李僡、瑞兴、长臻、恒山,均著赏戴花翎。沈兆沄、林扬祖、瑛桂、邱文藻,均著赏戴蓝翎。郑敦谨、李树谷,均著交部从优议叙。单并发。钦此。”

又，二月初八日奉上谕：“兆那苏图奏绅民捐输军需银两一折。据称山西绅民，因现在军费浩繁，志切同仇，情殷报效。各属报捐银数，截至正月底止，已有五十馀万两。该绅民等踊跃急公，自应随时奖励。所有首先捐银三万两之国子监典簿衔孟树纶，著赏加道衔，并赏戴花翎。馀俟续奏到时，再行分别奖励。大学士祁寯藻，在原籍呈交银二千两，以为绅民之倡，著交部从优议叙。钦此。”

又，二月初十日奉上谕：“吴文镕等奏捐备江苏本籍赈需等语。吴文镕捐银六千两，张亮基捐银三千两，著准其就近解交云南藩库，留抵铜本之用。并著浙江巡抚，于应解云南铜本银内，划扣拨解南河，以济赈需。吴文镕、张亮基，情殷桑梓，均著交部从优议叙。钦此。”钦遵抄出到部。

除钦奉谕旨赏戴花翎、蓝翎各员，臣部遵旨注册外。查上年十一月内，臣部议覆山东在京各员，捐备本省赈济银两，经臣部援照海疆章程，奏请奖叙在案。查奏定海疆捐输章程内开：“议予加级纪录各项官员，三品以上大员捐银六百两，四品等官捐银五百两，五品等官捐银四百两，均议予加一级。捐数较多，以次递加，不得过五级。其有不及加级银数者，给予纪录。五品等官捐银二百两，六品以下各项官员捐银一百五十两，均议予纪录二次。”又，豫工事例内开：“现任人员，捐数在一万两以上者，应奏明请旨定夺。”又，定例：“各省捐输，奉旨从优议叙人员，应得加级纪录者，酌加纪录三次”各等语。又查道光二十九年十月内，臣部议覆湖北省捐赈案内，捐银一万两之两江总督陆建瀛，经臣部奏明请旨，钦奉谕旨：“给予随带加五级等因。钦此。”在案。

今山东、江苏省现任及本籍官员捐输备赈，并河南、山西省官员捐备军需银两，与上年臣部议覆山东省在京各员捐备赈济，并历届成案，事同一律，自应仍照海疆章程，给予奖叙。其捐银一万两，钦奉谕旨，交部从优议叙之陕西巡抚张祥河，查捐银一万两以上，例应奏明请旨定夺。惟该员先由祥符大工合龙案内，业经奉旨赏戴花翎，臣等公同酌议，拟即照两江总督陆建瀛之案，给予随带加五级，仍请旨恭候钦定。其馀各员，谨分别另缮清单，恭呈御览，是否有当，伏乞皇上圣鉴，训示遵行。谨奏。咸丰二年二月十五日。署吏部尚书户部尚书臣宗室禧恩，假。吏部尚书臣贾桢，吏部左侍郎臣瑞常，场差。署吏部左侍郎礼部右侍郎臣曾国藩，吏部右侍郎臣全庆，吏部右侍郎臣邵灿。朱批："张祥河著给予随带加五级。馀依议。"（台北"故宫"藏宫中档）

664 为陕西巡抚张祥河交部议奏降二级留任公罪可否准其抵销乞示遵(柏葰等)

吏部尚书臣柏葰等谨奏，为遵旨议处具奏事。

内阁抄出咸丰三年九月二十六日奉上谕："舒兴阿奏巡抚胶执己见，不肯拨兵协济等语。督、抚共事一方，遇有缓急，自当通筹全局，妥速办理。该抚张祥河，于该督舒兴阿咨调防兵，带领出省，即因征调过多，未便遽行撤派，亦应与该督和衷商确。乃竟以愤激之语，叙入公文，殊属非是。张祥河著交部议处。钦此。"钦遵到部。查律载"凡不应得为而为之，事理重者，杖八十。系公罪，降二级留任"等语。

此案陕甘总督舒兴阿奏称，陕西巡抚张祥河，于该督咨调防兵，带领出省，即因征调过多，未便遽行撤派，乃竟以愤激之语，叙入公文，殊属非是。钦奉谕旨："著交部议处。"应请将陕西巡抚张祥河，照不应重公罪，降二级留任。系公罪，例准抵销，可否准其抵销之处，恭候钦定。所有臣等遵旨议处缘由，理合恭折具奏，伏乞皇上圣鉴，训示遵行。谨奏。咸丰三年十月初二日。吏部尚书臣柏葰，协办大学士吏部尚书臣贾桢，吏部左侍郎臣瑞常，吏部左侍郎臣邵灿，吏部右侍郎臣爱仁，署吏部右侍郎刑部左侍郎臣罗惇衍。朱批："张祥河著降二级留任，不准抵销。"（台北"故宫"藏宫中档）

665 奏为抵陕风闻抚臣张祥河性好嗜酒公事废弛布政使吴式芬体弱不能振作事(四川布政使调补江宁布政使文煜)

再,奴才抵陕后,风闻舆论,抚臣张祥河性好嗜酒,公事废弛。布政使吴式芬身体素弱,久病两月,恐不能振作,理合附片悉陈。谨奏。咸丰三年十一月二十日奉朱批:"该二员俱已有旨更换矣。钦此。"(录副)

666 奏为陕西巡抚张祥河吏治废弛保举失实情形事(江南道监察御史李宗焘)

再,现在南方不靖,各省大吏,必得老成持重,留心吏治者,方足以靖人心而固疆圉。陕西巡抚张祥河,人本平庸,貌为风雅,当此军务吃紧之际,应如何整顿地方。乃自前年回任后,益加放诞。闻阅兵之时,每赴民间花园,饮酒赋诗,署中时常演戏。去秋以来,城门往往白昼关闭,城中民房偶然不戒于火,官员例应救扑,该抚屡请不出,出则兵丁百馀,持矛自卫,众论哗然。

伏思抚恤难民,严查奸细,自有良法。似此苟且因循,张皇失措,必致误事。且该抚于官常吏治,废弛已极。上年保举案内,人皆失实,以鄜州知州李文瀚之行止无方,亦厕其中。潼商道朱庆祺老悖昏庸,形同木偶,近复饰作病状,希图置身事外。潼关为西边数省门户,万难望该员镇守,并未见该抚参劾。他如临潼县刘良驷,渭南县金玉麟,富平县李炜,贪婪不法,皆由简调繁升任。藩司王懿德,深知陕西利弊,去任之后,该抚尽反其所为。臣恐贻患日深,谨附片具奏。(咸丰三年)(朱批)

667 奏为代递前任陕西巡抚张祥河捐输折一件事(陕西提督桂明)

再,前任陕西抚臣张祥河行抵潼关,有面交奴才代递捐输折一件,谨附片具奏。(咸丰四年)二月初二日。咸丰四年二月初八日奉朱批:"览。钦此。"(录副)

668 奉上谕张祥河著补授内阁学士兼礼部侍郎衔并署理吏部右侍郎钦此(内阁)

咸丰四年三月十二日,内阁奉上谕:“张祥河著补授内阁学士,兼礼部侍郎衔,并署理吏部右侍郎。钦此。”①(台北“故宫”藏宫中档)

669 奏为年终密陈顺天学政张祥河考语事(桂良)

协办大学士,直隶总督臣桂良跪奏,为访查学政声名,恭折密奏,仰祈圣鉴事。

窃照定例,各省学政,应由督抚将考试情形,声名优劣,于年底据实密奏。又于道光二十七年五月,钦奉上谕:“各省督、抚,年终密考学政,务宜破除情面,认真访察,秉公具奏等因。钦此。”钦遵在案。

伏查本年顺天学政臣张祥河,按试冀州、赵州、深州、保定、河间、天津等府州属,现在接考定州。臣随时留心访察,该学政校阅文艺,去取悉出亲裁,并整肃场规,严查枪替,采访士论,均属悦服。臣复于属员因公来省,而加询问,亦与所访相同,并无关防不严,致滋物议之处。臣仍密饬各属提调等官,留心体察,随时密禀,断不敢稍存徇饰。兹届年底,所有访查学政声名,谨缮折密奏,伏乞皇上圣鉴。谨奏。咸丰五年十二月二十四日。(朱批)

670 准张祥河开缺回京调理(内阁)

咸丰六年正月十九日,内阁奉上谕:“张祥河奏患病恳请开缺一折。据称‘俟病痊后,销假当差’等语。张祥河著开侍郎并学政缺,回京调理。钦此。”(台北“故宫”藏宫中档)

① “并署理吏部右侍郎”八个字,为咸丰帝朱笔。

671 奏报吏部侍郎张祥河捐田赡养宗族请吏部核实议叙事(瑞麟等)

礼部尚书臣瑞麟等谨奏，为遵旨酌议具奏事。

内阁抄出吏部右侍郎张祥河奏捐田赡养宗族一折，奉上谕："张祥河奏捐置义田赡养宗族一折。所捐田亩，著江苏巡抚饬令该地方官立册存案，载入志书，不得私相卖买。该侍郎敦本厚族，古谊可风，应行旌奖。著该部酌议具奏。钦此。"钦遵抄出到部。

臣等查例载，凡士民人等捐资赡族，或田粟准值千两以上者，均请旨建访，给与"乐善好施"字样，听本家自行建坊。如有应行旌表而情愿议叙者，由吏部核议等语。伏查臣部历次办过成案，均系绅士、庶民捐田赡族之案。今该侍郎以现任二品大员，广置良田，赡养宗族，诚如圣谕"敦本厚族，古谊可风"。臣等公同酌议，若仅将该侍郎援照臣部绅民捐田之例，给与建坊，似与特旨旌奖之案，办理未能区别。可否由吏部核给议叙，出自皇上天恩，抑仍照臣部例案，给与建坊之处，伏候钦定，为此谨奏请旨。咸丰八年二月十八日。礼部尚书臣瑞麟，差。尚书臣徐泽醇，留署。左侍郎臣宗室玉明，差。署左侍郎臣双福，差。右侍郎臣爱仁，孙葆元，右侍郎臣杨式谷。朱批："著由吏部核给议叙。"(朱批)

672 奏为遵旨议叙吏部右侍郎张祥河捐田赡养宗族事(花沙纳等)

吏部尚书臣花沙纳等谨奏，为奏明请旨事。

准礼部片称，吏部右侍郎张祥河捐田赡养宗族一折，于咸丰八年十八日奏奉朱批："著由吏部核给议叙。钦此。"抄录原奏知照等因到部。查此案前经礼部咨："查臣部当查大员捐田赡族，给与何项奖叙，例内并无专条，亦无办过成案，应由礼部自行酌核。"片覆在案。今据礼部奏称："该侍郎以二品大员，广置良田，赡养宗族，诚如圣谕'敦本厚族，古谊可风'。若仅照绅民捐田准值千两之例，给予建坊，似与特旨旌奖之案，未能区别。可否由吏部办理等因。"奉旨交臣部核给议叙。臣等查例载："绅士、商民，乐善好施，捐输银两者，核其银数，分别给与顶带、职衔。其银数较多，准其加至道员职衔。”又，“三品以上大员，捐输银一千五百两者，给与加一级”等语，并无大员捐田赡族，准给何项议叙明文。

今臣部侍郎张祥河捐田赡族，数至一千亩之多，钦奉特旨，以该侍郎“敦本厚族，古谊可风”，准与旌奖，自与寻常捐输议叙之案不同。惟现任二品大员，可否赏加升衔、顶带之处，出自天恩，臣等未敢擅便，恭候钦定。谨将臣等核议缘由，缮折具奏，是否有当，伏乞皇上圣鉴，训示遵行。

再，臣部右侍郎张祥河，系本案议叙之员，例应回避，未经列衔，合并声明。谨奏。咸丰八年二月二十四日。吏部尚书臣花沙纳，吏部尚书臣周祖培，吏部左侍郎臣文清，出班。吏部左侍郎臣匡源，吏部右侍郎臣穆荫。（录副）

张祥河奏折人名索引

本索引以正文出现人名的名讳立目，括号内为其别称，所标数字为该奏折编号。名讳无考者，照录别称。嘉庆、道光、咸丰各帝，及仅有姓氏而无名讳、别号者不录。依汉语拼音顺序排列。

① 鄂，应读如傲，故排列于此。

D

E

F

G

K

T

W

Y

Z